ESSAI

DE

PÉDAGOGIE PRATIQUE

D. 3082. — TYP. F. IMBERT, 7, RUE DES CANETTES, PARIS

ESSAI

DE

PÉDAGOGIE PRATIQUE

(SOUVENIRS DE DIX ANS D'INSPECTION)

PRÉCÉDÉ D'UN

COURS DE PSYCHOLOGIE ET DE MORALE

A l'usage de l'enseignement primaire

PAR

I. CARRÉ

AGRÉGÉ DE L'UNIVERSITÉ

INSPECTEUR GÉNÉRAL DE L'ENSEIGNEMENT PRIMAIRE

Comprendre d'abord : apprendre ensuite.

SIXIÈME ÉDITION

PARIS

LIBRAIRIE A. RACT ET Cie, ÉDITEURS

A. JEANDÉ, Successeur

74, RUE DE RENNES, 74

1894

AVERTISSEMENT

Voici l'avertissement que nous mettions, en mars 1880, en tête de la première édition de cet Essai :

« Ceci n'est point un livre; c'est un simple recueil d'articles parus à diverses époques, à mesure que nos inspections et la pratique des écoles nous les ont inspirés. Nous nous sommes contenté de les rapprocher et de les réunir sous des titres généraux qui aidassent à les retrouver et à les faire mieux comprendre.

« Nous aurions voulu les refondre d'après un plan méthodique et suivi; mais les occupations absorbantes de l'inspection ne nous en laissaient guère le loisir, et bon nombre d'instituteurs du département, regrettant de n'avoir pas toujours sous la main, quand il les leur fallait, ces articles épars dans les volumes de notre *Bulletin*, nous pressaient d'en former un volume : nous n'avons pas voulu tarder plus longtemps à déférer à leur désir.

« D'un autre côté, transformés en exposition générale, ces articles perdraient peut-être ce qu'ils ont de vivant et de réel et qui en fait probablement leur principal mérite. S'ils valent quelque chose, c'est surtout parce qu'au moment où ils ont paru, ils répondaient à un besoin, à un *desideratum* scolaire. Les raisons qui y ont donné lieu peuvent se reproduire; les jeunes maîtres qui débutent, rencontrent des difficultés analogues à celles qu'ont éprouvées leurs devanciers. Nous avons voulu faciliter leur tâche, essayer de leur montrer comment ils peuvent, par l'emploi de bons procédés et de méthodes rationnelles, obtenir plus de résultats avec moins de peine. Voilà pourquoi nous avons cédé aux instances qui nous ont été faites. Si c'est une faiblesse, on voudra bien lui trouver une excuse dans l'intention que nous avons eue d'être utile. »

L'année suivante il en paraissait une seconde édition, qui différait peu de la première. « L'accueil favorable
« qui a été fait à ce modeste Essai, disions-nous, et les
« témoignages trop bienveillants qu'ils nous a valus,
« nous engagent à le réimprimer à peu près tel qu'il
« était. Nous y avons seulement supprimé certaines
« choses trop spéciales au département des Ardennes,
« ainsi que des modèles de devoirs dont la place sera
« mieux ailleurs qu'ici. Par contre, nous l'avons fait
« précéder du résumé d'un cours de psychologie et de
« morale que nous avons fait cet hiver aux instituteurs
« de Lille, candidats au brevet pédagogique ou à l'in-
« spection primaire. Ce sont toujours les souvenirs pra-
« tiques de nos fonctions. »

Aujourd'hui encore, nous le réimprimons sans grande modification. La pratique de l'inspection générale nous a montré, en effet, que des conseils qui pourraient passer pour surannés et rebattus dans certaines parties de la France, ont encore, dans d'autres, toute la saveur de la nouveauté.

Paris, le 1er octobre 1884.

I. CARRÉ.

PROGRAMME DES ÉCOLES NORMALES

PÉDAGOGIE

(1 heure par semaine dans les deux premières années.)

PREMIÈRE ANNÉE

L'éducation (principes généraux).

DEUXIÈME ANNÉE

L'école (éducation et instruction en commun).

PROGRAMME DÉTAILLÉ

COURS DE PSYCHOLOGIE ET DE MORALE

FAIT AUX INSTITUTEURS DE LA VILLE DE LILLE

PENDANT L'HIVER DE 1880-81

PREMIÈRE LEÇON

De l'éducation en général

SOMMAIRE. — I. Échelle progressive des êtres. — II. Des attributs essentiels de l'homme : la raison et la liberté ; en quoi il se distingue de l'animal. — III. De la fin des êtres ; comment on la détermine ; quelle est la fin de l'homme? — IV. De l'éducation prise dans son sens large ; ce qu'elle comprend et ce qu'elle suppose. — V. De la pédagogie ou éducation scolaire : grandes divisions du cours. — VI. Résumé.

I. Ce qui distingue un être d'un autre être, c'est son organisation. Le minéral n'est pas organisé comme la plante ; la plante ne l'est pas comme l'animal ; l'animal ne l'est pas comme l'homme.

Le minéral est formé par la réunion d'un nombre plus ou moins grand d'éléments matériels, qu'une force de cohésion retient et fait adhérer les uns aux autres : *le minéral croît.*

A cette force de cohésion vient se joindre chez la plante une force nouvelle, la vie, par laquelle elle se nourrit et se reproduit : *le végétal croît et vit.*

L'animal a, de plus que le minéral, de plus que la plante, la faculté de sentir et par suite de se mouvoir : *l'animal croît, vit et sent.*

Enfin l'homme joint à toutes ces facultés inférieures une faculté nouvelle : il pense, il raisonne : *l'homme croit, vit, sent et raisonne.*

II. Mais la raison appelle la liberté. A quoi bon connaître et savoir, si nous n'avions pas le pouvoir d'agir en conformité de ce que nous savons? De même la liberté, à son tour, suppose la raison. A quoi nous servirait de pouvoir nous déterminer, si nous n'avions pas une lumière qui éclaire nos déterminations, si nous ignorions ce que nous devons faire? La raison et la liberté se supposent donc mutuellement : aussi l'homme est-il à la fois raisonnable et libre ; c'est ce qui le distingue de tout le reste, ce qui en fait un être à part au sein de l'univers.

Assurément l'animal connaît les êtres avec lesquels ses organes sont en rapport; il se souvient de ce qu'il a perçu et senti; il associe ses souvenirs et se laisse guider par leur enchaînement; mais il ne connaît pas les rapports que les êtres ont entre eux, il ne se rend pas compte, il ne comprend pas. L'homme, au contraire, ne se borne pas à sentir et à connaître, il saisit les rapports des choses; il compare, généralise, déduit de ce qu'il sait ce qu'il ne savait pas; il veut se rendre compte et comprendre. L'animal n'a que des sens; l'homme a en plus la raison.

De même l'animal a une volonté, et parfois même une volonté très énergique; il a des préférences et il choisit ; mais ses choix sont subordonnés à ses instincts; il agit sous l'excitation d'objets extérieurs, d'après des lois fatales auxquelles il ne peut se soustraire et qu'il ne peut changer. L'homme, au contraire, choisit librement; il peut se déterminer et agir, en vertu de raisons d'ordre supérieur, contrairement à ses intérêts.

En résumé, il y a dans l'homme tout ce qu'il y a dans l'animal, avec quelque chose de plus : la raison et la liberté. Or ce qui caractérise un être, ce n'est pas ce qui lui est commun avec les êtres inférieurs à lui, mais bien ce qui lui est propre. A côté et au-dessus de la vie animale et sensitive, il y aura donc dans l'homme la vie supra-sensible, celle qui résulte de l'exercice de sa raison et de sa liberté, la *vie humaine* proprement dite.

III. S'il est une vérité évidente, c'est que rien n'existe en vain et que chaque être a une destination qui lui est propre, une fin qu'il doit accomplir. Il est clair également que cette fin doit être en harmonie avec sa nature, qu'elle est indiquée par son organisation, et que, par cela seul qu'il a une certaine constitution, certaines tendances, certaines facultés, il est prédestiné à une fin spéciale. Or plus l'organisation d'un être est complexe, plus sa destinée elle-même est complexe; plus il a de tendances et de facultés diverses, plus il y a de conditions qui doivent être remplies pour que sa destinée s'accomplisse, pour que son bien, qui se confond avec sa fin, soit le plus grand possible. Tandis que la fonction du minéral est d'être ce qu'il est, puisqu'il ne peut se modifier en rien, aider ou contrarier l'accomplissement de sa fin, il n'en est déjà plus de même de la plante, qui puise dans ce qui l'entoure les éléments dont elle a besoin pour se nourrir et se développer, pour produire, quand elle disparaît, des êtres semblables à elle. La part que prend l'animal à l'accomplissement de sa destinée est encore plus considérable : non seulement il recherche ce qui lui est utile et fuit ce qui lui est nuisible ; mais encore il s'y intéresse par le plaisir et la douleur. Toutefois l'animal, comme la plante, ignore qu'il a une fin et quelle est cette fin; s'il y concourt, c'est à son insu, sans la comprendre ni la vouloir. À l'homme seul appartient le noble privilège de savoir qu'il a une fin et qu'il doit travailler à son accomplissement.

Mais cette fin, quelle est-elle et comment la connaîtra-t-il? Puisqu'elle ne peut résulter que de sa nature et des éléments qui le constituent, c'est en s'observant, en s'étudiant lui-même qu'il la découvrira. Ce que veut sa nature, ce que veulent ses tendances, c'est ce qu'il doit vouloir. Or ce qui le caractérise essentiellement, c'est la raison et la liberté. C'est donc dans le développement de ces deux facultés que consistera surtout l'accomplisse-

ment de sa fin ; c'est à cela que tout le reste devra se
subordonner et concourir. Par le développement de sa
raison, il se fera une idée de plus en plus exacte du but
qu'il doit poursuivre et des moyens qui peuvent l'y conduire, en un mot, de ce qu'il doit faire ; en fortifiant sa
liberté, en lui donnant toute l'énergie et toute l'indépendance dont elle est capable, il la rendra de plus en plus
propre à réaliser ce que sa raison lui montre comme
étant sa fin, comme étant ce qu'il doit faire.

Au fond, la poursuite de cette double fin aboutit à un
seul et même but. En exerçant sa raison et sa liberté,
l'homme se perfectionne, il s'améliore, il mérite. Les
minéraux et les plantes ne méritent pas, parce que ce
sont des choses ; les animaux eux-mêmes ne méritent
pas, parce que, leur activité étant déterminée fatalement,
sans qu'ils soient responsables de leurs actes, ils sont
encore des choses en une certaine façon ; mais l'homme
mérite, parce qu'il se possède, parce que la force qui est
en lui ne relève que de lui, parce qu'il est 'ibre et responsable. L'homme est un être moral, une *personne*, et
sa destinée est de réaliser en lui la plus grande moralité,
la plus grande perfection possible.

IV. L'éducation (de *e ducere*, faire sortir de, appeler au
jour) a pour objet de développer par la culture les
germes qui sont dans l'enfant, en vue de favoriser l'accomplissement de sa destinée. Pourquoi l'homme existe-
t-il? Pour vivre conformément à sa nature, pour réaliser toute la perfection dont il est susceptible, pour être
heureux, puisque c'est au bonheur qu'il tend par toutes
ses aspirations. Mais, en réalité, toutes ces poursuites diverses n'en font qu'une : il sera d'autant plus parfait
qu'il aura vécu d'une manière plus conforme à sa nature,
et il sera d'autant plus heureux qu'il aura été plus parfait, qu'il aura plus et mieux exercé toutes les puissances
de son être. Vivre, c'est agir et agir bien. Donc, rechercher toutes les forces, toutes les aptitudes, toutes les facultés qui sont dans l'enfant, — appeler au jour tous les
germes de raison, de grandeur et de vertu que sa nature

renferme et les développer assez pour leur assurer la victoire sur tous les penchants contraires; en un mot, en faire un homme aussi parfait, aussi homme que possible : tel est le but que doit se proposer une véritable éducation. Mais on comprend qu'envisagée dans ce sens large, l'éducation d'un être humain commence à sa naissance pour ne finir qu'à sa mort, et qu'elle embrasse tous les actes de sa vie. Elle a comme facteurs et les premiers soins de ses parents, et les leçons de ses maîtres, et ses études personnelles, et les exemples qu'il a sous les yeux, et l'expérience que lui donne la pratique de la vie, etc., toutes les influences, en un mot, qui peuvent agir sur son corps et sur son esprit, sur son caractère, sur ses déterminations. Il est évident que notre cours ne peut point embrasser un ensemble aussi vaste et qu'il doit se borner à cette partie de l'éducation qui résulte de la vie scolaire. L'enfant vient, ou du moins devrait venir à l'école de six à treize ans, et il y passe six heures par jour. Comment le maître utilisera-t-il ce temps au mieux des intérêts et de l'avenir de son élève? que doit-il lui apprendre? Évidemment ce que celui-ci aura besoin de savoir plus tard. — A quoi le préparera-t-il? Évidemment à ce qu'il doit faire étant homme. Son action, quoique limitée, est encore assez déterminante pour changer parfois du tout au tout les dispositions et la puissance des enfants qui lui sont confiés. On comprend dès lors combien est importante la mission de l'instituteur et combien il lui est nécessaire de s'être livré à certaines études préalables, s'il veut la bien remplir.

Pour diriger des enfants, pour les *élever*, ne faut-il pas d'abord qu'il les connaisse, qu'il sache les ressources qu'ils ont en eux, les facultés dont ils sont doués et la manière dont ces facultés doivent être cultivées et développées? Ne faut-il pas ensuite qu'il sache quelle est la destination de l'enfant, ce qu'il aura à faire plus tard, quels seront ses devoirs? Il ne peut le préparer efficacement à sa vie d'homme que s'il sait quels sont les devoirs

humains. *Psychologie* (connaissance de l'âme humaine,
de sa nature, de ses facultés, de ses penchants, etc.) et
Morale (connaissance des devoirs généraux ou particuliers que l'homme doit remplir dans la vie) : telles sont
les deux sciences sans lesquelles ne semble guère possible une éducation vraiment rationnelle et méthodique
de l'enfance.

V. Envisagée dans ce sens plus restreint, dans ce sens
scolaire, l'éducation prend plus généralement le nom de
pédagogie, qui signifie conduite des enfants. Chez les
Grecs, le *pédagogue* était l'esclave qui conduisait les
enfants à l'école; plus tard, chez les Romains, il ne s'est
plus contenté de les conduire aux écoles, il les a instruits
lui-même. Longtemps le nom de pédagogue a été syno-
nyme de celui d'instituteur, mais d'instituteur de bas
étage, d'instituteur sinon ignorant, du moins à science
courte, et pédant. Il semble que de nos jours il soit remis
un peu en honneur et que celui de pédagogie au moins
ait repris sa place dans le langage scientifique. Mais
quelle que soit la considération qui s'attache au mot, la
chose est certainement regardée comme digne de l'estime et du respect de tous. « Quand je réfléchis aux moyens
« d'assurer le bien public, disait Leibnitz, je trouve que
« le genre humain serait certainement amélioré par
« l'amélioration même de l'éducation de la jeunesse. »
Et Leibnitz a raison. Aussi les pouvoirs publics soutien-
nent-ils, de nos jours, que l'État a un intérêt supérieur
dans l'éducation des enfants, qu'il sera plus tard riche
et puissant, si l'éducation est bonne ; et que rien, au contraire, ne pourra le sauver de la décadence, si elle est
mauvaise. Plus que toute autre peut-être, cette question
de l'éducation préoccupe aujourd'hui et passionne les
esprits, et des hommes distingués, des savants de premier ordre ne croient pas déroger, en lui consacrant
leur temps et leurs ouvrages.

Que doit comprendre un cours de pédagogie? Quelles
sont les différentes parties dont il se composera?

Platon a dit qu'une bonne éducation doit procurer au

corps toute la force qu'il peut avoir; à l'âme toute la perfection dont elle est susceptible. Or, sans négliger ce qui s'adresse au corps et sans en exagérer non plus la portée, nous croyons que l'éducation doit surtout avoir pour but de perfectionner l'âme, de former l'homme intellectuel et moral. D'après ce principe, un cours de pédagogie devra comprendre d'abord l'ÉDUCATION PHYSIQUE, l'éducation du *corps* et des organes, puisque leur bon fonctionnement est la condition indispensable de tout le reste; puis l'ÉDUCATION INTELLECTUELLE, le développement des facultés de l'*esprit* et par suite l'acquisition de toutes les connaissances utiles; enfin, comme la connaissance a surtout de la valeur quand elle nous porte au bien, l'ÉDUCATION MORALE, ou le développement de nos facultés actives, la formation du *cœur* et du *caractère*, qui commence et achève en nous l'homme véritablement digne de ce nom.

VI. En résumé, le minéral *croît;* la plante croît et *vit;* l'animal croît, vit et *sent*, par suite se meut; l'homme croît, vit, sent et *raisonne*. — Ses attributs distinctifs sont la raison et la liberté, qui en font un être à part au sein de l'univers. — Comme tout ce qui existe, il a une fin en harmonie avec sa nature : sa fin est de perfectionner le plus possible sa raison, qui lui montre ce qu'il doit faire, et sa liberté, qui lui permet de le faire. — L'éducation, dans son sens large, consisterait à développer toutes les facultés qui sont en lui, et à le préparer le mieux possible à tous les genres d'activité, à tous les genres de vie auxquels il est appelé. — La pédagogie, ou éducation scolaire, n'en comprend que ce qui peut s'enseigner dans l'école. On y distingue trois parties : l'éducation physique, ou le développement du corps et de ses organes; l'éducation intellectuelle, ou la culture de l'esprit; l'éducation morale, ou la formation du cœur et du caractère.

DEUXIÈME LEÇON

De l'éducation physique

I. « L'homme est une âme qui se sert d'un corps », avait dit Platon. « L'homme est une substance intelligente, née pour vivre dans un corps et lui être intimement unie », dit à son tour Bossuet. Le corps n'est, en effet, et ne doit être qu'un instrument; cependant l'homme, considéré dans son ensemble, n'est pas non plus un esprit pur, lié au corps par accident. Comme le dit encore Bossuet, c'est un composé, un tout naturel.

Donc, tout en reconnaissant que l'âme est distincte du corps et qu'elle lui est supérieure, on ne doit point oublier que le corps en est la condition nécessaire, que la vie animale et physiologique est, en quelque sorte, la matière d'où devra sortir, tout en s'en distinguant profondément, la vie intellectuelle et morale. Aussi, sans aller jusqu'à dire, avec Spencer, que « la *première* condition du succès dans ce monde, c'est d'être un bon animal, et que la *première* condition de la prospérité nationale, c'est que la nation soit formée de bons animaux », nous admettrons parfaitement que l'action dans la vie est toujours gênée, que souvent même elle devient impossible, si l'on n'a pas à sa disposition un corps sain et bien constitué, doué de forces suffisantes.

Toutefois, ce n'est pas seulement parce qu'il est un instrument indispensable, c'est encore pour lui-même que le corps a droit à nos soins. Il est conforme à la nature, il est bien que l'homme soit fort, qu'il soit agile, souple, énergique, pour pouvoir supporter les travaux et la fatigue; que le développement harmonieux de toutes ses parties lui donne toute la beauté qu'il peut avoir. Les Grecs l'avaient bien compris, eux qui faisaient de la force physique et de la beauté du corps le premier et le principal objectif de l'éducation. Nous n'irons pas jusque-là. Sans mépriser les forces du corps ni la beauté des formes, nous remarquerons seulement qu'il est une beauté bien supérieure à la beauté physique, c'est la beauté morale, et qu'avec le progrès des sciences, qui amène l'appropriation au profit de l'homme de toutes les forces de la nature, la force musculaire n'a plus, de nos jours, l'importance qu'elle pouvait avoir au temps des Grecs.

II. Quoi qu'il en soit, et pour lui-même et comme instrument des fins de l'âme, le corps ne doit pas être négligé. La nécessité de l'éducation physique s'impose au début des recherches qui ont pour objet la formation de l'homme complet. Cette éducation se propose un double but : la conservation ou le rétablissement de la santé, ce à quoi nous conduit la connaissance de l'hygiène et de la médecine; le développement normal, régulier des membres et des organes, ce qui est le fait de la gymnastique et de l'éducation des organes des sens.

Hygiène. — On appelle hygiène un ensemble de mesures et de précautions reconnues propres à nous conserver la santé, c'est-à-dire l'exercice régulier, facile et agréable de toutes nos fonctions organiques. La santé est un bien précieux : elle est un élément essentiel du bonheur et pour nous et pour ceux avec qui nous vivons; elle donne la force, qui rend la bonté facile; elle répand sur toute l'existence son principal agrément. A ce point de vue, on a pu dire avec raison que c'est un devoir de se bien porter.

Sans doute, la santé de chacun dépend de sa consti-

tution physique, des premiers soins dont il a été l'objet
dans la maison paternelle, de la manière dont il se nourrit, se vêtit, de mille conditions enfin sur lesquelles l'instituteur ne peut rien. Est-ce à dire pourtant que pendant les heures nombreuses que les enfants passent à
l'école sous sa direction, il ne puisse pas, soit par ses
conseils, soit par ses exemples, soit même par une action directe, exercer une influence considérable sur leur
santé, et dans le présent et pour l'avenir? Assurément,
sans qu'il empiète sur le rôle des parents, il reste encore
un vaste champ à son intervention bienfaisante.

Ainsi il peut surveiller la tenue du corps de ses élèves,
prendre garde qu'une mauvaise position n'amène chez
eux une déviation de la colonne vertébrale, une déformation de l'épaule, un renfoncement de la poitrine. S'il
ne dépend pas toujours de lui d'avoir pour son école des
tables conformes aux prescriptions de l'hygiène, au
moins peut-il obtenir que celles qu'il a soient remaniées
de façon qu'il n'y ait pas un trop grand écartement entre
la table et le banc; au moins peut-il adapter la taille de
ses élèves aux dimensions des tables. Il peut enfin alterner les exercices dans lesquels ses élèves se tiennent
assis et ceux pour lesquels ils sont debout, de telle sorte
qu'une station trop prolongée n'amène pas chez eux
la fatigue, etc., etc.

Il n'oubliera pas que le besoin de se mouvoir est impé-
rieux chez les enfants, que l'activité est nécessaire à la
croissance et au développement de leurs organes. Il ne
leur imposera donc jamais un trop long repos; il variera
ses exercices, et autant que possible, surtout avec les
plus jeunes enfants, il les entremêlera de marches et de
chants.

L'air est l'aliment indispensable de la respiration. Il
rendra cette vérité sensible à ses élèves par quelques
petites expériences. Quand ceux-ci auront vu un animal
sur le point de mourir, faute d'air, ou parce qu'il ne respire qu'un air vicié, ils saisiront sur le vif combien l'air
pur est nécessaire à leurs poumons; ils ne se plaindront

plus si, quelque temps qu'il fasse, on laisse les vasistas ouverts pendant la classe, si l'on ouvre les fenêtres au large pendant la petite récréation qui coupe la classe en deux parties. Ce renouvellement de l'air dont ils auront compris la nécessité, dont ils se seront fait un besoin en classe, ils voudront l'avoir dans la maison paternelle et l'éducation des enfants, ici comme dans bien d'autres cas, pourra n'être pas sans influence sur la manière de faire des parents.

La lumière n'est pas moins précieuse pour la santé. Que de maladies d'yeux un peu de prévoyance de l'instituteur n'eût-elle pas prévenues! Si la lumière est unilatérale, il disposera ses tables de manière qu'elle arrive toujours à ses élèves du côté gauche; il en sera de même si elle est bilatérale, mais plus vive d'un côté que de l'autre; dans aucun cas il ne les laissera recevoir le jour en face; il veillera à ce qu'ils ne portent de lunettes que lorsque celles-ci leur sont absolument indispensables, pour voir ce qui est écrit au tableau noir, par exemple, et à ce qu'ils les quittent sitôt que l'exercice est terminé; il veillera aussi à ce qu'ils ne se servent pas de verres d'un numéro trop fort, etc...

Il essayera d'entretenir dans sa classe une température uniforme, se rapprochant le plus possible de 14 à 16 degrés centigrades. Il veillera à ce que, l'hiver surtout, elle ne soit pas trop élevée et ne présente pas une différence par trop grande avec la température extérieure. Pour empêcher que l'air ne se dessèche, il mettra sur le poêle un vase rempli d'eau et entretiendra une formation constante de vapeur d'eau. Il proscrira absolument dans l'intérieur de la classe les cache-nez, les capelines; il expliquera à ses élèves que ce qui produit les rhumes, c'est moins le grand froid que le passage brusque du chaud au froid, etc...

Si l'instituteur n'est pas chargé de nourrir ni de vêtir ses élèves, au moins peut-il à cet égard leur donner des avertissements et des conseils. En ce qui concerne les aliments, il peut leur fournir des indications précieuses

sur la quantité nécessaire aux différents âges et aux différentes conditions, sur leur plus ou moins grande puissance nutritive, sur les qualités particulières à chacun
d'eux, sur la nécessité de les varier suivant les saisons,
de les adapter aux besoins résultant du milieu, de la fonction, etc. En ce qui concerne les vêtements, il montrera
également qu'ils doivent être appropriés au climat et à
la saison, que toujours ils doivent être assez amples pour
ne pas gêner les mouvements, assez chauds pour préserver du froid ou d'un refroidissement subit, etc. L'institutrice insistera particulièrement sur les dangers des
corsets et même des souliers trop étroits.

La propreté est encore une condition indispensable de
la santé. Or l'enfant n'est pas propre naturellement, et il
est bien des familles encore où les soins de propreté sont
regardés comme une sorte de luxe compatible seulement
avec la fortune et l'aisance. L'instituteur montrera que
la propreté est toujours possible, et qu'elle est surtout
nécessaire à ceux auxquels les autres conditions hygiéniques font le plus défaut. Il ne laissera pas ignorer à
ses élèves que la principale et la plus continue des fonctions de la peau est ce qu'on a appelé la transpiration
insensible, qui se fait par les pores; que ceux-ci, par
suite, doivent être continuellement ouverts pour permettre aux sécrétions de se produire; que la sueur, d'ailleurs, en recouvrant la peau d'une sorte d'enduit, met
obstacle à cette essentielle fonction. De là la nécessité
des bains et des ablutions journalières. Dans bien des
campagnes encore, on ne considère les bains que comme
un remède prescrit par le médecin pour certaines maladies : il s'attachera à détruire ce préjugé. Si un cours
d'eau traverse la commune où il exerce, il fera sagement d'organiser des bains pour ses élèves, à des heures
déterminées, de les y conduire et de les y surveiller lui-
même. Il s'assurera ainsi que tout s'y passe décemment
et il empêchera qu'il n'arrive des accidents. Les parents
lui en sauront gré et il peut se faire que la municipalité
reconnaissante le lui témoigne par le vote d'un traitement

facultatif. Il recommandera à ses élèves de porter les cheveux courts (des cheveux trop longs empêchent le contact de l'air, contrarient l'évaporation qui se fait par la peau, favorisent ou perpétuent les maladies du cuir chevelu) et de les peigner ; il fera chaque matin une inspection dans laquelle il s'assurera que la figure, les mains, les oreilles ont été lavées, que les ongles sont nettoyés, etc. Et pour tout cela il prêchera d'exemple ; ses prescriptions auront d'autant plus d'autorité, qu'il ne manquera jamais lui-même de les mettre en pratique. Ses élèves en retireront un double avantage : d'abord ils contracteront l'habitude de la propreté, *ils s'en feront un besoin*, et ces soins deviendront pour eux un plaisir plutôt qu'une gêne ; d'un autre côté, l'habitude de la propreté leur donnera je ne sais quelle délicatesse dans leur manière de sentir et de s'exprimer, qui ne peut manquer de favoriser leur éducation morale. Chez les jeunes filles, notamment, la pudeur ne s'allierait guère à un corps malpropre, à des habits sales et déchirés. Il y a dans la propreté du corps et dans un extérieur soigné la manifestation d'une sorte de respect qu'on a pour les autres et pour soi-même.

La propreté ne s'étendra pas seulement aux personnes ; elle s'étendra à toute la classe. Le maître ne négligera rien pour obtenir que les murs de la salle de classe soient, au moins chaque année, blanchis à la chaux, ou lavés s'ils sont peints à l'huile ; il fera laver le plancher aussi souvent qu'il sera nécessaire et il ne permettra pas que les balayures, les vieux papiers s'accumulent dans les coins ; il fera disparaître les araignées et la poussière ; il ne laissera dans la classe que ce qui doit servir à ses exercices et à ses leçons. Par la propreté, l'ordre et le soin, il inspirera à ses élèves le respect de cette salle où se fait leur instruction ; ceux-ci comprendront que, puisqu'ils doivent y passer la meilleure partie de leurs journées, ils doivent tout faire pour qu'elle ait un aspect agréable et que chacun s'y trouve bien.

Tout ceci, on le voit, peut se faire dans l'intérieur de

l'école et ressortit à l'instituteur. Un maître vraiment soucieux de sa profession, ne regardera aucun de ces soins comme au-dessous ou indigne de lui.

Médecine. — Il ne suffit pas à l'instituteur de prendre avec ses élèves toutes les mesures propres à leur éviter les maladies ; il faut encore qu'il sache, si celles-ci se produisent, les reconnaître, donner les premiers soins à ceux qui en sont atteints et surtout renseigner la famille pour qu'elle puisse appeler le médecin.

Comme bien des maladies se manifestent d'abord par l'apparition de la fièvre, il est important que l'instituteur puisse en constater le premier symptôme. « Or, s'il est parfois difficile de constater certains caractères de la fièvre, dit M. le Dr Delpech, son existence est pourtant en général facilement reconnue, même par des personnes étrangères à la médecine. L'augmentation de la température du corps et l'accélération du pouls en sont les principaux symptômes.

« L'augmentation de la chaleur se perçoit par l'application de la main sur la peau du malade, et en particulier sur celle de la face et du front. L'accélération du pouls ne peut se constater exactement qu'au moyen de la montre ; mais il est possible, avec un peu d'habitude, de se rendre compte d'une manière approximative qu'il bat plus fréquemment et plus fort, d'une manière moins régulière.

« A ces deux signes de la fièvre il faut joindre les frissons ou la sueur, la soif plus vive, le manque d'appétit, la langue plus ou moins blanche, ou rouge, ou sèche, la coloration du visage, l'éclat exagéré ou l'alanguissement des yeux, le malaise général, la fatigue, la courbature, le mal de tête, l'abattement intellectuel ou l'excitation et le délire. Ces caractères ou plusieurs d'entre eux, diversement groupés et d'une intensité variable, ne laisseront en général aucun doute sur la présence d'un état fébrile. »

Donc, lorsqu'un enfant se plaindra d'éprouver du malaise ou une indisposition quelconque, l'instituteur ne

manquera pas de rechercher attentivement s'il ne présente pas les caractères que nous venons d'indiquer ; et,
s'il en constate la présence, il devra en prévenir la famille
et lui remettre l'enfant.

Cette mesure, prise d'une manière générale et dans
les cas même où il ne s'agirait point d'une affection démontrée contagieuse par la suite des faits, n'a du reste
aucun inconvénient. L'enfant qui a la fièvre est peu apte
au travail ; sa présence à la classe ne lui profiterait
point ; d'ailleurs la fièvre, quelle qu'en soit la cause, exige
avant tout du repos, une température modérée et constante, et un régime spécial. Elle ne peut que s'aggraver
par la fatigue qui résulterait des allées et venues de l'enfant, exposé de plus aux intempéries des saisons.

« Tout enfant atteint de fièvre sera donc éloigné de
ses condisciples, et avec plus de soin que jamais dans
les moments où règnent des fièvres éruptives. La fièvre
dont il est atteint est-elle éphémère ? Dépend-elle d'une
indisposition sans gravité ? Il reviendra promptement à
l'école. Est-elle le premier symptôme d'une maladie sérieuse et durable ? On l'aura placé dans les circonstances
les plus favorables à sa guérison. Enfin est-elle contagieuse ? On en aura préservé les autres enfants tout en
lui étant utile à lui-même. »

L'existence de la fièvre chez les enfants qu'ils dirigent
doit donc être pour les instituteurs, les institutrices et
les directrices d'écoles maternelles, l'objet d'une recherche attentive, lorsque ceux-ci se plaignent d'une indisposition.

Mais il y a dans les écoles des précautions toutes particulières à prendre relativement aux maladies contagieuses qui peuvent atteindre les jeunes enfants. Il ne
faut jamais se fonder sur la légèreté d'un cas de maladie
contagieuse pour attacher moins d'importance à l'empêcher de se propager, dit encore M. le Dr Delpech. Ce raisonnement, que l'on fait généralement, est tout à fait
erroné, attendu que l'affection la plus légère, manifestée
chez un premier enfant, peut développer chez un autre

la plus grave maladie. Nous citerons parmi les fièvres éruptives contagieuses la *variole*, ou petite vérole, la *varicelle*, ou petite vérole volante, la *rougeole* et la *scarlatine*, enfin les *oreillons* qui, quoique non accompagnés d'éruption, se rapprochent des précédentes par quelques-uns de leurs caractères. Viennent ensuite les *angines*, la *dyssenterie*, la fièvre *typhoïde*, la *coqueluche*, les *ophtalmies*, la *gale*, les *teignes* et les *affections épileptiques*. Toutes ces maladies ne revêtent point toujours, dès leur origine et à une époque où elles peuvent cependant déjà se transmettre, des caractères tranchés, même pour un médecin instruit et expérimenté; à plus forte raison pour des personnes peu familiarisées avec l'observation médicale. Cependant la plupart d'entre elles, et celles en particulier dont il est le plus nécessaire de préserver les enfants, en raison de la rapidité de leur marche et de leur puissance de diffusion, présentent heureusement à leur début des caractères communs qui, à défaut d'un diagnostic précis, permettent, ce qui importe surtout, de reconnaître l'opportunité de l'isolement des enfants qui en sont atteints. Ces premiers symptômes ont du reste été parfaitement décrits par le Dr Delpech, dans une note insérée au *Journal général* du 6 décembre 1879 et que presque tous les bulletins départementaux ont reproduite. Un directeur ou une directrice d'école ne peuvent pas se dispenser de la lire et de la méditer sérieusement.

Enfin, si l'instituteur doit bien se garder de se substituer au médecin pour les remèdes à appliquer dans une maladie quelconque, il ne lui est pas défendu pourtant de rechercher quels sont les premiers soins à donner aux malades dans certains accidents, *en attendant l'arrivée du médecin :* nous voulons parler des coupures, des brûlures, des syncopes et évanouissements, des asphyxies (noyés et autres), de certains empoisonnements (par des champignons, par exemple), des saignements de nez, des piqûres, des morsures, etc., etc. Bien des livres de lecture renferment à cet égard des conseils forts sages, que l'instituteur ne manquera pas de faire connaître à ses éIèves et de mettre en pratique, si l'occasion s'en présente.

Gymnastique. — La partie la plus importante de l'éducation physique est sans contredit la gymnastique. On pourrait en distinguer de deux sortes: l'une, toute vulgaire, qui comprend les exercices du corps, quels qu'ils soient, et notamment les jeux; l'autre, raisonnée et méthodique, ou gymnastique proprement dite. L'une et l'autre ont pour effet de mettre les muscles et l'appareil osseux en mouvement, de rendre la circulation du sang plus libre, la respiration plus facile, la digestion plus active, la transpiration plus complète, d'entretenir dans tous les organes la vigueur, qui donne la santé.

A ce point de vue, les jeux, qui sont d'ailleurs si naturels à l'enfant, doivent être encouragés. Toutefois ils ont besoin d'une surveillance particulière. L'instituteur n'oubliera pas qu'il est civilement responsable des accidents qui, faute de surveillance, peuvent arriver à ses élèves pendant la récréation. Puis il y a un choix à faire parmi les jeux, selon l'âge et le sexe des élèves, selon le climat aussi ou la saison. C'est à lui qu'il appartient de présider à ce choix et de le diriger. Il pourra, à cet effet, s'inspirer du *Manuel des jeux* de M. G. Belèze, que nous voudrions voir dans les bibliothèques scolaires de toutes nos écoles.

Mais cette gymnastique naturelle ne suffit pas; il faut y joindre la gymnastique qui s'enseigne, méthodique et progressive, qui seule peut donner au corps toute la souplesse, toute l'agilité, et par suite toute la force dont il est susceptible. C'est un enseignement qui est devenu obligatoire, depuis la promulgation de la loi du 27 janvier 1880, dans tous les établissements d'instruction publique de garçons dépendant de l'État, des départements et des communes. — « En votant cette loi à l'unanimité, dit une circulaire ministérielle, le Sénat et la Chambre des députés ont affirmé d'une manière éclatante leur sollicitude pour un enseignement que l'on peut regarder comme le complément indispensable des études scolaires, comme *un moyen très efficace d'assurer le bon fonc-*

tionnement de nos lois militaires. » Les instituteurs n'ont
plus, du reste, aucune bonne raison à alléguer pour s'en
dispenser, depuis que, par les soins de l'autorité supérieure, des manuels ont paru renfermant des instructions
très précises, accompagnées de figures, et faciles, par
conséquent, à être mises en pratique. — « C'est d'ailleurs une erreur de croire, dit encore la circulaire minis
térielle, que pour faire de la gymnastique, les appareils
sont de toute nécessité. L'expérience nous apprend au
contraire que, surtout pour les enfants, les exercices
élémentaires, tels que les mouvements des bras, des
jambes, les marches, les sauts, développent d'une manière très satisfaisante les forces musculaires et suffisent
à donner de l'agilité et de la souplesse. Les exercices
avec appareils sont un complément *utile*, mais non *indispensable.* »

Qu'il nous suffise donc, sur cette question, de renvoyer à la loi du 27 janvier 1880, aux circulaires qui
l'ont suivie, ainsi qu'aux manuels rédigés en vue de son
application.

Nous rappellerons enfin qu'une certaine gymnastique,
appropriée à leur sexe et aux conditions de la vie qui les
attend, n'est pas moins nécessaire aux jeunes filles qu'aux
jeunes garçons.

III. *Éducation des organes des sens.* — « Une idée généralement admise aujourd'hui, quoiqu'elle soit de date
récente, dit Mme Pape-Carpantier, c'est que tout enfant
qui vient au monde est *un travailleur en espérance,* un
futur apprenti d'une profession encore inconnue, mais
qui réclamera de lui des aptitudes et une habileté sans
lesquelles il resterait forcément au-dessous de sa destinée. Or ces aptitudes, il doit les acquérir dès l'enfance,
parce que c'est dans cette période de la vie que les
organes se disposent, se prêtent le mieux aux exercices
pour lesquels ils sont faits. » Quoique cette éducation
semble incomber d'une manière toute spéciale aux parents, l'instituteur peut cependant y aider puissamment,
et il ne doit pas s'y montrer indifférent.

L'enfant porte en lui dès sa naissance toutes les facultés qu'il possédera un jour; l'éducation ne lui en donnera pas une de plus. Mais ces facultés, il ne les a qu'à l'état de germes; c'est par l'exercice, c'est par l'éducation qu'elles se développeront de manière à pouvoir produire un effet utile. L'enfant touche, voit, entend naturellement; ce que le maître peut lui apprendre, c'est à palper, à regarder, à écouter.

Le toucher, qui est répandu par tout le corps, mais dont la main est l'organe spécial, à cause de sa forme et de sa grande mobilité qui lui permettent de se mouler pour ainsi dire sur tout ce sur quoi elle s'applique, nous révèle l'étendue sous ses trois dimensions et par suite la forme des corps, leur résistance ou solidité plus ou moins grande, leur poids et enfin leur température. Or qui ne sait que l'exercice, se transformant en habitude, amène à des résultats prodigieux d'exactitude et de justesse dans l'appréciation de ces diverses qualités? Il suffit de citer les aveugles, qui arrivent à lire avec leurs doigts les caractères de l'écriture et de la musique. Et combien n'est-il pas utile dans la vie de savoir juger au toucher de la dureté d'un corps, du moelleux d'une étoffe, du poids d'un objet quelconque!

Pourquoi certains enfants confondent-ils des couleurs toutes différentes? Parce qu'on ne leur a pas appris à les distinguer. C'est au maître à instituer des exercices gradués et méthodiques à l'aide desquels non seulement les diverses couleurs, mais les moindres nuances de la même couleur peuvent leur devenir sensibles. Il en est de même des formes : il est des enfants qui voient dans un objet mille choses que d'autres n'y voient pas; c'est que les premiers ont été exercés à regarder et que les autres se contentent de voir. Aussi quelle différence plus tard! Enfin, apprécier à vue d'œil les grandeurs et les distances est aussi une chose qui s'enseigne et dont la connaissance est utile à chaque instant de la vie.

L'éducation de l'ouïe n'est pas moins importante que celle de la vue. Savoir distinguer la nature des bruits, le point d'où ils partent, la matière qui les a produits, etc., n'est pas chose indifférente. Un bruit est souvent un avertissement; or, celui qui entend mal ne peut que tirer des inductions fausses de ce qu'il a entendu. D'un bruit inexpliqué à la superstition il n'y a qu'un pas. Combien de fois, dans les villages, le bruit d'un rat qui court sur le plancher du grenier n'a-t-il pas fait croire à la présence d'un revenant! Le travail des bois neufs, les gouttes d'eau tombant régulièrement d'une gouttière après la pluie sont encore pour bien des personnes des mystères pleins d'anxiétés. Cette ignorance peut même amener des dangers sérieux. Mme Pape-Carpantier raconte que, dans un faubourg de la ville du Mans, des gens faillirent être écrasés par l'éboulement de leur maison, pour n'avoir pas su discerner la nature des craquements qui se faisaient entendre dès la veille. L'homme civilisé est évidemment bien inférieur sous ce rapport à l'homme sauvage, qui perçoit et reconnaît le moindre bruissement avec une sûreté si parfaite. Or, ce que fait l'homme sauvage, pourquoi l'homme civilisé ne le ferait-il pas?

N'oublions pas d'ailleurs que si tout le monde n'est pas destiné à devenir musicien, presque tout le monde naît chanteur, car le chant est aussi naturel que la parole; que l'inaptitude au chant résulte bien rarement de la défectuosité des organes vocaux et qu'elle n'a généralement d'autre cause que le défaut de culture de l'ouïe.

Enfin le chant est un exercice utile pour la poitrine : il adoucit la voix et lui fait perdre l'habitude des sons criards, si naturels aux enfants; il enseigne le rythme, la mesure, l'harmonie et ne contribue pas peu à développer les sentiments délicats.

Nous ne disons rien des sens de l'odorat et du goût, qui servent surtout à l'alimentation et qui mériteraient d'être cultivés comme tous les autres, si l'on ne considérait que l'intégralité des fonctions physiologiques; mais comme ils n'ont que peu de part à l'exercice des professions (si ce n'est à celles de parfumeur et de cuisinier), il n'y a pas lieu d'en traiter dans l'éducation générale des sens, sauf peut-être pour en régler l'exercice et ramener à une juste mesure les jouissances que nous pouvons leur demander. L'instituteur n'omettra pas de faire ressortir, par exemple, tous les dangers de l'alcool et du tabac.

Les exercices qui ont pour objet la culture des sens ne sont pas, on le voit, un simple amusement, un intermède aux leçons regardées comme sérieuses. Ils ort leur utilité propre et spéciale. L'adresse et la sûreté de la main, la portée et l'exactitude de la vue, la délicatesse de l'ouïe donnent une plus-value considérable à l'artisan, par la rapidité et la perfection qu'elles lui assurent dans son travail, et leur développement général est une cause de richesse et de prospérité pour le pays.

Il ne suffit même pas que l'homme soit affiné d'une manière générale et rendu, pour ainsi dire, propre à tout. Outre cette éducation générale de ses organes, il faut leur adaptation spéciale à un acte spécial, autrement dit, l'apprentissage d'un métier.

On s'est demandé si les premiers rudiments de cette éducation professionnelle, vrai complément de l'éducation physique, ne devraient pas être donnés à l'école et si l'instituteur ne devrait pas se charger de l'éducation des organes, comme il dirige l'éducation de l'esprit et du cœur. Nous ne le croyons pas. Que l'éducation générale des sens, mais sans adaptation spéciale, fasse un jour partie de notre programme d'enseignement, rien de mieux, nous le souhaitons vivement [1]; mais l'apprentissage du métier appartient à une seconde phase de l'éducation, qui doit être l'œuvre d'un ouvrier instructeur et non plus de l'instituteur.

L'établissement d'écoles professionnelles est d'ailleurs une nécessité qui s'impose. La société, qui se préoccupe, et avec juste raison, d'assurer aux enfants des familles

[1]. Ce souhait est réalisé aujourd'hui : l'arrêté du 27 juillet 1882, réglant l'organisation des écoles primaires publiques, assigne une place aux travaux manuels parmi les autres exercices scolaires.

ouvrières le bienfait de l'instruction primaire, a le grand tort de ne faire ensuite rien, ou à peu près, pour les aider à se créer des moyens d'existence. Il en résulte qu'ils choisissent un métier au hasard, et que ce n'est pas toujours celui pour lequel ils auraient eu le plus d'aptitude et de goût, celui où ils auraient le mieux réussi et dont la société aurait profité davantage. Il en résulte encore que ce ne sont pas toujours les meilleurs ouvriers ni ceux qui ont le plus d'aptitude à transmettre ce qu'ils savent, qui se chargent de former des apprentis. De là des pertes considérables pour la production nationale, et c'est une considération qui a son importance avec le régime de concurrence universelle vers lequel la force des choses entraîne aujourd'hui tous les peuples.

IV. En résumé, le corps n'est qu'un instrument; mais c'est un instrument indispensable au bon fonctionnement de l'âme : de là la nécessité de l'éducation physique.

L'éducation physique a d'abord pour objet la santé, qui est un bien précieux, un élément essentiel du bonheur. Elle se conserve par l'hygiène et se rétablit par la médecine.

L'hygiène est un ensemble de mesures et de précautions reconnues propres à assurer l'exercice régulier, facile et agréable de toutes nos fonctions organiques : l'instituteur doit en propager les prescriptions par ses conseils et ses avertissements; il insistera notamment sur celles qui sont relatives à l'air, à la lumière, à la température, à la propreté, etc., et dont il trouvera l'application dans la classe elle-même.

La médecine a pour objet la constatation des maladies et l'emploi des remèdes qui peuvent les guérir. Tout en se gardant bien de se substituer au médecin, l'instituteur s'attachera à reconnaître les premiers symptômes des maladies contagieuses les plus ordinaires chez les enfants, afin de séparer de leurs camarades ceux qui en seraient atteints; il ne négligera pas non plus l'indication des premiers soins qu'il y a lieu de donner aux malades dans certains accidents, en attendant l'arrivée du médecin.

L'éducation physique se propose ensuite le développement normal et régulier de tous les organes et de toutes les fonc-

tions du corps : ce à quoi tendent la gymnastique et l'éducation des sens.

Il y a une gymnastique naturelle, qui comprend les jeux
et les exercices du corps, quels qu'ils soient. Quoique très utile
pour développer et fortifier le corps, elle ne suffit pas. Il faut y
joindre la gymnastique qui s'enseigne et qui seule peut lui
donner toute la souplesse, l'agilité et la force dont il est
capable.

Si tout enfant qui vient au monde est un travailleur en espérance, un futur apprenti d'une profession encore inconnue,
mais qui réclamera de lui des aptitudes sans lesquelles il
resterait forcément au-dessous de sa destinée, il importe de
les lui faire acquérir dès son jeune âge. C'est à quoi vise
l'éducation des sens. Un ouvrier dont tous les sens ont été
exercés, développés, affinés, possède pour la production une
plus-value précieuse à une époque de concurrence comme la
nôtre. Des écoles professionnelles, des écoles d'apprentis
seraient un complément logique et vraiment utile des écoles
primaires.

TROISIÈME LEÇON

De l'éducation intellectuelle

I. Il ne suffit pas que l'éducation procure au corps toute la force qu'il peut avoir; il faut encore, et surtout, qu'elle donne à l'âme toute la perfection dont celle-ci est susceptible. — Mais qu'est-ce que l'âme? comment savons-nous qu'elle existe? comment pouvons-nous l'étudier?

Il suffit d'un instant de réflexion pour reconnaître qu'il se passe continuellement en nous une foule de faits qui n'ont rien de commun avec les propriétés de la matière, et que nos sens sont impuissants à atteindre : ainsi apprendre, se souvenir, juger, raisonner, imaginer, croire, douter, aimer, haïr, vouloir, etc. Nous sommes avertis de leur existence par l'exercice d'un pouvoir auquel on a donné le nom de *sens intime*, parce qu'il est pour la connaissance de ces faits internes et immatériels ce que sont les sens pour les qualités des corps. On lui donne également le nom de *conscience, de scire cum*, savoir avec soi-même, savoir intimement. Or ces faits, ces phénomènes, comme on dit dans le langage scientifique, ne sont que des changements d'état, des manières d'être de quelque chose, et ce quelque chose, c'est ce qu'on appelle l'âme. Et comme toutes ces manières d'être, si variées et si nombreuses qu'elles soient, peuvent se ramener à trois formes distinctes : penser, sentir et vouloir, on peut dire que *l'âme est ce qui en nous pense, sent et veut.*

II. Mais si l'homme pense, c'est qu'il a le pouvoir de penser ; s'il sent, c'est qu'il a le pouvoir de sentir ; s'il veut, c'est qu'il a le pouvoir de vouloir. Ces différents pouvoirs sont en lui ce qu'on appelle ses *facultés.* L'âme a donc trois facultés : l'*intelligence*, faculté de penser, c'est-à-dire de connaître et de comprendre ; la *sensibilité*, faculté de sentir, c'est-à-dire de jouir ou de souffrir ; la *volonté*, faculté de vouloir, c'est-à-dire de se déterminer, de se résoudre, de choisir entre plusieurs partis.

Cultiver, développer l'âme, c'est cultiver et développer ses facultés. L'éducation de l'âme comprend donc *l'éducation intellectuelle*, ou culture de l'intelligence, de l'esprit, à laquelle on donne plus spécialement le nom *d'instruction* ; l'éducation de la sensibilité ou du cœur et celle de la volonté ou du caractère. Mais comme les deux dernières tendent à l'action, par opposition à la première qui n'a d'autre objet que de nous éclairer, on les réunit en général sous la dénomination commune *d'éducation morale*, ou éducation proprement dite.

III. L'intelligence est la faculté générale que l'âme a de connaître.

La connaissance est un acte de l'esprit, un *fait* ; l'*intelligence* ou *entendement* est un pouvoir, une puissance de l'âme, une *faculté*.

L'intelligence, faculté générale que l'âme a de connaître, est susceptible d'applications diverses : chacune de ces applications reçoit un nom spécial et constitue une faculté secondaire de l'intelligence, une *faculté intellectuelle*.

1° Appliquée à la connaissance des objets matériels et de leurs propriétés, elle devient la *perception externe*, qui comprend *les cinq sens*.

2

2° Appliquée à la connaissance de l'âme et de ses différentes manières d'être, elle devient la *perception interne*, qu'on appelle aussi le *sens intime* ou la *conscience*.

3° En tant qu'elle conserve, reproduit, et reconnaît les connaissances antérieurement acquises par les sens ou la conscience, elle devient la *mémoire*.

4° Si, se repliant sur elle-même, sur les données que lui ont fournies les sens et la conscience, elle les compare et affirme entre les objets de ses connaissances des rapports de convenance ou de disconvenance, elle s'appelle le *jugement* ou le *raisonnement*.

5° Si, non contente de chercher, d'affirmer des rapports existant réellement entre les objets, elle en invente et en crée de chimériques, elle s'appelle l'*imagination*.

6° Enfin, si on la considère en tant que s'élevant au-dessus des êtres et des faits contingents ou passagers, elle conçoit quelque chose de nécessaire [1], des vérités éternelles et immuables, elle prend le nom de *raison*.

Étudier l'intelligence, c'est étudier successivement chacune de ses applications ou fonctions diverses, chacune des facultés intellectuelles dans lesquelles, pour ainsi dire, elle se décompose.

IV. Avant toute chose, l'intelligence doit entrer en relation avec ce qui est. Or la réalité est matérielle ou immatérielle : il y a les corps et leurs propriétés, leurs manières d'être; il y a l'âme et ses différents états, ses facultés. Par les sens, l'intelligence atteint la matière; par la conscience, elle atteint l'âme. Les sens et la conscience sont des *facultés perceptives;* on leur donne souvent le nom commun *d'expérience*.

V. On nomme *perception externe* cette faculté de l'intelligence par laquelle nous connaissons la matière et ses différents états, les corps et leurs propriétés. Elle s'exerce au moyen des cinq sens : le toucher, la vue,

---

1. On appelle *contingent* ce qui pourrait ne pas être; *nécessaire*, ce qui ne peut pas ne pas être, ce qui résiste à toute supposition d'anéantissement : nous concevons les corps qui nous entourent comme contingents; nous ne pouvons concevoir l'espace dans lequel ils sont contenus que comme nécessaire.

l'ouïe, l'odorat et le goût, qui en sont des applications diverses et comme des subdivisions.

Les *sens* étant des puissances de l'âme, des pouvoirs de connaître, sont *immatériels;* mais les *organes* ou instruments, appareils nerveux à l'aide desquels ils opèrent, sont *matériels.*

VI. Le fait de la perception est un fait complexe, qui présuppose certaines conditions physiques et physiologiques avec lesquelles il importe de ne pas le confondre. Ainsi, pour qu'une perception se forme dans notre esprit, il faut :

1° Qu'un corps agisse sur nos organes, soit immédiatement, comme dans l'exercice du toucher et du goût, — soit médiatement, à l'aide d'un certain milieu, comme dans l'exercice de la vue, de l'ouïe et de l'odorat : c'est la condition *physique.*

2° Que cette action produise sur l'extrémité de nos nerfs un ébranlement que ceux-ci transmettent jusqu'à notre cerveau : c'est la condition *physiologique.*

Si l'une ou l'autre de ces deux conditions fait défaut, la perception n'a pas lieu.

3° Que cette impression organique passe du cerveau à l'âme. Alors seulement la *sensation* a lieu. C'est le fait immatériel, *psychologique* par conséquent. Mais ce qu'il importe de remarquer ici, c'est que la sensation renferme deux éléments ou plutôt nous présente deux faces : d'une part, elle est affective; de l'autre, elle est représentative. Si certaines sensations nous paraissent indifférentes, c'est, selon quelques philosophes, qu'elles se sont émoussées par leur répétition fréquente ; mais primitivement elles ont dû être affectives. D'un autre côté, il nous est impossible de ne pas croire à la réalité de la sensation que nous éprouvons et par suite à l'existence d'un objet extérieur à nous dont nous acquérons la notion, à l'occasion et à la suite de cette sensation. Toutefois cette notion toute passive ne nous donne pas la connaissance de l'objet dans sa nature et ses propriétés. Pour qu'elle devienne réellement la *perception,* une source de connaissances scientifiques, il faut que l'attention s'y applique, que notre âme, de passive qu'elle était jusque-là, devienne active et démêle, discerne les différents caractères de la sensation [1].

VII. Le toucher nous révèle l'étendue et la solidité des corps, leur température; la vue nous fait connaître les couleurs; l'ouïe, les sons; l'odorat, les odeurs; le goût, les saveurs.

Mais il nous arrive souvent de substituer un sens à un autre : la vue au toucher, par exemple, comme beaucoup plus prompte et plus compréhensive, pour juger de la forme ou de la distance des objets.

Comment se fait cette substitution? Quels en sont les avantages et les inconvénients?

Cette substitution d'un sens à un autre suppose trois choses : 1° l'exercice simultané des deux sens; 2° l'intervention de la mémoire et de l'association des idées; 3° un jugement inductif.

Ainsi : 1° je perçois un même objet à la fois par le toucher et par la vue : le toucher me fait connaître sa forme, son étendue *réelle;* la vue me donne sa forme apparente, son étendue *visible.* — 2° Je conserve dans ma mémoire et j'associe l'une à l'autre ces deux notions d'étendue réelle et d'étendue visible, comme si les qua-

---

1. Il importe de ne pas confondre la *sensation* et la *perception.* Elles ont une même condition, l'impression organique, et elles sont ordinairement pour ainsi dire soudées l'une à l'autre; mais elles n'en diffèrent pas moins essentiellement.

La sensation prolongée, ou répétée, diminue par degrés et finit par disparaître; au contraire, la perception prolongée, ou répétée, devient plus claire, plus assurée et plus prompte. Ainsi, je goûte une liqueur qui m'agrée. Il faut distinguer ici deux choses : d'une part, l'opération DU SENS DU GOUT, qui distingue les propriétés que possède cette liqueur (fait cognitif se rapportant à l'intelligence); d'autre part, ce chatouillement agréable, cette SENSATION DE PLAISIR, qui se mêle à l'exercice du sens du goût (fait affectif, relatif et tout personnel, qui se rapporte à la sensibilité). Il y a donc le *sens du goût,* faculté intellectuelle qui se perfectionne par la répétition du même acte; ex. : le dégustateur, qui arrive à force d'exercice à distinguer par le goût les différents crus d'où proviennent les vins qu'il boit, — et la *sensation du goût,* fait sensible qui s'émousse par la répétition; ex. : l'ivrogne, qui doit prendre des liqueurs de plus en plus fortes pour agir également sur son palais émoussé et se donner la même dose de plaisir.

A la lumière de cette distinction, on pourra traiter le sujet suivant : *Est-il vrai qu'on ne puisse pas disputer des goûts?*

lités qu'elles représentent étaient nécessairement réunies dans les objets de mes perceptions. — 3° Que l'une de ces deux étendues vienne de nouveau s'offrir à mon esprit, je conclurai à la présence de l'autre; et comme, dans la nature, la même étendue visible peut se trouver unie à des étendues réelles ou tangibles toutes différentes, selon qu'il y a des ombres, des parties qui s'effacent, de là aussi des erreurs possibles.

Il en est de même quand nous jugeons des distances par la vue. Nous avons remarqué qu'à mesure que les objets s'éloignent de nous, les couleurs en sont moins vives, les contours moins nettement définis; d'après la vivacité plus ou moins grande du coloris, le plus ou moins de netteté des contours, nous jugeons que les objets qui s'offrent à nos regards sont plus ou moins rapprochés. Mais si, sur une surface plane, une toile, par exemple, on dispose des couleurs plus vives à côté d'autres couleurs moins vives, les objets représentés, quoiqu'en réalité sur le même plan, nous sembleront être sur des plans différents, les uns plus rapprochés, les autres plus éloignés : de là encore les erreurs de la vue.

On expliquerait de la même manière toute substitution d'un sens à un autre, et l'on y trouverait la source des erreurs reprochées aux sens, qui n'en peuvent mais.

Cette substitution d'un sens à un autre a donc ses inconvénients; mais elle a aussi ses avantages. Que deviendrions-nous, si nous en étions réduits au seul toucher pour juger de la forme et de la distance des objets qui nous entourent? Notre vie tout entière se passerait en tâtonnements. Grâce à la vue, nous embrassons instantanément une vaste étendue, nous nous dirigeons d'une manière rapide et suffisamment sûre, nous nous mettons en garde enfin contre des dangers que le toucher eût été impuissant à prévoir. Donc, n'accordons à nos sens que la confiance qu'ils méritent; mais ne nous privons pas des avertissements salutaires que, par une bonne éducation, ils sont appelés à nous donner.

2.

VIII. Voici quelques règles dont il est bon de tenir compte dans l'exercice des sens :

1° Ils doivent être exercés avec attention ;

2° Nos organes doivent être dans leur état normal ;

3° Ils ne nous donneront une pleine certitude qu'exercés dans la sphère qui leur est propre et dans leur portée légitime [1].

IX. On nomme *conscience* ou *sens intime*, ou encore *perception interne*, cette faculté de l'intelligence par laquelle l'âme se connaît elle-même, dans ses pensées, ses modifications et ses actes [2].

X. La conscience ne ressemble pas à la perception extérieure. Dans l'exercice d'un sens quelconque, le sujet percevant, le moi, se distingue de l'objet perçu ; dans l'exercice de la conscience, le sujet et l'objet se confondent : c'est l'âme qui se perçoit elle-même. Aussi ne faut-il pas dire, comme on l'a trop souvent répété, que nous connaissons notre âme par la conscience comme nous connaissons les corps par les sens. Dans la perception du monde extérieur, nous n'atteignons que des propriétés, des attributs, des manières d'être, sous lesquelles, la raison intervenant, nous concevons la substance elle-même, l'être matériel ; par la conscience, au contraire, nous atteignons directement et sans intermédiaire, non pas seulement les phénomènes, non pas seul... nt les puissances ou facultés de l'âme, mais l'âme elle-même, dans son essence intime ; nous saisissons au plus profond de notre être une force, une énergie active et continue,

1. Les sens nous montrent les choses telles qu'elles nous apparaissent ; mais il arrive, par suite de notre ignorance des lois de la nature, que nous tirons de leurs données des notions scientifiquement fausses. C'est alors le jugement qui nous trompe et non les sens. On pourra traiter le sujet suivant :

Que faut-il penser de ce vers de La Fontaine :

« Quand l'eau courbe un bâton, ma raison le redresse » ?

2. Le mot conscience a deux acceptions en philosophie. Tantôt il signifie, comme ici, une sorte de *sens intime* par lequel l'âme perçoit tous les faits qui se passent en elle ; tantôt il signifie, comme nous le verrons plus loin, la *conscience morale*, c'est-à-dire la faculté qu'a chacun de nous de discerner le bien du mal, et quelquefois même le plaisir ou la peine qui résultent de l'accomplissement ou de la violation de la loi morale ; ainsi l'on dit : les plaisirs de la conscience, etc.

dont les attributs constitutifs sont : l'*unité*, la *simplicité*, l'*identité* et la *liberté*[1]. C'est par l'analyse seulement que, décomposant après coup cette notion concrète qui n'est autre que la perception de notre existence actuelle, nous y distinguons : 1° l'âme ; 2° ses puissances ou facultés ; 3° ses manières d'être, faits ou phénomènes. C'est par analogie que, retrouvant ensuite des phénomènes d'un autre ordre dans le monde matériel, nous leur supposons des causes et une substance. C'est donc en nous-mêmes qu'avant tout nous saisissons l'être et la cause, et c'est par nous-mêmes que nous connaissons tout le reste [2].

XI. En résumé, l'*âme* est ce qui en nous pense, sent et veut, et nous la connaissons à l'aide du sens intime ou de la conscience. — Ses *facultés* sont les pouvoirs dont elle est douée

1. *Un* s'oppose à *deux* : l'âme est une, c'est-à-dire qu'elle n'est pas double, qu'il n'y a pas en nous deux âmes, deux personnes. *Simple* s'oppose à composé de parties, à divisible : l'âme est simple, c'est-à-dire qu'elle est indécomposable, qu'elle n'admet pas de parties. *Identique* signifie qui ne change pas, c'est-à-dire que, malgré les changements qui s'opèrent continuellement dans notre vie matérielle et même dans notre vie spirituelle, nous saisissons au fond de notre être quelque chose qui est permanent, qui dure et qui, dans sa substance intime, reste toujours le même : je ne pourrais pas me souvenir, si je n'étais plus la même personne que celle qui a connu autrefois ; je ne me regarderais pas comme responsable de mes actes, si je n'avais pas la conscience intime d'être encore celui qui a accompli l'acte dont j'assume la responsabilité. Enfin *libre* s'oppose à qui arrive fatalement, en vertu de lois auxquelles nous ne pouvons rien changer : j'ai conscience de vouloir comme je veux, par exemple, et je sais que mes déterminations dépendent absolument de moi.

2. Rien dans la nature n'est absolument un : tout y est étendu et par suite divisible ; rien n'y est simple : les choses les plus simples y sont composées de parties de plus en plus ténues ; rien n'y est identique : il est établi qu'au bout de quelques années, il ne reste plus dans notre corps aucune des parcelles dont il était jadis composé et il en est de même de tout ce qui vit. Tout change, tout se transforme, tout se renouvelle. Enfin il n'est rien dans le monde qui n'arrive comme il doit arriver, en vertu de lois que nous pouvons ignorer, mais qui n'en président pas moins à l'accomplissement de tout ce qui se fait ; de même nous voyons en dehors de nous des faits qui se succèdent, mais rien n'établit que ceux qui précèdent sont la cause de ceux qui suivent, etc.

Or, puisque rien dans le monde qui nous entoure n'est un, ni simple, ni identique, ni actif, ni libre, où aurions-nous puisé ces idées si nous n'avions pas trouvé en nous-mêmes ce qu'elles désignent, l'objet auquel elles correspondent? Il nous eût été aussi impossible de les avoir qu'à l'aveugle de naissance d'avoir la notion des couleurs. Donc, c'est bien en nous que se trouve la véritable unité, la véritable identité, etc. ; c'est là que nous les découvrons et c'est de là que nous les transportons ensuite en dehors de nous.

et auxquels nous rapportons tous les faits qui s'accomplissent
en elle. Si elle se souvient (c'est un fait), c'est qu'elle a la
faculté de se souvenir. Le fait suppose la faculté et la faculté
ne se manifeste que par le fait. — Tous les faits qui s'accomplissent dans l'âme se reconnaissent à deux caractères : 1° ils
n'ont rien de matériel; 2° les sens ne les atteignent pas. On
les appelle faits ou phénomènes *spirituels*, par opposition aux
faits matériels; *psychologiques*, par opposition aux faits physiologiques, qui se passent également en nous, mais dans notre
corps : *phénomènes de conscience*, parce que la conscience seule
les saisit.

Autant de faits dans l'âme humaine, autant de facultés de
l'âme humaine ; autant de *groupes* de faits, autant de facultés
générales. Si tous les phénomènes de conscience peuvent se
ramener à trois groupes distincts et irréductibles l'un à
l'autre [1] : penser, sentir et vouloir, il faut admettre dans l'âme
humaine trois grandes facultés : l'*intelligence*, la *sensibilité* et
la *volonté*.

Faire l'éducation de l'âme, c'est cultiver les facultés dont
elle est douée. Il y aura donc trois parties dans l'éducation de
l'âme : l'éducation de l'intelligence, ou développement de l'esprit, à laquelle on réserve plus spécialement le nom d'*instruction;* l'éducation de la sensibilité ou formation du cœur;
l'éducation de la volonté ou formation du caractère.

La sensibilité et la volonté étant des principes d'action, on
comprend la culture de ces deux facultés sous un seul nom :
l'*éducation morale.* — L'instruction n'est donc qu'une partie
de l'éducation : elle est la condition de tout le reste; mais, à
elle seule, elle reste incomplète et insuffisante. On n'apprend
à connaître ce qu'on doit faire que pour pouvoir le faire;
la connaissance doit conduire à l'action.

Les *facultés intellectuelles* sont les applications ou fonctions
diverses de l'intelligence. Parmi elles, on distingue la perception externe et la conscience, dites facultés perceptives; la
mémoire et l'association des idées, facultés de reproduction;

---

1. D'abord, *penser* et *sentir* ne sont pas la même chose. Si penser et sentir
étaient une même chose, à mesure que la sensation deviendrait plus vive, la connaissance deviendrait plus claire; c'est le contraire qui arrive. Ainsi encore l'habitude amortit les plaisirs et les peines, tandis qu'une application réitérée rend
nos idées plus distinctes et les grave plus profondément dans l'esprit.

D'un autre côté, *vouloir* est toujours en notre pouvoir; il n'en est pas de même
de sentir ni de penser. Nul ne pense ni ne sent comme il veut, tandis qu'il veut.
comme il veut, c'est-à-dire librement.

le jugement et le raisonnement, facultés d'élaboration, qui construisent les sciences; l'imagination, faculté de combinaison, de création; la raison, dont les principes régulateurs président à tout le reste.

La *perception externe* est cette faculté de l'intelligence par laquelle l'âme connaît la matière et ses différents ét<s, les corps et leurs propriétés. Elle est la réunion des cinq sens, qu'il ne faut pas confondre avec leurs organes.

Le fait de perception est un fait complexe qui comprend : 1° l'action d'un corps extérieur sur nos organes (condition physique); 2° l'ébranlement du nerf et la transmission de cet ébranlement jusqu'au cerveau (condition physiologique); 3° la *sensation*, dans laquelle il y a lieu de distinguer la sensation proprement dite, fait passif et affectif, se rapportant à la sersibilité et s'émoussant par la répétition, — et la *notion*, fait cognitif et actif, se rapportant à l'intelligence, devenant de plus en plus claire par la répétition.

Chaque sens nous fournit des données qui lui sont propres et alors il ne nous trompe pas. Mais il nous arrive, pour plus de commodité, de substituer un sens à un autre, la vue au toucher, par exemple, dans l'appréciation des formes et des distances, et cette substitution peut entraîner des erreurs. Presque toutes les erreurs reprochées aux sens sont, en effet, de fausses conclusions que nous tirons des données très réelles qu'ils nous fournissent. C'est alors le jugement qui est en faute et non les sens, qui n'en peuvent mais.

La *conscience* ou sens intime est cette faculté de l'intelligence par laquelle l'âme se connaît elle-même dans ses pensées, ses modifications et ses actes. La conscience n'atteint pas seulement les manières d'être de l'âme, comme les sens n'atteignent que les manières d'être des corps; elle atteint l'âme elle-même, directement et sans intermédiaire, dans son essence intime. Par elle, l'âme se saisit au plus profond de son être comme une force, une énergie active, continue, essentiellement une et simple, identique à elle-même et libre. C'est en nous-mêmes que nous trouvons la véritable cause, l'unité, l'identité et la liberté; ce n'est que par analogie que nous attribuons ces qualités aux êtres qui nous entourent et où elles ne se trouvent que d'une manière très imparfaite. C'est donc par nous-mêmes que nous connaissons tout le reste.

QUATRIÈME LEÇON

Des facultés de reproduction

La vie intellectuelle n'est possible que si, aux facultés par lesquelles nous acquérons des idées, vient s'en joindre une autre qui les conserve et les reproduise au besoin. Telle est la mémoire.

I. La mémoire *est la faculté de se rappeler le passé ;* c'est à elle que se rapportent les phénomènes intellectuels désignés sous le nom de *souvenirs* et de *réminiscences*.

L'opération complète de la mémoire comprend trois actes successifs, qui s'enchaînent et s'ajoutent l'un à l'autre. Ces actes sont : conserver une notion acquise, se la représenter et la reconnaître. Le premier est stérile, quand il existe seul ; quand le deuxième s'y ajoute, il y a *réminiscence ;* le fait de reconnaissance seul achève le *souvenir*.

II. La matière du souvenir est toujours une connaissance précédemment acquise, qui se reproduit dans l'esprit en l'absence des objets qui y ont donné lieu. « Nous ne nous souvenons, à proprement parler, que de nous-mêmes, » a dit Royer-Collard. En effet, le souve-

nir, quel que soit son objet, est toujours la reproduction
d'un état dans lequel le moi s'est trouvé antérieurement.
La mémoire n'est en quelque sorte qu'une prolongation
de la conscience. Émotions, pensées, résolutions, tous
les faits internes peuvent, du reste, être objets de souvenir. Toutefois il faut reconnaître que les idées conservées
subissent toujours des altérations plus ou moins profondes. « Il arrive du déchet dans nos idées, a dit Locke,
même dans celles qui sont gravées le plus profondément. »

Dans le fait de mémoire (ou souvenir), comme dans
le fait de conscience, c'est l'âme qui est à la fois le
sujet connaissant et l'objet connu : voilà en quoi se ressemblent la mémoire et la conscience. Mais tandis que,
dans le fait de conscience, l'âme perçoit son état actuel,
présent ; — dans le souvenir, elle ne fait que reconnaître
un état dans lequel elle s'est trouvée antérieurement :
voilà en quoi elles diffèrent.

Il y a particulièrement deux idées très importantes qui
résultent de l'exercice de la mémoire : ce sont celles de
durée et d'*identité*. On ne peut se souvenir sans avoir
conscience qu'on a connu précédemment et qu'on est
resté le même à deux moments de la durée. — Tant que
l'enfant n'a pas dégagé et nettement conçu la première,
il ne peut attacher aucun sens aux mots de présent,
passé et futur ; à plus forte raison ne peut-il distinguer
les différents temps du passé et du futur ; la conjugaison
reste pour lui un exercice tout mécanique. Tant qu'il ne
s'est pas rendu un compte bien exact de la seconde, il
n'y a pas pour lui de responsabilité.

III. Nos souvenirs se divisent en deux classes : les uns
sont la représentation mentale des objets matériels ;
les autres, celle des faits de l'âme [1]. Il y a donc deux
espèces de mémoire : la mémoire sensible et la mémoire
intellectuelle.

Les hommes ne sont pas tous également organisés
pour se rappeler les mêmes choses ; aussi distingue-t-on,

1. Il n'y a pas souvenir de ce qui est conçu comme nécessaire ; ce qui est
nécessaire ne peut être absent ou passé, puisqu'il est partout et toujours.

dans la mémoire sensible, la mémoire des noms, des
mots, des faits, des dates, des formes, des lieux, des couleurs, des sons, etc. On peut avoir l'une de ces mémoires
beaucoup plus facile, plus développée que les autres ; on
peut perdre l'une et garder les autres : ce qui montre
qu'il faut les distinguer. Au fond cependant, elles ne
sont qu'une seule mémoire, la faculté de reproduire et
de reconnaître une connaissance antérieurement acquise.

L'exercice de la mémoire est *spontané*, quand le souvenir se présente de lui-même à notre esprit, sans que
nous ayons rien fait pour le provoquer, — ou *volontaire*,
lorsqu'il ne se produit qu'après un effort de notre volonté. Il est à remarquer que la mémoire volontaire ne
peut entrer en jeu que pour éclaircir ou compléter un
souvenir de la mémoire spontanée : pour vouloir se souvenir, il faut que déjà l'on se souvienne un peu.

IV. Une mémoire qui serait à la fois *facile, tenace et
présente*, c'est-à-dire prompte à rappeler le souvenir au
moment où l'esprit le réclame, serait une mémoire parfaite ; mais il est rare qu'elle réunisse ces qualités au
même degré, ou au moins qu'elle les possède pour tous
les objets. En général, plus on apprend vite et moins on
retient longtemps — et inversement. La troisième qualité
tient dès deux premières et suppose en outre une certaine
vivacité d'esprit.

V. Mais si personne n'a une mémoire parfaite, chacun
peut au moins perfectionner celle qu'il a. C'est à quoi
l'on arrive : 1° par l'attention. L'intensité du souvenir est
presque toujours en proportion de la vivacité de l'impression que les choses ont produite sur nous et de l'attention que nous leur avons prêtée ; 2° par la répétition
fréquente des mêmes actes, d'où naît l'habitude qui rend
tout facile. Ainsi des élèves éprouvent d'abord de la
peine à retenir certaines choses par cœur ; mais qu'ils
les répètent souvent, qu'ils s'obstinent à vouloir les apprendre et bientôt la tâche leur deviendra facile. Il en
sera de même pour retenir longtemps. Quand un morceau de poésie, par exemple, est su par toute une classe,

que le maître le fasse seulement répéter une fois chaque semaine et personne ne l'oubliera; 3° par l'ordre mis dans nos connaissances. « Il est indubitable, dit l'auteur de la *Logique de Port-Royal*, qu'on apprend avec une facilité incomparablement plus grande et qu'on retient beaucoup mieux ce qui est enseigné dans le vrai ordre, parce que les idées qui ont une suite naturelle s'arrangent beaucoup mieux dans notre mémoire et se réveillent bien plus aisément les unes les autres. »

Mais cet ordre peut être naturel ou artificiel : le premier est bien préférable au second. L'ordre artificiel, auquel on a donné le nom de *mnémotechnie*, consiste à associer les choses qu'on veut retenir à d'autres qu'on sait bien, mais avec lesquelles elles n'ont que des rapports accidentels : ainsi en est-il de certaines consonances et des vers dits mnémoniques. La pratique de ces moyens peut donner des résultats momentanés; mais elle n'exerce nullement l'intelligence et elle peut même fausser le jugement, faculté plus précieuse encore que la mémoire. Il ne faut donc y avoir recours qu'avec une grande circonspection.

VI. L'utilité de la mémoire est telle qu'on se figure difficilement ce que nous serions, si nous en étions dépourvus, si nous étions renfermés dans l'indivisible, l'inappréciable instant du présent. Toute étude serait illusoire : nous ne conserverions rien de ce que nous apprendrions par nous-mêmes; nos maîtres ne pourraient nous transmettre aucune des connaissances acquises par ceux qui nous ont précédés; la prévision de l'avenir, l'un des plus beaux privilèges de l'âme humaine, deviendrait impossible, puisqu'elle se fonde sur l'expérience du passé. Heureusement, il n'en est pas ainsi : tous les êtres humains ont une mémoire plus ou moins heureuse; mais tous ont une certaine mémoire. Il n'est pas d'enfant qui puisse dire qu'il n'a pas de mémoire, puisqu'il a bien pu apprendre à parler et qu'il se souvient nécessairement de tous les mots dont il se sert. Ce qui est vrai, c'est que la mémoire, si ingrate soit-elle, peut se développer par l'exercice; ce qui est vrai encore, c'est qu'elle s'affaiblit avec l'âge, et cela est normal, puisque les organes s'usent en vieillissant : de là la nécessité de profiter du jeune âge des enfants pour leur faire acquérir le plus de connaissances possible, et les connaissances qui doivent leur être plus particulièrement utiles. Quelle provision d'idées et d'expressions les écoliers ne feraient-ils pas si, dès le moment où ils entrent à l'école, ils apprenaient chaque jour quelque chose par cœur, ne fût-ce que quelques lignes, quelques vers! Quelle facilité n'auraient-ils pas plus tard à penser et à exprimer leurs pensées! Les souvenirs sont comme les matériaux des constructions que l'esprit édifiera un jour; il ne peut y avoir qu'avantage à ce qu'ils soient aussi nombreux et aussi variés que possible.

Il faut prendre garde toutefois que ce développement de la mémoire ne se fasse au détriment des autres facultes, et notamment qu'il n'empêche l'exercice du jugement.

La règle à suivre est bien simple : elle consiste à ne jamais faire rien apprendre qui n'ait été préalablement saisi par l'intelligence et bien compris. *Comprendre d'abord, apprendre ensuite* [1].

VII. A l'étude de la mémoire se rattache celle de l'association des idées, qui est une des conditions de son exercice. C'est un fait qu'un souvenir ne se produit jamais en nous sans avoir été appelé par celui qui le précède et sans amener celui qui le suit. Cette filiation est parfois étrange, dans les coq-à-l'âne, par exemple. Il peut se faire que nous ne retrouvions pas tout d'abord les intermédiaires qui nous ont conduits de l'un à l'autre; mais ceux-ci n'en existent pas moins. *Cette propriété*

---

1. Il peut arriver qu'un homme ait une mémoire très puissante, avec des facultés médiocres (*homme de bienheureuse mémoire et qui attend le jugement*). Mais on ne peut admettre que la faiblesse de celles-ci tienne à la prédominance de la mémoire. Il est peu intelligent, *quoique* et non *parce que* il a beaucoup de mémoire. « La loi du balancement des organes ne s'applique pas exactement aux facultés de l'esprit : ce qui manque à l'une ne profite pas aux autres, et le développement de celle-ci ne nuit pas, tant s'en faut, à l'activité de celles-là. »

M. Em. CHARLES.

qu'ont nos idées (ou plutôt tous les états du moi) *de s'appeler réciproquement, quand une fois elles ont été en présence, constitue ce qu'on appelle l'association des idées.* Ainsi Pharsale nous fait songer à César, César à Pompée, Pompée à l'Égypte où il mourut, l'Égypte à l'isthme de Suez, à Panama, à M. de Lesseps, etc... Il suffit d'un mot jeté dans la conversation pour nous faire passer d'une idée gaie à une idée triste. La simple vue d'une pierre de votre musée scolaire éveille en vous le souvenir des lieux d'où vous l'avez rapportée, etc...

VIII. Toutefois nos idées ne s'appellent ainsi qu'en vertu des rapports qui existent ou que nous avons mis entre elles. Ces rapports sont *accidentels* ou *logiques* :

1° Les premiers ne dépendent pas de la nature même des choses et ils n'existent que par accident, par suite de rencontres fortuites et extérieures.

Ils sont fondés sur des ressemblances ou analogies : comparaison, métaphore; sur des contrastes ou oppositions : antithèse ou opposition de deux mots, de deux idées qui se donnent du jour l'une à l'autre, antiphrase, ironie, vif sentiment des contrastes qui fait une bonne partie de l'esprit, allitération, calembour, consonance d'où résulte la rime, etc...; ou encore sur la contiguïté dans le temps ou dans l'espace : de là les synchronismes, les éphémérides, les chronologies, les généalogies, les dates en histoire qui rappellent les faits; de même encore certaines sympathies ou antipathies résultant de ce que la présence d'une personne, par exemple, a coïncidé pour nous avec une idée agréable ou pénible. La vue des lieux éveille en nous le souvenir des événements dont ils ont été le théâtre, de ceux dont nous y avons été témoins, des impressions que nous y avons éprouvées, etc., etc.

Il faut, pour que ces associations se forment, que les deux états du moi qui s'appellent et s'unissent aient existé simultanément ou successivement sous la vue de l'esprit.

2° Les rapports logiques sont ceux qui ressortent de

la nature même des choses et qui en dépendent, comme ceux de cause à effet, de moyens à fin, de prémisses à conséquence, — et réciproquement. Mais ceux-ci sont plutôt les lois elles-mêmes de la raison, dont la fonction est d'unir et de relier nos pensées, comme nous le verrons plus loin. Les associations d'idées auxquelles ils donnent lieu s'appellent plus particulièremeut des *liaisons d'idées*. Elles résultent de ce fait que, une idée se présentant à notre intelligence, celle-ci conçoit immédiatement ce qui en dépend, ce qui d'une manière ou d'une autre la complète.

IX. Suivant leur aptitude naturelle ou leur goût réfléchi pour les associations accidentelles ou logiques, les hommes se partagent en deux classes assez tranchées : 1° Les esprits légers et quelquefois plaisants, mais superficiels, à l'attention peu soutenue, légère, éparpillée, qui voient souvent beaucoup de choses, mais qui ne les voient qu'à la surface ; qui s'attachent surtout aux apparences et même qui s'en souviennent ; qui, par suite, peuvent avoir dans la conversation autant d'imprévu que de variété et nous surprendre par leurs brusques saillies, leurs rapprochements inattendus, — comme aussi les gens d'imagination, les artistes, les poètes, dont toutes les pensées revêtent immédiatement une forme imagée et sensible ; 2° les esprits graves, sérieux, qui ne s'arrêtent pas à la surface, mais qui pénètrent dans l'essence même des choses ; qui, une question entamée, la poursuivent jusqu'au bout avec logique ; qui ne veulent pas seulement savoir, mais comprendre ; qui apprendront peut-être plus difficilement, mais qui retiendront mieux. Sans doute, cette distinction n'a rien d'absolu, et certains hommes privilégiés peuvent réunir ces deux sortes d'esprit. Mais c'est un fait que, dans un même objet d'études, des esprits différents cherchent et voient des choses tout autres. La distinction a donc sa raison d'être.

X. Les associations d'idées offrent encore des caractères tout différents, selon qu'elles se produisent spontanément ou sous l'influence de la volonté. C'est par les

premières que s'expliquent les *distractions*, la *rêverie*, le
rêve, et même le *somnambulisme*, la *folie*, l'*hallucination*.
Les secondes engendrent l'*attention*, l'*application* et par
suite le développement de certaines aptitudes, la *médita-*
tion, c'est-à dire la réflexion longue et approfondie sur
un même sujet. Et quand, par une répétition fréquente,
ces associations sont devenues des habitudes, elles déterminent notre tournure d'esprit, nos goûts, nos opinions,
notre caractère, etc... Rien donc n'est plus important
dans l'éducation que de surveiller et de bien diriger les
associations d'idées des enfants. *La plupart des préjugés*
sociaux, moraux, politiques, religieux ont leur origine et
trouvent leur explication dans l'habitude d'associations
fausses ou inexactes. Combien de fois, au contraire, l'amé-
nité et la droiture du caractère, la pratique du bien, l'héroïsme même ne résultent-ils pas des habitudes d'esprit
qu'a su créer une éducation bien conduite [1]!

XI. En résumé, la mémoire est la faculté de se rappeler le
passé : on lui rapporte les réminiscences et les souvenirs. —
Elle a toujours pour objet un état antérieur de l'âme; elle
est une sorte de conscience prolongée. C'est à l'exercice de
la mémoire que nous devons les idées de durée et d'identité.
— On distingue plusieurs sortes de mémoire, selon les divers
objets du souvenir. — Les qualités de la mémoire sont la
facilité, la ténacité, la promptitude au rappel. — La mémoire
se perfectionne par l'exercice, par la répétition fréquente des
mêmes actes de l'esprit d'où naît l'habitude, par l'ordre mis
dans nos connaissances. L'ordre naturel est bien préférable
à un ordre artificiel quelconque, à la mnémotechnie, par
exemple, qui peut fausser le jugement. — La mémoire est

---

1. Le gui, dont les rameaux restent toujours verts, même au milieu d'une
nature morte, est devenu l'emblème de l'immortalité et a fini par passer lui-même
pour un dieu. — Le sel était, dans l'antiquité, le symbole de l'hospitalité et de
l'amitié. On s'en présentait au commencement du repas. Renverser la salière
devint le signe d'une rupture et certainement d'un grand malheur, car il n'en est
pas de plus grand que la discorde et la haine. Aujourd'hui on a oublié le symbole,
mais on a conservé l'*union des idées de malheur et de sel renversé*, et l'on a peur
d'une salière renversée. — Si l'on est treize à table, on dit que l'un des convives
mourra dans l'année, parce que Jésus est mort un peu après la cène, où il s'était
trouvé à table avec ses douze apôtres.

une faculté très précieuse; c'est surtout chez l'enfant qu'on doit la cultiver. Cette culture toutefois doit être subordonnée au développement de l'intelligence en général : il faut comprendre d'abord, apprendre ensuite.

Comme fait, l'association des idées est cette propriété qu'ont nos idées de s'appeler réciproquement, quand une fois elles ont été en présence sous l'œil de l'esprit; comme faculté, elle est ce pouvoir de l'intelligence par lequel, percevant des rapports entre certaines idées, elle les unit et se les rappelle dans un certain ordre[1]. — Nos idées peuvent s'unir suivant des rapports accidentels, comme ceux de ressemblance ou d'opposition, de contiguïté dans le temps ou dans l'espace, etc., ou suivant des rapports logiques, comme ceux de cause à effet, de prémisses à conséquence, etc. — L'habitude du premier mode fait les gens d'esprit, les poètes, et aussi les hommes légers; l'habitude du second fait les hommes réfléchis, les penseurs, les philosophes. — Les associations d'idées diffèrent encore selon qu'elles se produisent spontanément, ou sous l'influence de la volonté. Il importe que les associations d'idées des enfants soient surveillées et bien dirigées : leur manière de penser, leur caractère, etc., en dépendent pour une grande part.

---

1. On voit que le même mot sert ici pour exprimer deux choses toutes différentes : la faculté et le fait que cette faculté sert à expliquer. Il en est de même de presque tous les mots qui expriment les facultés ou opérations de l'âme. *L'abstraction* est le pouvoir que nous avons de faire des *abstractions*. On dit également bien : « cet enfant a un excellent *jugement*, » et « le *jugement* que vous avez porté sur cette affaire est exact », et ainsi des autres.

CINQUIÈME LEÇON

Des facultés d'élaboration

I. Par ses facultés perceptives, les sens et la conscience, l'esprit prend connaissance des êtres et des faits matériels ou immatériels; par la mémoire, il conserve, reproduit, associe ses perceptions. Ce n'est pas tout. Grâce à l'activité qui lui est propre, il précise par *l'attention* les notions nécessairement vagues que lui ont d'abord fournies ses facultés perceptives; par *l'abstraction*, il les décompose en leurs éléments simples; par la *comparaison*, il les rapproche, cherche en quoi elles se ressemblent et en quoi elles diffèrent; par la *généralisation*, il forme des idées nouvelles, qui ne correspondent plus à un objet déterminé, mais qui rappellent dans ce qu'ils ont de commun tous les objets de la même espèce; par le *jugement*, il affirme les rapports qu'ont entre elles ses diverses connaissances; et si cette affirmation ne peut se faire que par l'intervention d'une ou de plusieurs notions intermédiaires, le jugement prend le nom de *raisonnement*. Être attentif, analyser ses perceptions, les rapprocher, former des notions générales et raisonner : telles sont les opérations par lesquelles l'esprit développe ses connaissances, par lesquelles il constitue les sciences ou se les approprie. Ces opérations sont propres à l'homme; elles ne sont possibles qu'à la lumière d'une

faculté supérieure qui fait son caractère distinctif : c'est
l'*entendement* ou la *raison*, que nous étudierons plus loin.

II. L'ATTENTION n'est autre chose que la volonté appliquée à la direction de l'intelligence. Nos facultés intellectuelles entrent d'abord en exercice spontanément,
sous la seule influence de leur propre nature; puis, la
volonté s'en empare, les concentre et les dirige vers un
but unique et spécial: c'est ce qu'exprime bien le mot
ATTENTION (*tension vers*); c'est ce que marque aussi le
langage dans les mots voir et regarder, entendre et
écouter, toucher et palper, etc... On peut donc définir
l'attention, *la concentration de nos facultés intellectuelles
sur un objet, afin de le mieux connaître.*

Elle prend ordinairement le nom d'*observation*, quand
elle se joint à l'exercice des sens et qu'elle porte sur des
objets de la nature physique, — et celui de *réflexion*,
quand elle s'unit à la conscience et qu'elle a pour objet
quelque chose d'immatériel: par exemple, quand l'esprit se replie sur lui-même pour s'observer et distinguer
ses diverses idées.

L'attention est un fait intellectuel dans ses résultats,
mais volontaire dans son principe. On est attentif quand
et comme on veut; mais on ne connaît pas comme on veut.
Ce n'est point l'attention qui donne des idées; elle place
seulement l'intelligence dans les meilleures conditions
pour que celle-ci puisse en acquérir.

L'attention rend nos idées plus claires et plus distinctes; elle exerce la plus grande influence sur le développement de nos facultés en général, et en particulier sur
celui de la mémoire; elle produit, quand elle est réitérée,
l'habitude qui nous dispense de l'effort et rend tout plus
facile.

Elle est donc un fait de la plus haute importance. Sans elle,
point de véritable connaissance, point de science possible.
*L'art de l'éducation consiste presque entièrement à savoir
la stimuler, la soutenir et lui imprimer une sage direction* [1].

1. L'attention des élèves en classe est la condition indispensable du progrès; il
faut donc que le maître l'obtienne à tout prix. Il l'obtiendra surtout s'il sait bien

A l'attention se rattache la COMPARAISON, qui n'en est qu'un mode. Elle n'est pas, ainsi qu'on l'a dit, une attention double ou une attention successive; comme l'attention elle-même, elle est un acte unique de l'esprit, mais un acte visant la perception des rapports que les choses ont entre elles. Seule elle rend possible la vue des ressemblances et des différences; par suite, la généralisation et le jugement.

III. L'ABSTRACTION n'est encore qu'un mode de l'attention. C'est l'attention elle-même se portant exclusivement sur une des qualités d'un objet, à l'exclusion de sa substance et de ses autres qualités, en vue de la mieux connaître. La notion de la qualité ainsi séparée et considérée isolément est une *idée abstraite.*

Il ne faut pas confondre l'abstraction et l'analyse. L'*analyse* opère des décompositions réelles; dans l'*abstraction*, l'esprit ne fait que séparer mentalement ce qui est inséparable dans la réalité.

Le *concret* est ce qui existe réellement; l'*abstrait* n'existe que dans notre pensée. Le concret est complexe; il nous est donné tel qu'il est par l'expérience, c'est-à-dire par les sens et la conscience: c'est l'être individuel avec toutes ses qualités, c'est encore un fait déterminé avec toutes les circonstances qui le constituent ou qui l'ac-

---

ordonner les exercices de sa classe et rendre ses leçons intéressantes. Il y a toutefois un certain nombre de moyens pratiques, suggérés par l'expérience, qu'il fera bien de ne pas négliger. « Autant que possible, qu'il reste en place, dit M. Michel Bréal, tenant la classe sous ses yeux et exigeant que tous les élèves soient tournés vers lui. L'enseignement ne commence que quand tous les enfants ont pris une attitude droite et recueillie : un coup donné sur la table ou un mot convenu marque le signal que la classe est commencée. Les questions doivent être adressées à la classe tout entière : aussi le maître fera-t-il toujours la question d'abord; puis il laissera le temps nécessaire pour qu'on puisse trouver la réponse, et c'est alors seulement qu'il nommera l'élève qui doit répondre. Si celui-ci commence à chercher sa réponse après qu'il a été interpellé, c'est une preuve d'inattention. La réponse faite par un élève, si elle est correcte, peut être redemandée à un camarade; si elle est fautive, elle doit être corrigée par lui. Les phrases importantes sont répétées en chœur par toute la classe. Aussitôt que l'inattention se montre, le maître s'arrête. Un moyen de réveiller la classe, mais dont il ne faut pas abuser, c'est de la faire se lever et se rasseoir sur un mot de commandement. Les élèves doivent toujours répondre à voix très haute; au contraire, le maître pourra ne pas élever la voix en parlant. L'oreille des élèves s'habitue vite aux éclats de voix, qui dès lors ne servent plus à rien. »

compagnent; l'abstrait, au contraire, est simple, il est
construit par l'esprit et il a toujours trait à un point de
vue particulier que nous avons choisi.

Une idée abstraite étant simple est nécessairement
claire pour l'esprit qui la conçoit nettement; mais il ne
faut pas confondre cette clarté de l'esprit, qui suppose
déjà un certain degré de développement de l'intelligence,
avec la clarté des sens qui est plus naturelle à l'enfant et
qui la précède chronologiquement.

L'idée abstraite a une extension plus ou moins grande,
c'est-à-dire qu'elle est d'autant plus abstraite qu'elle a
pour objet une qualité qui convient à un individu, à une
espèce ou à un genre. *Il importe, en pédagogie, que le
développement progressif de l'éducation intellectuelle de
l'enfant corresponde exactement à cette marche progressive
de l'abstraction* [1].

1. « Partir de l'idée générale de la science à enseigner, la décomposer logiquement en un certain nombre de notions abstraites, définir chacune de ces notions
et faire apprendre aux élèves ces définitions, puis en déduire les règles, sauf à
en faire faire ensuite les applications sous forme d'exercices, de problèmes
d'exemples : telle a été la tendance primitive de la pédagogie, telle est celle de
tous les maîtres au début de leur carrière. Pourquoi ce mode d'exposition séduit-
il toujours l'esprit des maîtres autant qu'il rebute celui des élèves? C'est qu'il
correspond à la marche *logique* et non pas à la marche *naturelle* de l'intelligence
et que la première est celle des maîtres, la seconde celle des enfants. Il semble
au maître que le meilleur moyen d'apprendre, comme la meilleure manière d'enseigner, est, suivant une formule célèbre, *d'aller du simple au composé*. Mais le
simple, c'est l'abstrait. Dans la réalité, dans la nature, il n'existe pas de chose
simple, il n'existe rien qui ne soit complexe, rien qui n'ait des aspects nombreux,
des attributs divers. Le réel ou concret n'est jamais simple. Plus une idée est
simple, plus elle est générale et partant éloignée de ce qui tombe sous les sens.
Or les sens s'éveillent chez l'enfant bien avant la faculté d'abstraire et de généraliser : il voit d'abord, il touche, il sent les objets tels que la nature les lui présente, dans toute la richesse confuse de leurs qualités réunies, longtemps avant
de savoir abstraire. En un mot, il part du concret et son maître veut qu'il parte
de l'abstrait, parce que l'abstrait est plus simple. C'est évidemment au maître à
se plier aux procédés qui conviennent à l'élève.
Si légitime que soit la réaction actuelle contre l'abus des procédés abstractifs,
il ne faudrait pas la pousser cependant jusqu'à les bannir absolument des écoles.
Il ne faut même pas reculer trop tard le moment où l'on fera de l'abstraction la
forme et la condition de tout l'enseignement. En effet, si le terme général ne se
présente que quand l'intelligence de l'enfant l'appelle en quelque sorte pour lui
servir à résumer plusieurs noms abstraits, et si ces noms abstraits eux-mêmes
désignent des qualités que l'enfant a préalablement saisies dans le vif de la réalité,
alors l'abstraction n'a que des bienfaits : elle est claire, facile, naturelle. C'est
un secours pour la mémoire, une satisfaction pour l'intelligence, une ressource

IV. Le JUGEMENT *est une opération de l'esprit par laquelle nous affirmons un rapport de convenance ou de disconvenance entre deux idées,* — ou encore, *par laquelle nous faisons rentrer une idée dans une autre idée plus générale.* Ex : Pierre est bon; tous les hommes sont mortels. — Il comprend trois éléments : l'être auquel on attribue ou l'on refuse une qualité; la qualité affirmée ou niée ; l'opération de l'esprit qui affirme que la qualité convient ou ne convient pas à l'être. Un jugement est toujours affirmatif.

Le jugement, dans les choses qui présentent quelque intérêt et dont la vérité est plus ou moins difficile à découvrir, constitue le *bon sens,* qui nous fait discerner le vrai du faux.

Il s'exprime dans le langage par une *proposition* (sujet, attribut et verbe, qui correspondent aux trois éléments du jugement). Une proposition est affirmative, quand elle exprime un rapport de convenance; négative, dans le cas contraire.

Quelquefois la simple comparaison de deux idées ne suffit pas pour nous en faire voir immédiatement le rapport ; dans ce cas, nous avons recours à une idée intermédiaire, à une double comparaison; nous raisonnons.

Le RAISONNEMENT *est une opération de l'esprit qui consiste à tirer un jugement d'un autre jugement, à l'aide d'un ou de plusieurs jugements intermédiaires.* Ex : Tous les corps sont pesants ; or, l'air est un corps; donc, l'air est pesant; — ou encore, *une opération qui consiste à faire rentrer une première idée dans une deuxième plus générale et cette deuxième dans une troisième plus générale encore, pour faire voir que la troisième rentre dans la première.* Ex : Tous les vices sont honteux; or, l'hypocrisie est un vice ; donc l'hypocrisie est honteuse. (Honteux comprend vice; vice comprend hypocrisie.)

Le raisonnement s'exprime dans le langage par l'*argu-*

inappréciable pour le langage. *Trouver pour chaque élève et pour chaque étude le moment précis où il convient de passer de la forme intuitive à la forme abstraite, est le grand art d'un véritable éducateur.* » (M. Buisson, *Dict. pédag.*, art. ABSTRACTION.)

ment, dont la forme la plus parfaite est le *syllogisme.* Il est à la fois dans l'homme une marque de grandeur et une marque de faiblesse [1].

Il revêt deux formes : l'induction et la déduction.

1° *L'induction s'élève de l'observation de plusieurs faits particuliers à la loi générale qui les régit.* Ex : *Plusieurs* métaux (le plomb, le fer, l'or, etc.) sont fusibles; donc *tous* les métaux sont fusibles.

2° La *déduction descend des vérités générales aux vérités particulières qui y sont contenues, des principes à leurs conséquences.* Ex : *Tous* les corps sont pesants, donc l'air est pesant.

Le principe de la déduction est qu'on peut affirmer d'une chose ce qui est vrai de la classe dans laquelle cette chose est comprise : maxime évidente par elle-même, puisqu'un objet ne peut appartenir à une classe que s'il en possède tous les caractères. L'induction a pour principe notre croyance à la stabilité et à l'universalité des lois de la nature, croyance qui se résout dans la notion innée d'ordre.

Le raisonnement, sous cette double forme, rend les plus grands services à l'esprit humain. L'induction crée les sciences physiques et naturelles, elle est le fondement d'une foule de jugements que nous portons chaque

1. C'est une perfection de pouvoir, en géométrie par exemple, aller d'un axiome, proposition évidente pour toutes les intelligences, à une proposition conséquente, qu'on en est quelquefois très éloignée, et cela, en passant par un plus ou moins grand nombre de propositions intermédiaires, qui relient cette conséquence à l'axiome, son principe. Ce pouvoir, l'animal ne l'a pas ; il ne sait qu'unir de simples *consécutions,* comme dit Leibnitz, sans comprendre les rapports qui existent entre elles. Mais c'est une faiblesse ce ne pouvoir embrasser d'une seule vue de l'esprit un principe avec toutes les conséquences qu'il renferme, comme le ferait une intelligence parfaite.

Le degré d'intelligence des élèves se mesure précisément à la facilité plus ou moins grande qu'ils ont de saisir les rapports qui existent entre deux propositions, et le talent du maître consiste à ne leur proposer que des rapports qui ne dépassent pas la portée de leur intelligence. Quand un élève ne comprend pas, c'est qu'il y a un certain nombre de propositions intermédiaires qui ont été omises, et que la faiblesse de son intelligence ne lui permet pas de suppléer. Le maître doit alors les rétablir. L'élève ne comprend pas que A convient à D : on lui fera voir que A convient à B, que B convient à C et C à D ; il en conclura que A convient à D. C'est en quoi consiste le raisonnement.

jour sur les objets les plus frivoles comme sur les plus
graves; la déduction engendre tout un ordre de sciences
(mathématiques, droit, théologie...), qui consistent à développer les conséquences de certaines vérités générales
servant de base au travail de l'esprit.

V. En résumé, on appelle *opérations de l'entendement* les
différentes formes sous lesquelles l'esprit entre en activité pour
élaborer les perceptions acquises par les sens et la conscience
et conservées par la mémoire : attention, abstraction, comparaison, généralisation, jugement et raisonnement.

L'attention est la concentration de notre intelligence sur
un objet afin de le mieux connaître. L'abstraction n'est qu'un
mode de l'attention : c'est l'attention elle-même se portant
sur une qualité d'un objet à l'exclusion de sa substance et de
ses autres qualités, le travail de l'esprit séparant mentalement
de toutes les autres une qualité qui en est inséparable dans la
réalité. Par la comparaison nous rapprochons deux objets
afin de constater les ressemblances qui peuvent exister entre
eux ; et quand nous avons remarqué entre plusieurs individus
un caractère commun, nous généralisons, c'est-à-dire que nous
formons une idée qui ne représente plus un seul objet, mais
plusieurs dans ce qu'ils ont de commun.

Le jugement est cette opération de l'esprit par laquelle
nous faisons rentrer une idée dans une autre idée plus
générale, ou encore, par laquelle nous affirmons un rapport
de convenance ou de disconvenance entre deux idées. Le
raisonnement n'est autre chose qu'un jugement qui se fait à
l'aide d'une ou de plusieurs idées intermédiaires. Il revêt deux
formes : l'induction et la déduction.

SIXIÈME LEÇON

Appendice au raisonnement. — De la logique

« Ce n'est pas assez d'avoir l'esprit bon, disait Descartes; mais le principal est de l'appliquer bien. » De là la nécessité de la méthode.

On appelle MÉTHODE (route vers), *l'ensemble des procédés employés par l'esprit humain dans l'acquisition, la vérification et l'application de la science.*

Des connaissances générales, claires et distinctes, ordonnées entre elles, constituent la SCIENCE, qui est le but et le terme du développement intellectuel.

Tout le travail de l'esprit pour atteindre ce but peut se ramener à l'emploi de deux procédés généraux : le procédé *inductif*, qui va du particulier au général, et le procédé *déductif*, qui va du général au particulier.

DU PROCÉDÉ INDUCTIF

Analyse et synthèse. — II. Analogie. — III. Induction. — IV. Classification. — V. Définition.

DU PROCÉDÉ DÉDUCTIF

VI. Déduction. — VII. Démonstration directe : analytique et synthétique. — VIII. Démonstration indirecte. — IX. Résumé.

Tout travail scientifique doit débuter par l'observation [1] de ce qui est, par la connaissance des êtres et des faits de la nature physique ou morale; puis re-

---

1. A *l'observation* proprement dite il faut joindre dans certains cas *l'expérimentation*, ou observation perfectionnée. Par la première, l'esprit se borne à étudier les faits tels que la nature nous les offre spontanément et sans notre intervention ; par la seconde, il s'applique de plus à les produire, dans des conditions fixées d'avance. En général on observe en histoire naturelle, tandis qu'on expérimente en physique et en chimie.

chercher les lois de ces êtres et de ces faits, et reconnaître les principes que leur existence suppose. C'est à
quoi servent, d'abord l'*analyse* et la *synthèse ;* puis, l'*analogie* et l'*induction*.

I. L'ANALYSE *est la décomposition d'un* TOUT *en ses* ÉLÉ-
MENTS. Ainsi, c'est par analyse que le chimiste décompose
l'eau en ses deux éléments constitutifs : l'oxygène et
l'hydrogène. Elle va du composé au simple.

Elle diffère de la DIVISION, qui est le partage d'un *tout*
en un certain nombre de *parties similaires*. Ainsi, partager un mètre cube d'eau en mille litres ou décimètres
cubes, c'est faire une division.

Elle diffère également de l'ABSTRACTION, ou analyse
mentale, par laquelle on sépare mentalement une propriété d'un objet, pour la considérer isolément, à
l'exclusion de cet objet et des autres propriétés du
même objet. C'est par abstraction qu'on ne considère
dans l'eau que sa saveur ou sa densité, par exemple.

La SYNTHÈSE *rapproche les éléments que l'analyse a isolés
et reconstitue le tout que celle-ci a détruit*. C'est par synthèse que le chimiste recompose l'eau, à l'aide de
l'oxygène et de l'hydrogène obtenus par l'analyse. Elle
va du simple au composé.

Ces deux opérations, aussi naturelles l'une que l'autre,
sont également indispensables. La nature, en effet,
n'offre à nos observations que des êtres concrets : sans
l'analyse, l'esprit n'en voit, pour ainsi dire, que l'extérieur; il ne peut en avoir que des notions vagues,
souvent même abstraites et hypothétiques; avec le secours de l'analyse, au contraire, il en acquiert des
notions précises et exactes, les seules qui soient vraiment scientifiques. D'un autre côté, sans la synthèse,
il n'aperçoit que des éléments isolés, dont il ignore les
rapports avec les objets tels que la nature nous les
offre. Elles concourent donc toutes deux à la connaissance de la nature, à la formation de la science. L'analyse est l'antécédent de la synthèse; la synthèse est le
complément de l'analyse, sa contre-épreuve.

Telles sont l'analyse et la synthèse en chimie, et dans les sciences d'observation en général.

L'analyse et la synthèse, dans les sciences mathématiques, sont des procédés tout autres « L'analyse, dit Viète, consiste à partir de la chose cherchée que pour un moment on concède, et à passer de là par voie de conséquence à une chose qui est reconnue pour vraie. — Tout au contraire, la synthèse part d'une chose qui nous est accordée, et de là conduit par voie de conséquence à la chose qui est cherchée. »

En général, on appelle procédé analytique tout travail de l'esprit qui, partant de la difficulté proposée, en décompose ou en modifie les données, et poursuit à travers une série d'équations ou de transformations identiques une conséquence évidemment vraie ou évidemment fausse; celle-ci, rapprochée de la proposition qui a servi de point de départ, en démontre la vérité ou la fausseté. — On appelle procédé synthétique, au contraire, toute méthode qui pose une proposition évidente ou démontrée, dont on n'aperçoit pas d'abord le rapport avec la difficulté à résoudre, en tire les conséquences, et y ramène la question proposée, qui se trouve par là même résolue.

Au point de vue scientifique, les deux procédés ont la même valeur, puisqu'ils consistent également à faire voir le rapport qui unit la proposition mise en question à une proposition admise comme vraie. Toutefois leur emploi n'est pas indifférent. L'analyse convient surtout pour la recherche et l'invention; elle est une méthode de *résolution*, on s'en sert dans les problèmes. La synthèse convient mieux pour l'exposition; elle est une méthode de *doctrine*, on s'en sert pour démontrer les théorèmes.

Les mots analyse et synthèse s'emploient encore ailleurs que dans les sciences mathématiques et naturelles, mais dans un sens moins précis, moins déterminé. Ainsi, en *psychologie*, on dit qu'on a fait l'analyse de l'âme humaine, quand on a étudié séparément chacune de ses facultés ou de ses opérations. L'analyse n'est alors qu'une série d'abstractions successives. — En *grammaire*, on dit qu'on a fait une analyse grammaticale ou logique, quand on a décomposé une phrase en ses *mots* (éléments grammaticaux) ou en ses *propositions* (éléments logiques), pour les considérer isolément. — Dans l'*étude des langues*, on dit également que certaines méthodes sont analytiques, et d'autres synthétiques. Dans les premières, on débute par l'étude des mots, on observe les différentes manières dont ils se modifient et se groupent, et l'on formule des lois ou règles générales; dans les secondes, on pose des règles et l'on institue ensuite des exercices dont on fait l'application.

Comme procédés d'enseignement, ces deux méthodes ont leurs avantages et leurs inconvénients. Si la synthèse, indiquant d'avance le but auquel on doit parvenir, donne plus de fermeté et de rapidité à la marche de l'esprit, elle a l'inconvénient de ne pas apprendre comment on est arrivé à la découverte de la vérité. Si l'analyse, faisant suivre au disciple la route qu'a parcourue celui qui a découvert la vérité, est plus lente, puisque l'élève n'avance qu'à tâtons et sans connaître le but vers lequel il marche, elle a l'avantage d'exercer mieux toutes les facultés de l'esprit et de l'exciter à découvrir par lui-même.

II. L'analyse et la synthèse nous donnent la connaissance exacte et complète des objets sur lesquels a porté notre observation, mais de ceux-là seulement. Or cela ne suffit pas à l'esprit : il veut savoir au delà du cercle restreint des choses qu'il a vues. Il compare donc entre eux les divers objets de ses connaissances et constate des rapports; puis, les ressemblances qu'il a aperçues lui en font bientôt supposer d'autres qu'il n'aperçoit pas : de là l'analogie.

L'ANALOGIE est une ressemblance incomplète. *Raisonner par analogie, c'est conclure d'un objet à un autre, en vertu de certaines ressemblances observées, des ressemblances non observées.*

Ainsi il existe entre la terre et les autres planètes un certain nombre de ressemblances constatées : comme la terre, elles tournent toutes autour du soleil, elles empruntent de lui leur lumière, elles sont soumises à la loi de la gravitation, etc... Il est permis de supposer par analogie que, comme elle aussi, elles sont habitées. — Ou, d'une manière plus générale, je constate en A un nombre plus ou moins considérable de propriétés que je constate également en B. Je constate de plus en A une nouvelle propriété que je ne puis observer en B. Je suis porté à croire que B, qui a déjà avec A un certain nombre de propriétés communes, pourrait bien posséder également cette dernière propriété que je n'ai pu observer qu'en A.

L'analogie, *devinant* des ressemblances non observées, est sujette à l'erreur. De ce que j'ai retrouvé en B dix propriétés que j'avais constatées en A, il ne s'ensuit pas nécessairement que j'y retrouverai la onzième propriété que je constaterai en A. Mais elle nous égarera d'autant moins, que les ressemblances sur lesquelles elle se fondera seront *plus nombreuses* et reposeront sur *des caractères plus importants*. Quoi qu'il en soit, c'est un procédé qu'il ne faut employer qu'avec une circonspection extrême, et aux résultats duquel on ne peut ajouter une foi entière qu'après vérification.

Et pourtant, rien de plus fréquent, dans la science comme dans la vie, que les raisonnements par analogie. C'est que, malgré ses chances d'erreur, l'analogie nous rend des services tels que nous ne pourrions guère nous passer de son aide. Dans la science, elle abrège le travail, elle supplée à des observations que nous n'avons pas faites, que quelquefois même nous ne pouvons pas faire; elle peut ainsi devenir un puissant instrument de découvertes. C'est en s'appuyant sur l'analogie que Cuvier, avec de simples débris fossiles, a pu reconstituer des espèces qui ont complètement disparu. Dans la pratique de la vie, elle nous donne parfois des probabilités telles qu'il serait ridicule et même dangereux de ne pas s'en

contentez Combien de remèdes en médecine sont prescrits sur de simples analogies ! — Si donc elle est la source
d'une foule de faux jugements, elle engendre aussi une
foule de croyances absolument nécessaires à l'homme
pour sa vie physique comme pour sa vie morale [1].

III. Grâce à l'analogie, l'esprit étend déjà ses connaissances au delà de ce qu'il a observé; mais avec combien
de chances d'erreur! Or, pour satisfaire le besoin naturel qu'il a de savoir, il lui faut plus et mieux que cela. Il
lui faut la *science*, c'est-à-dire des connaissances générales et durables, et non plus seulement la perception
essentiellement passagère des êtres et des faits indivi
duels; il lui faut la *science*, c'est-à-dire des connaissances évidentes, acquises par des procédés éprouvés,
dans lesquelles sa croyance puisse se reposer, et non
plus seulement les probabilités de l'analogie. C'est à
quoi sert l'induction.

L'INDUCTION *est ce procédé par lequel l'esprit s'élève de
l'observation des faits à la loi générale qui les régit*. Ainsi
en physique, on observe des corps qui tombent, et l'on
formule les lois de la chute des corps. Elle suppose la
comparaison qui la précède, et la généralisation dont
elle n'est qu'une forme particulière.

1. Que de ressemblances ne supposons-nous pas entre le monde physique et le
monde moral! De là les métaphores. Il y a une ressemblance bien imparfaite
entre l'âme qui se détermine et la balance qui penche d'un côté ou de l'autre :
on en conclut, bien à tort, que l'âme *pèse* les motifs qui la sollicitent et qu'elle
suit le plus fort. — Une personne nous a apporté une mauvaise nouvelle, nous
aurons désormais des préventions fâcheuses contre toutes celles qui lui ressemble-
ront. Il y a des gens *qui ne nous reviennent pas.* — Un sauvage a été sou-
lagé d'une maladie en buvant de l'eau pure qu'il a puisée à une source voisine ;
s'il éprouve de nouveau le même mal, il retournera chercher de l'eau à *la même*
source et il aura soin de se servir du *même vase*, de prendre *la même* attitude.
Que de préjugés et de superstitions ont des origines semblables !
Mais il arrive aussi qu'un savant se dit : les solides et les liquides sont pesants ;
pourquoi les gaz ne le seraient-ils pas? Et il découvre la pesanteur de l'air. — Franklin remarque que les effets de l'électricité et ceux de la foudre présentent des
caractères semblables, il conclut à l'identité des causes et invente le paratonnerre.
— Newton se dit : tous les corps abandonnés à eux-mêmes tombent; pourquoi la
lune ne tombe-t-elle pas ? Et il découvre la gravitation universelle. Les choses les
plus futiles, comme les plus sérieuses, donnent lieu à des raisonnements par analogie; rien n'est plus fréquent dans la vie, rien ne doit être surveillé avec plus de
soin par ceux qui sont chargés de l'éducation de la jeunesse.

On peut la définir, d'une manière plus explicite, *un procédé par lequel l'esprit étend à tous les points de l'espace et de la durée, et à une série indéfinie d'existences semblables (faits ou êtres), ce qu'il a observé dans un lieu et dans un temps déterminés et sur un nombre restreint d'individus* [1].

Expliquons-nous. — On observe, puis l'on compare des *faits* ou des *êtres.* Un fait se compose d'un certain nombre de circonstances, dont les unes sont permanentes et nécessaires à sa production, tandis que les autres, purement accidentelles, ne sont pas absolument indispensables à sa production. De même, la notion des êtres renferme la notion d'un certain nombre de caractères, dont les uns leur sont essentiels et dont les autres ne sont qu'accidentels : on ne les retrouve jamais sans les premiers, on peut les rencontrer sans les derniers. Pour induire, il faut d'abord séparer, soit dans les faits, soit dans les êtres, ce qui est essentiel de ce qui n'est qu'accidentel. Une circonstance est d'autant plus essentielle à un fait, un caractère est d'autant plus essentiel à un être, qu'on les retrouve plus universellement et d'une manière plus permanente. Ce premier travail opéré, on érige *en* LOI *pour les faits,* en GENRE *ou en* ESPÈCE *pour les êtres,* ces éléments essentiels dont l'observation a constaté dans les individus la permanence et la généralité. On affirme que cette loi et ces caractères ont été et seront la loi et les caractères de *tous* les faits, de *tous* les êtres semblables, dans *tous* les points de l'espace et dans *tous* les instants de la durée. Ce jugement, qui ne se borne pas aux objets observés, mais qui porte sur l'avenir et le passé, sur tous les faits et sur tous les êtres semblables, c'est l'INDUCTION.

« Ainsi, les divers liquides montent à diverses hauteurs dans le vide barométrique. Par l'observation, on constate ces hauteurs; par l'expérimentation, on les vérifie dans diverses circonstances; par la comparaison, on découvre le rapport de ces diverses hauteurs avec celle de

---

1. L'analogie *devinait* des ressemblances non observées ; l'induction *étend* des ressemblances constatées.

la colonne atmosphérique, avec le poids spécifique des liquides, etc...; enfin, par la généralisation, on sépare de cette multitude de faits et de rapports ce point commun : *Tout liquide monte dans le vide, en tout temps et en tout lieu, jusqu'à ce que le poids de sa colonne fasse équilibre au poids de la colonne atmosphérique, et la hauteur de chaque liquide est en raison inverse de son poids spécifique.* Alors il n'est plus nécessaire de se rappeler tous les objets observés et comparés; il suffit de garder le type qui les reproduit en ce qu'ils ont d'essentiel; et au lieu de toutes ces perceptions qui nous accablaient de leur nombre et de leur variété, on n'en a plus qu'une qui, dans son unité, contient toutes les autres [1]. »

L'induction a son *fondement* dans la croyance naturelle de l'homme à la stabilité et à la généralité des lois de la nature; croyance qui repose elle-même sur un principe rationnel qu'on pourrait formuler ainsi : *Dans les mêmes circonstances et dans des êtres semblables, les mêmes phénomènes résultent des mêmes causes.*

Elle joue un rôle indispensable, non seulement dans les sciences physiques et naturelles, qui ne se constituent que par elle, mais encore dans la vie pratique et dans le monde moral.

Ses règles les plus importantes sont qu'il faut, quand on induit : 1° ne pas se hâter de généraliser, mais répéter les observations et les expériences jusqu'à ce que la croyance ne puisse plus être fortifiée par de nouvelles observations ou expériences; 2° se rappeler toujours qu'on ne peut ériger en loi que ce qui est essentiel aux faits ou aux êtres, ce qui par suite est constant et général.

IV. Par l'emploi du procédé inductif, l'esprit acquiert un grand nombre de connaissances générales; mais il les acquiert comme les objets se présentent, c'est-à-dire sans ordre. Or, pour qu'il y ait science, science régulière et propre à être retenue par l'être intelligent, il faut que ces connaissances soient ordonnées selon leurs rap-

1. M. Duval-Jouve, *Traité de logique.*

ports et leur degré de généralité : de là la nécessité des classifications.

La CLASSIFICATION a pour objet : ou des êtres dont elle détermine les caractères communs, et qu'elle réunit en groupes de plus en plus généraux, auxquels on donne les noms d'*espèce*, de *genre*, de *famille*, d'*ordre*, de *classe*, d'*embranchement*, de *règne*, — ou des lois qu'elle coordonne, c'est-à-dire qu'elle dispose dans un ordre tel que chacune d'elles soit contenue dans celle qui est au-dessus et contienne celle qui est au-dessous. Mais son procédé est toujours le même et l'ensemble des choses classées (êtres ou lois) constitue toujours un *système* dans le premier cas, une *théorie* dans le second.

On peut, pour classer, suivre deux voies toutes différentes : ou bien l'on groupe les objets à classer, c'est-à-dire on forme les espèces et les genres, d'après *un* ou *plusieurs* caractères particuliers au point de vue auquel on se place et par suite *arbitrairement choisis;* — ou bien on tient compte, dans leurs divers groupements, de l'*ensemble des caractères* qui leur sont propres, et de l'importance relative de ces caractères, c'est-à-dire de leur *subordination*. Dans le premier cas, la classification est dite *artificielle;* dans le second, elle est dite *naturelle*. On conçoit que la classification naturelle, qui ne vise à rien moins qu'à reproduire l'ordre de la nature, en rapprochant le plus les choses qui ont entre elles le plus de ressemblance, est un procédé bien supérieur à la classification artificielle, qui rapproche quelquefois les objets les plus disparates, — que par suite elle soit la seule vraie, la seule scientifique. Mais la classification artificielle a aussi son importance : elle est la seule possible au début de la science; elle prépare les classifications naturelles.

Une classification quelle qu'elle soit, même artificielle, met de l'ordre dans nos connaissances, soulage la mémoire et rend les recherches plus faciles. Exemples : si l'on cherche un soldat dans une armée, un livre dans une bibliothèque; si l'on veut faire parvenir une lettre à son adresse dans une ville populeuse, etc. Mais les classifications naturelles ont de plus l'avantage de faire que, dès que nous savons le rang qu'une chose y occupe, nous en connaissons du même coup ses caractères principaux et essentiels, ceux que nous avons surtout besoin de connaître, qui nous sont indiqués par le seul nom du groupe auquel elle appartient [1].

V. Des classifications bien faites rendent possibles des définitions qui les résument. Une DÉFINITION *est une proposition faisant connaître une chose générale par l'énumération de ses caractères essentiels, c'est-à-dire par l'indication du* GENRE *auquel elle appartient et de la* DIFFÉRENCE *caractéristique qui la distingue des autres espèces comprises dans le même genre.* Elle se fait par l'énonciation du genre et de la différence. comme disent les logiciens, et même par l'énonciation du genre *prochain* et de la différence *spécifique* [2]. Quand cette condition est remplie, elle

1. L'utilité pratique des classifications est facile à saisir. Si le porteur d'une lettre n'avait pour se diriger dans la recherche de la personne à qui elle est destinée que le signalement de celle-ci, sa tâche serait probablement presque interminable ; mais si l'adresse de cette lettre lui indique d'abord le pays, puis successivement la province, la ville, le quartier, la rue, la maison et enfin l'étage que cette personne habite, il saura facilement s'acquitter de sa mission. — Or, il en est de même pour le naturaliste. S'il voulait reconnaître un animal en lui comparant successivement tous les animaux déjà connus, il aurait à exécuter un travail long et pénible, tandis qu'en s'aidant des classifications zoologiques, il arrivera promptement au but, car il lui suffira de déterminer d'abord à quelle grande division du règne animal appartient l'animal dont il veut déterminer le nom, puis à quel groupe secondaire, à quelle subdivision de ce groupe, et ainsi de suite, en restreignant de plus en plus à chaque épreuve le champ de la comparaison. Si, par exemple, il voulait, sans se servir de moyen semblable, définir le mot *lièvre*. il lui faudrait faire une longue énumération de caractères, et pour appliquer cette définition il aurait à comparer la description ainsi tracée à celle de plus de cent mille animaux différents ; mais si l'on dit que le lièvre est un animal vertébré, de la classe des mammifères, de l'ordre des rongeurs, du genre *lepus*. on saura par le premier de ces mots dont la définition est connue, que ce ne peut être ni un insecte, ni un mollusque, ni aucun autre animal sans squelette intérieur ; par le second, on exclura de la comparaison tous les poissons, tous les reptiles et tous les oiseaux ; par le troisième, on distinguera de suite le lièvre des neuf dixièmes des mammifères, et lorsqu'on aura déterminé de la même manière le genre auquel il appartient, on n'aura plus qu'à le comparer à un très petit nombre d'animaux dont il ne diffère que par quelques traits plus ou moins saillants ; pour le distinguer avec certitude, il suffira donc de quelques lignes. (Milne-Edwards, *Zoologie*.)

2. Dire de l'homme qu'il est un *être* raisonnable ne serait pas faire une défi-

embrasse *tout le défini* et elle ne convient qu'*au seul défini;* en un mot, elle est *réciproque,* c'est-à-dire que le sujet peut se mettre à la place de l'attribut, et réciproquement.

On conçoit que la définition ainsi entendue ne puisse s'appliquer qu'aux choses générales, et que l'universel comme l'individuel lui échappent. On conçoit également qu'à la différence de la *définition de mots* qui est toute facultative, elle ne puisse rien avoir d'arbitraire, puisqu'elle repose sur l'observation et la comparaison des caractères de l'objet qu'on veut définir, que ce qu'elle tend à reproduire n'est autre chose que la nature elle-même ou plutôt la science qui en est l'expression.

VI. Le procédé déductif, avons-nous dit précédemment, va du général au particulier. *C'est un raisonnement qui part d'une énonciation générale, évidente ou admise comme vraie, et qui y démêle, puis en tire les propositions particulières qui s'y trouvent contenues.* La déduction va rigoureusement du même au même et ne nous donne point de connaissances nouvelles, en ce sens que nous possédions déjà dans leur principe les vérités particulières qu'elle en tire; mais elle fait apparaître à notre esprit, d'une manière explicite et claire, des connaissances qu'il n'avait que d'une manière implicite et confuse; en leur donnant une forme indépendante et propre, elle les appelle au jour et les crée en quelque sorte comme éléments de la science qu'elles vont servir à former.

Mais le principe de la déduction peut être : ou un axiome, une vérité nécessaire, évidente par elle-même,

---

nition par le genre prochain ; il faut dire qu'il est un *animal* raisonnable, ou même un *mammifère* raisonnable.

De même si je dis : le carré est un quadrilatère qui a ses côtés égaux et ses angles droits, je fais une définition *exacte.* Mais elle ne serait pas par le genre prochain et elle serait moins précise, si je disais : le carré est une *figure* qui a ses côtés égaux, etc. — De plus, elle convient à tous les carrés (c'est-à-dire à tout le défini) et elle ne convient à aucune autre figure qu'aux carrés (c'est-à-dire qu'elle convient au seul défini). — Enfin, elle est réciproque. On peut dire : un quadrilatère qui a ses côtés égaux... est un carré. — Il est rare qu'une définition satisfasse à toutes ces conditions, et cependant il le faut pour qu'elle soit scientifique.

due à l'*induction socratique*, — ou une loi, une vérité plus ou moins générale, due à l'*induction baconienne* [1], voire même une généralité simplement hypothétique. On comprend facilement que les conclusions auxquelles elle aboutit doivent être de la même nature et avoir la même valeur que les principes d'où elle les tire.

Outre le principe sur lequel elle s'appuie, la déduction suppose encore des données qui sont comme l'élément générateur de la conclusion à laquelle elle arrive. Or ces données peuvent, elles aussi, être parfaitement évidentes ou douteuses, ou hypothétiques, ou même fausses, et l'on conçoit que les conclusions auxquelles elles donneront lieu n'auront que la valeur qu'elles ont elles-mêmes.

Mais, quelle qu'elle soit, l'opération de la déduction consiste essentiellement en trois choses : 1° à reconnaître la légitimité et la portée du principe général sur lequel elle s'appuie ; 2° à vérifier si les données d'après lesquelles on rapporte un cas particulier à telle généralité déterminée sont exactes et suffisantes ; 3° à prendre garde que la conclusion ne dépasse, soit le principe, soit les données. Si ce triple travail est bien fait, l'opération est régulière et l'esprit ne peut refuser aux conclusions la confiance qu'il accorde aux prémisses.

VII. D'une vérité générale, quelle qu'elle soit, tirer ou faire sortir les vérités particulières qu'elle renferme, c'est *déduire ;* d'une vérité universelle et nécessaire, déduire les conséquences qui en sortent nécessairement, c'est *démontrer.* Toute démonstration est donc une déduction ; mais toute déduction n'est pas une démonstration. Les démonstrations sont des déductions partant de principes

---

1. Je remarque que le plomb, le fer, l'argent, etc., sont fusibles, et je dis que *tous les métaux doivent être fusibles.* Je formule une loi générale ; c'est la méthode recommandée par Bacon pour l'étude de la nature. — Je vois *un* arbre qu'un vent violent a renversé, je vois *une* pierre que la terre attire et fait tomber : j'en conclus que rien n'arrive qui n'ait sa cause, que *tout* effet a une cause ; c'est le procédé qu'employait et que recommandait Socrate. Dans le premier cas, on s'élève de l'observation de plusieurs faits particuliers à la *loi générale* qui les régit ; dans le second, on dégage d'un jugement concret le *principe universel* sur lequel il repose et qui a permis de le formuler

nécessaires et aboutissant à des conclusions nécessaires.
Et comme savoir, vraiment savoir, c'est connaître ce qui
fait qu'une chose est et ne peut être autrement qu'elle
n'est, il n'y a de science achevée sur une vérité quelconque que lorsque celle-ci a été démontrée.

On pourrait définir la démonstration, *un raisonnement
ou une suite de raisonnements qui établit d'une manière invincible la vérité d'une proposition non évidente*, *en montrant le rapport qu'elle a avec une autre proposition évidente
ou antérieurement prouvée.* Et comme il y a deux moyens
de montrer le rapport de la proposition mise en question avec le principe, on distingue la démonstration des-
cendante, ou *synthétique*, qui pose d'abord le principe,
puis en tire les conséquences et descend, pour ainsi dire,
de proposition en proposition jusqu'à la question ; — et
la démonstration ascendante ou *analytique*, dans laquelle
on part de la question proposée qu'on rattache à une autre
proposition démontrée, celle-ci à une autre et ainsi de
suite, et l'on s'élève comme par degrés jusqu'au principe
nécessaire duquel on rapproche la proposition mise en
question, pour en affirmer la vérité ou la fausseté.

Ces deux modes de la démonstration directe ont la
même valeur au point de vue scientifique ; mais le premier convient mieux pour démontrer le rapport qu'on
connaît, et le deuxième pour le découvrir quand on ne
le connaît pas.

VIII. *La démonstration indirecte consiste à établir la
vérité d'une proposition contestée en montrant l'impossibilité
d'admettre l'affirmation contraire qui conduirait à une absurdité, c'est-à-dire à une impossibilité, à une contradiction.*
C'est le procédé connu sous le nom de réduction à l'absurde.

Elle est inférieure à la précédente ; car, si elle peut
convaincre, elle n'éclaire point l'esprit, ne fait point
connaître la raison des choses, ce qui doit être le résultat de toute démonstration vraiment scientifique. De plus,
elle a l'inconvénient de ne faire arriver à la vérité qu'à
travers l'erreur.

Pour qu'une démonstration soit bonne, il faut que les principes soient vrais, et que les conséquences qu'on en tire y soient rattachées par un rapport nécessaire; c'est ce que la démonstration doit mettre en lumière, en prouvant toutes les propositions obscures et équivoques, et en n'employant à leur preuve que des vérités évidentes ou des propositions antérieurement démontrées.

Le propre de la démonstration, quand elle est légitime et rigoureuse, est de produire *l'évidence.*

IX. En résumé, on appelle méthode l'ensemble des procédés employés par l'esprit humain dans l'acquisition, la vérification et l'application de la science. Ces procédés sont inductifs ou déductifs.

Procédés inductifs. — Dans les sciences physiques, l'analyse est la décomposition d'un tout en ses éléments; la synthèse rapproche les éléments que l'analyse a isolés et reconstitue le tout que celle-ci a détruit. Dans les sciences de raisonnement, l'analyse est une méthode d'invention et de résolution; la synthèse, une méthode d'exposition et de doctrine. — L'analogie nous fait conclure d'un objet à un autre, en vertu de certaines ressemblances observées, d'autres ressemblances non constatées. — Par l'induction, l'esprit s'élève de l'observation des faits à la loi générale qui les régit; il étend à tous les points de l'espace et de la durée, et à une série indéfinie d'existences semblables, ce qu'il n'a observé que dans certains lieux, à certains moments et sur un nombre restreint d'individus. C'est par induction qu'on détermine toutes les lois dont l'ensemble constitue les sciences physiques et naturelles. — La classification est un procédé qui consiste à distribuer dans un ordre méthodique les divers objets de notre connaissance, d'après les ressemblances et les différences qu'ils ont entre eux. Elle est artificielle ou naturelle. C'est par elle qu'on détermine les genres et les espèces; elle rend possibles et appelle après elle les définitions. — Une définition est une proposition faisant connaître une chose générale par l'énumération de ses caractères essentiels, c'est-à-dire par l'indication du genre auquel elle appartient et de la différence qui la distingue des autres espèces comprises dans le même genre.

Procédés déductifs. — La démonstration directe est un raisonnement ou une suite de raisonnements qui établit d'une manère invincible la vérité d'une proposition non évidente, en montrant le rapport qu'elle a avec une proposition évidente par elle-même ou antérieurement prouvée. Elle est dite *analytique*, quand elle part de la proposition mise en question pour remonter au principe auquel on la rattache; synthétique, dans le cas contraire.

La démonstration indirecte, ou réduction à l'absurde, établit la vérité d'une proposition contestée en montrant l'impossibilité d'admettre l'affirmation contraire, qui conduirait à une absurdité. Elle est inférieure à la précédente, en ce sens que, si elle peut convaincre l'esprit, elle ne l'éclaire point. On y a parfois recours, dans les sciences morales, pour réduire à l'absurde un adversaire de mauvaise foi.

SEPTIÈME LEÇON

Imagination et raison

IMAGINATION

Dans tout le travail que nous venons d'analyser, l'esprit se contente de rechercher et de constater les rapports qui existent entre les objets de ses connaissances; mais il peut faire plus. Il peut inventer des combinaisons chimériques; au lieu de la nature telle qu'elle est, il peut s'en façonner une selon sa fantaisie. Cette forme nouvelle de notre activité intellectuelle s'appelle l'IMA-GINATION.

I. A son plus bas degré, l'imagination n'est qu'une forme particulière de la mémoire, avec laquelle elle se confond : elle consiste dans le pouvoir que nous avons de nous représenter les objets en leur absence, de voir, d'entendre mentalement, comme si nous voyions, si nous entendions en réalité. Elle s'appelle alors l'imagination *reproductrice, représentative, sensitive.*

Mais elle peut être autre chose que cette représentation toujours un peu affaiblie des impressions antérieures de nos sens. On appelle encore imagination ce travail, spontané ou réfléchi, de l'esprit qui combine à sa façon

4.

les éléments de la réalité, qui les modifie, les groupe, les coordonne en vue d'un but à atteindre : elle devient alors l'*invention* et se manifeste surtout dans les arts mécaniques. Mais on la retrouverait également dans la science, dans les affaires, dans la guerre, dans la politique.

Enfin, si par les altérations qu'elle fait mentalement subir aux êtres réels, en les rapetissant ou en les agrandissant, en les modifiant et en les transformant à son gré, — par les formes nouvelles qu'elle impose aux éléments qu'elle emploie, aux matériaux qu'elle rassemble de toutes parts, elle arrive à exprimer, à réaliser un idéal qu'elle a conçu, elle devient une sorte de pouvoir créateur (non en ce sens qu'elle fait quelque chose de rien, mais parce qu'elle invente de nouvelles combinaisons d'éléments préexistants), et elle prend le nom d'imagination *poétique* ou *créatrice*, ou imagination proprement dite. Elle a alors pour caractère essentiel d'être *expressive*, et c'est à elle que sont dues toutes les productions des beaux-arts : littérature, peinture, sculpture, architecture, musique.

II. Le *vrai* est *intelligible* : il ne s'adresse qu'à l'esprit. Le *beau* est *sensible :* il n'existe pas sans une forme qui agit sur nos sens. Quand l'artiste incarne une idée qu'il a conçue dans la forme qui convient à cette idée, il réalise l'idéal et il produit le beau. *Le beau n'est que la splendeur du vrai*, c'est-à-dire n'est que le vrai devenu sensible, ayant pris une forme qui s'adresse à nos sens.

III. Toutes les idées ne peuvent pas revêtir toutes les formes. Il existe entre les conceptions idéales de la raison et les formes que nous révèlent les sens, des correspondances naturelles, qui font que telle forme convient à l'expression de telle idée et que telle autre ne lui convient pas. Celui qui découvre ces correspondances, c'est-à-dire qui, en même temps qu'il conçoit une idée, trouve la forme pour l'exprimer et la rendre, a du *génie*. Celui qui, dans les œuvres de la nature ou de l'art, sait distinguer ces convenances, a du *goût*. On peut donc avoir le goût, qui juge et qui apprécie, sans avoir le génie, qui conçoit et qui réalise. On peut également avoir la puissance de concevoir et de réaliser sans avoir le goût; mais alors les œuvres qu'on produit sont toujours défectueuses par quelque endroit. Le vrai génie, le génie complet suppose le goût.

IV. L'imagination a ses bons comme ses mauvais effets. — Dans la vie journalière, elle alimente ces rêveries qui embellissent et charment l'existence, elle entretient l'espérance; mais elle peut aussi nous faire perdre le sens de la réalité, nous inspirer des découragements et des désespoirs que rien ne justifie. — Dans la science, elle inspire ces hypothèses de génie, qui frayent la voie aux découvertes; mais elle engendre aussi ces hypothèses erronées auxquelles on s'attache comme à la vérité et qui sont le plus grand obstacle au progrès. — Dans les arts, elle produit ces chefs-d'œuvre qui excitent l'admiration et épurent la moralité; mais aussi ces œuvres malsaines qui charment et corrompent par leurs faux attraits. — Enfin, dans la vie morale, elle nous permet de concevoir l'idéal de notre profession, de notre personne, de notre vie et nous excite à le réaliser; mais si l'idéal que nous avons conçu est faux, elle n'en mettra pas moins à son service toutes les puissances de notre être, et elle produira des fanatiques comme des enthousiastes du bien, des fous comme des héros.

Il importe donc que cette faculté soit cultivée; mais il n'importe pas moins qu'elle soit contenue et bien dirigée. Elle est essentiellement complexe et comprend : 1° la mémoire imaginative, qui lui fournit le souvenir des perceptions antérieures, c'est-à-dire ses matériaux; 2° la raison, qui lui donne l'idéal qu'elle cherchera à reproduire, le type qui résumera les caractères essentiels de tous les individus de l'espèce [1], c'est-à-dire la notion

---

1. En observant les manières d'agir d'un avare, Molière est amené à concevoir le type complet, parfait, de l'avare et il crée Harpagon. Harpagon n'est pas un être réel, en ce sens qu'il n'a jamais existé ; mais il est plus réel que toutes les réalités, en ce sens que les avares seront d'autant plus avares qu'ils se rappro-

du parfait qu'elle appliquera à toutes choses; 3° enfin, le choix et la combinaison des éléments en vue de la réalisation de l'idéal: c'est l'opération la plus délicate, celle à laquelle doit présider le goût, sorte de sens esthétique, qui nous fait discerner le beau dans les œuvres d'art.

C'est par le développement de ces trois facteurs qu'on cultivera l'imagination elle-même; elle sera ce que seront les éléments qui auront servi à la former. Ainsi un maître donne un devoir de style à ses élèves et ceux-ci ne trouvent rien à dire. Il en conclut qu'ils n'ont pas d'imagination. Cela tient le plus souvent à ce que leurs facultés perceptives n'ont pas été suffisamment exercées. Leur mémoire est vide de souvenirs, c'est-à-dire de matériaux : le remède est dans l'étude, dans l'acquisition de connaissances nouvelles. — Cela peut tenir encore à ce qu'ils n'ont aucune conception idéale : les matériaux ne leur manquent pas; mais ils n'ont rien à leur faire exprimer. C'est au maître alors à exercer davantage leur raison, à les habituer à réfléchir et à dégager dans tout ce qu'ils lisent, dans tout ce qu'ils voient, le type idéal dont ce qu'ils perçoivent n'est qu'une expression imparfaite. — Enfin, si les élèves ont des idées et qu'ils disent ce qu'ils doivent dire, mais qu'ils le disent mal, c'est qu'ils manquent de goût. Dès lors il y a lieu, par de fréquents exercices, de leur apprendre à trouver le mot propre, le ton qui convient au sujet, etc... Si la culture et l'exercice ne peuvent pas suppléer absolument au défaut de la nature, on voit qu'ils peuvent l'atténuer singulièrement.

RAISON

V. Toutes les facultés intellectuelles étudiées jusqu'ici ne sont pas *essentiellement* humaines; elles se retrou-

cheront davantage de ce type idéal de l'avarice, tel que l'a représenté le génie de Molière. Il en est de même en tout. Chaque chose a sa perfection idéale qui lui est propre : c'est la raison qui la conçoit et c'est l'imagination qui la réalise.

vent, au moins dans leur forme inférieure, chez les animaux. L'animal, en effet, perçoit par ses sens les objets qui l'entourent; il sait les jouissances et les souffrances qu'il ressent; il se retrace dans sa mémoire l'image des objets absents; il associe ses souvenirs et il en fait des enchaînements, qui parfois ressemblent beaucoup à nos raisonnements; enfin, au moins chez les espèces les plus élevées, on trouve des combinaisons qui supposent une certaine imagination: dans le chant de l'oiseau, par exemple; dans les constructions des abeilles et des castors. — En quoi donc l'homme diffère-t-il de l'animal? Quel est le caractère qui lui est essentiel et propre, qui en fait un être à part au milieu de tous les autres? C'est la RAISON. L'homme est un animal, mais c'est un animal RAISONNABLE.

VI. Cette raison consiste essentiellement en deux lois qui s'imposent à son intelligence.

Voici la première:

En présence des objets de ses perceptions, qui sont finis, imparfaits, contingents, il conçoit quelque chose d'infini, de parfait, de nécessaire; au delà de ce qui n'existe pas par soi, de ce qui s'appuie sur autre chose, il conçoit ce qui est par soi, ce qui se suffit à soi-même. La partie n'est intelligible pour lui que par le tout; l'effet ne se comprend que par la cause. Du moment où il se rend compte que ce qu'il atteint est fini, contingent, relatif, c'est qu'il a en lui le *sens* de l'infini, du nécessaire, de l'absolu. Cette sorte de sens n'est autre chose que la raison.

Voici la seconde:

Il conçoit que *le même égale le même*, ou encore que la même chose ne peut pas à la fois être et n'être pas. A la lumière de ce principe, il découvre dans les objets de ses perceptions des ressemblances, des équations, des rapports de toute nature; en un mot, il juge et il raisonne. Il étudie les objets de ses perceptions, non plus dans les rapports qu'ils ont avec lui, dans la manière dont ils l'affectent; mais dans ce qu'ils sont en eux-

mêmes, dans les rapports qu'ils soutiennent les uns à
l'égard des autres. Il leur reconnaît des propriétés qui
leur sont propres, il les classe, il découvre les lois des faits,
c'est-à-dire les actions réciproques qu'ils exercent, la
manière dont ils s'engendrent les uns les autres. Il édifie
les sciences. *Il met l'ordre et l'unité dans ses connaissances.*

Toutes ces opérations diverses peuvent se ramener à une
seule : *comprendre.* Autre chose est connaître ; autre chose,
comprendre. L'INTELLIGENCE, en général, sera la FACULTÉ
DE CONNAITRE ; la RAISON sera la faculté de COMPRENDRE.

VII. Parmi les idées qu'on rapporte plus particulièrement à la raison, comme les *notions premières* et fondamentales de toute vraie connaissance, on peut citer celles
de cause et de substance ; d'espace et de temps ; d'ordre
ou de perfection ; de vrai, de beau et de bien. La raison
les conçoit universelles, éternelles, infinies, etc., à l'occasion de la cause et de la substance finies, du lieu et
de la durée limités, etc... de la vérité bornée, de la beauté
imparfaite, etc... Les jugements dans lesquels elles se
manifestent à nous sont des vérités nécessaires, absolues,
qui ne peuvent pas ne pas être, ni être autrement que
nous les concevons, ni admettre d'exceptions. — On les
appelle encore des *vérités premières*, parce qu'elles s'imposent à nous, qu'elles ne dépendent d'aucune vérité
antérieure, et qu'on les retrouve à l'origine de toutes les
sciences qui, sans elles, ne pourraient ni se développer,
ni même se former.

Ces notions et vérités premières sont *universelles et
nécessaires* ; donc, elles dépassent les données des sens
et de la conscience, qui ne perçoivent que ce qui est
limité et contingent ; donc, nos deux facultés perceptives
ne suffiraient pas à expliquer comment elles se trouvent
en nous. — Peuvent-elles être le résultat du travail de
l'esprit élaborant les données fournies par nos facultés
perceptives, les agrandissant, les combinant, à l'aide de
l'abstraction et de la généralisation ? Pas davantage : le
fini, agrandi tant qu'on voudra, ne donnera que l'indéfini, et nous concevons l'infini, nous avons l'idée de

l'infini [1]. Pour que les notions et vérités premières apparaissent et se forment en nous, il faut absolument que l'esprit tire de lui-même et ajoute aux données des sens et de la conscience ce caractère d'universalité et de nécessité qui les distingue. — *Rien n'est dans l'entendement qui n'ait été auparavant dans le sens*, dit la maxime sensualiste. — C'est vrai, disons-nous avec Leibnitz, *excepté l'entendement lui-même*, c'est-à-dire cette forme particulière et supérieure de l'intelligence à laquelle nous avons donné le nom de raison.

VIII. Mais rien n'est isolé dans la nature; tout n'est qu'action et réaction, dans notre vie spirituelle comme dans le monde physique. Il est impossible qu'un être doué de raison ne fasse pas intervenir cette raison dans tous les actes de sa vie intellectuelle. Ainsi en est-il de l'homme, en effet. L'animal sent l'impression que les objets extérieurs produisent sur lui; il les connaît et il s'en souvient. L'homme fait plus : il ramène à l'unité ses diverses sensations [2] et il saisit des rapports entre les objets de ses perceptions; ce ne sont plus seulement des *images*, ce sont des *idées*, qu'il conserve dans sa mémoire. — L'homme ne sait pas seulement, comme l'animal, les sensations qu'il éprouve; il se saisit comme une force, qui est cause en tant qu'elle produit des effets, qui est substance en tant qu'elle subit des phénomènes dont la cause est en dehors d'elle. — Les bêtes passent d'une imagination à une autre, à cause de la liaison qu'elles ont sentie entre elles autrefois; par ex. : quand le maître prend un bâton, le chien appréhende d'être frappé; et ce

1 Le fini a une limite fixe; l'infini est conçu comme n'ayant aucune limite. l'indéfini n'est qu'une variété du fini : comme lui, il a toujours une limite, il n'et diffère qu'en ce que cette limite peut toujours être reculée, portée plus loin. Mais il est de son essence d'avoir toujours une limite, et voilà pourquoi ce n'est pas lui qui s'oppose au fini, mais bien l'infini.

2. J'ai là une fleur devant moi ; quand elle n'y sera plus, je puis conserver l'image de sa forme, le souvenir de sa couleur et de son odeur. Ce sont trois sensations isolées, qui peuvent rester indépendantes l'une de l'autre. L'animal peut les éprouver comme moi. Mais ce que l'animal ne peut faire, comme moi, c'est de les ramener à l'unité et de comprendre que ce sont trois attributs d'une seule et même chose, que j'appelle la fleur. Le souvenir de la fleur n'est plus seulement une image, c'est une *idée*. L'image était due à mes sens; l'idée est due à ma raison.

maintes occasions les enfants, les hommes qui n'ont pas
reçu d'éducation, « n'ont point d'autre procedure dans
leur passage d'une pensée à une autre. » Mais l'homme,
dont l'esprit a été cultivé, découvre la raison qui relie
ses perceptions entre elles, et au lieu d'attendre le retour
de certaines liaisons, uniquement parce qu'il les a remarquées auparavant, il s'ingénie à en trouver le comment
et le pourquoi ; ce qui fait qu'il lui est si aisé d'attraper
les bêtes, ainsi que les hommes qui ne se gouvernent que
par leurs sens. — Pourquoi voulons-nous que tout fait
ait une cause, sinon parce qu'un fait nous apparaît toujours comme une fraction ou partie dont il nous faut le
tout ? Comment jugeons-nous qu'une chose commence,
qu'une chose est nouvelle, sinon parce que nous concevons que quelque chose est éternellement et que nous
l'opposons à ce qui commence? Qu'est-ce que généraliser,
sinon faire rentrer un fait dans un autre fait plus général
qu'on conçoit et dont il fait partie? Qu'est-ce que raisonner, sinon encore rattacher la partie au tout? En un mot,
toujours l'esprit de l'homme s'élance au delà de ce que
lui révèlent ses sens et les facultés qui en dépendent :
sitôt qu'une notion se présente à lui, il conçoit immédiatement ce qui, d'une manière ou d'une autre, la complète ;
le limité, l'imparfait, le relatif, n'ont de sens pour lui que
par l'infinité, la perfection et l'absolu ; il ne conçoit le négatif que comme privation du positif. « Dis, mon âme,
« comment entends-tu le néant, sinon par l'être? Comment
« entends-tu la privation, si ce n'est par ce dont elle
« prive? Comment l'imperfection, si ce n'est par la per-
« fection, dont elle déchoit? Comment entends-tu l'er-
« reur, si ce n'est par la privation de la vérité? le doute
« et l'obscurité, si ce n'est comme privation de l'intelli-
« gence et de la lumière? » (Bossuet.)

La raison n'est donc pas seulement, dans l'intelligence
humaine, une faculté spéciale et propre ; *elle est encore
le fond même de notre intelligence ;* elle est la règle supérieure qui s'impose à toutes nos autres facultés et c'est
par elle que celles-ci sont ce qu'elles sont, des facultés

humaines proprement dites, et non plus seulement des pouvoirs de la vie animale et sensible.

IX. En résumé l'imagination, dans sa forme inférieure, n'est qu'une sorte de mémoire; c'est la faculté de nous représenter vivement les objets de nos souvenirs. — Comme invention, elle est cette faculté de l'esprit qui combine à sa façon les éléments de la réalité, qui les modifie, les groupe, les coordonne, en vue d'un but pratique à atteindre. — Comme faculté créatrice, elle est le pouvoir qu'a notre esprit de combiner des éléments fournis par l'expérience, de manière à en former un tout nouveau qui ne correspond plus à aucun objet réel, mais qui traduit au dehors, d'une manière sensible, nos conceptions intérieures.

Le vrai n'est qu'intelligible, il s'adresse à l'esprit. Le beau est sensible, il n'existe pas sans une forme qui agit sur nos sens. Mais pour qu'une forme sensible soit belle, il faut qu'elle soit expressive, qu'elle représente le vrai, c'est-à-dire l'idéal conçu par l'esprit. C'est en ce sens qu'on peut dire que *le beau est la splendeur du vrai.*

Le génie est la faculté qui conçoit l'idée et qui, du même coup, trouve la forme la plus convenable pour l'exprimer et la rendre. — Le goût est ce jugement par lequel nous prononçons que la forme sensible qui exprime l'idée, lui convient ou ne lui convient pas.

L'imagination a ses bons comme ses mauvais effets : elle peut contribuer à notre bonheur, mais elle peut aussi faire notre malheur. Il importe donc qu'elle soit cultivée chez les enfants; mais il n'importe pas moins qu'elle soit contenue et bien dirigée.

La raison est la faculté humaine par excellence; c'est elle qui élève l'homme au-dessus de l'animal. Elle consiste dans ce fait, qu'en présence des objets de ses perceptions, qui sont finis, imparfaits, contingents, notre esprit conçoit quelque chose d'infini, de parfait, de nécessaire, — et dans cet autre, qu'à la lumière de ce principe, *le même égale le même,* principe qui s'impose à lui et qu'il ne peut pas ne pas admettre, il découvre dans les objets de ses perceptions des ressemblances, des équations, des rapports de toute nature, qui servent de base à ses jugements et à ses raisonnements. Si l'intelligence en général est la faculté de connaître, la raison ou entendement est la faculté de comprendre.

A l'origine de toutes les sciences se trouvent des *notions et vérités premières*, sans lesquelles elles ne pourraient pas se constituer. Comme ces notions et vérités premières dépassent infiniment les données des sens et de la conscience, ainsi que tout ce que l'esprit peut en tirer, force est de les rapporter à une faculté spéciale et supérieure : cette faculté est la raison.

La raison, intervenant dans l'exercice de toutes nos autres facultés, n'est pas seulement une fonction spéciale et propre de l'intelligence; elle en est le fond même, elle est la règle supérieure qui s'impose à tout le reste.

HUITIÈME LEÇON

Appendice à l'étude de l'intelligence

DU LANGAGE ET DE SES RAPPORTS AVEC LA PENSÉE

I. L'étude de la connaissance serait incomplète, si elle ne comprenait une faculté qui, toute physiologique dans son organe, est au fond psychologique dans son essence, puisqu'elle n'est rien que *par* et *pour* la pensée. C'est la *faculté du langage*, *c'est-à-dire le pouvoir que nous avons de produire certains signes qui sont l'expression de nos idées, et d'interpréter ces mêmes signes quand ils sont produits par nos semblables.*

On distingue en philosophie plusieurs sortes de langage; nous ne nous occuperons ici que de la parole et de ses rapports avec la pensée.

La PAROLE ne sert pas seulement aux hommes, comme on pourrait le croire tout d'abord, pour communiquer entre eux : elle leur sert encore, et c'est le seul point que nous voulons examiner ici, pour former et développer leur propre pensée.

L'influence de la parole sur la pensée est telle, qu'on a été jusqu'à dire qu'*on pensait sa parole commme on parle sa pensée*; que penser, c'est se parler à soi-même d'une parole intérieure, comme parler, c'est penser tout haut et devant les autres; en un mot, que penser et parler ne sont, en quelque sorte, que les deux aspects d'une seule et même chose.

Ceci est au moins excessif : même en liant d'une manière indissoluble la pensée et le langage, au moins faudrait-il admettre l'antériorité logique de la pensée sur le langage, comme celle de la cause sur l'effet.

II. Parmi les services que la parole rend à la pensée, nous en noterons trois principaux. Elle sert : 1° à la fixer; 2° à l'analyser; 3° à la développer.

1° Le langage sert à fixer la pensée. La plupart des idées qui se forment dans notre esprit s'évanouiraient, aussitôt qu'elles sont formées, si elles n'étaient fixées et comme attachées à des mots. On ne pourrait guère en excepter que celles qui correspondent à des objets matériels et que, par suite, notre esprit pourrait se représenter sous la forme d'une *image*. Le langage *fixe, matérialise, pour ainsi dire, l'idée par le mot, lui donne un corps et nous permet de la conserver dans notre esprit.*

2° Le langage est pour la pensée un instrument puissant et nécessaire d'analyse. Pour exprimer sa pensée, il faut la décomposer jusqu'en ses moindres éléments, et alors ce qu'elle a de défectueux et de vague se traduit aussitôt par la difficulté qu'on éprouve à l'exprimer en termes précis, en phrases correctes. Dès lors l'esprit averti travaille à l'éclaircir. L'emploi du langage est donc *une exhortation perpétuelle à l'éclaircissement de la pensée*[1]. Aussi Condillac a-t-il pu dire avec raison que *les langues sont des méthodes analytiques.*

3° Le langage contribue à la formation d'un grand nombre d'idées que nous n'aurions jamais eues sans son secours, comme les idées abstraites, les idées générales, collectives. Sans le langage, l'idée abstraite, à peine formée, irait rejoindre l'ensemble dont on l'a détachée; l'idée générale se diviserait entre les individus dont elle résume les ressemblances; l'idée collective s'évanouirait

---

1. Et voilà pourquoi il est tant recommandé aux maîtres de faire parler les élèves!

dans les éléments qui ont servi à la former : ce sont les mots qui viennent donner comme un corps à toutes ces conceptions vagues et fugitives. Donc, enfin, le langage *sert puissamment au développement de la pensée.*

III. La parole rend à la pensée les services les plus précieux ; c'est à la condition toutefois que le mot ne se sépare pas de l'idée. C'est quelque chose sans doute, pour un enfant, que de pouvoir garder des mots dans sa mémoire : ceux de *vertu, liberté, justice, honneur, charité, droit, devoir, patrie,* par exemple. Oui ; mais à la condition qu'il refasse le travail qui les a créés et qu'il retrouve toutes les idées qui ont servi à les former. Il a fallu à Voltaire soixante ans de lutte pour faire entrer le mot de *tolérance* dans notre vocabulaire. Celui de *bienfaisance* ne date également que du xviiie siècle; il est dû à l'abbé de Saint-Pierre. Il faut montrer aux enfants ce que valent des mots pareils et quelle somme d'efforts ils ont coûté.

IV. En résumé, le langage a avec la pensée les rapports les plus étroits. S'il est vrai que nous ne pourrions guère penser sans le langage, il faut admettre pourtant que nous ne parlons que parce que nous pensons. La pensée est, sinon en fait, logiquement du moins, antérieure à la parole, comme la cause l'est à l'effet.

Le langage rend à la pensée des services précieux : il sert à la fixer, à la décomposer et à l'éclaircir, à la développer.

Il faut toutefois que les mots ne se séparent jamais des idées. Il faut que l'enfant, qui loge un mot dans sa mémoire, puisse toujours refaire le travail qui l'a créé, retrouver toutes les idées particulières qui ont servi à former l'idée générale dont ce mot est l'expression.

NEUVIÈME LEÇON

De la sensibilité

I. La sensibilité est *la faculté de sentir*, comme l'intelligence est *la faculté de connaître*. Et de même que l'intelligence n'est pas une table rase sur laquelle viennent se graver les impressions du dehors, mais qu'elle renferme des aptitudes innées, qui n'attendent que le choc de l'expérience pour se manifester et se développer, — de même la sensibilité n'est pas une capacité vague et nue de sentir, d'éprouver du plaisir ou de la peine, en présence d'objets dont chacun peut donner lieu indifféremment à l'un ou à l'autre; elle aussi est déterminée par des penchants innés, des inclinations naturelles, des dispositions particulières que chacun apporte en naissant, qui souvent lui sont transmises par hérédité et qui le prédestinent à une certaine manière de sentir. Quand ces tendances sont satisfaites, l'âme *jouit;* quand elles sont contrariées, elle *souffre.* La jouissance et la souffrance, le plaisir et la peine engendrent *l'amour* et la *haine;* l'amour et la haine, à leur tour, engendrent le *désir* et l'*aversion* et toutes nos passions. La sensibilité *est donc la faculté générale que l'âme a* d'aimer, *et par suite de* jouir *et de* souffrir, *d'éprouver*

du plaisir et de la peine, des amours et des haines, de res-
sentir toutes les passions.

II. Le fait fondamental de la sensibilité, c'est la jouissance et la souffrance. Or, parmi les jouissances et les
souffrances que l'âme peut éprouver, il en est qui résultent de l'état du corps ou de l'action des corps extérieurs sur nos organes : ce sont les SENSATIONS; il en est
d'autres qui ne sont pas produites immédiatement par
des choses sensibles : elles reçoivent le nom de SENTI-
MENTS. De là deux sortes de sensibilité : la *sensibilité
physique*, à laquelle se rapportent les *sensations*, et la
sensibilité morale, à laquelle se rapportent les *sentiments*.

III. La sensibilité est une *faculté*, un pouvoir permanent de l'âme; la sensation et le sentiment sont des
faits, c'est-à-dire des produits de la faculté, des manifestations passagères du pouvoir que l'âme a de sentir.

La sensation et le sentiment se ressemblent en ce que
tous les deux sont des faits, des états, des manières d'être
agréables ou désagréables de l'âme, des modifications
passives où l'âme dépend d'une cause autre qu'elle-
même. En effet, que ce qu'elle ressent soit un plaisir
ou une douleur du corps, une joie ou une peine du cœur
ou de l'esprit; pour elle, c'est toujours jouir ou souffrir,
c'est toujours sentir, c'est toujours pâtir.

Voici maintenant en quoi ils diffèrent :

1° La cause qui produit la sensation est toujours matérielle; c'est un état particulier de notre organisme. La
cause qui produit le sentiment est immatérielle; c'est un
jugement de notre intelligence.

2° Quoique la sensation soit une pure modification de
l'âme, quelque chose d'immatériel par conséquent, nous
la localisons toujours dans quelque partie déterminée
du corps et dans l'organe affecté : on sent la migraine
dans la tête; la faim dans l'estomac. Il n'en est pas de
même du sentiment, auquel nous n'assignons dans le
corps aucune place particulière : l'amitié, le remords
l'admiration ne sont jamais localisés dans aucune partie
du corps.

3° Le plaisir, la douleur (sensations) naissent à la présence effective d'un corps qui touche et affecte nos organes; il n'en est pas ainsi de la joie et de la tristesse (sentiments), qui peuvent être excitées, en l'absence des objets sensibles, par la seule imagination ou par la réflexion de l'esprit.

IV. La sensibilité : 1° est essentiellement personnelle, *variable* selon les individus, et dans le même individu, selon les circonstances; 2° elle *s'émousse* par la répétition fréquente des mêmes sensations ou des mêmes sentiments. — Au contraire : 1° ce qui a été une fois connu comme vrai, paraît toujours vrai pour l'intelligence; la vérité est *identique*, la même pour tous les hommes, dans tous les temps et dans tous les lieux; 2° plus l'intelligence s'applique à un objet qu'elle a connu, plus *sa connaissance se fortifie et devient claire*. Donc la sensibilité se distingue de l'intelligence.

1° Quand l'âme jouit ou quand elle souffre, elle est *passive*, en ce sens que la cause qui détermine sa jouissance ou sa souffrance est en dehors d'elle; 2° de plus, la jouissance et la souffrance se produisent en elle *fatalement*. — Au contraire : 1° quand l'âme agit, quand elle veut, le principe de son action *est en elle;* 2° et de plus elle veut *librement*. Donc la sensibilité se distingue de la volonté.

V. Sans la sensibilité, l'âme resterait isolée au milieu de la création, parfaitement indifférente à tout ce qui existe, ne s'intéressant à rien : ni à son corps dont les jouissances et les souffrances ne seraient plus les siennes; ni aux autres âmes pour lesquelles elle ne se sentirait plus d'affection; ni au bien, ni au vrai, ni au beau, qui n'exciteraient plus ses amours. Par la sensibilité, au contraire, elle est mise en communication avec tout ce qui l'environne, elle est unie par deux sortes de liens (liens de chair en partie matériels et visibles, liens d'amour invisibles et spirituels) avec toutes les parties qui composent ce vaste univers. Et comme tout ce qui existe peut lui servir ou lui nuire, le rôle du plaisir et de la douleur est de l'avertir des propriétés utiles ou nuisibles des choses, des dispositions bienveillantes ou malveillantes des êtres à son égard. Les sensations l'avertissent de ce qu'elle doit rechercher ou fuir pour la conservation et le bon état du corps qui lui est uni; les affections et les sentiments lui enseignent ce qu'elle doit rechercher ou fuir pour son bien moral.

La sensibilité nous pousse donc à l'accomplissement de notre fin, en nous fournissant l'impulsion qui met en branle notre volonté et qui la fait agir. A ce point de vue, elle rentre, comme celle-ci, dans ce qu'on pourrait appeler nos *facultés actives*.

VI. On conçoit qu'il est de la plus haute importance pour l'instituteur de connaître les inclinations dont l'enfant est doué, ainsi que la manière dont elles doivent être traitées, développées, réprimées, dirigées dans un sens ou dans un autre. Chacun a sans doute ses innéités propres, ses aptitudes, ses dispositions spéciales : ce qui fait que l'*éducation est chose individuelle;* cependant tous ces penchants humains ont entre eux des ressemblances qui nous permettent, pour les mieux étudier, de les ramener à un certain nombre de groupes déterminés.

La classification de nos inclinations la plus généralement adoptée est celle qui les distingue d'après leurs objets, et l'on dit alors qu'elles sont personnelles, sociales ou supérieures.

1º Les inclinations PERSONNELLES ont pour principe l'amour de notre être, ou de notre bien-être, et l'amour de l'accroissement, du développement de notre être. En tant qu'il se rapporte à l'union de l'âme et du corps, c'est-à-dire à la vie, ce principe produit l'*instinct de conservation* et l'*amour de la vie*, avec son corrélatif l'*horreur de la mort*, ainsi que certaines *appréhensions instinctives* qui s'y rattachent : la crainte du bruit, des ténèbres, etc.

En tant qu'il a pour objet, soit directement, soit indirectement, la conservation du corps, il engendre les *appétits*, dont les principaux sont la faim et la soif; l'*instinct de propriété et d'accumulation; le besoin d'acti-*

vité, c'est-à-dire le besoin d'exercer et de déployer ses forces; *l'amour de la liberté*, c'est-à-dire le besoin de déployer ses forces sans entrave et sans obstacle; le *désir d'estime*, *l'amour de la louange* et par suite l'*émulation*; le désir de la *supériorité*, qui peut dégénérer en *envie*; enfin *l'amour du commandement*, c'est-à-dire le désir de soumettre l'activité des êtres qui nous entourent et de la faire servir à nos desseins, qui souvent dégénère en *ambition*.

2° Les inclinations SOCIALES ont pour objet nos semblables. On y distingue : la *sociabilité* en général et la *philanthropie*, ou amour des hommes, à laquelle se rattache la *bienveillance* ou volonté de leur faire du bien, qui a pour corrélatif la *reconnaissance*, sentiment de l'obligé envers son bienfaiteur; la *sympathie* ou la tendance à nous réjouir de leur joie, à souffrir de leur douleur : dans ce dernier cas, la sympathie devient de la *compassion*, de la *pitié*; l'*amitié*, quand cette sympathie générale se fixe et se concentre d'une manière toute particulière sur un ou plusieurs hommes choisis parmi tous les autres pour leur convenance avec nous-mêmes.

A ce groupe se rattachent encore certains penchants naturels dont le développement a une grande part dans l'éducation : le *penchant à l'imitation*, la *docilité* ou tendance à faire comme les autres, la *crédulité* ou tendance à croire vrai ce qu'on nous dit, et tous les sentiments qui en dérivent.

Indépendamment de cette grande société universelle qui nous unit à tous les hommes, il y a des groupes plus restreints et plus circonscrits, qui nous lient plus particulièrement à certains hommes : c'est l'*amour de la patrie*, sentiment très complexe, difficile à définir et à préciser, mais qui n'en a pas moins de réalité ni de force; c'est même l'*esprit de corps*, l'*amour du drapeau*, l'*esprit de caste*, etc.; ce sont enfin les *affections de famille*, qui varient et se décomposent suivant les rapports qui existent entre les divers membres d'une même famille.

3° L'homme n'est pas lié seulement à lui-même et à

ses semblables, il l'est encore à un monde supérieur, monde purement intelligible, dont les objets non saisissables aux sens n'en sont pas moins réels et même sont les plus réels de tous. C'est à cet ordre supérieur que se rapportent l'*amour du vrai, du beau, du bien*, et le *sentiment religieux*.

A l'amour du vrai se rattache la *curiosité* ou désir de connaître, qui peut se porter sur des choses futiles, mais qui engendre aussi l'*amour de la science* et même le *prosélytisme*, ou désir de communiquer nos connaissances à nos semblables, de leur faire partager nos croyances.

Au sentiment du beau se rattache l'*amour des œuvres d'art*, et le désir pour chacun de réaliser dans une œuvre qui lui soit personnelle l'idéal qu'il a conçu.

Au sentiment du bien se rattache l'*amour du juste* et par suite, en ce qui concerne nos propres actions : la *satisfaction morale*, l'*honneur*, ou le *repentir*, le *remords* [1], la *honte;* en ce qui concerne les actions de nos semblables : la *sympathie*, l'*admiration*, le *respect*, l'*enthousiasme*, ou le *mépris*, l'*aversion*, l'*horreur*, etc.

Enfin la conception de l'infini, soit comme puissance et force, soit comme grandeur et étendue, soit comme intelligence, sagesse et bonté, produit en nous un sentiment d'une nature toute particulière, le *sentiment religieux*, qui est un mélange de crainte, d'amour et de respect. Une fois qu'il s'est développé en nous, ce sentiment devient un des motifs d'action les plus incontestables et les plus puissants. L'histoire en fournirait de nombreux exemples. Qu'il suffise de dire que c'est lui qui fait les missionnaires et les martyrs, comme il engendre le fanatisme et les persécutions religieuses.

VII. Nos inclinations sont toutes naturellement bonnes

---

1. Il ne faut pas confondre le remords avec le repentir. Il y a des murmures et des révoltes dans le remords ; il est mêlé de colère ; on le subit en le maudissant, et par les douleurs qu'il inflige, il exaspère encore la perversité. — Le repentir, au contraire, est attaché à la souffrance qu'il ne trouve jamais assez aiguë, qu'il bénit, qu'il prolonge, jusqu'à ce qu'il ait, par cette sorte de compensation, payé sa rançon à la loi. Aussi le remords n'est pas une expiation, mais un tourment; le repentir est un retour à l'innocence. M. ÉMILE CHARLES.

et elles existent en nous à bonne fin. Celles de la première classe nous font travailler, sans que nous le sa-
chions, à notre salut ou à la conservation de notre
espèce; celles de la seconde et de la troisième ont pour
objet notre perfectionnement. Il résulte de plus de la
différence de ces inclinations et de leur ressemblance,
des harmonies qui font la beauté du monde moral et qui
ne sont pas moins admirables que celles du monde sensible. Toutes nos inclinations sont donc légitimes; il n'y
a d'illégitimes que les passions, lorsque, par la faute
de la volonté, elles sortent des bornes et nuisent à l'accomplissement de nos devoirs.

La PASSION *n'est autre chose qu'une inclination, mais
une inclination développée d'une manière exagérée*, rendue
exigeante et impérieuse par les satisfactions qu'elle a
reçues, et arrivée par suite à un degré de véhémence
tel qu'elle nous enlève pour ainsi dire la conscience de
ce que nous faisons. L'état passionné est toujours anormal. En effet, sous l'influence prépondérante de la passion, l'homme abdique la direction de lui-même. Ce n'est
plus lui qui agit, c'est la passion qui agit en lui, et elle
agit sans discernement et sans règle. Si donc la passion
est une tendance exagérée, et par suite corrompue, per-
vertie, elle est contraire à l'ordre, au développement
harmonieux de toutes les facultés humaines. Ce qui était
légitime comme sentiment, ne l'est plus dès qu'il s'appelle passion.

VIII. En résumé, la *sensibilité* est la faculté générale de
sentir, c'est-à-dire d'aimer et par suite de jouir et de souffrir,
d'éprouver du plaisir et de la peine; en deux mots, des *sensations* et des *sentiments*.

La sensation est une émotion agréable ou pénible de l'âme,
qui résulte de l'état du corps ou de l'action des corps extérieurs sur nos organes. Le sentiment est aussi une émotion
agréable ou pénible de l'âme, mais qui n'est pas produite
immédiatement par des choses sensibles : il résulte d'un
jugement de l'intelligence à la lecture d'un livre, par exemple
à la vue d'une œuvre d'art ou d'une belle action.

On rapporte à la sensibilité physique tout ce qui est sensation, à la sensibilité morale tout ce qui est sentiment.

La sensibilité est éminemment personnelle, par suite variable, et elle s'émousse par la répétition fréquente des mêmes sensations ou des mêmes sentiments : ce qui la distingue de l'intelligence. — L'âme est passive quand elle sent, et d'autre part, la jouissance et la souffrance se produisent en elle fatalement ; il en est tout autrement quand elle veut : donc la sensibilité se distingue également de la volonté.

La sensibilité met l'âme humaine en relation avec tout ce qui l'entoure. Les sensations l'avertissent de ce qu'elle doit rechercher ou fuir pour la conservation et le bon état du corps qui lui est uni ; les affections et les sentiments lui enseignent ce qu'elle doit rechercher ou fuir pour son bien moral.

Elle se manifeste en nous par les inclinations, dont le rôle est de nous pousser à l'accomplissement de notre fin. Celles-ci sont de trois sortes : personnelles, sociales et supérieures. C'est dans leur culture et leur développement que consiste l'éducation de la sensibilité.

Toutes nos inclinations sont naturellement bonnes et elles existent en nous à bonne fin. Cependant elles n'ont pas toutes droit aux mêmes satisfactions et, en cas de conflit, les inclinations inférieures doivent être sacrifiées à celles qui leur sont supérieures.

Quand une inclination a été développée d'une manière exagérée, que les satisfactions qu'elle a reçues l'ont rendue exigeante et impérieuse, et qu'elle est arrivée à un degré de véhémence tel qu'elle nous enlève pour ainsi dire la conscience de ce que nous faisons, elle s'appelle passion. L'état passionné est toujours anormal : ce qui était légitime comme inclination ne l'est plus dès qu'il devient passion.

DIXIÈME LEÇON

De l'activité

I. La troisième faculté de l'âme est la volonté. Mais la volonté ne se comprend bien que si on la rattache à un groupe plus général de puissances dont elle fait partie. Elle n'est, en effet, qu'une forme particulière de l'activité ou pouvoir d'agir.

En un sens très général, on peut dire que l'activité enveloppe et contient toutes nos facultés et qu'elle est le fond de notre être. L'esprit de l'enfant n'est pas, comme on l'a cru trop longtemps, une cire molle que le maître pétrit et façonne à son gré, ni un vase vide que la science doit remplir, ni une table rase, une page blanche sur lesquelles s'inscrivent les caractères qu'on juge à propos d'y tracer. Non ; l'âme est essentiellement active, partout et toujours. Quand elle connaît, même quand elle sent, et évidemment quand elle veut, elle est une énergie, une force qui produit des actions.

II. Cette force peut s'exercer sur différents objets. Tantôt elle meut le corps auquel elle est unie, et par les mouvements de ce corps, produit certains effets au dehors : elle s'appelle alors activité *motrice* ou activité *physique ;* tantôt elle agit sur les facultés intellectuelles qu'elle excite et qu'elle dirige vers un but déterminé :

c'est l'activité *intellectuelle* ; tantôt enfin elle agit sur la
volonté pour la discipliner et l'assouplir, ou encore pour
la fortifier et quelquefois pour l'exalter : c'est l'activité
morale. Mais, sous quelque forme qu'elle se produise, elle
tend à un développement de nos puissances naturelles,
à un accroissement de tout notre être, et c'est en ce sens
qu'on peut dire d'elle, comme de toutes nos inclinations
sensibles, qu'elle a été mise en nous à bonne fin.

1. « C'est pour exercer et régler l'activité physique que
presque tou.. .. pays ont fini par introduire dans leurs
écoles, d'a.. .. es *récréations*, puis la *gymnastique*, et
quelques-uns, .es *exercices militaires*. L'Angleterre y
ajoute de temps immémorial les jeux *athlétiques*, qu'elle
met presque au rang des études. C'est un des motifs pour
lesquels on recommande en France et l'on pratique en
Suisse les *grandes excursions scolaires*, les voyages des
Clubs alpins, etc.

2. « L'activité de l'esprit n'a pas reçu moins d'encouragements. Aux anciens procédés qui y faisaient pénétrer toute instruction par la mémoire, mode d'enseignement nécessairement passif, on substitue des méthodes
qui exigent, en une certaine mesure, le travail personnel ; qui provoquent l'attention, cette activité volontaire
de l'intelligence ; qui amènent l'enfant à observer, à comparer, à juger, en un mot, à penser par lui-même ; et cette
préoccupation se retrouve dans toutes les branches d'enseignement : dans les méthodes de lecture, en grammaire,
même en histoire et en géographie, en dessin, etc. On
comprend que l'activité propre de l'enfant est le vrai
ressort et le nerf de toute instruction, *qu'il ne faut jamais
lui apprendre ce qu'on peut lui faire découvrir*. Nulle part
même cette préoccupation n'est plus manifeste que lorsqu'il s'agit de tout jeunes enfants, dans la méthode Frœ-
bel, par exemple.

3. « Il n'y a pas plus de culture morale par la passivité
qu'il n'y a de culture intellectuelle par la mémoire. Pour
former la volonté, comme pour former l'intelligence, il
faut avant tout l'exercer. La dresser machinalement, ce

n'est pas la développer. Aussi la tendance générale est-
elle aujourd'hui de provoquer, de fortifier l'initiative individuelle et de réduire autant que possible la contrainte,
de laisser aux élèves plus de liberté, mais aussi plus de
responsabilité. Peut-être arrive-t-on ainsi à faire des écoliers moins obéissants, moins dociles, moins maniables ;
mais ils auront plus de ressources personnelles et aussi
plus de sagesse naturelle. Ils régleront eux-mêmes leur
activité, au lieu de la laisser régler par autrui ; ils deviendront des *hommes* dans toute l'acception du mot. »
(*Dictionnaire de pédagogie*, art. ACTIVITÉ.)

III. Non seulement l'activité se présente à nous sous
différents aspects, suivant les objets auxquels elle s'applique ; mais encore, considérée en elle-même, elle passe
par trois états différents, trois degrés, pour ainsi dire,
qui sont l'instinct, la volonté et l'habitude.

1. Nous agissons d'abord uniquement en vertu des tendances de notre nature : c'est l'état *instinctif ;* et ce qui
caractérise l'acte instinctif, c'est que nous l'accomplissons
presque à notre insu, sans en avoir conscience pour ainsi
dire, sans nous rendre compte du but vers lequel nous
tendons ; c'est encore que nous l'accomplissons tout d'a-
bord avec une sûreté infaillible, une perfection complète,
sans étude, sans tâtonnements préalables, et aussi sans
perfectionnement possible ; c'est enfin qu'il s'impose à
notre activité comme une nécessité irrésistible, toujours
la même chez tous les individus de la même espèce, en
vue d'un objet déterminé, spécial, nécessaire à notre fin.
L'accomplissement des fonctions sans lesquelles notre
destinée ne se réaliserait pas, n'a pas été laissé totalement
à notre libre arbitre et il s'impose à nous, quoi que nous
en ayons. On comprend dès lors que l'instinct devait
avoir avant tout pour but la conservation de l'individu
et de l'espèce, qu'il devait principalement se rapporter à
la vie sensible, être commun à l'homme et à l'animal.
Ainsi en est-il. L'expérience prouve même qu'il est parfois plus développé chez l'animal que chez l'homme : ce
qui devait être, puisque l'animal n'a pas la raison qui y

supplée et le remplace. Il est donc, à certains égards, une marque d'imperfection ; mais il est clair aussi que l'homme qui ne sait pas se diriger par sa raison doit regretter d'en être dépourvu ; car il tombe nécessairement au-dessous de la brute, qui, elle, a au moins l'instinct pour la conduire.

2. Mais tout aussitôt que, au lieu de céder aveuglément aux impulsions de notre sensibilité, nous prenons connaissance et possession de nous-mêmes, aussitôt que nous nous rendons compte de nos besoins et de nos moyens d'action, que nous poursuivons un but déterminé et connu, à cette activité inconsciente, irréfléchie, fatale, qui était notre état primitif, succède une autre activité, consciente et libre celle-là, qui constitue *l'état humain* proprement dit et qu'on nomme la *volonté*.

Or, le fait volontaire étant un fait éminemment complexe, il importe, pour bien comprendre la nature de la volonté, de la distinguer de tout ce qui la précède et de ce qui la suit. Ce qui la précède, c'est la *réflexion*, qui comprend la conception de l'acte à accomplir et des moyens par lesquels il peut être accompli ; c'est encore la *délibération*, c'est-à-dire l'examen et la discussion des raisons (motifs ou mobiles) qui nous portent à agir ou à ne pas agir, à agir dans un sens plutôt que dans un autre. Ce qui la suit, c'est *l'exécution*, qui ne dépend pas toujours de nous : aussi l'intention est-elle souvent réputée pour le fait. Ce qui constitue essentiellement le fait volontaire, c'est la *détermination* ou *résolution*, qui suit la délibération et qui précède l'action, qui ne dépend que de nous, qui est toujours en notre pouvoir. Le caractère distinctif de la détermination, c'est qu'elle est *libre*. La liberté chez l'homme est la nature et l'essence même de la volonté, qui par suite ne peut se confondre avec l'amour, ni avec le désir, impulsions de la sensibilité qui se produisent fatalement en nous.

3. Mais l'homme, que cette liberté distingue de l'animal asservi à ses instincts, en serait bientôt réduit à envier cette activité sûre et infaillible des êtres qui lui sont in·

férieurs, s'il ne lui était pas possible de se créer, par l'habitude, des instincts factices. L'*habitude* est un état engendré en nous par la répétition fréquente des mêmes actes, qui fait que nous accomplissons ce que nous avons déjà accompli souvent, avec la sûreté et l'infaillibilité que donne l'instinct. Aussi a-t-on pu dire, non sans raison, que l'*habitude est une seconde nature.*

Les actes habituels et les actes instinctifs ont, à s'y méprendre, les mêmes caractères extérieurs; ils ne diffèrent que par leur origine. Nos instincts sont le fait de la nature; nos habitudes sont notre œuvre. Nous ne pouvons déraciner nos instincts; nous pouvons toujours faire disparaître une habitude et même la remplacer par une habitude contraire. Il en résulte que nous ne pouvons pas être rendus responsables des instincts que nous avons, mais que nous le sommes de nos habitudes.

L'habitude est toujours une manière d'être, une disposition de l'âme, qui résulte de la prolongation d'un même fait ou de sa répétition fréquente. Mais ce fait peut être un fait sensible ou une action. L'habitude est dite *passive* dans le premier cas, *active* dans le second. Elle a pour effet : 1° d'*affaiblir la sensibilité*; 2° de *perfectionner l'activité.*

L'habitude n'a pas de place dans le règne inorganique; mais on la retrouve dans la nature vivante. Les animaux, les plantes elles-mêmes sont soumises à son influence. Le corps humain, comme tout organisme, peut contracter des habitudes, et ce fait est de la plus haute importance au point de vue de l'hygiène, comme de l'*éducation physique.*

Toutes les facultés de l'esprit se développent par l'habitude, qui se trouve être par là l'instrument le plus puissant de l'*éducation intellectuelle*, d'autant plus que les habitudes contractées dans l'enfance sont à la fois les plus fortes et les plus durables. Son influence est manifeste dans l'éducation des sens, et principalement sur le tact, la vue et l'ouïe, — sur la mémoire, — sur notre faculté d'abstraire et de généraliser, — sur nos jugements,

— même sur l'imagination qui semble, par nature, affranchie de toute discipline. Elle rend plus promptes, plus faciles et plus sûres toutes les opérations de notre intelligence.

Son action n'est pas moins puissante sur la *volonté;* car si la volonté engendre l'habitude, il est vrai aussi que l'habitude développe et fortifie la volonté, qu'elle rend à la longue ses efforts moins pénibles et moins nécessaires. Or la vertu n'est que l'habitude de faire le bien, comme le vice est l'habitude de faire le mal. Celui qui a contracté de bonnes habitudes, en arrive à faire le bien sans lutte et sans effort, tout naturellement, pour ainsi dire. On conçoit dès lors quelle influence de bonnes ou de mauvaises habitudes peuvent exercer sur notre moralité tout entière et combien la formation des habitudes doit être surveillée de près dès la plus tendre enfance.

On pense et l'on agit généralement en conformité de son caractère; mais ce qu'on appelle le *caractère* n'est guère qu'un ensemble d'habitudes. Chacun peut donc se donner le caractère qu'il veut avoir et le maître aussi peut former, façonner, changer même jusqu'à un certain point le caractère de ses élèves. Faire contracter à l'enfant de bonnes habitudes, non seulement au point de vue physique, mais encore et surtout dans l'ordre intellectuel comme dans l'ordre moral : voilà toute l'éducation.

IV. Qu'il se passe continuellement dans l'homme deux sortes de faits : les uns matériels, perçus seulement par les sens; les autres immatériels, qu'atteint seul le sens intime ou la conscience; — que, par suite, il faille distinguer en lui deux parties, l'*âme* et le *corps*, intimement unies, il est vrai, exerçant l'une sur l'autre une influence réciproque : c'est ce qui résulte de toutes nos études précédentes. Mais ce n'est pas tout. L'âme aussi est en quelque sorte double, comme l'homme lui-même : par un côté, elle tient au corps, elle est sous sa dépendance; par un autre, elle s'élève au-dessus de lui et s'en affranchit. C'est ainsi qu'on oppose la raison aux sens, les

sentiments aux appétits et aux passions, la volonté a
l'instinct.

Dans l'intelligence, les *sens* nous mettent en rapport
avec les choses extérieures et nous fournissent les matériaux de nos pensées; mais c'est la *réflexion* qui les
apprécie et l'*entendement* qui les emploie. — La sensibilité comprend tout à la fois les *instincts*, qui nous attachent aux plaisirs des sens, et les *penchants*, qui nous
portent aux plus pures jouissances de l'âme : c'est cette
lutte entre les instincts inférieurs de l'homme et ses nobles
penchants que les moralistes chrétiens ont appelée la lutte
de la *chair* et de l'*esprit* ; c'est encore ce qui a fait dire
qu'il y a *deux hommes* en nous. — Enfin on distingue
également dans l'homme deux modes d'activité : l'un,
fatal et aveugle, qu'on appelle l'*instinct;* l'autre, libre
et éclairé, qu'on appelle la *volonté.* L'enfant, le vieillard
affaibli par les ans, l'homme asservi à ses passions, subissent la loi de l'instinct; au contraire, par la volonté,
l'homme se rend maître de lui-même, il dirige ses facultés, gouverne son corps et ses sens, agit pour un but déterminé et choisit les moyens qui doivent l'y conduire ;
il triomphe de sa propre nature et s'en crée en quelque
sorte une nouvelle. Il se fait son *caractère,* comme avec
la réflexion et le travail il se fait jusqu'à un certain point
son *intelligence.* Ce sont ces deux parties maîtresses de
lui-même qui lui donnent surtout sa valeur et sa dignité ;
ce sont elles qui constituent sa *vie intellectuelle et morale,*
sa vie vraiment humaine, qu'on ne peut pas confondre
avec sa *vie animale,* assujettie aux sens.

C'est par ses parties inférieures que notre être plonge,
pour ainsi dire, dans l'animalité et qu'il se relie à tous
les êtres qui sont au-dessous de lui; c'est par la moralité
qu'il s'en distingue et se rattache à tout ce qui est au-
dessus. On peut trouver, dans les animaux comme dans
l'homme, une force immatérielle avec tous les attributs
qui constituent l'individualité; mais c'est dans l'homme
seulement qu'on trouve jointes à cette force, et la conscience qu'elle a d'elle-même et la raison, et la liberté.

C'est par ces facultés supérieures que l'homme, rendu
responsable de ses actes, n'est plus seulement un individu,
mais une *personne*.

V. En résumé, la volonté, troisième faculté de l'âme humaine, ne se comprend bien que si on la rattache à une faculté plus générale dont elle n'est qu'un mode, l'activité ou
puissance d'agir.

L'âme est essentiellement active : l'activité est le fond
même de son être. Cette activité peut s'exercer sur différents
objets : elle est dite *physique*, quand elle meut le corps; *intellectuelle*, quand elle agit sur les facultés de l'intelligence;
morale, quand elle agit sur la volonté. La tendance de la pédagogie moderne est de faire une place de plus en plus large,
dans l'éducation, à cette triple activité.

Considérée en elle-même, l'activité passe par trois états
différents : l'instinct, la volonté et l'habitude.

L'*instinct* nous fait accomplir, sans que nous en ayons
conscience et presque à notre insu, certains actes nécessaires
à notre conservation; il existe chez l'animal autant et plus
que chez l'homme. — Par la *volonté*, au contraire, nous agissons en connaissance de cause et librement, dans un but déterminé. Le fait volontaire est essentiellement humain; il
consiste uniquement dans la résolution, qui est toujours libre.
Il ne faut le confondre, ni avec la réflexion et la délibération
qui le précèdent, ni avec l'exécution qui le suit. — L'*habitude*
est une disposition de l'âme engendrée par la répétition fréquente des mêmes actes, qui fait que nous accomplissons ce
que nous avons déjà accompli souvent, avec la sûreté et l'infaillibilité que donne l'instinct : aussi l'appelle-t-on *une seconde
nature*. C'est, en effet, une nature que nous nous donnons à
nous-mêmes. Mais nous pouvons toujours la changer, puisqu'elle est notre œuvre, tandis que nous ne pouvons pas
changer nos instincts. Ses effets sont : d'émousser et d'affaiblir la sensibilité, d'aviver et de fortifier l'activité. — Son influence est prépondérante dans toute l'éducation : la vertu
n'est que l'habitude de faire le bien; agir conformément à
son caractère, c'est le plus souvent agir conformément aux
habitudes qu'on s'est données. Il n'est rien qu'un maître doive
avoir tant à cœur que de faire, contracter de bonnes habitudes
aux enfants qui lui sont confiés, non seulement au point de

vue physique, mais encore et surtout dans l'ordre intellectuel
comme dans l'ordre moral.

L'étude de la psychologie nous amène à cette conclusion :
que d'abord il y a dans l'homme l'âme et le corps; et que,
dans l'âme elle-même, il y a des facultés qui sont, en quelque
sorte, sous la dépendance du corps et d'autres qui s'en affran-
chissent (ainsi l'on oppose la raison aux sens, les sentiments
aux appétits et aux passions, la volonté à l'instinct); que par
suite, il faut distinguer en nous de la vie sensible, animale,
la vie suprà-sensible, la vie intellectuelle et morale, la vie
humaine proprement dite.

L'homme qui possède la raison et la liberté, qui a conscience de ce qu'il fait, et qui se sent responsable de ses actes,
est plus qu'un animal, plus qu'un individu, c'est une *personne.*

ONZIÈME LEÇON

Morale théorique

PRINCIPES DE MORALE FAUX OU ERRONÉS

I. Le caractère essentiel de la volonté chez l'homme,
c'est le pouvoir qu'elle a de se déterminer, de se résoudre, de choisir entre différents partis ; c'est le libre arbitre ou, d'un seul mot, la *liberté*. La liberté dont il est
question ici, et à laquelle on donne quelquefois le nom
de *liberté morale*, est la seule vraie liberté et il ne faut
la confondre avec aucune de ses manifestations extérieures : ni avec la *liberté physique* ou matérielle, pouvoir d'agir, qui s'oppose à la contrainte ; ni avec la *liberté civile ou politique*, qui consiste dans la possession
de certains droits dont l'homme peut jouir à des degrés
divers (liberté de penser, liberté de conscience, etc.).

II. L'homme a la liberté ou son libre arbitre, c'est-a-
dire qu'il a le pouvoir de se déterminer, de choisir une
chose plutôt qu'une autre, d'opter entre plusieurs partis
contraires, entre le bien et le mal, par exemple, en conservant la conscience intime du pouvoir qu'il aurait
d'agir autrement. Il est presque superflu de prouver
l'existence de la liberté. Il suffit, en effet, de rentrer au

dedans de soi-même, de s'examiner dans les circonstances
les plus ordinaires et les plus vulgaires de la vie, pour y
reconnaître, sans pouvoir en douter, qu'on est libre.
Ainsi, avant de prendre une résolution, j'hésite, je déli-
bère, je demande des conseils; donc je me sais libre
d'agir ou de ne pas agir. Pendant tout le temps que
cette résolution dure, je me sens libre de la continuer,
de la suspendre, de la modifier, de lui substituer une
résolution contraire. Enfin, après que l'action est accomplie, je n'hésite pas à m'en regarder comme la cause et
l'auteur véritable; ce qui ne se comprendrait pas, si
j'étais poussé par une fatalité irrésistible. La conscience
m'atteste que je suis libre avec la même évidence qu'elle
m'atteste que je pense ou que je suis, et je n'ai pas plus
de raison de douter de ma liberté que de ma propre
existence.

D'ailleurs, qu'on y songe, nier la liberté, ce serait
nier le devoir qui ne s'adresse qu'à des êtres libres; ce
serait nier la responsabilité, et par suite, le mérite et le
démérite; la vertu et le vice, les récompenses et les peines;
ce serait méconnaître les plaisirs de la conscience et le
remords, les sentiments d'estime et de sympathie que
nous inspirent les actions vertueuses, le mépris et l'antipathie que nous éprouvons pour l'auteur d'un acte cri-
minel. Sans la liberté, point de société possible; car une
société ne peut exister qu'avec des lois qui la régissent :
or, l'existence des lois suppose la croyance à la liberté
et chez ceux qui les font, et chez ceux pour qui elles sont
faites. Sans la liberté, enfin, plus de traités, plus de con-
trats, plus de lois, plus de tribunaux. Conseils, exhorta-
tions, menaces, prières, reproches, etc., tous les faits de
notre vie morale et sociale supposent la liberté.

Sans doute les penchants naturels, les habitudes, en
un mot, le caractère, — le tempérament, les passions,
l'âge et surtout l'éducation, — mille circonstances enfin,
jusqu'au climat et au milieu dans lequel nous vivons,
exercent leur influence sur nos déterminations, et cela
parce que l'homme, être intelligent et sensible, n'agit

jamais sans motifs : il peut même se faire que ces influences altèrent et diminuent jusqu'à un certain point notre liberté et qu'il y ait lieu d'en tenir compte dans l'appréciation et la mesure de la responsabilité humaine; mais jamais ils ne la suppriment complètement.

III. Si l'homme est libre, il est responsable et ses actes lui sont imputables, à cette double condition toutefois : 1° qu'il ait su ce qu'il faisait; 2° que sa liberté d'action ait été pleine et entière. On conçoit, en effet, que la responsabilité grandisse en même temps que l'intelligence et la liberté, et que tout ce qui altère ou détruit dans l'homme la raison et la liberté, détruise ou diminue dans les mêmes proportions sa responsabilité : ainsi la folie totale ou partielle, certaines maladies, la sénilité extrême, etc. L'enfant non plus n'est pas responsable avant un certain âge, et il l'est plus ou moins selon la précocité de son intelligence et la culture de sa raison. Il est à remarquer enfin que nous ne sommes pas seulement responsables de nos actes proprement dits, mais que nous le sommes également des conséquences qu'entraîne ce que nous faisons, aussi bien que de tout ce que notre négligence ou notre paresse nous empêchent de faire : ivresse, ignorance volontaire, etc.

IV. L'homme se sent libre et responsable de ses actes. De là cette question qui se présente tout naturellement : quel usage doit-il faire de cette activité qui est en lui, qui est lui, dont il dispose à son gré? En d'autres termes, quelle doit être la règle de ses actions? C'est à la morale d'y répondre. La morale est à la volonté ce que la logique est à l'intelligence [1]. De même que la *logique* détermine

---

1. L'homme qui a fait réflexion sur lui-même a reconnu qu'il y avait dans son âme deux puissances ou facultés principales, dont l'une s'appelle *entendement* et l'autre *volonté* et deux opérations principales, dont l'une est « entendre » et l'autre « vouloir ».

Entendre se rapporte au vrai, et vouloir au bien.

Toute la conduite de l'homme dépend du bon usage de ces deux puissances. L'homme est parfait, quand, d'un côté, il entend le vrai, et que, de l'autre, il veut le bien véritable, c'est-à-dire la vertu.

Mais, comme il ne lui arrive que trop souvent de s'égarer en l'une ou en l'autre de ces actions, il a besoin d'être averti de ce qu'il faut savoir pour être en état,

les règles que l'entendement doit suivre pour arriver au *vrai*, de même la *morale* prescrit à la volonté ce qu'elle doit faire pour accomplir le *bien*. Elle a pour objet le principe qui doit régler les actions humaines, considéré en lui-même d'abord : c'est la *morale théorique;* dans ses applications ensuite : c'est la *morale pratique.*

V. Il semble, au premier abord, que la loi ou règle de nos actions soit imprimée dans notre nature même. Celle-ci ne nous porte-t-elle pas invinciblement à rechercher le plaisir et à fuir la douleur? Où trouver des indications plus claires? Quand ses tendances sont satisfaites, nous jouissons; quand elles sont contrariées, nous souffrons. Mais ces tendances sont nous-mêmes: ce qu'elles veulent, n'est-ce pas ce que nous voulons, ce que nous *devons* vouloir?

Sans doute la recherche du plaisir et la fuite de la douleur sont conformes à notre nature; mais il faut distinguer parmi les plaisirs. Ils ne sont pas tous à rechercher également: les uns sont bas et honteux, les autres sont nobles et généreux; les uns sont vifs mais passagers, les autres sont plus calmes mais plus durables; les uns ne laissent après eux aucune amertume, les autres sont toujours suivis de regrets; il y a les plaisirs du corps,

tant de connaître la vérité, c'est-à-dire de bien raisonner, que d'embrasser la vertu, c'est-à-dire de bien choisir.

De là naissent deux sciences nécessaires à la vie humaine, dont l'une apprend ce qu'il faut savoir pour entendre la vérité, et l'autre ce qu'il faut savoir pour embrasser la vertu.

La première de ces sciences s'appelle *logique*, d'un mot grec qui signifie « raison », ou *dialectique*, d'un mot grec qui signifie « discourir » ; et l'autre s'appelle *morale*, parce qu'elle règle les mœurs. Les Grecs l'appelaient *éthique*, du mot qui signifie « les mœurs » en leur langue.

Il paraît donc que la logique a pour objet de diriger l'entendement à la vérité ; et la morale, de porter la volonté à la vertu.

Pour opérer un si bon effet, elles ont leurs règles et leurs préceptes, et c'est en quoi elles consistent principalement : de sorte qu'elles sont de ces sciences qui tendent à l'action et qu'on appelle pratiques.

Selon cela, la logique peut être définie : une science pratique par laquelle nous apprenons ce qu'il faut savoir pour être capables d'entendre la vérité; et la morale, une science pratique par laquelle nous apprenons ce qu'il faut savoir pour embrasser la vertu ; ou, pour le dire en moins de mots, la logique est une science qui nous apprend à bien penser, et la morale, une science qui nous apprend à bien vivre.   Bossuet.

il y a ceux de l'esprit, etc., etc. Ainsi en serait-il de nos douleurs, qui ne sont pas toutes à éviter également. Il y a plus : il est des plaisirs qui ne sont pas toujours un bien pour nous et qui peuvent même, dans certaines circonstances, devenir de véritables maux; de même il est des douleurs qui ne sont pas un véritable mal et qui peuvent même devenir des biens. Enfin il est des cas où la recherche du plaisir bien entendu nous conseille d'accepter d'abord et de lui préférer la douleur qui en est la condition. Il faut donc savoir choisir.

L'homme étant un être intelligent, qui sait réfléchir et calculer, la recherche du plaisir ne tarde pas, on le voit, à se transformer et à devenir pour lui la recherche du plus grand plaisir possible; au *mobile* du *plaisir*, dû à l'instinct, succède le *motif* de l'*utile*, qui résulte des calculs de l'intelligence. Toutes nos actions vont avoir pour règle notre *intérêt;* il n'y aura plus d'autre morale que l'*égoïsme* [1].

Mais, pas plus que la précédente, cette doctrine ne peut se défendre. En fait, parmi les actes que nous accomplissons, il en est qui sont désintéressés, quoi qu'en ait dit La Rochefoucauld [2], et que nous regardons comme obligatoires pour nous, comme bons et conformes eux aussi à notre nature; or il n'est guère admissible que l'humanité tout entière s'abuse sur une chose qui la touche de si près, et d'une manière si contraire à son propre bien. — Mais de plus, rechercher égoïstement son bien n'est pas toujours le meilleur moyen de l'atteindre. L'homme, qui ne peut vivre et être heureux qu'au sein de la société, a continuellement besoin de ses semblables et il ne peut guère s'assurer leur affection ni leurs services, qu'en se sacrifiant pour eux dans une cer-

---

1. On donne généralement le nom de *mobiles* aux principes de détermination qui ont leur point de départ dans les impulsions directes de la sensibilité : ce sont nos instincts, nos inclinations, nos passions. On réserve celui de *motifs* aux principes réfléchis de détermination et d'action, c'est-à-dire aux calculs de l'intérêt et au devoir.

2. La Rochefoucauld, dans ses *Maximes*, prétend que l'amour-propre est le mobile de toutes nos actions.

taine mesure. L'égoïsme devra donc se transformer à
son tour, il deviendra la recherche de l'*intérêt général*,
dans lequel notre intérêt particulier se trouve compris, la
recherche de l'intérêt du plus grand nombre.

Mais n'allons-nous pas arriver à une règle de nos ac
tions qu'il nous sera à peu près impossible de suivre?
Savoir en quoi consiste son propre intérêt n'est déjà pas
une chose si simple, attendu que c'est seulement quand
l'action est accomplie qu'on peut apprécier son utilité;
que sera-ce quand il faudra rechercher, non seulement
son propre intérêt, mais l'intérêt du plus grand nombre?
Si je ne sais pas toujours bien quel est mon véritable
intérêt, il me sera bien plus difficile encore de savoir quel
est le plus grand intérêt de tous mes semblables. Un
homme est dans la misère, il fait appel à ma générosité.
Vais-je le secourir? Mais ne pourrais-je pas faire de mon
argent un emploi plus utile à l'humanité? Demain peut-
être, ma patrie en aura besoin; gardons-le-lui scrupuleusement. La sagesse est de s'abstenir. Ainsi l'on trouvera toujours des raisons pour ne pas agir. — D'ailleurs
la loi de ma liberté ne peut être qu'obligatoire; ce que
je *dois* faire s'imposera donc à moi : il faut que je sente,
en le faisant, que je suis dans ma voie; que j'éprouve un
sentiment tout autre, si je ne le fais pas. Or, je vois clairement que je ne suis nullement tenu de faire ce qui
m'est utile. Je manque volontairement une excellente
occasion de faire fortune : à mes yeux et aux yeux de
mes semblables, je puis être un sot; mais je ne suis pas
coupable, je n'ai pas enfreint ma loi, je ne me sens pas
amoindri. De même, si je réussis, je suis habile; mais je
n'en suis pas meilleur. Or toutes ces raisons, si fortes
contre l'égoïsme, ne le seront pas moins contre la recherche de l'intérêt du plus grand nombre. Si je ne suis pas
tenu de rechercher mon propre intérêt, comment puis-
je l'être de rechercher celui des autres? — Enfin, qu'on
y prenne garde, n'est-ce pas au nom de ce principe qu'on
justifie toutes les persécutions politiques et religieuses?
Si l'intérêt général est ma loi, je dois lui sacrifier tous

les intérêts individuels. *Le salut du peuple deviendra la loi suprême.* On connaît cette fameuse maxime et l'histoire enregistre avec horreur ses épouvantables conséquences.

En somme, ni la recherche du plaisir, ni la recherche de l'intérêt, qui n'est autre que le plaisir calculé et différé, ne peuvent être la loi de ma liberté, parce que les prescriptions d'une loi doivent être claires et toujours possibles à réaliser et qu'il n'en est pas ainsi des conseils que me donne la recherche de mon plaisir ou de mon intérêt, — parce que surtout ces prescriptions doivent s'imposer à moi comme *obligatoires* et que je ne me sens nullement *tenu* de rechercher, soit mon plaisir, soit mon intérêt, sous quelque forme qu'il me soit proposé.

On s'est quelquefois demandé si le meilleur usage que nous puissions faire de notre liberté ne serait pas de nous en servir pour obtenir les récompenses attachées à l'accomplissement de certains actes, pour éviter les peines qui en atteignent certains autres. — Mais jamais la recherche d'une récompense n'a pu être conçue comme une obligation. Et puis, que d'actes qui échappent à la récompense comme au châtiment! Que faire alors? Comment dans ce système expliquer la vertu, dont la première condition est le désintéressement?

VI. Enfin on a voulu chercher la règle de la liberté dans le sentiment. C'est un fait, a-t-on dit, qu'après avoir agi nous éprouvons, tantôt une satisfaction intérieure, tantôt cette peine intime qu'on appelle le remords, selon la nature de l'action que nous avons accomplie. De même les actions de nos semblables éveillent en nous, tantôt des sentiments de sympathie et de bienveillance, tantôt des sentiments d'antipathie et de malveillance pour leurs auteurs. Ne pourrait-on pas en conclure que nous reconnaîtrons que nous avons bien agi, que nous avons fait ce que nous devions faire, quand notre action produira en nous la satisfaction intérieure? — que nous avons mal fait, au contraire, que nous n'avons pas suivi notre voie, quand elle produira le remords? La sympathie et l'anti-

6.

pathie joueront le même rôle, quand il s'agira d'apprécier les actes de nos semblables : tout acte sera bon, qui
excite en nous des sentiments sympathiques; tout acte
sera mauvais, qui nous inspire instinctivement de l'antipathie. Le signe et la mesure du bien et du mal seront
dans les sentiments affectueux ou malveillants que nous
ressentons pour celui qui vient de faire un bon ou un
mauvais usage de sa liberté.

Cette morale, dite *morale du sentiment*, diffère profondément de la morale égoïste. Quoi de plus opposé à
l'égoïsme que la bienveillance? Et jusqu'à un certain
point elle rend compte de tous les faits moraux de la
nature humaine. Son tort est de prendre comme principe
ce qui n'est qu'une conséquence. Ce n'est pas parce que
nous voulons du bien à l'auteur d'une action, que nous
jugeons cette action bonne en elle-même et conforme à sa
loi, que nous voulons du bien à son auteur. De même, en ce
qui nous concerne, ce n'est pas parce nous éprouvons un
contentement intérieur ou du remords que nous sommes
sûrs d'avoir bien ou mal agi, c'est parce que nous avons
fait ce que nous devions faire que nous éprouvons un
contentement intérieur; c'est parce que nous avons fait
autre chose que ce que nous devions faire que nous
éprouvons du remords. — Le sentiment d'ailleurs ne
sera jamais une mesure bien fixe, une mesure générale
de la valeur de nos actes. Comme tout ce qui tient à la
sensibilité, il est essentiellement personnel, et par suite
variable, changeant. Chacun dès lors pourra avoir sa
morale particulière, sa dévotion propre, ses vertus favorites, conformes à ses inclinations; et même ce qui est
vertu changera avec les différentes manières dont il
pourra être affecté, avec les circonstances. — Enfin, le
sentiment s'émousse par la répétition alors qu'il devrait
devenir de plus en plus vif, etc.

L'instinct et le sentiment sont donc impuissants à régler la vie : l'erreur de tous les systèmes qui les prennent
comme base de la morale, sera toujours d'ériger en loi
générale de nos actions ce qui ne peut être qu'une impul-

sion personnelle et relative, et de donner comme fondement à cette loi un fait sensible qui en découle et la suppose.

VII. En résumé, le caractère essentiel de la volonté chez
l'homme, c'est la liberté, c'est-à-dire le pouvoir qu'elle a de
se déterminer, de se résoudre, de choisir entre plusieurs
partis. Il ne faut pas confondre cette liberté intérieure, toute
morale, avec ses manifestations extérieures, auxquelles on
donne le nom de libertés : liberté matérielle, liberté civile,
liberté politique, etc.

Nous affirmons que la liberté existe : 1° parce que nous sentons intérieurement que nous sommes libres, 2° parce que
tous les faits de notre vie physique et morale impliquent le
libre arbitre. — Sans doute, il est bien des influences venant,
soit de l'intelligence, soit de la sensibilité, qui agissent sur
notre liberté et il peut même y avoir lieu d'en tenir compte
dans l'appréciation et la mesure de la responsabilité; mais
ces influences ne la suppriment jamais complètement.

Si l'homme est libre, quel usage doit-il faire de sa liberté?
C'est à la morale de répondre. La morale est une science qui
prescrit à la volonté les règles qu'elle doit suivre, comme la
logique trace des directions à l'intelligence.

Il semble, au premier abord, que la loi ou règle de nos
actions soit imprimée dans notre nature même qui, avant
toute chose, recherche le plaisir et fuit la douleur. Mais la
réflexion nous amène vite à conclure que ni la recherche
directe et immédiate du plaisir, ni la recherche de l'intérêt,
qui n'est autre que le plaisir différé et calculé, ne peuvent être
la loi de notre liberté : 1° parce que les prescriptions d'une
loi doivent toujours être claires et possibles à réaliser et qu'il
n'en est pas ainsi des conseils que nous donne la recherche
de notre plaisir et de notre intérêt; 2° parce que, surtout,
ces prescriptions doivent s'imposer à nous comme obligatoires
et que nous ne nous sentons nullement obligés de rechercher,
soit notre plaisir, soit notre intérêt.

Cette réfutation conserverait encore sa valeur, quand même
on substituerait à l'intérêt personnel, égoïste, l'intérêt général, l'intérêt du plus grand nombre, ou encore la recherche
des récompenses et la fuite des châtiments qui peuvent être
la conséquence de nos actes.

La règle de nos actions ne peut pas se trouver davantage

dans le sentiment qui est personnel, par suite variable et changeant, et n'a pas ce caractère de fixité que doit présenter une loi. Les sentiments moraux ne sont d'ailleurs que la suite et le contrecoup des jugements moraux que porte notre intelligence. C'est donc à cette dernière et non à la sensibilité que la morale doit demander son principe et son fondement.

DOUZIÈME LEÇON

Les vrais principes de la morale

Ni la recherche directe du plaisir, — ni la recherche
du plaisir calculé, c'est-à-dire de l'intérêt, en un mot,
l'égoïsme, — ni la recherche de l'intérêt général, de
l'intérêt du plus grand nombre, — ni la recherche des
récompenses et la fuite des châtiments, — ni l'estime et
la sympathie, aucun enfin des motifs d'action qui ont
leur origine dans la sensibilité, ne peut être la règle de
notre liberté, ne peut être érigé en loi de nos actions.
Tous ces principes sont défectueux; quelques-uns même
sont en contradiction manifeste avec les faits les mieux
établis de notre nature morale, faits qu'ils nient ou qu'ils
ne peuvent expliquer qu'en les dénaturant. Mais n'y a-t-il
dans l'homme que les impulsions de la sensibilité? L'intelligence ne sert-elle qu'à faire un choix parmi nos
plaisirs et nos intérêts? N'est-elle pas un motif d'action?
N'a-t-elle pas par elle-même une autorité qui lui est propre? Ne peut-elle pas commander à la volonté?

I. C'est un fait que l'homme est capable de discerner
le bien du mal. Il se peut que, dans des cas compliqués,
il hésite sur la nature du bien, et même qu'il s'en fasse
une idée fausse; mais il n'en a pas moins l'idée, et continuellement il lui arrive de dire : ceci est bien, ceci est

mal. La faculté qui fait cette distinction a reçu le nom de *conscience morale,* ou tout simplement de conscience. Ce n'est point cette conscience psychologique, ce sens intime, cette perception interne, dont il a été question précédemment, reflet fidèle, témoin impartial de ce qui se passe en nous; non, c'est une sorte de sens moral, une fonction particulière de la raison, ou plutôt c'est la raison elle-même, considérée dans l'une de ses opérations pratiques.

La raison théorique, la raison considérée en elle-même, conçoit le bien absolu, comme elle conçoit le vrai, comme elle conçoit le beau; la raison pratique cherche dans le monde et dans la vie ce qui est conforme à ces types du vrai, du beau et du bien, ce qui leur est contraire. Appliquée au discernement du vrai et du faux, elle devient le *jugement ;* appliquée au discernement du beau et du laid, elle devient le *goût;* appliquée au discernement du bien et du mal, elle s'appelle *conscience morale.* Pas plus que le jugement, pas plus que le goût, la conscience morale ne fait défaut à aucun être raisonnable; mais, comme ces deux facultés, elle ne se développe que par la culture et l'exercice [1].

1. Il n'est pas de peuples, si sauvages soient-ils, chez lesquels ne se rencontrent des germes de moralité. Leurs pratiques les plus révoltantes ne sont que l'effet de certains principes moraux mal compris : ils savent que certaines choses sont permises et d'autres défendues ; mais ils se trompent dans le discernement qu'ils en font. De même les contradictions morales qu'enregistre l'histoire s'expliquent par les degrés différents de lumière auxquels les hommes étaient alors parvenus. Mais à mesure qu'ils s'éclairent, ils se font une idée plus juste de ce qui est bien, et comme ce bien est unique, ils tendent de plus en plus à *une seule et même morale,* et c'est là précisément ce qu'on appelle la *civilisation.* Ces progrès se manifestent par un respect de plus en plus grand pour la vie des hommes, pour leur propriété, pour leurs droits naturels, dans la constitution de la famille, dans certaines pratiques de ce qu'on appelle le droit des gens, etc... « Il n'y a qu'une « morale, comme il n'y a qu'une géométrie, dit Voltaire. Et si l'on m'objecte que « la plus grande partie des hommes ignore la géométrie, je répondrai : Oui; « mais dès qu'on s'y applique un peu, tout le monde est d'accord. » Il en est des individus comme des peuples : il n'est pas d'être humain chez qui la moralité ne soit en germe ; mais celle-ci ne se développe et ne s'épure que par l'éducation. La culture, l'effort, l'habitude peuvent beaucoup pour rendre la conscience plus délicate et plus scrupuleuse.

Toutefois, si le progrès moral dans ses effets généraux est incontestable, il ne s'ensuit pas que, pris individuellement, nous valions mieux que nos pères. En effet, ce qui fait le mérite de l'individu, c'est son intention, c'est l'effort qu'il a.

Consultons cette voix intérieure, que nous dit-elle?
Qu'un être *intelligent*, c'est-à-dire qui connaît le bien, et
qui en même temps est *libre*, c'est-à-dire capable de l'accomplir, *doit* l'accomplir; que par suite, nous devons
faire ceci, éviter cela; qu'en agissant de telle manière
nous faisons notre *devoir*, qu'en agissant autrement
nous ne le faisons pas. Elle s'impose à nous comme un
législateur qui nous prescrit ses ordres avant l'action;
comme un juge qui apprécie notre conduite, après que
nous avons agi. — Dira-t-on que ses prescriptions sont
nulles, qu'elles n'ont aucune action sur notre volonté
libre, que nous n'en tenons aucun compte quand nous
agissons? Mais ce serait nier l'évidence. A qui n'est-il
pas arrivé en sa vie de faire certaines choses, non parce
qu'il y trouvait son plaisir ou son intérêt, mais *uniquement* parce qu'il croyait *devoir* les faire [1]? N'est-ce
pas calomnier l'humanité que de prétendre qu'elle ne
peut suivre d'autre règle de conduite que la passion ou
l'intérêt? Sans doute, nous aimons à faire ce qui nous
est utile, nous répugnons à ce qui peut nous nuire. Mais
n'y a-t-il pas certains actes que nous accomplissons,
parce que notre raison les déclare bons en eux-mêmes,
quoiqu'ils nous soient nuisibles? d'autres dont nous
nous abstenons, parce qu'elle les proclame mauvais,
bien qu'ils nous soient utiles? Sans aller chercher au loin
d'héroïques exemples, on trouverait dans les plus humbles conditions des actions désintéressées, uniquement

dû faire. Quand même il aurait réalisé une plus grande somme de bien que
ceux qui sont venus avant lui, s'il a eu à sa disposition des moyens d'action plus
puissants ou plus faciles, il peut ne pas valoir mieux qu'eux pourtant. Donc, la
moralité générale peut se perfectionner et elle se perfectionne certainement;
mais la vertu individuelle ne s'accroît peut-être pas.

On pourrait, à la lumière de ces principes, développer et apprécier cette pensée
de Pascal : *Les inventions vont en avant de siècle en siècle ; la bonté et la malice
du monde restent les mêmes.*

1. « Si je demande à un honnête homme qui, malgré les suggestions de la
« misère, a respecté le dépôt qui lui était confié, pourquoi il a fait cela, il me
« répondra : Parce que c'était mon *devoir.* Si j'insiste, si je lui demande pour-
« quoi c'était son devoir, il saura très bien me répondre : Parce que c'était *juste,*
« parce que c'était *bien.* — Arrivé là, toutes ses réponses s'arrêtent; mais les
« questions s'arrêtent aussi. »

accomplies en vue du bien. Dans la vie la plus pauvre en
vertus, on trouverait des sacrifices et des dévouements;
pour des choses de peu d'importance peut-être; mais
qu'importe? Ils suffiraient pour établir que le *devoir*
existe comme motif d'action [1].

II. Il est incontestable que nous accomplissons certains actes uniquement par devoir; mais ce nouveau
motif d'action est-il, plus que les précédents, en conformité avec ce qui doit être la règle de nos actions? Peut-
il expliquer, sans les dénaturer, tous les faits moraux
de la nature humaine? Il ne suffit pas d'admettre le fait;
il faut examiner s'il peut être érigé en loi.

D'abord le devoir se présente à nous comme *obligatoire*:
l'obligation est son essence même. C'est un *impératif
catégorique*, comme dit Kant, qui ne se confond, ni avec
les règles de l'habileté, ni avec les conseils de la prudence, c'est-à-dire un ordre qui s'impose à ma moralité.
Si je reste sourd à la voix de l'intérêt, je puis être malheureux; mais rien ne m'oblige à être heureux. Si, au
contraire, je résiste à ma conscience, qui m'oblige sans
me contraindre, « je sens qu'elle pèse sur moi de tout le
poids de son autorité méconnue, et qu'elle me punit par le
remords des fautes que la passion arrache à ma volonté. »
— Les prescriptions du devoir sont-elles *claires*? sont-
elles *possibles à réaliser*? Oui; mon devoir ne peut évidemment m'imposer ce que j'ignore, ce que je ne puis
faire. Dans la doctrine de l'intérêt, tout homme cherche
son utilité; mais il ne voit pas toujours clairement en
quoi elle consiste, et de plus, il n'est pas sûr de l'atteindre. Au contraire, dans la doctrine du devoir, je sais
toujours ce que je veux et je suis sûr d'atteindre le der-

---

1. Il y a trois motifs d'action qui sont parfaitement distincts : le plaisir, l'intérêt, le devoir, — et il n'est pas indifférent d'obéir à l'un ou à l'autre. C'est
même là ce qui constitue les différents degrés de la vie morale. « Quand l'homme
cède à la *passion*, sa détermination est purement *animale*; tant qu'il n'agit que
de cette manière, sa vie est celle des bêtes. Le jour où l'homme s'élève à l'*intérêt
bien entendu*, il devient un être *raisonnable*; il calcule sa conduite, il devient
déjà homme. Mais il n'est pas encore homme *moral*, et il ne le devient que le
jour où il délaisse l'idée de son bien à lui pour n'obéir qu'à l'idée du *bien en soi*. »
                                                                      JOUFFROY.

nier but que je me propose, l'accomplissement du *bien moral*. Je hasarde ma vie pour sauver mon semblable : mais je prends mal mes mesures, j'échoue; qu'importe? Il est un but qui ne m'échappe pas; j'ai voulu le bien, j'ai fait le bien. Le *bien moral* consistant essentiellement dans l'intention vertueuse est toujours en mon pouvoir et à ma portée ; quant au bien réel, au *bien absolu* qui peut en résulter, il ne dépend pas de moi, et le devoir ne me l'impose pas. « Fais le bien et advienne que pourra » est une devise qui ne trompe pas, et avec un tel but on est assuré de ne jamais le poursuivre en vain.

— Enfin, nous concevons le devoir comme *nécessaire* et la règle qu'il nous impose comme universelle, éternelle, immuable, absolue, c'est-à-dire que, dans tous les pays, dans tous les temps, des êtres raisonnables et libres, placés dans les mêmes circonstances, auront le même bien à faire, les mêmes devoirs à remplir [1]. Cette universalité de la loi morale est un fait tellement frappant que Kant en a fait le principe même de la morale : « Agis, dit-il, d'après des maximes telles que toi-même, si tu étais le législateur universel, tu pusses les ériger en lois pour tous les êtres raisonnables et libres. »

Le devoir remplit toutes les conditions de la loi morale; il en a tous les caractères; donc il se confond avec elle; donc ses prescriptions sont celles de la loi morale elle-même.

Il serait facile, d'un autre côté, de montrer que la morale du devoir est la seule qui explique, sans les dénaturer, tous les faits moraux de la nature humaine, c'est-à-dire cet ensemble de jugements et de sentiments que provoque une action bonne ou mauvaise, accomplie par un être intelligent et libre.

D'abord, le devoir se concilie avec la liberté. Que dis-

---

1. Oui, le devoir est absolu, sous peine de n'être pas. Non, la loi morale ne peut souffrir d'exception sans être infirmée. Toutefois il faut distinguer ici le devoir et les devoirs, le principe et ses applications. Il n'y a jamais, il ne peut y avoir d'exception au devoir; mais il peut y avoir, il y a parfois un devoir préférable à un autre devoir.

je ? Il la suppose. Kant, après avoir établi le devoir, en tire la liberté comme une conséquence nécessaire. Le désintéressement, le sacrifice, le dévouement à tous ses degrés, qui, dans tous les autres systèmes, ou n'existent pas, ou sont des actes de folie, reparaissent avec les caractères que leur reconnaît la conscience de l'humanité.
— L'estime, le mépris, l'admiration, la sympathie, l'antipathie, la satisfaction, le remords, sont dans notre sensibilité le retentissement des jugements portés par notre intelligence; nos sentiments dépendent de nos jugements, mais ne les constituent pas. Ils aident à l'accomplissement du devoir, mais ils ne sont pas le fondement de l'obligation. — La doctrine de l'intérêt mutilait la vérité; elle choisissait parmi les faits ceux qui lui convenaient et répudiait tous les autres. Exclusive et intolérante, elle niait ce qu'elle n'expliquait point. Tout autre est la morale du devoir : elle ne nie rien, elle ne dénature rien ; ni le plaisir ni l'intérêt n'en sont bannis; mais ils ne sont ni la principale, ni l'unique fin de l'homme; le sentiment lui-même y a sa place, comme une force aimable et douce qui tempère la sévérité du devoir. Donc encore, fais ce que dois, telle est la conclusion à laquelle nous conduit l'examen des faits moraux de notre nature.

III. Le devoir accompli d'une manière désintéressée, avec connaissance et librement, entraîne nécessairement à sa suite le *mérite*, et celui-ci est d'autant plus grand que l'importance du devoir est elle-même plus grande et que son accomplissement présente plus de difficultés ; le devoir violé, par action ou par omission, avec connaissance de cause et librement, entraîne à son tour le *démérite*, et celui-ci est toujours proportionné à la gravité des devoirs auxquels on a manqué, ainsi qu'à la facilité qu'on avait de les accomplir. Et quand la pratique du devoir devient une habitude, elle constitue ce qu'on appelle la *vertu;* quand la violation du devoir devient une habitude, elle constitue le *vice.* La vertu et le vice sont en quelque sorte la somme accumulée de nos mérites et de nos démérites; et, comme toutes les habitudes, ils créent en nous une prédisposition à persévérer dans la voie que nous avons d'abord choisie librement.

IV. Mais l'homme n'est pas seulement un être intelligent, il est encore un être sensible. Aussi ne concevons-nous pas seulement que les actions humaines sont bonnes ou mauvaises, que leur auteur était obligé ou non de les accomplir ; il nous apparaît clairement que celui qui a fait le bien, qui a rempli son devoir, a droit à être récompensé, et que celui qui a agi autrement doit en porter la peine. Nous ne concevons pas seulement le bonheur comme une aspiration de notre nature, nous le regardons comme un droit pour quiconque a bien agi ; de même nous concevons le châtiment comme une conséquence nécessaire du crime, comme une réparation due à l'éternelle justice. Nous allons plus loin. Nous ne comprendrions pas que la récompense et le châtiment ne fussent pas dans une proportion exacte avec le mérite ou le démérite, la vertu ou le vice ; en d'autres termes, que la loi morale n'eût pas, comme on dit, *sa sanction*, et que celle-ci ne fût pas *complète et équitable*.

On appelle SANCTION *un ensemble de récompenses et de peines attachées à l'accomplissement ou à la violation d'une loi, et destinées à en assurer l'exécution.* La sanction suit l'obligation ; mais elle ne la crée pas. Le devoir serait encore obligatoire, quand même son accomplissement ou sa violation ne devraient entraîner pour nous ni récompenses ni peines. Mais quoique l'obligation tire d'elle-même sa force et son autorité, on comprend aisément qu'une loi dépourvue de sanction serait une contradiction, un non-sens, une véritable dérision.

La loi morale, c'est-à-dire la loi naturelle, la loi par excellence, celle à laquelle toutes les lois positives empruntent leur autorité, doit donc avoir sa sanction. L'a-t-elle dans cette vie? Oui : il existe évidemment un certain accord entre le bonheur et la vertu, entre le malheur et le vice ; et l'expérience prouve que, tout bien pesé, le moyen le plus sûr et le plus direct d'être heureux, c'est encore d'accomplir son devoir. Ainsi nos actes ont une

sanction réelle dans la satisfaction morale et le remords
qu'ils produisent en nous, dans les conséquences naturelles qu'ils entraînent, dans les jugements de nos semblables, auxquels ils donnent lieu, et enfin dans les lois
rémunératrices et pénales auxquelles ils sont soumis. Il
faut convenir cependant que l'accord réclamé par notre
raison entre le bonheur et la vertu, le malheur et le vice,
n'est ni universel, ni constant, — qu'il est des actions
humaines, bonnes ou mauvaises, qui échappent à toute
sanction, — et que souvent enfin, ni la récompense, ni
le châtiment ne sont en proportion du mérite ou du démérite de l'agent : en un mot, que les sanctions diverses
énumérées ci-dessus ne sont ni *complètes*, ni *équitables*.
On en conclut qu'elles appellent nécessairement une
sanction ultérieure, dans une vie à venir, dont celle-ci
n'est que la préparation.

V. En résumé, puisque les motifs d'action, quels qu'ils soient,
empruntés à la sensibilité, ne peuvent être la règle de la liberté,
la loi de l'activité humaine, c'est à l'intelligence qu'il faudra
la demander. Nous allons la trouver dans la *conscience morale*.

La conscience morale est la faculté de discerner le bien du
mal; elle n'est autre chose qu'une opération pratique de la
raison. C'est une voix intérieure qui se fait toujours entendre
à quiconque la consulte sincèrement : elle est à la fois un
législateur et un juge. On ne peut nier qu'en fait ce soient
souvent ses prescriptions qui déterminent nos actions.

Oui; mais en droit ces prescriptions peuvent-elles devenir
la règle morale? Sans aucun doute. D'abord elles sont claires
et toujours possibles à réaliser; elles sont universelles et
nécessaires, c'est-à-dire les mêmes pour tous les êtres humains
qui sont dans les mêmes conditions; enfin, elles se présentent
à nous comme quelque chose que nous pouvons ne pas faire
mais que nous devons faire, quelque chose d'obligatoire
comme un impératif catégorique, selon l'heureuse expression de
Kant. De plus, la morale du devoir est la seule qui explique,
sans les dénaturer, tous les faits moraux de la nature
humaine, c'est-à-dire cet ensemble de jugements et de sentiments auxquels donne lieu une action bonne ou mauvaise
accomplie par un agent intelligent et libre.

L'accomplissement du bien entraîne le mérite; l'accomplissement du mal, le démérite. La pratique habituelle du bien constitue la vertu; la pratique habituelle du mal constitue le vice. Comme nous ne sommes pas seulement intelligents et libres, que nous sommes encore sensibles, nous concevons que le mérite doit être récompensé, que le démérite doit être puni; qu'il existe un rapport nécessaire entre la vertu et le bonheur, entre le vice et le malheur.

On appelle sanction de la loi morale un ensemble de récompenses et de peines attachées à son accomplissement ou à sa violation et destinées à en assurer l'exécution. La sanction suit l'obligation, mais ne la crée pas. Le devoir oblige par lui-même. Toutefois, une loi qui n'aurait pas de sanction serait dérisoire.

La loi morale a sa sanction dès cette vie : 1° dans les plaisirs et les peines de la conscience; 2° dans les conséquences naturelles de nos actes; 3° dans les jugements de l'opinion publique; 4° dans les lois rémunératrices et pénales. Mais comme toutes ces sanctions ne sont ni *complètes*, c'est-à-dire n'atteignent pas tous les actes bons ou mauvais, ni *équitables*, c'est-à-dire proportionnées au mérite ou au démérite des agents, elles appellent nécessairement une sanction complémentaire, celle d'une vie ultérieure, dont la vie actuelle n'est que la préparation.

TREIZIÈME LEÇON

Morale pratique

I. Après avoir établi qu'il existe une loi morale, dont les prescriptions sont obligatoires pour tout être intelligent et libre, il reste à faire l'application de cette loi aux diverses circonstances dans lesquelles l'homme peut se trouver placé. Après avoir traité de la *morale théorique* ou *du devoir*, il nous reste à traiter de la *morale pratique* ou *des devoirs* [1].

II. Or l'homme a des relations avec lui-même et avec ses semblables. De là les grandes divisions de la morale en morale *individuelle*, ou devoirs de l'homme envers lui-même, — et morale *sociale*, ou devoirs de l'homme envers ses semblables.

MORALE INDIVIDUELLE

III. Mais d'abord l'homme a-t-il des devoirs envers lui-même? Oui, en tant que *personne morale*, douée d'intel-

---

1. Celle-ci toutefois ne se confond pas avec la *casuistique*. Même dans sa partie pratique, la morale garde son caractère scientifique. Après avoir donné la formule générale de la loi, elle essaie d'en déduire les articles particuliers, mais sans enregistrer les cas individuels et sans s'y arrêter autrement que pour y montrer une application de la formule générale.

ligence et de liberté, obligée de se respecter et de se perfectionner sans cesse. Comme tout ce qui existe, il a une
fin, et cette fin doit être en harmonie avec sa nature ; il
doit poursuivre, à l'aide de ses facultés, c'est-à-dire des
forces qui sont en lui, le but auquel celle-ci aspire. *Intelligent*, il doit rechercher ce qui est bien ; *sensible*, il doit
s'attacher à l'aimer ; *libre*, il doit le pratiquer. Tous ses
devoirs envers lui-même peuvent se résumer dans ces deux
préceptes généraux, dont l'un est négatif : *Évite tout ce
qui pourrait abaisser ou dégrader tes facultés*, et l'autre
positif : *Emploie tous les moyens propres à entretenir et à
perfectionner tes facultés.*

Ajoutons que nos devoirs ont pour corrélatifs des droits :
si c'est mon *devoir* de travailler à mon perfectionnement
moral, c'est mon *droit* d'exiger qu'on ne s'oppose pas à
ce qui peut contribuer à ce perfectionnement.

On dit quelquefois, pour répondre à des reproches
qu'on sent mérités : mais je ne fais tort qu'à moi-même.
C'est faux. Il est impossible qu'on se nuise à soi-même,
sans porter aux autres un préjudice immédiat ou loin-
tain. L'homme qui s'avilit par la débauche et qui se
déprave, donne à ses semblables un exemple pernicieux :
il y a des contagions morales comme des contagions
physiques. Celui qui détruit inutilement une richesse
quelconque, prive la société d'une force sur laquelle elle
était en droit de compter. Celui enfin qui néglige de se
cultiver, de s'améliorer, et physiquement et moralement,
se met dans l'impossibilité de faire plus tard à ses semblables tout le bien qu'il aurait pu leur faire, d'apporter
sa pierre à l'édifice du progrès que réalise l'humanité,
progrès dont il a profité et qu'il doit poursuivre.

IV. *Devoirs de l'homme envers son intelligence.* — Ne pas
laisser dépérir ses facultés intellectuelles, faute d'exercice
et de culture, ne pas les fausser par une éducation malsaine ; les cultiver, au contraire, et leur donner toute la
force, tout le développement qu'elles peuvent atteindre :
tel est le devoir de l'homme. Ainsi il devra acquérir le
plus de connaissances possible, et particulièrement celles

dont il doit surtout avoir besoin dans la vie, en un mot,
se donner la *science;* exercer sa faculté de juger, tâcher
de la rendre étendue et sûre, en un mot, se donner du
bon sens; s'exercer à la *prudence* ou *sagesse pratique;*
aimer la vérité et *ne pas mentir,* d'où le respect de la
parole donnée, etc., etc...

V. *Devoirs de l'homme envers sa volonté.* — Cultiver son
intelligence et lui imprimer une sage direction, c'est déjà
travailler à son perfectionnement moral. La première
condition pour pratiquer le bien, n'est-ce pas de le connaître? Et n'est-il pas vrai que mieux on le connaîtra,
plus on se sentira attiré vers lui, plus il sera facile de
l'exécuter. Une école antique, celle de Socrate, l'avait si
bien compris qu'elle était allée jusqu'à identifier la science
et la vertu.

Cependant ce sont deux choses distinctes et il y a
une éducation de la volonté comme de l'intelligence.
Notre volonté doit être fortifiée et assouplie : fortifiée par
un exercice sage et répété; assouplie de manière à se
plier aux ordres de la raison. Ainsi nous arriverons à
créer en nous, non seulement cette énergie active qui
constitue le courage et nous fait accomplir de grandes
choses; mais encore cette énergie passive. non moins
précieuse et peut-être plus rare, qui nous fait résister à
nos passions comme aux coups du sort et rester maîtres
de nous-mêmes dans la prospérité comme dans l'adver-
sité. A ce chef se rattache tout ce qui concerne le *courage physique* et le *courage moral,* ou force d'âme; la
patience, l'*égalité d'âme,* la *modération* dans la prospérité; le *respect de sa personne;* la *juste estime de soi-même,*
et par suite l'orgueil et la noble fierté, la modestie et
l'humilité; la *nécessité du travail,* sa *dignité,* son *influence
morale,* etc., etc.

VI. *Devoirs de l'homme envers sa sensibilité.* — L'homme
est sensible, aussi bien qu'intelligent et libre : il y a donc
une culture possible de la sensibilité comme des autres
facultés. La sensibilité est une force aimable et douce
qui, bien dirigée, doit aider la volonté dans l'accomplis-

sement du bien. Heureux ceux qui ont reçu en naissant une
sensibilité vive et délicate ! Ils n'auront qu'à s'abandonner
aux inspirations de leur bonne nature. Quant à ceux qui
ont été moins favorisés, ils peuvent toujours développer
celle qu'ils ont, en saisissant toutes les occasions de s'y
livrer. La sensibilité se développe par l'exercice comme
tous les autres pouvoirs de l'âme. Qu'un enfant, par
exemple, soit habitué dès son jeune âge à faire l'aumône,
à venir en aide à ceux qui souffrent, et il sera plus tard
un homme compatissant, accessible à la pitié pour toutes
les infortunes. A ce chef se rattache tout ce qui concerne
la *tempérance* et l'usage modéré du plaisir, ainsi que la
*subordination des tendances inférieures de notre nature à
ses tendances supérieures* [1].

VII. *Devoirs de l'homme envers son corps.* — L'homme
a aussi des devoirs envers son corps. Le corps n'est qu'un
instrument ; mais c'est un instrument indispensable pour
l'accomplissement de notre destinée. C'est par nos organes que le monde extérieur agit sur nous et que les
sensations se produisent en nous : donc il est indispensable à l'exercice de l'intelligence. C'est par nos organes
que nous agissons au dehors : donc la volonté sera gênée
dans son exercice, s'il est malade, fatigué, impuissant.
Enfin, notre corps ne peut souffrir sans qu'il en résulte
pour l'âme des émotions qui la détournent, la troublent

---

1. Sans doute, la destinée de l'homme ici-bas est le développement et le perfectionnement de toutes ses facultés, la satisfaction de tous les besoins sérieux de sa
nature. Mais, dans quelle mesure, dans quelle proportion tout cela doit-il se
faire ?... Car tous ces besoins, tous ces instincts, tous ces penchants, toutes ces
facultés réclament à la fois. Tel besoin presse, tel intérêt pousse ; l'appétit commande, pendant que la raison parle, que la passion crie, que la sensibilité pleure
ou s'épanouit. Voilà donc une formule anarchique, dont il serait impossible de
tirer une véritable règle d'action. Quel chaos que la vie humaine, ainsi livrée à l'expansion désordonnée de toutes ses forces naturelles, si *la raison* ne parvient à
l'organiser et à en régler les mouvements ! Donc, à la première formule il faut substituer celle-ci : développer *toutes* les facultés de notre nature, *en subordonnant
toujours celles qui ne sont que les moyens et les organes à celles dont la réunion
constitue la fin propre de l'homme.* Tel est l'ordre vrai de ce petit monde qu'on
appelle la vie humaine ; telle en est la fin ; telle aussi en est la loi.   E. VACHEROT.

Il y a deux parties en nous : l'une plus puissante et meilleure, destinée à commander ; l'autre, inférieure et moins bonne, qui doit obéir. Il faut donc toujours
donner la préférence à la partie qui a droit de commander sur celle qui doit obéir.
                                                                    PLATON.

7.

et la rendent moins capable de bien agir : donc encore
il importe à la sensibilité qu'il soit en bon état, et le bien
de l'âme est lié à celui du corps; dans une certaine mesure, il en dépend.

Si le corps est l'instrument indispensable de l'exercice
des facultés de l'âme et de leur perfectionnement, conserver notre corps est d'une nécessité absolue, à moins qu'un
devoir supérieur n'exige le sacrifice de notre vie. Cette
conclusion est la condamnation du suicide [1]. Et non
seulement nous devons le conserver, mais encore nous
devons tâcher de le mettre et de l'entretenir dans le
meilleur état possible pour qu'il puisse aider au développement et au perfectionnement des facultés de l'âme.
Le mutiler ou l'affaiblir serait donc un crime; conserver
ses organes en parfait état de santé et les fortifier est
donc un devoir; et, sous ce double point de vue, on peut
dire que l'*hygiène* et la *gymnastique* font partie de la morale. Il y a deux excès possibles en ce qui concerne le
soin du corps : faire trop ou trop peu. Il faut donc éviter
également les privations excessives et les soins trop complaisants, qui peuvent le rendre impropre aux fonctions
qu'il doit remplir; rechercher, au contraire, tout ce qui
peut en faire, pour l'accomplissement des fins de l'âme,
un auxiliaire utile et sûr.

VIII. *De la division des devoirs d'après les anciens*

Les anciens avaient adopté une autre division de nos
devoirs. Ainsi Platon les ramenait à quatre chefs principaux : la prudence ou sagesse, le courage, la tempérance et la justice. Les trois premières correspondent aux
trois parties que nous avons distinguées dans l'âme

---

1. Toute personne est respectable ; celle que nous constituons ne l'est pas moins
pour nous que pour les autres. Épurer et perfectionner notre personne, ce qui au
fond est le but final de notre destinée, est toujours possible, dans quelque condition
que nous soyons. Le suicide est donc toujours un crime, parce qu'il est un homicide, parce qu'il tue une personne et qu'il porte la main sur une chose sacrée,
parce qu'aussi il est toujours un acte violent par lequel on rejette à la fois tous
ses devoirs. « L'indulgence avec laquelle on le juge, dit M. Charles, vient de l'idée
qu'il exige un certain courage, d'un sentiment de pitié pour les grandes souffrances
qu'il suppose, et aussi d'une sorte de respect pour tous ceux que la mort a tou-
chés. »

humaine : la sagesse, ou prudence, se rapporte à l'intelligence ; le courage, à la volonté ; la tempérance, à la
sensibilité. Quant à la justice, elle comprend les trois
autres ; elle est, en quelque sorte, la réunion dans un
parfait accord de toutes les autres vertus.

IX. *De la morale réelle ou devoirs envers la nature et
les animaux.* — A nos devoirs envers nous-mêmes se
rattachent nos devoirs à l'égard de la nature, des choses
elles-mêmes et des animaux. Il est dans l'ordre que nous
en usions pour nos besoins, parce qu'il est dans l'ordre,
et par suite conforme au bien, que la matière soit sous la
dépendance de l'intelligence et que l'animalité soit, lorsqu'il y a nécessité, sacrifiée à la raison ; mais il est
contraire à l'ordre, et par suite au bien, et par suite au
devoir, qu'on détruise pour détruire et sans aucune nécessité. Enfin, nous devons nous rappeler, dans nos rapports
avec les animaux, qu'ils sont sensibles comme nous, et,
autant que possible, leur épargner la souffrance [1].

X. En résumé, la morale pratique est la science des devoirs.
— Nous avons des devoirs envers nous-mêmes (morale individuelle) et envers nos semblables (morale sociale).

L'homme a des devoirs envers lui-même en tant que *personne morale*. Ils peuvent se résumer dans les deux formules
suivantes : évite tout ce qui pourrait abaisser ou dégrader tes
facultés ; — emploie tous les moyens propres à entretenir et à
perfectionner tes facultés.

Il doit à son intelligence : de ne pas la laisser improductive,
faute d'exercice et de culture, de ne pas la fausser par une
éducation malsaine ; de la cultiver, au contraire, et de lui
donner toute la force, tout le développement dont elle est susceptible ; — à sa volonté : de la fortifier par des exercices
sages et répétés et de l'assouplir aux ordres de la raison ; —
à sa sensibilité : de la rendre plus vive et plus délicate par une
culture bien entendue, de faire un usage modéré des plai-

1. Il n'est peut-être pas inutile de rappeler ici qu'aux termes d'une loi du
2 juillet 1880, dite loi Grammont, « seront punis d'une amende de cinq à quinze
francs et peuvent l'être de un à cinq jours de prison, tous ceux qui auront exercé
publiquement et abusivement des mauvais traitements envers les animaux domestiques, et que la peine de la prison sera toujours applicable en cas de récidive. »

sirs et de subordonner la satisfaction de ses tendances inférieures à celle de ses tendances supérieures; — enfin, à son corps,
qui n'est que l'instrument des fins de l'âme, mais qui en est
l'instrument indispensable, il doit de le conserver, de ne pas le
mutiler, d'éviter les privations excessives et les soins trop
complaisants, qui peuvent le rendre impropre aux fonctions
qu'il doit remplir; de rechercher, au contraire, tout ce qui
peut en faire, pour l'accomplissement des fins de l'âme, un
auxiliaire utile et sûr.

Subordonner le corps à l'âme, les appétits et les passions à
la raison, tout ce qui en nous n'est que moyen et organe à ce
qui est la fin propre de l'homme : tels sont les principes
généraux qui dominent toute la morale individuelle.

Les anciens reconnaissaient quatre sortes de vertus : la
sagesse, le courage, la tempérance, la justice. Les trois premières se rapportent, en général, à la morale individuelle;
la quatrième à la morale sociale, dont il est question plus
loin.

Nous avons des devoirs même envers les choses et les
animaux, en tant qu'ils rentrent dans le plan général et
qu'ils concourent à la réalisation de l'ordre universel. La
règle est que nous devons en user selon nos besoins et ne pas
en abuser. Nous devons enfin, dans nos rapports avec les
animaux, nous rappeler qu'ils sont doués de sensibilité
comme nous et, autant que possible, leur épargner la souffrance.

QUATORZIÈME LEÇON

Morale sociale

I. La MORALE SOCIALE a pour objet nos devoirs envers nos semblables. Elle comprend nos devoirs envers l'humanité, envers la famille, envers l'État, et les devoirs des peuples entre eux.

II. Nous avons envers nos semblables deux sortes de devoirs : des devoirs négatifs, ou devoirs de *justice*, qui nous défendent de rien faire qui puisse empêcher ou contrarier leur perfectionnement moral, qui nous imposent le respect de la personnalité humaine chez autrui, tout comme en nous, — et des devoirs positifs, ou devoirs de *charité*, qui nous imposent l'obligation d'aider à leur perfectionnement moral, de défendre leur personnalité, lorsqu'elle est menacée.

III. Le fondement de nos devoirs envers nous-mêmes, c'est l'obligation où nous sommes de respecter et de perfectionner la personne morale qui est en nous. Or, si la personne humaine est respectable en moi, elle le sera en dehors de moi, chez mes semblables, partout où je la rencontrerai. Si ma personne est sacrée pour les autres, celle des autres sera sacrée pour moi. De là les rapports du devoir et du droit.

Mon *droit*, c'est l'obligation pour les autres de ne pas entraver l'exercice de mon *devoir;* le droit des autres sera également l'obligation où je suis de n'entraver en rien l'accomplissement de leurs devoirs: de là les *devoirs négatifs,* ou *devoirs de justice,* qui nous prescrivent *de ne pas nuire à nos semblables, de ne pas leur faire ce que nous ne voudrions pas qui nous fût fait à nous-mêmes.*

Ainsi, du devoir que chacun a de veiller à sa conservation, naît pour lui le droit d'exiger qu'on n'attente pas à ses jours, qu'on le respecte dans sa vie: ce qui condamne l'homicide. A ce chef se rattache l'examen des exceptions réelles ou prétendues qu'admet cette interdiction générale : le cas de légitime défense, la peine de mort, la guerre, le duel, l'assassinat politique [1].

Du devoir que chacun a d'exercer et de développer sa liberté, naît pour lui le droit d'exiger qu'on le respecte dans l'exercice de cette liberté: ce qui est la condamnation de l'esclavage et du servage. A ce chef se rattache l'examen des restrictions apportées à la liberté des enfants mineurs, des ouvriers salariés, etc.

L'honneur et la réputation sont comme des annexes, des prolongements de notre personnalité. Si nous avons le droit d'exiger qu'on nous respecte dans notre personne, nous avons également le droit d'exiger qu'on nous respecte dans notre honneur et notre réputation, qui nous sont quelquefois plus chères que la vie même: ce qui entraîne la condamnation de la calomnie et de la médisance.

Si notre liberté de penser et de croire, et comme conséquence, de manifester nos pensées et nos croyances, est un droit sacré, comme tout ce qui tient à notre personne morale et qui en fait partie, nous avons le droit d'exiger qu'on nous respecte dans nos opinions et nos croyances, dans la manifestation de notre foi: ce qui entraîne la condamnation de l'intolérance sous toutes ses formes, et le respect de la liberté religieuse. Nos sentiments, nos

---

1. Voir, pour ces différents points, le *Devoir* de M. Jules Simon,

manières de voir en politique, en religion, relativement
aux usages, à la mode elle-même, etc., les actes de notre
vie privée, qui ne sont au fond que des usages divers de
notre liberté, ont également, et pour la même raison,
droit au respect d'autrui.

Enfin, du devoir qu'a chacun d'exercer sa liberté physique et de développer son activité motrice, non seulement en lui-même, mais en dehors de lui, à l'aide des
organes dont et est doué, par lesquels il agit sur le
monde extérieur, et transforme la matière pour la faire
servir à notre usage, — naît pour lui le droit à jouir des
fruits de son travail, à les posséder, à les transmettre :
de là encore l'obligation où nous sommes de respecter
la personne de nos semblables dans leur propriété, dans
leurs biens de toute nature et dans tout ce qu'ils ont
acquis par leur travail.

Toutefois, les droits de tous étant égaux, on comprend
que le droit de chacun trouve sa limite dans le droit
d'autrui.

Un caractère commun à tous les devoirs de justice,
c'est qu'ils sont d'obligation stricte et qu'ils n'admettent
ni diminution, ni degré; c'est encore qu'on peut recourir à la contrainte pour faire respecter les droits
qu'ils engendrent. La loi civile a pour objet d'en régler
l'exercice et de punir ceux qui les violent.

IV. Être juste, voilà le premier devoir envers ses
semblables; mais cela suffit-il? Quand nous avons respecté la personne de nos semblables, que nous n'avons
attenté ni à leur vie, ni à leur propriété, pouvons-nous
affirmer que nous avons fait tout ce que le devoir nous
prescrit à leur égard?

Non. La conscience nous dit encore que nous ne
sommes pas des êtres isolés, que nous ne devons pas
être égoïstes, que le perfectionnement moral de nos semblables ne doit pas nous laisser indifférents, que le véritable bien ne consiste pas dans notre seul perfectionnement, mais dans le perfectionnement de tous les êtres
semblables à nous, et que nous devons le favoriser, y

aider par les moyens qui sont en notre pouvoir. A la justice il faut joindre la *charité*. A la formule des devoirs d'abstention : *Ne fais pas à autrui ce que tu ne voudrais pas qu'on te fît à toi-même*, il faut joindre la formule des devoirs positifs ou d'action : *Fais à autrui ce que tu voudrais qu'on te fît à toi-même*.

Et ce n'est pas seulement la raison qui nous fait une obligation de pratiquer la charité; mais la sensibité, à son tour, nous y pousse. Quand nous avons pu venir en aide à nos semblables, les secourir, les soulager dans leurs misères, contribuer à les rendre meilleurs, en un mot, leur faire du bien, — la satisfaction intérieure que nous en ressentons n'est-elle pas l'un des plus doux sentiments qu'il nous soit donné d'éprouver ? Au contraire, si nous avons été égoïstes, si nous avons manqué à secourir, à aider nos semblables, quand nous pouvions le faire, le remords ne nous fait-il pas sentir son aiguillon? N'y a-t-il pas là un avertissement que nous avons manqué à notre devoir?

C'est donc une obligation pour nous de défendre nos semblables, quand ils sont menacés dans leur vie, dans leur liberté, dans leur honneur, dans leurs biens. Toutefois la *bienfaisance*, que notre conscience proclame obligatoire au même titre que la justice, ne crée pas comme cette dernière un droit pour celui qui en est l'objet. C'est mon devoir de soulager, si je le puis, mon semblable dans son infortune; mais il n'a pas, lui, le droit d'exiger que je vienne à son aide, et la loi civile ne pourrait pas me contraindre à la pratique de la charité. Ici cesse la corrélation du devoir et du droit, telle qu'elle existe pour les devoirs de justice, ou du moins il faut l'entendre dans un sens plus large. Je ne suis pas venu au secours de mon semblable, quand je pouvais et quand je devais le faire; mais je suis responsable devant ma conscience de ne l'avoir pas fait. Je me suis amoindri moralement et j'en porterai la peine dans ma déchéance d'abord, ensuite dans les conséquences qu'entraînera pour moi le manquement à mon devoir.

Remarquons encore deux choses : 1° c'est d'abord que, tandis que l'obligation de pratiquer la justice est absolue, *stricte*, l'obligation de pratiquer la bienfaisance reste *large*, c'est-à-dire qu'on ne peut assigner les limites dans lesquelles elle doit s'exercer, ces limites dépendant de toutes sortes de circonstances essentiellement variables; mais l'obligation, pour n'être pas précise, n'en est pas moins réelle; 2° c'est ensuite que, la limite de la justice étant fixe, on ne peut pas aller au delà, on ne peut pas être plus ou moins juste; on est juste ou on ne l'est pas, — tandis que, la limite de la bienfaisance n'ayant rien de fixe, on peut, en fait de charité, aller au delà de ce que l'on doit : de là le *dévouement*, le sacrifice, qui n'ont plus rien d'obligatoire, mais qui n'en sont pas moins méritoires, surtout s'ils sont désintéressés. Ce qui en fait la beauté et l'excellence, c'est précisément qu'ils sont le fruit spontané de la liberté.

Respecter les droits d'autrui et faire du bien à ses semblables; en deux mots, pratiquer la justice et la charité : voilà toute la morale. C'est de l'accord et de l'harmonie de ces deux vertus que résultent l'accord et l'harmonie du monde moral. Il faut la charité pour *compléter* l'œuvre de la justice, il faut la justice pour *éclairer* et *diriger* la charité.

V. Les relations plus intimes que créent parmi les hommes la famille et la société, ont pour premier effet de rendre plus rigoureuse, entre les membres d'une même famille ou d'un même État, l'obligation de nos devoirs généraux envers nos semblables; de plus, elles engendrent des devoirs spéciaux, qui sont les devoirs envers la famille et les devoirs envers l'État.

Les parents *doivent* à leurs enfants l'*éducation* dans le sens le plus large du mot, c'est-à-dire la nourriture, l'instruction, le bon exemple, les avis, les réprimandes, etc., et c'est parce qu'ils ont le devoir de les élever qu'ils ont le *droit* de s'en faire obéir : sans autorité, toute éducation serait impossible. L'autorité paternelle est donc entièrement subordonnée à l'éducation; elle doit s'exer

cer dans les mêmes limites et dans la même durée.
L'une nous représente un devoir; l'autre, le droit qui en
est la conséquence. Le devoir une fois accompli, le droit
cesse immédiatement.

Toutefois, l'autorité paternelle, même dans les limites
où nous venons de la circonscrire, ne peut pas être
absolue ; il faut nécessairement qu'elle soit réglée par les
lois de la société, qui a le droit d'intervenir entre le fort
et le faible, pour faire respecter la justice et, par exemple
ici, assurer les droits de l'enfant, — qui ensuite a le droit
de prendre les mesures propres à assurer sa propre
existence. Telle est, en effet, l'éducation qu'on donne
à l'enfance et à la jeunesse, tel sera dans l'avenir l'esprit
public, telles seront les institutions et les mœurs. Des
générations élevées dans le mépris des lois qui doivent
les gouverner un jour, dans la haine des institutions sur
lesquelles repose l'ordre actuel, ne se feraient pas scrupule de recourir à tous les moyens qui peuvent aider à les
changer et pour cela de bouleverser, de ruiner la société
elle-même. Le droit qu'elle a d'intervenir dans l'éducation
de la jeunesse et de contrôler l'autorité paternelle elle-
même, résulte donc du droit qu'elle a de se protéger et de
se défendre, comme celui qu'elle a d'imposer à tous l'obligation de l'instruction résulte du droit qu'elle leur accor-
dera plus tard d'intervenir eux-mêmes dans sa direction.

De leur côté, les enfants doivent toujours à leurs parents l'amour, la reconnaissance, le respect, l'assistance
dans leurs besoins. Ils leur doivent de plus l'obéissance
jusqu'au moment où, devenus maîtres d'eux-mêmes et
responsables à leur tour, ils ne doivent plus compte de
leurs actes qu'à la société et à eux-mêmes [1].

Les enfants se doivent mutuellement de l'affection et
des secours dans le besoin : ils doivent conserver intact
l'honneur du nom commun. Le frère doit protection à
sa sœur; la sœur, respect à son frère.

---

1. Les bonnes familles sont celles où les enfants continuent encore d'obéir,
quand les parents cessent de commander.   SAINT-MARC GIRARDIN.

On a encore des devoirs envers les parents plus éloignés; mais on conçoit qu'à mesure que la parenté s'étend,
les devoirs devenant moins stricts finissent par rentrer
dans les devoirs généraux envers l'humanité.

VI. Les devoirs des hommes résultent de leurs relations;
de nouvelles relations créent donc pour eux de nouveaux
devoirs. Choisir une profession, c'est prendre envers soi-
même, envers ses semblables, envers l'État l'engagement
de l'exercer le mieux possible. Ces obligations ne sont
que les conséquences nécessaires de l'obligation générale
où nous sommes de travailler à notre perfectionnement
moral, de le porter au plus haut point auquel il nous
soit donné d'atteindre. Donc, de même que nous concevons un homme idéal, un type de perfection morale que
nous devons chercher à réaliser en nous, de même nous
devons nous faire un type idéal de notre profession et ne
rien négliger pour en devenir l'expression vivante et
réelle. De là la nécessité de choisir avec le plus grand
soin la carrière que nous voulons suivre, d'après nos
goûts et nos aptitudes, et même en vue de notre bonheur; de là ensuite le devoir de nous tenir au courant des
choses de notre profession, des améliorations qu'y amène
le progrès. Ce devoir existe pour tous les hommes, quoi
qu'ils fassent; mais il semble être d'une obligation plus
particulièrement stricte chez ceux dont la profession a
pour objet le bien matériel ou moral de leurs semblables:
le médecin, par exemple, et l'instituteur.

VII. La société est naturelle et légitime.

En *principe*, l'homme est né pour vivre en société :
physiquement, il n'aurait pas pu vivre dans l'isolement ;
moralement, il ne pouvait ni développer ses facultés, ni
même les exercer, en dehors de l'état social.

En *fait*, les hommes ont toujours vécu en société, et
l'état de nature, tel que l'ont rêvé certains philosophes,
Hobbes et Rousseau, par exemple, n'a jamais existé que
dans leur imagination.

Une partie de la société humaine, organisée et constituée, est un *État*. Un État suppose un *gouvernement*, c'est-à-

dire des lois qui consacrent des devoirs et des droits pour tous les citoyens et une autorité publique, représentation de la société, qui est chargée d'en assurer l'exécution.

On distingue généralement trois pouvoirs dans l'État : le pouvoir *législatif*, qui fait les lois; le pouvoir *exécutif*, qui les promulgue et les rend exécutoires; et le pouvoir *judiciaire*, qui édicte des peines contre quiconque les enfreint. Pour que la sécurité des particuliers ait de sérieuses garanties, il importe que ces trois pouvoirs restent distincts.

Les citoyens ont en ers l'État des devoirs négatifs et des devoirs positifs.

1° Ils doivent ne rien faire qui puisse compromettre sa sécurité, ne violer aucune des lois qu'il a établies, respecter les magistrats chargés de les appliquer.

Mais les lois, pour être obligatoires, doivent se présenter à nous avec le caractère de l'autorité. D'où tireront-elles cette autorité? — De la force? La force contraint et *n'oblige pas*. De la volonté générale? Pas plus que la volonté d'un individu, la volonté de tous ne peut devenir une obligation. — Le fondement sur lequel reposent les lois positives, les lois écrites, c'est la justice, la loi morale, dont elles sont ou doivent toujours être l'expression [1]. Et la preuve, c'est qu'une loi cesse à nos yeux d'être obligatoire, dès qu'elle est contraire aux *principes de la conscience*. Nous disons contraire aux principes de la conscience : il ne suffirait pas, en effet, qu'une loi nous *parût contraire à notre intérêt*, contraire même à l'intérêt général, pour que nous fussions dispensés de nous y soumettre. Pour que la loi soit efficace, il faut que la volonté de chacun cède à la volonté de tous; sans quoi, elle perd toute sa force et il n'y a plus que de l'anarchie.

L'obéissance aux magistrats repose sur ce principe

---

1. Dire qu'il n'y a rien de juste ni d'injuste que ce qu'ordonnent ou défendent les lois positives, dit Montesquieu, c'est dire qu'avant qu'on eût tracé de cercle, tous les rayons n'étaient pas égaux. Il faut donc avouer des rapports d'équité antérieurs à la loi positive.

qu'ils sont les représentants de la loi et que leurs ordres participent de son autorité.

2° Les citoyens doivent encore : servir l'État de leur personne (service militaire); de leur fortune (impôts); de leur intelligence (vote, fonctions publiques, etc.).

En retour des sacrifices que l'État leur demande, les citoyens ont des droits : 1° des droits *civils* ou naturels, dont l'État doit garantir à tous le libre exercice (droit d'être respectés et protégés dans leur personne, dans leur pensée, dans leur liberté, dans leur propriété, dans leur industrie et dans les transactions qui s'y rapportent, etc.); 2° des droits *politiques*, qui peuvent être plus ou moins étendus, selon l'intelligence, l'aptitude, la dignité de chacun, etc. (droit de concourir, soit directement, soit indirectement, à la correction des lois, à l'exercice du pouvoir, à l'administration de la chose publique, etc.).

Enfin, les citoyens ont des devoirs entre eux. Ils doivent : 1° respecter leurs droits réciproques; 2° s'éclairer et s'aider mutuellement à la pratique de toutes les vertus civiles et politiques.

VIII. De même que l'union des individus forme les peuples, de même l'union des peuples forme la *société universelle* du genre humain, société qui n'est ni moins naturelle, ni moins légitime que les précédentes. Une fois constituée et organisée, une nation véritablement digne de ce nom devient une *personne morale*, qui a sa destinée à remplir, qui, par suite, a ses devoirs et ses droits, sa responsabilité propre.

Le *droit des gens* n'est autre chose que la morale sociale agrandie, que les devoirs et les droits de l'individu étendus à l'espèce. Les peuples sont donc tenus les uns à l'égard des autres à des devoirs de justice et de charité.

Ainsi ils doivent :

1° Respecter mutuellement le droit que chacun d'eux a de vivre, de conserver ce qu'il a, d'exercer sans obstacle et de développer librement ses facultés tant spirituelles que corporelles. Si le recours à la force devient nécessaire pour assurer le respect de la justice, ils doivent se souvenir que la guerre elle-même a ses lois que des peuples civilisés ne peuvent enfreindre sans crime et sans infamie.

2° S'aider mutuellement à assurer le respect de leurs droits et favoriser leur expansion naturelle. Leur intérêt bien entendu est du reste ici d'accord avec leur devoir. En effet, les destinées de tous sont solidaires. Un peuple qui veut conserver son indépendance doit veiller au maintien de celle de ses voisins (équilibre européen). C'est une erreur de croire que les peuples ont des intérêts opposés, puisque chacun, en travaillant pour lui-même, travaille pour tout le monde et contribue, selon les aptitudes et les ressources qu'il tient de la nature, au bonheur du genre humain tout entier.

Au fond, la politique internationale ne devrait être que la stricte application des lois de la morale sociale, c'est-à-dire que le fondement de toutes les relations qu'ont les peuples entre eux ne devrait être autre que les principes de droit et d'humanité qui sont devenus la règle des individus. C'est un idéal dont nous sommes loin encore, mais dont le progrès incontestable, quoique lent, des idées humanitaires nous rapproche chaque jour davantage.

IX. En résumé, la morale sociale a pour objet nos devoirs envers nos semblables. Elle comprend nos devoirs envers l'humanité, envers la famille, envers l'État et les devoirs des peuples entre eux.

Nous avons envers nos semblables des devoirs négatifs ou devoirs de justice, dont la formule générale est que *nous ne devons pas faire aux autres ce que nous ne voudrions pas qui nous fût fait à nous-mêmes*, — et des devoirs positifs ou devoirs de charité, dont la formule générale est que *nous devons faire aux autres tout ce que nous voudrions qui nous fût fait à nous-mêmes*.

Les devoirs ont pour corrélatifs des droits. Si mon devoir est de respecter et de perfectionner la personne morale qui est en moi, mon droit est d'exiger que personne ne s'oppose à l'exercice de ce devoir. Mais les autres hommes étant des personnes morales comme moi, ont des devoirs et des droits égaux aux miens.

Ainsi, du devoir que chacun a de se conserver naît pour lui le droit d'être respecté dans sa vie ; du devoir qu'il a d'exercer et de développer sa liberté naît pour lui le droit d'être respecté dans l'exercice de cette même liberté, etc., etc. Autant de devoirs, autant de droits naturels.

Un caractère commun à tous ces devoirs, c'est qu'ils sont d'obligation stricte, et qu'on peut recourir à la contrainte pour faire respecter les droits qu'ils engendrent.

Respecter la justice ne suffit pas, il faut encore pratiquer la charité. Nous ne devons pas nous borner à ne pas mettre obstacle au perfectionnement de nos semblables ; nous devons encore favoriser ce perfectionnement. Notre conscience nous l'impose et notre sensibilité nous y invite.

Toutefois les devoirs de charité diffèrent de ceux de justice, en ce qu'ils ne créent pas comme ceux-ci un droit réciproque pour celui qui en est l'objet, et aussi en ce qu'ils ne sont pas d'obligation stricte, sans plus ni moins. La bienfaisance admet des degrés, elle peut même aller jusqu'au dévouement.

Les relations plus intimes que créent parmi les hommes la famille et la société, ont pour premier objet de rendre plus rigoureuse entre les membres d'une même famille ou d'un même État, l'obligation de nos devoirs généraux envers nos semblables ; de plus elles engendrent des devoirs spéciaux, qui constituent les devoirs envers la famille et les devoirs envers l'État.

Les parents doivent à leurs enfants l'éducation dans le sens le plus large du mot, et c'est parce qu'ils ont le *devoir de les élever* qu'ils ont le *droit de s'en faire obéir*. Le devoir accompli, le droit cesse immédiatement.

Les enfants doivent à leurs parents l'amour, la reconnaissance, le respect, l'assistance dans leurs besoins. Ils leur doivent de plus l'obéissance jusqu'au moment où, devenus maîtres d'eux-mêmes et responsables à leur tour, ils ne doivent plus compte de leurs actes qu'à la société et à eux-mêmes.

Du choix qu'on a fait d'une profession résultent aussi des devoirs spéciaux relatifs à cette profession : ainsi c'est un devoir pour l'instituteur de se tenir au courant des choses de l'instruction et des améliorations qu'y amène le progrès.

Un État est une portion de la société, organisée et constituée d'après un ensemble de lois obligatoires pour tous ceux qui en font partie.

Les citoyens doivent ne rien faire qui puisse compromettre sa sécurité, ne violer aucune de ses lois et respecter les magistrats chargés de les appliquer (devoirs négatifs). Ils doivent en outre le servir de leur personne, de leur fortune, de leur intelligence, etc. (devoirs positifs). — Par contre, ils ont des droits civils et politiques dont l'État doit leur assurer le libre exercice.

Le droit des gens n'est autre chose que la morale sociale agrandie, que les droits et les devoirs de l'individu étendus à l'espèce.

Les peuples doivent donc : 1° respecter mutuellement le droit que chacun d'eux a d'exister, de conserver ce qu'il a, d'exercer sans obstacle et de développer librement ses facultés spirituelles et corporelles; 2° s'aider mutuellement à assurer le respect de leurs droits et favoriser leur expansion naturelle.

Au fond la politique internationale ne devrait être que la stricte application des lois de la morale sociale. C'est un idéal dont nous sommes loin encore, mais dont le progrès des idées humanitaires nous rapproche chaque jour davantage.

QUINZIEME LEÇON

Conclusion du cours

I. — Rapports de la psychologie avec la pédagogie.

S'il est une science avec laquelle la pédagogie a des rapports étroits, c'est à coup sûr la psychologie. N'est-il pas de toute évidence que, pour élever un enfant, il faut d'abord le connaître? que, pour faire un homme, il faut auparavant avoir conçu une idée exacte de ce qu'est la nature humaine?

Ainsi : 1° Celui qui sait que les facultés morales sont unies à des organes physiques et que l'énergie de l'âme dépend, en partie du moins, du bon état du corps dont elle se sert, ne manquera pas de mettre l'étude de l'hygiène et de la gymnastique à la base de la science pédagogique.

2° Admet-on que l'âme est une table rase sur laquelle on grave des caractères, une feuille blanche sur laquelle on écrit, un vase qu'il faut remplir, une cire molle qu'il faut façonner? — ou bien qu'elle est une force essentiellement et continuellement active, pleine d'énergies latentes, de virtualités où son avenir tout entier est renfermé? — le système d'éducation en sera tout changé.

Dans le premier cas, le maître devra multiplier les leçons, puisque l'enfant ne peut savoir que ce qu'il lui aura appris; il ne lui demandera pas de réfléchir, d'exa-

8

miner, mais bien d'écouter et de s'assimiler; il n'exercera pas son jugement, mais sa mémoire; il lui donnera
des connaissances plus qu'il ne cherchera à le rendre
capable d'en acquérir lui-même. Son enseignement sera
essentiellement doctrinal, impersonnel, pour ainsi dire,
et le livre en sera l'âme. Dans le second, au contraire,
il s'attachera surtout à provoquer la réflexion de l'enfant,
à développer les germes déposés dans son esprit; au lieu
de le laisser suivre et écouter passivement, il en fera son
collaborateur, ou plutôt il s'ingéniera à susciter chez
lui l'initiative, il l'aidera à trouver par lui-même; il s'attachera à rectifier son jugement bien plus encore qu'à
remplir sa mémoire; il tâchera de lui former une tête
bien faite plutôt qu'une tête bien remplie; son enseignement sera surtout oral et la leçon de choses, sous toutes
ses formes, devra y occuper une large place.

3° Les différences dans la manière de procéder pour
l'éducation morale ne seront pas moins sensibles.

Dans le premier cas, l'enfant devra être rompu à l'o-
béissance, dressé à faire ce qui lui est commandé par la
règle ou par le maître, qui en est à ses yeux l'expression.
Dans le second, il obéira encore, mais après qu'on lui
aura fait comprendre qu'il doit obéir, parce qu'on lui en
aura démontré la nécessité. On n'exigera de discipline
dans l'école que juste assez pour assurer le maintien de
l'ordre. La volonté, on le voit, admet, comme l'intelligence, deux éducations toutes différentes : on *dresse*,
en effet, ou l'on *forme* les enfants à la vertu comme à la
science.

4° Si un maître s'est rendu compte que les facultés de
l'homme sont déjà dans l'enfant, mais en germe; qu'elles
y sont toutes, mais pas au même degré; que chacun a
ses innéités qui lui sont propres, ses goûts qui détermi-
neront sa vocation, ses aptitudes qui n'attendent que
l'occasion pour se manifester et que l'exercice transfor-
mera peut-être en génie; que le développement de tout es
ses facultés est simultané, mais plus ou moins hâtif pour
chacune d'elles. — il en conclura que son rôle est, non

pas de susciter des aptitudes précoces, mais de satisfaire celles qui se manifestent d'elles-mêmes, de chercher à découvrir les germes natifs, d'en surveiller l'éclosion, d'en favoriser le développement, d'attendre le moment où l'action éducative pourra se produire d'une manière efficace. Venant trop tôt, certaines études ennuient ou nécessitent des efforts excessifs; si elles viennent trop tard, l'esprit ne reçoit pas toute la perfection dont il était susceptible. Toutes nos aptitudes sont innées, sans doute; mais elles ne se manifestent pas pour cela du premier coup. Il y a un certain milieu nécessaire pour qu'elles se développent, et c'est en ce sens qu'on pourrait dire qu'elles sont naturelles et acquises tout à la fois. « L'enfant en bas âge, dit M. Cournot, ne montre pas encore les instincts d'amour, de guerre ou de chasse qu'il tient de ses ancêtres et qui ne peuvent se manifester que dans une autre période de la vie. Niera-t-on pour cela qu'ils soient, dans bien des cas, l'objet d'une transmission héréditaire, et que, par conséquent, ils existent à l'état latent, dans la constitution native du sujet, bien avant qu'ils se montrent par des actes? » Et même, si les circonstances ne s'y prêtent, ils ne se montreront pas du tout.

5° Ce n'est pas tout. L'évolution de l'âme est continue; mais cette évolution se fait suivant certaines lois particulières. C'est par une série de degrés que l'enfant passe de la vie animale à la vie spirituelle, que son intelligence, par exemple, va du concret à l'abstrait, puis du particulier au général, et qu'elle s'élève des perceptions sensibles aux conceptions rationelles; — que sa sensibilité, concentrée d'abord tout entière dans les sensations égoïstes, s'élève progressivement aux affections, puis aux sentiments moraux et esthétiques; — qu'asservie d'abord à l'instinct, la volonté s'en affranchit peu à peu pour devenir la liberté consciente et responsable, la liberté humaine, et retomber sous l'empire de l'habitude, c'est-à-dire de l'instinct encore, mais de l'instinct réfléchi et voulu. Or, l'éducation n'aura toute sa puissance, que si elle sait accommoder ses méthodes et ses objets d'enseignement à ce développement progressif de toutes les parties de la nature morale.

Il n'est pas d'étude, on le voit, qui puisse fournir à la pédagogie autant d'observations utiles et même autant de règles que la psychologie.

II. — Rapports de la morale avec la pédagogie

La connaissance de la morale n'est pas moins nécessaire à l'instituteur que celle de la psychologie.

Il ne suffit pas de savoir ce que l'enfant *peut* faire, il faut savoir encore ce qu'il *doit* faire. Que faut-il que les enfants apprennent? « Ce qu'ils doivent faire étant hommes. » Nécessité donc de connaître la destination de l'enfant et le but de son existence, la morale, en un mot, pour bien l'*élever*.

Or, notre activité revêt un certain nombre de formes, qui constituent nos différentes vies. C'est à nous y préparer que doit viser une éducation bien entendue, de façon à donner à l'homme toute la perfection et tout le bonheur qu'il peut atteindre.

1° L'enfant doit d'abord apprendre ce qu'il lui faut savoir pour se conserver et assurer plus tard son existence. Donc l'éducation sera essentiellement *pratique*; elle se préoccupera avant tout des besoins actuels et futurs des enfants.

2° L'enfant est de plus destiné à devenir une personne morale. Donc l'éducation, sous toutes ses formes, aura pour objet l'épuration de sa conscience et la formation de sa volonté; elle sera essentiellement *morale*.

3° L'enfant n'est pas fait pour vivre seul; un jour viendra où il se devra à ses semblables, à la société dont il est un des membres : son éducation sera *civique* et *politique.*

4° Enfin, si plus tard il lui reste quelque loisir, il devra, pour compléter l'homme en lui et vivre de toutes les vies pour lesquelles il est fait, étudier la science, les lettres et les arts, donner satisfaction à ces tendances de sa nature qui ont pour objet le culte désintéressé du vrai et du beau. Donc, enfin, son éducation sera *esthétique*.

Ainsi il apprendra tout ce qu'il lui est nécessaire de savoir pour satisfaire les exigences multiples de sa destination et de plus il tiendra compte de l'importance des différents buts qu'il lui est donné de poursuivre. L'idéal serait que chacun pût se préparer à toutes ces vies; au moins, lorsque la chose n'est pas possible, doit-on commencer par l'éducation des activités les plus utiles et ne pas intervertir cet ordre naturel. Que de réformes entraînerait en pédagogie l'application de ce simple principe!

« Conformant ses efforts à la nature, distribuant ses leçons d'après la division même des fonctions humaines, l'éducation recherchera donc les connaissances les plus propres à faire de l'élève d'abord un corps sain et robuste, — puis un industriel, un ouvrier, un spécialiste, un homme enfin capable de gagner sa vie; — en même temps, elle travaillera à lui donner une âme raisonnable, qui ait conscience de ses devoirs et qui prenne possession de toutes ses facultés; — ensuite elle le formera pour la famille et la cité, en le dotant de toutes les vertus domestiques et civiques; — enfin, elle lui ouvrira le brillant domaine de l'art et de la science sous toutes ses formes. » (V. Compayré, *Histoire des doctrines de l'éducation.*)

III. En résumé, la psychologie et la morale ont avec la pédagogie les rapports les plus étroits. Pour faire un homme d'un enfant, il faut savoir *ce qu'est* l'enfant (psychologie) et *ce que doit être* l'homme (morale).

S'il est vrai que l'énergie de l'âme dépend, en partie du moins, du bon état du corps, on ne manquera pas de mettre l'hygiène et la gymnastique à la base de la science pédagogique.

S'il est vrai que l'âme est une force essentiellement et continuellement active, on devra, soit pour son éducation intellectuelle, soit pour son éducation morale, non la comprimer, mais favoriser le développement des germes qu'elle renferme en elle-même.

8.

S'il est vrai que toutes les facultés de l'homme sont déjà en germe dans l'enfant, mais que leur développement est plus ou moins hâtif, on devra, pour chacune d'elles, attendre le moment où l'action éducative pourra se produire d'une manière efficace.

De même, si l'on s'est rendu compte qu'il importe d'abord à l'homme d'avoir un corps sain et bien portant, de pouvoir satisfaire aux besoins de sa vie matérielle, on cherchera à lui donner d'abord les connaissances qui peuvent faire de lui un homme robuste, puis un bon ouvrier, un industriel, etc., capable de gagner sa vie.

S'il est établi qu'il y a pour lui, au-dessus de la vie animale et sensible, la vie intellectuelle et morale, l'éducation, sous toutes ses formes, devra avoir pour objet l'épuration de sa conscience et la formation de sa volonté.

Si l'enfant n'est pas destiné à vivre seul, mais qu'un jour doit venir où il se devra à sa famille et à la société, il faudra le former pour la famille et la société, en le dotant de toutes les vertus domestiques et civiques.

Si enfin les loisirs de son existence doivent lui permettre de donner satisfaction à ces tendances supérieures de sa nature, qui ont pour objet le culte du vrai et du beau, il faudra lui ouvrir le champ de la science et de l'art sous toutes ses formes.

Ainsi il apprendra tout ce qu'il lui est nécessaire de savoir pour satisfaire les exigences multiples de sa destination et, de plus, il tiendra compte de l'importance des divers buts qu'il lui est donné de poursuivre.

Une éducation ainsi entendue lui donnera toute la perfection et même tout le bonheur qu'il peut atteindre.

FIN DU COURS

L'ÉCOLE

(ÉDUCATION ET INSTRUCTION EN COMMUN)

L'ÉCOLE

(ÉDUCATION ET INSTRUCTION EN COMMUN)

Différentes écoles : écoles maternelles (salles d'asile) ; — écoles primaires, élémentaires et supérieures; — cours complémentaires.

L'enseignement public, en France, comprend trois degrés : l'enseignement supérieur, l'enseignement secondaire et l'enseignement primaire.

Nous n'avons à nous occuper ici que de l'enseignement primaire.

La loi du 28 mars 1882 a rendu l'instruction primaire obligatoire pour les enfants des deux sexes, âgés de six ans révolus à treize ans révolus, et elle a déterminé les matières que celle-ci embrasse. On appelle *écoles primaires élémentaires*, ou simplement écoles primaires, les établissements où se donne cette instruction.

Ce sont donc les études que fait l'enfant de six à treize ans, qui constituent véritablement l'enseignement primaire. Mais on conçoit qu'un enfant puisse déjà être instruit avant l'âge de six ans révolus et qu'il doive encore l'être après treize ans. De là les écoles instituées pour recevoir les enfants au-dessous et au-dessus de l'âge scolaire proprement dit : écoles maternelles ou écoles enfantines, — et écoles primaires supérieures.

ÉCOLES MATERNELLES

C'est de 1855 que date, en France, l'institution régulière des *salles d'asile* (aujourd'hui écoles maternelles). « Ce sont, « dit le décret d'organisation, des établissements d'éducation « où les enfants des deux sexes reçoivent les soins que réclame « leur développement physique et moral. » Une idée de charité s'y mêle, du reste, presque partout.

Le décret du 2 août 1881, qui les a réorganisées, ne les
considère plus au même point de vue. D'abord ce ne sont
plus des asiles, c'est-à-dire des refuges, des garderies ; ce sont
des *écoles* : au développement physique et moral qu'elles
avaient pour objet, on joint le développement intellectuel.
On arrête pour elles, comme pour les écoles primaires, un
programme des matières d'enseignement. — Les enfants peuvent toujours y être admis dès l'âge de deux ans accomplis et
y rester jusqu'à ce qu'ils aient atteint l'âge de sept ans ; mais
ils y sont divisés en deux sections, suivant leur âge et le développement de leur intelligence.

Un règlement scolaire, délibéré en conseil départemental
et approuvé par le ministre de l'Instruction publique, leur est
applicable, comme aux écoles primaires elles-mêmes. Déjà,
du reste, la loi du 16 juin 1881, en établissant la gratuité,
avait mis au rang des dépenses obligatoires pour les communes les traitements des directrices et sous-directrices des
écoles maternelles, à la condition que celles-ci eussent été
créées conformément aux prescriptions légales (c'est-à-dire
aux dispositions de l'art. 2 de la loi du 10 avril 1867).

Les écoles maternelles sont donc assimilées aux écoles primaires proprement dites. Voici, du reste, ce qu'on lit dans
l'instruction ministérielle du 25 janvier 1882 : « L'école ma-
« ternelle, telle que nous la concevons aujourd'hui, ne res-
« semble plus à la salle d'asile d'autrefois, à cette sorte de
« refuge où l'on se contentait de garder les enfants et de les
« occuper machinalement. L'école maternelle a sa place, et
« une place considérable, parmi les établissements scolaires ;
« c'est une véritable maison d'éducation, dont il importe d'en-
« tourer la création d'autant plus de garanties que les enfants
« qu'elle reçoit sont plus jeunes et que leur esprit est plus
« accessible aux bonnes et aux mauvaises directions. »

Aux écoles maternelles proprement dites se rattachent les
écoles ou classes *enfantines*, qui en sont comme une variété.
— L'établissement porte le nom d'*école*, quand il a une existence indépendante ; il s'appelle simplement *classe*, quand il
est annexé à une autre école. — C'est dans la loi du 16 juin
1881, sur la gratuité, que les écoles enfantines ont été, croyons-
nous, mentionnées officiellement pour la première fois. Voici,
en effet, ce que porte son article 7 :

« Sont mises au nombre des écoles primaires publiques,
« donnant lieu à une dépense obligatoire pour la commune,

« à la condition qu'elles soient créées conformément aux
« prescriptions de l'art. 2 de la loi du 10 avril 1867 :
   « 1° Les écoles communales de filles, qui sont ou seront éta-
« blies dans les communes de plus de 400 âmes ;
   « 2° Les salles d'asile (écoles maternelles proprement
« dites) ;
   « 3° Les classes intermédiaires entre la salle d'asile et
« l'école primaire, dites *classes enfantines*, comprenant des
« enfants des deux sexes et confiées à des institutrices pour-
« vues du brevet de capacité ou du certificat d'aptitude à la
« direction des salles d'asile. »
   Mais leur caractère n'avait encore rien de défini, leur organisation n'avait été l'objet d'aucune réglementation spéciale.
L'instruction ministérielle du 25 janvier 1882 est venue fixer
les idées sur la matière.
   « Il y a deux sortes d'écoles enfantines, y est-il dit : les
unes, en petit nombre, sont établies dans les villes importantes et forment la transition entre l'école maternelle et
l'école primaire ; les autres, plus répandues, tiennent lieu,
dans les communes rurales, d'écoles maternelles et préparent
les jeunes enfants à suivre les écoles spéciales de filles ou de
garçons.
   « Les écoles enfantines des villes sont les véritables *écoles
intermédiaires* : ce sont d'ordinaire des établissements spéciaux, indépendants des autres établissements scolaires, ayant
leur existence propre et recevant simultanément, ou séparément, les enfants des deux sexes, soit qu'ils viennent de
leur famille, soit qu'ils sortent de l'école maternelle. Ces
écoles doivent être dirigées par des femmes, pourvues au
moins du certificat d'aptitude à la direction des écoles maternelles, et, s'il est possible, du brevet élémentaire. L'enseignement y doit être la continuation de celui de l'école maternelle et le commencement de celui qui est donné à l'école
primaire ; de même, la méthode à suivre est celle des salles
d'asile pour les plus jeunes enfants, unie à celle du cours
élémentaire des écoles primaires pour les élèves les plus
âgés. Un règlement fixera bientôt sans doute et le programme
de cet enseignement et les conditions d'âge que doivent remplir les élèves qui demandent à être reçus dans ces écoles.
Toutefois, et sans préjuger à cet égard les décisions du conseil supérieur, on peut dire, d'une façon générale, que l'âge
régulier de la fréquentation des écoles enfantines est de six

à huit ans. Il est à présumer, d'ailleurs, que le soin de fixer
définitivement ces limites sera laissé aux conseils départementaux, meilleurs juges que toute autre autorité des convenances locales et des moyens de leur donner satisfaction.

« L'école enfantine ou *intermédiaire*, telle que je viens
d'essayer de la décrire, continue M. le Ministre, a sa place
marquée dans une organisation scolaire habilement hiérar-
chisée, et partout où elle peut se fonder, il convient d'en encourager la création. Malheureusement elle ne peut se rencontrer que dans les villes riches et populeuses où il existe
une ou plusieurs écoles maternelles, et l'on ne saurait en recommander ailleurs l'établissement [1]. Mais il est une autre
sorte d'école enfantine qui peut être organisée, très utilement
et à peu de frais, dans la plupart des communes rurales de
quelque importance, et dont il est plus nécessaire encore de
favoriser la création. »

Cette *classe enfantine*, d'ordre moins élevé, est destinée à
remplacer, en partie du moins, l'école maternelle, dans les
localités où un établissement de ce genre ne serait en rapport
ni avec le chiffre de la population ni avec l'importance des
ressources communales. — On commence à se rendre compte
des très grands services que ces sortes de classes peuvent
rendre, et leur nombre s'accroît rapidement. On en fait d'ordinaire, et avec raison, une annexe de l'école primaire, de
préférence de l'école des filles. On y réunit les enfants des
deux sexes dont il importe de s'occuper de bonne heure, tant
dans l'intérêt de leurs familles que dans l'intérêt de leur
propre éducation, mais dont la présence à l'école ordinaire
serait une cause d'embarras pour les maîtres et une source
d'ennui sans profit pour eux-mêmes.

Dans une classe enfantine, les enfants sont placés sous la
direction d'une institutrice pourvue nécessairement d'un titre
de capacité (certificat d'aptitude à la direction des écoles
maternelles ou brevet élémentaire). Si des nécessités locales
ont fait annexer l'école enfantine à l'école des garçons, cette
institutrice doit être la femme, la fille ou la parente à un
degré rapproché de l'instituteur. Si, ce qui est préférable, elle

1. L'institution de ces écoles intermédiaires présenterait certainement bien
des avantages ; elle a, comme le dit fort bien l'instruction, sa place marquée
dans notre hiérarchie scolaire ; mais elle s'est jusqu'ici fort peu développée, si
tant est qu'elle existe. Il en est tout autrement de la classe enfantine rurale, ou
classe enfantine proprement dite, dont il est question ci-après.

a été annexée à l'école des filles, la directrice peut être une adjointe de cette école. Pour installer une pareille classe, il suffit d'une salle assez spacieuse, d'un préau séparé et sain, d'un mobilier scolaire et d'un matériel d'enseignement en rapport avec l'âge des enfants. L'organisation de ces petites écoles offre cet avantage considérable d'entraîner une dépense d'installation facile à supporter, de dégager les écoles spéciales et de rendre le plus souvent inutile la création d'emplois d'adjoints ou d'adjointes.

« Quant à l'âge des enfants à admettre dans ces petites classes, c'est encore au Conseil départemental à en décider. Il faut remarquer toutefois que, n'ayant pas l'organisation et l'installation des écoles maternelles ni celle des écoles intermédiaires, il serait dangereux d'y recevoir les enfants d'aussi bonne heure que dans les unes et de les y retenir aussi tard que dans les autres : quatre ans, au minimum, et sept ans ou exceptionnellement huit ans, au maximum, telles sont les limites qui semblent pouvoir être adoptées. »

Enfin une dernière circulaire à MM. les Préfets, en date du 21 mai 1884, indique d'une manière encore plus précise en quoi l'école maternelle diffère de la classe enfantine (il ne s'agit plus que de la classe enfantine rurale), et dans quels cas celle-ci doit-être préférée à celle-là. « L'école maternelle, y est-il dit, longtemps nommée *salle d'asile*, reçoit les enfants de 2 à 7 ans. C'est assez dire qu'elle rend un double service : elle sert d'asile aux tout jeunes enfants de 2 à 4 ans, que leurs mères ne peuvent garder, et elle sert de première école aux enfants de 5 à 7 ans qui encombraient l'école primaire. De là la nécessité de deux locaux distincts, de deux personnes, et le plus souvent de trois, à cause des soins matériels qu'exigent des enfants de cet âge.

« Dans ces conditions, l'école maternelle ou la salle d'asile coûte fort cher à la commune pour l'installation, et à l'État pour l'entretien du personnel. Il ne faut donc l'établir que dans les centres de population où les industries locales emploient un certain nombre de mères de famille dans des ateliers et leur rendent ainsi impossible la surveillance de leurs enfants.

« Partout, au contraire, où la femme, même réduite à gagner sa vie par un travail quotidien, n'est pas constamment hors de sa maison et garde ses enfants auprès d'elle, au moins pendant les trois ou quatre premières années, il ne faut certes pas la pousser à s'en décharger. »

9

Pour qu'il y ait réellement lieu d'établir une école maternelle, il faut donc, non seulement que le chiffre de la population soit suffisant pour l'alimenter, mais encore que la
nature des industries du pays et le nombre des femmes occu-
pées dans les ateliers obligent de recourir à ce moyen pour
assurer aux tout jeunes enfants instruction et éducation. Si
cette double condition n'est pas remplie, il y a avantage,
dans la plupart des cas, à lui substituer une classe enfantine.

« Ces classes d'initiation, continue M. le ministre, recevant
des enfants des deux sexes de 4 à 7 ans, soulagent à la fois
l'école de garçons et l'école de filles, et dispensent de créer
dans l'une et dans l'autre un nouvel emploi d'adjoint ou
d'adjointe. Toujours confiées à des femmes, elles prolongent
les bienfaits de la méthode d'éducation maternelle et évitent
d'astreindre les tout jeunes enfants à la discipline de l'école
qui, pour eux, est prématurée. Je ne saurais donc trop vous
recommander, monsieur le Préfet, de faire adopter par les
conseils municipaux et par le conseil départemental le système des classes enfantines annexées aux écoles de filles, de
préférence à la création de toutes pièces d'une salle d'asile
ou école maternelle. »

ÉCOLES PRIMAIRES SUPÉRIEURES

S'il est bon que les enfants ne soient pas laissés jusqu'à
l'âge de 7 ans sans instruction pour leur esprit ni sans
éducation pour leur cœur, il importe peut-être plus encore
que les études de ceux qui peuvent aller plus loin ne s'arrêtent pas aux limites des programmes de l'école primaire élémentaire. Les connaissances que celle-ci donne ne
sont, en effet, qu'un minimum et il y a avantage pour les
enfants eux-mêmes, qu'elles soient complétées toutes les
fois que la chose est possible. Il y a, en outre pour la société
un intérêt de premier ordre à développer les facultés excep-
tionnelles dont une sélection intelligente peut révéler la présence dans les écoles primaires.

L'enseignement primaire supérieur n'a été officiellement
organisé que par le décret du 15 janvier 1881, dont l'art. 1er
est ainsi conçu.

« Les établissements publics d'enseignement primaire supé-
« rieur sont rangés dans deux catégories : les écoles d'un an
« annexées à l'école élémentaire et qui prennent le nom de

« *cours complémentaires* [1], et les écoles primaires supérieures
« proprement dites, ayant un personnel distinct et compre-
« nant au moins deux années d'études. »

L'institution de comités de patronage auprès de chaque
école et de bourses nationales données au concours sont venues
ensuite compléter son organisation. Quant au caractère que
doit revêtir ce nouvel enseignement, il a été nettement défini
dans un rapport du ministre de l'Instruction publique au
Président de la République, en date du 29 octobre 1881. Après
avoir parlé de la diversité des essais qui avaient été tentés
jusque-là, M. le ministre continue :

« A travers tant d'aspects divers, on peut cependant, dès à
présent, discerner les traits généraux qui caractérisent et dé-
finissent l'enseignement nouveau dans l'esprit des populations
qui le recherchent avec un si louable empressement. D'une
part, *on veut qu'il reste primaire;* d'autre part, *on veut qu'il
soit professionnel.* Quelques mots suffiront pour préciser cette
double tendance.

« Qu'il reste primaire : c'est la première indication qui se
dégage de l'expérience. Il ne faut pas que l'enseignement
primaire supérieur s'isole et vise à une sorte d'existence à
part. Si haut et si loin qu'on doive aller, il est bon qu'on
s'appuie toujours de quelque façon sur l'école populaire. S'il
affectait de s'en séparer par ses programmes, par le choix
des maîtres, par le recrutement des élèves, par le ton général des études ou par le niveau des examens, il perdrait le
meilleur de sa substance et, à vrai dire, il n'aurait plus de
raison d'être. C'est ce que redoutaient de bons esprits à
l'origine du mouvement. Il leur semblait   craindre que,
la vanité des familles, peut-être l'amour-pro e des municipalités intervenant, l'enseignement primaire supérieur ne

---

1. Peut-être a-t-on cru à l'origine que les cours complém   aires ne comprendraient que la première année d'études des écoles prima supérieures
d'un an ; mais l'expérience en a décidé un peu autrement. Bien s élèves qui,
leur certificat d'études obtenu, étaient venus au cours complém taire, parce
que ce cours était à leur portée et qu'ils pouvaient facilement le   quenter, y
sont revenus une seconde et même une troisième année. Il en est r lté que le
maître qui en est chargé a dû établir plusieurs divisions et que ce ns cours
complémentaires sont devenus de véritables *écoles primaires supér   es à un
seul maître.* C'est donc le nombre des élèves et par suite le nombre d maîtres
qui y sont attachés, qui marque la différence entre les cours complém ntaires
et les écoles primaires supérieures proprement dites, bien plus que différence des matières qui y sont enseignées.

sortit bien vite de ses cadres, jugés trop modestes, et ne devint tôt ou tard une contrefaçon malheureuse de l'enseignement secondaire spécial.

« Le bon sens de notre pays a partout démenti ces appréhensions. Laissées à elles-mêmes, ni les familles ni les communes n'ont commis la faute de vouloir que l'établissement nouveau fût un collège dégénéré, au lieu d'être une *école perfectionnée*. Et les écoles primaires supérieures qui existent ou qui naissent aujourd'hui se sont organisées de manière à former *le large couronnement d'une éducation primaire menée à bien et non pas le commencement stérile d'un autre cycle d'études qui n'aboutiraient pas*. C'est à l'enseignement primaire qu'elles demandent une élite de maîtres et une élite d'élèves, comme c'est aux méthodes primaires qu'elles empruntent l'esprit de leur programme, qui est *d'affermir le savoir plus encore que de l'étendre, de l'approfondir et non de le disperser*, et de donner à l'esprit une trempe forte plutôt qu'un brillant vernis.

« Mais en même temps, et par une marche des choses non moins spontanée, les écoles primaires supérieures tendent à revêtir, à des degrés divers, le caractère d'écoles professionnelles.

« Les élèves de l'école primaire supérieure sont quelque chose de plus que des écoliers : ce seraient des apprentis déjà dispersés dans les ateliers, si l'école, pour les retenir, ne se transformait elle-même, dans une certaine mesure, en atelier. De là vient que, de toutes nos écoles primaires supérieures, aucune n'a pu s'enfermer exclusivement dans les études proprement dites : elles ont dû s'associer aux légitimes préoccupations des familles et répartir leur temps, ce temps pris sur la durée ordinaire de l'apprentissage, de telle sorte que l'enfant, bien loin d'être ou retardé ou désorienté au sortir de l'école, se trouve en état d'entrer de plain-pied dans la carrière du travail avec des ressources et des facilités nouvelles.

« De là aussi l'impossibilité de les réduire toutes à un type unique : elles doivent, pour trouver le succès, s'adapter, dans toute la partie professionnelle, aux circonstances et aux nécessités locales ; elles sont tenues d'acheminer leurs élèves non pas théoriquement vers toutes les professions, mais positivement vers celles auxquelles les prédestine le milieu natal. C'est à ce prix que nos écoles primaires supérieures conserveront et verront croître de jour en jour la juste popularité qui les entoure.

« Les Chambres et le gouvernement ne pouvaient mieux faire que de s'inspirer d'un sentiment public si sage en lui-même et si clairement manifesté. *La loi du 11 décembre 1880 sur les écoles d'apprentissage a fait entrer dans les cadres de l'enseignement primaire tous les établissements qui ont pour objet d'associer à des études primaires complémentaires le commencement de l'apprentissage professionnel.* Par cette mesure si simple et d'une si grande portée sociale, le parlement n'assurait pas seulement des ressources et une situation légale à quelques établissements nouveaux ; il tranchait la question de savoir jusqu'où vont, en matière d'enseignement primaire, les besoins de la nation et les obligations de l'État.

« Naguère encore on pensait que l'État avait fait assez pour l'éducation des enfants du peuple quand il leur avait offert, aux uns moyennant rétribution, aux autres moyennant une sorte d'aumône, une instruction élémentaire qui, pour beaucoup, allait à peine jusqu'à savoir lire et écrire. — Aujourd'hui, la sollicitude de la nation les accompagne au delà de l'âge scolaire : on se fait scrupule de laisser dépérir cette œuvre d'éducation morale et intellectuelle si laborieusement commencée, et la loi n'a pas hésité à inscrire l'instruction complémentaire et professionnelle au même rang et au même titre que l'enseignement primaire proprement dit, parmi les dépenses dont l'État, après la commune, consent à se porter garant. »

ORGANISATION MATÉRIELLE

DES ÉCOLES PRIMAIRES

ORGANISATION MATÉRIELLE
DES ÉCOLES PRIMAIRES

LOCAUX ET MOLILIERS, ETC.

Nous ne croyons pas pouvoir mieux faire, en réponse à cette partie du programme, que de reproduire ici le règlement officiel arrêté par M. le Ministre de l'Instruction publique lui-même, à la date du 17 juin 1880, pour la construction et l'ameublement des écoles primaires publiques. Sans doute, il y a bien des prescriptions de ce règlement dont la réalisation dépend des architectes et des autorités locales ; mais il en est aussi qu'il ne dépend absolument que de l'instituteur d'appliquer ou non. Nous appelons tout particulièrement son attention sur ces dernières en les imprimant en lettres italiques. Quant aux autres, s'il ne peut toujours les faire observer, au moins peut-il toujours donner des éclaircissements et des conseils sur la manière dont elles peuvent être appliquées ; et à ce titre il ne doit pas les ignorer.

Règlement pour la construction et l'ameublement des écoles primaires publiques [1].

CONDITIONS GÉNÉRALES

EMPLACEMENT

1. — Le terrain destiné à recevoir une école doit être central, bien aéré, d'un accès facile et sûr, éloigné de tout établissement bruyant, malsain et dangereux, à 100 mètres au moins des cimetières actuels.

---

[1]. Ce Règlement, déclaré d'abord obligatoire dans toutes ses prescriptions, n'est plus regardé que comme facultatif aujourd'hui. Mais il reste toujours un type dont les communes doivent se rapprocher autant que possible, selon leurs ressources et les conditions du milieu dans lequel elles se trouvent.

Le sol, s'il n'est exempt d'humidité, sera assaini par le drainage.

2. — L'étendue superficielle du terrain sera évalué à raison de 10 mètres au moins par élève; elle ne pourra en aucun cas être inférieure à 500 mètres.

3. — L'orientation de l'école sera déterminée suivant le climat de la région et en tenant compte des conditions hygiéniques de la localité.

4. — Dans les communes où le même bâtiment contiendra l'école et la mairie, les deux services devront être complètement séparés. L'école sera installée au rez-de-chaussée.

5. — Dans la position relative des divers locaux scolaires, on devra avoir égard à l'orientation, à la configuration et aux dimensions de l'emplacement, aux ouvertures libres sur le ciel et à la distance des constructions voisines.

L'école et le logement de l'instituteur seront établis sur des emplacements distincts, ou au moins indépendants l'un de l'autre.

Les classes et le préau couvert, mis en communication immédiate, seront dégagés au moins sur deux faces opposées de manière à recevoir la plus grande quantité d'air et de lumière.

Cette disposition, favorable à la salubrité, a en outre l'avantage de faciliter la surveillance et d'offrir un abri couvert pour aller de la classe au lieu de la récréation ou aux cabinets.

I

CONSTRUCTION

6. — L'épaisseur des murs ne sera, dans aucun cas, moindre de $0^m,40$, si les murs sont construits en moellons, et de $0^m,35$ s'ils sont construits en briques.

7. — Les matériaux trop perméables, tels que les grès tendres, les mollasses, les briques mal cuites, etc., seront exclus de la construction. La tuile sera employée pour la toiture de préférence à l'ardoise et surtout au métal.

8. — Le sol du rez-de-chaussée sera exhaussé de $0^m,60$ à $0^m,70$ au-dessus du niveau extérieur.

Les pentes du terrain entourant la construction seront aménagées de façon à en éloigner les eaux.

9. — Si le plancher du rez-de-chaussée ne peut être établi sur cave, il sera isolé du sol par des espaces vides.

GROUPE SCOLAIRE

10. — Dans tout groupe scolaire, les bâtiments affectés aux divers services (école de garçons, école de filles, salle d'asile) seront distincts les uns des autres.

On évitera de placer une salle d'asile entre l'école des garçons et l'école des filles.

11. — L'effectif d'un groupe complet ne devra jamais dépasser 750 élèves, savoir :

300 garçons ;
300 filles ;
150 enfants à la salle d'asile.

II

CLASSE.

Dispositions communes à toutes les salles de classe.

12. — Le nombre maximum des places par classe sera de 50 dans les écoles à une classe et de 40 dans les écoles à plusieurs classes.

13. — La surface de la salle de classe sera calculée de façon à assurer à chaque élève un minimum de $1^m,25$ à $1^m,50$.

La capacité de la salle de classe sera calculée de façon à assurer à chaque élève un minimum de 5 mètres cubes.

14. — La classe sera de forme rectangulaire.

15. — L'éclairage unilatéral sera adopté toutes les fois que les conditions suivantes pourront êtres réunies :

1º Possibilité de disposer d'un jour suffisant ;

2º Proportion convenable entre la hauteur des fenêtres et la largeur de la classe (article 24) ;

3º Établissement de baies percées sur la face opposée à celle de l'éclairage ($1^m \times 2^m$) et destinées à servir à l'aération et à l'introduction du soleil pendant l'absence des élèves.

Lorsque l'éclairage sera unilatéral, le jour viendra nécessairement de la gauche des élèves.

16. — Lorsque les conditions qui précèdent ne pourront être réalisées, on aura recours à l'éclairage bilatéral, *avec éclairage plus intense à la gauche qu'à la droite* [1].

---

1. L'instituteur peut toujours obtenir cet éclairage plus intense à gauche qu'à droite, en faisant dépolir ou badigeonner les carreaux de droite.

17. — *On ne percera jamais de baies d'éclairage dans le mur qui fait face à la table du maître, ni, à plus forte raison, dans celui qui fait face aux élèves.*

18. — L'éclairage par un plafond vitré est interdit.

19. — Les fenêtres seront rectangulaires.

En cas d'éclairage unilatéral, le linteau des fenêtres sera placé au moins à une hauteur égale aux deux tiers de la largeur de la classe. Dans tous les cas, le dessous du linteau des fenêtres devra atteindre le niveau du plafond (article 24).

20. — L'appui des fenêtres sera taillé en glacis sur les deux faces et élevé de 1m,20 au-dessus du sol.

21. — Que la classe soit éclairée d'un côté ou de plusieurs côtés, par une baie unique ou par plusieurs fenêtres, les dimensions de ces ouvertures devront toujours être calculées de façon que la lumière éclaire toutes les tables.

Dans le cas d'éclairage bilatéral, les baies placées à la gauche des élèves seront au moins égales en largeur à l'espace occupé par les tables.

22. — La largeur des trumeaux séparant les fenêtres sera aussi réduite que possible.

23. — Les fenêtres seront divisées en deux parties. La partie inférieure, dont la hauteur sera égale aux trois cinquièmes de la hauteur totale, s'ouvrira à battants. La partie supérieure, formé de panneaux mobiles, s'ouvrira à l'intérieur.

24. — La hauteur sous plafond sera au moins de 4 mètres.

Si l'éclairage est unilatéral, cette hauteur devra être au moins égale aux deux tiers de la largeur de la classe augmentés de l'épaisseur du mur dans lequel les fenêtres sont percées.

25. — Les plafonds seront plans et unis; ils seront exécutés en plâtre.

Sur le plafond, il sera tracé une ligne indiquant la direction nord-sud.

26. — Il n'existera pas de corniches autour des murs.

27. — Les angles formés par la rencontre des murs latéraux avec les cloisons et les plafonds seront remplacés par des surfaces arrondies concaves d'un rayon de 0m,10.

28. — Tous les parements des murs de la classe seront recouverts d'un enduit qui les rendra lisses et unis (stuc, plâtre peint à l'huile; la teinte la plus favorable est la teinte gris de lin).

A la hauteur de 1m,20, à défaut de boiserie, le revêtement sera exécuté en ciment à prise lente.

29. — Le sol des classes sera revêtu d'un parquet en bois dur, scellé sur bitume, lorsque la chose sera possible.

30. — Les portes des classes seront de préférence à un seul vantail et auront 0ᵐ,90 de largeur. Suivant les besoins de la surveillance et la disposition des locaux, elles seront pleines ou vitrées.

31. — Des portes de communication pourront être pratiquées dans les cloisons séparant deux classes contiguës.

32. — *La classe de l'école mixte ne sera plus divisée par une cloison séparant les garçons des filles.*

Les filles et les garçons seront groupés séparément.

Les garçons pourront, par exemple, occuper les bancs les plus rapprochés du maître, et les filles ceux du fond de la classe. Un intervalle de 0ᵐ,80 sera réservé entre eux.

33. — Les poêles devront remplir les conditions suivantes :

1° La surface de chauffe sera proportionnée aux dimensions de la salle à chauffer, de façon qu'en moyenne la température des salles atteigne 14 degrés centigrades et ne dépasse pas 16 degrés. Chaque classe sera munie d'un thermomètre placé à une assez grande distance du poêle.

2° Il y aura un poêle par classe ou pour deux classes contiguës.

3° Le poêle prendra à l'extérieur l'air pur nécessaire à la combustion et à la ventilation.

4° *Il sera pourvu d'un réservoir à eau muni d'une surface d'évaporation.*

5° Il devra être garni d'une double enveloppe métallique ou d'une enveloppe de terre cuite.

6° Il sera entouré d'une grille en fer.

7° Il ne devra être muni ni de four ni de chauffe-plats.

8° *Il est interdit de faire passer le tuyau obliquement au-dessus de la tête des élèves.*

9° *Un espace libre de 1ᵐ,25 sera laissé entre le poêle et les élèves.*

10° Lorsqu'un agent sera chargé de l'allumage et de l'entretien des poêles d'une école, ces poêles auront leur ouverture de chargement à l'extérieur de la classe.

11° Le poêle en fonte à feu direct est interdit.

12° Des tuyaux d'échappement seront disposés de façon à assurer la ventilation.

34. — *Une distance d'au moins 2 mètres sera laissée, en tête de la classe, pour la table du maître, entre le mur qui fait face aux élèves et le premier rang de tables.*

Les tables-bancs ne devront jamais être placés à moins de
0^m,60 *des murs.*

35. — *La largeur des couloirs longitudinaux ménagés entre
les lignes des tables-bancs sera au minimum de* 0^m,50.

36. — *Un intervalle de* 0^m,10 *au moins sera laissé entre le
dossier de chaque banc et l'arête de la table suivante.*

37. — Les dispositions à observer pour l'aménagement
d'une classe de 40 ou de 50 élèves prise comme type, pourront varier d'après les plans ci-dessous, dressés suivant quatre
hypothèses [1].

1.   PREMIÈRE HYPOTHÈSE

CLASSE DE 48 ÉLÈVES. TABLES-BANCS A DEUX PLACES. ÉCLAIRAGE UNILATÉRAL

Largeur :		*Longueur :*	
Passages le long des murs, 2 à		Emplacement réservé pour le	
0^m,75..............	1^m,50	maître.............	2^m,00
Passages longitudinaux, 2 à		Passage au fond........	0 90
0^m,80..............	1 60	Huit tables-bancs à 0^m,80...	6 40
Trois tables-blancs à 1^m,10...	3 30	Sept intervalles transv. à 0^m,10.	0 70
Total......	6^m,40	Total......	10^m,00

Surface totale : 60 m. q. — Surface par élève : 1 m. q., 25. —
Hauteur de la classe : 4 m., 10. — Cube par élève : 5 m. c., 125.

DEUXIÈME HYPOTHÈSE

CLASSE DE 48 ÉLÈVES. TABLES-BANCS A DEUX PLACES. ÉCLAIRAGE BILATÉRAL

Largeur :		*Longueur :*	
Passages le long des murs, 2 à		Emplacement réservé pour le	
0^m,75...........	1^m,50	maître.............	2^m,00
Passages longitudinaux, 3 à		Passage au fond........	0 70
0^m,60..............	1 80	Six tables-bancs à 0^m,80....	4 80
Quatre tables-blancs à 1^m,10..	4 40	Cinq intervalles transv. à 0^m,10.	0 50
Total......	7^m,70	Total......	8^m,00

Surface totale : 61 m. q., 60. — Surface par élève : 1 m. q., 28. —
Hauteur de la classe : 4 m. — Cube par élève : 5 m. c., 112.

TROISIÈME HYPOTHÈSE

CLASSE DE 50 ÉLÈVES. TABLES-BANCS A UNE PLACE. ÉCLAIRAGE UNILATÉRAL

Largeur :		*Longueur*	
Passages le long des murs, 2 à		Emplacement réservé pour le	
0^m,60..............	1^m,20	maître.............	2^m,00
Passages longitudinaux, 4 à		Passage au fond........	0 60
0^m,50..............	2 00	Dix tables-bancs à 0^m,80...	8 00
Cinq tables-bancs à 0^m,60....	3 00	Neuf intervalles trans. à 0^m,10.	0 90
Total......	6^m,20	Total....	11^m,50

PRÉAUX

38. — La surface du préau découvert sera calculée à raison de 5 mètres au moins par élève; elle ne pourra avoir moins de 200 mètres.

39. — Le sol sera sablé et non pavé ou bitumé. Le bitume et le pavage ne pourront être employés que pour les passages et les trottoirs, lesquels ne feront jamais saillie.

40. — Les pentes du sol seront aménagées de façon à assurer le facile et prompt écoulement des eaux.

Les eaux ménagères ne devront jamais traverser les préaux. Dans le cas où le terrain serait en déclivité, la pente ne devra pas dépasser $0^m,02$ par mètre.

41. — *Le préau découvert ne sera planté d'arbres qu'à une distance des classes de 6 mèt-.s au moins. On tiendra compte, dans la disposition des arbres, de l'espace nécessaire aux exercices et aux jeux d'enfants.*

42. — Des bancs fixes, en petit nombre, pourront être établis au pourtour du préau.

La hauteur de ces bancs sera de $0^m,30$ à $0^m,35$, la largeur de $0^m,22$; ils seront de préférence en bois dur. Les points d'appui seront disposés de manière à ne pas gêner le balayage; le siège sera à claire-voie.

43. — Une fontaine avec vasque fournira de l'eau potable.

44. — *Dans les écoles mixtes, des préaux distincts seront établis pour les garçons et pour les filles* [1].

Surface totale : 65 m. q., 10. — Surface par élève : 1 m. q., 30. — Hauteur de la classe : 4 m., 14. — Cube par élève : 5 m. c., 38.

QUATRIÈME HYPOTHÈSE

CLASSE DE 48 ÉLÈVES. TABLES-BANCS A UNE PLACE. ÉCLAIRAGE BILATÉRAL

Largeur :		*Longueur :*	
Passages le long des murs, 2 à $0^m,60$.	$1^m,28$	Emplacement réservé pour le maître	$2^m,00$
Passages longitudinaux, 5 à $0^m,50$.	2 50	Passage au fond.	0 60
Six tables-bancs, à $0^m,60$. . . .	3 50	Huit tables-bancs à $0^m,80$. . .	6 40
		Sept intervalles transv. à $0^m,10$.	0 70
Total.	$7^m,30$	Total.	$9^m,70$

Surface totale : 70 m. q., 81. — Surface par élève : 1 m. q., 47. — Hauteur de la classe : 4 m. — Cube par élève : 5 m. c., 88.

[1]. Si l'école n'avait qu'un seul préau, l'instituteur devrait au moins le diviser en deux parties, dont l'une serait spécialement affectée aux garçons et l'autre aux filles.

45. — La surface du préau couvert sera calculée à raison de 2 mètres par élève.

46. — Des lavabos y seront installés.

47. — Il pourra être pourvu de tables mobiles pour les élèves qui prendront à l'école le repas du milieu du jour.

48. — Une cuisine pourra être aménagée pour préparer ou réchauffer les aliments.

GYMNASE

49. — *Dans toute école, des dispositions doivent être prises pour l'enseignement de la gymnastique. A défaut d'une salle spéciale, il sera établi au moins un abri pour l'installation des appareils les plus élémentaires* [1].

50. — Dans les établissements qui comportent un gymnase proprement dit, un portique sera établi pour recevoir les appareils et agrès nécessaires.

51. — La même salle de gymnastique pourra recevoir à *des heures différentes* les garçons et les filles d'une même école.

PRIVÉS

52. — Toute école devra être munie de privés dans les proportions suivantes : quatre pour la première centaine d'élèves, et deux pour chaque centaine suivante.

53. — Les privés seront placés dans le préau découvert de manière que le maître puisse de tous les points de l'école exercer une surveillance.

Ils devront être préservés avec le plus grand soin de l'action solaire directe et disposés de telle sorte que les vents régnants ne rejettent pas les gaz dans les bâtiments ni dans la cour.

54. — Les cases auront 0^m,70 de largeur et 1 mètre à 1^m,10 de longueur.

55. — Les parois seront recouvertes de plaques de faïence, ou d'ardoise, ou d'un enduit de ciment.

56. — Les orifices des cases seront autant que possible fermés hermétiquement.

57. — Quand l'orifice sera sans fermeture, on devra employer des appareils propres à déterminer une aspiration suffisante et forcer l'air à entrer par l'orifice.

---

1. Cet abri peut n'être autre que le préau couvert.

58. — Le siège en pierre ou en ciment aura une saillie de 0ᵐ,20 au-dessus du sol; ce siège formera un plan incliné vers l'orifice. Les angles seront arrondis.

59. — Le sol sera construit en matériaux imperméables légèrement incliné vers le siège. L'issue ménagée à la base du siège sera placée au-dessous de la fermeture de l'appareil.

60. — Les portes seront surélevées de 0ᵐ,20 à 0ᵐ,25 au-dessus du sol et auront 1 mètre au plus de hauteur.

61. — Les urinoirs seront en nombre au moins égal à celui des privés.

62. — Les cases des urinoirs seront formées de plaques d'ardoise ou autres matériaux imperméables et auront 0ᵐ,40 de largeur, 0ᵐ,35 à 0ᵐ,40 de profondeur et 1ᵐ,30 au moins de hauteur.

63. — *Dans les écoles mixtes, il y aura des privés distincts pour les garçons et pour les filles.*

64. — Un service d'eau sera établi dans les privés et dans les urinoirs toutes les fois que la chose sera possible.

65. — *Les fosses mobiles devront être préférées aux fosses fixes; ces dernières seront de petites dimensions.*

LOGEMENT DU PERSONNEL

66. — Toute école comptant quatre classes et plus devra comprendre :

Un cabinet pour le directeur;

Une salle d'attente pour les parents, proportionnée à l'importance de l'école;

Une pièce pouvant servir de vestiaire et de réfectoire pour les maîtres.

67. — L'instituteur-directeur est, dans ces écoles, le seul fonctionnaire logé à l'école. Son logement se composera d'une salle à manger, de trois pièces dont deux à feu, d'une cuisine, de privés et d'une cave.

La superficie totale de ce logement sera de 100 à 120 m.

68. — Le logement du gardien-concierge, établi au rez-de-chaussée, comprendra une loge, une cuisine, deux chambres dont une à feu, un privé et une cave.

69. — Les écoles à une classe comprendront toutes un logement d'instituteur, se composant d'une cuisine, de deux ou trois pièces à feu, de privés et d'une cave.

La superficie totale de ce logement sera de 60 à 70 mètres.

70. — Les maîtres-adjoints logés dans ces écoles auront au moins une pièce à feu et un cabinet.

71. — Aucune communication directe ne devra exister entre les classes et le logement de l'instituteur.

72. — Un jardin clos, d'une étendue minima de 300 mètres, sera annexé à toutes les écoles rurales.

73. — L'école et ses annexes seront séparées de la voie publique par un mur d'appui ou par une grille.

III
SERVICES ANNEXES
Dispositions spéciales aux écoles comptant quatre classes et plus.

74. — *Une salle distincte sera affectée à l'enseignement du dessin.*

75. — La superficie de cette salle sera calculée à raison de $2^m,50$ environ par élève, étant donné que le nombre des places n'excédera pas 50.

76. — Une pièce servant au dépôt des modèles sera annexée à la salle de dessin.

77. — Chaque école de garçons comprendra un atelier outillé pour les travaux manuels les plus élémentaires.

78. — Dans les écoles de filles, une salle sera aménagée pour l'enseignement des travaux à l'aiguille.

79. — Dans les écoles à une classe, l'atelier d'ouvrages manuels pourra être placé dans une partie du préau couvert.

80. — Chaque classe aura un vestiaire spécial. Toutefois le même vestiaire peut servir à deux classes contiguës. Les dimensions en seront calculées de façon que chaque enfant ait à sa disposition sur les parements des murs une longueur de $0^m,25$. Les paniers seront disposés sur des rayons à claire-voie. Des porte-manteaux scellés aux murs recevront les vêtements.

81. — *Dans les écoles rurales, le vestibule pourra servir de vestiaire*

COULOIRS, PASSAGES

82. — Les classes seront indépendantes les unes des autres.
L'entrée des élèves se fera par des couloirs ou galeries
d'une largeur de 2 mètres, recevant directement l'air et la
lumière.

83. — Les parements des murs de ces couloirs seront disposés de façon à recevoir des dessins et des collections d'objets utiles à l'enseignement.

ESCALIERS

84. — Les classes qui ne pourront être installées au rez-
de-chaussée seront desservies par des escaliers droits et sans
partie circulaire.

85. — Les volées de 13 à 15 marches seront séparées par
un palier de repos d'une longueur égale au moins à celle de
l'emmarchement.

86. — Les marches auront 1^m,50 de largeur, 0^m,28 à 0^m,30
de foulée et au maximum 0^m,16 de hauteur.

87. — Les barreaux seront espacés de 0^m,13 d'axe; *la main-
courante sera garnie de boutons saillants placées à 1 mètre de
distance au plus.* Une seconde main-courante sera disposée le
long des murs.

88. — Toute école recevant plus de 200 élèves devra avoir
un escalier à chaque extrémité du bâtiment.

89. — Un privé sera réservé pour le personnel des maîtres.

IV

MOBILIER

CLASSES

90. — Les tables-bancs seront à une ou deux places, mais
de préférence à une place.

Quatre types seront établis pour les écoles des communes
dans lesquelles il n'existe pas de salle d'asile *(école à classe
unique)* :

Le type I, pour les enfants dont la taille varie de 1 mètre
à 1^m,10;

Le type II, pour ceux de 1^m,11 à 1^m,20;

Le type III, pour ceux de 1^m,21 à 1$_m$,35;

Le type IV, pour ceux de 1^m,36 à 1^m,50.

Trois types seulement, les types II, III et IV, seront adoptés dans les écoles qui ne reçoivent les enfants qu'à six ans, c'est-à-dire au sortir de la salle d'asile (*écoles à plusieurs classes*).

Un cinquième type pourra être établi pour les enfants dont la taille excéderait 1^m,50.

On inscrira sur chaque table-banc le numéro du type auquel elle appartient, avec indication de la taille correspondante. Exemple : III, 1^m,21 à 1^m,35.

Les instituteurs devront mesurer leurs élèves, une fois par an, à l'époque de la rentrée des classes.

91. — La tablette à écrire aura au-dessus du plancher, mesures prises au bord de la table, les dimensions ci-dessous :

	TYPES				
	1er	2^e	3^e	4^e	5^e
Hauteur au-dessus du sol, ...	0^m44	0^m49	0^m55	0^m62	0^m70
Largeur d'arrière en avant	0.35	0.37	0.39	0.42	0.45
Longueur pour la table-banc à une seule place.	0.55	0.55	0.60	0.60	0.60
Longueur par place d'enfant pour la table-banc à deux places . .	0.50	0.50	0.55	0.55	0.55
Soit pour les deux places. . . .	1.00	1.00	1.10	1.10	1.10

L'inclinaison variera de 15 à 18 degrés, sans être jamais inférieure à 15 degrés.

92. — Le banc sera fixe, légèrement incliné en arrière et aura les dimensions ci-dessous :

	TYPES				
	1er	2^e	3^e	4^e	5^e
Hauteur au-dessus du sol, prise au milieu du banc.	0 27	0^m30	0^m34	0^m39	0 45
Largeur d'avant en arrière	0.21	0.23	0.25	0.27	0.30
Largeur (banc à une place) . . .	0.50	0.50	0.55	0.55	0.55
Longueur (banc à deux places). .	0.45	0.45	0.50	0.50	0.50
Soit pour le banc double	0.90	0.90	1.00	1.00	1.00

93. — Le dossier du banc à une seule place et du banc à deux places consistera en une traverse de 0m,10 de largeur, dressée droite *avec arêtes abattues;* il aura les dimensions suivantes :

	TYPES				
	1er	2e	3e	4e	5e
Hauteur de l'arête supérieure au-dessus du siège à	0m19	0m21	0m24	0m26	0m28
Longueur égale à celle du banc pour la table-banc à une seule place.	0,50	0,50	0,55	0,55	0,55
Et pour la table-banc à deux places	0.90	0.90	1.00	1.00	1.00

94. — Le banc et le dossier seront continus. TOUTES LES ARÊTES SERONT ABATTUES [1].

La tablette à écrire peut être mobile ou fixe.

Suivant qu'on fera emploi de l'une ou de l'autre, les règles ci-dessous énoncées devront être observées :

TABLE-BANC A TABLETTE MOBILE

1° *Situation où la tablette est rapprochée de l'enfant.*

	TYPES				
	1er	2e	3e	4e	5a
La verticale tombant de l'arête de la tablette devra rencontrer le banc à une distance du bord antérieur de ce banc égale à . .	003	0m04	0m05	006	0m07
L'intervalle entre l'arête de la tablette et le dossier sera de . . .	0,18	0,18	0,19	0,22	0.26

1. Les coins en angle des tables et des bancs seront arrondis.

2° Situation où la tablette est éloignée de l'enfant.

	TYPES				
	1er	2e	3e	4e	5e
Entre ladite verticale et le bord an'érieur du banc, l'intervalle sera égal à	0m09	0m10	0 11	0m12	0m13

95. — La tablette dite *à bascule*, formée de deux parties se repliant l'une sur l'autre, au moyen de charnières, est interdite.

TABLE-BANC A TABLETTE FIXE

96. — La distance entre le banc et la tablette sera nulle, c'est-à-dire que la verticale tombant de l'arête de la table rencontrera le bord antérieur du banc.

97. — Un ca ier pour les livres sera ménagé sous la tablette à écrire.

98. — Un encrier mobile de verre ou de porcelaine à orifice étroit sera adapté à la table et placé à la droite de chaque élève.

99. — Les traverses, barres d'attache, barres d'appui pour les pieds, reposant les unes et les autres sur le plancher, sont interdites.

100. — Une table avec tiroirs, posée sur une estrade de 0m,30 à 0m,32 (hauteur de deux marches), servira de bureau pour le maître.

101. — Il ne sera fait usage que du tableau ardoisé.

CLASSE DE DESSIN

102. — Les tables seront simples, les élèves devant être placés sur une même ligne et recevoir le jour de gauche à droite.

Elles seront à deux places; elles auront 1m,30 de longueur, 0m,65 de largeur et 0m,85 de hauteur (0m,75 seulement pour la taille inférieure).

Elles seront horizontales, afin de pouvoir servir au dessin géométrique. Elles porteront au bord opposé à l'élève une tablette horizontale fixe et continue, d'une largeur de 0^m,12 environ et d'une élévation au-dessus de la table de 0^m,07.

Cette tablette est destinée à recevoir le matériel nécessaire au travail et permet à l'élève, suivant les besoins, d'incliner sa planche.

Au milieu de la tablette et sur le bord antérieur, sera placée verticalement une planche de 0^m,30 de largeur, sur 0^m,48 de hauteur, ayant en avant une saillie circulaire de 0^m,05 de rayon. Cette planche servira de support au modèle graphié pour le dessin géométrique, ou au bas-relief pour le dessin d'art.

Elle sera soutenue à sa partie supérieure par une tige en fer fixée aux extrémités de la table.

103. — Pour le dessin à main levée, l'élève assis sur un tabouret posera l'une des extrémités du carton sur ses genoux, l'autre sur le bord de la table; il se trouvera ainsi à une distance convenable de l'objet à reproduire, distance qu'on évalue approximativement à deux fois la plus grande dimension du modèle.

104. — Les tables devront être fixées au sol. Les tabourets seront au contraire mobiles et de trois hauteurs différentes : 0^m,35, 0^m,45 pour le dessin d'art, 0^m,70 pour le dessin géométrique.

105. — A l'extrémité de la salle sera aménagé l'hémicycle pour le dessin d'après relief, bas-relief et ronde-bosse. Il sera formé de deux ou trois rangs de gradins ou demi-cercles concentriques, avec barres d'appui, de préférence en fer.

106. — Un tableau, destiné aux explications et aux leçons orales, sera placé au fond de l'hémicycle.

Aucune dérogation ne pourra être apportée aux prescriptions du présent règlement sans l'avis conforme du comité d'examen des projets de constructions scolaires institué au ministère de l'Instruction publique.

Fait à Paris, le 17 juin 1881.

JULES FERRY.

ORGANISATION PÉDAGOGIQUE

NÉCESSITÉ

D'UNE

ORGANISATION PÉDAGOGIQUE

Extrait d'un rapport présenté au Conseil départemental des Ardennes, dans sa séance du 28 juillet 1873.

§ 1.

Nécessité d'une organisation pédagogique pour toutes les écoles primaires publiques du département.

« Dans l'enseignement secondaire, dit M. Gréard, lorsqu'on parle de telle ou telle classe, on sait exactement quel degré de connaissances y répond dans tous les établissements du même genre. La force des élèves dépend, assurément, de bien des circonstances; mais chaque classe a ses programmes déterminés, son rang dans la série progressive des études. Rien de semblable dans nos écoles primaires. Sous le nom de première division, il faut comprendre partout, sans doute, la réunion des élèves les plus avancés; toutefois, ce degré d'avancement varie d'une école à une autre, et non seulement il arrive que les matières de l'enseignement de telle première division répondent à peine à celle de l'enseignement de la deuxième ou quelquefois de la troisième division dans une école voisine; mais ces matières elles-mêmes varient suivant les diverses écoles, alors que les conditions dans lesquelles celles-ci se trouvent, ainsi que leurs besoins, sont identiques. »

La diversité n'est pas moins grande dans les procédés d'enseignement, sauf qu'en général on peut désirer à peu près partout une tendance plus pratique, une pédagogie plus simple et mieux appropriée à l'intelligence des enfants. Les instituteurs et les institutrices sortis des écoles normales apportent dans la direction des classes qui leur sont confiées les traditions de ces établissements; pour leurs collègues qui n'ont pas été formés par la même discipline, il y a autant de méthodes que d'individus.

C'est pour remédier à cette diversité, disons mieux, à ce désordre, que l'instruction ministérielle du 18 novembre 1871 invitait tous les instituteurs et institutrices à rédiger un plan d'études et un emploi du temps spécialement applicables à leur école, d'après un modèle préparé par les soins de l'administration centrale, que chacun d'eux devait adapter aux besoins de sa localité. Cette mesure, excellente en principe, n'a pas produit tous les résultats qu'on en espérait. C'est que la rédaction d'un programme d'études n'est peut-être pas chose si facile qu'elle puisse être ainsi abandonnée à l'initiative de chacun de nos maîtres. Pour y réussir, ce n'est pas trop d'être versé dans la science pédagogique, et l'on voudra bien convenir que cette science fait souvent défaut à nos maîtres et surtout à nos maîtresses. Aussi se sont-ils contentés, pour la plupart, de copier le modèle qui leur était proposé, et les changements qu'ils y ont introduits sont-ils insignifiants, quand ils ne sont pas d'une utilité contestable. Malheureusement le programme type, excellent pour déterminer l'ensemble des matières qui doivent constituer un enseignement primaire complet, et parfaitement applicable dans les écoles où la fréquentation est régulière, dans celles surtout qui sont pourvues d'un adjoint, ne peut convenir à nos écoles rurales, qui sont dans de tout autres conditions. En vain les matières y ont-elles été réparties en trois cours concentriques, combinés de telle sorte que chacun présentât, à des degrés différents, un certain ensemble de connaissances essentielles, de telle sorte aussi que l'enfant qui s'arrêterait en chemin et ne pourrait pas pousser ses études jusqu'au cours supérieur, eût du moins, à sa sortie de l'école, un fonds de notions formant un tout à peu près complet. La mesure serait parfaite, si les élèves ne quittaient les classes qu'à la fin de l'un ou de l'autre des trois cours; mais le plus grand nombre de nos élèves interrompent leurs études chaque année aux premiers beaux jours de l'été, pour ne les reprendre, quand ils les reprennent, que vers la fin d'octobre ou au commencement de novembre[1]. La fréquentation moyenne est de sept mois et demi, mais parce que nous faisons entrer en ligne

---

1. Malgré la loi sur l'obligation scolaire, cet état de choses durera longtemps encore sur plus d'un point de la France.

de compte les petits enfants qui fréquentent les classes pendant toute l'année; elle serait beaucoup moins longue, si on la restreignait aux élèves qui suivent la division moyenne ou le cours supérieur. Il en résulte, les matières étant distribuées par trimestre, qu'il y a dans chaque cours certaines parties, et souvent ce sont les plus importantes, que la masse de nos élèves ne voit jamais, ou plutôt il en résulte que les programmes ne sont pas appliqués et ne peuvent pas l'être.

Nous croyons donc qu'il faut :

1° Établir un programme *uniforme* des matières qui doivent être enseignées dans toutes les écoles publiques du département : sans quoi les maîtres marchent à l'aventure, — l'inspection ne peut exercer ni direction ni contrôle, ni comparaison sérieuse entre les écoles, — les statistiques enfin ne peuvent donner une idée claire ni exacte des résultats obtenus;

2° Faire en sorte pourtant que ce programme soit assez général et assez élastique pour pouvoir s'accommoder aux conditions diverses dans lesquelles se trouvent toutes nos écoles, qu'elles soient grandes ou petites, — dirigées par un seul ou par plusieurs maîtres, — régulièrement ou irrégulièrement fréquentées;

3° Distribuer toutes les matières de l'enseignement primaire complet dans un certain nombre de cours, d'une manière bien précise et bien déterminée, en laissant toutefois aux maîtres et aux maîtresses le soin de répartir les matières de chaque cours sur les différents mois d'une année, ou sur une année entière, ou même sur deux années, suivant leur convenance et celle de leurs élèves. La seule chose qu'il y ait lieu d'exiger, c'est que, à quelque degré de leurs études qu'ils soient parvenus, les enfants possèdent un ensemble de connaissances déterminées qu'on puisse vérifier et contrôler [1].

---

1. On reconnaîtra aisément dans ce plan d'organisation les nombreux emprunts que nous avons faits au plan officiel, et surtout à celui qui a été rédigé par M. Gréard pour les écoles de la Seine; on reconnaîtra aussi les modifications que nous avons cru devoir y introduire, et dont quelques-unes ne sont pas sans importance. Nous nous sommes également inspiré de l'organisation établie dans le département du Doubs par notre collègue et ami, M. Paul Rousselot.

§ 2
Répartition des cours

Cette situation établie et la nécessité d'un programme commun reconnue, la première question à examiner était le nombre de degrés que ce programme doit embrasser.

La division en trois cours a pour elle l'autorité des personnes les plus compétentes ; l'expérience en a d'ailleurs montré l'utilité. Nous l'avons donc admise en principe, et nous avons réparti les matières de l'enseignement primaire proprement dit en trois cours, auxquels nous avons laissé les noms généralement adoptés de cours *élémentaire*, cours *moyen* et cours *supérieur*. Nous avons cru toutefois devoir faire précéder le cours élémentaire, là où il n'y a pas de salle d'asile, d'un cours *préparatoire*. En voici les raisons :

La plupart des communes rurales sont privées de salle d'asile et même de classes enfantines ; les enfants doivent, par conséquent, y être reçus à l'école dès l'âge de quatre ou cinq ans. Y entreraient-ils plus tard qu'ils n'y apporteraient encore qu'une ignorance complète, et si l'on ajoute que le milieu où ils ont vécu est moins favorable que le séjour des villes au développement des facultés de l'esprit, on comprendra la nécessité d'un premier enseignement qui remplace dans une certaine mesure, là où elle n'existe pas, la salle d'asile, et qui ne peut être véritablement que *préparatoire*. L'enseignement de ce cours correspond à peu près, dans notre programme, à celui qui est donné dans les salles d'asile bien dirigées. Tout enfant qui sort de la salle d'asile, après l'avoir fréquentée régulièrement, sait lire, épeler les mots, écrire un peu, est exercé déjà sur les nombres ; son intelligence a été développée par les leçons de choses ; il est apte à suivre un cours élémentaire. Lorsque l'entrée à l'école n'a pas été précédée de ce premier enseignement, qui exige beaucoup de zèle, de dévouement et d'aptitude, c'est à l'instituteur et à l'institutrice qu'il incombe, et nous avons cru qu'il était utile de leur en marquer au moins les principaux traits.

Ce n'est pas tout. Il est certains centres importants, certains centres industriels surtout, où l'enfant qui a parcouru tous les degrés de l'instruction primaire a cependant encore quelque chose à apprendre. Ce ne sont point les commencements de l'instruction secondaire qu'il lui faut, fût-ce de

l'enseignement secondaire spécial; non, ce sont des connaissances pratiques, spéciales au métier qu'il doit exercer, à la
profession à laquelle il veut se livrer. A quelque degré de
l'échelle sociale qu'on se place, en effet, l'éducation générale,
commune à tous, a besoin d'être complétée par une éducation spéciale ou *professionnelle*. Le jeune homme qui a fait
ses humanités, a besoin de fréquenter l'école de droit ou de
médecine, s'il veut être avocat ou médecin; de même l'enfant
qui a appris à l'école à lire, à écrire et à compter, a besoin
d'ajouter à ces connaissances générales, indispensables à tous,
d'autres connaissances plus spéciales, qui l'aideront à acquérir, s'il est simple ouvrier, l'habileté et l'adresse de la main,
— qui lui permettront, s'il est contre-maître ou patron, de
diriger un ensemble de travaux avec intelligence et profit.

C'est aux cours d'adultes, croyons-nous, qu'il appartiendra
dans l'avenir de répandre partout cet enseignement professionnel, qui ferait apprécier l'utilité de l'instruction et contribuerait puissamment à accroître la richesse du pays. Mais
nous avons pensé qu'il y a lieu dès maintenant d'accueillir la
demande de certaines communes importantes, qui voudraient
constituer cet enseignement d'une manière régulière [1]. Seulement, comme il doit répondre à des besoins tout spéciaux
et qu'il variera nécessairement selon les localités où il sera
établi, on comprend qu'il n'est pas possible de lui tracer aucun
programme.

En résumé, toutes les matières de l'enseignement primaire
seraient réparties en trois cours ayant chacun leur objet nettement déterminé. Ils seraient précédés, partout où il n'y a
pas de salle d'asile, d'un cours préparatoire, et ils pourraient
être suivis, là où les besoins le demanderaient, d'un cours
professionnel. Un cours de plus ne nous paraît pas nécessaire; un de moins laisserait une lacune, un vide à combler.
Il va de soi que ces trois cours eux-mêmes ne seraient pas
organisés dans toutes nos écoles, et que, dans un certain
nombre de petites communes rurales, le cours moyen, et à
plus forte raison le cours supérieur, ne seraient créés qu'autant que l'école renfermerait des élèves aptes à les suivre.

On voit de suite quel ordre, non plus seulement superficiel
et trompeur, mais reposant sur l'état véritable des études,

---

1. L'enseignement primaire supérieur est venu depuis donner en partie
satisfaction à ce besoin.

cette disposition introduirait dans nos écoles. Dès lors les dénominations de premier et de deuxième cours ne seraient plus des appellations vaines, répondant à des situations inégales et diverses ; elles caractériseraient un niveau commun. On voit aussi quel sentiment d'émulation ces classifications, constatant un degré réel d'avancement, éveilleraient chez les maîtres et aussi chez les élèves.

§ 3

Institution d'un certificat d'études primaires.

Restait enfin à encourager les enfants, et surtout les familles, si souvent plus insouciantes que les enfants, à parcourir jusqu'au bout cette voie d'études régulièrement tracée, ou au moins à y avancer le plus loin possible. Il fallait montrer un but à la persévérance de nos écoliers. C'est ce que nous espérons pouvoir réaliser par l'institution du certificat d'études primaires.

L'idée de délivrer un certificat aux enfants qui auraient suivi les cours primaires est déjà ancienne. « Dans certaines
« communes, disait la circulaire ministérielle du 20 août 1866,
« on a eu la bonne pensée de délivrer aux enfants qui quit-
« tent pour toujours les bancs de l'école, des certificats
« d'études primaires et ces certificats ont produit de bons
« effets ; les élèves, comme les familles, les ont recherchés...
« Toutefois, pour que ces certificats aient une valeur réelle,
« ajoutait M. le ministre, il conviendrait de ne les remettre
« qu'aux élèves qui auraient subi avec succès un examen. Cet
« examen serait fait par l'instituteur, en présence et avec le
« concours du maire et du curé, et les résultats en seraient
« indiqués par les mots *bien* ou *assez bien*, en regard de la
« matière sur laquelle l'examen aurait porté... On recherchera
« avec empressement, *selon toute probabilité*, ajoutait-il en-
« core, une sorte de diplôme qui, attestant les connaissances
« acquises des jeunes gens, leur rendrait plus facile l'accès
« de diverses professions, et deviendrait même, pour des
« emplois salariés, dans l'agriculture, l'industrie ou le com-
« merce, un titre de préférence. Lorsque les familles s'aperce-
« vront de cette préférence, lorsqu'elles verront qu'à défaut
« de ce diplôme, les enfants trouvent moins facilement à
« s'employer selon leurs désirs, elles comprendront mieux le

« prix de l'instruction, et, par conséquent, la nécessité d'en-
« voyer leurs enfants aux écoles, de les rendre plus assidus
« et de s'assurer des progrès qu'ils y font. » Cette *probabilité*
dont parlait M. le ministre ne s'est point réalisée, au moins
pour le département des Ardennes, puisque c'est à peine si
quelques certificats y sont délivrés chaque année. La cause
principale de cette indifférence des parents et des élèves,
peut-être aussi des instituteurs, est, croyons-nous, dans l'insuffisance des garanties dont ce diplôme est entouré. Sans
doute, l'examen que l'instituteur fait subir au candidat, en
présence et avec le concours du maire et du curé, et l'approbation que doit donner l'inspecteur primaire, après avoir
apprécié la valeur des devoirs qui lui sont envoyés, suffisent
pour empêcher que le certificat ne soit délivré à des élèves
qui en seraient tout à fait indignes; cependant on comprend
que cet examen présenterait des garanties bien autrement
irrécusables de surveillance sévère et d'impartiale équité, si
tous les élèves d'un même canton, par exemple, subissaient
ensemble les mêmes épreuves, le même jour, devant une
commission composée de juges compétents et plus désintéressés, que présiderait l'inspecteur primaire; on comprend,
de plus, que si tous les sujets de devoirs étaient envoyés par
l'Inspection académique, qui réunirait ensuite toutes les copies,
un certain niveau pourrait s'établir dans tout le département
pour la force de cet examen, qu'il deviendrait une sorte de
concours et permettrait d'apprécier la valeur relative des
diverses écoles. Si la délivrance du certificat était entourée
de ces nouvelles garanties, il y aurait lieu d'espérer que les
élèves sérieux et vraiment capables tiendraient à honneur
d'avoir, au sortir de l'école, cette pièce justificative de leurs
études primaires, comme bien des élèves, à la fin de leurs
études secondaires, tiennent à honneur d'avoir leur diplôme
de bachelier, dussent-ils n'en jamais faire usage. Peut-être
les parents eux-mêmes, en dehors de toutes les raisons d'intérêt signalées par M. le ministre, seraient-ils curieux de
connaître ce jugement définitif porté sur les études faites par
leurs enfants. Enfin, il y aurait là, pour les maîtres et pour
les élèves, un sujet tout naturel d'émulation. Il ne faut pas,
pour bien des raisons, abuser des concours ni des moyens de
comparaison entre les élèves d'un même ressort; cependant
il est bon que, dans cette lutte pour le mieux, qui est la condition du progrès, chacun puisse savoir parfois ce qu'il est **et**

ce qu'il vaut. Aussi nous ne doutons pas que les instituteurs ne soient vite amenés à faire tout leur possible pour présenter devant la Commission cantonale des élèves nombreux et bien préparés.

Nous avons dit qu'il ne faut pas abuser des concours. Les concours cantonaux, en effet, ont découragé bien des institu-teurs qui, ne se trouvant pas dans les mêmes conditions que tels de leurs collègues plus favorisés, et n'y envoyant leurs élèves qu'avec la certitude d'être battus, renonçaient à la lutte ou n'y prenaient part que contraints par l'Administration. Ils ne donnaient pas d'ailleurs une idée exacte de la force réelle et relative de toutes les écoles, puisqu'il suffisait d'un bon élève dans une école, faible d'ailleurs, pour que celle-ci obtînt le premier prix. Il n'en serait plus de même avec les examens cantonaux pour le certificat d'études. Il n'y aurait pas d'ins-tituteur qui ne pût prouver son zèle et faire constater le ré-sultat de ses efforts ; sa gloire consisterait moins à produire un ou deux élèves brillants qu'à amener le plus grand nombre d'enfants possible à un certain degré d'instruction ; son mérite enfin s'accuserait, moins encore par le nombre des élèves qu'il aurait préparés au certificat, que par une proportion plus grande entre le nombre de ces élèves et le nombre total de ceux qui auraient fréquenté son école. Nous permettra-t-on d'ajouter que nous avons fait nous-même ailleurs l'expérience de cette organisation des certificats d'études, et qu'à tous égards nous en avons constaté l'heureuse influence [1].

En résumé, nécessité d'une organisation pédagogique pour toutes les écoles publiques du département, — répartition des matières d'enseignement en trois cours progressifs, tout à la fois indépendants et connexes, — institution du certificat d'études primaires comme moyen de retenir les élèves à l'école, de stimuler le zèle des maîtres et de constater les résultats définitivement obtenus, telles sont les mesures qui ont déjà reçu l'approbation de M. le recteur de l'académie de Douai, et pour lesquelles nous avons l'honneur de solliciter l'assentiment du Conseil. Elles sont formulées dans les règlements et les programmes ci-après.

---

1. Dès 1870, nous avions établi dans la Haute-Saône cette organisation du certificat d'études.

§ 4

Règlement d'organisation pédagogique pour les Écoles publiques du département des Ardennes

ARTICLE PREMIER. — Les matières de l'enseignement primaire, dans les écoles publiques, laïques et congréganistes, de garçons et de filles du département des Ardennes, seront réparties en trois cours :

Cours *élémentaire*,
Cours *moyen*,
Cours *supérieur*.

Le cours élémentaire sera précédé, là où il n'y a pas de salle d'asile, d'un *cours préparatoire*, et il pourra être organisé, après le cours supérieur, dans certains centres importants, un cours *professionnel*, spécialement adapté aux besoins de la localité.

ART. 2. — Le cours moyen, et à plus forte raison le cours supérieur n'existeront pas nécessairement dans toutes les écoles ; ils ne seront créés qu'autant que celles-ci renfermeront des élèves qui auront été reconnus aptes à les suivre.

ART. 3. — L'enseignement, dans chaque cours, sera donné conformément aux programmes ci-joints (*Voir* ci-après) [1]. Des programmes particuliers seront ultérieurement rédigés pour chacun des cours professionnels qu'il y aura lieu de créer.

ART. 4. — Un cours pourra comprendre plusieurs divisions, suivant la force et l'âge des élèves, et surtout suivant le temps qu'ils y auront déjà passé ; mais *toutes* les leçons seront communes à *tous* les élèves qui suivront le même cours.

Si cependant une école compte plus de maîtres qu'il n'y a de cours, et si la fréquentation y est régulière, les matières d'un même cours pourront être réparties en deux années se faisant suite l'une à l'autre.

Le cours comprendra alors une première et une deuxième années.

ART. 5. — Aucun élève ne sera admis à passer dans un cours plus élevé, qu'autant qu'il possédera les connaissances énumérées au programme du cours qu'il va quitter.

---

1. Nous n'avons pas cru devoir reproduire tous ces programmes, qui sont naturellement remplacés partout aujourd'hui par les programmes officiels de 1882.

MM. les inspecteurs primaires sont chargés de surveiller d'une manière toute spéciale l'exécution de cet article du règlement.

ART. 6. — Des certificats d'études primaires seront délivrés par l'inspecteur d'académie aux élèves qui en auront été jugés dignes, après un examen écrit et oral, passé sur les diverses matières du programme.

Ces examens auront lieu tous les ans, pour les garçons et pour les filles, à un centre désigné dans chaque canton.

ART. 7. — La liste des certificats obtenus sera proclamée à la distribution solennelle des prix, et publiée dans le *Bulletin départemental de l'instruction primaire*.

§ 5

Règlement des examens pour l'obtention du certificat d'études primaires [1]

Le ministre de l'Instruction publique et des Beaux-Arts,

Vu les circulaires ministérielles en date des 20 août et 22 décembre 1866,

Le Conseil supérieur de l'Instruction publique entendu,

Arrête :

ARTICLE PREMIER. — Des commissions cantonales sont nommées par les recteurs, sur la proposition des inspecteurs d'académie, pour juger l'aptitude des aspirants et des aspirantes au certificat d'études primaires élémentaires. Ces commissions se réunissent chaque année, sur la convocation de l'inspecteur d'académie, soit au chef-lieu de canton, soit dans une commune centrale désignée à cet effet. L'inspecteur primaire du ressort fait nécessairement partie de ces commissions. Chaque commission nomme son président, son vice-président et son secrétaire.

ART. 2. — A l'époque et dans les délais prescrits par l'inspecteur d'académie, chaque instituteur dresse, pour son école, l'état des candidats au certificat d'études.

Cet état porte :

Leurs noms et prénoms ;

La date et le lieu de naissance ;

La demeure de la famille ;

1. Nous croyons devoir substituer au règlement que nous avions alors adopté le règlement officiel du 16 juin 1880, dont d'ailleurs il différait peu.

La signature de chaque candidat.

L'état, visé et certifié par le maire, est transmis, en temps opportun, à l'inspecteur primaire.

Aucun candidat ne peut être inscrit, s'il n'a au moins douze ans au 1er octobre de l'année de l'examen.

Art. 3. — Les épreuves de l'examen sont de deux sortes : les épreuves écrites et les épreuves orales.

Les épreuves écrites ont lieu à huis clos, sous la surveillance des membres de la commission. Elles comprennent :

1º Une dictée d'orthographe de vingt-cinq lignes au plus. Le point final de chaque phrase est indiqué.

La dictée peut servir d'épreuve d'écriture.

2º Deux questions d'arithmétique portant sur les applications du calcul et du système métrique, avec solution raisonnée.

3º Une rédaction d'un genre simple (récit, lettres, etc.).

Les jeunes filles exécuteront, en outre, un travail de couture usuelle, sous la surveillance d'une dame désignée à cet effet.

Les textes et les sujets de composition, choisis par l'inspecteur d'académie, sont remis, à l'ouverture des épreuves, sous pli cacheté, au président de la commission.

Les compositions portent en tête et sous pli fermé les noms et prénoms des candidats, avec l'indication de l'école à laquelle ils appartiennent : ce pli n'est ouvert qu'après l'achèvement de la correction des copies et l'inscription des notes données pour chacune d'elles.

Art. 4. — Le temps accordé pour chaque épreuve et le chiffre servant à en apprécier le mérite sont déterminés ainsi qu'il suit :

NATURE DES ÉPREUVES.	TEMPS DONNÉ POUR LES ÉPREUVES	CHIFFRE MAXIMUM D'APPRÉCIATION.
Orthographe.	»	10
Écriture	»	10
Calcul	Une heure.	10
Rédaction	*Idem.*	10
Couture	*Idem.*	10

Nota. — Le texte est lu préalablement à haute voix, dicté, puis relu, et cinq minutes sont accordées aux candidats pour se corriger.

Tout élève ayant fait plus de cinq fautes d'orthographe dans la dictée est éliminé.

La dictée d'orthographe est corrigée d'après les règles suivantes :

Chaque demi-faute fait diminuer le maximum d'un point;

Une faute d'orthographe usuelle compte une faute;

Une faute d'orthographe grammaticale, une faute;

L'accent changeant la nature du mot, une demi-faute;

Les autres fautes d'accent, les fautes de cédille, de trait d'union, de tréma, de majuscule, de ponctuation, appréciées par le jury, sont évaluées, dans leur ensemble, une faute ou une demi-faute.

La nullité d'une épreuve entraîne l'élimination.

Les compositions sont corrigées, séance tenante, par les membres de la commission.

L'indication de la note est portée en tête de chaque copie et sur un tableau dressé à cet effet.

Ne sont admis aux épreuves orales que les candidats qui ont obtenu, pour la première série d'épreuves, au moins la moyenne de 20 points (garçons) ou de 25 points (filles).

ART. 5. — Les épreuves orales ont lieu en présence des maîtres et des maîtresses. Elles comprennent :

La lecture expliquée;

L'analyse d'une phrase de la lecture ou d'une phrase écrite au tableau noir;

Les éléments de l'histoire et de la géographie de la France;

Des questions d'application pratique sur le calcul et sur le système métrique.

Les épreuves orales sont appréciées de la même manière que les épreuves écrites, c'est-à-dire au moyen d'un chiffre variant de 0 à 10.

La durée de l'ensemble des épreuves, pour chaque candidat, ne doit pas excéder vingt-cinq minutes.

ART. 6. — Les points obtenus pour les épreuves orales sont ajoutés aux points obtenus pour les épreuves écrites.

Nul n'est définitivement déclaré apte à recevoir le certificat d'études, s'il n'a obtenu la moitié au moins du total maximum des points accordés pour les deux catégories d'épreuves, soit 40 points pour les garçons, 45 points pour les filles.

ART. 7. — Outre les matières énoncées aux articles 3 et 5 du présent règlement, l'examen peut comprendre : un exercice de dessin linéaire et des interrogations sur l'agriculture.

Il sera fait mention sur le certificat des matières complémentaires pour lesquelles le candidat aura obtenu la note 5.

ART. 8. — Le procès-verbal de l'examen es' transmis à l'inspecteur d'académie, qui, après avoir vérifié la régularité des opérations, délivre, s'il y a lieu, le certificat d'études.

ART. 9. — Le surplus des dispositions à prendre pour assurer la marche des examens et les opérations des commissions sera réglé par les autorités départementales.

Dans le mois qui suit la clôture des sessions, l'inspecteur d'académie adresse au recteur un compte rendu statistique des résultats obtenus dans son département. Le recteur adresse au ministre un compte rendu analogue pour tous les départements de son ressort.

Fait à Paris, le 16 juin 1880.

JULES FERRY.

§ 6

Instruction générale adressée à MM. les inspecteurs primaires sur la mise à exécution du règlement d'organisation pédagogique des écoles.

Mézières, le 1er octobre 1873.

MONSIEUR L'INSPECTEUR,

Le Règlement d'organisation pédagogique des écoles publiques du département des Ardennes, dont j'ai l'honneur de vous adresser un exemplaire, doit être appliqué à la prochaine rentrée des classes. Vous avez vu, par l'exposé des motifs qui précède, quelles sont les mesures fondamentales qu'il prescrit; mais il ne vaudra, je le sais, que si vous vous pénétrez bien vous-même de l'esprit qui l'a inspiré, du but vers lequel il tend, et si vous parvenez à en faire saisir nettement aux directeurs et aux directrices de nos écoles le caractère et la portée. Permettez-moi donc d'appeler, dès ce moment, toute votre attention sur les moyens d'en assurer la mise à exécution.

La répartition de toutes les matières de l'enseignement en trois cours, d'une force déterminée, est la base et le point de départ de toute la nouvelle organisation : elle a pour but de substituer à des divisions vagues ou arbitraires une gradation d'études normale et commune à toutes les écoles. L'expérience vous a révélé combien cette uniformité est désirable, je n'y insiste pas ; mais ce que je vous demande avec instance, c'est de faire que notre règlement ne soit pas une lettre morte, et que notamment les prescriptions relatives au classement des élèves soient strictement observées. Assurez-vous donc, avant toute chose, que la répartition des élèves dans les différents cours s'est faite avec intelligence et sincérité, qu'aucune division ne renferme d'élèves qui ne puissent répondre pertinemment sur toutes les matières du programme du cours qu'ils viennent de quitter. Vous rencontrerez des difficultés, des résistances même : d'abord chez les instituteurs, dont certains, par un amour-propre mal placé, tiendront à établir dans leur école le cours supérieur, alors même qu'ils n'auront aucun élève capable de le suivre ; — chez les élèves ensuite, qui s'imagineront que leur âge est une raison suffisante pour être admis dans un cours plus élevé, n'y fussent-ils nullement préparés par leurs études antérieures et leurs connaissances acquises ; — chez les parents enfin, dont la vanité est souvent plus grande encore que celle de leurs enfants, et qui se croiront humiliés parce que ceux-ci, quoique plus âgés que certains de leurs camarades plus intelligents ou plus laborieux, ou encore plus assidus, seront cependant dans une division moins avancée. Tâchez de convaincre tout le monde : dites aux maîtres que le meilleur instituteur, à nos yeux, n'est pas celui dont la classe renfermera le plus grand nombre de cours, mais celui dont les leçons seront le mieux appropriées à la force véritable de ses élèves ; répétez aux enfants qu'il ne leur servirait de rien d'être admis dans un cours dont ils ne comprendraient pas les leçons, dont par suite ils ne profiteraient pas ; éclairez aussi les familles et montrez-leur qu'elles ont tout à gagner en laissant leurs enfants suivre, sans hâte mal entendue, la voie progressive de nos études. Il vous appartient, au surplus, Monsieur l'Inspecteur, de contrôler ce classement dans vos tournées d'inspection, et de les modifier si vous le jugez à propos. Du reste, les programmes renfermant dans chaque cours, à peu de chose près, les mêmes matières d'enseignement et une série de leçons parallèles, — identiques quant à leur objet, quoique différentes par les développements dont elles seront accompagnées, — il sera toujours possible à un élève trop fort pour le cours dans lequel il a été placé, de passer, à un moment quelconque de l'année, dans le cours immédiatement supérieur.

Ce premier point réglé, vient la question de savoir en combien de temps le programme de chaque cours devra être parcouru. C'est ici, Monsieur l'Inspecteur, que j'entends laisser à chaque maître sa liberté et son initiative. Nos écoles sont, en effet, au point de vue de la fréquentation, dans les conditions les plus diverses et nul ne me paraît plus à même que lui de décider, sous votre contrôle toutefois et éclairé par vos conseils, quel est le mode de répartition des matières le plus propre à assurer le succès de ses élèves. Là où la fréquentation est régulière et dure toute l'année dans tous les cours, le plus simple sera évidemment de distribuer les matières de chaque cours en trois parties, de longueur à peu près égale, dont chacune pourra être vue dans chaque trimestre, le dernier mois devant être consacré à une révision générale. Mais ces écoles, si tant est qu'elles existent dans le département, y sont assurément fort rares. Il en est dont la fréquentation n'est assurée pour toute l'année dans aucun cours; d'autres, et c'est probablement le plus grand nombre, où la fréquentation, assidue à peu près pendant toute l'année pour le cours préparatoire et le cours élémentaire, n'est guère que de quatre à cinq mois pour la plupart des élèves du cours moyen, à plus forte raison, du cours supérieur. Que devra faire alors l'instituteur? Dans les cours où la fréquentation est régulière et doit durer à peu près toute l'année, il parcourra son programme lentement, de manière à ne l'épuiser que dans les derniers mois de l'année scolaire; mais dans les cours que la plupart des élèves ne doivent fréquenter que pendant quelques mois, il lui faudra parcourir son programme rapidement pendant ces quelques mois, sauf à revenir pendant le semestre d'été, avec ceux qui lui seront restés fidèles, sur les parties qui auront été omises ou trop superficiellement vues pendant l'hiver. Il va de soi, en effet, que plus il ira vite et moins il approfondira, — plus il lui sera nécessaire par suite de revenir sur ses pas et d'insister, s'il veut que son enseignement laisse des traces durables.

Mais n'allons-nous pas défraîchir l'objet de nos études et lui enlever l'attrait de la nouveauté en le présentant ainsi

tout d'abord, dans ses parties les plus essentielles, à la curiosité de nos élèves? Je ne le crois pas. Tous ceux qui ont
quelque habitude de l'enseignement, et surtout de l'enseignement primaire, savent combien il est nécessaire de revenir
souvent sur les mêmes choses, si l'on veut qu'elles pénètrent
et séjournent dans des esprits facilement impressionnables,
mais légers et oublieux. — Chaque cours devra en général,
dans nos écoles rurales, être vu au moins deux fois : ceux
donc qui fréquenteront l'école pendant l'été le redoubleront
la même année; les autres le redoubleront pendant l'hiver
suivant. Il en résultera même, ou je me trompe fort, une
heureuse émulation pour ceux qui, ayant déserté l'école pendant l'été, verront au commencement de l'hiver suivant,
leurs camarades passer dans un cours plus élevé. Peut-être en
tireront-ils cette conclusion, que s'ils étaient venus à l'école
pendant l'été, eux aussi seraient admis à suivre ce cours plus
élevé; et si nous obtenions ainsi par la persuasion cette fréquentation assidue dont nos législateurs hésitent à imposer
l'obligation, il n'y aurait qu'à s'en féliciter : ce qu'on obtient
en opérant la conviction, surtout dans les matières où la
bonne volonté est l'agent principal du succès, étant infiniment
plus efficace qu'un travail dû à la seule contrainte.

J'ajouterai que cette élasticité de nos programmes concentriques a encore un autre avantage, c'est qu'elle s'accommode
admirablement au développement naturel et progressif des
facultés de l'enfant. Toutes les facultés sont en germe dans
son esprit; mais toutes n'apparaissent pas en même temps. Ce
qui s'éveille d'abord chez lui, ce sont les sens, c'est la faculté
d'observer le monde extérieur; ce n'est que plus tard qu'il
arrive à la réflexion, qu'il se replie sur lui-même, distingue
ses idées, les rapproche et les compare; c'est bien plus tard
encore qu'il acquiert l'intelligence des rapports abstraits,
qu'il saisit la liaison et l'enchaînement des faits [1]. Donc, si
l'objet des études est le même ou à peu près dans les trois
cours, il devra pourtant y exister des différences notables
dans les développements qui seront donnés à la matière de
chaque leçon. Le cours élémentaire se bornera à des notions
de simple bon sens; l'enseignement n'y aura pour objet que
des faits facilement saisissables par les sens; il sera essentiellement *concret*. Dans le cours moyen, l'enseignement

1. Voir ce qui a été dit précédemment sur l'abstraction, page 46.

deviendra méthodique et raisonné; il comprendra les mêmes matières que le cours précédent, mais exposées d'une manière plus scientifique. Ce caractère d'abstraction et de science s'accusera davantage encore quand on s'élèvera au cours ι .périeur. Il résulte de cette disposition que si, dans chaque cours, les études ont le même objet, chaque fois qu'on s'élève d'un cours à un autre, on s'élève pourtant d'un degré. Il en résulte également, le programme de chaque cours formant toujours un tout complet, qu'à quelque moment qu'un élève quitte l'école (à la fin de l'hiver ou à la fin de l'année scolaire à la fin du premier, du deuxième ou du troisième [cours), il en sort avec un ensemble de connaissances essentielles, ne supposant aucune étude complémentaire pour lui être utiles. A la fin du cours élémentaire, il n'aura vu, par exemple, que les principaux faits de l'histoire de France, mais il aura vu les faits les plus récents aussi bien que les plus anciens; il n'aura que quelques notions, mais ces notions formeront un tout. Ce tout, s'il revient à l'école, pourra s'agrandir et s'étendre; mais il se suffit à lui-même. Donc, l'élève qui s'arrêtera là n'aura pas, ce qui arrive trop souvent aujourd'hui, appris le commencement d'une chose dont il ne doit jamais voir la fin, qui ne peut avoir de sens pour lui par conséquent; il ne saura rien d'inutile, rien qu'il doive oublier plus tard. Il aura profité du peu de temps qu'il aura passé à l'école pour y apprendre *ce qu'il lui importait le plus de connaître*.

Un autre point sur lequel j'appelle encore toute votre attention, c'est la question de savoir comment nos maîtres pourront faire parcourir à leurs élèves tous ces programmes *simultanément*. Ce n'est pas seulement au point de vue de la fréquentation des élèves, c'est encore, vous le savez, au point de vue du personnel enseignant que nos écoles sont dans les conditions les plus diverses. Dans les établissements d'instruction secondaire, chaque classe a son professeur spécial; il n'en est pas de même dans nos écoles primaires. Sans doute, il en est quelques-unes où il y aura autant et même plus de maîtres qu'il n'y a de cours différents : là, nulle difficulté. Partout même où il y aura un instituteur et un adjoint, point de difficulté encore. Les matières d'enseignement sont, en effet, disposées de telle sorte, qu'à chaque leçon orale faite par le maître puisse toujours succéder une étude ou un devoir écrit sur l'objet de la leçon, c'est-à-dire une occupation intelligente, utile, intéressante même pour les élèves. Chaque maître, grâce à cette succession alternative des leçons orales et des devoirs écrits, pourra donc toujours faire deux cours sans le moindre inconvénient. La difficulté n'existe réellement que pour nos écoles, et malheureusement elles sont nombreuses, où il n'y a qu'un seul maître, et qui, dépourvues de salle d'asile, ont nécessairement un cours préparatoire. Il arrivera dans ce cas que le même maître sera chargé de trois ou quatre cours à la fois. Comment devra-t-il s'y prendre pour qu'aucun de ses élèves ne reste inoccupé ? Le plus simple est, je crois, qu'il fasse toujours lui-même le cours élémentaire et le cours moyen. Ces deux cours, en effet, sont les deux plus importants, et ils diffèrent considérablement, sinon par l'objet même des matières d'enseignement, du moins par l'esprit qui doit les animer, par le but vers lequel le maître doit tendre et par les méthodes qu'il doit suivre. S'il a de plus un cours préparatoire, il s'y fera remplacer, quand il ne pourra pas le faire lui-même, par des moniteurs qu'il préparera hors classe, et auxquels il devra donner quelques soins particuliers pour les indemniser du temps qu'ils auront perdu à faire à sa place l'instruction de leurs petits camarades. Enfin, s'il a un cours supérieur, il s'arrangera de façon que presque toutes ses leçons puissent être communes aux élèves du cours moyen et à ceux du cours supérieur ; et s'il est zélé, il retiendra ces derniers après la classe pour leur donner, dans une petite leçon supplémentaire, les explications qui auraient dépassé par trop la portée de l'intelligence de ceux qui n'en sont encore qu'au cours moyen.

Vous le voyez, Monsieur l'Inspecteur, même dans les conditions les plus défavorables, il sera toujours possible à un maître actif et dévoué d'occuper utilement toutes ses divisions. Est-ce trop compter sur notre personnel que d'attendre de lui ce zèle et ce dévouement ? Je ne le crois pas. Quelques maîtres déjà font ce que j'indique ; pourquoi tous ceux qui ont à cœur les succès de leurs élèves ne le feraient-ils pas ?

Qu'on ne s'y trompe pas, c'est là qu'est la grande difficulté dans nos écoles rurales. Que d'enfants y restent inoccupés pendant des heures entières, ou, ce qui ne vaut guère mieux, sont occupés pendant la plus grande partie de la classe à un travail inintelligent, dont le seul avantage est de les forcer à se tenir tranquilles ! Je ne voudrais pas affirmer que, grâce à cette nouvelle organisation, cette difficulté sera

levée complètement ; je crois pourtant qu'elle sera singulièrement diminuée et que, partout où le maître le voudra sincèrement, nous ne reverrons plus, ce qui nous a navrés tant de
fois, de malheureux enfants condamnés pendant de longues
heures, sans aucune occupation utile, à une immobilité presque complète, au grand détriment de leur esprit qui som-
meille et de leur corps qui s'étiole.

Enfin, je vous prierai, Monsieur l'Inspecteur, de bien faire
comprendre aux instituteurs et surtout aux institutrices toute
l'importance du certificat d'études primaires. Il y a dans
cette institution le germe de l'amélioration la plus heureuse
pour notre service scolaire ; il faut que maîtres et élèves
attachent le plus grand prix à cette sanction de leurs efforts,
à ce couronnement de nos études primaires [1]. Dites aux

1. Voici ce que nous disions, à la fin de l'année scolaire 1873-74, dans le
compte rendu que nous avons publié de ces premiers examens :

« Quand nous avons convié les instituteurs et les institutrices à présenter
leurs élèves à ces petits examens, nous nous proposions surtout deux choses :

« 1° Stimuler les enfants par l'espoir d'obtenir une attestation de leurs
connaissances acquises et amener leurs parents à les laisser plus longtemps à
l'école.

« 2° Bien marquer aux maîtres et aux maîtresses les limites dans lesquelles
il convient de renfermer l'enseignement pour qu'il ne s'égare pas dans de
vagues superfluités, mais aussi déterminer d'une manière précise le niveau qu'il
doit nécessairement atteindre pour ne pas rester stérile et impuissant.

« Il nous semble que nos efforts n'ont pas été en pure perte et que nous venons de faire un premier pas dans une voie qui sera féconde en résultats. Nous
avons, en effet, délivré plus de douze cents certificats. (La moyenne a été, les
années suivantes, de quatorze à quinze cents, pour une population scolaire de
50,000 enfants.) Nous croyons donc pouvoir affirmer que l'essai est concluant
et que la délivrance d'un certificat à la fin des études primaires va passer
dans nos habitudes scolaires. L'avantage des examens cantonaux pour le certificat d'études primaires sur les concours cantonaux tels qu'ils existaient auparavant a été bien compris de nos maîtres. Chacun sait maintenant qu'il lui
suffit, pour réussir, d'amener ses élèves à un niveau bien connu, bien déterminé,
auquel peuvent atteindre les écoles les moins favorisées. Il n'a plus à se
préoccuper de la concurrence des classes établies dans des conditions plus
avantageuses et qui devaient nécessairement obtenir toujours les prix et les
accessits. Aujourd'hui le succès est accessible à tous et il y a place pour tout
le monde à la distribution des récompenses. — Toutes les personnes qui s'intéressent à l'instruction ont pensé aussi que nous étions dans le vrai, en établissant cette sanction des études primaires par des examens qui nous permettent
de voir et de montrer, chaque année, l'état de l'instruction des enfants que nos
écoles rendent à la famille et à la société. — On ne peut guère d'ailleurs reproduire contre le certificat d'études la grande objection qu'on a toujours élevée
contre les concours, à savoir que ceux-ci développaient démesurément la vanité
des lauréats et qu'ils amenaient les maîtres à ne s'occuper que de quelques
élèves d'élite au détriment de toute la classe. L'examen pour le certificat entretient l'émulation, et c'est par là qu'il est bon, mais sans exciter des rivalités

11.

instituteurs qu'ils ne seront pas jugés uniquement d'après le résultat de ces examens, — que nous avons trop la pratique des choses de l'enseignement pour ne pas savoir qu'il y a, comme on dit, *de mauvaises veines*, et qu'un instituteur reste parfois plusieurs années sans trouver aucun élève vraiment intelligent, capable de lui faire honneur, — qu'ils seront par conséquent appréciés surtout d'après vos inspections. Ils ne devront pas se dissimuler pourtant que l'enseignement vaut surtout par la pratique et qu'il doit aboutir à des résultats dont les familles puissent elles-mêmes constater l'utilité. Si donc un instituteur, dans un milieu analogue à celui où se trouvent ses confrères qui présenteront chaque année aux examens des élèves bien préparés, reste cependant plusieurs années sans produire aucun candidat, l'Administration sera fondée à croire que la capacité ou le zèle lui font défaut et elle se décidera difficilement à le proposer pour un avancement. Mais je suis sûr que tous nos bons maîtres, au lieu de redouter cette épreuve des examens, l'appelleront de tous leurs vœux, parce qu'ils y verront un moyen de faire constater publiquement le résultat de leurs efforts et la valeur de leur enseignement.

Recevez, etc...

---

ja'ouses et malsaines. Chacun a son émulation propre, individuelle, qui consiste avant tout à atteindre un but déterminé qu'il s'est proposé d'atteindre. On ne peut plus dire que les maîtres ne s'occuperont que des élèves qu'ils doivent présenter à l'examen, qu'ils négligeront les divisions inférieures : ce serait un mauvais calcul de leur part, puisque c'est dans ces divisions inférieures qu'ils devront recruter leurs candidats pour l'avenir, — ni qu'ils soigneront l'instruction de quelques élèves au détriment du reste de la classe, puisque l'examen leur sera d'autant plus honorable qu'ils y auront présenté un plus grand nombre de candidats. Le niveau à atteindre pour obtenir le certificat d'études n'est pas tellement élevé que tous ne puissent y prétendre : il suffit pour cela d'une intelligence bien ordinaire, d'un travail régulier et assidu. Ce serait, du reste, exiger beaucoup des maîtres que de vouloir qu'ils ne portassent pas un intérêt particulier à ceux de leurs élèves qui prennent eux-mêmes le plus d'intérêt à l'école et qui la suivent le plus assidûment. Aux parents donc qui nous feraient cette objection, nous répondrions : « Envoyez assidûment vos enfants à l'école; nous vous garantissons que le maître s'en occupera lui-même et avec bonheur. »

§ 7

Instructions plus détaillées relatives: à la répartition des élèves dan les différents cours; à la marche simultanée de ces cours; à un emploi du temps.

Octobre 1874.

Répartition des élèves dans les différents cours. — Toutes les écoles du département ont un cours *préparatoire* et un cours *élémentaire;* la plupart ont aussi, au moins pendant l'hiver, un cours *moyen;* quelques-unes seulement ont un cours *supérieur.* Quant au cours *professionnel,* c'est dans le cours d'adultes qu'il se fait, là où il y a lieu.

Avant tout, il importe que ces cours soient bien distincts, qu'aucun élève ne fasse partie d'un cours pour certaines matières d'enseignement et d'un cours différent pour les autres. Il sera même bon que chacun sache bien à quel cours il appartient. *C'est, du reste, suivant leur répartition dans ces divers cours, qu'ils devront être inscrits sur le registre de présence et que l'appel devra se faire à chaque classe.*

Aucun élève ne passera dans un cours plus élevé que lorsqu'il connaîtra parfaitement les matières du cours précédent, ou plutôt lorsqu'il les aura déjà vues un certain nombre de fois, et que le maître aura acquis la conviction qu'un plus long séjour dans le cours dont il fait partie, ne lui serait pas profitable, qu'il y a appris les choses comme il peut les apprendre et les savoir.

Les élèves du cours préparatoire auront, en général, de 4 à 7 ans; ceux du cours élémentaire, de 7 à 9 ou 10; ceux du cours moyen, de 9 ou 10 à 11; ceux du cours supérieur, 12 ans et au-dessus. On comprend toutefois que ces chiffres n'ont rien d'absolu, puisque la classification des élèves dépendra surtout de leur force, et que la force de chacun dépend de son intelligence, de son application, de son assiduité à l'école.

Aucun cours n'admettra de subdivisions, sauf le cours préparatoire, et pour quelques matières seulement, s'il y a lieu, notamment pour la lecture et le calcul. Cependant, comme les élèves devront, en général, rester deux ans dans chaque cours, on pourra, pour les compositions, les y distinguer en *noveaux* et en *vétérans.* Il sera même bon, quand on leurs rendra leurs places, d'indiquer celles que les premiers des nouveaux, par exemple, auraient obtenues parmi les vétérans, — et réciproquement, quelles places les derniers des vétérans auraient obtenues parmi les nouveaux. Il y a là un moyen d'émulation que le maître aurait tort de négliger.

Rien n'empêchera qu'un élève exceptionnellement intelligent, ou déjà âgé, fasse chacun de ces cours en un an. Même, comme les programmes sont concentriques et que leur développement doit se faire parallèlement dans tous les cours, il sera toujours possible de faire passer, à un moment quelconque de l'année, un élève devenu trop fort pour le cours dans lequel il est, dans le cours immédiatement supérieur. Ceci devra sans doute arriver assez souvent à la fin du semestre d'hiver, dans les écoles où la principale sortie se fait au commencement du printemps.

Marche simultanée des divers cours. — Cette répartition une fois admise, reste à savoir comment un seul maître pourra faire marcher ces quatre cours simultanément, de manière que tous ses élèves soient *toujours occupés* et occupés *d'une manière utile.*

Nous lui conseillons d'abord de faire, autant qu'il le pourra, des *leçons collectives*, s'adressant non seulement à deux cours, mais même à tous les élèves à la fois. Nous sommes convaincu, en effet, qu'il n'y a de leçons vraiment utiles, si l'on se place au point de vue du développement des facultés de l'esprit et que l'on ne considère plus seulement l'apprentissage mécanique de la lecture, de l'écriture et du calcul, que celles qui sont faites par le maître lui-même, parce que l'art d'enseigner est un art dont la connaissance n'est pas commune, et qui suppose une aptitude naturelle, perfectionnée par la pratique et l'exercice. — Or, il nous semble que les leçons d'écriture et de dessin, et en général aussi celles d'histoire et de géographie, la leçon de choses et la récitation, peuvent être communes à toute la classe.

Jusqu'ici donc pas de difficulté.

Mais il est évident que la lecture, la leçon de français et celle d'arithmétique devront, en général, rester distinctes pour chaque cours. Comment fera le maître? Le mieux est, à notre avis, qu'il se charge toujours lui-même du cours élémentaire et du cours moyen. La chose lui sera facile, s'il a soin de faire succéder à chaque leçon orale, dans l'un et l'autre cours, soit une étude, soit un devoir écrit sur l'objet de la leçon. Ainsi, après la leçon.

de lecture, qui n'aura porté que sur une portion de chapitre, vingt ou trente lignes au plus, il donnera à lire à ses élèves le reste du chapitre, dont font partie ces vingt ou trente lignes, — ou encore, surtout avec les élèves du cours moyen, il leur fera reproduire par écrit quelques-unes des explications auxquelles aura donné lieu la leçon de lecture[1]. Quant à la leçon de français et à celle d'arithmétique, elles seront toujours nécessairement suivies d'un devoir écrit. On voit donc que rien n'est plus facile au maître que de se charger toujours, lui seul, du cours élémentaire et du cours moyen.

Et ce n'est pas seulement parce que ces deux cours sont, en général, les plus importants dans la plupart de nos écoles, que le maître devra les faire lui-même, c'est aussi parce qu'ils diffèrent totalement, sinon par l'objet même des matières d'enseignement, du moins par l'esprit qui doit les animer, par le but vers lequel le maître doit tendre, et par les méthodes qu'il doit suivre. Le cours élémentaire doit se borner à des notions de simple bon sens : l'enseignement ne doit y avoir pour objet que des choses tangibles, des faits facilement saisissables; il doit être essentiellement *pratique* et *concret*. Ainsi, en français, on y exercera les enfants à parler correctement, à exprimer de vive voix leurs propres pensées, à les écrire ensuite, sans se préoccuper beaucoup des règles de la grammaire; dans le cours moyen, au contraire, on joindra à l'étude de la langue usuelle celle des principales règles de la grammaire. De même, en arithmétique, on enseignera dans le cours élémentaire le calcul pratique, sans s'arrêter aux définitions ni à la théorie; dans le cours moyen, au contraire, à la pratique on joindra un peu de théorie, et l'on amènera les élèves à trouver eux-mêmes la raison de ce qu'ils font ; et ainsi du reste. Cette distinction est délicate et elle demande un certain discernement; il ne paraît guère possible que des moniteurs, si bien préparés qu'ils soient, puissent ici remplacer le maître pour le cours élémentaire, à plus forte raison pour le cours moyen. Donc, en dehors des leçons collectives qui s'adresseront à toute la classe, le maître devra faire lui-même la leçon au cours moyen et au cours élémentaire, alternativement.

---

1. Certains maîtres se sont aussi fort bien trouvés de faire dicter à leurs élèves, par un de leurs camarades, une vingtaine de lignes du morceau qui venait d'être lu et expliqué. C'est, au point de vue de l'orthographe, un exercice de dictée qui en vaut bien un autre.

Quant au cours préparatoire, il sera fait par des moniteurs. Il vaudrait mieux, sans doute, qu'il fût toujours fait par le maître, et à cet égard, les écoles auxquelles est attaché un adjoint, qui en est spécialement chargé, quelque nombreuse qu'en soit la population, seront toujours dans des conditions bien plus favorables aux progrès de l'instruction que celles que dirige un seul maître. Quoi qu'on en puisse penser, l'enseignement donné par des moniteurs ne sera jamais qu'un pis-aller. Ce n'est pas un art facile que celui d'enseigner, nous le répétons, et tout le savoir, toute l'expérience d'un maître ne sont pas de trop pour faire une leçon, même à de tout petits enfants. Pourtant, s'il est un cours dans lequel le maître puisse être suppléé, c'est à coup sûr dans celui-là. Pour apprendre à des enfants à former des lettres et des chiffres sur une ardoise, à les reconnaître, à les appeler; pour leur faire apprendre et réciter de petites fables, pour les faire compter, etc., à la rigueur un élève plus avancé suffit. Nous ne voulons pas dire que le maître ne doive pas s'occuper du cours préparatoire; au contraire, nous pensons que chaque fois qu'il pourra laisser ses autres élèves à eux-mêmes pendant quelques minutes (pendant qu'ils reliront et corrigeront leur dictée, par exemple), il devra faire une apparition aux cercles du cours préparatoire, poser une question, donner un conseil, s'enquérir de la manière dont procèdent les moniteurs, etc. Nous prétendons seulement que son action directe et personnelle doit surtout s'exercer sur le cours élémentaire et sur le cours moyen, parce que là personne ne pourrait le suppléer, même très imparfaitement.

Quant au cours supérieur, lorsqu'il existera (mais il arrivera souvent que dans ces écoles il n'existera pas, ou au moins n'existera pas d'une manière continue), il pourra se confondre presque toujours, pour les leçons orales, avec le cours moyen. Il suffit, en effet, d'un coup d'œil jeté sur notre programme pour voir que, grâce à la disposition concentrique des matières, l'objet de la leçon sera presque toujours le même pour les élèves de ces deux cours. L'enseignement n'y diffère que par le plus ou moins de développement qui sera donné à chaque leçon, par le plus ou moins de théorie abstraite que le maître croira pouvoir mêler à la vue des objets, à l'exposition des faits ou aux opérations pratiques. Mais alors rien n'empêche que sa leçon ne s'adresse à la fois à des élèves de force différente. Si certains détails ont déjà été donnés

l'année précédente à quelques-uns d'entre eux, il ne sera pas
inutile qu'ils leur soient remis en mémoire : ce sera une revision, et une revision qui gravera dans leur esprit ce qui n'y
avait peut-être laissé qu'une trace éphémère. Si, dans le courant de la leçon, le maître croit devoir introduire certaines
explications un peu abstraites, certaines considérations d'un
ordre un peu relevé pour les élèves du cours moyen, il ne faut
pas s'en plaindre. Les plus intelligents les comprendront
peut-être, et ils seront tout fiers de saisir ce qui ne s'adressait
qu'à leurs aînés. N'y arrivassent-ils pas, que leur temps n'aura
pas été complètement perdu. De l'effort qu'ils auront fait, il
leur restera plus, au point de vue du développement intellectuel,
que de ces longues et interminables copies, pendant la confection desquelles la main seule est occupée, tandis que l'esprit
inactif se repaît de rêveries.

En résumé, pour l'écriture et le dessin, pour la leçon de
choses et presque toujours pour l'enseignement de l'histoire
et de la géographie, le maître fera des *leçons collectives,* que
suivront tous ses élèves en même temps; pour la lecture, le
français et l'arithmétique, il réunira encore, chaque fois qu'il
le pourra, deux et même trois cours à la fois. Quand des
leçons distinctes devront être faites à chaque cours, *il se chargera toujours lui-même du cours élémentaire et du cours moyen*
qu'il prendra alternativement; *il se fera suppléer au cours préparatoire par des moniteurs et il réunira le cours supérieur au
cours moyen.* Enfin, s'il est zélé, il retiendra, après la classe
du soir, les élèves du cours supérieur, pour leur donner,
dans une petite leçon supplémentaire, certaines explications
qui auraient dépassé par trop l'intelligence de leurs camarades moins avancés; ou encore pour leur faire voir certaines parties du programme spécialement réservées à ce
cours (en arithmétique, par exemple). Ce sera aussi un moyen
de les indemniser du temps qu'ils auront perdu, pendant la
classe, à faire, comme moniteurs, l'instruction des enfants du
cours préparatoire. Bien des instituteurs en agissent ainsi;
pourquoi tous ceux qui ont à cœur le succès de leurs élèves ne
le feraient-ils pas?

On le voit : même dans les conditions les plus défavorables,
un maître actif et dévoué pourra toujours occuper utilement
tous ses élèves à la fois, quel qu'en soit le nombre. Nous ne
proposons, du reste, que ce que nous avons vu pratiquer avec
succès dans une école qui compte soixante-quatre élèves des

deux sexes, qui renferme les quatre cours, et qui est dirigée
par un seul maître.

Dans toute cette organisation, nous avons surtout songé
aux écoles qui n'ont qu'un seul maître, et nous les avons
toujours supposées réunissant trois ou quatre cours. Il va de
soi que l'ordre des leçons données par le maître devra être
changé, quand, pendant l'été, par exemple, il n'aura plus que
le cours préparatoire et le cours élémentaire. Il devra prendre
alors une part bien plus grande et plus directe à l'enseignement du cours préparatoire. Mais, même alors, nous lui conseillons encore de faire le plus possible de leçons communes.
Qu'il ne forme de groupes distincts que pour la lecture et le
calcul, et encore qu'il n'en forme que lorsqu'il le jugera absolument indispensable. Comme les élèves devront revenir fréquemment sur les mêmes choses, il y a peu d'inconvénients
à ce qu'un enfant ne les comprenne ou ne les sache pas parfaitement la première fois qu'il les voit.

Quant aux écoles qui possèdent un adjoint, cette organisation y sera d'autant plus facilement applicable, avec quelques modifications. L'adjoint aura avec lui le cours préparatoire et le cours élémentaire (section des nouveaux); l'instituteur
titulaire aura le cours élémentaire (section des vétérans) et
le cours moyen, auquel sera joint le cours supérieur. Chaque
maître n'aura que deux cours; or, nous avons montré qu'en
alternant les leçons, il était très facile au maître de faire
marcher deux cours de front. Et comme l'adjoint ne trouve
pas, dans sa classe, des moniteurs suffisamment capables,
il en empruntera, pour les quelques exercices où il en aura
besoin, à la classe du titulaire.

Si la classe, au lieu d'avoir un seul adjoint, en a deux, la
chose sera d'une exécution plus facile encore. Le second
adjoint fera le cours préparatoire ; le premier adjoint, le cours
élémentaire ; l'instituteur titulaire se chargera du cours moyen
et du cours supérieur. Nous supposons que le cours préparatoire et le cours élémentaire seront toujours beaucoup plus
nombreux que les deux autres.

Il importe assez peu d'ailleurs que les élèves soient répartis en nombre à peu près égal entre les trois maîtres, à moins
qu'il n'y ait des considérations d'espace et d'hygiène dont il
faille tenir compte. Mieux vaut, et pour la facilité de la discipline, et pour l'intérêt qui pourra être donné à l'enseignement, et pour les progrès des élèves, une classe nombreuse,

mais dont tous les élèves peuvent suivre les mêmes leçons, qu'une classe qui le serait beaucoup moins, mais où le maître serait forcé de partager son temps et sa peine entre deux ou trois cours.

Emploi du temps et répartition des matières d'enseignement. — Pour faciliter la tâche des maîtres et des maîtresses, nous croyons devoir leur proposer également un emploi du temps, ainsi que la répartition des exercices et des diverses matières d'enseignement, pendant la classe du matin et pendant celle du soir.

MATIN.

De 7 heures 3/4 à 8 heures. Inspection de propreté. Entrée en classe.

Heures.	Heures.	Cours élémentaire.	Cours moyen et supérieur.
De 8	à 8 1/4	Étude des leçons.	Instruction morale, par le maître.
8 1/4	à 8 1/2	Instruction morale, par le maître.	Devoir sur la leçon de lecture ou sur la leçon de choses de la veille.
8 1/2	à 9	Leçon de français, par le maître.	Id.
9	à 9 3/4	Devoir de français sur la leçon qui vient d'être faite.	Leçon de français, par le maître.
9 3/4	à 10	Récréation.	
10	à 10 1/2	Leçon de lecture, par le maître.	Devoir de français sur la leçon qui vient d'être faite.
10 1/2	à 11	Écriture ou dessin alternativement.	
11		Gymnastique ou chant, alternativement, pour les garçons; travaux à l'aiguille pour les filles, dans les écoles mixtes.	

SOIR.

De 12 heures 3/4 à 1 heure. Inspection de propreté. Entrée en classe.

Heures.	Heures.	Cours élémentaire.	Cours moyen et supérieur.
De 1	à 1 1/2	Étude ou devoir sur la leçon de lecture faite le matin.	Arithmétique et système métrique. Leçon par le maître.
1 1/2	à 2	Calcul et système métrique. Leçon par le maître.	Devoir sur la leçon précédente.
2	à 2 1/2	Devoir sur la leçon précédente.	Leçon de lecture, par le maître.
2 1/2	à 2 3/4	Récréation.	
2 3/4	à 3 1/4	Histoire de France et géographie alternativement.	
3 1/4	à 4	Leçon de choses.	
4		Sortie.	

Cours préparatoire.

MATIN.

Heures.		Heures.	
Du 8	à	8 1/4	Lecture morale, par un élève du cours élémentaire.
8 1/4	à	9	Lecture, avec explication du sens des mots, premières notions de grammaire, écriture de lettres, de mots et de chiffres au tableau noir ou sur l'ardoise, par un élève du cours moyen ou du cours supérieur.
9	à	9 3/4	Conjugaison des verbes. Étude et récitation de fables et de petits morceaux en vers, par un élève du cours élémentaire.
9 3/4	à	10	Récréation.
10	à	10 1/2	Leçon de choses, par un élève du cours moyen ou du cours supérieur.
10 1/2	à	11	Écriture et dessin, par le maître.

SOIR.

1	à	1 1/2	Répétition de la leçon de lecture du matin, par un élève du cours élémentaire.
1 1/2	à	2	Leçon de calcul ou de système métrique, par un élève du cours moyen ou du cours supérieur.
2	à	2 1/2	Lecture et écriture, au tableau noir ou sur l'ardoise, par un élève du cours élémentaire.
2 1/2	à	2 3/4	Récréation.
2 3/4	à	3 1/4	Histoire de France et géographie, alternativement, par le maître.
3 1/4	à	4	Leçon de choses, par le maître.

Nous ne prétendons point que cet emploi du temps soit parfait. Certains instituteurs trouveront sans doute regrettable que le devoir, que doivent faire les élèves du cours moyen sur la leçon de lecture, ne vienne pas immédiatement après cette leçon. Nous leur ferons remarquer pourtant que, s'il est impossible qu'il en soit autrement, mieux vaut que cet inconvénient existe pour les élèves du cours moyen que pour ceux du cours élémentaire. — Ils trouveront aussi que le temps consacré à l'arithmétique est insuffisant; mais rien n'empêche d'y consacrer un quart d'heure de plus et de reculer d'autant tous les exercices de la classe du soir. C'est la leçon de géo-

graphie et la leçon de choses qui y perdront ; ce qui sera
regrettable aussi. — Quant au cours préparatoire, nous voudrions qu'il eût, le matin comme le soir, deux leçons de lecture ; mais nous avons pensé qu'il valait mieux encore qu'il
eût une petite leçon de choses, etc. Cet emploi du temps présente des *desiderata*, nous le répétons ; mais il présente aussi
certaines combinaisons assez avantageuses, que les instituteurs
sauront sans doute reconnaître et apprécier. Du reste, nous ne
le proposons pas comme un type que tout le monde doive
adopter, mais comme un exemple de ce qu'on peut faire. Nous
désirons que chacun le corrige, l'amende et fasse mieux.

LES CLASSES ENFANTINES

LES CLASSES ENFANTINES

Salles d'asile et petites classes mixtes.

§ I

(Extrait d'un rapport au Conseil départemental des Ardennes.)

Juin 1876.

Salles d'asile et petites classes mixtes....... — On ne saurait trop encourager la création de ces établissements, où les jeunes enfants reçoivent des soins intelligents et hygiéniques que souvent leurs parents ne peuvent pas leur donner, où ils trouvent des occupations qui les intéressent et des leçons qui, en éveillant leurs facultés naissantes, les préparent à l'enseignement de l'école. Mais l'établissement d'une salle d'asile bien installée et bien outillée est assez coûteux ; son entretien serait d'ailleurs, pour bien des communes, une charge qu'elles ne pourraient supporter. A défaut d'une salle d'asile proprement dite, nous avons cru devoir conseiller, surtout dans les communes peu importantes, la création d'une petite classe mixte, *d'une classe enfantine*, dirigée par une institutrice, où les enfants entrent dès l'âge de quatre ans, pour en sortir entre six et sept ans. Ces petites classes tiennent à la fois de la salle d'asile et de l'école. Elles empruntent à la première ses méthodes et ses procédés d'enseignement, ses leçons courtes, variées, entremêlées d'exercices corporels, de marches et de chants, ses récréations plus fréquentes et plus longues, etc.; à la seconde, son programme dans tout ce qu'il a de plus élémentaire pour la lecture, l'écriture et le dessin, le calcul et le système métrique, les premières notions d'histoire et de géographie, enseignées par l'aspect, à l'aide d'images, de dessins et de cartes. Les essais tentés en ce genre ont donné les plus heureux résultats. Chacun y a trouvé avantage : et les enfants qui, sans être astreints à la discipline et à l'immobilité de l'école, à ces

longs devoirs écrits qui n'ont d'autre but que de les forcer à
se tenir tranquilles et de permettre au maître de donner ses
soins aux élèves plus avancés, y apprennent cependant, sans
efforts ni fatigue, à l'aide d'entretiens familiers, les rudiments si ingrats de toutes les parties du programme scolaire; — et les familles, qui trouvent commode de se débar-
rasser, surtout pendant la saison d'été, à l'époque des travaux
des champs, d'enfants qui ne peuvent que courir des dangers,
s'ils restent abandonnés sans surveillance, ou confiés à la garde
de frères et de sœurs qu'ils empêchent en outre de fréquenter
l'école; — et les instituteurs et institutrices qui, n'ayant plus dans
leur classe cette foule encombrante d'enfants nécessairement
bruyants, venus là pour être gardés plutôt que pour être instruits, dont ils ne peuvent s'occuper eux-mêmes et qu'ils doivent abandonner à des moniteurs, retrouvent pour l'instruction de leurs véritables élèves une liberté d'esprit et un
temps qui leur permettent d'obtenir des progrès sérieux ;
— et enfin les communes, qui, sans ces petites classes, se verraient souvent obligées de créer deux emplois nouveaux, un
d'adjoint et un d'adjointe [1].....

§ 2

Programmes du cours préparatoire.

Lecture et langue française.

Exercices de lecture d'après une méthode quelconque. Les
élèves ne doivent quitter le cours préparatoire, que lorsqu'ils savent lire couramment dans un livre de lecture facile,
le premier livre des Lectures graduées de Dupont, par exemple,
ou tout autre analogue.

A ces exercices de lecture se joindront des interrogations
sur la signification des mots et des phrases.

On se servira également des mots de la leçon de lecture
pour apprendre aux enfants à distinguer les noms et les adjectifs, le masculin et le féminin, le singulier et le pluriel, — la
règle générale d'accord de l'adjectif avec le nom.

On apprendra aux élèves et on leur fera réciter simultané-

1. La loi du 16 juin 1881 a officiellement reconnu ces petites classes mixtes,
sous le nom de *classes enfantines*, et les a assimilées aux écoles maternelles.

ment les principaux temps de quelques verbes actifs, conjugués avec complément.

On fera épeler, puis écrire au tableau noir et sur l'ardoise, en vue de l'orthographe d'usage, des mots et même de petites phrases, empruntés à la méthode de lecture.

Écriture.

Indépendamment de la leçon d'écriture proprement dite, pour laquelle il est conseillé aux maîtres de mettre entre les mains de leurs élèves des cahiers tout préparés, on leur fera copier sur l'ardoise, — ou sur le papier, avec un crayon d'abord, avec une plume ensuite, — des lettres, des mots et des chiffres; on leur fera surtout copier des mots et des phrases tirés de la leçon de lecture.

Calcul.

NUMÉRATION

1. — On formera des groupes de 1, 2, 3, 4, etc., 9 objets [1] ; on les nommera et l'on écrira les chiffres correspondant à chacun d'eux. — Formation de la dizaine et emploi du zéro. — On fera compter de 1 à 10 et de 10 à 1.

2. On formera des groupes de 1, 2, 3, 4, etc., 9 dizaines, comme on l'a fait pour les unités; on les nommera et l'on écrira les nombres correspondant à chacun d'eux. Ainsi 2 dizaines ou vingt, soit 20; 3 dizaines ou trente, soit 30; 7 dizaines ou septante, soit 70; 8 dizaines ou octante, soit 80; 9 dizaines ou nonante, soit 90 [2].

3. — On ajoutera successivement à chaque groupe de dizaines 1, 2, 3, 4, etc., 9 objets. — On nommera et l'on écrira tous les nombres compris entre 0 et 100. Ainsi dix-un, soit 11; dix-deux, soit 12, etc.; dix-six, soit 16; dix-sept, soit 17, etc.; vingt-un, soit 21; quarante-deux, soit 42, etc; septante-un, soit 71, etc.; octante-cinq, soit 85; nonante-huit,

1. L'emploi des bûchettes est spécialement recommandé.
2. Nous engageons les instituteurs à ne se servir d'abord, pour l'appellation des dizaines, que des vieux mots *septante, octante*, ou même *huitante* et *nonante*, qui seront d'un emploi beaucoup plus rationnel que les mots *soixante-dix, quatre-vingts, quatre-vingt-dix*, dont l'usage a prévalu et qui déroutent les enfants ↖

soit 98, etc. [1]. — On fera remarquer que, dans tous ces nombres, le chiffre de gauche exprime les dizaines, et celui de droite, les unités.

4. — Exercices nombreux et divers, soit sur la lecture, soit sur l'écriture des nombres de deux chiffres. On insistera sur la distinction des dizaines et des unités.

5. — On fera compter de 2 en 2, de 3 en 3, etc., de 9 en 9, de 10 en 10, en partant soit de 0, soit de 1, jusqu'à 100. — Mêmes exercices en descendant.

6. — On formera une centaine par la réunion de dix dizaines d'objets ; on la nommera et on l'écrira. On formera les groupes intermédiaires compris entre deux groupes consécutifs de centaines ; on les nommera et on les écrira. Ainsi trois cent soixante-deux, soit 362 ; quatre cent un, soit 401 ; sept cent cinquante-quatre, soit 754 ; huit cent soixante-treize, soit 873 ; neuf cent quatre-vingt seize, soit 996, etc. On fera remarquer l'usage du zéro pour tenir la place, soit des dizaines, soit des unités manquantes.

7. — Exercices divers et nombreux sur la lecture et l'écriture des nombres de trois chiffres. On insistera sur la distinction des centaines, des dizaines et des unités..

ADDITION ET SOUSTRACTION

8. — Pour faire comprendre ce que c'est qu'*additionner*, on réunira en un seul plusieurs tas ou groupes d'objets de même espèce ; pour faire comprendre ce que c'est que *soustraire*, on ôtera quelques objets d'un tas ou groupe quelconque. — On expliquera ce que signifient les mots *somme* ou *total*, *reste* ou *différence*.

On fera remarquer que ces deux opérations ne peuvent s'effectuer que sur des objets de même espèce.

Comme exercices, on ajoutera à un nombre quelconque un nombre d'un seul chiffre, et l'on retranchera d'un nombre quelconque un nombre d'un seul chiffre.

---

1. Dans le même ordre d'idées, nous leur conseillons également de dire *dix-un, dix-deux*, etc., *dix-six, dix-sept*, au lieu de *onze, douze*, etc., *seize* et *dix-sept*. Il sera toujours facile, et même il conviendra, quand les élèves sauront bien compter, de substituer à ces appellations celles qui sont généralement usitées aujourd'hui.

MULTIPLICATION ET DIVISION

9. — On donnera une idée de la *multiplication* en ajoutant un certain nombre de fois à lui-même un nombre d'un seul chiffre. Si, par exemple, à 5 on ajoute 5, puis 5, puis encore 5, on aura pris 5 quatre fois, on aura multiplié 5 par 4 ; ce qui donne le *produit* 20.

On donnera de même une idée de la *division* en ôtant un certain nombre de fois d'un nombre quelconque un nombre d'un seul chiffre. Si, par exemple, de 20 on ôte 5, puis 5, puis 5, puis encore 5, on aura ôté quatre fois 5 de 20, on aura montré que 5 est contenu 4 fois dans 20. — Dans le même but, on fera partager un certain nombre d'objets entre 2, 3, 4, etc., 9 élèves. Si, par exemple, on a 15 billes et qu'on les partage entre 5 enfants, de telle sorte qu'ils en aient autant l'un que l'autre, chacun en aura 3. On aura montré qu'il y a cinq fois 3 billes dans 15 billes, on aura *divisé* 15 par 5.

On répétera et l'on variera ces exercices de manière à faire voir qu'une multiplication n'est autre chose qu'une suite d'additions ; qu'une division n'est autre chose qu'une suite de soustractions. On aura soin de toujours opérer sur des objets réels, familiers aux enfants.

Système métrique.

On montrera aux élèves le mètre et ses divisions en décimètres, centimètres et millimètres.

On mesurera la longueur d'une table, d'une règle, d'un fil.

On tracera au tableau noir des lignes d'une longueur donnée.

On évaluera la longueur de diverses lignes tracées.

On évaluera les trois dimensions d'objets divers dans la classe.

On tracera des lignes droites, horizontales, verticales, obliques.

On tracera des lignes perpendiculaires à une autre, parallèles à une autre.

On tracera des angles droits, aigus, obtus.

On tracera des carrés, des rectangles, des triangles, des circonférences.

On fera chercher et reconnaître la représentation de toutes ces figures dans la salle de classe.

On exécutera tous les exercices du cours de dessin (*cours préparatoire*)[1].

Leçons de choses.

Indépendamment de la leçon de choses générale, qui sera faite par le maître pour tous les élèves de l'école, à la fin de la classe du soir, un moniteur adressera aux élèves du cours préparatoire une série de questions familières sur les points suivants :

Notions générales sur l'homme. — Le corps humain et ses différentes parties; nom et usage de chacune d'elles. — Les organes des cinq sens; leur utilité.

Les diverses couleurs. — Par le rapprochement et la comparaison d'objets préparés à l'avance, on fera distinguer les sept couleurs primitives, puis le blanc et le noir; puis les couleurs composées; enfin, les nuances d'une même couleur, etc.

Le famille et ses divers membres. — On aura soin de prendre des exemples réels, dans la famille même des enfants.

Les métiers et les diverses professions.

Les animaux domestiques et les animaux sauvages. — Comment ils sont faits, comment ils se nourrissent, quel genre de cris ils poussent, etc., les services qu'ils nous rendent, etc.

La division et la mesure du temps; les saisons, etc.

Histoire de France.

On fera connaître les principaux personnages et les grands faits de l'histoire de France, par des entretiens et des récits, à l'aide de dessins et d'images[2].

1. — La Gaule et les mœurs gauloises.

2. — Vercingétorix et la conquête des Gaules par les Romains.

3. — Attila.

4. — Histoire de Clovis.

---

1. Voir le cours de M. Darchez, lib. Belin.
2. La collection Lahure est particulièrement recommandée. 5 francs les 100 images comprenant toute l'*Histoire de France*. (Lib. Hachette.)

5. — Charles-Martel et Pépin le Bref.
6. — Charlemagne.
7. — Les Croisades. — Saint Louis.
8. — Guerre de Cent ans. — Jeanne d'Arc.
9. — François Ier et Bayard.
10. — Henri IV.
11. — Louis XIII et Richelieu.
12. — Mazarin et Louis XIV.
13. — Louis XVI et la Révolution.
14. — Napoléon.

Géographie.

Par l'aspect du pays lui-même (ou par la vue d'un relief, si grossier qu'il soit), — en rappelant aux élèves des choses qu'ils voient souvent et qu'ils connaissent bien, et en les leur dessinant au tableau noir, — on tâchera de leur faire comprendre ce que c'est qu'une colline, une montagne; une vallée, un vallon; une plaine, un plateau; une source, un ruisseau, une rivière, un fleuve; ce qu'on appelle le lit de la rivière, la rive droite et la rive gauche, un affluent, un confluent, une embouchure. Par la vue d'une mare, d'un étang, on essayera de leur donner une idée de ce que peuvent être un lac ou une mer. On leur dessinera au tableau noir et on leur fera reconnaître sur la carte murale des caps, des golfes, des îles.

A l'aide d'un globe ou d'une boule quelconque, on leur donnera une idée de la forme de la terre; on leur fera voir ces vastes étendues d'eau auxquelles on a donné le nom de mers ou d'océans, ces étendues de terre moins considérables qu'on a appelées continents ou grandes îles; on leur fera distinguer les cinq parties du monde.

A l'aide de cette même boule, qu'on éclairera au moyen d'une lampe et qu'on fera tourner sur elle-même, on expliquera la succession des jours et des nuits. On leur dira que la température n'est pas la même sur tous les points du globe, et l'on appellera leur attention sur la diversité des animaux et des végétaux que l'on rencontre dans les pays chauds et dans les pays froids; on leur parlera des animaux qui abandonnent certains pays pendant l'hiver pour des pays plus chauds, etc.

Points cardinaux. On leur expliquera le levant et le couchant par l'apparition ou la disparition du soleil, le nord et le midi, l'orientation de la classe, de la cour. On leur demandera de nommer des choses environnantes qui sont au nord, au midi, à l'est, à l'ouest de la maison d'école.

Sur le plan topographique de la commune, *qui doit exister dans la classe,* on fera voir la maison d'école avec ses dépendances, la mairie, l'église; les ruisseaux, les rivières, s'il y en a, etc.; les routes, les fermes environnantes et les villages voisins; l'orientation de ces divers lieux par rapport à l'école, etc. Ce dessin doit initier les enfants à la connaissance d'une carte.

Sur le globe, on fera voir encore la position de l'Europe et celle de la France, leurs étendues respectives par rapport au reste de la terre. Sur une carte de France, on montrera le département, et sur la carte du département, on montrera le canton et la commune où se trouve l'école. On aura soin d'y faire voir, surtout si ces cartes sont en relief, les principales montagnes et les grands cours d'eau; on suivra le cours des fleuves ou des rivières, depuis leur source jusqu'à leur embouchure, selon la pente du terrain, etc.

Toutes ces leçons doivent être faites d'après la méthode de l'enseignement par l'aspect, et ne consister que dans des explications données sous une forme simple et familière, à la vue des objets eux-mêmes, ou de leur représentation en relief, ou de leur figuration sur une carte. Elles seront nécessairement simultanées, et tout ce qui devra être gardé dans la mémoire (les définitions, par exemple) sera répété par tous les élèves à la fois.

Exercices de mémoire.

Fables ou morceaux très simples, en vers et en prose. On en apprendra tous les jours, et on les récitera en cercle. Si le cours est nombreux, les élèves pourront être répartis en plusieurs cercles distincts, suivant leur force, sous la direction d'autant de moniteurs.

Dessin.

On exécutera sur l'ardoise, — ou sur le papier, au crayon, — tous les dessins du cours préparatoire de M. Darchez, lib. Belin.

Gymnastique et chant.

Les élèves seront exercés à marcher au pas, en chantant,

soit pour entrer en classe, soit pour en sortir, soit pour aller
en récréation, soit pour en revenir.

Travaux à l'aiguille.

On fera successivement le point de tricot à l'endroit et à
l'envers; le tricot à côtes; le point de marque. Chaque maîtresse aura un album contenant des spécimens de ces diverses
sortes d'ouvrages.

§ 3

De l'enseignement dans les petites classes (salles d'asile et cours préparatoires).

Octobre 1874.

De toutes les parties du programme d'enseignement, la
moins bien remplie est incontestablement celle qui concerne
les petites classes et que nous avons appelée *cours préparatoire*. Ce cours doit se faire à la salle d'asile, là où il y a une
salle d'asile; à l'école, là où il n'y a pas de salle d'asile. Or,
en général, soit à l'asile, soit à l'école, il se fait d'une manière
défectueuse.

Il est bien des asiles qui tiennent encore autant de la gar-
derie que de la salle d'asile proprement dite, et où l'on ne
pratique pas assez « cette méthode régulière et rationnelle
« par laquelle le jugement est exercé, l'intelligence éveillée,
« le sens moral affermi, toutes les facultés mises en jeu. » —
La mission de la salle d'asile est double, en effet. Les salles
« d'asile, dit une circulaire ministérielle du 10 mai 1869,
« ont pour objet non seulement de recueillir les tout jeunes
« enfants, afin de leur assurer les soins spéciaux que ré-
« clame leur âge (c'est généralement ce qui se fait le mieux);
« mais encore de les *préparer à la vie de l'école* par la con-
« naissance des notions premières de lecture, d'écriture et de
« calcul (en général, cet enseignement laisse à désirer), et
« à la vie commune par le développement, au point de vue
« religieux et moral, des facultés de l'âme, par des habitudes
« de discipline maternelle sagement calculées, enfin par des
« enseignements destinés à éveiller doucement leur attention
« en leur apprenant déjà à réfléchir. Il est inutile d'ajouter

« que ces enseignements doivent toujours être très simples,
« de manière à être compris d'enfants de deux à six ans. »
Nous ne voulons certainement pas transformer nos asiles en
écoles, ce qui serait contraire à l'esprit de leur institution et
à toutes les instructions ministérielles; nous voudrions seulement que certaines directrices se rappelassent un peu plus,
comme le dit encore si justement une circulaire ministérielle,
que la *salle d'asile doit être le vestibule de l'école*. Or, nous
ne croyons pas qu'il y ait, dans notre programme du cours
préparatoire, rien qui dépasse les limites de l'enseignement
donné dans les salles d'asile *bien tenues*. Il faut seulement que
les directrices comprennent que tout cet enseignement consiste en récits courts, vifs, variés, auxquels des images et
des objets viennent ajouter un intérêt vivant, et en exercices
propres à assurer l'éducation graduelle de toutes les facultés.
Nous les prierons aussi de ne pas oublier qu'elles gardent les
enfants jusqu'à l'âge de six ou sept ans, et que vers onze ou
douze ans, la plupart d'entre eux quittent définitivement
l'école; encore, pendant ces quatre ou cinq ans où ils suivent
les classes proprement dites, ne les fréquentent-ils en général
que pendant les mois d'hiver! Quel résultat final peut-on espérer,
dans ces conditions, avec des enfants qui, au sortir de l'asile,
ne sauraient pas lire, un peu écrire et compter, et ne seraient
pas déjà familiarisés avec les principales mesures du système
métrique, dont l'intelligence et la réflexion n'auraient pas
encore été éveillées par des leçons de choses, et que l'enseignement intuitif, sous toutes ses formes, n'aurait pas rendus
capables d'une certaine attention?

D'un autre côté, les instituteurs et institutrices ne savent
pas toujours assez approprier leur enseignement, dans les
petites classes, à l'intelligence des enfants qui leur sont confiés. Presque partout, dans les écoles rurales, nous autorisons
l'admission des enfants de quatre à six ans, et nous avons eu
souvent le regret de constater qu'ils y sont soumis, à très peu
de chose près, au même régime que leurs condisciples plus
âgés. Comme ceux-ci, ils sont avant tout et essentiellement
voués, nous allions dire condamnés, à la lecture et aux exercices purement matériels de la lecture: à l'écriture, c'est-
à-dire à la copie, œuvre mécanique et qui exerce peu l'intelligence; à l'étude du livre enfin, c'est-à-dire à un travail aride,
monotone et froid; et par-dessus tout, comme conséquence
de toutes ces occupations, au silence et à l'immobilité, c'est-

à-dire à la compression. Sans doute, on ne peut, dans une classe, les soumettre aux marches et aux exercices variés de l'asile, quoique pourtant, là où l'école compte un ou plusieurs adjoints, là encore où elle ne renferme guère que des élèves du cours élémentaire, ce qui est le cas le plus fréquent pour un certain nombre de nos petites écoles rurales pendant l'été, la chose nous paraisse jusqu'à un certain point, et dans de justes limites, parfaitement possible; — mais au moins faudrait-il que toujours les leçons leur fussent données ... forme d'entretiens et de récits, qu'elles fussent entremêlées d'exercices pratiques, créant une occupation aux yeux et à la main en même temps qu'à l'esprit, qu'elles fussent, pour tout dire en un mot, la continuation de la salle d'asile.

En résumé, nous voudrions qu'on se préoccupât un peu plus, dans les salles d'asile, de do[.]ner aux enfants des notions préparatoires à toutes les parties de l'enseignement primaire, — et que dans les écoles où il y a des enfants de quatre à six ans, maîtres et maîtresses s'inspirassent un peu plus de l'esprit et des procédés de la salle d'asile, et s'ingéniassent à approprier leurs leçons à l'âge et à l'intelligence de leurs jeunes auditeurs. La première de ces deux améliorations est facile à réaliser : que les directrices le veuillent sérieusement, et elle se fera; or, elles le voudront : nous en avons pour garants le zèle et le dévouement qu'elles apportent en général dans l'exercice de leurs fonctions. La seconde l'est moins. Il nous faut, en effet, compter ici avec les difficultés d'exécution, c'est-à-dire avec le grand nombre d'élèves dont est souvent chargé un seul maître, avec l'exiguïté du local, avec l'absence de ce matériel sans lequel les efforts sont paralysés et les meilleures volontés trop souvent impuissantes. En tout cas, la chose n'est pratique qu'avec l'intervention d'un ou de plusieurs aides. Mais il nous faut surtout compter avec des habitudes prises, quelquefois invétérées, auxquelles il ne nous est pas toujours permis d'espérer un renoncement absolu. C'est pour y aider, c'est pour assurer, par une bonne préparation des maîtres et des maîtresses, les succès futurs de nos écoles, que nous empruntons aujourd'hui à une publication officielle l'article suivant, dont les instituteurs et les institutrices, les institutrices surtout, pourront s'inspirer pour leurs leçons. Et si tout n'en est pas partout et toujours applicable, ils n'y trouveront rien pourtant qu'il ne puissent lire avec intérêt et profit.

DE L'ENSEIGNEMENT DU CALCUL

. . . .

Numération parlée. — Les élèves, ayant déjà une idée à peu près exacte des nombres, apprendront très vite la numération parlée. Il sera bon de ne les exercer à compter que sur des objets matériels. On pourra, par exemple, faire à l'avance une provision de bûchettes. Ce sont de petits morceaux de bois de la grosseur d'une allumette et longs de cinq à six centimètres environ. Chaque élève en compte dix et les lie ensemble en un paquet qu'on lui fait appeler dizaine. On l'exerce ensuite à trouver la quantité de dizaines et d'unités nécessaires pour former les différents nombres compris entre dix et cent ; puis il réunit dix dizaines et les lie ensemble pour former une centaine. On l'exerce de même à trouver les quantités de centaines, de dizaines et d'unités nécessaires pour former les différents nombres compris entre cent et mille. Enfin, on lui fait composer un mille au moyen de dix centaines, et il continue sur les mille les mêmes exercices que sur les unités simples, les dizaines et les centaines. Il connaît ainsi la numération parlée.

Numération écrite. — Pour lui apprendre la numération écrite, on se servira encore des bûchettes ; mais, dans ce cas, il sera nécessaire qu'elles puissent se suspendre par un fil à des pointes fixées sur une ligne horizontale, dans le haut du tableau noir. On suspendra les unités simples à la première pointe à droite, les dizaines à la seconde, les centaines à la troisième, et ainsi de suite. Les bûchettes en bois, peut-être difficiles à suspendre, pourront être remplacées par des morceaux de fil de fer dont on aura recourbé l'un des bouts en forme de boucle. L'élève ne sera pas embarrassé pour dire le nombre de bûchettes qui se trouveront ainsi suspendues sur le haut du tableau, et il lui suffira de savoir faire les dix chiffres pour être en état de représenter ce nombre. Que ce nombre soit, par exemple, 425 : sachant qu'il y a 4 centaines, 2 dizaines et 5 unités, il écrira naturellement 4 sous les centaines, 2 sous les dizaines et 5 sous les unités. Le maître lui fera remarquer que ces trois chiffres, placés dans cet ordre, représentent effectivement le nombre de bûchettes suspendues au tableau, et il pourra profiter de cette occasion pour ap-

prendre aux élèves le principe fondamental de la numération
écrite. Tous le comprendront. Il leur fera remarquer que si,
au lieu de 425 bûchettes, il n'y en avait que 405, il faudrait,
pour les représenter en chiffres, remplacer par un zéro les dizaines qui manquent dans le nombre [1].

L'emploi des bûchettes sera aussi un excellent auxiliaire
pour l'étude des quatre opérations de l'arithmétique.

Addition. — Pour faire comprendre l'addition, il suffira de
placer, les uns au-dessous des autres, plusieurs nombres de
bûchettes, puis de faire réunir tous ces nombres en un seul,
en mettant ensemble d'abord les unités, puis les dizaines, les
centaines, etc., et en ayant soin d'extraire du total des unités
les dizaines qui s'y trouvaient, pour les joindre aux dizaines,
et de procéder de la même manière pour les autres ordres
d'unités.

La définition de l'addition et la règle à suivre pour cette
opération ne devront être apprises par les élèves que lorsqu'ils
auront vu exécuter l'opération, d'abord avec des bûchettes,
puis avec des chiffres seulement. Cette remarque s'applique,
d'ailleurs, à toutes les définitions et à toutes les règles. On
ne doit les faire apprendre par cœur aux élèves qu'après la
série des exercices oraux et écrits, destinés à les faire comprendre.

Soustraction. — Pour la soustraction, on fera placer le
plus petit nombre de bûchettes sous le plus grand, et l'on
ôtera de ce dernier, d'abord un nombre d'unités égal aux unités
du plus petit nombre, puis un nombre de dizaines égal aux
dizaines du second nombre, etc. Le premier nombre se trouvera ainsi diminué d'autant d'unités, de dizaines, de centaines,
etc., qu'il y en a dans le second, et l'on fera voir que le reste,
joint au second nombre, reproduit le premier tel qu'il existait avant l'opération. Le cas où l'un des chiffres du second
nombre est plus fort que celui qui lui correspond dans le
premier sera facile à expliquer par la méthode des compen-
sations, etc. . . . .
Il est bien entendu que l'usage des bûchettes devra cesser

---

1. Si l'on avait eu soin de prendre des bûchettes un peu longues, on pourrait
en couper quelques-unes en dix parties, et il serait facile de faire comprendre la
théorie des nombres décimaux, qui se rattacherait ainsi tout naturellement à celle
des nombres entiers

au bout de quelques leçons, dès qu'on se sera assuré que tous les élèves ont compris[1].

On fera marcher de front l'étude du système métrique et celle de l'arithmétique, afin d'appliquer aux mesures légales les calculs qu'on fera exécuter. Pour familiariser les élèves avec la connaissance de ces mesures, on fera bien, non seulement de les leur montrer à chaque leçon, mais de les exercer de temps à autre à mesurer et à peser des objets.

(*Extrait du Bulletin administratif du Ministère de l'Instruction publique. — Année* 1870, *n°* 248.)

§ 4

Les premières leçons de calcul à de tout jeunes enfants.

Mézières, octobre 1876.

Dans bien des écoles encore, les enfants apprennent à compter mécaniquement : *un, deux, trois... seize, dix-sept... soixante-dix-neuf, quatre-vingts,... quatre-vingt-dix, quatre-vingt-onze... cent*; et ils finissent ainsi par retenir les cent premiers nombres. Que ne retiendraient-ils pas? Ils apprennent de même à écrire les chiffres correspondants, par routine, et à force de les avoir écrits ou vu écrire. Mais rarement ils comprennent les rapports des dizaines et des unités. Aussi,

---

1. L'emploi des bûchettes est un excellent moyen pour initier l'enfant à la connaissance des nombres et à la numération : il parle aux yeux et ne permet ni incertitude ni erreur ; toutefois il en est de ce moyen comme de tous les procédés, il ne faudrait peut-être pas en faire un usage exclusif. Il serait à craindre que l'idée du nombre ne se matérialisât, pour ainsi dire, et qu'elle ne se fixât dans l'imagination de l'enfant sous la forme de bûchettes. Les élèves pourraient arriver à ne savoir compter que des bûchettes, comme il en y a qui ne savent lire que dans leur livre de lecture. Que l'instituteur varie donc ses exercices en faisant compter des objets très divers. Il pourrait se servir, par exemple, de petits cailloux, qui seraient réunis par dizaines ou par centaines dans de petits sacs; de boutons, qui seraient reliés par un fil, etc., etc. Il pourrait également employer des sous comme unités, des pièces de dix sous comme dizaines, et des pièces de cent sous comme centaines, quoique l'enfant ne voie déjà plus bien, dans la pièce de 5 francs, les cent sous ou unités qu'elle comprend; mais cet exemple venant après les précédents, aurait l'avantage de l'habituer graduellement à considérer les nombres indépendamment des objets qu'ils représentent. La seule chose qui importe, c'est que les objets composant chaque groupe soient des objets semblables ou du moins analogues, afin que l'enfant comprenne tout d'abord qu'on ne peut réunir que des unités de même nature.

plus tard, ne s'expliquent-ils guère les reports de l'addition, ni surtout pourquoi, dans la soustraction, après avoir ajouté à un chiffre du nombre supérieur *dix* unités de l'ordre qu'il représente, on doit ensuite, *par compensation*, ajouter au chiffre du nombre inférieur de l'ordre suivant *une* unité, mais une unité seulement, etc. — Qu'on essaie de leur faire écrire soixante-treize ou quatre-vingt-quinze, il y a tout à parier qu'ils écriront 613 et 815. En vérité leur erreur est si naturelle qu'on aurait tort de les en blâmer. Et voilà où conduit l'absence de méthode, l'habitude de suivre la routine plus que la raison! Voilà où l'on en arrive pour avoir confondu avec un principe rationnel et logique, des choses qui, bien que consacrées par l'usage, n'en restent pas moins des anomalies et des exceptions! Ne croit-on donc pas qu'il soit plus facile de mettre dans l'esprit des enfants ce qui est simple, ce qui présente un enseignement régulier et suivi, que ce qui est irrégulier et comme compliqué à plaisir? Pourquoi embrouiller dès le début des choses claires par elles-mêmes, en y introduisant des exceptions qui plus tard seront mieux à leur place?

Ce n'est pas tout. L'enfant ne saisit d'abord bien que les choses matérielles et sensibles; ses premières idées ne sont guère que des images. Sans doute, on peut lui faire retenir des noms de choses abstraites, parce qu'après tout ces noms eux-mêmes sont des mots et que les mots sont les signes matériels, sensibles de nos idées; mais cette connaissance ne sera fructueuse pour lui que lorsqu'il l'aura faite sienne, par une opération personnelle et propre. Il faut qu'il réunisse bien des fois deux objets de la même espèce, avant de comprendre, sous sa forme abstraite, que *deux et deux font quatre*. Que conclure de là? C'est que, pour l'enseignement du calcul, plus peut-être encore que pour tout le reste, il faut d'abord procéder avec les enfants par l'enseignement intuitif, il faut leur matérialiser les idées, en quelque sorte, et ne les leur présenter que progressivement sous leur forme abstraite et réellement scientifique. C'est afin d'amener dans cette voie tous les instituteurs et institutrices du département, que nous allons essayer de tracer ici la marche à suivre pour donner les *premières leçons de calcul* à de tout jeunes enfants.

Nous supposerons que la leçon est faite par le maître lui-même à des élèves du *cours préparatoire*, c'est-à-dire à des enfants de quatre à six ou sept ans. C'est ce qui a lieu d'ordinaire dans les écoles auxquelles est attaché un adjoint. Dans celles qui sont dirigées par un seul maître, celui-ci devra d'abord faire plusieurs fois la leçon lui-même; puis, la marche tracée, le procédé bien compris, un moniteur pourra facilement la reproduire, ou en faire d'autres analogues.

Avant tout, le maître devra se procurer le matériel nécessaire. Nous avons bien des fois déjà recommandé, pour ces premières leçons de numération et de calcul, l'usage des bûchettes. Quelques instituteurs les ont employées avec succès; mais d'autres n'ont obtenu que des résultats insignifiants. C'est que ceux-ci n'ont compris, ni la manière de s'en servir, ni le parti qu'on peut en tirer.

Donc, on se procurera des bûchettes. C'est un matériel peu coûteux : il n'est pas de maître qui ne puisse le fabriquer lui-même et même le faire fabriquer par ses élèves. Ce matériel se composera :

1º De vingt bûchettes unités. Au lieu de bûchettes proprement dites, d'allumettes dépourvues de soufre, nous conseillerons de prendre plutôt des *bûchettes* de deux décimètres au moins de longueur, de la grosseur des crayons, ou encore des règles, afin que tous les élèves, même ceux qui sont les plus éloignés du maître, puissent les voir distinctement de leur place. On en réunira dix ensemble et l'on en fera une petite botte solidement liée par les deux bouts;

2º D'une dizaine de *bâtonnets* de même longueur que les baguettes, mais dix fois plus gros. On aura soin de peindre, aux deux extrémités de chacun d'eux, dix petits ronds, simulant les dix baguettes qu'il est censé contenir, de manière à bien faire comprendre que chacun d'eux est formé par la réunion de dix petites baguettes, *équivaut* à dix baguettes qui ne seraient pas encore détachées les unes des autres;

3º D'une dizaine de *bâtons* dix fois plus gros que les bâtonnets; par conséquent, cent fois plus gros que les baguettes. On peindra également dix petits ronds aux deux extrémités de chacun d'eux, pour faire voir que chaque bâton n'est qu'un assemblage de dix bâtonnets, *équivaut* à dix bâtonnets.

La leçon comprendra toujours trois exercices : on formera des groupes d'objets, on les nommera, on les écrira ; puis, inversement, on écrira des nombres quelconques au tableau noir, on les nommera et l'on formera des groupes ou réunions d'objets correspondant à ces nombres.

La leçon commence. Le maître a, sur sa chaire ou sur une table, ses baguettes devant lui. Un élève est au tableau, la craie à la main. Tous les autres sont en face du maître, les yeux fixés sur lui.

PREMIÈRE SÉRIE D'EXERCICES, DE 1 A 9 INCLUSIVEMENT

Le maître prend une baguette et la montre à ses élèves.

DEMANDE. Qu'est-ce que je tiens à la main?

RÉPONSE. *Une* baguette.

Il en prend une seconde qu'il réunit à la première.

D. Quelqu'un pourrait-il me dire ce que je viens de faire?

R. Monsieur, vous avez réuni, ajouté une baguette à une autre baguette?

D. Combien ai-je maintenant de baguettes dans la main?

R. *Deux* baguettes.

D. Et si j'en ajoute encore une? (En même temps il en ajoute une troisième.)

R. Cela fera *trois* baguettes.

D. Et maintenant? (Il en ajoute une quatrième.)

R. Cela fait *quatre* baguettes. Etc., etc., jusqu'à *neuf* inclusivement.

Chaque fois que le maître forme un nouveau groupe, une nouvelle réunion de baguettes, tous les élèves à la fois disent le nombre de baguettes que renferme le groupe, et celui qui est au tableau écrit le chiffre correspondant.

Le maître aura soin d'exiger que tous les chiffres écrits au tableau noir soient bien formés. Peut-être même devrait-il habituer ses élèves à les faire droits, ce qui rend les additions plus commodes. Il serait bon aussi que des chiffres modèles fussent peints à l'huile, en haut du tableau noir.

Vient ensuite l'opération inverse.

D. Si, de ces *neuf* baguettes que je tiens à la main, j'en ôte une, combien en reste-t-il?

R. *Huit.*

D. Et si de huit j'en ôte encore une?

R. *Sept.* Etc... jusqu'à *zéro* ou rien.

Les élèves devront être rompus à compter de 1 à 9 et de 9 à 1. C'est alors seulement que le maître leur montrera, tantôt *trois*, tantôt *cinq*, tantôt *neuf* baguettes, et chaque fois les élèves devront répondre combien il en tient à la main; chaque fois aussi l'élève qui est au tableau écrira le nombre qu'auront prononcé ses camarades. Inversement, le maître écrira lui-même au tableau noir, tantôt un nombre, tantôt un autre; les élèves le nommeront, et l'un d'eux formera, avec les baguettes, le groupe correspondant, qu'il montrera à ses camarades. Tantôt le maître adressera ses questions à tous les élèves à la fois, tantôt il ne les adressera qu'aux élèves d'une seule table; d'autres fois encore, pour stimuler ceux qui seraient distraits ou inattentifs, il procédera par des questions individuelles. Quand un élève se trompera, au lieu de le reprendre lui-même, il le fera reprendre par un de ses camarades, etc. Il donnera des bons points à ceux qui répondront bien; il en marquera de mauvais à ceux qui répondront mal ou ne répondront pas du tout. Ainsi il tiendra tout le monde occupé et attentif. Parfois encore, pour empêcher le désordre et le bruit, et aussi pour ménager ses poumons, ce à quoi il est prudent de songer quand on doit enseigner pendant trente ans, il pourra n'autoriser ses élèves à répondre que lorsque, le groupe de baguettes formé et présenté à leurs yeux, il leur aura donné le signal à l'aide d'une règle, par exemple, dont il frappera un léger coup sur la table, ou par tout autre moyen quelconque qu'il trouvera plus commode. Une fois les choses organisées et l'habitude bien prise, la leçon se fera pour ainsi dire d'elle-même, à la muette, par l'aspect des objets et des chiffres, et sans fatigue pour lui.

Supposons maintenant que les élèves en soient arrivés à savoir imperturbablement compter de 1 à 9 et de 9 à 1, à reconnaître, sans jamais se tromper, le nombre d'unités comprises dans un groupe quelconque, ainsi que la valeur de chaque chiffre. Avant d'aller plus loin, avant de leur parler du nombre dix, il devra encore faire deux choses : 1° leur faire exécuter toutes les additions et soustractions qu'on peut opérer sur les neuf premiers nombres; 2° leur donner, à l'aide de ces mêmes nombres, une idée de la multiplication et de la division [1]. Le procédé sera le même.

1. Nous engageons les instituteurs qui voudront se faire une idée bien nette de cette méthode et de la manière dont elle peut être appliquée, à lire, dans la 1re partie du *Dictionnaire pédagogique* qui a paru depuis, l'article consacré au *Calcul intuitif* et à la méthode de Grube. En voici un extrait :

« On donne à l'enfant l'idée de *quatre*, par exemple, en lui montrant quatre objets et en lui faisant écrire le chiffre 4 qui le représente.

Il prend *deux* baguettes d'une main et *trois* de l'autre; puis, les leur montrant :

D. Combien ai-je de baguettes à la main gauche?

R. Deux.

L'élève qui est au tableau écrit le nombre **2**.

Il faut maintenant lui faire comparer ce nombre 4 avec ceux qu'il connaît déjà avec 1 d'abord : on lui fait trouver de tête, énoncer et plus tard écrire ce u nous figurons ci-dessous (pour abréger) en chiffres et en signes :

$$1 + 1 + 1 + 1 = 4;$$
$$4 - 1 = 3; 3 - 1 = 2; 2 - 1 = 1.$$
$$4 \times 1 = 4; 4 : 1 = 4.$$

C'est-à-dire les quatre règles appliquées aux rapports de 4 avec 1.
Même opération pour les rapports de 4 avec 2, puis avec 3.

$$4 = 2 + 2 \qquad et \qquad 4 = 3 + 1$$
$$4 = 2 \times 2 \qquad\qquad 4 = (3 \times 1) + 1$$
$$4 - 2 = 2 \qquad\qquad 4 - 3 = 1$$
$$4 : 2 = 2 \qquad\qquad 4 . 3 = 1 + reste 1.$$

On prend pour exemple les animaux à deux et à quatre pattes, les voitures à 1, 2, 3 ou 4 roues, une maison à 2, 3 ou 4 fenêtres, etc., et l'on fait trouver aux enfants que :

4 est 1 de plus que 3, 2 de plus que 2, 3 de plus que 1 ,

3 est 1 de moins que 4, 1 de plus que 2, etc. ;

4 est le quadruple de 1, le double de 2 ;

2 est la moitié de 4, le double de 1 ;

1 est le quart de 4, le tiers de 3, la moitié de 2, etc.

L'idée acquise, il faut la graver dans la mémoire, et pour cela procéder à de nombreux exercices n'ayant pour but que la *rapidité* des opérations. C'est le but des questions orales, tantôt collectives, tantôt individuelles. Combien font

$$1 + 1 - 1 + 3 - 1 + 1 - 3, etc.?$$

Il faut que les élèves arrivent à faire leur calcul de tête aussi vite et aussi longtemps que le maître énoncera de nouveaux nombres. On y joindra les interrogations qui obligent à retourner de mille manières les notions déjà acquises : « De quel nombre peut-on retrancher le double de 1 et avoir encore 1? — Lequel est le plus grand, la moitié de 4 ou le double de 2? — Nommez deux nombres égaux qui ensemble font 4; deux nombres inégaux, etc.

Il faut ensuite que le maître s'assure qu'il a été compris, en donnant à résoudre quelques problèmes; il faut que l'enfant, sans hésiter, fasse, avec une égale aisance, les *quatre règles* sur le nombre qu'il étudie.

Un petit pain coûte un sou; combien faudra-t-il payer pour que nous ayons tous un petit pain, si nous sommes 4?

Nous sommes deux et nous n'avons qu'une pomme; quelle part en avons-nous chacun?

4 noix à partager entre 2 enfants donnent à chacun?... entre 3?... etc.

Louis a 4 billes, il en perd 2, il en retrouve 1 ; combien en a-t-il?

Que préférez-vous, le quart d'un pain de 4 livres, ou la moitié d'un pain de 2 livres — 2 francs, ou 4 pièces d'un demi-franc? etc., etc.

D. Combien ai-je de baguettes à la main droite?

R. Trois.

L'élève, qui est au tableau, écrit le chiffre 3 au-dessous du chiffre ?

Le maître réunit les trois baguettes qu'il tenait à la main droite aux trois baguettes qu'il tenait à la main gauche.

D. Combien ai-je maintenant de baguettes à la main gauche?

R. Cinq.

L'élève, qui est au tableau, tire une barre et écrit au-dessous le chiffre 5.

D. Quelqu'un pourrait-il me dire ce que je viens de faire ?

R. Monsieur, vous avez *ajouté trois* baguettes à *deux* baguettes.

Le Maitre. — Bien, mes enfants. Vous vous rappellerez que lorsqu'on réunit ainsi des objets de même espèce, lorsqu'on *ajoute* un paquet à un autre paquet, un tas à un autre tas, etc., cela s'appelle *additionner*. Cinq est formé par la réunion de deux et de trois; cinq est une *somme*, un *total*.

Il aura soin de faire remarquer aux élèves qu'*on ne peut ainsi réunir, additionner, que des objets de même espèce*. des baguettes, des billes, des boutons, etc. Il fera exécuter toutes les additions possibles, dont la somme ne dépasse pas neuf.

Il agira de même pour la soustraction. Il prend cinq baguettes.

D. Combien ai-je de baguettes à la main?

R. Cinq. (L'élève, qui est au tableau, écrit le chiffre 5.)

Il en sépare deux et les pose sur la table.

D. Qu'ai-je fait?

R. Monsieur, vous avez ôté, enlevé deux baguettes. (L'élève, qui est au tableau, écrit le chiffre 2 au-dessous du chiffre 5.)

D. Combien m'en reste-t-il à la main?

R. Trois. (L'élève, qui est au tableau, tire une barre et écrit au-dessous le chiffre 3.)

Le Maitre. — Mes enfants, ce que nous venons de faire s'appelle une *soustraction*.

D. Et si je remets les deux baguettes que j'ai ôtées avec les trois qui me restent, combien en aurai-je?

R. Monsieur, vous en aurez cinq, comme tout à l'heure. (Preuve de la soustraction.)

Et ainsi du reste. On fera exécuter toutes les soustractions possibles sans dépasser le chiffre 9.

Enfin, toujours sans sortir des neufs premiers nombres, il faut que les élèves *prennent une idée* de la multiplication et de la division.

D. Voici 3 baguettes, puis encore 3 baguettes. Si je les réunis toutes ensemble, combien aurai-je de fois 3 baguettes?

R. Monsieur, vous aurez deux fois 3 baguettes, ou 6 baguettes.

D. Voici 2 baguettes, puis 2 baguettes, puis 2 baguettes, puis encore 2 baguettes. Si je les réunis, qu'est-ce que j'aurai?

R. Monsieur, vous aurez 4 fois 2 baguettes, ou 8 baguettes.

Le Maître. — Mes enfants, cela s'appelle *multiplier*. Vous venez de faire des *multiplications*.

D. Voici 8 billes. Je veux les partager également entre Henri et Paul. Combien en auront-ils chacun?

R. Chacun d'eux en aura 4.

D. Et si j'avais admis au partage, avec Henri et Paul, Jules et Louis, combien chacun d'eux en aurait-il?

R. Chacun n'en aurait que 2.

Le Maître. — Bien, mes enfants. Vous voyez que 8 billes partagées entre deux donnent 4 pour chacun, et que, partagées entre quatre, elles ne donnent que 2. Eh bien! vous retiendrez que, partager ainsi un tas, une réunion d'objets en un certain nombre de petits tas égaux, cela s'appelle *diviser*. Vous venez de faire des *divisions*.

DEUXIÈME SÉRIE D'EXERCICES, DE 10 A 100,

mais en ne comptant que par dizaines.

Supposons que les deux premiers mois de l'année aient été consacrés à ces premières leçons. A coup sûr, les enfants de cinq à six ans les posséderont parfaitement; ceux qui, surtout parce qu'ils sont encore trop jeunes, ne les auraient pas bien comprises, devront redoubler le cours préparatoire et les revoir l'année suivante.

Il s'agit maintenant d'entamer une nouvelle série d'exercices tout à fait analogues aux précédents.

Le maître prend à la main neuf baguettes : puis, s'adressant aux élèves :

D. Combien ai-je de baguettes à la main?

R. Neuf.

D. Et si j'en ajoute encore une, combien en aurai-je?

Supposons que personne ne réponde. Le maître leur dira que cette nouvelle réunion forme un nouveau nombre, le nombre dix.

Il lie les dix baguettes et en fait une petite botte. Puis, s'adressant de nouveau à ses élèves :

Mes enfants, comme cela deviendrait gênant de tenir à la main un si grand nombre de baguettes, et que nous ne pouvons pas d'ailleurs donner un nouveau nom à chaque groupe qui serait formé par l'adjonction d'une nouvelle baguette, toutes les fois que nous en aurons réuni dix, nous en formerons ainsi une botte que nous appellerons *dizaine*. Et pour que cela soit encore plus commode, nous remplacerons chacune de ces bottes par une baguette dix fois plus grosse.

En même temps, il substitue à sa dizaine, botte de dix unités, une dizaine, formée d'un morceau de bois unique, et il a soin de faire voir que si l'on divisait cette grosse baguette, cette baguette-dizaine, ce *bâtonnet*, dans le sens de sa longueur, on aurait dix petits bâtonnets, dix baguettes-unités.

Nous pouvons maintenant compter ces bâtonnets comme nous avons compté les baguettes, et nous dirons : une dizaine, deux dizaines, etc., neuf dizaines, comme nous avons dit : une unité, deux unités, etc., neuf unités.

On recommencera sur les bâtonnets-dizaines toutes les opérations qu'on a faites sur les baguettes-unités, et ces nouveaux exercices ne présenteront aucune difficulté pour les élèves. Ils ne différeront, en effet, des précédents qu'en ce que :

1° Les baguettes seront remplacées par des bâtonnets ;

2° Les bâtonnets s'appelleront des dizaines, tandis que les baguettes s'appelaient des unités ;

3° Pour écrire les nouveaux nombres qu'on formera, on se servira des mêmes chiffres que précédemment ; mais on mettra à la droite de chacun d'eux un zéro, pour indiquer qu'il ne s'agit plus de simples baguettes, mais de bâtonnets ou bottes de dix.

Le maître procédera donc de la même manière qu'au début.

D. Si à une dizaine j'ajoute une autre dizaine, qu'aurai-je?

R. Monsieur, vous aurez 2 dizaines.

D. Si à 2 dizaines j'ajoute une autre dizaine, etc. ; si à 8 dizaines j'ajoute une autre dizaine, qu'aurai-je ?

R. Monsieur, vous aurez 3 dizaines, etc. ; vous aurez 9 dizaines.

D. Qu'est-ce que je tiens à la main?

R. 3 dizaines, etc. ; 7 dizaines; suivant le cas.

D. Si, à ces 4 dizaines que je tiens de la main gauche, j'ajoute ces trois autres dizaines que je tiens de la main droite, combien en aurai-je?

R. 7 dizaines. Ce sera une *addition*.

D. Si, de ces 8 dizaines que je tiens à la main j'en ôte 3, combien m'en restera-t-il?

R. Trois. C'est une *soustraction*.

D. 3 fois 3 dizaines font combien ?

R. 9 dizaines. C'est une *multiplication*.

D. Si je partage ces 9 dizaines entre 3 élèves, combien chacun d'eux en aura-t-il?

R. Trois. Ce sera une *division*.

Pendant que le maître exécute toutes ces opérations, un élève est au tableau, comme pour les exercices précédents, et il écrit les nombres correspondant aux groupes formés. Seulement, comme il s'agit de bâtonnets au lieu de simples baguettes, de dizaines et non plus d'unités, afin qu'on ne confonde pas cette seconde série d'opérations avec la première, il a soin de mettre à la droite de chaque chiffre qu'il écrit un zéro, c'est-à-dire de mettre le chiffre des dizaines au second rang, à partir de la droite. Les personnes riches ont bien un domestique qui se tient à leurs côtés pour les servir; les officiers supérieurs ont bien le droit d'avoir, à leur porte, un ou deux factionnaires, suivant leur grade, — pourquoi le bâtonnet qui, lui aussi, est un personnage relativement à la baguette, n'aurait-il pas le droit d'avoir son domestique, une sorte de factionnaire qui indique le rang qu'il occupe? C'est ainsi que la centaine, qui à son tour est bien plus importante que la dizaine, en aura deux, etc...

Il reste à apprendre aux élèves, qu'au lieu de dire une dizaine, on dit simplement dix: au lieu de deux dizaines, vingt, etc. ; au lieu de six dizaines, soixante; au lieu de sept dizaines, *septante;* au lieu de huit dizaines, *octante* ou même *huitante;* au lieu de neuf dizaines, *nonante.* Il est absolument indispensable d'employer d'abord ces vieux mots, qui sont rationnels, et qu'on a eu le tort d'abandonner. Si on ne le fait pas, on crée aux enfants une grande difficulté, et, comme nous le disions au commencement de cet article, on les amène infailliblement à écrire 614 pour soixante-quatorze, 816 pour quatre-vingt-seize, etc. Ce sera fort peu de chose, du reste, quand ils sauront bien leur numération, qu'ils pourront facilement écrire tous les nombres jusqu'à 100, et que déjà ils auront été familiarisés avec le calcul, de leur apprendre que l'usage a prévalu de dire soixante-dix au lieu de septante, soixante-onze au lieu de septante-un, etc. Il en est de ce procédé comme de celui d'après lequel, pour apprendre à lire, on donne d'abord aux lettres leur nouvelle appellation, sauf à revenir à l'ancienne, quand les élèves savent lire couramment.

Ne présentons d'abord à l'esprit de l'enfant que des choses logiques, rationnelles, des principes généraux; les exceptions, les anomalies, que l'usage seul peut expliquer, viendront plus tard, en leur temps.

Nous engageons les maîtres et les maîtresses à écrire sur le tableau noir, ou mieux encore, sur le mur de leur école, afin de n'avoir pas à recommencer :

Une dizaine s'appelle dix et s'écrit 10
Deux dizaines s'appellent vingt et s'écrivent. . . 20
Sept dizaines s'appellent septante et s'écrivent. 70
Neuf dizaines s'appellent nonante et s'écrivent. 90

Il nous semble qu'un mois doit suffire amplement pour cette nouvelle série d'exercices, puisqu'elle ne diffère en rien, nous le répétons, de la précédente, et qu'elle ne consiste guère qu'à apprendre aux élèves dix mots nouveaux.

TROISIÈME SÉRIE D'EXERCICES DE 10 A 100

avec les unités comprises entre une dizaine et une autre dizaine.

Le maître prend à la main gauche un bâtonnet dizaine, et à la main droite une baguette unité.

D. Qu'est-ce que je tiens à la main gauche?
R. Une dizaine ou *dix.*

D. Et à la main droite ?

R. Une baguette ou *un*.

D. Si je les réunis, qu'est-ce que j'aurai ?

R. Monsieur, vous aurez dix et un, ou *dix-un*.

D. Et si, à la dizaine que je tiens à la main, j'ajoute deux baguettes?

R. Monsieur, vous aurez *dix-deux*.

D. Et si j'en ajoute six, sept, huit, neuf?

R. Monsieur, vous aurez *dix-six, dix-sept, dix-huit, dix-neuf*.

D. Et si j'en ajoute dix?

R. Monsieur, vous aurez *dix-dix*, ou deux dizaines, ou *vingt*.

Le maître montre qu'il peut remplacer ses dix baguettes par une botte ou par un nouveau bâtonnet.

D. Qu'est-ce que je tiens à la main ?

R. 7, 8, 9 bâtonnets.

D. Qui s'appellent?

R. 7 dizaines, 8 dizaines, 9 dizaines.

D. Ou encore?

R. Septante, octante, nonante.

D. Si à 7 bâtonnets j'ajoute ces 8 baguettes, qu'est-ce que j'aurai?

R. Septante-huit.

D. Et si à ces 9 bâtonnets j'ajoute ces trois baguettes, j'aurai?

R. Nonante-trois, etc., etc...

Un élève écrit chaque nombre au tableau, à mesure qu'on le prononce. Il est facile d'expliquer pourquoi les bâtonnets ou dizaines se mettent au second rang, et les baguettes ou unités, au premier, à partir de la droite.

D. Pourquoi, lorsque vous écrivez septante, vous contentez-vous de mettre un zéro à la droite du 7 ?

R. Cela veut dire qu'il y a 7 bâtonnets ou dizaines, et qu'il n'y a pas de baguettes, qu'il y a *zéro* baguettes ou unités.

A ces exercices succéderont les exercices inverses. Un élève écrira au tableau noir toutes sortes de nombres de deux chiffres; ses camarades les nommeront, et l'un d'eux formera le groupe d'objets correspondants.

Rien de plus facile alors que d'exécuter des additions et des soustractions de toute nature, à condition que, dans l'addition, la somme ne dépasse pas 99, et que, dans la soustraction, le nombre supérieur ne soit pas plus grand que ce même nombre 99. Ces opérations se font matériellement; chaque élève exécute le calcul de tête : puis on l'écrit en chiffres

Les reports dans l'addition se font naturellement. On veut, par exemple, additionner 24 et 9. Le maître prend, d'une part, 2 bâtonnets et 4 baguettes; d'autre part, 9 baguettes. Il réunit ensemble toutes les baguettes et chacun voit que 9 plus 4 baguettes, font une botte de dix, ou un bâtonnet, et 3 baguettes : soit 3 dizaines et 3 unités; soit trente et trois ou 33.

Il en sera de même pour la soustraction. Avant tout il faudra que les élèves comprennent bien que la différence de deux nombres ne change pas, quand on les augmente tous les deux d'une même quantité. On pourra prendre l'exemple suivant :

D. Paul a 7 ans et Henri n'en a que 4; quelle différence d'âge y a-t-il entre eux ?

R. 3 ans.

D. Dans combien d'années Henri aura-t-il 7 ans?

R. Dans 3 ans.

D. Alors, à ce moment, Henri sera aussi âgé que Paul?

R. Non, monsieur,

D. Comment cela?

R. C'est que Paul alors aura, lui aussi, 3 ans de plus; il aura 10 ans.

LE MAÎTRE. — Oui, mes enfants, et il en sera toujours de même. Chaque fois que Henri aura acquis un certain nombre d'années nouvelles, Paul lui aussi aura ce même nombre d'années en plus. Il y aura donc toujours la même différence entre les deux âges, etc.

Il sera facile d'imaginer également quelques exemples très simples de multiplication et de division.

Enfin on passera des dizaines aux centaines, comme on est passé des unités aux dizaines, et l'on s'arrêtera au nombre 1000.

Dans les derniers mois de l'année, on pourra, en prenant des baguettes d'un mètre de long, puis d'autres qui n'auront qu'un décimètre, et d'autres enfin qui n'auront qu'un centimètre, faire comprendre également le rapport de ces diverses unités, et enseigner par la même méthode la numération des nombres décimaux, qu'il ne faut pas séparer de celle des nombres entiers. On exécutera également sur ces derniers toutes sortes d'opérations, des additions et des soustractions.

et les reports se comprendront aussi facilement que lorsqu'il s'agissait des nombres entiers.

Tout cela peut se faire, croyons-nous, dans le cours d'une année scolaire, sans livres, sans matériel coûteux. Il n'y faut qu'un peu de bonne volonté et d'entrain. Et pourtant le résultat obtenu serait, on en conviendra, considérable, non seulement au point de vue de la pratique du calcul, mais encore au point de vue du développement de l'intelligence et du raisonnement.

Que maîtres et maîtresses se mettent donc partout à l'œuvre avec confiance, et qu'avant un an il n'y ait plus, dans aucune école du département, une seule division qui ne comprenne la numération, qui ne soit déjà familiarisée avec les premières notions du calcul, qui ne sache, en un mot, comme le demande notre programme du cours préparatoire, *exécuter des additions et des soustractions faciles* et qui *n'ait déjà une idée de ce qu'on appelle multiplier et diviser.* — Nos programmes ont paru tout d'abord bien au-dessus de ce qu'on pouvait attendre et exiger des élèves de nos écoles primaires ; nous espérons convaincre peu à peu les plus incrédules et les plus défiants que nous ne demandons rien qui dépasse la portée de l'intelligence des enfants, que tout cela devient parfaitement possible avec des maîtres qui *savent* et qui *aiment leur métier.*

§ 5.

Instruction à l'usage des maîtres et maîtresses chargées du cours préparatoire.

Novembre 1876.

Assurément, il n'est jamais facile de bien faire une classe, quelle qu'elle soit. Pour bien enseigner, il faut d'abord des connaissances étendues et variées (autrement on répète toujours les mêmes choses, on devient monotone, on finit par ne plus intéresser et même pas ennuyer) ; il faut encore beaucoup de jugement pour choisir, dans les connaissances qu'on possède, les exemples les plus propres à faire comprendre aux enfants l'idée qu'on veut leur mettre dans l'esprit, beaucoup de vivacité et d'à-propos pour tirer parti des moindres incidents et les faire servir à la formation de leur cœur, aussi bien que de leur esprit ; il faut enfin le goût du métier, et par-dessus tout l'amour des enfants; en un mot, une véritable vocation. Toutefois, ces qualités sont peut-être plus nécessaires encore quand on s'adresse à de tout jeunes enfants. On trouve bien peu de maîtres qui ne soient pas capables de faire, d'une manière passable, le cours moyen et même le cours supérieur; ils sont rares, au contraire, ceux qui savent faire le cours élémentaire, et à plus forte raison, le cours préparatoire. Il leur manque ce qu'ont en général les bonnes directrices d'asile, le talent de se mettre à la portée des enfants, de s'en faire comprendre et de les intéresser, de leur développer l'esprit et de leur former le cœur, tout en les amusant. Par contre, il manque souvent aux directrices d'asile des connaissances suffisantes pour qu'elles puissent mettre dans leurs leçons de la variété et de l'agrément, ne pas toujours répéter des choses banales et convenues, éviter les réflexions niaises; en un mot, piquer la curiosité et réveiller l'attention qui s'assoupit. Nous serions heureux que les conseils que nous allons donner aidassent les uns et les autres dans l'accomplissement d'une tâche bien ingrate, quand on ne la comprend pas, — bien attrayante, au contraire, et bien utile, quand on s'y dévoue avec cette intelligence et cet amour qu'inspire une vraie vocation.

EMPLOI DU TEMPS

Avant tout, le maître ou la maîtresse qui sont chargés d'un cours préparatoire doivent se tracer un emploi du temps. Un tableau indiquant l'ordre et la suite des exercices, ainsi que la durée de chacun d'eux, devra être suspendu à la muraille, et l'on se conformera scrupuleusement à ses indications. Voulez-vous que vos enfants soient exacts et réguliers? Commencez par leur donner vous-mêmes l'exemple de l'exactitude et de la régularité. La chose sera possible, si vous préparez soigneusement votre classe, si vous en avez noté tous les détails à l'avance et que vous ne laissiez rien à l'imprévu, au moins dans la distribution de l'ensemble.

Sans rien imposer d'une manière absolue, nous proposons le tableau suivant. Nous regretterions pourtant, qu'à moins de bonnes raisons, on ne le suivit pas de point en point, et qu'on ne cherchât pas à réaliser, dans toutes les écoles du département, dont les conditions sont à peu près identiques, cette uniformité sans laquelle les enfants sont déroutés lors-

qu'ils passent d'une classe dans une autre, sans laquelle aussi
nos conseils arrivent difficilement à leur adresse.

MATIN.

Heures.	Heures.	
De 7 3/4 à	8	Inspection de propreté. Entrée en classe.
8 à	8 1/2	Instruction morale et civique.
8 1/2 à	9 1/4	Lecture aux groupes : explication du sens des mots ; premières notions de grammaire, etc.
9 1/4 à	9 3/4	Épeler, puis écrire au tableau noir et sur l'ardoise, en vue de l'orthographe d'usage, des mots et même des petites phrases empruntés à la leçon de lecture. Exercices de français à l'aide du composteur. Conjugaison des verbes. Étude de morceaux de récitation.
9 3/4 à	10	Récréation.
10 à	10 1/2	Exercice général et récapitulatif de lecture au tableau mural.
10 1/2 à	11	Écriture et dessin alternativement.
11		Sortie, en rang et au pas, accompagnée de chant.

SOIR.

Heures.	Heures.	
De 1 à	1 3/4	Lecture aux groupes, comme le matin.
1 3/4 à	2 1/2	Calcul oral et écrit (bûchettes) et système métrique.
2 1/2 à	2 3/3	Récréation.
2 3/4 à	3 1/4	Exercice général et simultané de lecture au tableau mural récapitulatif, comme le matin.
3 1/4 à	3 3/4	Histoire de France à l'aide d'images, et géographie, alternativement.
3 3/4 à	4	Leçon de choses.
4		Sortie, comme le matin.

CLASSE DU MATIN

Pour que la classe puisse commencer à 8 heures précises [1],
il sera bon que les enfants arrivent dès 7 h. 3/4. Le maître
les recevra dans la cour ou dans le préau et les surveillera.
A 8 heures moins 5 minutes, il les mettra en rang et fera
l'inspection de propreté. Cette inspection ne se bornera pas

---

1. Si la classe ne commence qu'à huit heures et demie ou neuf heures, tous les exercices sont naturellement retardés d'une demi-heure ou d'une heure

seulement aux mains et à la figure, il s'assurera que les en
fants ont le cou propre, ainsi que les oreilles, qu'ils ont été
peignés, que leurs vêtements ne sont ni déchirés ni couverts
de boue. La pauvreté n'est une excuse ni pour le désordre,
ni pour la malpropreté. Au besoin, surtout s'il y a récidive,
il renverra les enfants malpropres à leurs parents et il ne les
recevra que lorsqu'ils se présenteront dans une tenue convenable.

L'inspection terminée, les élèves entreront en classe au pas,
et se rendront à leur place en chantant. Tous les mouvements
se feront avec ensemble et à un signal convenu.

Enseignement moral et civique. — La classe commencera
par des entretiens familiers sur les rapports que les enfants
ont avec tout ce qui les entoure, sur ce qu'ils font de bien ou
de mal, sur la manière dont ils doivent se tenir et se com-
porter dans les divers exercices de la journée. Le maître
pourra y joindre une lecture fort simple, qu'il fera suivre de
réflexions et d'applications (récits, paraboles, fables, etc...). —
Cet enseignement devra surtout aller au cœur et tendre à
mettre la morale en action dans la classe même.

Lecture. — A huit heures et demie, à un signal donné, les
enfants quittent leurs tables et se réunissent par groupes, devant les tableaux, pour la leçon de lecture. Ils doivent exécuter
ce mouvement, comme tous ceux du reste qu'entraîne un
changement quelconque d'exercice, au pas et en chantant.

Le nombre des groupes ne devra jamais dépasser trois,
même quand le groupe le plus avancé serait déjà capable de
lire dans un livre de lecture facile. Mieux vaut réunir dans
un même groupe des élèves de force un peu différente, que
de morceler la classe en une infinité de divisions que le maître
ne peut évidemment pas diriger toutes à la fois. L'objet de
la leçon de lecture sera court : un seul exercice de la méthode,
s'il s'agit des éléments ; huit à dix lignes au plus, si ce sont
des petites phrases ; mais on aura grand soin de revenir toujours sur les exercices précédents, pour s'assurer qu'ils n'ont
pas été oubliés. On ne manquera pas non plus, si la leçon du
jour ne porte que sur l'étude des lettres ou des syllabes, d'y
joindre quelques mots, et même une ou deux petites phrases,
comme application. Si la méthode n'en fournissait pas, ou ne
donnait que des mots déjà connus ou expliqués, le maître en
imaginerait d'autres lui-même, qu'il écrirait sur le tableau
noir.

La leçon durant trois quarts d'heure, on comprend bien
que les exercices qui la composent doivent être variés. On
ne peut songer à faire lire des petits enfants pendant trois
quarts d'heure. Aussi ajoutons-nous à la lecture, dans notre
tableau de l'emploi du temps, l'explication du sens des mots
et les premières notions de grammaire. Voici comment nous
entendons la chose : les enfants lisent d'abord tous ensemble la
leçon du jour ; quelques-uns d'entre eux, tantôt l'un, tantôt l'autre, la répètent ensuite tout entière ou en partie. Alors vient l'explication du sens des mots, quelques petites digressions capables
de les intéresser tout en les instruisant, des questions de toutes sortes sur les mots de la leçon du jour, des rapprochements avec ceux de la leçon de la veille, qui doivent avoir été
expliqués, etc., etc. Quand les esprits auront été ainsi déten-
dus et reposés, on recommencera la lecture comme précédemment, simultanément d'abord, individuellement ensuite.
Puis viendront les questions de grammaire sur les mots que
renfermera la leçon de lecture ; ces questions auront successivement pour but d'apprendre aux enfants à distinguer les
noms, propres ou communs, le genre et le nombre avec l'article qui les caractérise, les adjectifs et la règle d'accord,
les verbes avec la distinction des trois temps, les pronoms
qui tiennent la place des noms, etc., etc. Enfin, on redira une
troisième fois la leçon de lecture. Grâce à cette variété d'exercices, si le maître sait y mettre de l'entrain, la leçon ne paraîtra ni longue, ni monotone, et les enfants pourront l'écouter attentivement pendant trois quarts d'heure.

Il est neuf heures et quart, les enfants se sont tenus debout
pendant trois quarts d'heure, ils sont fatigués ; le moment est
venu de les renvoyer aux tables, pour qu'ils puissent s'asseoir.
Pour faire suite à la leçon de lecture, le maître écrira lui-
même au tableau noir, et leur fera reproduire sur l'ardoise,
des mots et même de petites phrases empruntées à la leçon
précédente. Ce sera encore une répétition manuscrite de la
leçon de lecture, qui la leur gravera dans la mémoire et qui
ne peut manquer de les intéresser, à cause de la forme nouvelle donnée aux lettres. Il est bien entendu que, pour nommer chaque lettre isolément, on ne se servira que de la
nouvelle appellation employée pour la leçon de lecture. Si le
maître possède un composteur, ce sera le cas de faire composer aux élèves des phrases très courtes, soit celles de la
leçon de lecture, soit d'autres analogues. La fin de cet exer-

cice, qui d'après le tableau du temps dure une demi-heure, pourra être consacrée, soit à conjuguer mécaniquement des verbes suivis d'un complément qu'on aura soin de varier, soit à étudier de petits morceaux en vers ou en prose, que les élèves réciteront simultanément d'abord, individuellement ensuite, en prenant le ton de la conversation.

A neuf heures trois quarts, la récréation, qui doit durer un quart d'heure. Si le temps est mauvais et que l'école n'ait pas de préau couvert, les élèves la prendront dans la classe même ; mais alors elle ne consistera guère qu'en marches accompagnées de chants, pendant lesquelles il sera généralement possible d'ouvrir les fenêtres pour aérer la classe. Toutefois, pour peu que le temps le permette, cette récréation devra être prise au dehors ; et il ne faut pas alors que le maître s'imagine que ce temps est pour lui un temps libre, dont il peut disposer pour autre chose que pour la surveillance de ses élèves. C'est peut-être le moment de la journée dont un maître attentif et observateur pourra tirer le meilleur parti pour étudier leurs caractères et apprendre à les bien connaître. Il aura soin d'organiser lui-même des jeux attrayants (ballons, volants, cordes à sauter, etc.). Il faut à tout prix que les enfants y prennent goût. Outre qu'ils y trouveront des exercices hygiéniques et une distraction qui les rendra plus propres à suivre ensuite avec attention les autres exercices de la classe, la privation totale et bien plus souvent partielle de cet amusement sera pour le maître un moyen efficace de punition. C'est même, avec les mauvais points et la réprimande, la seule punition dont on devra user envers de tout petits enfants.

A dix heures, rentrée en classe, au pas et en chantant.

De dix heures à dix heures et demie, exercice général de lecture au tableau mural. Si le maître n'a pas, pour cette leçon d'ensemble, un grand tableau récapitulatif de toutes les difficultés de la lecture, il préparera avant la classe et écrira au tableau noir les divers exercices qui devront faire l'objet de la leçon du jour. Il devra nécessairement y en avoir pour toutes les forces et pour chaque section d'élèves. Il commencera par faire repasser aux plus faibles ce qu'ils auront vu, et au lieu de les reprendre lui-même quand ils se tromperont, il les fera reprendre par les plus forts. Ce sera un moyen d'intéresser ces derniers et de les empêcher d'oublier ce qu'ils ont appris précédemment. Quand il s'adressera aux plus avancés, les plus faibles ne manqueront pas d'écouter, parce qu'ils entendront des choses nouvelles pour eux, et plus d'un, sans doute, étonnera le maître par sa perspicacité ou sa précocité d'esprit. C'est dans cet exercice surtout que le maître tâchera d'être varié, intéressant, et que la leçon de lecture prendra souvent le caractère d'une leçon de choses générale.

De dix heures et demie à onze heures, écriture ou dessin alternativement. On écrira le lundi, le mercredi et le vendredi; on dessinera le mardi et le samedi. On ne confondra pas cet exercice d'écriture avec celui qui a été indiqué précédemment, de neuf heures un quart à neuf heures trois quarts. Celui-ci n'avait d'autre but que d'habituer les élèves à reconnaître la forme des lettres et les éléments dont les mots se composent; de dix heures et demie à onze heures, au contraire, c'est une véritable leçon d'écriture, qui a pour but d'apprendre aux élèves non seulement à écrire, mais à écrire bien. Que les élèves aient ou non des cahiers préparés, le maître devra commencer la leçon par une exposition au tableau noir; il tracera lui même, sous leurs yeux, les lettres et les mots qui forment l'objet de la leçon. Il ne manquera pas de leur rappeler, toutes les fois que cela sera nécessaire, les principes relatifs à la forme des lettres, à la tenue du cahier et de la plume. Il s'assurera que tous ses élèves sont dans une position commode, qui puisse leur faciliter l'imitation du modèle qu'on leur propose et qui n'amène aucune déformation de leur corps. Il aura soin de circuler dans les tables, d'ajouter à des conseils généraux des avertissements individuels, de corriger, sur les cahiers eux-mêmes et sous les yeux de l'enfant, ce qui sera particulièrement défectueux. Quand il le jugera préférable, cette correction individuelle pourra être remplacée par une correction générale, etc.

En ce qui concerne le dessin, on suivra de point en point le cours que M. Darchez a bien voulu composer pour les écoles du département [1].

A onze heures, les élèves se mettront en rangs; ils sortiront au pas et en chantant; ils s'aligneront en dehors de l'école et ne rompront leurs rangs qu'à un signal donné. Ils pourront même, si la forme du village s'y prête, se partager en deux groupes et rentrer chez eux au pas, sous la direction de moniteurs qui commanderont et surveilleront la marche.

1. Lib. Belin. Paris

CLASSE DU SOIR

La rentrée devant avoir lieu à une heure précise, le maître sonnera la classe à une heure moins le quart. Il se tiendra dans la cour et y recevra les élèves à mesure qu'ils arriveront. Il les y laissera jouer jusqu'à une heure moins cinq minutes. A ce moment, il les mettra en rang et fera l'inspection de propreté, comme le matin. On entrera en classe au pas et en chantant. Arrivés à leur banc, les élèves continueront à chanter et à marquer le pas, jusqu'à ce que les derniers soient en face de leur place. A un signal donné, le chant cesse, chacun se tient immobile, et la classe commence.

De une heure à une heure trois quarts, lecture aux groupes, comme le matin.

De une heure trois quarts à deux heures et demie, calcul oral et écrit, et système métrique.

Un exercice qui durerait trois quarts d'heure, et qui aurait toujours le même objet, serait évidemment trop long pour des élèves du cours préparatoire. On le coupera donc en deux parties : 1° calcul oral et écrit; 2° système métrique.

Dans la première, qui pourra durer une demi-heure, on s'occupera de calcul oral et écrit, de petits problèmes, à l'aide de bûchettes. On suivra de point en point la marche indiquée précédemment. Quand les élèves seront bien familiarisés avec la pratique des bûchettes, on pourra reprendre les mêmes exercices en se servant de petites billes unités, et de billes dizaines, dix fois plus grosses, ou encore de centimes unités et de décimes, tenant lieu de dizaines. Les élèves devront, à Pâques, posséder toutes les matières du programme du cours préparatoire. Depuis Pâques jusqu'à la fin de l'année, on reprendra ces exercices, toujours d'après la même méthode, mais sur les nombres décimaux. Si la valeur relative des unités, des dizaines et des centaines a été bien comprise, il ne sera pas difficile de faire comprendre également celle des dixièmes, des centièmes et des millièmes. Les maîtres qui posséderont le *Numérateur Cordier* [1] trouveront un précieux secours dans l'usage de la virgule mobile, qui, à l'aide d'un simple déplacement, rend sensible aux yeux de l'enfant la transformation d'une unité quelconque en une autre unité dix fois, cent fois plus petite ou plus grande.

1. Lib. Delagrave, Paris.

La durée de la leçon étant de trois quarts d'heure, et les exercices de calcul, soit oral, soit écrit, ne devant durer qu'une demi-heure au plus, il restera un quart d'heure au moins chaque jour pour s'occuper du système métrique. Il va de soi que l'enseignement ici devra être essentiellement pratique et intuitif. Comme le dit le programme, on montrera d'abord aux élèves le mètre et ses divisions en décimètres, centimètres et millimètres (autant que possible, on aura un mètre en bois, un mètre pliant, un mètre en cordon roulé); puis, on mesurera sous leurs yeux et on leur fera mesurer à eux-mêmes la longueur d'une table, d'une règle, d'un fil; on tracera et l'on fera tracer au tableau noir des lignes d'une longueur donnée; on leur fera évaluer la longueur de diverses lignes tracées, ainsi que celle de divers objets choisis dans la classe. On leur *montrera* un mètre carré et l'on fera compter les 100 décimètres carrés dont il est composé; on leur *montrera* également, si l'on en a un, un mètre cube, au fond duquel on fera compter une rangée de 10 décimètres cubes et l'on constatera qu'il en faudrait 100 semblables pour former tout le fond de la boîte, qu'il faudrait également 10 fonds semblables pour remplir le mètre tout entier. Il est évident que tout cela leur sera uniquement enseigné par l'aspect, qu'on leur fera compter des choses qu'ils toucheront, qu'ils verront, et qu'on se gardera bien de vouloir leur faire comprendre le rapport du décimètre carré au mètre carré, par exemple; à plus forte raison, du décimètre cube au mètre cube.

Ensuite, on leur mettra entre les mains des litres de toutes sortes de formes et on leur fera mesurer des matières sèches, des liquides, qu'ils transvaseront d'un litre dans l'autre; on leur donnera à manier les divers poids usuels et on leur fera faire de petites pesées; ils joueront au marchand et à la marchande; enfin, on leur montrera également les monnaies usuelles et on leur fera faire des petits comptes relatifs aux marchandises qu'ils auront achetées ou vendues.

A tous ces exercices on devra rattacher encore l'étude du cadran et de ses divisions en heures et en minutes

Cette leçon peut être rendue très intéressante pour les enfants, qui se familiariseront ainsi, sans travail et sans peine, avec la connaissance et même avec la pratique des diverses unités du système métrique.

De deux heures et demie à deux heures trois quarts, récréation, comme le matin.

De deux heures trois quarts à trois heures un quart, exercice général de lecture au tableau mural récapitulatif, comme le matin.

A défaut d'un tableau récapitulatif, ou encore pour alterner avec le même tableau, le maître se servira avantageusement d'un composteur, à l'aide duquel il composera lui-même, ou fera composer par ses élèves, les mots et les phrases qui devront faire l'objet de sa leçon. Le tableau noir pourra aussi servir au même usage.

De trois heures un quart à trois heures trois quarts, histoire de France, à l'aide d'images, et géographie.

Histoire. La collection d'images éditée par M. Lahure est la moins coûteuse. Elle comprend, pour l'histoire de France, cent images qui ne coûtent que 5 francs. Pour n'avoir pas à les coller sur carton, ce qui coûte plus cher que les images elles-mêmes, le maître pourra les serrer fortement par le haut entre deux planchettes clouées ensemble, qu'à défaut de chevalet ou d'un pupitre, il appliquera sur le bord de sa chaire; et il laissera tomber, de manière qu'elle puisse être vue par tous les élèves groupés autour de lui, l'image représentant le fait ou le personnage qui est l'objet de la leçon.

Il commencera par montrer l'image dans son ensemble, et successivement, dans tous ses détails, et il racontera, en termes simples et familiers, ce qu'elle représente. Il interrogera ensuite les élèves pour s'assurer qu'ils ont bien compris et retenu; puis il leur fera répéter à tour de rôle, dans leur langage, ce qu'il aura dit, et montrer à leur tour les diverses parties de l'image qui se rapportent à leur récit. Cette collection Lahure, qui n'a pas été faite pour l'objet en question, renferme un nombre d'images beaucoup trop considérable; on se bornera donc aux principales, à celles dont les titres figurent dans le programme du cours préparatoire.

Géographie. La leçon de géographie alternera avec celle d'histoire; on s'y conformera de point en point aux instructions très détaillées du programme.

De trois heures trois quarts à quatre heures, leçon de choses (voir le programme).

A quatre heures, les élèves sortiront au pas et en chantant, et iront s'aligner dans la cour.

Là, le maître renouvellera, s'il y a lieu, ses recommandations relativement à la manière dont ils doivent se tenir dans les rues, etc... C'est le moment des bons conseils; il fera bien de le mettre à profit.

§ 6

Les premières leçons par cœur

Vesoul, février 1871.

Dans plusieurs écoles, on fait apprendre aux enfants qui commencent à lire de petits morceaux français, en prose ou en vers. C'est un excellent exercice et je ne puis trop le recommander. Avant tout, il faut occuper les enfants si l'on veut qu'ils se tiennent tranquilles. Ce qui les fatigue, ce n'est point tant la continuité de l'attention que la nécessité d'appliquer longtemps leur esprit au même objet. Or, pendant les longs intervalles que laissent libres l'exercice de la lecture et celui de l'écriture, alors que le maître se doit à ses divisions supérieures, c'est à coup sûr un excellent moyen de les occuper que de leur faire apprendre sans livre, sous la direction d'un moniteur, et de leur faire réciter de mémoire quelques lignes de prose ou de vers. Je dis de prose ou de vers et je conseillerais d'alterner, parce que si la phrase est plus naturelle en prose, les vers s'apprennent plus vite, grâce au retour de la rime, et surtout se retiennent mieux; de plus, ils forment l'oreille sans qu'on s'en rende bien compte et font qu'on acquière instinctivement le sentiment de l'harmonie. Les enfants trouveront, dans ces morceaux, des mots qu'ils n'entendent jamais prononcer dans leur famille, mais qu'ils ont besoin de connaître pour comprendre les livres qu'on leur mettra plus tard entre les mains; ils y trouveront surtout des tours de phrase plus relevés que ceux de leurs conversations ordinaires. Ils feront ainsi, sans ennui et comme à leur insu, une provision d'idées et de mots qui ne leur seront pas inutiles plus tard. — Oui, je le répète, c'est un excellent exercice, à une condition toutefois, c'est que les morceaux qu'on leur fait apprendre soient intéressants, qu'ils soient à leur portée, et surtout qu'ils leur soient bien expliqués.

Voici une fable en prose qui me paraît réunir à peu près les qualités que devraient avoir ces petits morceaux. Peut-être y trouvera-t-on trop de finessse, et faudra-t-il craindre que cette délicatesse n'échappe à de jeunes esprits encore peu cultivés, comme sont souvent les enfants de six à huit ans, surtout dans les campagnes. Malgré cela, je n'hésite pas à la recommander. Je suppose d'ailleurs que les explications du maître suppléeront au défaut de perspicacité de ses élèves, et je demande qu'on n'oublie pas que cet exercice a un peu pour but d'éveiller et d'*affiner* leur esprit.

LA MAISONNETTE ET L'ESCALIER

« Des petits garçons avaient construit une maisonnette, non en papier ni en carton, vraiment ; ils voulaient travailler pour la postérité, et ils avaient employé la pierre et le bois. Les murs étaient solides ; il y avait des portes et des fenêtres, enfin, la maisonnette était très gentille et il n'y manquait rien — en apparence. Aussi les petits architectes, qui n'avaient voulu prendre conseil de personne, croyaient-ils avoir fait, à eux seuls, un monument digne des Romains.

« Lorsqu'il s'agit d'y loger le ménage des poupées de leur sœur, ils allèrent en grande pompe chercher les hôtes de cette jolie demeure. Les nouvelles venues arrivèrent pimpantes, coquettes, parées et toutes prêtes à s'emménager. Le premier et le second étages furent distribués et l'on voulut se hâter d'en prendre possession.

« — Où donc est l'escalier ? dit la petite sœur qui voulut y faire monter sa nichée de poupées.

« — L'escalier ! reprit en rougissant un des petits ouvriers tout penaud ; l'escalier ! Ah ! mon Dieu, nous l'avons oublié.

« Ne faites rien, mes chers amis, sans les conseils de plus sages que vous ; sinon, dans ce que vous entreprendrez, il manquera toujours l'escalier pour arriver où vous voudrez monter [1]. »

EXPLICATION

Je suppose que le maître a lu ce petit morceau du ton le plus naturel qu'il lui a été possible, et qu'avant de le faire apprendre, il l'explique à peu près de la manière suivante :

Des petits garçons avaient construit une maisonnette, c'est-à-

---

1. Cette petite fable est de P.-J. Stahl ; elle est tirée du *Magasin d'Éducation et de Récréation* publié par la librairie Hetzel. Ce recueil renferme un grand nombre de récits très intéressants pour des enfants, et il serait bien placé dans la bibliothèque d'un instituteur, qui y trouverait des sujets propres à renouveler et à rajeunir son enseignement. Se servir aussi de la *Comédie enfantine* de M. Ratisbonne. Lib. Hetzel.

dire une petite maison, comme il vous arrive, mes amis, d'en construire tous les jours. Seulement, vos maisonnettes, vous les construisez d'habitude en pierres, vous qui avez des pierres à votre disposition ; mais les enfants des villes les construisent plus souvent en papier ou en carton, c'est-à-dire en gros papier fort épais. (Au besoin, leur montrer un morceau de carton.) — Les petits garçons dont je vous parle, au lieu donc de construire leur maisonnette en papier ou en carton, ce qui n'aurait pas fait une maisonnette bien solide, l'avaient construite en pierres et en bois ; ils voulaient qu'elle durât longtemps ; ils avaient travaillé pour la *postérité*, c'est-à-dire pour les hommes qui devaient vivre longtemps après eux, et qui jouiraient encore de leur maisonnette.

Vraiment, en vérité. N'allez pas croire qu'ils se soient contentés de papier ou de carton pour construire leur maisonnette ; non, ils employèrent des matériaux solides, de la pierre et du bois. — Avoir soin, en récitant, de bien détacher ce mot, qui doit être dit avec une intonation particulière.

Il n'y manquait rien. Il semble, en effet, que si les murs étaient solides, si la maisonnette avait des portes et des fenêtres, elle avait tout ce qu'elle devait avoir.

En apparence. Avoir soin de s'arrêter après ces mots : *il n'y manquait rien*, et souligner, en les prononçant : *en apparence*. Il y a là une surprise qu'il faut faire pressentir par un léger repos qui éveille l'attention.

L'architecte est celui qui dirige la construction d'une maison.

Prendre conseil de, qui n'avaient voulu demander de conseil à personne.

A eux seuls. Les petits orgueilleux! Ils se sont crus capables de construire leur maisonnette sans le secours de personne ; ils n'auraient pas voulu qu'on les aidât, parce qu'ils veulent en avoir toute la gloire. — Avoir soin, en récitant, de bien isoler les mots *à eux seuls*.

Un monument digne des Romains. — Un monument est une construction importante, destinée à durer longtemps. Les Romains étaient un peuple nombreux, qui vivait autrefois en Italie et qui a construit un grand nombre de monuments remarquables, dont quelques-uns subsistent encore. Nos petits architectes s'imaginent avoir construit un monument qui durera autant que ceux des Romains.

Voilà la maisonnette achevée, et nous savons qu'elle est très gentille. Que vont-ils y mettre? Ils ne peuvent loger dans

14

une si *jolie demeure* que des hôtes, c'est-à-dire des habitants qui soient dignes d'elle ; ils y installeront les poupées de leur sœur. Ces poupées sont de grandes dames qui ont tout un ménage ; on va les chercher en grande *pompe*, c'est-à-dire en cérémonie : on leur fait cortège comme à de hauts personnages. Les nouvelles venues arrivèrent *pimpantes*, c'est-à-dire élégantes, recherchées dans leurs habits ; *coquettes*, qui cherchent à plaire par leur toilette ; *parées*, couvertes de parures : dentelles, colliers, bracelets, etc. ; toutes prêtes à s'emménager, à s'installer avec leurs meubles dans leur nouveau logement. On décida ce qu'on mettrait au *premier étage*, ce qu'on mettrait au *second*, et l'on voulut se hâter d'introduire les poupées dans les appartements qui leur étaient destinés.

On ne les mettra pas au rez-de-chaussée, ce serait trop humide ; les gens riches préfèrent se loger au premier. La petite sœur cherche donc l'escalier pour *y faire monter en cérémonie*, c'est-à-dire l'une après l'autre, chacune à son rang comme dans une procession, sa *nichée de poupées*. — On appelle *nichée* les petits oiseaux d'une même couvée, qui sont encore dans le nid ; on dirait également une *nichée de souris*. — Ces poupées sont tellement nombreuses qu'elles ressemblent à une couvée de petits oiseaux. Et puis ce mot est employé ici familièrement, avec un certain mépris ; on fait pour ces poupées des cérémonies qu'elles ne méritent pas.

Reprit en rougissant un des petits ouvriers tout penaud. Pourquoi rougit-il ? C'est qu'il est honteux ; il n'a voulu prendre conseil de personne et il s'aperçoit qu'il a fait une sottise ; il est tout *penaud*, tout embarrassé, interdit ; il ne sait plus que faire, ni que dire.

L'escalier ! Exclamation de surprise et de regret ; il reconnaît son tort ; il a oublié qu'il fallait un escalier !

Voici maintenant, mes amis, l'enseignement qui ressort pour vous de cette fable et le petit conseil que son auteur a voulu vous donner. Quand vous voulez faire quelque chose, *consultez* toujours des personnes plus âgées et par suite plus *sages* que vous ; autrement il manquera toujours quelque chose à ce que vous aurez fait. Ce ne sera peut-être pas un escalier ; mais ce sera quelque partie aussi importante, aussi indispensable que l'est un escalier dans une maison, et vous n'arriverez pas où vous vouliez monter, c'est-à-dire, vous n'atteindrez pas le but que vous vous étiez proposé d'atteindre vous ne ferez pas ce que vous aviez voulu faire.

§ 7

Ce qu'on peut faire, pendant l'été, dans une classe où il ne reste plus que de tout jeunes enfants.

(Extrait d'une conférence faite à Vesoul, en mai 1871.)

.... Oui, Messieurs, permettez-moi de vous le dire, ce qui manque surtout dans vos classes, c'est l'animation et la vie. Je sais qu'à cette époque de l'année vos écoles sont désertes, que presque partout la première division y fait défaut, que souvent la seconde y est à peine représentée, que bon nombre d'entre vous n'ont que de tout petits enfants qui commencent à lire et qui seraient aussi bien dans un asile qu'à l'école. Est-ce une raison pour vous décourager? pour croire que vous n'avez rien à faire? Non. Au contraire, c'est peut-être une raison pour vous livrer à vos fonctions avec plus de goût et d'ardeur; car vous n'êtes plus distraits par les préoccupations de la discipline, par la nécessité d'entretenir dans une classe nombreuse l'ordre et le silence; vous avez toute votre liberté d'esprit pour essayer de nouvelles méthodes d'enseignement, pour faire une leçon telle que vous l'avez préparée et conçue. — Mais que faire, allez-vous me dire, avec des enfants qui savent à peine lire ? Que peut-on leur enseigner ? Comment peut-on les intéresser? — Ce qu'on peut enseigner à des enfants qui apprennent à lire ? Mais tout, puisqu'ils ne savent rien encore. — Comment on peut les intéresser? Mais en leur apprenant des choses qu'ils ne savent pas et qu'ils seront curieux d'apprendre. C'est moins difficile que vous ne semblez le croire, et vous n'avez que l'embarras du choix parmi les exercices auxquels vous pouvez les occuper. Je veux que vous leur appreniez à lire et à écrire, à mettre l'orthographe, à composer des phrases, à calculer, à reconnaître et à construire des figures de géométrie; je veux que vous leur appreniez l'histoire de France, la géographie universelle, la physique, la chimie et les sciences naturelles. — Tout cela à de petits enfants? me direz-vous; mais vous vous moquez! — Je ne me moque point; seulement, il faut nous entendre. Je prétends qu'il y a moyen de leur enseigner toutes ces choses sans rien leur dire qu'ils ne puissent parfaitement comprendre.

Commençons par la leçon de français. Assurez-vous que

vos élèves ont tous du papier, une plume et de l'encre, ou plus simplement et mieux encore, s'ils sont tout petits, une ardoise et un crayon. Vous tracez sur le tableau noir des fragments de lettres, puis des lettres, puis des mots qu'ils reproduisent sur l'ardoise ; vous leur apprenez à les reconnaître, à les épeler, à les lire ; c'est une leçon de lecture, et de lecture manuscrite, qui plus est. Quelques mots écrits au tableau noir, mais bien choisis, vous suffiront pour leur faire une leçon de grammaire et d'orthographe. Aux plus avancés vous ferez écrire de petites phrases, non pas des phrases banales, mais des phrases usuelles, à leur portée, intéressantes pour eux, par conséquent. Quand ils se tromperont, vous corrigerez leurs fautes, ou plutôt vous les amènerez à les corriger eux-mêmes, et vous aurez fait du style, vous leur aurez appris à se servir du mot propre, à ne faire que des constructions correctes. Joignez à cela trois ou quatre lignes de prose ou de vers, que vous écrirez également au tableau noir, et que vous leur ferez apprendre par cœur. S'ils en apprennent quatre lignes tous les jours, à la fin de la semaine ils sauront un petit morceau qu'ils seront heureux et fiers de réciter à leurs parents. Voilà, si je ne me trompe, un moyen de leur apprendre à parler et à écrire leur langue, qui est à la fois très simple, très pratique et que vous pouvez toujours, si vous le voulez, rendre intéressant.

La leçon de français terminée, et je veux qu'elle soit courte, qu'elle ne dure pas plus d'une demi-heure, parce que l'attention des enfants ne peut pas se concentrer longtemps sur un même objet, vous passerez à la leçon d'arithmétique. Je suppose que vous avez préparé vous-même, avant la classe, des tas de petits cailloux ou de petites bûchettes, ou encore que vous avez recommandé à vos enfants d'apporter des grains de blé, des pois, etc., que sais-je ? Vous faites faire à chacun des tas de un, de deux, de trois, etc., jusqu'à dix ; vous leur faites ensuite chercher le nombre d'unités qui existe dans d'autres tas préparés d'avance par ceux qui sont plus avancés : c'est à la fois une occupation et un jeu. Quand tous savent compter jusqu'à dix, vous ajoutez à un tas de dix cailloux, par exemple, une nouvelle unité, et vous avez *dix* et *un* cailloux, puis *dix* et *deux*, puis *dix* et *sept* ou *dix-sept*, etc. En même temps que vous leur apprenez à composer des tas et à compter, vous leur faites écrire en chiffres le nombre correspondant à chaque

tas. C'est l'affaire de quelques leçons pour leur apprendre, et
cela d'une manière raisonnée et intelligente, la numération
parlée et la numération écrite. Puis viendront les calculs de
tête, les petits problèmes que vous leur poserez, relatifs à
leurs jeux. Sans fatigue ni pour eux ni pour vous, par une
série d'exercices gradués, d'exemples habilement choisis,
d'occupations bien dirigées, vous les amènerez en quelques
mois à savoir l'addition et la soustraction. Arrêtez-vous là
pour cette année, vous n'avez pas perdu votre temps; au mois
d'octobre prochain, vos enfants pourront entrer dans une
division supérieure, et étonner par leurs progrès leurs camarades qui ont déserté l'école pendant l'été.

Vous avez ensuite le dessin linéaire et même le dessin
d'imitation. Vous tracez vous-même au tableau, et vous leur
faites tracer sur l'ardoise des lignes droites et des lignes brisées, des lignes courbes ; avec une pierre suspendue au bout
d'une ficelle, vous leur apprenez ce que c'est que la verticale; il
vous est facile alors de leur faire comprendre ce que c'est
qu'une perpendiculaire, ce que sont des lignes parallèles ; avec
une feuille de papier, vous leur montrez ce que c'est
qu'un angle droit, un angle aigu, un angle obtus, vous
leur en faites chercher l'application dans la salle de -
classe elle-même. Les fenêtres, les portes leur en fourniront
des exemples. Vous leur apprendrez ainsi à observer tout ce
qu'ils voient, tout ce qu'ils touchent, c'est-à-dire que vous
préciserez les notions vagues qu'ils ont dans l'esprit, qu'ils
s'habitueront à concevoir nettement, à comparer les objets, à
apprécier les rapports que ceux-ci ont entre eux ; c'est-à-dire
que leur intelligence se meublera petit à petit d'idées
justes, qu'elle se développera, qu'ils acquerront à la fois du
jugement et un sens droit. Pourquoi même ne pas leur dessiner sur le tableau le chat, le chien, le bœuf, qui leur sont
si familiers, l'arbre qu'ils voient par la fenêtre, etc..., et
qu'ils s'attacheront à reproduire ? Leurs premiers essais seront informes ; ce ne seront que des barbouil-
lages, d'accord; mais peu à peu leur goût s'épurera, et
ils se feront une idée de plus en plus nette de la forme des
objets. J'ai remarqué qu'un enfant n'est jamais si heureux
que lorsqu'il a un crayon à la main et qu'on lui laisse bar-
bouiller du papier tout à son aise; pourquoi ne pas mettre à
profit cette disposition de sa nature ? Rien n'est à dédaigner quand il s'agit d'instruction. Votre leçon n'est qu'un

14.

germe que vous déposerez dans son esprit ; mais ce germe se
développera sous l'influence des observations que chaque jour
il aura lieu de faire, et plus tard vous serez étonné de trouver
une véritable aptitude là où vous n'aviez vu qu'un instinct
inutile.

Vous parlerai-je maintenant de l'histoire ? Vous savez
combien l'enfant aime les contes. Mais vous trouverez, dans
l'histoire de France, des récits tout aussi intéressants et beaucoup plus moraux que les contes eux-mêmes. L'important
est de les leur présenter sous une forme qui leur soit accessible, qui leur plaise, avec des expressions qu'ils comprennent.
Arrière les livres et les leçons apprises par cœur depuis telle
ligne jusqu'à telle autre. Soyez vous-même leur livre, un
livre vivant ; racontez-leur les faits comme si vous en aviez
été le témoin, et ils vous écouteront. — Il en sera de même
de la géographie. Tracez-leur sur le tableau la rue qui passe
devant l'école ; dessinez-leur le village ; puis remplacez-le par
un point ; unissez ce point par des routes aux villages voisins ;
faites le canton, puis l'arrondissement, puis le département ;
dessinez chaque jour la carte ou la portion de carte dont vous
avez besoin pour l'intelligence de votre leçon ; surtout
n'oubliez pas de leur raconter sur chaque pays, sur chaque
ville, ce que vous en savez ; qu'à chaque nom soit attaché un
fait intéressant, et ils ne l'oublieront pas.

Je ne sais même pourquoi vous ne leur donneriez pas
quelques notions d'histoire naturelle. Parlez-leur des mœurs
de ces animaux qu'ils taquinent ou avec lesquels ils jouent,
de ces plantes, de ces fleurs qui les entourent ; tâchez de
leur faire comprendre cette nature au milieu de laquelle ils
vivent, et ils la respecteront, et ils ne détruiront plus pour le
plaisir de détruire. Ayez un mètre avec ses divisions ;
faites-leur mesurer la longueur de la table, la dimension de
la salle ; habituez-les à apprécier les distances d'un simple
coup d'œil : c'est une connaissance qui ne leur sera pas
inutile, s'ils doivent plus tard manier le chassepot et se
servir de la hausse. Empruntez à l'épicier ses poids, sa
balance, montrez-leur comment on fait une pesée, comment
on arrive à peser juste, même avec une balance fausse. (Il
suffit pour cela que vous ayez vous-même appris un peu de
physique et que vous connaissiez la méthode des *doubles
pesées*.) Ayez un poisson aimanté : c'est peu coûteux, vous les
instruirez en les amusant ; avec une carafe remplie d'eau,

une cuvette et un verre, vous pouvez leur faire des expériences très intéressantes.

Que faut-il pour cela ? Savoir soi-même et vouloir. Si vous
ne savez pas, je vous dirai : apprenez. Si vous ne voulez pas,
je vous dirai : retirez-vous, faites autre chose, vous n'êtes pas
né instituteur.

Croyez-moi, rompez avec la routine, avec l'enseignement
mécanique ; appliquez résolument cette méthode naturelle,
qui vous est recommandée dans tant de bons ouvrages où
vous trouverez à la fois le précepte et l'exemple; et vous
vous intéresserez à votre classe, fût-elle peu nombreuse,
et vous vous attacherez à vos élèves, parce que chaque jour
vous verrez leur esprit se développer et se former, comme
on s'intéresse à une plante qu'on cultive avec amour. Et où
trouver, je vous prie, une plante plus curieuse, plus intéressante à étudier qu'une intelligence d'enfant? Vos élèves,
de leur côté, viendront volontiers à vos leçons : et puisque
nos législateurs hésitent à décréter cette *obligation* de l'instruction primaire devant laquelle n'ont pas reculé, et bien
leur en a pris, nos voisins moins scrupuleux d'outre-Rhin,
obtenez par la persuasion cette fréquentation assidue de
l'école que nous ne pouvons exiger par la contrainte, et
vous aurez rempli votre devoir, et dans vos modestes fonctions, vous aurez bien mérité de votre pays. Et quand l'inspecteur viendra visiter vos écoles, n'eussiez-vous que quelques élèves, il constatera vos efforts et vous en saura gré;
si de plus il résulte pour lui, des renseignements qu'il prend
auprès des autorités et des familles, que vous ne négligez
pas l'éducation des enfants qui vous sont confiés, que vous
leur apprenez à être polis et respectueux envers tout le
monde, obéissants à leurs parents, convenables dans leur
tenue et dans les expressions dont ils se servent; oh ! alors
il vous remarquera et vous signalera, soyez-en sûrs, et vous
n'aurez plus besoin de chercher des personnes influentes
qui viennent vous recommander à l'administration ; vous
vous recommanderez vous-même, vous vous créerez des
droits assurés à l'avancement, et les meilleures places seront
pour vous.

DES

MÉTHODES PÉDAGOGIQUES

DES MÉTHODES PÉDAGOGIQUES

Des méthodes pédagogiques.

Octobre 1873.

Les questions de méthode sont, dans notre instruction primaire, de la plus haute importance. Sans doute, pour instruire des élèves, il faut avant tout savoir, et il est impossible qu'on puisse apprendre à d'autres ce qu'on ne sait pas soi-même ; il faut aussi aimer les enfants, être zélé et dévoué à ses fonctions : c'est le cœur surtout qui fait les grandes choses. Tout cela ne suffit pas pourtant pour obtenir les meilleurs résultats : il faut encore savoir son métier, c'est-à-dire savoir enseigner ; il faut connaître les méthodes les mieux appropriées à chaque objet d'enseignement, à l'âge et à l'intelligence des élèves, les procédés les plus ingénieux, les plus capables de les intéresser, les moyens les plus prompts enfin de meubler leur esprit de connaissances utiles. Nous sommes convaincu que si le temps qu'on passe à l'école était mieux employé, si l'on n'y faisait rien d'inutile, si les exercices étaient mieux choisis, les enfants en sortiraient avec une instruction beaucoup plus complète, plus solide surtout et plus pratique. Les conseils à cet égard n'ont pas manqué : bien des fois des instructions ministérielles, des circulaires départementales sont venues indiquer aux maîtres et aux maîtresses ce qu'il leur fallait éviter, ce qu'ils devaient pratiquer ; mais ces instructions sont loin d'être connues de tous les directeurs et de toutes les directrices de nos écoles, et puis, là où elles sont connues, elles ne sont pas toujours suivies. Il est bien plus commode, en effet, de s'en tenir à la routine, à l'enseignement par le livre, que de chercher et de payer de sa personne! Nous croyons donc ne pouvoir mieux faire que d'inaugurer nos conseils pédagogiques en remettant sous les yeux de nos lecteurs et de nos lectrices quelques extraits de l'*Instruction ministérielle* du 20 août 1857, adressée à MM. les Recteurs, *sur la direction pédagogique des écoles primaires*. Cette instruction date déjà de loin, on le voit ; mais nous affirmons, sans crainte de nous tromper, qu'il y a bien des écoles dans le département où elle aura toute son actualité.

Après avoir rappelé tout ce qui avait été fait, avec le concours de MM. les Préfets, pour la construction d'écoles nouvelles et l'amélioration matérielle du service scolaire, M. le Ministre continuait ainsi :

« Mais, Monsieur le Recteur, construire des écoles n'est qu'une faible partie de la tâche. Quand on a rendu l'enseignement accessible, il reste à le rendre profitable. **Il importe que les populations puissent toucher du doigt l'utilité pratique de l'instruction.** On ne saurait se le dissimuler, le tour vague, abstrait, purement théorique de l'enseignement, est trop souvent l'une des causes de la désertion des classes. Pourquoi, dans les campagnes particulièrement, le chef de famille tiendrait-il à ce que les enfants fréquentent régulièrement l'école, si les heures qu'on y passe paraissent des heures mal employées; si la dépense qu'elle entraîne est, à ses yeux, une dépense stérile? Il faut, à tout prix, que les familles, les communes, les départements, l'État puissent se considérer comme amplement dédommagés, par les résultats, des sacrifices qu'ils auront accomplis.

« Ici, Monsieur le Recteur, apparaît sous son véritable jour la mission qui vous est attribuée dans la direction de l'enseignement populaire, et c'est pour me mettre à même d'apprécier jusqu'à quel point vous êtes secondé, dans cette mission, par les agents placés sous vos ordres, que je viens vous prier de me faire connaître, au point de vue de chacune des branches du programme, la manière dont l'enseignement est donné dans les écoles de votre circonscription académique.

« C'est sur les matières comprises dans la partie *obligatoire* que j'attire tout spécialement votre attention. Ce serait déjà beaucoup, j'allais presque dire il serait suffisant, que les matières essentielles fussent possédées à fond par tous les enfants que leur âge rend tributaires de l'école. Il s'en faut malheureusement que nous soyons sur le point d'arriver à ce modeste résultat. . . . .

« En lecture, s'efforce-t-on, quelles que soient d'ailleurs les méthodes adoptées, de faire de cet exercice, presque toujours si fastidieux pour les élèves, un instrument de développement intellectuel? Il s'agit d'obtenir d'abord **que la lecture soit faite avec aisance et naturel,** et en général **sur le ton de la conversation**; ensuite, que les enfants prennent l'ha-

bitude **de se rendre compte de tous les mots et de toutes
les pensées.** Quand un morceau a été lu, le maître le relit-il
lui-même avec la prononciation, le ton, les inflexions de voix
convenables? Adresse-t-il des questions sur le sens de telle
phrase, l'orthographe de tel mot, la portée de telle expression?

« En enseignant l'écriture, on n'a pas, vous le savez, à former d'habiles professeurs de calligraphie, mais à mettre les
enfants à même **d'écrire couramment et lisiblement.**
L'instituteur évite-t-il de mettre les élèves aux prises avec des
difficultés extraordinaires et des traits bizarres? Réserve-t-il
tout leur temps pour la *posée* et l'*expédiée?*

« Les élèves de nos écoles, disait mon prédécesseur dans
« une instruction que je me plais à rappeler, ont besoin d'ap-
« prendre leur langue, mais non les subtilités qui ont rendu,
« en la compliquant, l'étude de la grammaire française si peu
« attrayante, et, par conséquent, si difficile. »

« Assurément, l'étude de la langue maternelle est indispensable et peut être féconde; car, si la langue n'est autre chose
que l'expression de la pensée, la culture n'en peut être sans
influence directe sur l'intelligence. Mais qu'on se garde d'ac-
cabler l'esprit des enfants de ces définitions métaphysiques,
de ces règles abstraites, de ces analyses prétendues grammaticales, qui sont pour eux des hiéroglyphes indéchiffrables ou
de rebutants exercices.

« Tout enfant qui vient s'asseoir sur les bancs d'une école
*apporte avec lui, sans en avoir conscience, l'usage des genres,
des nombres, des conjugaisons.* Qu'y a-t-il à faire? Tout simplement *l'amener à se rendre un compte rationnel de ce qu'il
sait par routine* et répète de lui-même machinalement. Que le
maître fasse lire une phrase claire et simple; cette phrase lue,
qu'il s'assure si les élèves en ont bien saisi le sens; qu'il
explique ensuite ou fasse expliquer le rôle que chacun des
mots joue dans la construction de la phrase. Après quoi, qu'il
donne cette leçon à copier. On a ainsi tout ensemble une leçon
de logique pratique et une leçon d'orthographe.

« **Là est le seul genre d'analyse qu'il faille admettre
dans les écoles.** Si l'analyse ainsi pratiquée est fructueuse,
parce qu'en étudiant à la fois la pensée et les mots elle s'a-
dresse à l'intelligence, elle devient un pur gaspillage de temps
quand elle n'est, comme on le voit trop souvent, que le travail machinal de la mémoire.

« Donc, point de ces longs devoirs écrits, ambitieusemen

décorés du nom d'*analyses grammaticales ou logiques*, et bons seulement à faire prendre en dégoût tout ce qui tient à l'enseignement de la langue; point de fantasmagorie de mots; s'il est possible même, *point de grammaires* entre les mains des élèves. Faire apprendre par cœur des formules abstraites à des enfants qui sortiront de l'école pour manier la bêche ou le rabot, c'est, à plaisir et sans résultats, heurter les instincts des familles. Qu'on voie s'entre-choquer dans un pêle-mêle de notions confuses ces mots techniques dont une intelligence peu exercée ne parvient jamais à se rendre maîtresse, il n'y a là, avec une perte de temps certaine, que des avantages bien douteux. **Les dictées graduées avec discernement, analysées au point de vue des idées, du sens des mots, de l'orthographe, dictées ayant pour objet un trait d'histoire, une invention utile, une lettre de famille, un mémoire, le compte rendu d'une affaire, tel doit être, dans l'école primaire, le fondement de l'enseignement de la langue.**

Dans l'enseignement du calcul, les maîtres s'attachent-ils à exercer le raisonnement, **à donner à cet enseignement un caractère tout pratique, en empruntant les problèmes aux circonstances de la vie réelle,** aux faits de l'économie domestique, rurale et industrielle? S'efforce-t-on ainsi de faire de l'arithmétique une sorte de cours de logique populaire appliquée aux besoins, aux relations de chaque jour?

« Que si l'on complète ces données fondamentales par des notions très simples de géographie, *en prenant pour point de départ le village*, le canton, l'arrondissement, le département, *en donnant des explications* sommaires, mais précises, *sur les faits historiques, administratifs, industriels, agricoles*, qui se rattachent aux lieux indiqués sur la carte, on aura parcouru le cercle des matières qu'il est désirable d'enseigner à tous les enfants admis dans les écoles rurales, et dans un certain nombre de nos écoles de villes.

« Ce programme épuisé, sans doute on n'aura point formé des savants; mais on aura donné à de futurs ouvriers des notions vraiment utiles, et toutes les connaissances nécessaires pour qu'ils puissent se livrer aux travaux de leur profession avec intelligence et profit. . . . .

« Je vois, par les rapports de MM. les inspecteurs primaires, qu'un nombre très considérable d'enfants de votre circonscrip-

tion s'abstiennent encore de fréquenter les écoles. Les causes
d'un fait si digne d'exciter votre sollicitude sont assurément
très complexes : on peut parler de l'indifférence des populations pour l'instruction, de la pauvreté des familles, de la
difficulté ou de la longueur des chemins, qui dans certaines
localités séparent les habitations de l'école; mais à ces causes,
contre lesquelles le temps seul permettra à l'administration
de réagir, ne faut-il pas ajouter, pour une large part, celle
dont je parlais plus haut, *le caractère trop vague et trop théorique de l'enseignement?* Or, on rendra l'instruction pratique,
en employant moins de temps à enseigner des choses dénuées
d'intérêt pour les élèves des écoles, et en donnant plus de
temps, au contraire, à l'enseignement des connaissances
usuelles.

« Sous ce rapport, évidemment, les efforts de l'administration pourront, dès aujourd'hui, accélérer le progrès. »

Des idées semblables se retrouvent dans la circulaire ministérielle du 7 octobre 1866, également adressée à MM. les
recteurs.

« J'appelle votre attention, disait M. le Ministre, sur les
abus que quelques maîtres ont introduits dans l'étude de la
grammaire et sur la nécessité de donner à cet enseignement
une direction plus pratique. Je trouve la preuve de cet abus
persistant dans les mémoires produits en 1861, lors du concours des instituteurs, et dans les rapports de l'Inspection
générale, comme dans les copies des concours cantonaux que
je viens d'examiner. Des enfants de dix à onze ans parlent
de *verbes transitifs et intransitifs, d'attributs simples et complexes,* de *propositions incidentes explicatives* ou *déterminatives,*
de *compléments circonstanciels,* etc., etc. Il faut n'avoir aucune
idée de l'esprit des enfants, qui répugne aux abstractions et
aux généralités, pour croire qu'ils comprennent de pareilles
expressions, que vous et moi, Monsieur le Recteur, nous avons
depuis longtemps oubliées; c'est un pur effort de mémoire,
au profit d'inutilités.

« Une grande partie du temps de la classe est, chaque jour,
employée dans certaines écoles à la récitation de longues
leçons de grammaire, à la rédaction d'interminables analyses
logiques et grammaticales, qui remplissent leurs cahiers ou
leur mémoire, et ne disent rien à leur esprit. **Cet enseignement
doit être remplacé par des leçons vivantes.** Il faut
réduire la grammaire à quelques définitions simples et courtes,

à quelques règles fondamentales qu'on éclaircit par des exemples [1]. Lhomond disait, il y a quatre-vingts ans : « La méta-
physique ne convient point aux enfants et le meilleur livre
élémentaire, c'est la voix du maître, qui varie ses leçons et
la manière de les présenter selon les besoins de ceux à qui
il parle. »

« Nos maîtres ne sont pas coupables de suivre les méthodes
que j'accuse : ce sont celles qui leur ont été enseignées. Ils
en mesurent la valeur au prix qu'elles leur ont coûté, aux
fatigues, au temps qu'ils ont dépensés pour acquérir des connaissances qui donnent à la plus simple des études les apparences, les embarras et les ennuis d'une science mystérieuse.

. . . .

« Tout le monde s'accorde aujourd'hui à reconnaître que la
meilleure méthode d'enseignement est celle qui exerce le plus
l'intelligence des enfants, sans la fatiguer ni la rebuter ; celle
qui, tout en excitant leur mémoire, ne la charge que de
choses utiles ; celle qui ne leur présente isolément aucune
règle abstraite, mais leur fait comprendre l'utilité de la règle
par une application raisonnée ; celle, enfin, qui leur apprend
le mieux à apprendre.

« J'ai malheureusement lieu de craindre qu'on ne soit
pas pénétré de cette vérité dans toutes les écoles, et je vois
avec peine de nombreux témoignages, confirmés par ma
propre expérience, établir que l'enseignement primaire, en
beaucoup de lieux, est plus mécanique que rationnel. C'est
ce qui explique, jusqu'à un certain point, le long séjour,
trop souvent infructueux, que font les enfants dans les
écoles. Le chiffre qui m'a le plus vivement frappé, dans la
statistique que j'ai publiée pour l'instruction primaire, n'est
pas celui du nombre des enfants restés en dehors des écoles,
et que le progrès des mœurs et des idées suffira maintenant
à réduire rapidement ; c'est le chiffre des non-valeurs scolaires, ce sont ces quarante élèves sur cent qui sortent de
l'école, ou ne sachant rien, ou sachant si peu de chose que,
sans le cours d'adultes, ils l'auront bien vite oublié.

---

1. N'abusez pas de la grammaire, ne croyez pas avoir tout fait quand vous aurez
mis dans la mémoire de vos élèves un grand nombre de règles, de distinctions et
de mots techniques. Évitez les abstractions et les subtilités pour vous attacher
aux applications et aux exemples, *à ceux surtout que vous fourniront la leçon de
lecture et l'explication de la dictée.*

(*Circulaire ministérielle du 2 juillet 1866.*)

« Nous ne pouvons agir sur les familles qui nous refusent leurs enfants que par la contagion morale de l'opinion publique ; mais, pour les autres, nous avons le devoir de chercher les moyens de diminuer chaque année notre déficit.

« Ce moyen ne consiste pas à demander plus de temps pour l'étude aux maîtres et aux élèves. Les instituteurs ne marchandent pas leur peine, et quant aux élèves, nous ne leur faisons déjà que des classes trop longues.

« L'amélioration à trouver doit être cherchée dans les méthodes d'enseignement ; car il est certain qu'il ne faudrait pas six années pour parcourir le programme de l'enseignement primaire, si cet enseignement était donné avec la parfaite connaissance des besoins intellectuels des enfants. » . . . .

Enfin, dans le même ordre d'idées, qu'il nous soit permis de citer encore l'extrait suivant, où des conseils analogues sont donnés avec la plus haute autorité, et d'une manière peut-être plus précise, plus pratique encore :

« L'objet propre de l'enseignement primaire, dit M. Gréard, c'est d'abord, sans doute, d'inculquer à l'enfant un grand nombre de connaissances positives, en dehors desquelles l'homme se trouve aujourd'hui, comme on l'a dit, « en dehors de l'humanité ». Mais c'est aussi, en même temps, de former et de développer dans l'enfant le **bon sens** et le **sens moral** : le bon sens, par l'exercice du raisonnement, le sens moral, par la culture de tous les sentiments honnêtes, de tous les instincts élevés dont Dieu a déposé le germe dans son cœur.

« Si tel est bien le but de l'enseignement primaire, il est évident qu'il vaut surtout par la méthode, et la méthode qui lui convient peut se résumer en quelques traits.

« **Écarter tous les devoirs qui faussent la direction de l'enseignement,** sous prétexte d'en élever le caractère : modèles d'écriture compliqués et bizarres, textes de leçons démesurés, séries d'analyses et de conjugaisons écrites, définitions indigestes ; **ménager les préceptes et multiplier les exercices ;** ne jamais oublier que le meilleur pour l'enfant, c'est la parole du maître ; n'user de sa mémoire, si souple, si sûre, que comme d'un point d'appui, et faire en sorte que l'enseignement pénètre jusqu'à son intelligence, qui seule peut en conserver l'empreinte féconde ; le conduire du simple au composé, **du facile au difficile, de l'application**

au principe ; **l'amener, par des questions bien en
chaînées, à découvrir ce qu'on veut lui montrer ;**
l'habituer à raisonner, faire qu'il trouve, qu'il voie ; en un
mot, tenir incessamment son raisonnement en mouvement,
son intelligence en éveil ; pour cela, ne rien laisser d'obscur
qui mérite explication, **pousser les démonstrations
jusqu'à la figuration matérielle des choses, toutes les
fois qu'il est possible ;** dans chaque matière, dégager des
détails confus qui encombrent l'intelligence, les faits caractéristiques, les règles simples qui l'éclairent ; **aboutir, en
toute chose, à des applications judicieuses, utiles,
morales :** en lecture, par exemple, tirer du morceau lu
toutes les explications instructives, tous les conseils de conduite qu'il comporte ; en grammaire, **partir de l'exemple
pour arriver à la règle** dépouillée des subtilités de la
scholastique grammaticale ; choisir les textes de dictées écrites
parmi les morceaux les plus simples et les plus purs des
œuvres classiques ; tirer les sujets d'exercice, non des recueils fabriqués à plaisir pour compliquer les difficultés de la
langue, mais des choses courantes, d'un incident de classe,
des leçons du jour, des passages d'histoire sainte, d'histoire
de France, de géographie, récemment appris ; inventer des
exemples sous les yeux de l'élève, ce qui pique son attention, **les lui laisser surtout inventer lui-même** et toujours les écrire au tableau noir ; **ramener toutes les opérations du calcul à des exercices pratiques empruntés
aux usages de la vie ; n'enseigner la géographie que
par la carte,** en étendant progressivement l'horizon de l'enfant de la rue au quartier, du quartier au canton, à la commune, au département, *à la France, au monde* [1] ; animer la
description topographique des lieux par la peinture des particularités de configuration qu'ils présentent, par l'expli-

---

1. Il y aurait sans doute quelque chose d'excessif à pousser jusque-là. « C'est
par l'étude de la commune et du département que doit débuter l'enseignement
géographique à l'école primaire, dit M. Levasseur ; mais l'emploi de cette méthode
doit s'arrêter au département. Au delà elle est une erreur, parce qu'elle n'offre
plus aucun intérêt particulier et n'a plus aucun effet pour des lieux que l'enfant
n'a pas vus lui-même, ou dont il n'a pas fréquemment entendu parler dans sa
famille. Appliquée à la France entière, et prenant en quelque sorte à la file tous
les départements, cette méthode n'est plus que confusion ; elle ne doit jamais se
substituer à la méthode logique, fondée sur les divisions naturelles de la géographie
physique. » *(L'étude et l'enseignement de la géographie* par Levasseur, lib. Delagrave.)

cation des productions naturelles ou industrielles qui leur
sont propres, par le souvenir des événements qu'ils rappellent ; en histoire, **donner aux diverses époques une
attention en rapport avec leur importance relative, et
traverser plus rapidement les premiers siècles pour
s'arrêter sur ceux dont nous procédons directement ;**
sacrifier sans scrupule les détails de pure érudition pour
mettre en relief les grandes lignes de développement de la
nationalité française ; chercher la suite de ce développement,
moins dans la succession des faits de guerre que dans l'enchaînement raisonné des institutions, dans le progrès des idées
sociales, dans les conquêtes de l'esprit qui sont les vraies conquêtes de la civilisation ; placer sous les yeux de l'enfant les
hommes et les choses par des peintures qui agrandissent son
imagination et qui élèvent son âme ; *faire de la France*, ce
que Pascal a dit de l'humanité, *un grand être qui subsiste
perpétuellement, et donner par là même à l'enfant une idée de
la patrie, des devoirs qu'elle impose, des sacrifices qu'elle exige.*
Tel doit être l'esprit des leçons de l'école, et tels sont, soit dans
leur direction générale, soit dans leurs applications spéciales,
les procédés d'enseignement et les méthodes que les instructions explicatives de l'organisation pédagogique rappelleront
incessamment.

« Que l'enseignement, ainsi entendu, offre des difficultés,
on ne peut le méconnaître. Mais nos maîtres reconnaîtront aisément par eux-mêmes que, les premières difficultés des habitudes à prendre une fois vaincues, tout ce qui rompt avec
la routine, *tout ce qui contribue à apporter dans une classe
l'intérêt, l'éveil, la vie, allège en réalité le poids de l'enseignement* en devenant un élément de force et de progrès. Ils savent aussi que l'emploi intelligent de ces méthodes, agis-
santes pour ainsi dire, leur donne seul la possibilité de
pénétrer jusqu'au cœur de l'enfant et de travailler, non plus
seulement à l'instruire, mais à l'*élever :* élever, tâche grave,
où l'instruction a sa part, sans doute, mais où elle n'est pas
tout et dont l'objet, attaché au caractère plus encore qu'au
savoir, est de façonner dans l'enfant ce qui un jour sera
l'homme [1]. »

---

1. Extrait du rapport présenté à M. le préfet de la Seine, par l'inspecteur général
de l'instruction publique, directeur de l'enseignement primaire, sur la situation
de l'instruction primaire pendant l'année 1871-72.

Conclusion du rapport sur l'instruction primaire à l'Exposition universelle de Philadelphie, par M. Buisson, directeur de l'enseignement primaire au ministère de l'instruction publique.

. . . .

Voici maintenant, en prenant à part les divers objets de l'enseignement primaire, les principaux procédés que nous avons eu occasion de voir à l'œuvre en Amérique et qui, croyons-nous, sont, dans une certaine mesure, utilement applicables partout, à la condition d'être tempérés et complétés par ceux qui sont déjà en usage.

Lecture. Supprimer l'épellation comme exercice préliminaire, et la réserver au moment où elle devient indispensable pour l'étude de l'orthographe.

Rendre ce premier enseignement, non pas seulement plus attrayant, mais plus profitable, en l'animant par des leçons de choses, en le menant de front avec l'écriture et avec le dessin rudimentaire.

Donner plus d'attention à la prononciation, au débit, à l'accent, à la lecture expressive.

Écriture. Exiger de tous les élèves, non seulement une bonne écriture, mais le talent d'écrire, de dessiner au tableau noir.

Condamner l'abus des exercices de calligraphie et de copie machinale; faire de la dictée, du problème, du résumé, l'occasion d'exercices d'écriture courante et soignée.

Ne pas permettre au maître d'assister de sa chaire aux exercices d'écriture; lui prescrire de donner une leçon au tableau noir et de diriger les élèves, en allant de banc en banc surveiller la tenue du corps, de la main, de la plume.

Langue maternelle. Commencer l'étude de la langue, non par la grammaire, mais par l'exercice oral, et la poursuivre en s'attachant toujours à la pratique du langage plutôt qu'aux subtilités grammaticales.

Diminuer, autant que possible, les exercices écrits d'analyse grammaticale et logique; augmenter, au contraire, le temps et les soins donnés à la rédaction usuelle et à l'étude du sens des mots par l'analyse lexicologique.

Viser, dès le début, à apprendre à tout enfant à s'exprimer correctement, facilement, clairement et sincèrement, en ne lui faisant dire de vive voix et en ne lui demandant d'écrire que ce qu'il sait, ce qu'il pense et ce qu'il veut.

Employer les dictées, non seulement comme exercice grammatical technique, mais comme moyen d'apprendre des faits, de faire acquérir des notions utiles, de faire réfléchir l'enfant sur le fond aussi bien que sur la forme du discours.

Arithmétique. Y préparer les enfants par l'usage du boulier, sans le prolonger trop longtemps.

S'inspirer de la méthode de Grube, qui fait pour ainsi dire appliquer les quatre opérations sur des nombres de 1 à 10 [1].

Développer l'emploi du calcul mental, tant sous la forme d'opérations faites de tête que sous celle de solution rapide de petits problèmes.

Ne pas craindre d'exercer les enfants de bonne heure au calcul intuitif des fractions, des nombres complexes, du système métrique, le tout présenté, non dans l'ordre rigoureux et définitif de l'enseignement ultérieur, mais sous la forme usuelle, élémentaire, analogique et en quelque sorte provisoire, qui convient à un premier aperçu.

Algèbre et géométrie. Enseigner l'algèbre dans les écoles normales et les écoles primaires supérieures, non dans tous ses développements, mais de manière à permettre la solution facile des équations auxquelles conduit la géométrie et celle de certains problèmes donnés aux examens et qui, traités sous la forme arithmétique seulement, présentent une extrême complication.

Histoire et instruction civique. Traiter l'histoire dans l'école primaire comme un enseignement national par excellence, c'est-à-dire lui donner pour but de **faire connaître et aimer la patrie.**

Négliger les détails des faits, des dates, des noms secondaires et insister sur les grands tableaux, les grandes figures, les grandes étapes de la civilisation.

Faire comprendre aux élèves des écoles primaires les rouages principaux de l'organisme social et administratif dans les points qui leur sont accessibles et sur lesquels il y a lieu de combattre des erreurs, des préjugés ou des utopies populaires.

Leur faire **aimer le présent** et **honorer le passé,** les

---

1. Voir dans le Dictionnaire pédagogique de M. F. Buisson, lib. Hachette, 1re partie, l'art. *Calcul intuitif.*

pénétrer à la fois du sentiment du progrès et du respect des traditions nationales.

Géographie. Commencer par la méthode synthétique, qui ⁀it partir du lieu où l'on se trouve pour étendre progressivement son horizon, mais ne pas s'y enchaîner trop longtemps ; donner aux élèves, dès qu'ils se montrent capables de les recevoir, les notions nécessaires de géographie générale et de cosmographie.

Les exercer de bonne heure à dessiner des cartes de mémoire, à reproduire au tableau les formes approchées des pays.

Insister sur la partie descriptive, en se préoccupant de donner des idées justes sur le relief des terrains, l'aspect des contrées, la nature du sol, du climat, des productions, des accidents physiques, etc. ; enfin sur tout ce que les Anglais appellent la *physiographie.*

Notions d'histoire naturelle. Admettre quelques notions d'histoire naturelle très élémentaire dans le programme des écoles, d'abord comme leçons de choses ; puis, dans les classes un peu plus élevées, sous la forme d'un petit cours gradué, insistant principalement sur les sujets familiers aux enfants.

Encourager chez eux l'esprit d'observation et de comparaison, les inviter et les aider à faire de petites collections.

Multiplier les musées scolaires, les collections de tableaux ou de spécimens en nature pour leçons de choses ; favoriser les associations d'élèves pour la préservation des oiseaux, pour la destruction des insectes nuisibles, pour l'entretien de petits jardins scolaires.

Donner, dans des promenades bien conduites, des explications sur les phénomènes naturels, les procédés de culture, les ouvrages d'art, les établissements industriels, etc.

Dessin. Commencer le dessin, dès que l'enfant entre en classe, par des exercices sur l'ardoise et au tableau noir, à l'aide de quadrillages ou mieux de points placés régulièrement de façon à laisser faire les lignes aux enfants.

Aller graduellement de la ligne droite aux figures élémentaires de géométrie, de celles-ci aux combinaisons plus compliquées, et de là au dessin industriel et d'ornement.

Exercer surtout l'œil par des études élémentaires de perspective, par l'appréciation des distances d'après la vue, par l'observation et la comparaison des formes.

Proscrire le dessin de pur agrément et de hasard, qui fausse le goût.

Chant et musique. — Encourager l'étude du chant dans les écoles primaires et faire que les entrées et les sorties générales soient accompagnées de petits chants bien rythmés.

Instituer dans certaines circonstances de petites solennités scolaires réunissant tous les élèves et donnant lieu à l'exécution de chants en commun.

Proposer aux conseils municipaux ou aux caisses des écoles de donner, à titre d'encouragement, un petit orgue ou harmonium scolaire aux écoles nombreuses qui se distingueront par l'enseignement du chant.

Langues vivantes. — Dans les grandes villes et dans les localités où le besoin s'en fait sentir, favoriser, soit pour les instituteurs, soit pour les élèves, l'étude pratique d'une langue vivante.

LES

MÉTHODES DE LECTURE

LES MÉTHODES DE LECTURE

§ I

Lettre à un jeune instituteur.

Vesoul, le 25 janvier 1870.

Monsieur,

Vous me demandez des conseils sur les méthodes d'enseignement qui me paraissent les meilleures à suivre dans une
école primaire; vous me priez de guider votre inexpérience,
d'assurer vos pas au début de la carrière. Je suis moi-même
assez peu compétent sur ce sujet; cependant voici quelques
réflexions que m'ont amené à faire et mes lectures personnelles, et l'inspection de quelques écoles. Je vous les livre
telles qu'elles me viennent à l'esprit, et souhaite qu'elles puissent vous être utiles.

Et d'abord, pour commencer par le commencement, je ne
suis pas d'avis qu'on suive, pour apprendre à lire aux
enfants, l'ancienne méthode d'épellation, qui donne aux
consonnes considérées seules un son tout autre que celui
qu'elles ont quand elles sont réunies aux voyelles.

En effet, « les consonnes ne sont appelées consonnes que
« parce qu'elles n'ont point de son toutes seules, mais qu'elles
« doivent être jointes avec des voyelles et *sonner avec* [1] elles.
« C'est donc se contredire soi-même que de montrer à pro-
« noncer seuls des caractères qu'on ne peut prononcer que
« quand ils sont joints avec d'autres; car, en prononçant
« séparément les consonnes et en les faisant appeler [2] aux
« enfants, on y joint toujours une voyelle, savoir é, qui n'est
« ni de la syllabe, ni du mot (c'est-à-dire qui ne fait partie
« ni de la syllabe où se trouve la consonne à laquelle elle est
« jointe, ni du mot auquel appartient cette syllabe) : ce qui
« fait que le son des lettres appelées est tout différent de celui

---

1. De *consonare*, *cum*, avec, et *sonare*, sonner.
2. Épeler.

« des lettres assemblées. Par exemple : on fait appeler à un
« enfant ce mot *bon*, lequel est composé de trois lettres, *b, o,*
« *n*, qu'on lui fait prononcer l'une après l'autre. Or, *b* pro-
« noncé seul fait *bé; o* prononcé seul fait encore *o*, car c'est
« une voyelle ; mais *n* prononcé seul fait *enne*. Comment donc
« cet enfant comprendra-t-il que tous ces sons qu'on lui a
« fait prononcer séparément, en appelant ces trois lettres
« l'une après l'autre, ne fassent que cet unique son *bon?* On
« lui a fait prononcer ces trois sons *bé-o-enne*, dont il a les
« oreilles pleines, et on lui dit ensuite : assemblez ces trois
« sons et faites-en un, à savoir *bon*. Voilà ce qu'il ne peut
« jamais comprendre, et il n'apprend à les assembler que
« parce que son maître fait lui-même cet assemblage et lui
« crie cent fois aux oreilles cet unique son : *bon*. »

Ces critiques ont été imprimées pour la première fois en 1668 ;
elles sont d'un maître des petites écoles de Port-Royal, Guyot,
qui les tenait lui-même de Pascal, à qui l'on doit la première
idée d'une méthode de lecture rationnelle[1]. Je les connaissais
depuis longtemps, et elles m'avaient toujours paru fort raisonnables ; je viens de les relire, et plus que jamais je les
trouve fondées. Je souscrirais volontiers au jugement de
Duclos, un maître, lui aussi, qui dit « qu'elles ne souffrent ni
« exception ni réplique ». La méthode rationnelle, dite *nouvelle* méthode, quoiqu'elle date, on le voit, de plus de deux
cents ans, est assurément plus simple et plus avantageuse que
l'ancienne ; elle doit évidemment conduire plus rapidement
au but, qui est la lecture courante : aussi je la croyais
depuis longtemps en usage dans *toutes* les écoles. — Hélas !
j'ai pu me convaincre qu'il n'en est rien, et j'ai assisté dernièrement à une leçon de lecture où un malheureux enfant, à
qui l'on avait fait prononcer séparément *cé, ache, a*, ne pouvait
supposer que tous ces sons assemblés faisaient *cha*, et encore
bien moins que *gé, erre, i, enne*, faisaient *grin*. Il est vrai
que, dans cette école, de grands enfants de dix à douze ans
savaient à peine lire.

On m'objecte « qu'il est très utile d'habituer l'enfant à
« décomposer les mots, non seulement en syllabes, mais en
« lettres ; que cette décomposition lui donne plus tard une bien
« plus grande facilité pour apprendre l'orthographe, et qu'il
« regagne largement le temps qu'il paraît avoir perdu. » — Je

1. Voir la revue pédagogique (lib. Delagrave), n° du 15 janvier 1884.

réponds que c'est là un mince avantage, si toutefois c'en est un ;
car l'orthographe s'apprend plus par les yeux que par les
oreilles ; — que le plus pressé est d'intéresser l'enfant à
l'étude, en le mettant à même de lire et de comprendre le
livre qu'il a entre les mains ; — qu'apprendre à lire est en
soi-même une chose assez ingrate, et qu'il ne faut pas la compliquer d'une difficulté étrangère, en vue d'un avantage ultérieur d'ailleurs très problématique ; — que savoir lire est la
clé de tout ; que plus vite l'enfant saura lire et comprendre
ce qu'il lit, plus vite il lui sera possible d'acquérir des idées
et de développer son intelligence, ce qui vaut mieux même
que la connaissance de l'orthographe ; — qu'enfin, comme le dit
encore le maître cité plus haut, « il faut toujours faciliter
« toutes choses aux enfants et leur rendre l'étude même, s'il
« est possible, plus agréable que le jeu et les divertissements. »
J'ajoute qu'il sera toujours facile d'apprendre aux enfants
l'ancienne épellation, quand le moment sera venu de les faire
écrire sous la dictée et de leur corriger des devoirs ; que quelques jours, tout au plus, y suffiront.

On objecte encore (car que n'objecte-t-on point pour défendre des habitudes avec lesquelles on ne veut pas rompre ?)
« qu'en suivant la nouvelle méthode, on se prive du con-
« cours des parents qui ont appris à lire d'après l'ancienne,
« et qui, après la classe, font répéter la leçon à leurs enfants. »
— L'objection n'est pas sérieuse. La nouvelle méthode a-
t elle, oui ou non, des avantages sur l'ancienne ? Conduit-elle
plus vite et plus sûrement au but ? Évidemment oui. Dès
lors il n'y a pas hésiter ; on ne peut pas éterniser ce qui est
moins bon, parce que l'usage, ou plutôt la routine le veut
ainsi. A ce compte, tout progrès deviendrait impossible, et il
aurait fallu continuer de compter par onces, par gros et par
grains, etc..., parce que ceux qui nous ont précédés avaient
compté de la sorte et pouvaient apprendre à leurs enfants à
compter comme eux. D'ailleurs, ou je me trompe fort, ou les
parents assez soucieux des progrès de leurs enfants pour se faire
eux-mêmes leurs répétiteurs auront bientôt compris la nouvelle méthode et sauront s'en faire les interprètes.

On me dit enfin : « Mais on voit des enfants arriver en
« très peu de temps à lire couramment par l'ancienne mé-
« thode. » Je ne le nie point, quoique le fait soit contestable.
Mais cela prouve uniquement qu'on peut arriver au but, même
avec une mauvaise méthode. De quoi l'intelligence des enfants

n'est-elle pas capable? En quelques années ils apprennent une
langue, c'est-à-dire les sons qui forment les mots, leur signification, et même la manière de les assembler pour en faire
des phrases qui expriment leurs pensées. Comment n'appren-
draient-ils pas à lire, ce qui après tout est bien plus facile,
même par une méthode illogique et compliquée à plaisir?
Mais pourquoi ne pas leur épargner les peines et les dégoûts
que nous avons dû nous-mêmes éprouver, quoique nous en ayons
aujourd'hui perdu le souvenir? Pourquoi vouloir que la raison
reste éternellement l'esclave de la routine? Chose étrange! il
en a toujours été ainsi, et toujours il a fallu des années pour
qu'une innovation raisonnable triomphât des préjugés et des
habitudes! Autrefois, nous voulons dire en plein xvıⁱᵉ siècle,
alors que Pascal et les solitaires de Port-Royal avaient déjà
mis cette vérité en lumière, alors que la langue française
était devenue d'un usage général, et que nos grands écrivains
l'avaient portée à un point de perfection qu'elle n'a pas
dépassé depuis, la coutume était encore, le croirait-on? de se
servir de livres latins pour apprendre à lire aux enfants, et
voici la singulière raison qu'on en donnait : « On fait lire
« d'abord en latin, parce que nous prononçons le latin plus
« comme il est écrit que le français. » — « Je crois, répond
« Fleury, dans son *Traité des études*, que le plaisir qu'aurait
« un enfant d'entendre ce qu'il lirait et de voir l'utilité de son
« travail l'avancerait bien autant. » L'opinion de Fleury a
fini par prévaloir; mais il a fallu du temps!

Je ne me dissimule point pourtant que la nouvelle méthode
elle-même est loin de résoudre toutes les difficultés. Pascal,
appliquant à cette question élémentaire son esprit si perspi-
cace et si net, avait parfaitement vu qu'il est inutile d'apprendre aux enfants le nom qu'on donne habituellement aux lettres
considérées seules, *effe, ache, ixe, zed*, etc. ., « puisque cette
« connaissance ne leur sert nullement pour les assembler, ce
« qui fait proprement qu'on sait lire »; mais ce principe si
vrai ne satisfait point à tout. C'est ce que lui objecta, dès
l'origine, sa sœur Jacqueline, celle qui, sous le nom de sœur
Sainte-Euphémie, s'était faite religieuse à Port-Royal, et était
chargée, dans son couvent, d'apprendre à lire aux petites
filles. Voici, en effet, ce qu'elle lui écrivait, à la date
du 26 octobre 1655, dans une lettre fort curieuse, tout récem-
cemment retrouvée par M. Feugère.

« Nos mères m'ont commandé de vous écrire, lui dit-elle,

« afin que vous me mandiez toutes les circonstances de votre
« méthode pour apprendre à lire par *be, ce, de,* etc..., où il
« ne faut point que les enfants sachent le nom des lettres.
« Car, je vois bien comme on peut leur apprendre par exem-
« ple *Jesu,* en leur faisant prononcer *je, e, je; ze, u, zu;*
« mais je ne vois pas comme on peut leur faire comprendre
« facilement que les lettres finissantes ne doivent pas ajouter
« d'*e.* Car naturellement, d'après cette méthode, ils diront *Jé,*
« *su, se,* sinon qu'on leur apprenne qu'il ne faut prononcer
« l'*e* à la fin que lorsqu'il y est effectivement. Mais je ne vois
« pas comment leur apprendre à prononcer les consonnes
« qui suivent les voyelles, par exemple *en;* car ils diront *e-ne,*
« au lieu de prononcer *en,* comme veut souvent le français.
« De même pour *on,* ils diront *o-ne;* et même en leur faisant
« manger l'*e,* ils ne le diront pas de bon accent, si on ne leur
« apprend à part la prononciation de l'*o* avec l'*n.* Je n'en ai
« pas d'autres (d'objections) dans l'esprit, mais je crois que
« vous les aurez prévues... Signé : Sœur Euphémie. »

Quelle fut la réponse de Pascal? On l'ignore : elle ne nous
est pas parvenue; mais on peut supposer, d'après le chapitre VI
de la *Grammaire générale* de Port-Royal, où Arnauld s'est évidemment inspiré des idées de Pascal, qu'il lui répondit qu'il
ne faut pas décomposer les voyelles nasales, puisqu'elles ne
forment qu'un son et s'expriment par une seule émission de
voix, pas plus que *ph, ch, gn,* qui sont également des consonnes
simples, quoique s'écrivant avec deux lettres; que souvent les
consonnes finales ne se prononcent pas; que certaines lettres
correspondent à deux sons tout différents, *c, g, t,* par exemple,
et qu'il faut nécessairement les apprendre séparément; que,
dans les langues, il est bien des choses dont il est impossible
de rendre raison, bien des particularités qu'on ne peut pas
ramener à des règles, et qui doivent s'apprendre par l'usage
seul; que l'important est d'amener les enfants à pouvoir lire
le plus tôt possible de petites phrases toutes simples, d'où
l'on a banni les irrégularités; ce qui ne peut manquer de les
intéresser et de les encourager à faire de nouveaux efforts
pour connaître ce qu'ils ne savent pas...

Maintenant vous me demanderez peut-être quelle est celle
que je préfère parmi les méthodes nouvelles. Je les crois
toutes bonnes, pourvu qu'elles renoncent à cette ancienne
épellation des lettres, qui ne peut qu'ajouter de nouvelles
difficultés à une chose déjà difficile par elle-même; pourvu

surtout qu'elles soient graduées, qu'elles aillent du plus facile
au plus difficile, et que chaque nouvelle leçon soit accompagnée de nombreux exercices et d'applications qui gravent
profondément dans la mémoire les connaissances précédemment acquises. Je crois aussi que la meilleure est en général
celle qui plaît le plus au maître qui l'emploie. Apprendre à
lire à des enfants est, en effet, et restera, quoi qu'on fasse,
une chose ennuyeuse et pénible, qui exige de sa part de la
conviction et du dévouement. Qu'avant tout donc il ait foi
dans l'excellence de sa méthode, et il mettra de la chaleur et
de l'entrain dans son enseignement, et il obtiendra des résultats. Or, c'est ici surtout que le point capital est d'arriver au
but.

. . . .

Voilà une lettre bien longue, Monsieur, et sur un bien petit
sujet. Pourtant, ne vous y trompez pas, ce point n'est pas à
négliger. D'abord, s'habituer dès le début à suivre la raison et
non la routine, c'est contracter soi-même et faire contracter
à ses élèves de bonnes habitudes d'esprit, ce qui est d'un bon
augure pour le reste de l'enseignement; mais la chose en elle-
même a bien son importance. Et ici, permettez-moi encore
une réflexion, ce sera la dernière. En général, les jeunes
maîtres, les maîtres adjoints ont une tendance à négliger cet
exercice de la première lecture, qu'ils regardent comme
au-dessous d'eux, et ils s'en acquittent fort mal. Parce qu'ils
ont passé trois ans dans une école normale, parce qu'ils s'y
sont livrés à des études beaucoup plus relevées et qu'ils ont
subi des examens sur des matières de littérature et de
science, il leur semble que ce serait s'abaisser que d'appliquer
un esprit cultivé à une chose aussi mesquine que celle d'apprendre à lire. C'est un tort. Retenez-le bien : il n'y a rien de
petit dans l'enseignement; il faut savoir beaucoup pour enseigner peu, et ce n'est pas trop de toute votre intelligence pour
imaginer des moyens ingénieux qui faciliteront aux enfants
cette étude ardue et ennuyeuse. Je ne vois pas d'ailleurs qu'il
y ait à rougir pour un jeune instituteur d'appliquer les ressources de son esprit à une chose qui a préoccupé deux
hommes de génie, comme Pascal et le grand Arnauld.

Recevez, etc...

§ 2

Des avantages et des inconvénients de l'épellation comme méthode pédagogique de lecture.

Octobre 1876.

Le sujet de style, que les aspirantes ont eu à traiter dans les derniers examens pour le brevet de capacité, avait pour objet *les avantages et les inconvénients de l'épellation comme méthode pédagogique de lecture.* La manière dont la plupart d'entre elles se sont acquittées de leur tâche prouve qu'elles n'avaient pas une idée bien nette de la question : nous croyons donc utile de chercher à l'élucider un peu pour leur instruction ; nous avons pu nous convaincre, d'ailleurs, dans nos tournées d'inspection, que beaucoup de maîtres et de maîtresses qui sont déjà en exercice n'ont, eux aussi, sur cette importante matière, que des idées bien confuses : ce qui amène comme résultat que des enfants de sept ans, qui fréquentent l'école depuis plusieurs années déjà, ne savent pas encore lire.

Avant tout, constatons que l'*ancienne méthode de lecture,* celle qui consiste à faire épeler les élèves dans un livre quelconque ou dans un abécédaire, est universellement condamnée aujourd'hui. Il n'est pas un homme du métier, à moins qu'il ne soit aveuglé par des préventions ou un parti pris, qui ne reconnaisse qu'apprendre à lire est une chose difficile, partant, *qui exige de la méthode.* Or, la méthode consiste surtout dans la division et la gradation de toutes les difficultés, et il faut convenir que c'est bien à tort qu'on a décoré du nom de méthode l'ancienne manière de procéder pour apprendre à lire, puisqu'elle était l'*absence de toute méthode.*

Si l'on veut apprendre à lire à des enfants, leur épargner la peine et atteindre promptement son but, il faut donc se servir d'une méthode et ne pas prendre le premier livre venu. Cette méthode devra présenter successivement et dans un certain ordre toutes les difficultés de la lecture ; elle devra aller de ce qui est facile à ce qui est plus difficile ; en un mot, elle devra être *graduée.* Il en existe un grand nombre qui peuvent être employées utilement ; on n'a vraiment à cet égard que l'embarras du choix.

Mais quelle que soit la méthode qu'on adopte, il y a deux manières de s'en servir : 1° on donne aux lettres étudiées isolément leur ancienne ou leur nouvelle appellation; 2° on fait lire avec ou sans décomposition des éléments syllabiques. L'*appellation* des lettres et l'*épellation* sont deux choses très distinctes, qu'il importe de ne pas confondre.

1° DE L'APPELLATION DES LETTRES

On peut donner aux consonnes leur ancien nom, leur nom usuel, *bé, cé, dé, eff, ache, ixe, zedde* : c'est l'ancienne appellation, — ou les faire suivre seulement, pour les nommer, du son de l'*e* muet, *be, ce, de, fe, he, xe, ze* : c'est la nouvelle appellation. Chacune a ses défenseurs.

Les partisans de la nouvelle appellation prétendent qu'il est plus facile d'amener l'enfant à dire *be a ba, re a ra, ze a za*, que *bé a ba, err a ra, zedd a za* : dans le premier cas, en effet, assembler les deux éléments, c'est faire une élision qui se fait tout naturellement ; et quand on sait le nom de la consonne, on sait, pour ainsi dire, la joindre à une voyelle ; tandis que, dans le second, il sert peu d'avoir appris le nom de la consonne, puisque, réunie à une voyelle, elle a un son tout autre que lorsqu'elle est prononcée seule : *bé a* fait *bé a* et non *ba ; emme a* fait *emma* et non *ma ; ixe a* fait *ixa* et non *xa*, etc. ; — que, par suite, la nouvelle appellation doit conduire plus facilement et plus vite à la syllabation et à la lecture courante ; — que ce prétendu avantage qu'aurait l'ancienne appellation, quand viendra le moment de faire des dictées (pour lesquelles on convient généralement qu'il vaut mieux donner aux lettres leur ancien nom, leur nom usuel), est des plus minces, puisqu'il suffit de quelques jours pour amener des enfants qui savent lire à substituer l'ancien nom des lettres au nouveau ; que d'ailleurs le temps qui s'écoule entre le moment où les enfants n'épellent plus (ce qui arrive naturellement quand ils savent syllaber et commencent à lire couramment) et celui où ils font des dictées, est plus que suffisant pour leur faire oublier le nom des lettres ; — que l'important est d'amener l'enfant à lire le plus vite possible, que la lecture est un instrument et que le maître, tant qu'il ne l'a pas à sa disposition, est privé d'un puissant moyen de développement intellectuel, etc...

Les partisans de l'ancienne appellation conviennent que la nouvelle est plus rationnelle et qu'elle devrait conduire plus promptement les élèves au but, qui est la lecture courante :

l'expérience pourtant, disent-ils, a démontré que la différence, au point de vue des résultats, n'est pas bien grande (?); — que si leurs élèves mettent un peu plus de temps à apprendre à lire, ils ne sont pas obligés d'apprendre plus tard un second alphabet (ce qui est bien quelque chose, quoi qu'on en dise), et qu'il faut éviter de mettre la confusion dans leur esprit en leur faisant apprendre pour chaque lettre, à des intervalles de temps très rapprochés, un double nom : l'un, tout provisoire, qui ne sert absolument que pour la lecture et qu'ils doivent oublier ; l'autre, définitif, qu'ils devront toujours retenir (il n'y aurait, en effet, aucun avantage, à se servir plus tard de la nouvelle appellation, qui est contraire à l'usage avec lequel il faut bien compter, et qui d'ailleurs ne serait pas, au point de vue de l'épellation, plus rationnelle que l'ancienne : il ne serait pas plus rationnel d'épeler *e se pe re i te*, que *é ess pé err i té*; les deux épellations se valent et elles n'ont pas, l'une plus que l'autre, le moindre rapport avec les sons que nous émettons, quand nous prononçons le mot *esprit*); — qu'en voulant ne rien ajouter aux consonnes que le son *e*, qui est sourd, on arrive à ne pas bien les distinguer les unes des autres; que les enfants retiennent plus facilement *emme, pé, err*, que *me, pe, re*, parce que à la différence dans la forme des lettres vient se joindre alors la différence dans les sons et que l'oreille aide les yeux; — qu'il faut d'ailleurs beaucoup compter sur la facilité avec laquelle les enfants contractent des habitudes quelles qu'elles soient; — que leurs parents, qui se plaisent à leur faire répéter leur leçon, après la classe, ne connaissent que l'ancien nom des lettres, et que le maître se prive d'un précieux concours en employant la nouvelle appellation, etc....

Nous croyons que l'avantage de la nouvelle appellation sur l'ancienne ne serait pas bien considérable, si l'on bornait la question aux consonnes que la première fait suivre d'un *e* muet, tandis que la seconde les fait suivre d'un *e* fermé : *c, d, p, t* et *v*. Quoique l'*e* muet soit évidemment plus facile à élider que l'*e* fermé, il faut convenir que les enfants prennent l'habitude de dire *bé a ba, pé a pa*, à peu près tout aussi vite que *be a ba, pe a pa*, et qu'avec l'ancienne appellation ils n'ont pas à changer plus tard le nom des dites lettres.

En ce qui concerne les voyelles nasales et les consonnes qui, simples quant aux sons qu'elles expriment, se re présentent cependant par plusieurs lettres, la difficulté est la même avec l'une ou l'autre appellation : ainsi *o ne* ne fait pas plus *on* que *o enne* ; *a i ne* ne fait pas plus *ain* que *a i enne*; *pe he, c he, ge ne* ne font pas plus *phe, che, gne*, que *pé ache, cé ache, gé enne*. Il est vrai de dire qu'en général les partisans de la nouvelle appelation des lettres ne décomposent pas *ph, ch, gn*, pas plus que *an, in, on*, etc., tandis que les partisans de l'ancienne appellation préfèrent en général les décomposer en leurs éléments graphiques les plus simples ; mais ceci n'est point une conséquence nécssaire de l'ancienne appellation, car rien n'empêche, après avoir appris aux enfants à dire séparément *pé* et *ache*, de leur faire prononcer d'une seule émission de voix et sans décomposition, soit *phe, pha*, soit *on*, soit même, en réunissant l'articulation et la voyelle, *phon*.

Mais il n'en est plus de même lorsqu'il s'agit des consonnes dont le nom dans l'ancienne appellation, n'a que peu ou point de ressemblance avec le son qu'elles ont, quand elles sont unies à des voyelles : *f, h, j, k, l, m, n, q, r, s, x, z*. Il est évident que l'enfant dira plus facilement *fe a fa, me a ma, xe a xa*, qu'il ne dira *eff a fa, emm a ma, ixe a xa*. *Eff* et *a* font *effa* et non *fa; ixe* et *a* font *ixa*, etc. On nous dira que ce qui frappe surtout l'enfant, ce qu'il retient, c'est la caractéristique de la consonne, c'est qu'il lui faut rapprocher les dents du haut et la lèvre inférieure pour produire le son *f*, presser les deux lèvres l'une contre l'autre pour produire le son *m*, serrer la langue contre les dents du devant, pendant que celles-ci sont un peu entr'ouvertes, pour produire le son sifflant de *ess* ou de *zedd*, etc.; — qu'on ne peut articuler quoi que ce soit, c'est-à-dire prononcer aucune consonne, sans y joindre un son quelconque, qui lui donne pour ainsi dire un corps et une individualité, et qu'il importe assez peu que ce son qu'on y ajoute soit tel ou tel, qu'il soit avant ou après la consonne. Ceci est vrai; mais on conviendra pourtant que l'enfant, qui a appris séparément *re* et *a*, les assemblera plus facilement pour en former *ra*, qu'il ne le ferait avec *err* et *a*. On sera forcé de convenir encore qu'il ne lui servira guère, quand il lui faudra syllaber, d'avoir appris le nom de ces lettres, puisque le son qu'elles ont, quand on les prononce seules, ne conduit nullement à celui qu'elles auront, quand elles seront réunies à des voyelles.

Mais où l'avantage de la nouvelle appellation est peut-être

plus manifeste encore, c'est quand on arrive aux syllabes inverses *ab*, *of*, *ir*, etc... L'enfant passe facilement de *a be* à *ab*, de *o fe*, à *of*, de *i re* à *ir*, tandis qu'en assemblant *a bé*, *o eff*, *i err*, il ne trouvera nécessairement que *abé* et non *ab*, *oeffe* et non *of*, *ierr* et non *ir*, etc... ; et aussi quand il s'agit de lire les consonnes composées, et comme sons et comme lettres, c'est-à-dire qui représentent deux sons distincts et sont composés de plusieurs lettres : l'enfant dira facilement *be le*, *ble; se pe, spe; se te re, — ste, re, — stre*, tandis que *bé* et *ell*, prononcés isolément, ne le conduisent nullement à *ble*, que *esse* et *pé* ne le conduisent pas davantage à *spe*, et que *esse té erre* le conduisent bien moins encore à *stre*. Nous le répétons, avec l'ancienne appellation, il est des cas où il ne sert guère, et d'autres où il ne sert absolument pas à l'enfant de connaître le nom des lettres pour apprendre à lire; dès lors, quelle nécessité y a-t-il de lui mettre tout d'abord dans la mémoire cette connaissance qui lui est pour le moment inutile? Il faudra qu'il l'acquière plus tard, sans doute; mais pourquoi ne pas attendre qu'il sache lire d'abord, puisque c'est là le point de départ de tout? Ce sera d'ailleurs si peu de chose pour lui, quand il saura bien lire, de substituer l'ancienne appellation à la nouvelle, tandis que ce lui est une grosse affaire d'apprendre à lire et d'arriver à comprendre ce qu'il lit !

La discussion pourrait, ce nous semble, se résumer dans les affirmations suivantes :

1° Il est plus avantageux de dire *be a ba, de a da, te a ta*, etc... que de dire *bé a ba, dé a da, té a ta*.

2° Il est bien plus avantageux surtout de dire : *fe a fa, re a ra, se a sa, ze a za*, etc., que de dire *eff a fa, err a ra, ess a sa, zedd a za*.

3° En ce qui concerne *ph ch gn ill, an in on un* et leurs équivalents, *ai ou eau* etc..., la difficulté est la même (qu'on les décompose ou qu'on ne les décompose pas), avec l'ancienne ou la nouvelle appellation. L'épellation de ces sons qui sont simples, quoique représentés par plusieurs lettres, n'est pas nécessairement liée à l'ancienne appellation.

4° Mais, où l'avantage de la nouvelle appellation est considérable encore, c'est pour les syllabes inverses. Il est évidemment plus facile d'arriver de *a be* à *ab*, de *i re* à *ir*, de *ou re* à *our*, que de passer de *a bé* à *ab*, de *i err* à *ir*, de *ou err* à *our*, etc.

5° Enfin, on ne peut contester que la nouvelle appellation ne serve aussi beaucoup plus que l'ancienne pour la lecture des consonnes doubles *ble*, *stre*, auxquelles on arrive si facilement, en passant par *be le, se te re*, tandis que *bé ell* et *ess té err* ne donnent pas la moindre idée de *ble* ni de *stre*.

2° DE L'ÉPELLATION

Indépendamment de cette question de l'appellation des lettres, il en est une autre non moins importante quand il s'agit d'apprendre à lire aux enfants, c'est celle de savoir s'il faut décomposer ou non les mots et les syllabes en leurs éléments, s'il faut *épeler*, c'est-à-dire nommer séparément chacun des caractères écrits, chaque lettre particulière, ou ne rien désomposer de ce qui présente à l'oreille un son simple et indécomposable pour elle, lors même que ce son serait représenté par plusieurs lettres.

Les partisans de l'épellation distincte de chaque lettre prétendent que les yeux ne suffisent pas à l'enfant pour retenir la forme des caractères écrits et qu'il faut appeler l'ouïe à l'aide de la vue ; que si l'on n'épelle pas, on ne pourra jamais ensuite savoir l'orthographe, etc...

Les partisans de la lecture sans épellation répondent : que c'est par les yeux surtout qu'on apprend la forme des lettres et la manière dont les mots s'écrivent ; qu'il convient d'ailleurs de faire écrire aux enfants, après la leçon de lecture, les mots qu'il viennent de lire et que cet exercice les forcera à considérer chacune des lettres isolément ; qu'il n'y a pas lieu, quand on apprend à lire à des enfants, de se préoccuper de l'orthographe que quelques-uns d'entre eux n'apprendront peut-être jamais ; que le plus pressé est de les amener d'abord à savoir lire, qu'à chaque jour suffit sa peine, et que la lecture à elle seule est déjà une chose assez difficile, sans qu'il soit besoin de la compliquer encore par une autre difficulté qui viendra plus tard et en son temps, etc...

Nous croyons que la question de savoir s'il faut épeler, c'est-à-dire s'il faut décomposer ou non, est une question de degré. On ne peut raisonnablement espérer qu'on apprendra la lecture à des enfants, en leur faisant lire d'abord des mots tout entiers, surtout si ces mots sont composés de plusieurs syllabes. Évidemment les partisans eux-mêmes de la lecture

sans épellation feront lire séparément chaque syllabe, avant
de les réunir toutes pour former le mot entier.

La discussion roule donc uniquement sur la syllabe. Faut-il
la décomposer en ses éléments ou la faire lire d'emblée, d'une
seule émission de voix? Ici encore il faut distinguer. En
admettant que la lecture immédiate soit possible pour certaines syllabes représentées par plusieurs lettres ne formant
qu'un son, comme *ou*, *ai*, *un*, et même pour celles qui sont
formés par la réunion d'une voyelle simple et d'une consonne
simple (que celle-ci n'ait qu'une seule lettre comme *b*, *f*, *r*, ou
qu'elle en ait plusieurs comme *ph*, *ch*, *gn*), elle présenterait
évidemment des difficultés très grandes, quand la syllabe
serait la réunion d'une consonne composée comme *bl*, ou *str*,
et d'une voyelle également composée comme *our*, *ans*, etc. :
bon jour, *cou vreur*, *con struc teur*. Qu'on puisse faire
accomplir ce tour de force à des enfants exceptionnellement
intelligents, nous ne le nions point; mais il ne faut point
raisonner sur des exceptions. Le mieux est de nous en tenir
à ce grand principe posé par Descartes dans son *Discours de
la Méthode*, principe qui trouve son application ici comme
bien ailleurs, à savoir « qu'il faut diviser les difficultés en
« autant de parcelles que faire se peut et qu'il est requis pour
« les mieux résoudre », et encore « qu'il faut toujours com-
« mencer par les choses les plus simples et les plus aisées
« à connaître et n'arriver que peu à peu, comme par degrés,
« à celles qui sont plus difficiles et plus compliquées. » Ceci
posé, quand une syllabe est formée de deux éléments, une
voyelle et une consonne, comme l'étude de chacun des éléments est évidemment plus simple et plus facile que celle du
tout qu'ils servent à former, il sera logique de prononcer
d'abord séparément la consonne et la voyelle, puis de les
réunir ensuite. C'est décomposer une difficulté en ses parties,
afin d'arriver plus facilement à la résoudre.

Mais la décomposition doit-elle aller plus loin, jusqu'à la
prononciation distincte et successive de toutes les lettres qui
composent soit la voyelle, soit la consonne? Doit-on dire
che, *a cha*; *gre*, *in*, *grin* = *chagrin*, ou faut-il, avec les partisans de l'ancienne appellation et de l'épellation à outrance,
dire dès l'abord, comme on le fera nécessairement plus tard,
quand on corrigera des dictées, *cé*, *ache*, *a*, *cha* ; *gé*, *err*, *i*, *enn*,
grin = *chagrin*, ou encore *tre*, *em*, *trem* ; *ble*, *er*, *bler* = *trembler*,
plutôt que *té*, *err*, *e*, *emme* = *trem* ; *bé*, *ell*, *é*, *err* = *bler*,

trembler ? C'est là, croyons-nous, qu'est le véritable nœud de la discussion. — Nous n'hésitons pas à condamner d'une manière absolue cette épellation de chaque lettre, toutes les fois que plusieurs lettres réunies ne forment qu'un seul son, soit voyelle, soit consonne, simple et indécomposable pour l'oreille. Quand l'enfant a prononcé séparément *cé, ache, a,* il est aussi loin de la syllabe *cha,* que s'il n'avait rien prononcé du tout ; *gé, err, i, enne* réunis n'ont pas plus de rapport avec *grin* qu'avec tout ce que l'on voudra. Cette décomposition préalable, cette épellation est donc parfaitement inutile. Il ne servirait à rien non plus de décomposer les voyelles nasales, *an, in, on, un,* ou leurs équivalents, *om, ain,* etc., ni les autres voyelles simples, comme *ou, eu, ai, eau,* etc., puisque, quoique composées de plusieurs lettres, elles n'expriment pourtant qu'un seul son simple et indécomposable. — Mais il peut y avoir avantage, surtout avec des enfants peu intelligents, à décomposer *bl,* en *be, le, ble ; str,* en *se, te, re, stre.* Il en est, du reste, de cette question particulière comme de toutes les autres parties de l'enseignement. Qu'un élève ait à comparer deux idées ; s'il ne voit pas bien tout d'abord le rapport qui les unit, le maître devra chercher une, et au besoin deux, trois idées intermédiaires, qui l'aideront à trouver ce rapport. Il faut traverser un ruisseau : une grande personne, d'une enjambée, sautera d'une rive sur l'autre ; un enfant, qui ne le pourra pas, mettra dans ce ruisseau une pierre, deux au besoin, qui lui permettront de passer sur l'autre rive. Il en sera de même ici : si l'enfant peut d'emblée dire *bl* ou *str,* il est inutile de lui en montrer les éléments séparés ; mais s'il ne le peut pas, il faut l'y amener en le faisant passer par les intermédiaires *be, le ; se, te, re ;* puis *ste, re,* ou *se tre,* et enfin *stre.*

En résumé :

1° Il ne faut décomposer aucun son (voyelle ou articulation), qui par nature est simple et indécomposable pour l'oreille : ainsi les voyelles nasales, *an, in, an, un* (et leurs équivalentes *ain, im,* etc.), ou les autres voyelles simples *ou, ai, œu, eau,* etc. ; ainsi encore, *ph, ch, gn, ill,* qui sont des articulations simples, quoiqu'elles s'écrivent par plusieurs lettres. C'est, en effet, un accident purement graphique qui fait qu'en français ces divers sons, bien que simples et irréductibles, élémentaires au premier chef, s'écrivent par plusieurs lettres. Cela est si vrai qu'il est des langues dans

lesquelles l'*u* simple, par exemple, se prononce *ou* et que
les Grecs n'avaient qu'une seule lettre pour exprimer, soit
notre *ph*, soit notre *ch*. Aussi voudrions-nous que, dans toutes
les méthodes de lecture, les diverses lettres servant à exprimer un son simple, fussent réunies par une accolade, ou
mises entre parenthèses, pour qu'il fût bien entendu que
leur réunion ne constitue pour ainsi dire qu'un seul caractère, puisque leur ensemble n'exprime qu'un seul son. *Sur ce
point donc, nous ne voulons pas de la méthode par épellation.*

2° Nous croyons qu'en dehors de là, il y a toujours avantage
à pousser la décomposition aussi loin que possible, c'est-
à-dire jusqu'aux éléments simples et irréductibles. Ainsi, non
seulement on décomposera, s'il y a lieu, la syllabe en ses
deux éléments, la voyelle et la consonne ; mais encore, si
cette voyelle et cette consonne sont elles-mêmes composées,
on devra en prononcer d'abord séparément les sons simples
qui les constituent. Finalement, par exemple, l'enfant devra
dire *bon jour;* mais il devra avoir appris, dans les exercices
précédents, à dire *be, on, bon; je, our, jour;* et même il ne
devra avoir été amené à dire *our* qu'après avoir étudié isolément *ou re, oure,* et en élidant l'*e* muet final *our. Sur ce
point, au contraire, nous sommes partisan de la méthode par
épellation.*

Toutefois, cette décomposition devra s'arrêter tout aussitôt que l'enfant sera capable de lire immédiatement, et d'une
seule émission de **voix,** plusieurs éléments simples réunis.
L'épellation, en effet, n'est qu'un moyen; le but qu'il faut
atteindre le plus promptement possible, c'est la lecture des
éléments réunis, la syllabation.

Si maintenant on nous demandait quelle est celle que nous
préférons parmi les méthodes nouvelles, nous répondrions
que nous leur trouvons à toutes, plus ou moins, un défaut
capital, c'est de présenter tout d'abord aux enfants des mots
exprimant des idées que les enfants n'ont pas encore et ne
peuvent pas avoir, que parfois même ils n'auront jamais. Il
est inutile, en effet, il peut même être dangereux de mettre
dans la mémoire des enfants des mots qu'ils n'auront jamais
occasion d'employer. Ils devront nécessairement les oublier ;
ou, s'ils les emploient, ils les emploieront à contre-sens : mieux
vaudrait évidemment qu'ils ne les eussent pas connus. Et puis,
nous ne comprenons pas une leçon de lecture sans l'explication des mots lus : ainsi seulement la leçon présentera

de la variété et de l'intérêt, et elle développera l'intelligence des enfants en même temps qu'elle leur apprendra la lecture mécanique. Il est facile, du reste, de remédier à l'inconvénient que nous venons de signaler, en barrant sur la méthode et en considérant comme nuls tous les mots dont on ne croit pas pouvoir ou dont on ne veut pas expliquer le sens aux enfants.

A part ce défaut, nous croyons que toutes les méthodes nouvelles sont bonnes, et que les meilleures sont celles qui sont le mieux graduées. Il est utile que chaque leçon nouvelle y soit accompagnée de nombreux exercices et d'applications qui gravent profondément dans la mémoire les connaissances précédemment acquises. Mais si le maître trouvait les applications insuffisantes, il lui serait facile d'imaginer lui-même de petites phrases qu'il écrirait au tableau noir et qui viendraient compléter la leçon de la méthode. Une méthode de lecture ne doit, en effet, comprendre que les principes absolument généraux : c'est dans des exercices imaginés par le maître, ou mieux encore, au fur et à mesure qu'elles se présenteront dans le livre de lecture, que les exceptions devront être abordées.

§ 3

Encore les méthodes de lecture.

A propos de cet article sur les méthodes de lecture, nous avons reçu la lettre suivante, que nous nous faisons un devoir et un plaisir d'insérer ici. Nos lecteurs ne la liront pas sans profit.

Charleville, le 2 novembre 1876.

Monsieur l'Inspecteur,

J'ai lu avec un véritable intérêt votre article si substantiel et si clair sur les méthodes de lecture. Il m'a remis en mémoire quelques idées que j'avais moi-même consignées autrefois par écrit sur cette matière. Veuillez me permettre de puiser dans ces souvenirs quelques réflexions, qui viendront compléter ce que vous avez dit sur ce sujet, plus important qu'on ne le croit communément. Appelé par métier à diriger depuis longtemps une école annexe, c'est-à-dire à apprendre à de futurs instituteurs la pratique de la classe, j'ai pu me convaincre que les jeunes gens sont en général peu soucieux de connaître les procédés par lesquels on apprend à lire à de tout jeunes enfants. De là, plus tard, la peine qu'ils sont obligés de se donner pour n'arriver souvent qu'à de médiocres résultats. La chose vaut donc la peine qu'on y insiste.

Vous avez parfaitement distingué, Monsieur l'Inspecteur, et avec beaucoup de raison, deux choses qui ont été confondues trop souvent : l'*appellation* des lettres, c'est-à-dire le nom qu'on leur donne quand on les considère seules, et l'*épellation*, c'est-à-dire la décomposition, poussée plus ou moins loin, des mots et des syllabes en leurs éléments, soit phoniques (au point de vue du son), soit graphiques (au point de vue de l'écriture). Permettez-moi cependant de vous signaler une méthode très usitée au delà du Rhin, et dont vous n'avez sans doute pas cru devoir tenir compte, parce qu'elle est peu connue et surtout peu pratiquée dans les Ardennes. Je veux parler de la méthode *phonique*, fondée uniquement sur la voix et sur le son, qui est incontestablement la plus logique et la plus rationnelle de toutes, et qui, à ce titre, méritait au moins une mention. C'est elle que je voudrais exposer ici.

Outre les deux manières d'appeler les lettres, qui consistent à dire *esse* ou *se*, *erre* ou *re*, il en est une troisième, qui consiste dans un sifflement *sss*..., ou dans un roulement *rrr*... prolongés, qu'on unit immédiatement à une voyelle, comme dans la lecture ordinaire.

Il en est de même pour l'épellation, qui n'est qu'un mode particulier de décomposition de la syllabe.

Soit à lire le mot *chemin*.

1° Par la méthode sans épellation, on dira *che-min*, sans décomposition de la syllabe ;

2° Avec l'ancienne épellation, on dira : *cé-ache-e-che ; emme-i-enne-min; chemin;*

3° Avec l'ancienne épellation, on décomposera ce mot de la manière suivante : *ch-e, che; me-in, min; chemin;*

4° Enfin la méthode phonique procédera comme il suit : *chchch... e; mmm... in;* puis, par degrés, *chchche, mmmin; chemin.*

La lecture d'une syllabe simple, *si*, par exemple, fera mieux encore ressortir la différence caractéristique qui existe entre les méthodes en usage et la méthode phonique.

1° Sans épellation : *si;*

2° Ancienne épellation : *esse-i, si;*

3° Nouvelle épellation : *se-i, si;*

4° Enfin, la méthode phonique passera par les **trois degrés** suivants : *sss... i; sssi; si.*

Soit encore le mot *son* : *sss... on; ssson; son.*

Veuillez me permettre encore deux réflexions.

Comme vous l'avez fort bien reconnu, Monsieur l'Inspecteur, toutes les méthodes nouvelles ont leurs mérites ; mais toutes ont aussi, plus ou moins, certains défauts, sur lesquels il n'est peut-être pas inutile d'appeler l'attention de nos jeunes maîtres.

S'il est une vérité dont on est vite convaincu, quand on est chargé d'apprendre à lire à de jeunes enfants, c'est que cette étude n'a pour eux rien d'attrayant. Ce dont il faut se préoccuper, par conséquent, c'est de leur éviter le plus possible l'ennui et le découragement : on n'y arrivera qu'en jetant dans ces premières leçons si arides un peu de variété et d'intérêt. Est-ce bien ce qu'ont toujours tâché de faire les auteurs de méthodes ? N'est-il pas vrai que tous, ou presque tous, renferment dans le premier, ou tout au plus dans les deux premiers tableaux, la série complète des voyelles et des consonnes minuscules et majuscules, sans même en excepter l'*h*, soit muette, soit aspirée, ni l'*y*? Quel enfant, en présence de tant de signes nouveaux pour lui, de tant d'éléments sans analogie avec les objets ordinaires de ses préoccupations, ne se sentirait rebuté dès ses premiers pas dans la vie scolaire? Je voudrais donc que, le premier tableau renfermant les voyelles [1], chacun des tableaux suivants ne

---

1. Même pour ce premier tableau, qui ne doit renfermer que les sons monogrammes (qui s'expriment par une seule lettre), ou voyelles, *a, e, é, è, i, o, u,* il n'est pas inutile de recourir à certains procédés qui en facilitent singulièrement l'étude.

Pour faire connaître ces sept voyelles, on a coutume de placer les enfants devant le premier tableau, et de les leur faire nommer invariablement dans l'ordre dans lequel elles sont présentées.

Ce système me paraît essentiellement défectueux, lors même qu'on varierait l'ordre dans lequel on les fait lire, et cela pour plusieurs raisons :

1° L'enfant se trouve en présence de sept difficultés à la fois, ce qui l'effraie tout d'abord et ne peut manquer de le dégoûter de la lecture. Quel élève apprendrait la démonstration de sept théorèmes de géométrie à la fois, si le professeur s'avisait de les lui faire lire successivement une trentaine de fois, sans appeler son attention sur chacun d'eux en particulier? Et ce qu'il serait déraisonnable de demander à un jeune homme de quinze ans, on l'*ige* d'un enfant de quatre à

comprit qu'une, ou deux, ou trois articulations au plus, unies à ces mêmes voyelles, et qu'on commençât par les lettres *s, f, r, j, x, z, m, l, v, n,* dont le son peut se prolonger avant d'être uni à la voyelle. On continuerait par *p, t, c, k, b, d,*

six ans! Cependant on peut admettre, qu'en raison de la différence des âges, la difficulté n'est guère moindre dans un cas que dans l'autre.

2° Lorsque l'enfant nomme les sept voyelles dans leur ordre alphabétique, il finit sans doute par les connaître, mais au prix de quels efforts et après combien de répétitions fastidieuses! Ce qu'il y a surtout de vicieux dans cette manière de procéder, c'est la fausse direction donnée à la mémoire. Comme celle-ci s'attache à retenir la position des lettres, bien plus que leur forme, l'impression produite par la vue de la lettre n'est pas assez vive pour se graver profondément dans l'esprit. Un des principaux buts de l'éducation, le développement de la faculté d'observer et de comparer, se trouve manqué ou à peu près.

3° L'enfant se fatigue vite à regarder le même objet. Si rien ne vient captiver son attention mobile, il est vite distrait et finit par regarder sans voir.

4° Quand l'enfant se borne à lire sur le tableau ou dans le syllabaire, il est presque totalement privé du mouvement physique si nécessaire à son âge. Le moniteur lui-même se lasse bientôt de la tâche ingrate qui lui est dévolue, et, pour rompre la monotonie de cette lecture insipide, éludant la règle du silence, noue avec ses camarades quelque conversation sur un sujet plus intéressant.

Voici ce que j'ai imaginé, à l'école annexe, pour éviter ces inconvénients.

Soit à faire apprendre à des débutants la lettre *i*, par exemple.

Il est évident qu'on ne peut pas leur répéter le son *i* pendant toute la leçon, en leur montrant la dite lettre au tableau. Il faut nécessairement jeter, dans cet exercice monotone, quelque variété.

Voici donc comment je m'y prends. J'ai une planchette, avec une petite tringle au bas, sur laquelle je puis poser des caractères mobiles. Je prends la lettre *i* et je la pose sur la planchette, de manière que tous les enfants rangés en cercle puissent la voir facilement; je la leur montre et je la nomme moi-même: puis je la fais nommer successivement par plusieurs élèves.

Je l'écris ensuite au tableau noir au bas duquel repose ma planchette, et je l'écris sous ses deux formes, la forme imprimée et la forme écrite. Je la nomme de nouveau et la fais nommer par mes élèves. J'ai soin de leur faire remarquer la ressemblance qui existe entre la lettre imprimée et la lettre écrite. Je la fais écrire par quelques élèves à tour de rôle.

Je place en vue des enfants un tableau de lecture quelconque, et j'invite les élèves à chercher, en les nommant, tous les *i* qui s'y trouvent. Je donne des bons points à ceux qui les découvrent et les reconnaissent les premiers. Pour varier, je leur donne à compter le nombre des *i* qui se trouvent dans le tableau tout entier, ou même dans un alinéa, dans une ligne, suivant leur force.

Il va sans dire que, pendant tout cet exercice, la lettre mobile *i* devra rester exposée sur la planchette, en vue des élèves.

Enfin, je renvoie les élèves à leur place et je leur donne comme devoir à souligner, sur la feuille d'un vieux livre, d'un morceau de journal, d'un prospectus, etc., tous les *i* qui s'y trouvent. C'est une sorte de devoir écrit qui suit leur première leçon, et qu'ils peuvent faire, soit en classe, soit à la maison, sous la direction de leurs parents.

Plus tard, ils auront à reproduire par écrit, soit les mots mêmes de la leçon de lecture, soit des mots analogues.

Ainsi, dès le début, j'intéresse et les élèves et le maître, et aussi les parents.

g, qui n'ont pas au même degré la même propriété, mais que l'enfant, qui en aura pris l'habitude avec les précédentes, unira facilement aux diverses voyelles pour les prononcer d'une seule émission de voix.

Je remarque encore que les autres, même ceux qui isolent avec le plus de soin les difficultés, ne manquent pas de placer, à la suite des lettres, des syllabes rangées dans un certain ordre uniforme, puis des mots isolés, et enfin des phrases. Qu'arrive-t-il? C'est que l'enfant, principalement s'il est intelligent et s'il a de la mémoire, répète bien vite et par cœur, comme un perroquet, les syllabes et les mots donnés comme application, et surtout les phrases, sans que pour cela il sache les lire. Quel est l'adulte qui ne se rappelle avoir ainsi appris dans son enfance cet assemblage de syllabes cadencées : *ba-bé-bi-bo-bu, ma-mé-mi-mo-mu, ta-té-ti-to-tu*, ou une série de mots toujours les mêmes, *âme, âne, bête*, ou enfin des phrases : *René a vu la lune, Papa fume sa pipe, Caroline a sali sa robe?* Il est évident qu'au bout de deux ou trois leçons, et même plus tôt, l'enfant à qui on lira le premier mot de la phrase, en dira le reste sans la moindre hésitation, quoiqu'il soit incapable de lire ces mêmes mots dans une autre phrase. On peut même dire qu'il en sera surtout ainsi, quand l'idée sera familière et intéressante. On éviterait cet inconvénient, si les méthodes ne renfermaient que des lettres et des syllabes que l'enfant ne pourrait jamais lire deux fois de suite dans le même ordre , et si le maître prenait le soin de composer lui-même et d'écrire chaque jour au tableau noir, ou de représenter sur une planchette-composteur, à l'aide de caractères mobiles [1], soit les mots, soit les phrases qui doivent servir d'application à chacun des exercices de la méthode. Cette manière de procéder aurait un double avantage : elle permettrait de faire des méthodes beaucoup moins volumineuses, et qui, par suite, coûteraient moins cher; de plus, elle forcerait le maître à travailler et à s'inté-

---

1. Il est des maîtres qui sont embarrassés pour tout, et qui vont répondre qu'ils n'ont pas de composteur, qu'un composteur coûte cher, que la commune est pauvre, qu'elle ne peut ou ne veut rien faire pour son école. Qu'ils prennent donc un vieux journal, une vieille affiche, une feuille quelconque sur laquelle sont imprimées de grosses lettres, qu'ils les découpent et qu'ils les collent sur un papier fort, et ils formeront un excellent composteur, qui n'aura rien coûté à personne.

resser à sa leçon, ce qui ne manquerait pas d'y intéresser aussi ses élèves.

Je finis là cette lettre déjà trop longue et vous prie d'agréer, Monsieur l'Inspecteur, l'assurance de mon respectueux dévouement.

Th. Frieh,

Maître adjoint, chargé de la direction de l'école primaire annexée à l'école normale de Charleville.

LA LEÇON DE LECTURE

LA LEÇON DE LECTURE

§ I

PROGRAMME

Cours élémentaire.

1. — Lecture simultanée et mécanique, par syllabes détachées, dans un livre simple, à phrases courtes.

2. — Explication du sens des mots et des phrases.

3. — Épellation orthographique de ce qui aura été lu, en tout ou en partie.

4. — Lecture par le maître.

5. — Lecture simultanée, avec intonation cette fois, phrase par phrase, ou alinéa par alinéa, et enfin lecture individuelle par quelques élèves, à tour de rôle.

Cours moyen.

On continuera encore, au moins au commencement de l'année, la lecture simultanée, qui sera faite surtout au point de vue de l'articulation, ainsi que de la prononciation nette et distincte de chaque syllabe. C'est dans ce cours qu'on s'attachera plus spécialement à faire disparaître tout mauvais accent, toute intonation vicieuse.

1. — Lecture de la leçon par le maître.

2. — Explication du sens des mots et des phrases. Enseignement moral qui ressort du morceau, objet de la leçon.

3. — Lecture individuelle par les élèves, à tour de rôle, avec intonation convenable.

Lecture des manuscrits.

Cours supérieur.

La leçon de lecture sera surtout considérée comme un moyen d'instruction et de développement intellectuel. Le morceau lu, ainsi que les explications auxquelles il aura donné lieu, pourra fournir la matière d'un devoir de rédaction.

Janvier 1875.

Développement de ce programme.

Cours élémentaire.

Il est bien entendu que tous les élèves doivent avoir entre les mains le même livre, et que ce livre doit être très simple, ne renfermer que des phrases courtes, des idées qui soient à la portée de l'intelligence des plus faibles, des mots usuels dont on puisse facilement comprendre le sens. Voici dans quel ordre doivent se succéder, à notre avis, les différentes parties de cet exercice :

1º On fera lire tous les élèves à la fois, en détachant toutes les syllabes, en les scandant, pour ainsi dire, mais sans aucune intonation particulière. On s'attachera à obtenir une prononciation nette et distincte de chaque son. On articulera bien et l'on appuiera sur les syllabes muettes, comme sur les autres. Pour obtenir de l'ensemble et éviter toute cacophonie, le maître devra, au moins dans les premiers temps, et peut-être même toujours, ne fût-ce qu'au commencement de chaque leçon, marquer la mesure en frappant sur la table avec une règle.

2º On expliquera le sens de tous les mots un peu difficiles; on s'assurera par des interrogations que chaque phrase en particulier, ainsi que la pensée générale du morceau, a été saisie et bien comprise.

3º On épellera, sinon tout entier, du moins en partie, au point de vue de l'orthographe usuelle, et pour remédier au défaut de la méthode de lecture par syllabation, le morceau qui fait l'objet de la leçon.

4º Le maître lira ce morceau avec l'intonation convenable, d'une manière accentuée et intelligente, de façon à faire sentir aux élèves ce que la lecture mécanique ne leur aurait pas suffisamment fait comprendre.

5º Tous les élèves, ou, s'ils sont trop nombreux, les élèves de chaque table à tour de rôle, liront ensemble, avec intonation cette fois, phrase par phrase, ou alinéa par alinéa. On répétera chaque phrase autant de fois qu'il sera nécessaire pour obtenir un résultat satisfaisant. En un mot, le morceau

qui fait l'objet de la lecture sera traité comme un chant qu'on
fait apprendre aux élèves, et qu'on leur répète jusqu'à ce
qu'ils arrivent à le chanter juste.

6° Enfin, dans la crainte que certains élèves ne s'habituent
trop à être soutenus par leurs camarades et à se contenter de
les suivre, on en fera lire chaque fois quelques-uns, à tour de
rôle, individuellement, et des bons points pourront être
accordés à ceux qui reproduiront avec le plus de naturel le
ton donné par le maître.

Cours moyen.

On y continuera encore, au moins au commencement de
l'année, la lecture simultanée, qui sera faite surtout au point
de vue de l'articulation, ainsi que de la prononciation nette
et distincte de chaque syllabe. C'est dans ce cours qu'on s'attachera plus spécialement à faire disparaître tout mauvais
accent, toute intonation vicieuse; c'est là que les élèves
apprendront, non seulement à lire couramment, sans hésitation, mais encore à *bien lire*. Enfin la leçon de lecture, tout
en conservant son objet spécial, qui est d'apprendre à lire,
aura cependant pour but, bien plus que d..ns le cours précédent, la culture des facultés et le développement de l'esprit.
La nature des exercices et l'ordre dans lequel ils doivent se
succéder devront nécessairement être un peu modifiés.

1° Le maître commencera d'abord par lire lui-même le morceau qui fait l'objet de la leçon.

2° Il expliquera le sens des mots et des phrases, et pour
donner à sa leçon plus d'animation, pour introduire l'émulation et la vie dans toute la classe, il le fera plus souvent
encore expliquer par les élèves eux-mêmes, en s'adressant
d'abord aux plus faibles, et en ne donnant la parole aux plus
forts que lorsque les premiers n'auront pu répondre d'une
manière satisfaisante. Il ne négligera pas l'enseignement
moral, ni les règles de conduite pratique qui ressortent de
l'étude attentive du morceau.

3° Il fera lire les élèves à tour de rôle, mais sans suivre
aucun ordre déterminé, afin de les tenir tous attentifs, et il
exigera que la lecture soit faite avec aisance et naturel, et en
général sur le ton de la conversation. Il s'assurera qu'ils se
rendent bien compte de tous les mots et de toutes les pensées.
Quand une phrase aura été mal lue par un élève, il la fera relire

par un autre, ou il la relira lui-même, jusqu'à ce qu'elle puisse être reproduite avec la prononciation, le ton, les inflexions de voix convenables. Mieux vaut ne faire lire que 15 à 20 lignes, 30 au plus, et les bien lire, que de laisser ânonner des pages entières, sans aucun profit pour le développement intellectuel, et avec un grand ennui pour tout le monde.

4° Une fois par semaine, le samedi par exemple, la leçon de lecture aura pour objet les manuscrits.

Indépendamment du manuscrit, les élèves n'auront *à la fois* qu'un seul livre de lecture, qu'ils devront parcourir en entier avant de passer à un autre.

Cours supérieur.

La leçon de lecture y sera surtout considérée comme un moyen d'instruction et de développement intellectuel. Elle ne se fera plus qu'une ou deux fois par semaine. L'analyse du morceau lu, ainsi que les explications auxquelles il aura donné lieu, pourra être reproduite sous forme de rédaction. Aux lectures faites sous la direction du maître devront s'ajouter, autant que le temps le permettra, des lectures particulières faites par les élèves, dont ils devront rendre compte, soit de vive voix, soit par écrit.

§ 2

Bibliothèques classiques.—Livres à prêter aux élèves pour la leçon de lecture.

Nous voudrions qu'il y eût dans toutes nos écoles des bibliothèques *classiques*, des séries de livres appartenant à l'école et pouvant être prêtés aux élèves pour la leçon de lecture. Tous les élèves ayant le même livre entre les mains, l'instituteur choisirait, dans un chapitre, 15 ou 20 lignes pour le cours élémentaire, 30 ou 40 au plus pour le cours moyen, qui seraient l'objet de la leçon du jour. Pendant l'étude qui suivrait cette leçon, les élèves liraient, en leur particulier, le chapitre entier dont il n'auraient lu qu'une partie avec le maître, et ils se prépareraient à répondre aux diverses questions qui pourraient, au commencement de la leçon suivante, pour être posées sur ce chapitre. Ainsi ils acquerraient une

foule de notions utiles; peut-être aussi que l'habitude de lire
seuls, après avoir lu avec le maître, leur donnerait le goût de
la lecture, et qu'ils seraient heureux d'emporter après la classe,
pour le lire à leurs parents, le livre dont ils n'auraient pu lire
qu'une partie à l'école. Il y aurait agrément et profit pour tout
le monde.

Pour les élèves du cours supérieur, la leçon de lecture
pourra souvent être remplacée par une lecture individuelle,
que fera chaque élève, dans un livre qui lui aura été donné
par le maître, et dont il rendra compte ensuite, soit oralement, soit par écrit.

Il serait à désirer que les élèves pussent changer de livre
de lecture au moins tous les mois. Cette succession d'ouvrages
variés, qui passeraient sous leurs yeux, ne pourrait manquer
de les intéresser vivement par l'attrait de la nouveauté. La
leçon de lecture proprement dite, faite par le maître, leur
apprendrait *comment il faut lire*, et la lecture qu'ils feraient
ensuite, en leur particulier, tout en leur donnant l'habitude
du travail individuel, aurait encore pour effet de cultiver leur
esprit, d'*augmenter chaque jour la somme de leurs connaissances.*

(Extrait d'un Rapport au Conseil général des Ardennes (1875), en
vue d'obtenir une allocation pour acquisition de livres de classe,
destinés aux élèves et devant rester la propriété de l'école.)

§ 3

La leçon de lecture.

Extrait d'une conférence. — Mai 1870 (Haute-Saône).

. . . . . Oui, la lecture doit d'abord être intelligente; oui,
la lecture faite en classe doit encore inspirer aux enfants le
goût de lire en dehors de la classe, le goût de lire surtout
après les années d'école. C'est là une vérité de bon sens, et
qui pourtant est loin d'être bien comprise. On semble encore
admettre que cet exercice de la lecture, qui figure au programme officiel pendant toute la durée des études, n'a
plus d'autre but, quand une fois l'élève sait lire, que de
l'empêcher d'oublier ce qu'il a appris, ou de perfectionner
chez lui la prononciation, résultat important, sans doute,
mais secondaire. Aussi la leçon de lecture ne produit-elle

pas tous les résultats qu'on serait en droit d'en attendre.
Permettez-moi donc d'insister; la chose en vaut la peine.

Si, comme le dit un de ces maîtres de Port-Royal que je
vous citais naguère, « l'instruction a pour but de porter les
« esprits jusqu'au plus haut point auquel ils sont capables
« d'atteindre, » il est évident qu'elle ne doit comprendre que
des exercices propres à les former, à leur donner à la fois de
la justesse et de l'étendue. Dès lors, il faut que l'élève se rende
compte de toutes choses, qu'il n'admette que des idées parfaitement claires, qu'il ne confie à sa mémoire que des notions
bien comprises. Chaque leçon de lecture doit ajouter une idée
nouvelle à la somme de ses connaissances; mais pour cela il
faut que le morceau qui fait l'objet de la leçon lui soit expliqué et qu'il le comprenne bien. Et ce n'est pas seulement
dans la division supérieure, à laquelle ne parviennent qu'un
petit nombre des élèves de nos écoles primaires, que la lecture doit être expliquée, commentée, faite avec intelligence :
c'est dès le tableau, c'est au sortir du tableau, c'est partout
et toujours. Ne jamais prononcer devant un enfant, et ne
jamais lui faire prononcer un mot correspondant à une idée
qu'il ne comprend pas; à plus forte raison, d'une idée qu'il ne
peut pas comprendre : telle est la règle qu'un bon maître
doit avoir constamment présente à l'esprit dès le début, et
qu'il doit observer pendant tout son enseignement. A quoi
bon faire apprendre à un élève des mots dont il ne comprend
pas le sens? Autant vaudrait apprendre à parler à un perroquet. N'est-ce donc pas un être intelligent que vous avez à
former?

Mais, pour qu'il puisse toujours comprendre ce qu'il lit, il
faut ne mettre entre ses mains que des livres qui soient à sa
portée; il faut les graduer successivement, à mesure que son
intelligence prend de la force et de l'étendue; il faut surtout,
si vous voulez vraiment l'intéresser et l'instruire, le faire
passer le plus souvent possible d'un livre à un autre. J'ai vu
une bonne école, où les élèves de la première division n'avaient
d'autres livres de lecture que le *Télémaque* (c'est un peu
vieux), et des *leçons agricoles* qu'ils savaient littéralement par
cœur : quel profit sérieux veut-on qu'ils retirent d'une leçon
qui les fait toujours tourner dans le même cercle? —
Presque partout je trouve, comme unique livre de lecture,
la *Morale pratique* de Barrau : c'est un bon livre, et je ne
veux pas en médire ; mais seul, il est insuffisant, car il ne

renferme guère que des traits de morale et d'histoire, et l'on conviendra, sans doute, que les élèves ont besoin de connaître une foule d'autres choses. Et puis, s'il doit servir à toutes les divisions, au moins faudrait-il choisir les morceaux qu'on fait lire, et les approprier à l'âge et à la force des élèves. J'ai assisté à une leçon où de jeunes enfants de huit à dix ans, qui savaient à peine lire, s'évertuaient à déchiffrer un passage dans lequel il était question d'Épaminondas, personnage bien inconnu pour eux, peut-être aussi pour le jeune maître qui leur faisait la leçon. L'élève commence : « Épaminondas » (c'était pour lui M. X... ou M. Y..., c'est-à-dire le premier venu). « Les ennemis d'Épaminondas, pour le *mortifier* (il ne comprenait nullement le sens de ce mot), le firent nommer... télé... télé... *téléraque.* » — « Non, reprend le maître d'un ton doctoral, c'est *téléarque* qu'il faut dire. » En vérité, l'enfant ne me parut pas avoir une idée bien nette de la faute qu'il venait de commettre, et il lui était assez indifférent, je pense, qu'Épaminondas eût été nommé *téléraque* ou *téléarque*, ces deux mots n'ayant pas pour lui plus de sens l'un que l'autre [1].

Dans une autre école, on fit lire en ma présence *un beau trait de Charondas.* Je respecte infiniment Charondas, et il paraît même, d'après le trait qu'on rapporte de lui, que ce fut, en son temps, un homme juste et tout dévoué à sa patrie; mais enfin il y avait peut-être des choses plus intéressantes et plus utiles que celle-là à faire lire à des enfants de douze ans, intelligents d'ailleurs et déjà fort exercés. Si encore le maître, avant la lecture, avait dit quelques mots sur les législateurs de l'antiquité, Solon et Lycurgue; s'il avait ajouté que Charondas, quoique bien moins connu, avait, lui aussi, rédigé quelques lois fort sages, et qu'il avait, par son exemple et à ses dépens, appris à ses concitoyens à les respecter..., etc., etc..., peut-être les élèves s'y seraient intéressés, et ils auraient retenu de leur lecture, avec un souvenir historique de peu d'importance, une excellente idée morale. Mais non, ils entrèrent d'emblée dans ce trait de la vie de Charondas, sans savoir bien au juste ni où ni quand la chose s'était passée : aussi je doute que cette lecture leur ait été d'un grand profit.

A côté de ces traits de morale et d'histoire, je voudrais des

---

1. Sans doute il reste toujours un exercice de lecture matérielle; mais rien n'empêche que cet exercice soit en même temps intelligent. Le plaisir de comprendre ce qu'il lit sera toujours un grand attrait pour l'enfant et un puissant encouragement à faire de nouveaux efforts pour arriver à lire couramment.

récits de voyage ; je voudrais surtout des notions usuelles sur
les sciences, sur l'industrie, le commerce, l'hygiène, sur la
législation enfin que chacun de nous est censé connaître, sur
nos devoirs envers la patrie, et je voudrais que tout cela leur
fût longuement expliqué ; et alors les élèves, en même temps
qu'ils apprendraient à lire, meubleraient leur esprit de connaissances utiles ; la leçon de lecture ne serait plus un exercice mécanique, ce serait l'exercice scolaire le plus intéressant,
le plus favorable au développement de l'esprit.

Il est vrai que pour pouvoir faire une leçon de lecture
comme je l'entends, il faudrait que le maître l'eût préparée
avant la classe ; il faudrait qu'il possédât les principaux faits
de l'histoire ancienne, qu'il connût au moins les éléments des
sciences physiques et naturelles, etc. ; il faudrait, en un mot,
qu'il eût le brevet complet, ou des connaissances équivalentes.
Eh oui ! pour bien faire une leçon de lecture, à n'importe
quels élèves, dans n'importe quelle école, si petite quelle soit,
il faudrait que l'instituteur fût très capable, qu'il eût les connaissances les plus variées. Ne vous étonnez donc pas si je ne
cesse de vous recommander de compléter votre brevet simple,
en y ajoutant successivement toutes les matières facultatives,
et si ce sont en général des instituteurs pourvus du brevet complet qui s'imposent au choix de l'Administration pour les
meilleures places.

En résumé, dans quelque division que ce soit, même avec
de tout petits enfants [1], je crois que le maître doit commencer
la leçon de lecture par exposer dans un langage simple, familier, à la portée de *tous* ses élèves, le chapitre qui va en être
l'objet ; faire reprendre ce qu'il vient de dire par un ou deux
élèves pour s'assurer qu'ils l'ont bien compris ; le lire lui-
même, en nuançant sa lecture avec intelligence ; faire remarquer à ses élèves pourquoi il s'arrête, même où il n'y a pas
de virgule, pourquoi il élève la voix ici et la baisse là ; leur
expliquer la signification des mots qu'ils pourraient ne pas
comprendre ; leur donner tous les commentaires nécessaires
pour la parfaite intelligence du texte ; puis, quand il est sûr
que le morceau est bien compris, et dans son ensemble et
dans ses détails, faire lire successivement quelques phrases à
chaque élève ; et alors la leçon sera intéressante et la disci-

---

1. Nos idées se sont un peu modifiées depuis, au moins en ce qui concerne le
cours élémentaire. (Voir p. 292.)

pline facile; elle exercera les élèves non seulement à bien prononcer, mais à bien penser.

On m'objecte que la leçon de lecture faite de la sorte prendra un temps considérable et qu'il n'en restera plus pour les autres exercices. Aussi je ne vois pas grand inconvénient à ce que d'autres exercices soient singulièrement réduits; et quand le maître consacrerait une demi-heure au moins tous les matins et autant tous les soirs à la leçon de lecture, je crois que ce serait un temps bien employé, si en même temps qu'il apprend à lire à ses élèves, il leur meublait l'esprit de notions utiles en histoire, en géographie, en physique, en hygiène, en législation, etc.; s'il détruisait chaque fois un préjugé ou une idée fausse, pour mettre à la place une connaissance utile et vraie.

On m'objecte encore qu'il ne sera pas possible, en procédant de la sorte, de faire lire *chaque* jour *chacun* des élèves [1]. Je le sais, et je m'en préoccupe peu. Croyez-moi, si vos élèves ont été attentifs, ils auront plus appris en vous écoutant, même au point de vue de la lecture, que s'ils avaient ânonné chacun, pendant plusieurs minutes, quelques phrases d'un grimoire auquel ils n'eussent rien compris.

Enfin, l'on me dit : Mais, pour varier les livres de lecture, il faudrait en avoir, et l'on sait combien il est difficile, surtout dans les campagnes, d'obtenir que les parents, même aisés, consentent à dépenser quelques francs pour acheter à leurs enfants les livres les plus indispensables. Eh! sans doute, c'est là la grande difficulté, et c'est à la vaincre que doit travailler un instituteur vraiment zélé et dévoué à ses fonctions. Pourtant, examinons. Ne serait-il pas possible, dans votre commune, d'obtenir que le conseil municipal votât une cinquantaine de francs pour constituer un premier fond de bibliothèque scolaire, où l'on aurait des livres qu'on prêterait aux indigents? Je le crois, surtout si vous faites observer qu'il ne sera pas nécessaire de renouveler cette dépense tous les ans, que les livres une fois achetés pourront servir plusieurs années, parce que vous ne les prêterez aux élèves qui en manquent que pendant le temps de la leçon, et qu'ils seront ensuite serrés dans une armoire dont vous aurez la surveillance. Ne craignez pas de

---

1. Avec la lecture simultanée (voir page 293), la chose devient possible et les parents ne se plaignent plus qu'une ou plusieurs classes se soient passées, sans qu'on ait fait lire leurs enfants.

répéter à ceux qui vous entourent que la gratuité absolue, ou
au moins la gratuité aussi large que possible accordée aux indigents, est *illusoire*, si on ne leur donne pas en même temps
les livres nécessaires pour qu'ils puissent profiter des leçons de
l'école. Et le jour où vous aurez des livres de lecture pour vos
élèves indigents, vous aurez fait un grand pas. Ceux qui peuvent en acheter ne voudront pas se mettre dans l'impossibilité
de suivre la leçon de lecture, en ne se procurant pas le livre
dans lequel leurs voisins liront. — A défaut du conseil municipal, ne pourriez-vous pas trouver dans la commune quelques
personnes aisées et amies du progrès, qui vous aideraient de
leurs deniers, si vous leur faisiez bien comprendre l'urgente
nécessité d'une pareille réforme? — Enfin, ne vous serait-il
pas possible d'y intéresser les enfants eux-mêmes par de
petites souscriptions? C'est une fête pour des élèves de quitter
un livre qu'ils ont déjà lu pour en prendre un nouveau qu'ils
ne connaissent pas, surtout s'ils sont convaincus que ce livre
sera très intéressant. Bref, vous êtes des apôtres, et les apôtres
d'une bonne cause; à vous le choix des arguments et des
moyens, mais gagnez-la.

§ 4

Compte rendu des examens oraux pour le certificat d'études.

Vesoul, juillet 1871.

. . . . . A part quelques exceptions, vos élèves lisent mal :
la lecture reste monotone, presque mécanique; bien peu
d'entre eux prennent un ton naturel, même en lisant les
choses les plus simples. Évidemment la leçon de lecture est
encore mal faite dans nos écoles : bien des maîtres s'imaginent toujours qu'elle consiste uniquement à reprendre l'élève
qui se trompe   à lui rappeler les liaisons qu'il oublie. Eh
bien ! non; cela est insuffisant. Apprendre aux élèves à lire,
c'est leur apprendre à *bien lire*, à lire de manière à montrer
qu'ils comprennent ce qu'ils lisent et à être compris de ceux
qui les écoutent. Je n'entre jamais dans une classe sans faire
lire quelques élèves; j'ai donc vu les choses de près, j'ai pu
faire mes remarques. Voici quelques recommandations que
je crois pouvoir adresser à plusieurs d'entre vous : ne mettez

jamais entre les mains de vos élèves que des livres qui soient
à leur portée; s'il se présente quelque paragraphe difficile,
passez-le, ou mieux encore, si vous croyez pouvoir le faire,
expliquez-le d'abord, rendez-le intelligible même pour vos
élèves les moins avancés; ne faites pas lire de trop longs
morceaux; reprenez vous-mêmes les passages mal lus et faites
remarquer à vos élèves, phrase par phrase, mot par mot, en
quoi votre lecture diffère de la leur; ne laissez passer aucune
ligne sans qu'elle ait été bien comprise et bien lue; exigez que
vos élèves prennent toujours en lisant le ton naturel : ce sera
facile, si vous le prenez toujours vous-mêmes, si dès le début
vous ne leur laissez pas contracter ces habitudes vicieuses
qu'il devient si difficile de leur faire abandonner plus tard[1];
n'attachez pas trop d'importance à ces liaisons qui sont moins
nécessaires que vous ne le croyez; surtout ne laissez pas
relier, *après une pause*, la consonne qui finit un mot avec
la voyelle qui commence le mot suivant; faites lire lentement; montrez qu'on peut s'arrêter non pas seulement aux
points et aux virgules, mais partout où le sens le permet :
ainsi vos élèves pourront toujours voir chaque mot tout entier
avant de le prononcer, et ils éviteront ces coupures, ces
reprises, ces hésitations qui rendent la lecture si pénible
pour celui qui écoute. Bref, il ne suffit pas que la lecture soit
matériellement *correcte*, il faut encore et surtout qu'elle soit
naturelle et *intelligente* : à cette condition seulement, elle présentera agrément et profit.

Il est vrai qu'une leçon de lecture, pour être faite comme
je l'entends, doit avoir été préparée; il faut que le maître,
avant la classe, ait étudié jusque dans ses détails et ses nuances le morceau qu'il va lire. Préparer une leçon de lecture !
s'exercer soi-même à lire avant la classe ce qu'on va faire lire
à ses élèves! Vous allez vous étonner qu'on puisse vous faire
une pareille recommandation; quelques-uns même regarde-
ront cette préparation comme au-dessous d'eux. Ils auront
tort. J'ai connu des personnes lisant parfaitement bien et qui
n'auraient jamais voulu lire, même en famille, un livre
qu'elles n'eussent pas connu et déjà lu à l'avance.

---

1. Certains maîtres font prononcer l'*r* final des verbes à l'infinitif de la pre
mière conjugaison, même devant une consonne. C'est, disent-ils, afin d'habituer
les élèves à distinguer l'infinitif du participe passé; c'est-à-dire que, pour leur
faire éviter une faute d'orthographe, ils leur font contracter un vice de prononciation : je ne vois pas bien où est le profit.

§ 5

Quelques conseils à propos de la lecture.

Décembre 1874.

. . . .

Voici maintenant quelques petites pratiques dont nous avons remarqué l'emploi, tout dernièrement, dans une de nos écoles les mieux tenues, et que nous croyons devoir faire connaître à tous les instituteurs et institutrices, afin qu'ils en fassent leur profit.

Quand l'élève se laissait aller à chanter en lisant, le maître l'interrompait subitement et lui posait une question quelconque sur les occupations de sa journée, sur ses jeux. Ainsi il lui demanda, en notre présence, quand il avait fait son devoir de la veille, avec qui il avait joué à la dernière récréation. A ces questions, l'enfant répondait sur un ton tout autre que celui qu'il avait pris d'abord en lisant. Le maître ne manqua pas de lui faire remarquer alors la bizarrerie de son double langage, et l'enfant parut avoir profité de l'observation.

Pour les reprises et corrections qu'il y avait à faire pendant la lecture, le maître avait recours à des signaux convenus. Un signal unique avertissait l'élève qu'il avait fait une faute et qu'il devait reprendre les derniers mots qu'il venait de lire. Quand il ne trouvait pas sa faute, un double signal avertissait toute la division qu'un camarade pouvait demander à corriger la faute commise. Un simple signe du maître donnait la parole tantôt à l'un, tantôt à l'autre de ceux qui avaient levé la main.

Quand, dans le courant de la lecture, le maître s'apercevait qu'un enfant était distrait, il donnait un signal particulier, qui attirait l'attention générale et indiquait qu'un élève ne suivait pas. Si celui-ci ne s'appliquait pas immédiatement à suivre de son mieux, il était alors nominativement désigné pour continuer la lecture à l'endroit où celui qui lisait venait de s'arrêter, etc., etc. Le tout était accompagné d'une distribution de bons points à ceux qui, plusieurs fois, avaient bien repris leurs camarades, de mauvaises notes à ceux qui avaient mal lu ou n'avaient pas suivi. Ces mauvaises notes s'acquittaient le plus souvent par la restitution des bons points gagnés précédemment. Tous ces comptes se réglaient en un instant, à la

fin de la leçon. Bref, nous avons vu là ce que pouvaient une
bonne organisation des exercices scolaires, l'habitude de
l'ordre et de la discipline. Le maître avait fait en notre présence et sans crier, *sans se fatiguer*, une excellente leçon.

§ 6

La leçon de lecture au point de vue de l'enseignement du français.

Mai 1875.

Une leçon qui tient de bien près à la leçon de français et
qui doit, elle aussi, aider puissamment à la connaissance et
à la pratique correcte de la langue, c'est la leçon de lecture.
Nous en dirons quelques mots. Nous n'avons pas à revenir
sur la manière dont le maître doit faire cette leçon, ni sur
l'ordre dans lequel doivent se succéder ses diverses parties :
nous avons exposé tout cela dans nos programmes d'enseignement. — Nous expliquerons seulement ce que nous entendons par cette *étude* ou ce *devoir*, qui, dans l'un ou l'autre
cours, succèdent à la leçon faite par le maître. Supposons que
la leçon de lecture, dans les cours moyen et supérieur, ait eu
pour objet un passage choisi dans un chapitre, soit de *la
France*, par Manuel et Alvarès, soit de l'*Industrie manufac-
turière*, par Leguidre, soit de la *Chimie agricole*, par
H. Fabre, soit, en un mot, d'un ouvrage quelconque se prê-
tant facilement à l'analyse, ou mieux encore, dont chaque
chapitre se termine par un questionnaire ; rien ne nous paraît
plus simple que de donner à lire aux élèves le chapitre tout
entier dont on n'a lu qu'une partie pendant la leçon de lecture
et c'est là ce que nous appelons une *étude*. Dans ce cas, les élèves
ont à préparer pour la leçon suivante, qui commencerait alors
par quelques interrogations, la réponse à chacune des questions
qui se trouvent à la fin du chapitre. Si, au contraire, le livre
dans lequel s'est faite la leçon de lecture se prête difficilement
à l'analyse, si les chapitres ne se terminent pas par un questionnaire, il arrivera bien pourtant que le morceau lu donnera lieu de la part du maître à une explication intéressante ;
or, nous disons que cette explication pourra être reproduite
par écrit, et c'est là ce que nous entendons par un *devoir fait
sur la leçon de lecture*. Ainsi l'on a rencontré cette phrase

dans le passage qui a été lu : « C'est sous François Ier qu'eut lieu la renaissance des lettres et des arts » : le maître n'aura pas sans doute manqué de l'expliquer et la reproduction de son explication pourra donner lieu à un petit devoir fort intéressant, et ainsi du reste [1].

Il sera difficile toutefois, de demander aux élèves du cours élémentaire, au moins au commencement de l'année, la reproduction par écrit des principales explications données pendant la leçon de lecture : ils écrivent encore trop lentement et ne sont pas suffisamment habitués à la rédaction. Le maître fera bien de ne leur donner que des lectures à faire. Or, les livres qu'ils ont entre les mains ne renferment guère d'ordinaire que des histoires enfantines, instructives et amusantes. On peut donc espérer qu'ils les liront avec un véritable intérêt, et que cette demi-heure qui leur sera laissée pour une lecture individuelle, dont ils devront, eux aussi, rendre compte, ne sera pas celle qui aura pour eux le moins d'attrait [2].

1. *Charlemagne, restaurateur des lettres.* Les instituteurs sont quelquefois embarrassés pour trouver des sujets de style qu'ils puissent faire traiter par leurs élèves. Il nous semble pourtant qu'ils n'ont que l'embarras du choix. En voici un que nous leur signalons ; il leur sera possible d'en trouver d'analogues.

« J'étais en tournée, dans la commune de V..., nous écrit un de MM. les inspecteurs primaires. Un enfant de dix ans lut en ma présence que Charlemagne avait été *le restaurateur des lettres et des arts.* Je lui demandai ce qu'il entendait par *lettres.* Il me répondit fièrement : *les voyelles et les consonnes.* Encouragé par cette réponse, je lui demandai de vouloir bien m'expliquer également ce que signifiait le mot *restaurateur.* Cette fois, il ne me répondit rien ; mais un de ses camarades, qui probablement était déjà venu à la ville, et qui se croyait plus savant, leva la main pour avoir la parole : — *Monsieur,* me dit-il, *c'est quelqu'un qui vend à boire et à manger.*

« J'essayai de faire comprendre à ces pauvres enfants que ce qu'on entendait ici par *lettres,* ce n'étaient point les vingt-cinq lettres de l'alphabet, mais l'instruction, la science, une manière élégante d'exprimer sa pensée, etc., etc. Je leur expliquai également ce que c'était que *restaurer* une maison délabrée, qui tombe en ruines, *se restaurer soi-même,* c'est-à-dire se rendre des forces, quand on est affaibli par la faim, etc., etc. Je leur dis que, chez les Grecs et les Romains, peuples fort anciens, il fut un temps où l'instruction avait été très prospère, où l'on avait composé un grand nombre de livres, etc. ; qu'ensuite, les barbares étant venus détruit la plupart de ces ouvrages, qu'alors l'instruction avait été très négligée, que le peuple tout entier était tombé dans l'ignorance et que personne presque, au temps de Charlemagne, ne savait plus lire ni écrire. C'est alors que ce grand empereur rétablit des écoles. La science était comme un édifice qui était tombé en ruines ; il voulut la restaurer. Et voilà pourquoi on le nomme le *restaurateur des lettres.*

« Je leur donnai, comme devoir, à reproduire par écrit les explications qu'ils venaient d'entendre. »

2. Mais ce qui est peut-être mieux encore et ce qui a le grand avantage d'être

En résumé, au lieu de faire apprendre aux élèves des leçons qu'ils ne comprennent pas, au lieu de leur donner à transcrire des textes qui ne leur ont pas encore été expliqués et qui ne leur présentent aucun intérêt, au lieu de leur imposer des recherches que souvent ils sont incapables de faire, au lieu, en un mot, de compter sur leur travail individuel, ce qui est une illusion quand on s'adresse à de jeunes enfants, nous voudrions que leur travail consistât surtout à écouter les leçons du maître, à tâcher ensuite de les retenir et de les graver dans leur mémoire, à essayer enfin de se les mieux assimiler. Ce n'est guère que dans le cours supérieur que les élèves peuvent être abandonnés parfois à eux-mêmes et qu'il y a lieu de compter sur leur travail personnel.

§ 7

La leçon de lecture au point de vue de l'enseignement moral.

Décembre 1876.

Nous avons toujours conseillé aux maîtres et aux maîtresses, et nous leur avons encore tout spécialement recommandé dans nos dernières conférences, de ne jamais faire lire aucune leçon à leurs élèves sans la leur bien expliquer, parce que douze ou quinze lignes bien comprises et bien lues laissent certainement plus de traces et sont plus profitables que des pages entières péniblement déchiffrées sans intelligence, avec un grand ennui pour tout le monde. Nous les avons prévenus toutefois qu'ils devaient savoir se borner dans leurs explications et ne pas parler de tout à propos de tout, que des digressions sur l'histoire ou la géographie, par exemple, sur la cosmographie, etc., étaient hors de propos dans une leçon de lecture, qu'il fallait faire chaque chose en son temps et à son heure. Mais il est un genre de réflexions dont ils ne doivent jamais s'abstenir, quand ils en trouvent l'occasion : ce sont celles qui ont trait à la morale. Nous ne cesserons de le répéter, l'enseignement de la morale doit se mêler à toutes les autres parties de l'enseignement, qui doivent en être comme imprégnées et nourries. De bonnes pen-

toujours possible, c'est de donner en dictée le morceau qui vient d'être lu et expliqué, en tout ou en partie. Cette dictée peut même être faite par un élève.

sées, de sages résolutions, des règles pratiques de conduite doivent résulter de toutes les leçons qui peuvent naturellement y donner lieu. L'instruction, les maîtres ne l'oublieront pas, n'est guère pour eux qu'un moyen; leur véritable objectif doit être l'éducation. Apprendre à leurs élèves à bien penser pour bien agir, leur faire connaître ce qu, est bien pour les amener à le pratiquer : voilà quelle doit être leur préoccupation constante; voilà le but auquel leurs meilleurs efforts doivent tendre. Nous convenons toutefois que la pratique ici n'est pas sans difficultés, et que bien des maîtres, avec des connaissances réelles et la plus grande bonne volonté, n'y réussissent pas toujours au gré de leurs désirs. Aussi croyons-nous bien faire d'emprunter, pour leur usage, au *Bulletin départemental* de l'Yonne, un modèle d'explication de lecture. C'est ce qui se pratique, paraît-il, dans certaines écoles de la Suisse. En pareille matière, nous ne devons pas hésiter à adopter les bons procédés, d'où qu'ils nous viennent.

Voici d'abord le morceau, objet de la leçon, qui conviendrait, ce nous semble, pour notre cours élémentaire :

« Guillaume était arrêté devant la porte du jardin du
« voisin ; celui-ci lui cria d'entrer. Le voisin cueillait des
« fruits à un arbre : il offrit à Guillaume deux magnifiques
« pêches Le jeune garçon fut tenté d'en manger une; mais
« il les déposa toutes les deux dans son chapeau et courut
« à la maison. Il avait deux petites sœurs qui étaient ma-
« lades. Guillaume demanda d'abord à sa mère si les malades
« pouvaient manger des pêches. Elle lui dit que cela ne
« leur ferait aucun mal. Alors il s'approcha doucement de
« leur lit et leur donna à chacune une pêche. Elles saisirent
« les pêches de leurs mains amaigries et les mangèrent avec
« joie. Guillaume s'assit auprès de leur lit et prit plaisir
« à regarder ses sœurs manger les fruits. Guillaume aimait
« bien ses sœurs. — Nous devons tous aimer nos frères et
« sœurs. »

Voici maintenant comment cette leçon peut être expliquée :
UN ÉLÈVE (lisant). — *Guillaume était arrêté devant la porte du jardin du voisin; celui-ci lui cria d'entrer...* LE MAÎTRE. — Comment s'appelle le petit garçon dont il est parlé ? — L'ÉLÈVE. — Guillaume. — LE MAÎTRE. — Où était-il arrêté ? — L'ÉLÈVE. — Devant la porte du jardin du voisin. — LE MAÎTRE. — Que fit le voisin, lorsqu'il vit Guillaume ?

— L'Élève. — Il lui cria d'entrer. Le Maitre. — Oui, et remarquez bien : on ne doit pas entrer dans les jardins étrangers sans permission. Il y a des enfants qui pénètrent dans les jardins des autres; et qu'y font-ils? — L'Élève. — Ils prennent des fruits et des fleurs et causent parfois des dégâts aux plantes. — Le Maitre. — Cela n'est ni beau ni bien. Mais Guillaume n'agit pas ainsi ; il resta devant la porte du jardin jusqu'à ce que le voisin lui eût crié d'entrer. Continuez de lire.

L'Élève (lisant). — *Le voisin cueillait des fruits à un arbre; il offrit à Guillaume deux magnifiques pêches.* — Le Maitre. — Était-ce un voisin généreux ou non? — L'Élève. — C'était un voisin généreux. — Le Maitre. — Pourquoi le nommez-vous généreux? — L'Élève. — Parce qu'il donna deux pêches à Guillaume. — Le Maitre. — Les pêches sont, en effet, des fruits délicieux; elles sont rougeâtres ou jaunâtres, ont une peau veloutée, une chair succulente et un noyau très dur. Le pêcher croît rapidement et porte des fleurs d'un très beau rouge. Voudriez-vous bien avoir une pêche? — L'Élève. — Oh! certainement. — Le Maitre. — Si l'on dépose un noyau de pêche dans la terre, il en sort un arbre. On peut ainsi obtenir un pêcher. Continuez la lecture.

L'Élève (lisant). — *Le jeune garçon fut tenté d'en manger une; mais il les déposa toutes les deux dans son petit chapeau et courut à la maison.* — Le Maitre. — Que voulait faire Guillaume d'une des pêches? — L'Élève. — Il voulait la manger. — Le Maitre. — Oui, cela se conçoit; de si beaux fruits sont délicieux. Guillaume eut certainement grande envie d'en manger un. Le fit-il? — L'Élève. — Non, il les emporta toutes deux à la maison. — Le Maitre. — Guillaume était un garçon sérieux; il avait déjà une pêche à la bouche, et cependant il ne la mangea pas. Beaucoup d'enfants n'auraient pu se retenir de la manger. Guillaume sut repousser la tentation et conserver la pêche. Cet enfant me plaît beaucoup. Continuez de lire.

L'Élève (lisant.) — *Il avait deux petites sœurs qui étaient malades. Guillaume demanda d'abord à sa mère si les malades pouvaient manger des pêches ; elle lui dit que cela ne leur causerait aucun mal.* — Le Maitre. — Remarquez-vous maintenant ce que Guillaume voulait faire de ses pêches? — L'Élève. — Il voulait les donner à ses sœurs. — Le Maitre. — Mais auparavant, que demanda-t-il à sa mère? — L'Élève.

— Il demanda si les malades pouvaient manger des pêches.

— LE MAITRE. — Cela montre encore que Guillaume était très sensé. Il savait que ses sœurs, étant malades, ne pouvaient manger de tous les mets ; les pêches pouvaient être dangereuses pour elles, c'est pourquoi il le demande à sa mère. Vous devriez agir ainsi si vous aviez des frères, des sœurs, ou des camarades malades. Continuez la lecture.

L'ÉLÈVE (lisant). — *Alors il s'approcha doucement de leur lit et leur donna à chacune une pêche.* — LE MAITRE. — Voyez comme Guillaume était plein d'attentions. Il entra doucement dans la chambre des malades. Il pensa que s'il faisait du bruit, cela pourrait leur faire mal à la tête. Rappelez-vous bien Guillaume. Si quelqu'un est malade dans votre maison, tenez-vous tranquilles, ne criez pas, ne sautez pas, ne faites pas de tapage, pour ne pas causer de douleurs au malade. Lisez.

L'ÉLÈVE (lisant). — *Elles saisirent les pêches de leurs mains amaigries et les mangèrent avec joie. Guillaume s'assit auprès de leur lit et prit plaisir à regarder ses sœurs manger les fruits. Guillaume aimait bien ses sœurs. Nous devons toujours aimer nos frères et sœurs.*

Nouvelles explications et conclusion morale.

Il nous semble, ou nous nous trompons fort, que ce procédé pourrait être suivi avec des élèves qui commencent à lire couramment, et appliqué, plus ou moins, à toutes les leçons de lecture quelles qu'elles soient. Outre qu'ils comprendraient ce qu'ils auraient lu et pourraient le reproduire en y mettant l'intonation convenable ; outre qu'ils se seraient rendu compte de la suite et de l'enchaînement des idées, des rapports que les différents mots de la phrase soutiennent les uns avec les autres, ce qui serait pour eux un excellent exercice d'analyse logique, qui ne contribuerait pas peu à fortifier leur jugement, — il ressortirait, à coup sûr, de cette foule de questions et d'explications qui se présentent tout naturellement au cours de la leçon, *cet enseignement moral* dont nous parlions en commençant et que nous voulons avant tout leur inculquer. Que nos maîtres et nos maîtresses essaient donc de ce procédé, mais qu'ils en essaient avec confiance, et nous ne doutons point qu'ils n'obtiennent de bons résultats.

. . . .

Nous terminerons par une dernière recommandation que nous ne saurions trop répéter : un maître ne doit pas entrer

en classe sans avoir préparé toutes ses leçons, mais d'une
manière plus particulière encore, sa leçon de lecture. S'il
songeait à l'influence qu'une leçon de lecture bien choisie et
bien préparée peut avoir sur le développement de l'esprit et
sur la formation du cœur de ses élèves, il n'y voudrait
jamais manquer.

« Les mots pour les pensées; les pensées pour le cœur et
pour la vie ! »

§ 8.

Lecture et récitation.

Extrait d'une conférence. — Charleville, novembre 1877.

Lecture. — J'ai peu de chose à vous dire de la lecture :
j'en ai traité bien des fois dans le *Bulletin* d'une manière
toute particulière, et les conférences qui ont eu lieu l'an dernier
pour l'enseignement de cette matière vous ont fait connaître
pratiquement ce que vous avez à faire. Aussi MM. les inspecteurs primaires sont-ils unanimes à reconnaître qu'à cet
égard un véritable progrès a été réalisé. On lit mieux, avec
plus d'intelligence et sur un ton plus naturel. Je ne puis donc
que vous engager à persévérer dans la voie dans laquelle vous
êtes entrés. Quelques réflexions pourtant.

La lecture n'a pas seulement pour but d'apprendre à lire
à vos élèves ; elle doit encore servir au développement de
leur intelligence. Le texte de la leçon devra donc toujours
être expliqué : *il faut pour cela qu'il soit court ;* il faut aussi
que vous l'ayez vous-mêmes étudié à l'avance et que vous
soyez fixés sur ceux de ses mots dont vous devez faire connaître le sens, ainsi que sur les réflexions que vous voulez y
joindre. Autrement vous marchez à l'aventure, vous omettez
des choses essentielles et vous perdrez un temps précieux dans
des digressions inutiles.

Non seulement le morceau qui fait l'objet de votre leçon
de lecture sera expliqué, et par suite la lecture de vos
élèves sera intelligente ; mais encore il faut qu'elle soit
ponctuée. Cette expression vous surprend ; elle est pourtant
bien vraie. M. Legouvé, qui s'est acquis, parmi les membres
de l'Académie française, une réputation par la manière dont
il sait lire, l'a fait voir en racontant, dans une conférence,

une anecdote que je vous demanderai la permission de vous lire à mon tour.

« Un jour, dit-il, M. Samson (l'un des meilleurs professeurs du Conservatoire de Paris) voit arriver chez lui, comme élève, un jeune homme assez satisfait de lui-même.

« Vous désirez prendre des leçons de lecture, monsieur ? — Oui, monsieur. — Vous êtes-vous déjà exercé à lire tout haut ? — Oui, monsieur, j'ai récité beaucoup de scènes de Corneille et de Molière. — Devant du monde ?... — Oui, monsieur. — Avec succès ? — Oui, monsieur. — Veuillez prendre ce volume de La Fontaine, la fable : *le Chêne et le Roseau.*

« L'élève commença :

Le chêne un jour, dit au roseau...

« — Très bien ! monsieur, vous ne savez pas lire. — Je le crois, monsieur, reprit l'élève un peu piqué, puisque je viens réclamer vos conseils; mais je ne comprends pas que, sur un seul vers... — Veuillez le recommencer ?...

Le chêne un jour, dit au roseau...

« — Je l'avais bien vu, vous ne savez pas lire. — Mais... — Mais, reprit M. Samson avec flegme, est-ce que l'adverbe se joint au substantif, au lieu de se joindre au verbe ? Est-ce qu'il y a des chênes qui s'appellent un jour ? — Non. — Eh bien ! alors, pourquoi lisiez-vous : « Le chêne un jour, dit au roseau ?... » Lisez donc : « Le chêne », virgule, « un jour dit au roseau. » — C'est pourtant vrai !... s'écria le jeune homme stupéfait. — Si vrai, reprit son maître avec la même tranquillité, que je viens de vous apprendre une des règles les plus importantes de la lecture à haute voix, l'art de la ponctuation ! — Comment, monsieur, on ponctue en lisant ! — Eh ! sans doute ! tel silence indique un point; tel demi-silence, une virgule; tel accent, un point d'interrogation, et une partie de la clarté, de l'intérêt même du récit, dépend de cette habile distribution des virgules et des points, que le lecteur indique sans les nommer, et que l'auditeur entend sans qu'on les lui nomme... »

En d'autres termes, bien ponctuer en lisant, c'est tout simplement faire de l'analyse logique, et de la meilleure, parce qu'elle n'a rien de mécanique, ne doit rien à la routine et ne peut être qu'intelligente [1].

Maintenant, ne vous lassez pas de veiller à ce que vos élèves prononcent bien et articulent distinctement, à ce qu'ils n'aient aucun mauvais accent, fût-ce l'accent de leur pays, à ce qu'ils ne prennent pas un ton pleureur, ou traînant, ou nasillard, — à ce qu'ils ne chantent pas à la fin des phrases, soit en baissant, soit en haussant la voix, avec une monotonie dont parfois ils ont pris l'habitude à l'asile, mais qui n'en est pas plus naturelle pour cela. Ces réformes, surtout celles qui ont trait à l'accent local, ne sont pas l'œuvre d'un jour ni même d'une année ; en effet, chaque génération nouvelle qui vous arrive a puisé dans le milieu où elle a été élevée les défauts de ses devancières. C'est donc un labeur incessant qu'il vous faudra recommencer chaque année jusqu'à ce que vous ayez changé les habitudes du pays lui-même. Ne vous découragez pas pourtant : ce que vous avez obtenu l'an dernier, vous l'obtiendrez encore cette année; avec le temps vous aurez pour collaborateurs, dans votre œuvre de réformation, vos élèves eux-mêmes, et votre succès finira par être complet.

Un mot encore. Quand vous faites lire vos élèves individuellement, ayez soin de ne pas les appeler dans l'ordre dans lequel ils sont rangés à leur banc. En effet, s'ils lisent *à la file*, le voisin étant invariablement interrogé après son voisin,

---

1. Voici ce que M. Legouvé dit encore ailleurs : « Il y a un point dans l'étude de l'art de la lecture qui résume en partie tous les autres, *c'est la ponctuation*. Le lecteur qui ponctue bien, respire bien, prononce mieux et articule plus facilement. Bien ponctuer, c'est mesurer et modérer son débit, *c'est distinguer les diverses parties d'une phrase*, c'est éviter la confusion qui naît de l'enchevêtrement des mots, c'est interrompre à tout moment la psalmodie et par conséquent avoir la chance d'y couper court, enfin *c'est comprendre et faire comprendre*. »

Eh bien ! voilà la véritable règle pour bien lire. Vous n'avez besoin du secours de personne pour l'appliquer. Il vous suffit de lire ce qui est écrit. Voulez-vous un exemple concluant? Prenez cette phrase de Victor Hugo :

« L'histoire s'extasie volontiers devant Michel Ney, qui, né tonnelier, devint maréchal de France; et devant Murat, qui, né garçon d'écurie, devint roi. »

Pour bien lire ces trois lignes, on n'a qu'à suivre la ponctuation. Mettez, en lisant, une virgule après *Michel Ney*, une virgule après *qui*, une virgule après *tonnelier*, un point et virgule après *maréchal de France*; une virgule après *Murat*, une virgule après *qui*, une virgule après *garçon d'écurie*, un point après *roi*, et vous aurez, du même coup, donné à cette phrase tout son relief, à chacune des incidentes toute sa force, et je vous défie même de ne pas placer l'accent sur les deux mots de *valeur* : maréchal et roi. »

ceux des autres bancs n'écoutent guère et ceux *qui ont passé* n'écoutent plus. Il n'est pas absolument nécessaire d'ailleurs que tous les élèves d'une division lisent dans la même séance; la grande affaire, c'est qu'ils soient attentifs et que la lecture faite par plusieurs profite à tous. Or, cette attention, vous l'obtiendrez surtout en les appelant un peu au hasard et en revenant même parfois à ceux qui ont déjà lu. Enfin, tenez pour certain qu'une vingtaine de lignes bien lues et bien comprises sont infiniment plus profitables que plusieurs pages mal dites et entendues d'une oreille distraite.

Récitation. — De la lecture je ne sépare pas la récitation de morceaux appris par cœur, en prose et en vers. Cet exercice, prescrit par les circulaires ministérielles, a aujourd'hui sa place marquée dans nos écoles; mais il s'en faut encore beaucoup qu'on lui donne l'importance qu'il mérite.

Je vous parlerai tout à l'heure de l'influence qu'il peut avoir plus tard sur les exercices du style. Pour l'instant, je vous rappellerai seulement que la récitation aux cercles, sous la direction de moniteurs, est un moyen commode d'occuper utilement vos plus jeunes enfants et d'obtenir qu'ils se tiennent tranquilles, pendant que vous vous devez à vos divisions supérieures; que vos explications se graveront bien mieux dans le souvenir de vos élèves, si elles se rattachent à un texte appris par cœur, parce qu'alors la mémoire des mots vient en aide à la mémoire de l'esprit et que, comprenant mieux, ils oublient moins. Mais je voudrais surtout que vous comprissiez bien que la lecture intelligente et accentuée est merveilleusement aidée par l'habitude de la récitation bien faite. Je vous ai conseillé de traiter un morceau à apprendre par cœur, une fois qu'il est bien su, comme un chant que tous doivent reproduire avec ensemble et avec des intonations justes : je vous ai conseillé aussi la récitation collective, parce qu'alors les timides et les faibles se laissent entraîner par les plus hardis et les plus forts. Or, je le demande à ceux d'entre vous qui en ont fait sérieusement l'expérience, n'est-il pas vrai que la chose est parfaitement pratique et même qu'elle intéresse vivement les enfants? N'est-il pas vrai aussi que, lorsqu'ils ont pris en récitant l'habitude d'un ton naturel et d'inflexions justes, ils la conservent facilement en lisant? Et comment n'en serait-il pas ainsi? C'est la même chose après tout, avec cette seule différence que lorsqu'ils récitent un morceau qu'ils savent bien, ils n'ont plus qu'à se préoccuper de le bien dire, tandis que la lecture leur présente, en outre, un texte à déchiffrer. Mais on conviendra que l'une doit conduire à l'autre.

Faites donc apprendre beaucoup de morceaux par cœur, en prose et en vers. Je dis : en prose et en vers, parce que, si les vers se gravent plus facilement dans la mémoire et se retiennent mieux, la prose pourtant est plus naturelle et fournit plus de mots et de tours de phrases qui serviront plus tard. — Commencez dès le cours préparatoire, avec les enfants qui ne savent pas encore lire : ils ne sauraient s'habituer de trop bonne heure à retenir et à réciter chaque jour textuellement quelques lignes. — Choisissez bien vos morceaux ; qu'ils soient gradués et appropriés à l'intelligence de ceux qui les apprennent ; qu'ils soient intéressants surtout. Il va de soi d'ailleurs qu'ils ne peuvent être qu'excellents, sous le rapport des idées et des sentiments, et même de la forme ; « car les choses qui sont apprises sont comme des moules que prennent ensuite nos pensées, quand nous voulons les exprimer. » — Enfin, quand une fois un morceau a été su, ne permettez pas qu'on l'oublie ; faites en sorte qu'il soit toujours su et qu'on puisse toujours le réciter ; il suffit pour cela, j'en ai fait l'expérience, de le faire répéter une fois chaque semaine, dans une récitation d'ensemble à laquelle prennent part tous les élèves à la fois.

L'ÉCRITURE

L'ÉCRITURE

PROGRAMME

Cours élémentaire.

1. — Exposition méthodique et raisonnée des principes d'écriture, faite par le maître au tableau noir, au commencement de chaque leçon.

2. — Surveillance et correction des cahiers.

Indépendamment de la leçon d'écriture proprement dite, les élèves remettront au net, après correction, un certain nombre de devoirs, pour contracter l'habitude d'une écriture courante, qui soit *propre, nette et régulière.*

Cours moyen.

Revision des principes.

Écriture ordinaire, moyenne et fine. On aura surtout en vue une bonne expédiée, nourrie et lisible.

La mise au net de quelques dictées, des meilleurs devoirs de style et des principaux problèmes, sera en outre considérée comme un exercice d'écriture courante. On attachera une grande importance à la propreté des cahiers, à la régularité des titres et des marges, à la distinction des alinéas, etc. à tout ce qui exige du soin des élèves et peut leur faire contracter de bonnes habitudes.

Cours supérieur.

On perfectionnera l'expédiée et l'on y ajoutera la ronde et la bâtarde.

Tableaux, comptes, factures, mémoires d'un genre simple, etc., réunissant les trois sortes d'écriture.

18.

§ 1

Lettre à un Instituteur.

Novembre 1870.

Monsieur,

Je ne suis pas un *calligraphe*, je n'ai jamais eu d'autre prétention que d'écrire assez lisiblement pour pouvoir me lire moi-même et être lu de ceux à qui je m'adresse. Je ne serais donc pas un juge bien compétent pour apprécier des méthodes d'écriture et vous indiquer celle que vous devez suivre. Je me permettrai seulement de vous soumettre, à ce sujet, quelques réflexions toutes pratiques que m'ont inspirées mes lectures et l'expérience de vingt années de professorat, où je crois avoir vu toutes les variétés d'écriture que peut inventer l'imagination ou la paresse des écoliers.

D'abord est-il très utile qu'on sache bien écrire ? — Voici ce qu'en pensait un maître de la jeunesse, Quintilien, il y a près de deux mille ans : « Ce n'est pas un soin indifférent, dit-il « dans son *Institution de l'Orateur*, quoique parmi les personnes « de distinction il soit presque d'usage de le négliger, que « d'écrire *bien et vite*. Une chose essentielle dans les « études, et qui seule rend possibles de véritables progrès, « c'est d'*écrire*, et cela dans l'acception propre du mot. En « effet, une écriture trop lente retarde la pensée ; mal formée « et confuse, elle est inintelligible : d'où résulte un second « travail, celui de dicter ce que l'on veut transcrire. C'est « donc un détail que partout et toujours, mais surtout dans « les correspondances secrètes et familières, on se trouvera « bien de n'avoir pas négligé. »

L'utilité d'une bonne écriture est tellement évidente, que vous me permettrez de ne pas insister. Perte de temps, fatigue des yeux, impossibilité de se relire soi-même et de se faire comprendre des autres, ce qui entraîne parfois les erreurs les plus regrettables : tels sont quelques-uns des ennuis auxquels s'expose quiconque n'a pas su ou n'a pas voulu s'habituer à écrire d'une manière lisible. Ils devraient être plus que suffisants pour que chacun apprît à bien écrire. Toutefois, s'il est nécessaire que tout le monde sache bien écrire, il serait fâcheux qu'on donnât à l'écriture plus d'importance qu'elle n'en mérite, et par suite qu'on consacrât,

dans les écoles, à la leçon d'écriture un temps qui pourrait
être plus utilement employé à d'autres exercices. Il ne faut,
en effet, faire état des choses qu'autant qu'elles peuvent servir
à leur fin. Or, l'écriture n'a point d'autre fin que la lecture :
on n'écrit que pour être lu; par conséquent, elle ne peut être
estimée qu'autant qu'elle peut rendre la lecture facile. La
bonne écriture sera donc, non pas celle qui est la plus ornée,
celle même qui plaît le plus aux yeux, mais celle qui est la plus
facile à tracer et à lire. Écrire *vite* et *bien*, comme le dit Quintilien, tel est le seul but qu'on doive se proposer d'atteindre.

Mais comment amener les enfants à écrire vite et bien?

« Pour cela il faut, disait un maître du XVIIᵉ siècle, les
« accoutumer à écrire d'un caractère assez gros, à bien former
« et arrondir toutes leurs lettres, en y gardant toujours une
« juste proportion, et prenant garde à toutes les choses
« qui peuvent contribuer à rendre une écriture nette, lisible
« et agréable. »

Je ne sais si je m'abuse ; mais ces conseils me paraissent
pleins de bon sens, et ils résument en quelques lignes toutes
les conditions d'une bonne écriture. — D'abord, que les
caractères soient assez gros pour ne pas fatiguer les yeux,
c'est un point de la plus haute importance : il n'y a pas de
beauté ni d'élégance qui puissent compenser les inconvénients
d'une écriture microscopique. — Ensuite, que toutes les lettres
soient bien formées et arrondies. Si, en effet, les lettres ne
sont pas formées, si les boucles sont remplacées par des traits,
les vides par des pleins, des lettres tout entières par de
simples points, il n'y a pas, à proprement parler, d'écriture ;
ce sont des hiéroglyphes de convention imaginés par le
caprice d'un individu, et dont il impose la fastidieuse étude à
ceux qui sont dans l'obligation de le lire.

Se permettre une écriture pareille, quelque mérite qu'on
ait d'ailleurs, c'est manquer d'égards à ses supérieurs, de
charité envers ses inférieurs, c'est faire perdre à tous ceux
à qui on s'adresse un temps dont on n'a pas le droit de disposer, et qui pourrait être employé d'une manière plus utile
pour la société tout entière.

Ainsi, que les caractères soient assez gros, que toutes les
lettres soient formées et bien arrondies, et l'écriture sera
lisible. Si de plus on garde toujours entre les lettres une
juste proportion, au point de vue de leur longueur, des
intervalles qui les séparent, de la pente qu'on juge à propos

de leur donner, elle sera *régulière*, elle aura toute la beauté qu'elle comporte. Si enfin on évite les florilures et tous ces enjolivements qui ne font que l'embrouiller, elle sera *nette* et *correcte*; par sa simplicité même, elle sera *parfaite* à mes yeux.

Ne rien omettre en écrivant qui puisse contribuer à rendre l'écriture lisible; n'y rien ajouter qui soit inutile et de pur ornement : telle est la double règle dont il ne faut jamais se départir. L'écriture, ne l'oublions pas, n'est pas une œuvre d'art, elle doit être une peinture des sons aussi exacte que possible; il ne faut pas lui demander autre chose.

L'écriture *anglaise*, dont l'usage est devenu général dans ces derniers temps, ne satisfait peut-être pas à toutes ces conditions.

« La cursive anglaise étant une suite de renflements et « de déliés, exige qu'on l'écrive posément; pour peu qu'on « se hâte, les pleins disparaissent; elle ne comporte ni « précipitation, ni fatigue de la main. Elle ne saurait donc « être l'écriture des gens de lettres, des jeunes étudiants « qui ont toujours hâte d'en finir, ni des commerçants, ni « enfin de toute personne qui a beaucoup à écrire et qui « n'écrit que pour être lue. » Elle ne convient pas davantage aux ouvriers d'industrie ni aux cultivateurs; elle exige trop de délicatesse pour des mains qui viennent de manier la bêche, le marteau ou le rabot.

Autre inconvénient. La plume à pointe extrêmement fine est peu favorable à l'écriture courante; elle s'émousse vite, et quand une fois elle est fatiguée, elle ne se prête plus aux renflements ni aux déliés. Si l'on se presse alors, on fait du griffonnage et des pattes de mouche; or, l'anglaise, élégante et légère de sa nature, n'admet pas de médiocrité.

Pour toutes ces raisons, je préfère à l'écriture anglaise l'écriture dite *française*, dont vous trouverez un *spécimen* dans la *Méthode* de M. Flament[1]. Elle conserve de l'anglaise ce que celle-ci a de plus simple pour le combiner avec ce que la bâtarde et l'ancienne coulée ont de plus expéditif et de moins contourné. Tout ce qui est jambage devant avoir un plein uniforme de haut en bas, s'obtient par une simple traînée de la plume; le défilé se fait par une pousse oblique de gauche à

---

1. Nouvelle méthode d'écriture française, par M. Flament, professeur de calligraphie au lycée et aux écoles normales de Douai, chez Eug. Belin, éditeur, rue de Vaugirard, Paris.

droite; ennemie de toutes floritures et d'ornements futiles,
quoique pleine et nourrie, elle peut s'écrire aussi vite que le
permet le mouvement de la main, sans cesser d'être correcte
et facile à lire. Enfin, plus grosse que l'anglaise, elle permet
de se servir de plumes plus fortes, et qui conservent plus
longtemps leur forme et leur fraîcheur.

Voici, du reste, en quels termes M. Flament fait lui-même
ressortir les avantages qu'offre l'écriture *française* sur l'écri
ture dite *anglaise* :

« L'écriture expédiée *française*, dit-il, est beaucoup plus
« lisible, plus simple, plus solide, plus uniforme, plus sérieuse,
« et d'un aspect plus beau, plus correct. Tracée doucement
« ou rapidement, elle a toujours les mêmes pleins sans qu'on
« soit obligé d'appuyer, la plume étant naturellement grosse :
« c'est un avantage immense sur l'écriture *anglaise*, qui est
« toujours maigre, dès l'instant qu'elle est rapidement tracée,
« à cause de la finesse de la plume; si l'on veut que les let-
« tres aient un plein, il faut écrire plus doucement, ce qui
« nécessite une certaine pression et occasionne une perte de
« temps. »

Comme écriture courante, la seule dont je veuille m'occuper,
parce qu'elle est la seule qui soit réellement utile, la seule
dont tout le monde ait besoin, je préfère donc l'expédiée
française à celle dite anglaise. Peut-être s'écrit-elle un peu
plus lentement (et cependant j'en doute) : ce qui semblerait
naturel après tout, le mouvement de la main qui trace une
courbe pouvant être plus rapide qu'un mouvement anguleux
qui nécessite un changement de direction; mais combien en
est-il parmi nos élèves, surtout dans les campagnes, qui auront
plus tard besoin d'écrire vite? J'admets encore qu'elle est lourde
et n'a rien de féminin; mais combien de petites filles, dans
nos écoles de village, devront se contenter d'écrire lisiblement !
Enfin, et c'est là le reproche le plus grave qui lui soit adressé,
elle n'est pas appréciée des commerçants, parce qu'elle est
impersonnelle : dans les écoles où elle est bien enseignée, en
effet, tous les élèves ont, à s'y méprendre, la même écriture,
plus ou moins correcte et plus ou moins belle, suivant qu'ils
l'écrivent plus ou moins bien. Mais elle est plus lisible,
elle admet moins le caprice et les ornements inutiles,
elle est plus pratique, plus rationnelle. Cependant, en
cette matière comme en toute autre, je ne veux jurer
sur la foi d'aucun maître. Prenez telle méthode que vous

jugerez convenable, celle de M. Flament ou toute autre ;
choisissez vous-même parmi les différentes méthodes ; mo-
difiez ici, corrigez là ; faites que vos élèves apprennent a
écrire *vite* et *bien*, et votre méthode, qu'elle qu'elle soit, sera
excellente.

Un mot encore et je finis. Quand un enfant sera arrivé à
écrire à peu près couramment, si son écriture est défectueuse, n'essayez pas de tout corriger, de tout améliorer à
la fois. Regardez-y de près et vous verrez que jamais toutes
ses lettres ne sont également mauvaises, que quelques-unes
seulement sont mal formées ou incomplètes. Divisez alors la
difficulté ; attachez-vous, fût-ce pendant toute une semaine,
à lui en corriger une sans vous occuper des autres. Est-ce le
t ou le *v* qu'il fait mal? Quand il a fini sa page, exigez qu'il
la relise en s'occupant exclusivement de voir si les *t* ou les *v*
sont bien faits. Quand il se sera corrigé de sa mauvaise
habitude pour une lettre, vous en attaquerez une autre,
et en quelques semaines vous l'aurez corrigé de tous
ses défauts, vous lui aurez fait prendre l'habitude d'une
écriture nette, régulière et correcte. C'est une recette dont
j'ai usé pour ma part bien des fois, et grâce à laquelle, sans
être maître d'écriture, j'ai amélioré bien des écritures détes-
tables. Je vous la donne pour ce qu'elle vaut, et serai heureux
que vous puissiez en faire votre profit.

Recevez, etc.

§ 2

Quelques conseils pour l'enseignement de l'écriture.

Décembre 1874.

Avoir soin de faire écrire tous les élèves à la fois, afin de
pouvoir, pendant tout le temps que dure la leçon, surveiller
la manière dont chacun écrit.

Faire lire d'abord à l'enfant le caractère et les mots qu'il
doit tracer ; autrement il est souvent incapable de lire son
écriture et il s'habitue à tracer des signes qui n'ont pas de
sens pour lui.

S'assurer ensuite, avant toute chose, que tous les élèves
se tiennent bien, la jambe gauche en avant, supportant le
principal poids du corps, le bras gauche appuyé sur la table

pour maintenir le cahier droit en face de l'épaule droite ; — que les deux becs de la plume font bien face au papier et que son extrémité supérieure va droit à l'épaule ; — que chaque élève a une plume appropriée à l'écriture qu'il fait : une plume fine, s'il fait de l'écriture anglaise ; une plume à bec large, s'il fait de l'écriture française. Circuler alors dans les tables, et aller de l'une à l'autre pour corriger les cahiers ; — reproduire au tableau noir les principales corrections : ce qui vaut mieux que de tracer sur le cahier de chaque élève quelques mots modèles, puisque le modèle existe déjà, soit au tableau noir, soit en tête de la page, si l'on se sert de cahiers préparés. Veiller à ce que l'écriture soit correcte, non seulement dans le cahier qui sert particulièrement à la leçon d'écriture, mais encore dans tous les autres devoirs, etc.

Quelques maîtres considèrent le temps de la leçon d'écriture comme un moment de liberté pour eux, et ils en profitent pour s'occuper d'un autre travail ou d'une autre division. Ils ont le plus grand tort : ils semblent ignorer que cette leçon exige des soins tout particuliers et qu'elle ne peut porter de fruits que si elle est surveillée. **Pour que l'enfant s'aperçoive des défauts de son écriture, il faut les lui faire remarquer en corrigeant, devant lui et sur son cahier, les fautes qu'il commet.** Le maître fera en outre la correction générale au tableau noir ; il y expliquera la formation et la proportion des lettres, etc. L'élève, ainsi guidé et soutenu, arrivera vite à posséder une écriture régulière, sinon élégante.

§ 3

De l'enseignement de l'écriture.

Novembre 1875.

De toutes les parties de notre enseignement primaire, l'une des plus défectueuses, l'une de celles où l'on sent le plus l'absence d'une direction ferme et suivie, c'est assurément l'écriture. — Malgré d'assez nombreuses exceptions, il reste vrai de dire, d'une manière générale, qu'on écrit encore mal dans bon nombre d'écoles primaires du département. A quoi tient cette faiblesse, disons le mot, cette infériorité ? A ce que la plupart des instituteurs ne surveillent pas assez la leçon d'écri-

ture, à ce qu'ils s'imaginent pouvoir laisser à eux-mêmes les
élèves qui écrivent, quand ils leur ont donné des modèles à
transcrir , et se réserver ce temps pour faire une autre leçon
à un autre cours; peut-être aussi à je ne sais quelle incertitude sur la méthode qu'ils doivent suivre, sur les procédés
qu'ils peuvent employer.

Le remède est facile. Que les instituteurs, comme cela leur
a été recommandé dans les conférences, *fassent toujours écrire
tous leurs élèves en même temps*; qu'il y ait, *chaque jour, pour
tous les cours et au même moment, une leçon d'une demi-heure*.
Le maître consacrera cinq minutes environ, au commencement de chaque leçon, à exposer ou à rappeler les principes,
à donner des conseils sur la tenue du corps, du cahier, de la
plume, etc. ; et pendant tout le reste du temps que durera la
leçon, il circulera dans les tables, rectifiera et corrigera les
lettres défectueuses, etc... Il n'essayera pas, dans une écriture
mauvaise, de tout réformer à la fois ; il s'attaquera, pour chaque
élève, à deux ou trois lettres seulement, les plus défectueuses,
et il n'entreprendra d'améliorer les autres que lorsqu'il aura
amené l'élève à faire celles-ci d'une manière satisfaisante. Il
barrera les lettres mal faites et les reproduira lui-même au-
dessus, dans l'interligne. Chaque cahier, comme le veut le
règlement, *portera la trace de ses corrections*. Ce qui amènera
en écriture, comme dans tout le reste, des résultats sérieux,
qu'il le sache bien, c'est son action directe et personnelle. Si,
de plus, il ne considère pas sa tâche comme épuisée quand il
a donné et bien surveillé sa leçon, mais qu'il exige que tous
les autres devoirs, quels qu'ils soient, soient toujours soignés,
propres et lisiblement écrits, il nous paraît impossible qu'il
n'arrive pas, en fort peu de temps, à ne plus avoir dans sa
classe que des écritures parfaitement lisibles, correctes, et, par
suite, d'un aspect agréable à l'œil.

Quant à la méthode d'écriture qu'il peut ou doit suivre,
nous n'en prescrivons aucune. Ce que nous voulons avant
tout, nous allons dire presque uniquement, c'est une bonne
expédiée, nourrie et lisible, assez grosse pour ne pas fatiguer
les yeux, pas trop penchée, régulière quant à la grandeur des
lettres ou des boucles, à leur écartement, à la distance qui
les sépare les unes des autres, mais par-dessus tout dépourvue
de toute floriture, de tout ornement, ne renfermant rien
d'inutile et n'omettant rien de ce qui est néces aire, de ce qui
peut contribuer à en rendre la lecture commode et facile. Or,

De toutes les écritures que nous connaissons, nous n'en avons
guère vu qui réunit tous ces caractères au même degré que
l'écriture de M. Flament, et voilà pourquoi nous avons parfois recommandé sa méthode. Mais, qu'on le sache bien, nous
n'avons aucun parti pris. Nous irons même plus loin : nous
voudrions que chaque instituteur se fît sa méthode à lui-même.
Que, pour plus de commodité, il donne à ses commençants
des cahiers tout préparés, soit ; mais nous aimerions que,
lorsque les élèves ont parcouru la méthode et qu'ils commencent à écrire couramment, il ne leur donnât plus d'autres
modèles que ceux qu'il tracera lui-même au tableau noir ; qu'ils
n'eussent plus à leur disposition que du papier blanc ; qu'ils
apprissent à le régler eux-mêmes, à moins qu'ils ne préfèrent
se servir de transparents ; qu'ils s'habituassent à disposer convenablement une page, avec son titre, sa marge, etc. Ce qui
nous paraîtrait surtout devoir être efficace, ce serait que les
principales dictées et les meilleurs devoirs de style fussent
transcrits au propre, sur un cahier spécial, et que l'instituteur
tînt la main à ce que ces mises au net fussent, pour les élèves
du cours moyen et du cours supérieur un véritable exercice
d'écriture courante

DE

L'ENSEIGNEMENT DU FRANÇAIS

DICTÉE ET EXERCICE DE STYLE

DE
L'ENSEIGNEMENT DU FRANÇAIS

§ I

PROGRAMME

Cours élémentaire.

Exercices d'orthographe et de grammaire sur les différentes espèces de mots. Règles générales d'accord. On ne signalera que les exceptions réellement importantes. Quelques dictées très simples.

Les trois éléments de la proposition. — Les verbes réguliers.

Exercices de composition ou *style* : leçons de choses écrites. Par des interrogations habilement conduites, on amènera les enfants à imaginer et à construire eux-mêmes des phrases d'un genre simple, qu'ils feront oralement d'abord, qu'ils écriront ensuite.

Cours moyen.

Grammaire et orthographe. — Dictées d'un style naturel et simple, renfermant des idées utiles et pratiques, un enseignement moral. On n'y recherchera pas les difficultés orthographiques.

Chaque dictée devra être expliquée au point de vue de l'orthographe et du sens des mots.

Après la correction, qui sera générale, elle pourra être transcrite au net sur un cahier spécial. Les élèves reproduiront à la suite l'explication du sens de quelques mots et une ou plusieurs règles de grammaire dont l'application se sera rencontrée.

Le maître visitera les cahiers ; il récompensera les élèves qui les tiendront bien et qui n'y auront laissé que peu ou point de fautes. Il les punira dans le cas contraire.

Les élèves apprendront par cœur et réciteront, après qu'ils

auront été expliqués par le maître, les passages les plus importants d'une grammaire très élémentaire.

Exercices de composition ou *style*. — Petites lettres familières et pratiques. Anecdotes instructives et intéressantes. Récits et narrations d'un genre simple. Proverbes et maximes à expliquer.

Cours supérieur.

Grammaire et orthographe. — Dictées. — On choisira des textes offrant quelques difficultés grammaticales et exigeant un effort d'intelligence pour être compris. On veillera tout particulièrement sur la ponctuation. — Une grammaire complète sera mise entre les mains des élèves, qui la consulteront au besoin. Le maître leur en expliquera les parties les plus importantes et les plus difficiles.

Exercices de style. — Les exercices de style seront variés : description d'un objet usuel; récit d'un trait d'histoire ou compte rendu d'une visite à une usine; maximes et proverbes à expliquer et à apprécier; analyses littéraires. Ils porteront plus spécialement encore sur certaines questions de *sciences usuelles* qui auront fait l'objet d'une lecture expliquée ou d'une leçon.

§ 2

De la dictée.

Vesoul, juin 1871.

Les dictées graduées avec discernement, analysées au point de vue des idées, du sens des mots, de l'orthographe, dictées ayant pour objet un trait d'histoire, une invention utile, une lettre de famille, un mémoire, le compte rendu d'une affaire : tel doit être, dans l'école primaire, le fondement de l'enseignement de la langue. (*Extrait de la circulaire ministérielle du 29 août 1875 à MM. les Recteurs.*)

En général, on ne tire pas de la dictée, dans nos écoles, tout le parti qu'on pourrait en tirer. Il semble en vérité que les maîtres, en donnant une dictée à leurs élèves, ne se proposent d'autre but que de leur apprendre l'orthographe, comme s'il n'y avait pas autre chose et mieux encore que l'orthographe, à savoir : la connaissance du sens exact et précis des mots, de la manière dont ils s'unissent les uns aux autres pour former des phrases correctes, conformes au génie de notre langue ; — à savoir aussi : le jugement et le bon sens, c'est-à-dire cette faculté qui nous fait discerner le vrai du faux et apprécier les choses à leur juste valeur; en un mot, le développement et la culture de l'esprit. Savoir les règles de la grammaire, ce n'est point savoir du français. Je ne fais pas fi de l'orthographe : non, tant s'en faut; mais enfin on trouve des esprits très cultivés, des hommes très intelligents, possédant une foule de connaissances utiles, parlant bien et écrivant de même, qui ne connaissent pas toutes ces règles de la grammaire avec leurs exceptions multiples.

S'il ne faut donner aux diverses parties de l'enseignement qu'une place proportionnée à leur importance réelle, il semble que les préoccupations des maîtres devraient être en sens inverse de ce qu'elles sont. Avant tout ils songent, dans le choix de leurs dictées, aux phrases qui leur permettront de faire appliquer à leurs élèves quelques règles de grammaire, c'est-à-dire de leur apprendre l'orthographe; accidentellement, de leur apprendre du français; plus accidentellement encore, de leur développer l'esprit, de leur former le jugement. C'est le contraire qui devrait avoir lieu. Chaque fois qu'un maître trouve dans un livre une idée juste, utile, intéressante, exprimée en termes clairs, qu'il n'hésite point à en faire le sujet d'une dictée, puisque ce sera pour lui un moyen de meubler et d'enrichir l'esprit de ses élèves. Qu'il leur explique ensuite le sens de tous les mots qu'ils pourraient ne pas comprendre, qu'il leur fasse remarquer comment ces mots s'unissent pour former des phrases qui expriment nettement ce que l'auteur a voulu dire, et il leur apprendra du français. Qu'enfin il fasse épeler tous les mots, qu'il appelle leur attention sur ceux qui présentent quelque irrégularité dans la manière dont ils s'écrivent, qu'à cette occasion il leur expose une règle de grammaire, et il leur apprendra l'orthographe. Cette méthode aura même, à ce dernier point de vue, deux avantages : le premier, c'est que les élèves retiendront bien mieux une règle qui leur aura été donnée à propos d'un exemple, d'une faute qu'ils auront commise, qu'ils ne la retiendront si elle leur est enseignée d'abord par des exercices préparés à l'avance et où ils savent qu'elle doit nécessairement trouver son application; le second, c'est que chaque règle n'aura de cette façon que l'importance qu'elle doit avoir, tandis qu'autrement elles sont toutes mises sur le même plan, et celles qu'on applique tous les jours, et celles qu'on n'a pas occasion d'appliquer une fois en un an. Je ne lis pas qu'il faille rien ignorer, je désire même qu'on finisse par savoir tout; je prétends seulement qu'il faut d'abord apprendre les choses les plus importantes, celles qui sont d'un usage fréquent, journalier, et que, si l'on doit ignorer quelque chose, mieux vaut ignorer ce qu'on a le moins besoin de savoir.

Ce n'est pas tout. Si la dictée peut être si utile à ce triple point de vue, il importe que les leçons auxquelles elle donne lieu ne soient pas des leçons fugitives, qui ne font que traverser l'esprit sans y laisser de traces. Non; il faut que toute idée qui est bonne, et qui entre dans l'esprit des élèves, y séjourne, s'y fixe et s'y grave en traits ineffaçables. C'est pour cela que je conseille aux maîtres de faire apprendre par cœur et de faire réciter, comme leçon de mémoire, sinon toutes les dictées qu'ils donnent, au moins celles qui leur paraissent les mieux choisies, les plus intéressantes. Voici à peu près comment je comprendrais la chose. Une dictée, par exemple, est donnée à la classe du matin; les élèves l'écrivent sur leur cahier de brouillon; quelques minutes leur sont laissées pour la relire à loisir, corriger leurs fautes, chercher dans le dictionnaire les mots qu'ils ne connaissent pas. Le maître alors la corrige : il la fait lire et s'assure que les élèves en comprennent bien le sens général; puis il explique les mots difficiles, donne les commentaires historiques, géographiques, etc., nécessaires à l'intelligence du texte ; enfin il la fait épeler pour apprendre aux élèves l'orthographe des mots, s'arrêtant sur tous ceux qui présentent quelque difficulté, expliquant les règles de la grammaire dont il y a lieu de faire l'application. Rien ne s'opposerait même à ce que les élèves inscrivissent en note, à la fin de la dictée, les observations principales qui leur auraient été faites, celles surtout qui se reproduisent le plus fréquemment, qui sont les plus importantes par conséquent [1].

1. La mise au net de certains devoirs, dont on a abusé jadis, est peut-être proscrite aujourd'hui d'une manière trop absolue. Sans doute il faut éviter les écritures inutiles, sans profit pour l'intelligence; mais est-ce donc un travail inutile, pour l'élève, de se remémorer ce que le maître vient de lui dire et de le mettre par écrit? Les choses ne se graveront dans sa mémoire que s'il y réfléchit, s'il les repasse. N'est-ce donc rien encore que de l'habituer à

A la classe suivante, le soir, il leur donne à transcrire, sur un cahier au propre [1], la dictée expliquée le matin : ce sera un exercice d'écriture, et ils sauront déjà, ou je me trompe fort, leur dictée à peu près par cœur.

Pour peu qu'ils veuillent, après la classe, se donner la peine de la relire attentivement deux ou trois fois, je ne doute pas qu'ils ne soient en état de la réciter sans faute le lendemain matin ; je crois même qu'ils la réciteront avec intelligence et d'un ton naturel, parce qu'ils la comprendront, et que les élèves sérieux seront capables de reproduire les observations auxquelles elle aura donné lieu.

Il est une chose frappante, c'est que des enfants qui ne savent pas l'orthographe savent cependant parler et écrire d'une manière correcte, quelquefois même élégante, quand ils ont vécu dans un monde où l'on parle bien. Il n'en est pas de même des enfants de nos campagnes, ni souvent, hélas ! des aspirants au brevet de capacité ; lors même qu'ils savent l'orthographe, ils parlent et écrivent mal. D'où cela vient-il ? De ce qu'ils ont vécu dans un milieu où l'on parle mal, qu'ils y ont contracté des habitudes vicieuses de langage, et qu'ils n'ont pas d'autres formes pour s'exprimer. Comment y remédier ? En leur créant pour ainsi dire un autre milieu, en les faisant vivre, par les morceaux qu'ils confieront à leur mémoire, avec des gens qui ont bien parlé et bien écrit, en les familiarisant avec des choses bien pensées et bien dites. On arrive ainsi à cette conclusion qui paraît naïve à force d'être vraie, c'est que le moyen le plus sûr et le plus court pour apprendre du français, c'est... *d'apprendre du français.*

§ 3

De l'enseignement du français dans les cours élémentaire, moyen et supérieur.—Exercices et modèles.

Octobre 1873.

Ce qu'il y a de plus défectueux dans toutes nos écoles et dans tous les cours, c'est toujours l'enseignement du fran-

---

faire une page soignée, en dehors de sa page d'écriture ? Enfin, c'est un moyen commode, dans les classes à un seul maître, de tenir tous les élèves occupés à la fois.

1. Ce cahier sera le meilleur recueil de morceaux choisis qu'ils puissent avoir et il ne leur aura rien coûté : je crois même qu'ils le préféreront à tout autre,

çais. Et à quoi cela tient-il? A ce que les instituteurs, en général, ne font guère consister l'étude du français que dans l'étude de l'orthographe. Enseigner du français, c'est trop souvent se borner à enseigner comment les mots s'écrivent ; c'est apprendre aux élèves toutes les variétés de formation du féminin et du pluriel, etc. De là ces éternelles dictées roulant exclusivement sur l'application d'une règle de la grammaire ; de là ces exercices tout préparés, où l'élève n'a qu'à mettre le pluriel à la place du singulier, ou le féminin à la place du masculin, à terminer un mot commencé dont les lettres manquantes sont indiquées par autant ·de points, .etc. On met entre les mains des élèves un livre sur lequel toutes les substitutions à faire sont indiquées ; ils le copient et exécutent machinalement quinze ou vingt fois de suite le même changement, en conformité de la règle qui se trouve en tête de l'exercice. C'est un travail tout mécanique, qu'ils peuvent faire sans y penser pour ainsi dire. Il est vrai que pendant ce temps-là ils sont occupés et se tiennent immobiles; tout est tranquille dans la classe, le maître se repose... et les esprits aussi. — Qu'en résulte-t-il cependant? C'est que des enfants arrivent à l'âge de dix ou douze ans pouvant écrire, à peu près sans fautes, une dictée parfois assez difficile et dont souvent même ils ne comprennent pas le sens, mais parfaitement incapables d'exprimer par écrit leurs propres pensées, de composer la lettre la plus simple. Et pourtant il est rare, dans la vie, qu'on ait à faire une dictée d'orthographe, tandis qu'on a continuellement à écrire des lettres de famille, des lettres d'affaires ou d'intérêt. Aussi voudrions-nous que tous les maîtres et maîtresses comprissent bien que savoir écrire, ce n'est pas seulement savoir tracer des caractères plus ou moins réguliers, c'est encore savoir exprimer, la plume à la main, et faire connaître à des absents ce qu'on pense, ce qu'on sent et ce qu'on veut; de même que savoir lire, ce n'est pas savoir assembler mécaniquement un certain nombre de syllabes, mais bien savoir ce qu'expriment et signifient ces sons qu'on prononce; — que savoir du français, ce n'est pas seulement connaître les règles de la grammaire et savoir comment les mots s'écrivent, c'est avant tout connaître le sens exact et précis de tous les mots qu'on emploie et la manière dont ils doivent s'unir les

parce qu'ils l'auront fait eux-mêmes : ce sera un souvenir qu'ils emporteront de l'école, quand ils la quitteront.

uns aux autres pour exprimer clairement nos pensées; — qu'il
existe enfin une foule de gens dont les lettres renferment parfois des fautes d'orthographe, mais qui n'en disent pas moins
très nettement ce qu'ils veulent dire. L'orthographe ne serait-
elle donc qu'une superfluité inutile ? Non assurément. Nous
disons seulement que c'est un accessoire dans l'étude de la
langue française, qu'il n'y faut pas attacher plus d'importance qu'elle n'en a réellement, et qu'elle ne doit venir
qu'en son temps et à sa place. Quand les enfants savent construire des phrases, qu'ils ont été exercés à s'exprimer correctement, qu'on leur fasse écrire ce qu'ils viennent de dire et
qu'on leur apprenne l'orthographe des mots qu'ils emploient,
rien de mieux; mais leur apprendre d'abord comment s'écrivent des mots qu'ils ne connaissent pas, qu'ils n'emploieront
peut-être jamais, c'est, comme on dit, mettre la charrue avant
les bœufs. Le mot n'est que l'expression de l'idée et l'idée
n'est rien, si elle ne correspond à quelque chose; ce sont
donc les objets, les choses elles-mêmes qu'il faut d'abord
s'attacher à connaître et du même coup les mots qui les expriment : alors seulement l'orthographe, *qui n'est que la peinture écrite du son*, peinture soumise d'ailleurs à toutes sortes
d'irrégularités et de caprices, aura sa raison d'être et pourra
être étudiée avec fruit. Encore une fois, nous ne faisons pas
fi de l'orthographe, nous voudrions seulement que les choses
fussent remises dans l'ordre et en leur place : d'abord, les
idées et les objets auxquels elles correspondent; ensuite, les
mots qui servent à les exprimer; enfin la manière dont les
mots s'écrivent, — outre que nous ne savons pas si le meilleur moyen d'apprendre l'orthographe n'est pas de n'écrire
que ce que l'on comprend; car l'intelligence de ce qu'on fait
n'est jamais inutile, fût-ce même pour apprendre de l'orthographe.

Nous distinguons dans notre plan d'études deux sortes
d'exercices pour l'étude de la langue française : des dictées
ou exercices de grammaire et d'orthographe — et des exercices
de composition. Il faudrait que, dans toutes les écoles, on
donnât chaque semaine trois dictées et deux devoirs de style,
soit un exercice français tous les jours.

Nous traitons ci-après quelques sujets qui pourront guider
les instituteurs et les institutrices dans la voie où nous voudrions les voir entrer.

Cours élémentaire.

Exercices de grammaire et d'orthographe.

1° LE NOM PROPRE

LE MAITRE. — Voyons, mon ami, comment vous appelez-vous?

L'ÉLÈVE. — Monsieur, je m'appelle Paul.

LE MAITRE. — Alors, Paul est votre *nom*. — Et votre voisin de droite, comment s'appelle-t-il?

L'ÉLÈVE. — Monsieur, il s'appelle Henri.

LE MAITRE. — Alors, Henri est son *nom*, comme Paul est votre *nom*.

L'ÉLÈVE. — Oui, monsieur.

LE MAITRE. — Et votre voisin de gauche? etc., etc.

L'ÉLÈVE. — Monsieur, il s'appelle *Louis*, etc., etc.

LE MAITRE. — Ainsi donc, Henri, Paul, Louis, etc., sont vos *noms*, et chacun de vous a son nom à lui, son *nom propre*.

Mais n'y a-t-il pas plusieurs élèves dans la classe, qui ont le même nom?

L'ÉLÈVE. — Oui, monsieur. Il y a Henri Vaucher, Henri Beglot et Henri Jacquemart.

LE MAITRE. — Bien, mon ami. Alors quand je les appelle, quand je les *nomme*, si je me contentais de dire *Henri*, on ne saurait pas quel est celui des trois que j'appelle, et il faut que je dise *Henri Vaucher*, ou *Henri Beglot*, ou *Henri Jacquemart*. — *Vaucher, Beglot, Jacquemart* sont donc aussi leurs *noms*. Mais Vaucher, Beglot, Jacquemart, sont aussi les noms de leurs oncles, de leurs cousins. Ce sont des *noms de famille*, tandis que *Henri, Paul, Louis*, sont des noms qu'on leur a donnés à leur naissance; ce sont des *prénoms*. Tous nous avons un nom de famille et aussi un ou plusieurs *prénoms*. Ces noms ne conviennent qu'à nous, ils servent à nous distinguer les uns des autres. Ce sont des *noms propres*.

Le maître multipliera et variera ces questions. Il choisira deux élèves qui ont le même prénom, et il montrera que, s'ils n'avaient pas des noms de famille différents, on les confondrait; puis deux élèves qui ont le même nom de famille, et il montrera qu'on a dû, pour pouvoir les distinguer, leur donner des prénoms différents. L'important est qu'il prenne des exemples vrais, choisis dans sa classe même.

Il donnera, comme devoir, à écrire sur cahier le nom et les prénoms de tous les élèves de la division ou de la classe ; — un autre jour, le nom et les prénoms de tous les habitants d'une rue ; — ensuite le nom des villages qui entourent la commune et forment le canton, le nom des différentes parties du territoire, des cours d'eau qui l'arrosent, etc., etc.

Il profitera de la circonstance pour leur apprendre que tous les noms propres commencent par une majuscule.

Il sera bon, au commencement, que le devoir soit toujours fait oralement avant d'être fait par écrit, et même si plusieurs élèves étaient trop faibles pour pouvoir le faire sans être aidés, un des élèves les plus forts écrirait ces noms au tableau noir, tandis que ses camarades les reproduiraient sur l'ardoise ou sur un cahier.

Un moniteur pourra remplacer le maître et suffira pour diriger ce travail.

2° LE NOM COMMUN

Le maître montre à un élève la table sur laquelle il écrit et lui demande comment *cela* s'appelle.

RÉPONSE. — Monsieur, c'est une *table*.

DEMANDE. — Et sur quoi êtes-vous assis ?

RÉPONSE. — Sur un *banc*.

LE MAITRE. — Alors *cela* (et en même temps il montre le banc) s'appelle un banc, se *nomme* un banc. Pour le désigner, pour le faire connaître, on dit un *banc*, comme pour vous distinguer de vos camarades, on dit *Henri*. — *Banc* est donc le *nom* de cet objet, comme *Henri* est votre *nom*.

Mais est-ce encore un nom qui soit propre, c'est-à-dire qui ne convienne qu'à un objet ?

L'ÉLÈVE. — Oui, monsieur.

LE MAITRE. — Voyons, mon ami, vous ne me comprenez pas bien. — (Il lui montre un autre banc et lui demande comment cela s'appelle.)

L'ÉLÈVE. — Cela s'appelle aussi un banc.

LE MAITRE. — Et là-bas ? (Il en montre un autre.)

L'ÉLÈVE. — C'est encore un banc.

Le Maître. — Et de l'autre côté de la classe, il y a encore d'autres bancs, n'est-ce pas ?

L'Élève. — Oui, monsieur.

Le Maître. — Vous voyez donc que c'est toujours le même nom pour tous les bancs. Banc n'est plus un nom *propre*, qui ne convient qu'à un seul banc, comme Henri ne convient qu'à Henri ; c'est un nom qui convient à tous les objets de la même espèce, à tous les autres bancs qui sont dans la classe, et même à tous les bancs, à ceux qui sont dans l'église, à celui qui est devant la porte de M. X.., comme à celui qui est devant la porte de M. Z... Banc est un *nom commun*, et table aussi, pour la même raison, parce que ce nom *table* convient à toutes les tables.

Voyons, mes enfants, pourriez-vous me citer d'autres noms communs ?

(Profond silence ; les enfants s'imaginent que ce qu'on leur demande est très difficile ; ils sont timides et n'osent rien dire. Ce n'est pas une petite affaire que de les amener à parler, à dire ce qu'ils pensent.)

Vous êtes embarrassés ? Il n'y a pas de quoi. Mais les noms de tous les objets qui sont sur la table, dont vous vous servez, sont des noms communs ! Voyons, appelez-les, nommez-les les uns après les autres ; un de vos camarades écrira leurs noms au tableau à mesure que vous les prononcerez. Ainsi nous avons déjà une *table* et un *banc*. Voyons, nous aurons encore ?...

Les Élèves. — Une *plume*, un *encrier*, un *cahier*, une *règle*, un *crayon*, une *ardoise*, un *livre*, etc., etc.

Le maître donne, comme devoir, à écrire le nom de tous les objets qui se trouvent dans la classe.

Il pourra imaginer autant qu'il le voudra de devoirs analogues à celui-ci ; par exemple, le nom de tous les objets qu'on aperçoit dans la rue en regardant par la fenêtre de l'école. Il pourra même en faire d'abord un exercice oral des plus intéressants. Il enverra un élève à la fenêtre, lui commandera de regarder dans la rue et de dire tout ce qu'il voit. A mesure que celui-ci prononcera le nom d'un objet, un de ses camarades l'écrira au tableau noir, et s'il se trompe, s'il fait une faute d'orthographe, le maître la corrigera, ou mieux encore il tâchera de la faire corriger par les élèves eux-mêmes.

On écrira successivement les mots route, pavé, caillou,

pierre, cheval, voiture, poussière, boue, maison, tuile, ardoise, volet, etc.

Pour varier l'exercice et lui donner de l'intérêt, le maître ne craindra pas de faire quelques digressions. Ainsi, je suppose que l'énumération des objets mobiliers qui se trouvent dans la classe amène le mot *poêle* et que l'enfant qui est au tableau l'écrive *poil*, le maître demandera à ses camarades si ce mot est bien écrit. Les uns diront oui; les autres, non. Le maître ajoutera qu'ils peuvent avoir raison les uns et les autres. Le tout est de savoir ce qu'ils veulent écrire. Il leur dira que, s'il s'agit d'un poil de barbe, par exemple, ce sera *poil;* que si, au contraire, il s'agit d'un poêle où l'on brûle du bois, qui sert à chauffer, on écrit *poêle.* Il ne manquera jamais de faire de ces rapprochements, à mesure que les exercices et les mots trouvés par les enfants eux-mêmes lui en fourniront l'occasion. C'est ainsi que viendra tout naturellement la question des *homonymes*

Le maître pourra donner à rapporter ensuite le nom des objets qui se trouvent dans la maison de leurs parents, dans la pièce où se fait la cuisine, par exemple. S'ils sont embarrassés, il les mettra sur la voie. Il leur dira : Voyons, près de la cheminée, qu'y a-t-il? Et ils trouveront vite les mots pincette, soufflet, chenet, bois, houille, coke, tison, etc., ou encore le nom de tous les objets qui constituent un lit, — de tous les instruments dont on fait usage à table, — des aliments qu'on y sert: plats de viande, légumes, dessert et fruits, etc.; de ce qu'on y boit: vin, cidre, bière. Il leur demandera ce qu'ils boivent en mangeant. Ils répondront, je suppose, qu'ils boivent de la bière. Il profitera de la circonstance pour leur apprendre, s'ils ne le savent pas, qu'il y a des pays où la boisson ordinaire, en mangeant, est du vin mélangé d'eau ; que dans d'autres, en Normandie et en Bretagne, par exemple, on boit surtout du cidre. Il leur expliquera que le raisin ne vient bien et ne mûrit que dans les pays chauds, que les productions varient suivant les pays, et qu'il faut vivre des choses que produit la terre, là où l'on est, parce qu'autrement on a à supporter des frais de transport qui augmentent singulièrement le prix de ce que l'on consomme, etc., etc. Une petite digression, tout en les instruisant et en leur donnant quelques notions utiles, détendra leur esprit et rendra leur attention plus facile, quand le maître reviendra ensuite au véritable objet de sa leçon.

Je ne sais si je me trompe; mais il me semble que quelques exercices de ce genre suffiront et au delà pour amener les enfants à bien comprendre ce que c'est qu'un nom commun. Ils auront encore un autre avantage, c'est qu'ils habitueront les élèves à observer, à rapprocher des objets qui ont un caractère commun, c'est-à-dire à comparer et à juger, ce qui ne peut manquer de les amener plus tard à se faire des idées justes de ce qu'ils verront. Enfin, comme les enfants n'écriront que des mots qu'ils auront trouvés eux-mêmes, ils ne seront point forcés d'apprendre l'orthographe de noms correspondant à des objets qu'ils ne connaissent pas, que souvent ils ne connaîtront jamais. Tout ici est pratique; tout est intéressant, animé, vivant, et l'enfant bien interrogé se fait sa grammaire à lui-même. Nul doute qu'elle ne lui plaise d'autant mieux.

3° LES DÉTERMINATIFS. — LE MASCULIN ET LE FÉMININ

LE MAÎTRE. — Mes enfants, les hommes et les femmes ont ordinairement des occupations différentes, et on les *nomme* encore d'après ce qu'ils font, d'après le métier qu'ils exercent. Voyons, dites-moi les noms de certains métiers exercés par des hommes... — Personne ne répond? La chose est pourtant bien simple. Ainsi quels ouvriers faut-il pour construire une maison?

LES ÉLÈVES. — Monsieur, quand on construit une maison, il faut d'abord un *maçon* pour bâtir les murs; puis un charpentier pour... etc.; puis un couvreur, un plafonneur, un menuisier, un serrurier, un peintre, un vitrier, etc., etc. (Avoir soin de leur faire trouver tous ces noms dans l'ordre dans lequel les ouvriers interviennent successivement pour travailler à la maison.)

LE MAÎTRE. — Bien, mes enfants. Et pour faire la cuisine, ou pour faire vos habits, par exemple, que faut-il?

LES ÉLÈVES. — Monsieur, pour faire la cuisine, il faut une *cuisinière*, et pour faire nos habits, il faut une *couturière*.

LE MAÎTRE. — Bien, et pour prendre soin du linge, pour le laver, le raccommoder, etc...?

LES ÉLÈVES. — Monsieur, il faut une blanchisseuse, une lessiveuse (buandière), etc... (Leur faire trouver la différence qui existe entre les deux mots *blanchisseuse* et *lessiveuse* et leur faire remarquer que la signification du premier est plus large que celle du second); puis une *lingère* et une *repasseuse.*

Le Maître. — Bien, mes enfants. Vous voyez donc qu'il y a certains métiers qui sont surtout exercés par des hommes, d'autres qui sont surtout exercés par des femmes. — Pourquoi? C'est que les premiers, n'est-ce pas? exigent plus de force et causent une plus grande fatigue que les seconds, et que les hommes sont en général plus forts que les femmes. Or, de même qu'on dit **un** *homme,* tandis qu'on dit **une** *femme,* on dit **un** *maçon,* tandis qu'on dit **une** *couturière* ou **une** *blanchisseuse.* Je sais bien qu'on dit aussi **un** *tailleur;* mais c'est précisément parce que le tailleur fait surtout ceux de nos habits qui ont besoin de plus de solidité et dont par suite la confection exige plus de force.

On est convenu d'appeler **masculins** *tous les noms devant lesquels on met* un, *et* **féminins** *tous ceux devant lesquels on met* **une.**

Le Maître. — Voyons, Henri, répétez-moi ce que je viens de dire.

L'Élève. — Monsieur, vous avez dit qu'on appelle *masculins* tous les noms devant lesquel on met *un,* et *féminins,* tous ceux devant lesquels on met *une.*

Le Maître. — Donc, pour savoir si un mot est masculin ou féminin, il suffit de voir si nous le faisons précéder du mot *un* ou du mot *une?*

Les Élèves. — Oui, monsieur.

Le Maître. — Mes enfants, il faut bien retenir cela. C'est une règle, et une règle générale, c'est-à-dire que cela est vrai pour tous les noms.

On aura soin, dans la même leçon et dans les leçons suivantes, de ramener quelquefois l'application de cette règle et de poser des questions pour s'assurer que tous les élèves l'ont bien comprise. — Ainsi, comment appelle-t-on celui qui forge le fer?

Réponse. — Un forgeron, — et celle qui file la laine? une fileuse, etc., etc.

Le Maître. — Maintenant, mes enfants, vous allez me citer des noms de métiers qui sont exercés à la fois par des hommes et par des femmes, souvent même par le mari et par sa femme.

Ainsi, comment appelle-t-on celui qui moud le grain?

Les Élèves. — Un meunier.

Le Maître. — Et sa femme?

Les Élèves. — Une meunière.

Le Maître. — Et celui qui fait le pain ?

Les Élèves. — Un boulanger.

Le Maître. — Et sa femme ?

Les Élèves. — Une boulangère, etc., etc.

Il ne sera pas difficile de leur faire trouver, par des questions analogues : un pâtissier, une pâtissière, — un boucher, une bouchère, — un charcutier, une charcutière, — un épicier, une épicière, etc., etc. J'insiste pour qu'on ne leur dise rien, pour qu'on leur fasse trouver tout, et dans un certain ordre ; ainsi, il était naturel, ici, de leur faire trouver d'abord ceux qui nous fournissent le pain, l'aliment indispensable, celui qui fait le fond principal de notre nourriture ; puis, ceux qui nous fournissent la viande ; ensuite, ceux qui nous fournissent les assaisonnements. C'est une chose qui a plus d'importance qu'on ne croit. Cette méthode, pratiquée avec intelligence et d'une manière suivie, ne peut manquer de donner aux enfants des idées justes, de les habituer à rapprocher des choses qui s'appellent naturellement, de leur former le jugement par conséquent. S'agit-il, par exemple, de leur faire trouver ceux qui nous fournissent la viande que nous mangeons ? Ils répondront : c'est le boucher, et la femme qui la vend s'appelle la bouchère. — Sans doute, ajouterez-vous, s'il s'agit de bœuf, de veau ou de mouton : mais s'il s'agit de porc ? Est-ce que celui qui tue les porcs s'appelle encore le boucher ? — Non, monsieur ; il s'appelle un charcutier. — Et sa femme ? — une charcutière ; et ainsi de suite. On ne sera pas en peine de leur faire trouver un chapelier, une chapelière, — un bijoutier, une bijoutière, — un teinturier, une teinturière, etc. On leur apprendra, s'ils ne le savent pas, ce qui arrivera souvent dans les écoles de village, ce que c'est qu'un passementier, etc., etc., et ainsi du reste.

L'instituteur donnera ensuite un ou plusieurs devoirs sur le nom des animaux domestiques, qu'on fera précéder des mots *le* et *la* (quand l'occasion s'en présentera, il dira ce que c'est qu'une *élision*) ; puis, une série de devoirs où des noms seront précédés de *ce* ou *cet* (il dira dans quel cas on remplace *ce* par *cet*) et de *cette :* il fera écrire, par exemple, les noms des arbres fruitiers qui se trouvent dans les jardins, ceux des fleurs connues des enfants, etc. ; une autre série où des noms seront précédés de *mon* ou de *ma* (il saisira la première occasion qui se présentera pour dire dans quel cas on remplace *ma* par *mon*, même devant un nom féminin); il pourra choisir comme sujet de devoir les diverses espèces de parenté : *mon père, ma mère; mon oncle, ma tante; mon cousin, ma cousine*, etc.; enfin, une dernière série où des noms seront précédés d'un mot indiquant, soit un nombre précis comme *vingt* livres, *trente* francs, soit un nombre approximatif comme *quelques, plusieurs*, etc. Il pourra toutefois ajourner cette dernière série jusqu'au moment où il fera recommencer tous ces devoirs ou des devoirs analogues, avec le signe du pluriel. Il va de soi qu'il se contentera de donner la règle générale de la formation du pluriel dans les noms, avec les exceptions les plus importantes, dont il ne parlera du reste que lorsque les noms trouvés par les élèves lui en fourniront l'occasion.

Faisant alors un retour sur tous ces devoirs, il fera remarquer à ses élèves que ces petits mots *un, une. — le, la, — ce, cette, — mon, ma, — un, dix, quelques*, etc., dont on fait précéder le nom, ont pour fonction et pour effet d'en préciser la signification, d'en indiquer le sens d'une manière plus exacte. Ce sont des *déterminatifs;* parce que déterminer, c'est restreindre, préciser. Ainsi, quand je dis *un livre*, je parle d'un livre quelconque; le sens du mot livre reste très vague, il peut s'appliquer à tous les livres; si je dis *le livre*, c'est que je parle d'un livre dont il a déjà été question : ce n'est déjà plus le premier livre venu; si je dis *ce livre*, il est impossible d'indiquer l'objet d'une manière plus précise, je le montre en le nommant, etc. etc. [1] |

Exercices d'invention et de style.

1° LE JOUR ET LA NUIT

Un élève est au tableau, la craie à la main, tout prêt à

---

1. Ces quelques exercices suffisent pour faire connaître et comprendre la marche à suivre. Nous ne nous dissimulons pas pourtant qu'ils demandent, pour être bien conduits, une préparation préalable, et un travail qui ne sera pas toujours possible aux instituteurs, déjà si occupés d'ailleurs. Aussi conseillerions-nous de les faire alterner avec de petites dictées qu'on écrirait au tableau noir, et dans lesquelles on ferait souligner : d'abord, les noms en général; puis, les noms propres seulement ou les noms communs seulement; puis, les noms masculins, les noms féminins; les noms qui sont au singulier, ceux qui sont au pluriel. On ferait de même pour les adjectifs, à propos desquels on expliquerait la règle générale d'accord, etc., etc. On arrivera ainsi au même but, avec cette différence pourtant que les élèves auront été moins excités à chercher, à réfléchir; que, par suite, leur esprit aura été moins cultivé. Mais à l'impossible nul n'est tenu. (On pourra consulter pour ce genre d'exercices les *Cahiers d'un instituteur*, par Subercaze, lib. Delalain.)

écrire. C'est à lui d'abord que le maître pose la question ;
mais chaque fois que celui-ci hésite à répondre, il s'adresse à
un de ses camarades, et au besoin, à toute la classe.

LE MAITRE. — Voyons, mon enfant, qu'est-ce qui vient après
le jour?

L'ÉLÈVE. — *La nuit.*

LE MAITRE. — Écrivez, mon ami.

L'ÉLÈVE. — Quoi? monsieur.

LE MAITRE. — Mais ce que vous venez de dire. Qu'avez-vous
dit?

L'ÉLÈVE. — J'ai dit *la nuit.*

LE MAITRE. — Sans doute; mais faites une phrase plus
complète, en reproduisant les mots de ma question. Voyons;
vous avez dit, n'est-ce pas?... qu'*après le jour vient la nuit.*

L'ÉLÈVE. — Oui, monsieur.

LE MAITRE. — Eh bien! écrivez : *Après le jour vient la nuit.*
L'élève écrit.

LE MAITRE. — Et après la nuit?

L'ÉLÈVE. — *Après la nuit revient le jour.*

LE MAITRE. — Écrivez et réunissez vos deux phrases par
le mot *et*, comme vous le feriez en parlant. Voyons; vous aurez?... *Après le jour vient la nuit, et après la nuit revient le
jour.*

LE MAITRE. — Quand commence le jour?

L'ÉLÈVE. — *Quand le soleil se lève.*

LE MAITRE. — C'est bien; mais vous ne pouvez pas dire
seulement *quand le soleil se lève*, cela n'aurait pas de sens.
Voyons; faites, comme tout à l'heure, une phrase complète,
présentant un sens, qu'on puisse prononcer seule, en reproduisant les mots de ma question.

L'ÉLÈVE. — *Le jour commence quand le soleil se lève.*

LE MAITRE. — Bien; écrivez. Et quand finit-il?

L'ÉLÈVE. — *Il finit quand le soleil se couche.*

LE MAITRE. — Réunissez vos deux réponses par le mot
et, comme vous l'avez fait tout à l'heure. Alors vous aurez?

L'ÉLÈVE. — *Le jour commence quand le soleil se lève, et il
finit quand le soleil se couche.*

LE MAITRE. — Bien, mon ami; écrivez cela sur le tableau.
— Les jours ont-ils toujours la même longueur?

L'ÉLÈVE. — Non, monsieur.

LE MAITRE. — Quand sont-ils plus longs?

L'ÉLÈVE. — *En été.*

LE MAITRE. — Et quand sont-ils plus courts ?

L'ÉLÈVE. — *En hiver.*

LE MAITRE. — Voyons, faites votre phrase.

L'ÉLÈVE. — *Les jours sont plus longs pendant l'été et plus courts pendant l'hiver.*

LE MAITRE. — Bien, mon enfant. Et les nuits ?

L'ÉLÈVE. — Monsieur, c'est le contraire.

LE MAITRE. — Comment! c'est le contraire ?

L'ÉLÈVE. — Oui, monsieur. *Les nuits sont plus courtes en été et plus longues en hiver.*

LE MAITRE. — Ne pourriez-vous pas réunir vos deux phrases et les opposer l'une à l'autre.

L'ÉLÈVE. — Oui, monsieur.

LE MAITRE. — Comment?

L'ÉLÈVE. — En mettant entre les deux *au contraire.*

LE MAITRE. — Eh bien! voyons, faites maintenant votre phrase complète.

L'ÉLÈVE. — *Les jours sont plus longs pendant l'été et plus courts pendant l'hiver; au contraire, les nuits sont plus longues pendant l'hiver et plus courtes pendant l'été.*

LE MAITRE. — Bien, mon enfant. Et que fait-on pendant le jour?

L'ÉLÈVE. — Monsieur, *on travaille.*

LE MAITRE. — Alors, *le jour est le temps du travail.*

L'ÉLÈVE. — Oui, monsieur.

LE MAITRE. — Et pendant la nuit, que fait-on?

L'ÉLÈVE. — Monsieur, on dort.

LE MAITRE. — Alors, *la nuit est le temps?*....

L'ÉLÈVE. — *Du repos.*

LE MAITRE. — Très bien, mon enfant. Allons, faites maintenant avec ces deux réponses une phrase complète.

L'ÉLÈVE. — *Pendant le jour on travaille, et pendant la nuit on dort. Le jour est le temps du travail; la nuit, au contraire, est le temps du repos.*

LE MAITRE. — Effacez maintenant tout ce que vous avez écrit sur le tableau et allez à votre place. Vous reproduirez comme devoir écrit sur votre cahier toutes les phrases que nous avons faites ensemble et que vous avez écrites au tableau.

Pour aider les élèves et leur rendre la tâche encore plus facile, le maître pourra écrire sur le tableau les questions qu'il a posées, les unes à la suite des autres; l'élève n'aura

qu'à transcrire les réponses dans le même ordre. Il va de soi
qu'il serait mieux encore que le maître eût deux tableaux
noirs à côté l'un de l'autre et qu'il eût écrit toutes les questions, avant la classe, sur celui de gauche; les réponses se
trouveraient sur celui de droite, en face des questions. Ou
encore, s'il n'a qu'un tableau, et qu'il puisse le retourner, il
pourrait écrire ses demandes au revers, et le retourner quand
la leçon serait finie. Qu'il s'arrange, en un mot, de façon que
les élèves, la leçon terminée, aient sous les yeux les questions
qu'il leur a posées, et que celles-ci puissent les guider dans le
devoir qu'ils vont avoir à faire.

Nous rappellerons à l'instituteur que ce petit devoir doit
avoir été préparé par lui avant la classe, et d'une manière
générale, que rien de ce qui peut se faire avant l'entrée des
élèves ne doit se faire pendant la classe. Aussitôt en effet
qu'il a terminé sa leçon et qu'il a créé à une division une
occupation intelligente et utile, il se doit à une autre division.

Les élèves reproduiront le devoir suivant :

Le jour et la nuit.

Après le jour vient la nuit, et après la nuit revient le
jour.

Le jour commence quand le soleil se lève, et il finit
quand le soleil se couche.

Les jours sont plus longs pendant l'été et plus courts
pendant l'hiver; au contraire, les nuits sont plus courtes
pendant l'été et plus longues pendant l'hiver.

Pendant le jour on travaille et pendant la nuit on dort;
le jour est donc le temps du travail, et la nuit le temps
du repos.

Si quelques élèves ne reproduisaient pas textuellement ce
devoir tel qu'il aurait été fait au tableau noir, il n'y aurait
pas lieu de s'en plaindre. Ce qu'il s'agit, en effet, d'exercer chez
eux, c'est l'intelligence et la réflexion, bien plus encore que
la mémoire. N'oublions pas que cet exercice a pour but de
leur apprendre à penser et à *exprimer leurs idées.*

Ce devoir est bien peu de chose; cependant un résultat est
acquis. Les enfants ont été amenés à réfléchir, à se rendre
compte de quelques-unes de leurs idées, à les distinguer, à les
disposer dans un certain ordre, à les *exprimer en français.* Le

maître a repris leurs expressions impropres ou défectueuses; il les a corrigées, ou mieux encore, il les leur a
fait corriger à eux-mêmes. Il leur a appris un peu d'orthographe usuelle : par exemple, que temps s'écrit *temps* ;
peut-être même un peu d'orthographe grammaticale : par
exemple que, lorsqu'un mot est au pluriel, c'est-à-dire lorsqu'il
exprime plusieurs choses de la même espèce, il s'écrit avec
un *s* à la fin; ainsi, le jour, les jours; — qu'on dit un jour
bien *long* et une nuit bien *longue,* etc. Ce sera peut-être le cas
de leur rappeler, s'ils la savent, de leur apprendre, s'ils ne la
savent pas, la règle générale d'accord de l'adjectif avec le
nom auquel il se rapporte. Enfin, il pourra leur faire
remarquer qu'après chaque phrase, quand le sens est fini et
complet, on met un *point*, et que, dans le corps de chaque
phrase, là où on s'arrête en la prononçant, il y a lieu de
mettre un *point virgule* ou une simple *virgule,* selon qu'on
s'arrête plus ou moins longtemps.

Il ne lui sera pas difficile de trouver des sujets analogues
à celui-ci sur la division du temps. Ainsi, combien faut-il de
jours pour faire une semaine? Nommez-les. — Que fait-on le
jeudi? le dimanche ? etc.

Combien y a-t-il de mois dans l'année ? — Nommez-les. —
Sont-ils tous de même durée ? — Combien faut-il de jours
pour faire un mois? etc. — Que fait-on dans tel mois? En
général, il choisira celui dans lequel on se trouve et il en
décrira successivement les diverses occupations.

Il aura ensuite l'année qui commence au 1er janvier et qui
finit au 31 décembre, qui comprend trois cent soixante-cinq
jours, et quelquefois trois cent soixante-six, etc. Il pourra
dire qu'il s'est passé plus de dix-huit cents ans depuis la naissance de Jésus-Christ, que le monde existait déjà avant
Jésus-Christ, etc., etc.

Il pourra également parler de la division du jour en heures,
minutes, secondes.

Le Maître. — Voyons, mes enfants, à quelle heure êtes-vous
venus à l'école, ce matin ? A quelle heure sortirez-vous ?
Combien d'heures, par conséquent, serez-vous restés en
classe? Qu'avez-vous fait de telle heure à telle heure? Combien
y a-t-il d'heures dans un jour? Quand il faut préciser, par
exemple, entre dix et onze heures, que faut-il ajouter?...
Combien y a-t-il de minutes dans une heure? Est-il bien
utile de compter par minutes? Dans quelles circonstances?

Évidemment, les maîtres ne seront pas embarrassés pour
imaginer eux-mêmes de petits sujets semblables à celui qui
est traité plus haut. Ils en trouveraient, du reste, qui sont
tout traités dans les livres de lecture que leurs élèves ont
entre les mains. Au fond, ce que nous leur conseillons, ce sont
de petites leçons de choses qu'on fait écrire après les avoir
fait composer oralement. Nous voulons du reste plutôt leur
tracer une méthode que leur donner des modèles ; car nous
sommes persuadé que la meilleure leçon sera toujours celle
qu'ils auront composée eux-mêmes, fût-elle défectueuse par plus
d'un endroit. Qu'ils le sachent bien, rien ne peut suppléer à
leur initiative propre ; il faut qu'ils payent de leur personne
et se dépensent eux-mêmes, s'ils veulent obtenir des
sultats.

Cours moyen.

Dictée.

1° ASPECT DES BOIS COUPÉS EN AUTOMNE

*Je ne sais rien de plus touchant que la vue des bois coupés
en automne. Les grands arbres abattus, à demi cachés par
les herbes, jonchent le sol ; leurs branches brisées et leurs
feuilles froissées pendent vers la terre. La sève rouge saigne
sur leurs blessures ; ils gisent épars, et, parmi les buissons
verts et humides, on aperçoit de loin en loin les troncs
inertes et lourds, qui montrent la large plaie de la hache.
Les bois deviennent alors silencieux et mornes ; une pluie
fine et froide ruisselle sur les feuillages qui vont se flétrir ;
enveloppés dans l'air brumeux, comme dans un linceul, ils
semblent pleurer ceux qui sont morts.*

H. TAINE.

Le maître lira ce morceau à haute voix et lentement ; puis
il le dictera. Un de ses élèves les plus faibles répétera après
lui, à mesure qu'il les écrira, tous les mots dictés, soit chaque
mot isolément, soit deux ou trois mots à la fois formant un
sens complet. C'est un moyen de s'assurer qu'on ne va pas

trop vite. La dictée une fois terminée, il laissera à ses élèves
cinq minutes pour la relire et la corriger; il pourra pendant
ce temps préparer du travail à d'autres élèves, voir ce que
fait une autre division. — Il commencera alors la correction,
c'est-à-dire qu'il fera successivement épeler tous les mots. Il
appelera l'attention de ses élèves sur ceux qui présentent
le plus de difficultés : *automne, troncs, plaie, ruisselle, linceul, etc., etc.* — Quand il rencontrera l'application d'une règle
de grammaire, il la leur signalera; au besoin, il la leur fera
écrire, s'il craint qu'ils ne l'oublient : ainsi, à propos de
coupés, abattus, cachés, etc., etc., il citera la règle du participe
passé employé sans auxiliaire ; *à demi*, à moitié, locution
adverbiale, qui reste toujours invariable ; *gisent*, verbe dé-
fectif, etc.

Cette dictée corrigée au point de vue de l'orthographe
usuelle et de l'orthographe *grammaticale*, il l'expliquera au
point de vue du *sens des mots*. Ainsi :

Automne, celle des quatre saisons de l'année qui est entre
l'été et l'hiver.

Jonchent, joncher, parsemer la terre de *joncs* et, par exten
sion, de feuilles, de branches ; ici, couvrent la terre, sur
laquelle ils sont répandus çà et là.

Froissées, qui ont été pressées, écrasées, pliées en tous sens
irrégulièrement.

Pendent, se penchent, s'inclinent vers la terre, où elles
seront bientôt ensevelies.

Sève, liquide que les plantes puisent, par leurs racines, dans
le sein de la terre et dont elles se nourrissent; la sève est pour
elles ce que le sang est pour les animaux.

Saigne, pris ici dans le sens neutre ; expliquer qu'il peut avoir
un sens actif. L'auteur a prêté du sentiment aux arbres ;
rien d'étonnant dès lors qu'ils lui semblent avoir du sang et
saigner comme des êtres animés et sensibles. *Blessures, plaie*,
qui viendront plus loin, ne sont que la continuation de la même
pensée.

Gisent épars, sont étendus çà et là sur le sol, sans aucun
ordre.

Buissons verts et humides, quelques touffes d'arbres, d'une
nature particulière, qui conservent leur couleur verte plus
longtemps, quelquefois même pendant tout l'hiver. Citer des
exemples empruntés aux bois environnants. Ils sont *humides*,
soit à cause de la pluie qui tombe plus fréquemment à cette

20

saison de l'année, soit à cause du froid qui condense les vapeurs de l'air et les transforme en gouttelettes.

Inertes, qui paraissent ne plus vivre ; *montrent*, laissent voir.

Mornes, qui semblent tristes, abattus.

Pluie fine, composée de petites gouttes ; *ruisselle*, coule comme un *ruisseau*.

Feuillages, amas de feuilles, qui sont encore vertes, mais qui vont se faner, se dessécher, perdre leur couleur.

Brumeux, chargé d'un brouillard épais.

Linceul, drap de toile dans lequel on enveloppe les morts pour les ensevelir. L'air brumeux qui les entoure leur forme une sorte de manteau ; mais ce manteau devient un linceul, parce qu'il semble qu'ils vont mourir.

Enfin, le maître aura soin de faire remarquer à ses élèves comme tous ces détails ont été bien observés et comme ils sont bien peints ! Il insistera surtout sur cette idée que l'auteur a continuellement cru voir dans ces arbres des êtres animés, capables comme nous de souffrance : de là l'intérêt qu'il leur porte et l'émotion qui le gagne quand il les contemple. Il lui semble voir souffrir des êtres semblables à lui. Ce bois dévasté le fait songer aussi à l'aspect d'un champ de bataille, le lendemain du combat ; ces arbres qui jonchent le sol, ce sont les cadavres qui sont restés étendus çà et là sur la terre ; ces branches brisées, ces feuilles froissées, etc., ce sont des membres cassés, des chairs pantelantes et meurtries, etc. — Et ce linceul par lequel se termine la description ! Comme il imprime plus profondément encore dans notre âme l'image de la mort ! Il est impossible que la vue d'un pareil spectacle n'ait pas quelque chose de touchant et n'excite pas en nous une pitié compatissante, etc., etc. Le maître, par des questions habilement posées, provoquera la réflexion de ses élèves et tâchera de les attendrir sur le sort de ces pauvres arbres. S'il arrive à émouvoir leur sensibilité, à faire poindre en eux un sentiment délicat, il aura commencé à les *élever*. — Ce serait un résultat plus précieux encore que de leur avoir inculqué la règle du participe passé conjugué sans auxiliaire.

Exercice de composition et de style.

1

Il arrive souvent qu'on veut faire savoir à une personne éloignée quelque chose qui peut se dire en quelques mots. Au

lieu de lui écrire une lettre avec les formules d'usage, il est
plus simple et surtout plus expéditif de lui adresser un billet
qu'on remet à un commissionnaire, une carte postale, etc.;
alors on se sert généralement de la troisième personne.

L'instituteur trouvera dans les incidents de la vie de chaque jour mille sujets de ce genre.

Ainsi, on a un parent qui est tombé malade et l'on prie le
médecin de venir le voir.

LE MAÎTRE. — Voyons, mes enfants, comment allez-vous
tourner ce petit billet ? Si nous disions :

*Prière à M. le docteur de vouloir bien venir jusqu'à la maison
pour voir un tel... qui est malade*, etc., ce serait une formule
polie, mais un peu familière, que pourrait employer monsieur
votre père, par exemple, surtout si le médecin auquel il s'a-
dresse est le médecin de la famille, un ami pour ainsi dire? Si
c'est vous qui étiez chargés d'écrire la lettre, il vous faudrait
prendre une forme plus respectueuse à cause de votre jeune âge,
et lui dire, par exemple : *Monsieur le docteur, mon père me
charge* ou *je suis chargé par mon père de vous prier de vouloir
bien*, etc.

Si la maladie paraît dangereuse, votre lettre devra être
plus pressante. Sans entrer dans de grands détails, vous devrez
cependant en faire connaître les symptômes les plus inquié-
tants. Il faut, en effet, que le médecin, en lisant votre billet,
puisse soupçonner la gravité du mal, si le mal est grave, parce
qu'alors il négligera, s'il le faut, des malades moins sérieusement attaqués; au contraire, s'il ne s'agit que d'une indisposition qui ne réclame pas une médication immédiate, d'un
malaise dont on souffre depuis quelques jours, vous prierez
le médecin de vouloir bien entrer à la maison, quand il aura
occasion de venir dans les environs, etc., etc.

Les différentes formules de rédaction seraient donc :

Prière à M. le docteur de vouloir bien, etc.; *j'ai un de mes enfants qui est atteint de fièvre, etc.... Son tout dévoué.* — Ou,
un peu moins familier :

*J'ai l'honneur de prier Monsieur le Docteur de, etc.; je suis
inquiet.   Son dévoué.*

Ou enfin, beaucoup plus respectueux et plus poli :

*Monsieur le Docteur, je vous serais obligé de vouloir bien,
sitôt que vous le pourrez, venir voir un de mes enfants.....*

Agréez, ou veuillez agréer, Monsieur le Docteur, l'assurance ou
l'expression de mes sentiments distingués.

Votre tout dévoué, etc.

On peut supposer un billet du même genre écrit à un pharmacien. Le médecin est venu ; il a prescrit des remèdes ; vous
envoyez l'ordonnance au pharmacien en le priant de remettre
les remèdes au porteur, — de vous les envoyer par le facteur,
— de vous les faire parvenir par tel moyen que vous lui indi-
querez ; vous terminerez en disant que vous le payerez à la
première occasion.

L'important, dans tous ces sujets, c'est de n'y laisser rien
de vague. Il faut que ce soit le père ou le fils qui écrive le
billet, et non pas quelqu'un ; — non pas à un médecin quelconque, mais à M. un tel, résidant à tel endroit.

La série des devoirs de ce genre peut être sans fin. On va
manquer de bière et l'on écrit au brasseur d'en amener le
plus tôt possible ; ou bien on en a encore, mais le moment
est venu de faire sa provision de bière de mars pour l'été.

LE MAÎTRE. — Voyons, mes enfants, comment allez-vous
traiter ce sujet?

Prenons le premier cas. Si vous supposiez qu'on est à la
veille de faire les foins, que les chaleurs commencent à devenir ardentes, que les ouvriers ne peuvent pas travailler sans
boire, etc.? Pourtant ne développez pas trop cette idée. Ce n'est
pas le sujet ; ce n'est qu'une raison qui justifie votre demande
et qui vous autorise à être *pressant.*

Dans le second cas, ne pourriez-vous pas dire que vous
vous y prenez de bonne heure pour faire votre demande,
parce que, l'année précédente, la bière qu'on vous a envoyée
avait été faite un peu tard? Elle s'est mal conservée, etc. Or,
vous ne pouvez pas supporter les bières courantes qui se font
pendant l'été ; elles sont plates et aigrissent vite ; — vous
préférez faire votre provision à temps, afin d'avoir, au moment des chaleurs, une bière ferme et saine.

Il en serait de même si l'on voulait demander du vin. On
écrit à un vigneron, à un petit propriétaire du voisinage, à
un marchand de la Bourgogne ou de Bordeaux, etc.

*Prière à M. X... de vouloir bien m'envoyer, à l'occasion, — ou,
prochainement, le plus tôt possible, — une feuillette, un fût, une
pièce, une barrique — de vin conforme à l'échantillon qu'il m'a
fait goûter, ou semblable à celui qu'il m'a envoyé — qu'il a fourni
à M. un tel. —* Il ne serait pas bien de dire : *Envoyez-moi vite*

un fût de vin, etc. Il sera très poli de dire : *Je vous prie de vouloir bien m'envoyer* — ou : *Veuillez, je vous prie, m'envoyer ; je vous serai obligé de vouloir bien m'envoyer*, etc., etc. On terminera par : *J'ai bien l'honneur de vous saluer*, ou : *Recevez, agréez, veuillez agréer mes salutations empressées, dévouées.* Le choix de tel ou tel mot, pour caractériser les salutations, dépend des rapports qu'on a avec la personne à qui l'on s'adresse.

Enfin, tous ces billets peuvent encore se mettre sous cette autre forme : *M. X... a l'honneur de saluer M. Z... et le prie de vouloir bien*, etc., etc. Un homme peut toujours être *respectueux* envers une femme, fût-elle dans une position inférieure.

Enfin, à ce genre se rattachent encore les commandes à un marchand, à un fabricant, etc. Ainsi, vous avez acheté de l'étoffe pour faire un vêtement, de la toile pour faire des chemises, etc., et vous n'en avez pas acheté assez pour ce que vous voulez faire ; il vous en manque tant de mètres, etc. Vous priez qu'on vous les envoie, — vous payerez une autre fois, — ou bien vous faites remettre l'argent par le porteur, etc.

Vous pouvez demander à un marchand de mercerie, par exemple, quelques articles dont vous avez besoin. Il vous faudra les énumérer et en indiquer la quantité que vous désirez, — la qualité (dire que vous voulez du fil de telle grosseur, par exemple), — le prix, vous voudriez bien ne pas le payer plus de, etc.) Ajoutez qu'il vous les faut pour telle époque au plus tard ; indiquez la voie par laquelle vous désirez les recevoir : chemin de fer, messageries, une occasion, M. un tel qui ira les prendre. En tout cas, que ces lettres répondent à des situations vraies.

Si l'instituteur a, dans sa classe, le fils d'un épicier qui achète ses marchandises à la ville voisine, il supposera une lettre du genre de celles que le père de cet enfant a continuellement occasion d'écrire. Il ne dira rien à ses élèves ; mais, par ses questions, il les amènera à trouver tout. Il les habituera surtout à ne jamais s'écarter du vraisemblable : cela est de la plus haute importance, s'il veut développer en eux le bon sens et former leur jugement.

Prenons le cas de l'épicier. S'il demande qu'on lui envoie du café, il doit en demander pour trois mois, pour six mois, par exemple. Il peut en demander davantage, si l'occasion d'acheter lui paraît bonne ; pourtant ce café pourra aussi s'avarier chez lui. Il y a donc un nombre de kilos qu'il est *rai-*

sonnable de lui faire demander. J'insiste sur ce point. Il y a des enfants qui ne se rendent compte de rien, et qui supposeront, par exemple, que l'épicier va demander 2,000 kilos, quand, dans le village où il est, et dont les habitants ne se fournissent pas tous chez lui, on ne consomme pas 2,000 kilos en deux ans! Rien d'étonnant que plus tard ils aient l'esprit faux.

On peut ensuite supposer que le marchand a envoyé les marchandises qui lui ont été demandées. L'instituteur donnera comme devoir à ses élèves la lettre par laquelle il les annonce. Il doit y avoir dans cette lettre des marques de zèle, d'empressement : on a essayé de bien servir, on espère que l'acquéreur sera content, etc. Ci-joint la facture. Les élèves feront une facture réelle et détaillée.

On pourra supposer enfin que quelques-unes des marchandises envoyées ne conviennent pas, qu'on les renvoie, — qu'on demande une remise sur le prix d'achat, etc.

Réponse du marchand, qui en est très étonné. Il consent à reprendre ses marchandises et il en enverra d'autres; — ou bien, il n'y a pas de sa faute, il le regrette beaucoup, il a été trompé lui-même. Il consent à faire une petite réduction sur le prix, afin qu'on les garde, etc.

Même dans une lettre où l'on se plaint légitimement, on ne devra jamais se départir des règles de la politesse et des convenances.

Les instituteurs et les institutrices se plaignent généralement qu'ils ne savent quels sujets donner à leurs élèves, — que les enfants n'ont pas d'idées. Nous croyons qu'il y a là une mine féconde à exploiter et qu'ils y trouveront facilement des sujets intéressants. Et s'ils ont soin, quand ils en auront donné un, de bien préciser les situations et de poser à leurs élèves des questions qui le leur font envisager sous tous ses aspects, ils ne se plaindront plus que leurs élèves ne savent que dire.

2

Un entrepreneur quelconque a promis de faire un ouvrage pour une époque fixée. Au jour dit, l'ouvrage n'est pas terminé. Quelques jours s'écoulent et il ne se presse pas d'en finir. — Vous lui écrivez pour lui rappeler sa pro-

messe, et le prévenir que si, avant un nombre de jours que
vous lui marquez, il ne l'a pas achevé, vous le ferez terminer
par d'autres ouvriers et à son compte.

Ce sujet peut être présenté sous bien des formes diverses ;
choisissez celle qui se rapprochera le plus de faits connus des
enfants eux-mêmes. — Ce peut être un charpentier, un couvreur, etc., qui n'a pas achevé à temps un hangar où vous
devez serrer vos récoltes, et le moment approche où il vous
faut rentrer vos foins. — Ce peut être un maçon qui devait
réparer votre moulin : chaque jour de retard de sa part vous
cause un préjudice réel, etc. ; — un mécanicien qui devait
vous fournir une batteuse : le moment de battre vos blés est
venu et la batteuse n'arrive pas. — C'est un instrument de
labour qu'on devait vous livrer : vous en avez besoin, et vous
l'attendez en vain, etc., etc. — C'est encore un tailleur qui
devait vous faire des habits, une couturière qui devait vous
remettre une robe, un marchand qui devait vous envoyer des
provisions, etc., etc.

L'important est que cette idée ne reste pas dans le vague,
qu'elle prenne une forme précise, qu'elle s'applique à un objet
déterminé, à une personne connue des enfants. Pas de bana-
lités ; trouvez des situations naturelles et vraies.

Il faut supposer que l'époque fixée pour la remise définitive
de l'ouvrage est entièrement écoulée. Il sera bon aussi que les
enfants s'habituent à cette idée que toutes les choses de ce
monde ne se traitent pas dans la grande rigueur. Il peut se faire,
en effet, que celui qui a fait la promesse ait été dans l'impossibilité de la tenir par des causes indépendantes de sa volonté.
Le ton de la lettre sera donc ferme et énergique ; il montrera
qu'on est résolu à en finir ; elle devra pourtant rester bien-
veillante, polie surtout : on n'a jamais le droit d'être impoli,
ni dur, même quand on a raison. Il faudra seulement que la
menace qui termine, quoique accompagnée d'un regret, soit
bien nette et ne laisse pas de doute dans l'esprit de celui qui
la lira.

Dans le même ordre d'idées, on pourra supposer qu'un
marchand est venu acheter un veau, des moutons, du blé,
des laines, etc., etc., et qu'il est en retard pour les enlever.

On fera ensuite la réponse du marchand et l'on trouvera
des raisons qui l'ont empêché de faire ce qu'il avait promis.

Les occasions de faire des promesses et de ne pas les tenir

sont nombreuses dans la vie ; les maîtres et maîtresses, pour toute cette catégorie de sujets, n'auront évidemment que l'embarras du choix.

Voici comment le sujet suivant a été traité par un très bon élève d'une bonne école primaire.

MATIÈRE DICTÉE PAR LE MAÎTRE

Lettre à un entrepreneur qui est en retard pour les réparations qu'il doit faire à votre moulin.

Vous lui rappelez sa promesse ; le préjudice qu'il vous cause. — Vous regrettez de n'avoir pas conclu avec lui un marché écrit et avec dédit. — S'il ne vous envoie pas, avant huit jours, des ouvriers en nombre suffisant, vous vous regarderez comme délié de votre parole et vous vous adresserez à un autre.

Sujet traité.

Haut-du-Them (Haute-Saône), le 15 juin 1871.

Monsieur,

Lorsque je me suis adressé à vous pour les réparations qu'il y a à faire à mon moulin, vous m'aviez promis de venir quelques jours plus tard. Cependant voilà bientôt trois semaines que je vous attends et je ne reçois de vous aucune nouvelle. — C'est un tort grave que vous me faites : mes pratiques me pressent et menacent de me quitter ; quelques-unes se sont déjà adressées ailleurs. — Je regrette vivement de n'avoir pas fait avec vous un marché par écrit et avec dédit ; au moins je serais indemnisé en partie de la perte que votre retard va me faire subir.

Quoi qu'il en soit, je suis fermement décidé à ne pas vous attendre plus longtemps. — Si donc vous ne m'envoyez pas, avant huit jours, des ouvriers en nombre suffisant pour que les travaux dont nous sommes convenus puissent être exécutés promptement, je me regarderai comme complètement délié de mes engagements et je m'adresserai à un autre. — Je regretterais de rompre ainsi avec vous ; mais vous conviendrez que vous m'y auriez forcé.

Recevez d'ailleurs, Monsieur, mes salutations amicales.

Charles JACQUEY.

Cours supérieur.

Dictée.

LA FERME DES BERTEAUX.

C'était une ferme de bonne apparence. On voyait dans les écuries, par le dessus des portes ouvert, de gros chevaux de labour qui mangeaient tranquillement dans des râteliers neufs. Le long des bâtiments s'étendait un large fumier ; de la buée s'en élevait, et parmi les poules et les dindons picoraient dessus cinq à six paons, luxe des basses-cours cauchoises. La bergerie était longue ; la grange était haute, à murs lisses comme la main. Il y avait sous le hangar deux grandes charrettes et quatre charrues, avec leurs fouets, leurs colliers, leurs équipages complets, dont les toisons de laine bleue se salissaient à la poussière fine qui tombait des greniers. La cour allait en montant, plantée d'arbres symétriquement espacés, et le bruit gai d'un troupeau d'oies retentissait près de la mare.

Explication de cette dictée au point de vue : 1° de l'orthographe usuelle ; 2° de l'orthographe grammaticale ; 3° du sens des mots ; 4° de la composition.

1° *Orthographe usuelle.*

Les *Berteaux :* c'était le nom de la ferme. Comme c'est un nom propre que les élèves ne peuvent pas connaître, il faut le leur épeler.

Appeler leur attention sur la manière dont s'écrivent les mots *apparence* (deux *p*); *chevaux* (sans *e* après le *v*); *labour* (sans *e* à la fin); *tranquillement* (deux *l*) ; *râtelier* (accent circonflexe sur l'*a*) ; *bâtiment* (un accent circonflexe sur l'*a* et pas sur l'*i*); *buée* (avec deux *e*) ; *picoraient ; paons ; cauchoises ; lisses ; hangar* (sans *d* à la fin); *charrettes* (avec deux *r*). Tous les dérivés de *char : charrette, charrier, charroi, charron, charrue* prennent deux *r* ; *chariot* est le seul qui n'en a qu'une. « C'est une irrégularité qui est sans raison et qui dès lors complique inutilement l'orthographe. L'Académie fera bien de

rétablir la régularité, d'autant plus que dans les livres imprimés au xviiᵉ siècle, *chariot* a souvent deux *r*. — LITTRÉ. » ;
fouets ; colliers ; toisons ; salissaient ; poussière ; symétriquement ; espacés ; oies ; retentissaient ; mare.

2° Orthographe grammaticale.

Ouvert, au masculin singulier, se rapporte à *dessus*, adverbe pris substantivement et par suite précédé de l'article, et non à *portes*. Ce ne sont pas les portes qui sont ouvertes, mais seulement la partie supérieure, le dessus. Il faut admettre que les portes sont composées de deux parties distinctes : la partie inférieure, qui reste fermée pour empêcher les bêtes qui sont dans l'écurie d'en sortir, et la partie supérieure, qu'on laisse ouverte pour leur donner de l'air. A plus forte raison le *dessus des portes* ne veut-il pas dire ce qui est au-dessus de la porte, la pierre qui la surmonte.

De, et non pas *deux*, qui ferait un faux sens. *Deux* chevaux de labour n'auraient pas suffi pour donner l'idée d'une ferme de *bonne apparence*. — *De* au lieu de *des* à cause de l'adjectif *gros* qui précède le substantif.

S'en élevait, sortait de *ce fumier* et s'élevait au-dessus.

Parmi, au milieu de, préposition qui ne s'emploie que devant un nom pluriel collectif.

Dessus, adverbe sans complément, pour *par-dessus*.

A, dans le sens de *ou*, pour marquer un nombre indéterminé, a le sens de *environ*.

« On lisait dans l'avant-dernière édition du dictionnaire de l'Académie : *Il y avait sept* A *huit personnes dans cette assemblée.* La dernière édition et tous les grammairiens modernes condamnent cette locution. On ne peut employer la préposition *à* qu'entre deux nombres qui en laissent supposer un intermédiaire, ou qu'entre deux nombres consécutifs, quand il s'agit de choses qu'on peut diviser par fractions. Mais dans l'exemple cité il faut la conjonction *ou*, parce qu'une personne ne se divise pas. Les bons auteurs ont reconnu la règle donnée ici. » (LITTRÉ.)

Pour être grammaticalement correct, l'auteur eût donc dû dire : *cinq ou six paons*, parce qu'un paon ne se divise pas. Cette faute, qui est assez fréquente, provient d'une extension non raisonnée du cas où la locution convient : *Sept* A *huit mètres*, au cas où elle ne convient pas: *Sept* A *huit personnes cinq* A *six paons.*

Luxe, apposition à *paons*. Ce substantif ne prend pas la marque du pluriel, parce que d'abord il ne s'emploie pas au pluriel, mais aussi parce qu'il faut plusieurs paons pour constituer le *luxe.*

Basses-cours, substantif composé d'un adjectif et d'un substantif. L'adjectif s'accorde avec le substantif.

Fouets, colliers, équipages sont au pluriel, parce que, pour deux charrettes et quatre charrues, il en fallait plusieurs; cependant on comprend qu'équipages pourrait, à la rigueur, s'écrire au singulier comme résumant l'ensemble des objets nécessaires au service des charrettes et des charrues.

Bleue, au féminin singulier, se rapporte à *laine* et non à *toisons.*

Se salissaient à, verbe pronominal pour *étaient salis par.*

Plantée, féminin singulier, se rapporte à *cour ; espacés*, au masculin pluriel, se rapporte à *arbres.*

3° *Sens des mots.*

De bonne apparence. Apparence, ce qui apparaît d'abord aux yeux, quand on s'en approche; *bonne*, dans le sens de *belle;* c'est-à-dire que ce qu'on en voyait faisait supposer qu'elle renfermait tout ce qui doit se trouver dans une ferme riche et bien tenue.

Les *chevaux* de *labour* sont destinés à labourer la terre. On distingue également des chevaux de selle, des chevaux de carrosse, etc., qui doivent avoir des qualités différentes et spéciales.

Le long de signifie *auprès*, mais en suivant le mur dans toute sa longueur.

S'étendait fait image et dit plus que *était*, c'est-à-dire qu'il était disposé sur une grande étendue.

Buée, primitivement *lessive*, et par extension, *vapeur humide.* Il s'agit ici de cette vapeur humide qui se dégage parfois du fumier et s'élève au-dessus. *De la buée* est un partitif, pour *des vapeurs de buée.*

Picoraient, ici verbe neutre sans régime, a pour sujet *paons.* *Picorer* signifie proprement *aller à la maraude pour voler des vivres;* se dit très bien des abeilles qui sucent des fleurs. Le substantif *picorée* signifie maraude, action de butiner. On dit très bien *aller à la picorée*. — Ce n'est pas que les paons fussent à la maraude; mais ils becquetaient les grains un peu à la dérobée, toujours exposés à être poursuivis ou chassés par les autres animaux de la basse-cour. *Picorer* se prend aussi activement. Ainsi l'on dit très bien : *picorer des cerises, des grains.* Il signifie *aller prendre chez les voisins* et renferme toujours une idée de volerie.

Basse-cour signifie proprement une cour séparée de la cour principale, où sont les écuries, les équipages, etc.

Cauchoises, du pays de Caux en Normandie, sur le bord de la mer. Les pigeons cauchois sont renommés; une coiffe cauchoise est une sorte de bonnet très élevé que portent les femmes du pays.

A murs lisses, c'est-à-dire *unis, sans aspérités.*

Hangar, remise ouverte de plusieurs côtés, servant à abriter les chariots, les instruments de labourage, les outils, etc.; souvent simple toit supporté par des poteaux de bois.

Toison signifie proprement ce qu'on coupe de laine chaque année sur le dos d'un mouton; il signifie ici la peau même du mouton, avec la laine qu'il portait et qui sert à faire des housses pour les colliers des chevaux.

Allait en montant, était en pente. Il fallait monter pour arriver à l'extrémité qui touchait aux bâtiments, ce qui les rendait plus sains.

Symétriquement espacés, c'est-à-dire qu'ils étaient à distance égale les uns des autres, sur des lignes droites; il y avait de la régularité, de la proportion : ce qui est d'un aspect agréable.

4° *Composition.*

Cette description est frappante de vérité. L'auteur a su si bien nous montrer les objets dans l'ordre dans lequel ils se présentent à celui qui arrive à la ferme, qu'il semble que nous les voyions. Et puis, comme le morceau tout entier concourt au développement de la même idée ! La ferme était de *bonne apparence :* voilà ce que l'auteur nous dit tout d'abord et il va nous le prouver. Rien n'y manque; tous les objets nécessaires y sont en abondance. D'abord les portes des écuries, au lieu d'être d'une seule pièce, sont en deux morceaux, ce qui permet de laisser ouverte la partie supérieure pour donner de l'air aux chevaux qui sont dans l'écurie et de fermer la partie inférieure pour empêcher les autres bêtes d'y entrer.

Excellente disposition, qui fait déjà supposer que les animaux sont bien soignés. — Ce n'est pas tout : les chevaux de la cour sont *gros*, par suite *forts* ; ils mangent *tranquillement*, sans être dérangés, condition hygiénique très favorable ; leurs râteliers sont *neufs*. Le fumier est *large* et il s'étend sur toute la *longueur* du mur ; donc il est abondant. Beaucoup de fumier suppose beaucoup de paille, provenant de nombreuses récoltes. — Le détail de la buée est frappant ; l'auteur a observé et il a peint. — Partout, dans les fermes, on trouve des poules et des dindons ; mais ce n'est que dans les fermes riches, là où l'on peut se permettre du luxe, qu'on a des paons. La bergerie est *longue* : donc beaucoup de moutons bien à l'aise. La grange est *haute* : donc beaucoup de fourrages. — Ordinairement, ce qu'on trouve dans l'intérieur des granges, c'est le mur tout nu, fait en maçonnerie grossière ; là, les murs sont lisses, unis, comme ceux d'une chambre qu'on habite. C'est du luxe. Il y a un hangar sous lequel on met les instruments de labour à l'abri de la pluie.—Et ces colliers recouverts d'une housse en laine bleue, sur laquelle tombe une poussière fine tamisée du grenier ! Comme tout cela est observé ! Comme tout cela est peint ! On croit le voir. Quelle vérité dans tous ces détails ! Il y a de l'espace, des arbres dont la longue file forme un agréable coup d'œil ; enfin, auprès d'une ferme, il faut une mare où puissent aller barboter les canards et les oies. Tout, dans cette ferme, semble respirer la joie et le bonheur : le bruit des oies lui-même est un bruit de gaieté et de contentement.

Si les instituteurs donnaient chaque matin à leurs élèves une dictée de ce genre ; s'ils l'accompagnaient d'explications analogues à celles que nous donnons ici ; si, après la correction, ils la faisaient transcrire sur un cahier spécial ; si enfin, le soir, ils la donnaient à apprendre par cœur pour le lendemain, et s'ils la faisaient réciter après l'entrée en classe, le matin, en exigeant la reproduction de toutes les explications auxquelles, la veille, ce texte aurait donné lieu, — il nous semble, ou nous nous trompons fort, que leurs élèves apprendraient plus de vrai français qu'ils n'en apprennent avec toutes les dictées orthographiques du monde, et surtout qu'ils trouveraient cette étude plus intéressante et plus agréable à la fois

Dictée donnée à l'examen du brevet de capacité dans l'Académie de Besançon. (1re session de 1871.)

LA SCIENCE.

Si, comme je me plais à le croire, l'interêt de la science est compté au nombre des grands intérêts nationaux, j'ai donné à mon pays tout ce que lui donne le soldat mutilé sur le champ de bataille. Quelle que soit la destinée de mes travaux, cet exemple, je l'espère, ne sera pas perdu. Je voudrais qu'il servît à combattre l'espèce d'affaissement moral qui est la maladie de la génération nouvelle; qu'il pût ramener dans le droit chemin de la vie quelqu'une de ces âmes énervées qui se plaignent de manquer de foi, qui ne savent où se prendre, et vont chercher partout, sans le rencontrer nulle part, un objet de culte et de dévouement. Pourquoi se dire avec tant d'amertume que, dans le monde constitué comme il est, il n'y a pas d'air pour toutes les poitrines, pas d'emploi pour toutes les intelligences? L'étude sérieuse et calme n'est-elle pas là? Et n'y a-t-il pas en elle un refuge, une espérance, une carrière à la portée de chacun de nous? Avec elle, on traverse les mauvais jours sans en sentir le poids, on se fait à soi-même sa destinée, on use noblement sa vie. Voilà ce que j'ai fait et ce que je ferais encore, si j'avais à recommencer ma route; je prendrais celle qui m'a conduit où je suis. Aveugle et souffrant sans espoir et presque sans relâche, je puis rendre ce témoignage, qui de ma part ne sera pas suspect : il y a au monde quelque chose qui vaut mieux que les jouissances matérielles, mieux que la fortune, mieux que la santé elle-même, c'est le dévouement à la science.

Aug. THIERRY.
Dix ans d'études historiques [1].

(Extrait du compte rendu des examens.)

Cette dictée ne présentait aucune difficulté sérieuse au point de vue de l'orthographe, soit usuelle, soit grammaticale.

---

1. « On ne saurait trop déplorer, disait Chateaubriand, l'excès de travail qui a privé M. Augustin Thierry de la vue. Espérons qu'il dictera longtemps à ses

Quant à la ponctuation, c'est ici le cas de répéter ce que nous avons déjà dit : elle est souvent un moyen de montrer qu'on a de l'intelligence ou qu'on n'en a pas, qu'on comprend le texte ou qu'on ne le comprend pas. Mettre, par exemple, après *nationaux,* un point suivi d'une lettre majuscule, comme l'ont fait certains candidats, c'est une faute grossière, puisque la phrase ponctuée ainsi n'est pas finie et ne présente aucun sens. Mettre une simple virgule avant *qu'il pût ramener,* ou un point-virgule avant *qui ne savent,* c'est montrer qu'on ne saisit pas la suite des idées, leur dépendance, leur relation. Quelques candidats ont mis un point avant *si j'avais à recommencer,* et une simple virgule avant *je prendrais ;* d'autres n'ont mis qu'une virgule avant *si j'avais* et ont mis un point-virgule avant *je prendrais ;* la Commission a admis toutes ces manières de ponctuer, parce que toutes elles sont intelligentes. L'important, en effet, c'est de faire rapporter à ce qui précède ou à ce qui suit le membre de phrase *si j'avais à recommencer ma route ;* une faute grossière, c'est de ponctuer de telle sorte qu'il ne se rapporte à rien. Enfin, plusieurs candidats ont mis une virgule après *souffrant,* c'était fausser le sens, ou plutôt substituer un non-sens à une pensée pourtant très claire; dans ce cas, en effet, *sans espoir et presque sans relâche* se rapporte à *je,* c'est-à-dire à l'auteur. Or, on comprend un homme *sans espoir:* mais un homme *sans relâche* n'a pas de sens. Au contraire, en ne mettant pas de ponctuation après *souffrant,* l'auteur veut dire qu'il souffre sans espoir et *presque sans relâche,* qu'il *souffre* sans intermittence; ce qui est très raisonnable et facile à saisir. Un candidat l'a si bien senti, qu'il a mis une virgule avant *et souffrant* et n'en a pas mis après; c'était aller trop loin, la conjonction *et* rendant la virgule inutile; au moins a-t-il voulu qu'on comprît bien qu'il unissait *souffrant* à *presque sans relâche,* et la Commission lui en a su gré.

Ces quelques réflexions suffisent pour montrer que la ponctuation n'est pas chose si facile que les candidats se l'imaginent généralement; elles suffisent aussi à prouver que c'est moins en étudiant dans la grammaire les règles de la ponctuation, qu'en lisant avec attention quelques morceaux bien choisis, qu'ils apprendront à ponctuer d'une manière intelli-

amis, pour ses admirateurs (parmi lesquels je demande la première place), les pages de nos annales. L'histoire aura son Homère comme la poésie. » Aug. Thierry est mort en 1856.

gente. Faire preuve, à l'examen, de jugement et de bon sens, qu'ils ne l'oublient pas, c'est ce qu'on leur demande par-dessus tout Que des connaissances pour lesquelles il ne faut que de la mémoire fassent défaut un jour d'examen, il y a du remède ; avec du travail, l'aspirant acquerra ce qui lui manque. Mais si c'est le jugement, c'est-à-dire la faculté de comprendre qui lui fait défaut, il est fort à craindre qu'il ne devienne jamais un bon maître, quelque peine qu'il se donne ; et alors qu'il cherche ailleurs l'emploi de son activité, il n'est pas fait pour enseigner.

Exercice de style.

I° LES AMENDEMENTS.

SUJET. — *Trois écoliers étaient venus en classe n'apportant, l'un que du papier, l'autre que des plumes, le troisième que de l'encre, et il leur était impossible d'écrire. — Le maître conseilla à chacun d'eux de donner aux deux autres ce dont ceux-ci manquaient, et tous les trois purent faire une belle page.*

Trois champs presque voisins étaient stériles : l'un était tout argile, l'autre tout sable, et le troisième tout calcaire. — Un homme intelligent vint et emprunta à chacun des trois terrains de quoi donner aux deux autres ce qui leur manquait, et les trois terrains donnèrent de belles récoltes.

CONSEILS.

Ceci étant une anecdote, un conte, il ne sera pas mal de le commencer par *un jour*. Comment ces trois élèves avaient-ils bien pu ne pas apporter tout ce qu'il leur fallait pour écrire ? Peut-être ne savaient-ils pas qu'on dût écrire à cette classe-là ? Non, nous ne pouvons pas supposer cela. C'est qu'alors le maître ne les aurait pas prévenus, et c'est lui qui serait en faute. D'ailleurs il doit y avoir, pour les exercices de la classe, un règlement, un emploi du temps. Nous suppo-serons plutôt que c'est par oubli, par étourderie.

Quand le moment d'écrire fut venu, les élèves se trouvèrent fort en peine. Ne serait-il pas bien que chacun exposât au maître son embarras, et lui dît pourquoi il ne peut pas écrire ? On pourra prendre le style direct, c'est-à-dire les faire par-ler eux-mêmes, rapporter leurs propres paroles. Le récit sera plus naturel ; il semblera que nous assistions à la scène. Il faut peindre la confusion de nos petits étourdis, à cause de l'impossibilité où ils se trouvent de faire leur travail, malgré leur bonne volonté.

Le maître prendra la parole à son tour et répondra à chacun d'eux.

Les enfants feront ce qui leur aura été dit et chacun d'eux écrira une belle page.

Peut-être serait-il bon de rattacher la seconde partie du récit à la première par une *transition*. On pourrait mettre : il en était *de même* de trois champs. Ce mot suffirait pour en unir les deux parties.

Cette seconde partie devra être calquée sur la première, puisque c'est une comparaison qu'on veut établir. La ressemblance entre les deux situations est du reste tellement frappante, qu'un simple rapprochement suffira pour la mettre en évidence. Ces trois champs étaient stériles : il n'y venait rien, ou plutôt il n'y venait que de mauvaises herbes, aucune récolte.

Le premier était tout argile : on en fera la description en quelques lignes.

A-t-on vu des champs argileux, incultes et stériles ? Dire ce qu'on y trouve et pourquoi ils ne produisent rien. C'est dans cette peinture que l'élève pourra faire preuve d'imagination, ou mieux qu'il montrera qu'il sait observer et se souvenir.

On fera de même pour les deux autres terrains et il y aura lieu de répéter que, dans ces conditions, aucun d'eux ne pouvait rien produire.

Un homme survient et dit ce que le maître avait dit aux élèves, et il *fut fait* comme il avait dit; employer cette tournure usitée dans les paraboles.

Et chaque terrain produisit de belles récoltes. Il sera facile de dire pourquoi.

Sujet traité.

Un maître avait trois écoliers, qui vinrent un jour en classe, où ils devaient faire leur belle page d'écriture, en n'apportant, par étourderie : l'un, que du papier; l'autre, que des plumes; le troisième, que de l'encre. Lorsque le moment d'écrire fut venu, le premier dit : « Maître, je ne peux pas écrire ; j'ai apporté du papier, mais j'ai oublié le reste. » Le second dit : « Maître, je ne peux pas écrire non plus ; je n'ai que des plumes, j'ai oublié le reste. » Le troisième dit : « Maître, je ne peux pas écrire ; j'ai bien de l'encre, mais j'ai oublié le reste. » Et les trois écoliers baissaient les yeux, bien confus de ne pouvoir faire leur travail, malgré toute leur bonne volonté. — Le maître dit : « Que celui qui a du papier plus qu'il ne lui en faut, en donne aux deux autres ; que celui qui a des plumes, en cède aux deux autres ; et que celui qui a de l'encre, partage avec les deux autres. » Et il fut fait comme avait dit le maître. Et chaque écolier, cédant à ses camarades ce qu'il avait de trop, et recevant d'eux en échange ce qui lui manquait, écrivit une belle page.

Voici trois champs aussi stériles l'un que l'autre. Quelques mauvaises herbes y poussent, maigres et clair-semées. Jamais la moindre récolte n'a pu y venir à bien. Le sol de l'un est tout argile : l'hiver, la terre glaise délayée par les pluies y forme une bourbe tenace qui s'attache aux pieds des passants ; quelques joncs poussent au milieu des flaques formées par l'eau qui s'amasse dans les dépressions, sans pouvoir traverser le sol trop compact ; l'été, c'est une surface désolée, fendillée dans tous les sens ; l'argile desséchée s'y soulève en larges plaques pareilles à de grands tessons de poterie cuite : c'est une terre maudite. Le sol du second est tout sable ; au milieu des plus grandes pluies, la surface en paraît à peine mouillée, tant l'eau est rapidement absorbée par cette terre altérée ; un gazon rude, coriace, se hâte de profiter de la saison pluvieuse pour fournir, çà et là, quelques maigres touffes de verdure sur ce terrain avare ; dans la chaude saison, ce sera une lande morte, où le grillon ne trouvera même pas une motte gazonnée pour abri. Le sol du troisième est tout calcaire, et blanc comme de la cendre ; dans la saison humide, on y voit apparaître par groupes le tussilage, dont les feuilles rondes et échancrées figurent l'empreinte du sabot d'un cheval ; en été, ce n'est plus qu'une surface nue, d'où le vent soulève des tourbillons de poussière.

Aucun de ces trois terrains, dans les conditions où il se trouve, ne peut produire la moindre récolte ni dédommager l'agriculteur du travail de la charrue ; mais un homme intelligent survient et dit : « Prenez dans les deux autres ce qui manque au premier, le calcaire et le sable ; faites-en autant pour le second et le troisième, donnez à chacun d'eux ce qui leur manque et qui se trouve en excès dans les deux autres; partagez également entre tous les trois l'argile, le sable et le calcaire; et au lieu de trois terrains maudits, vous aurez trois terrains fertiles. » Et il fut fait comme avait dit l'homme aux bons conseils. Et chaque terrain, cédant aux deux autres ce qu'il avait de trop, et recevant en échange ce qui lui manquait, fournit les années suivantes de fort belles récoltes.

(Emprunté à la *Chimie agricole* de M. Henri FABRE.)

§ 4

De l'application du programme pour l'enseignement de la langue française, en ce qui concerne le cours moyen, dans les écoles dirigées par un seul maître.

Mars 1874.

De tous nos exercices scolaires, l'un des plus importants, à coup sûr, et aussi l'un des plus difficiles pour le maître, celui peut-être où il sent le plus le besoin d'une direction, c'est l'enseignement du français. Qu'on nous permette donc d'y insister et d'indiquer avec détails comment nous comprenons *la leçon de français dans le cours moyen.*

Dans l'emploi du temps que nous avons proposé, cinq quarts d'heure sont réservés chaque matin à l'étude du français. Ces cinq quarts d'heure comprennent deux exercices : une leçon faite par le maître et une étude pendant laquelle les élèves font un devoir. D'un autre côté, nous entendons par étude du français deux choses : 1° la dictée, l'étude de l'orthographe et des principales règles de la grammaire; 2° les exercices de composition ou de style. Les exercices d'orthographe ont lieu trois fois par semaine : le lundi, le mercredi et le vendredi; les exercices de style, deux fois par semaine : le mardi et le samedi.

En quoi consistent précisément ces exercices ? Que doit y faire le maître ? Comment doit-il procéder ? C'est ce que nous allons tâcher d'expliquer.

Le tableau de l'emploi du temps porte : de neuf heures à neuf heures trois quarts, leçon par le maître; de dix heures à dix heures et demie, devoir sur la leçon qui vient d'être faite par le maître. Voici dans quel ordre, à notre avis, les différentes parties de la leçon doivent se succéder.

Dictée. — S'agit-il de la dictée ?

1° Le maître lit le morceau qui doit en faire l'objet.

2° Il le dicte lentement, indiquant d'abord la ponctuation ; puis, à mesure que les élèves deviennent plus forts, n'indiquant plus que les points ; et enfin ne laissant pressentir les signes de ponctuation que par ses inflexions de voix, ses pauses plus ou moins longues et ses temps d'arrêt.

3° Il relit le morceau dicté.

4° Il laisse quelques minutes aux élèves pour le relire en eur particulier, corriger leurs fautes, chercher, s'il y a lieu, dans le dictionnaire les mots qu'ils ne connaissent pas. Il profite de ce temps pour faire une apparition aux cercles du cours préparatoire, poser quelques questions aux élèves, donner quelques conseils aux moniteurs.

5° Il corrige la dictée. Il fait épeler tous les mots et donne les explications qu'il croit nécessaires, soit sur l'orthographe usuelle, soit sur l'orthographe grammaticale, soit sur la signification de certaines expressions que les élèves pourraient n'avoir pas bien comprises. Chaque élève garde son cahier et corrige lui-même ses fautes.

6° La correction terminée, il fait ressortir les idées pratiques ou morales que renferme le morceau, et si la dictée s'y prête, il montre la suite et l'enchaînement des idées ; il tâche de faire saisir l'art que l'auteur a mis dans sa composition, de montrer comment il a pris les meilleurs moyens pour exprimer clairement ce qu'il voulait dire. Ces réflexions seront une excellente préparation au devoir de style, qui est le but final vers lequel doivent tendre toutes les leçons de français.

Tout cela est-il possible ? Oui, à condition que la dictée ne soit pas trop longue, qu'elle ait été choisie et préparée avant la classe ; que le maître ne divague pas et ne dise que ce qu'il doit dire.

A l'étude qui suit immédiatement la récréation, c'est-à-dire de dix heures à dix heures et demie, les élèves transcriront cette dictée sur un cahier spécial, avec la date du jour où elle aura été faite. A la suite ils reproduiront, s'il y a lieu, les explications données sur le sens de quelques mots, ou une règle de grammaire qu'ils auront eu occasion d'appliquer. Comme il ont déjà l'habitude de l'écriture expédiée, une demi-heure est largement suffisante pour cette transcription.

Allons au-devant d'une objection. « D'après l'emploi du

« temps, la leçon de grammaire et d'orthographe, c'est-à-
« dire la dictée, est commune aux élèves du cours moyen
« et du cours supérieur; or, dans les programmes, nous
« recommandons, pour le cours moyen, *des dictées d'un style*
« *naturel et simple, où l'on n'aura pas recherché les difficultés*
« *orthographiques*, et pour le cours supérieur, *des textes de*
« *dictées présentant quelques difficultés grammaticales*, et exi-
« geant un effort d'intelligence pour être compris. Cette
« double recommandation n'est-elle pas contradictoire ? »

Elle ne l'est peut-être pas autant qu'elle en a l'air. Il est
évident qu'il serait plus commode de faire deux dictées distinctes et qu'on pourrait les mieux approprier à l'intelligence
et à la force des élèves; mais, dans les conditions dans lesquelles nous nous sommes placés, il n'y faut pas songer. N'y
a-t-il pas moyen pourtant de concilier les deux choses jusqu'à un certain point? Nous supposons que la dictée présentera toujours bien, sans qu'on l'ait cherché, l'application de
quelques règles de grammaire. Dans ce cas, c'est aux élèves
du cours supérieur surtout que s'adresseront les questions relatives à la grammaire; ce sont eux qui seront plus spécialement chargés de rechercher les règles qu'il y aura lieu d'appliquer, de les reproduire à la fin de leur dictée, tandis que
ceux du cours moyen s'attacheront avant tout à l'orthographe
d'usage. Si, au contraire, la dictée ne renfermait aucune difficulté grammaticale, il ne serait pas bien difficile, ce nous
semble, d'y ajouter, mais pour les élèves du cours supérieur
seulement, deux ou trois phrases préparées à l'avance et à
l'aide desquelles le maître, s'il suit un certain ordre, pourrait
faire passer successivement en revue les principales difficultés
de la grammaire. Les élèves du cours moyen auraient alors,
pour relire leur dictée et en corriger les fautes, un peu plus
de temps que ceux du cours supérieur; ce qui ne serait pas
un inconvénient, puisqu'on les suppose moins avancés. Ainsi
se concilieraient, dans une leçon commune, les deux enseignements de nature un peu différente, que nous avons
recommandés pour le cours moyen et pour le cours supérieur.

Encore un mot pour en finir avec la dictée. Nous pensons
qu'il serait bon que les élèves eussent, sinon toujours, au
moins souvent, à apprendre le soir, pour le réciter le lendemain matin après l'entrée en classe, le texte même de la dictée.
Et non seulement ils auraient à réciter le texte; mais ils de-

21.

vraient pouvoir reproduire les principales explications données par le maître au moment de la correction, ainsi que les
principales règles de grammaire qui auraient été rappelées.
Si l'on entrait résolument dans cette voie, les élèves en prendraient vite l'habitude et ce serait pour eux un bien mince
travail. Nous posons en fait qu'un élève qui a fait une dictée,
qui en a écouté attentivement la correction et qui vient de la
transcrire, la sait à peu près par cœur. Affaire d'habitude,
nous le répétons : que les maîtres essaient, et bientôt ils seront eux-mêmes étonnés du résultat; nous en parlons après
expérience. Nous croyons que ce serait là un excellent moyen
de fixer définitivement dans la mémoire des élèves la leçon
et les explications du maître, et qu'ils posséderaient vite ainsi
plus de vrai français qu'en apprenant de longues pages de
grammaire. Il va de soi qu'il ne serait pas nécessaire de faire
réciter cette dictée, chaque jour, à tous les élèves; il suffirait
de la faire réciter, en tout ou en partie, à quelques élèves
seulement, à condition qu'il y eût, à des époques marquées,
des revisions générales, des récapitulations suivies d'une sanction (récompense ou punition).

Exercices de style. — Le mardi et le samedi, l'exercice
d'orthographe est remplacé par un exercice de style. Comment faut-il ici entendre la leçon du maître? Cette leçon
consiste-t-elle à dicter un sujet et à le développer, ou bien
à corriger les devoirs faits par les élèves à la suite de la leçon
précédente? — Elle comprend les deux choses. La leçon durant trois quarts d'heure, le maître peut en consacrer la première moitié, ou même les deux tiers, à la correction des devoirs. Pendant le reste du temps, il dictera un autre sujet et
en développera le plan, ou plutôt, par des questions habilement posées, il amènera les élèves à trouver eux-mêmes les
principales idées que ce sujet comporte et l'ordre dans lequel
elles doivent se succéder.

« Mais pour peu que les élèves soient nombreux, nous
« a-t-on déjà objecté, il est impossible au maître, pendant
« un temps aussi restreint, de corriger les devoirs de *tous*
« ses élèves; et si chaque devoir n'est pas corrigé, les élèves
« ne s'y intéressent pas et par suite ne profitent pas. » Il ne
nous paraît pas nécessaire pourtant que le maître corrige
chaque devoir individuellement; la chose d'ailleurs ne serait
pas possible sans qu'il s'imposât un surcroît de travail que ne
lui permettent pas ses autres occupations, si diverses et si

nombreuses. Mais si le plan a été bien tracé à la fin de la
leçon précédente, si l'ordre dans lequel toutes les idées
doivent se succéder a été bien indiqué, si même chaque alinéa a été numéroté, il y aura nécessairement entre tous les
devoirs une certaine ressemblance ; ceux-ci ne pourront guère
différer que dans les détails et dans la forme. Dès lors la
correction peut fort bien être générale. Ainsi, nous supposons que les élèves ont remis, le lundi matin, sur une copie
détachée, le devoir qui leur avait été donné à faire le samedi
précédent et qui doit être corrigé le mardi matin ; que de
même le devoir, qui doit être corrigé le samedi, a été remis
dès le vendredi. Le maître a pu, avant la classe, parcourir
tous ces devoirs, marquer d'une manière visible les passages
réussis, ainsi que ceux qui lui ont paru défectueux. Arrive le
moment de la correction : il lit dans quelques copies le déve-
oppement de la première idée indiquée dans le canevas ; il
loue ce qui est bien, il critique ce qui est mal. Il a soin surtout de faire ressortir tout ce qui est bien trouvé, soit comme
idée, soit comme expression ; car c'est en encourageant les
élèves, plutôt qu'en tournant en ridicule ce qu'ils ont fait de
mal, qu'on obtient d'eux un travail sérieux et soutenu. Toutes
les fois qu'il pourra donner comme corrigé la phrase faite
par un élève, ou une phrase composée de diverses parties
empruntées à des copies différentes, dût-il y apporter lui-
même quelque léger changement, il lui faudra saisir cette
occasion d'exciter leur émulation. Il ne devra leur dicter
comme corrigé la phrase du livre, ou celle qu'il aura préparée lui-même, que lorsqu'il lui sera absolument impossible
d'en faire une avec les devoirs de ses élèves. — Cette première phrase faite, il passera à la seconde, etc., et ainsi de
suite jusqu'à la fin.

Lui sera-t-il possible de faire tout cela en une demi-heure ?

Oui, s'il a lu les copies avant la classe, s'il a préparé sa
correction, s'il sait d'avance ce qu'il doit dire, s'il veut bien
ne pas trop faire de digressions et rester dans son sujet. Il
y a des instituteurs qui ont le malheureux défaut de parler
de tout à propos de tout ; ce sont de mauvais maîtres. Ils parlent
beaucoup, se fatiguent beaucoup, et ne mettent aucune idée
nette dans l'esprit de leurs élèves. Il en est d'ailleurs de cet
exercice comme de tout le reste ; c'est une habitude à prendre,
et pour le maître et pour les élèves. Une fois la tradition bien
établie, les choses vont d'elles-mêmes et la fatigue du maître

est diminuée d'autant. Pendant que ses élèves parlent, ses poumons se reposent et il y a profit pour tout le monde.

Les élèves pourront, pendant le jour de congé qui suivra, transcrire le modèle ou corrigé qui leur aura été dicté, sur un cahier spécial proprement tenu comme le cahier de dictées, avec la date du jour où le devoir aura été fait.

Pendant le dernier quart d'heure de la leçon, le maître dictera le sujet qui devra être traité pour la leçon suivante, en préparera le canevas, etc.

« On trouvera sans doute que la demi-heure qui suit la « récréation, de dix heures à dix heures et demie, suffisante « pour la transcription d'une dictée, ne l'est plus pour la con- « fection d'un devoir de style. » — Nous convenons qu'en effet ce devoir devant être fait sur cahier et sur copie, une demi-heure est insuffisante ; mais l'élève peut le faire au moins sur cahier, et nous ne voyons pas grand inconvénient à ce que, pendant le jour de congé qui suivra (on voudra bien remarquer qu'il y a toujours un jour de congé entre les deux devoirs de style), il travaille à nouveau ce premier essai et le transcrive proprement sur la copie qu'il doit remettre à son maître. Ainsi il aurait, chaque jour de congé, à transcrire le corrigé du dernier devoir de style qui aurait été fait en classe, ce qui le mettrait déjà dans le ton et le mouvement, et à faire ensuite la copie du devoir qu'il doit remettre le lendemain. Nous n'aimons point, nous l'avons dit dans notre instruction générale, que les élèves aient à faire des devoirs en dehors de la classe, et nous en avons donné les raisons; toutefois ceci est vrai, surtout pour les élèves du cours élémentaire et pour les devoirs qui doivent nécessairement être faits le soir, à la lumière, pendant l'hiver; mais on conçoit que des élèves du cours moyen, et à plus forte raison ceux du cours supérieur peuvent bien, sur toute une journée de congé, prendre une demi-heure, ou même une heure, pour transcrire des devoirs faits en classe. Bien des instituteurs d'ailleurs retiennent, après la classe du soir, leurs meilleurs élèves, et leur font une petite étude, pendant qu'ils s'occupent eux-mêmes de leurs travaux de secrétariat de mairie. Il y aura là une place toute naturelle pour ces transcriptions qui n'exigent de la part du maître aucune surveillance.

§ 5

Extrait d'une conférence générale.
De l'enseignement de la langue française.

Novembre 1877.

Personne ne contestera l'importance toute particulière de l'étude de la langue française : elle doit évidemment tenir une très large place parmi les matières obligatoires de l'enseignement primaire. Aussi vous conseillerai-je de la mettre à la classe du matin, immédiatement après l'instruction morale et la récitation des leçons.

Indépendamment de la lecture, qui en est une partie essentielle, cette étude comprend deux sortes d'exercices : d'une part, l'orthographe et la grammaire; d'autre part, la rédaction ou composition française. Ces exercices doivent, avec l'écriture qui la termine, remplir toute la classe du matin.

Orthographe et grammaire. L'orthographe est usuelle ou grammaticale. La première est aussi importante que la seconde : comme celle-ci, elle doit s'enseigner tout d'abord et méthodiquement; elle est en effet à la portée des plus jeunes enfants, puisqu'elle n'exige qu'un peu d'attention, et ceux-ci peuvent en commencer l'étude dès qu'ils apprennent à lire; elle s'allie même très bien avec la lecture au tableau, dont elle interrompt la monotonie. Quand le morceau qui fait l'objet de la leçon de lecture a été lu une première fois, retournez le tableau et faites épeler de mémoire les principaux mots de la leçon : vos élèves s'habitueront vite à retenir les différentes lettres dont ceux-ci sont composés. A une seconde lecture, ils s'appliqueront à en bien saisir la succession; leur attention se fixera; la mémoire des formes perçues par les yeux se joindra à la mémoire des sons entendus par les oreilles, et le concours des deux sens gravera plus profondément chaque lettre dans leur esprit. Après la lecture, faites également reproduire sur l'ardoise ou sur un cahier les mots qui auront été épelés et que vous aurez eu soin d'écrire vous-mêmes, avant la classe, sur le tableau noir. Je me trompe fort, ou vos élèves ne manqueront pas d'apprendre ainsi, presque sans s'en douter, l'orthographe usuelle d'un grand nombre de mots.

Voilà pour le cours préparatoire. Rien ne vous empêche

de continuer des exercices analogues dans le cours élémentaire et même dans ceux qui suivront : une leçon de lecture
ne devrait jamais se terminer sans que l'attention des élèves
fût appelée sur certains mots dont l'orthographe est particulièrement difficile ou irrégulière. A ces exercices oraux se
joindront les exercices écrits. Je ne voudrais pas vous conseiller de donner des dictées exclusivement composées de
mots isolés, dont l'unique intérêt consisterait dans les bizar-
reries ou les irrégularités de leur orthographe. Je préfère de
beaucoup de petites dictées, composées de quelques phrases
suivies, sur des sujets simples, qui soient à la portée de vos
enfants, qui par suite les intéressent et les instruisent tout à
la fois, parce que, en les faisant penser et réfléchir, elles
leur développent l'esprit et le jugement : ce qui vaut mieux
encore que la connaissance de l'orthographe. Mais je ne vois
aucun inconvénient à ce que, dans le cours élémentaire et
même au delà, vous ajoutiez à votre dictée, toutes les fois
qu'elle ne vous paraîtra pas renfermer des difficultés suffisantes, quelques mots spécialement choisis, sur l'orthographe
desquels vous croirez devoir appeler plus particulièrement
l'attention.

Ce que je dis de l'orthographe d'usage, je le dirai avec non
moins de raison de l'orthographe grammaticale : vos élèves
doivent en commencer l'étude en même temps qu'ils apprennent
à lire. Dès le cours préparatoire ils peuvent, à propos de la
leçon de lecture, apprendre les règles générales de la formation du pluriel dans les noms, du féminin et du pluriel dans
les adjectifs, etc. Pas plus que pour l'orthographe d'usage, je
ne voudrais plus tard de dictées exclusivement composées ou
arrangées en vue d'amener l'application de quelque règle de
grammaire ; mais là non plus je ne verrais pas d'inconvénient
à ce que, si la dictée ne présente pas un nombre suffisant de
difficultés, vous la fissiez suivre de quelques phrases qui vous
permettront de faire comprendre et d'exposer par la pratique
une règle de grammaire. Car je veux un cours de grammaire ;
c'est-à-dire une série progressive de leçons se faisant sur des
exemples et concluant à des règles dont on fait l'application.
Pour cela il faut des exemples préparés et bien gradués, des
phrases choisies en vue de la règle à étudier. — Devez-vous
mettre un livre de grammaire entre les mains de vos élèves ?
Oui. Lequel ? Peu m'importe, pourvu que ce livre soit simple,
pourvu surtout que vous ne fassiez apprendre à vos enfants

que les règles générales, et que vous réserviez pour les occa
sions que ne manqueront pas de faire naître les lectures et les
dictées ordinaires, l'explication de tout ce qui est exception
ou difficulté particulière. On a jadis abusé de la grammaire ;
je crains qu'aujourd'hui on ne la néglige trop. -- J'en dirai
autant de l'analyse, soit grammaticale, soit logique. « Il faut
que vos enfants, dès leurs premières années d'école, sachent
reconnaître un nom, un adjectif, un verbe, et trouver, dans
un texte lu ou dicté, des noms, des adjectifs et des verbes; il
faut qu'ils sachent distinguer le genre et le nombre, les personnes du discours ; en un mot, qu'ils raisonnent l'orthographe.
Plus grands, ils devront parcourir toute la grammaire, et appliquer sur des exemples choisis les règles apprises une à une.
La dictée corrigée au point de vue de l'orthographe, il faut
qu'ils sachent la décomposer en propositions, chercher les
termes essentiels de ces propositions et rattacher à chacun
d'eux ses divers compléments. Ce travail est indispensable,
si l'on veut voir sous les mots les idées qu'ils expriment et
retenir quelque chose du morceau. » C'est de l'analyse logique,
me direz-vous. Peut-être bien, mais pourquoi pas, si cet exercice peut contribuer au développement des facultés de l'esprit
et nous faire pénétrer davantage dans l'étude raisonnée de la
langue française? Ce qu'on a banni de nos classes, et à juste
titre, ce sont ces longues analyses écrites, où les mêmes termes
obscurs se répétaient à l'infini, sans aucun profit pour l'esprit.
Ces exercices doivent se faire oralement. Tout au plus pourrait-on admettre, par écrit, une sorte d'analyse expédiée, qui
consisterait à indiquer dans les dictées, par une simple lettre
placée au-dessus de certains mots, la fonction que ceux-ci
remplissent dans la phrase. Au moins cette analyse, qui accom-
pagnerait la dictée et marcherait parallèlement à l'étude de
la grammaire, ne prendrait pas un temps considérable et elle
serait un exercice d'intelligence.

Rédaction. Composition française. Il ne suffit pas, pour
savoir la langue française, d'apprendre comment les mots
s'écrivent; il faut apprendre aussi ce qu'ils signifient et comment ils s'unissent les uns aux autres pour exprimer nos pensées.
C'est même là le véritable but de l'étude de la langue française;
la connaissance de l'orthographe n'en est pour ainsi dire que
l'accessoire. Amener vos élèves à traduire au dehors par la
parole ce qu'ils pensent, sentent et veulent intérieurement,
c'est ce à quoi doivent tendre vos meilleurs efforts. La diffi-

culté est grande, paraît-il, si j'en crois vos témoignages et si j'en juge d'après les résultats obtenus. Mais peut-être aussi ne suivez-vous pas pour cette matière de vos programmes une méthode aussi rationnelle que pour les autres. Laissez-moi donc y insister un peu, la chose en vaut la peine.

D'abord on a tort de croire que des élèves apprendront à composer un petit devoir en faisant uniquement des devoirs écrits; la phrase écrite n'est, en effet, que la phrase orale précisée et fixée sur le papier d'une manière durable : autrement dit, l'écriture n'est que la peinture de la parole. On écrira donc d'autant mieux qu'on parlera mieux. Dès lors il faut, avant tout, exercer les élèves à parler; ce n'est qu'autant qu'on les aura amenés d'abord à exprimer par la parole leurs idées d'une manière correcte et claire, que leur *style*, pour employer une expression consacrée, sera lui-même correct et clair. Est-ce là ce qu'on fait? Nullement. On veut du silence en classe, et l'on préfère aux devoirs oraux les devoirs muets, silencieux, les devoirs écrits.

Une autre erreur non moins fâcheuse consiste à croire qu'on ne peut exercer les enfants à composer et à mettre bout à bout des phrases françaises, que lorsque leur instruction est déjà relativement avancée, lorsqu'ils arrivent au moins au cours moyen. — On peut et l'on devrait préparer le futur devoir de style dès le cours préparatoire, du jour où ils mettent le pied à l'école. Si dès ce moment on leur posait force questions sur des sujets simples et à leur portée, et si l'on n'acceptait que des réponses complètes et correctes, ils prendraient vite l'habitude de n'exprimer qu'en bon langage les idées qu'ils ont déjà. A plus forte raison devrait-il en être toujours ainsi dans le cours élémentaire. Mais ici le devoir écrit peut déjà se joindre à l'exercice oral. Nous sommes, je suppose, à la classe du matin : la lecture est terminée; vos élèves ont lu une vingtaine de lignes. Qui vous empêcherait de leur donner à reproduire par écrit les principales idées de leur leçon, en réponse à des questions que vous auriez vous-mêmes préparées à l'avance et écrites au tableau? Chaque réponse se composerait d'une phrase ou d'une portion de phrase empruntée au livre et de quelques mots qu'ils devraient y ajouter pour l'adapter à la question posée. A mesure qu'ils deviendraient plus forts, plus capables d'imaginer eux-mêmes une petite phrase, vos questions naturellement s'écarteraient davantage du texte du livre. Il viendrait même un moment où le ques-

tionnaire placé dans bien des livres à la fin de chaque leçon
serait suffisant pour ce petit exercice. La chose me paraît
particulièrement facile avec les petits livres de Bruno, par
exemple, dont on se sert pour la lecture dans la plupart de
nos écoles. Si vous adoptiez cette manière de procéder, vos
élèves du cours élémentaire auraient à chaque classe du
matin, entre la récitation des leçons qui la commence et
l'écriture qui la termine, trois exercices relatifs à l'étude de
la langue française, qui se succéderaient invariablement : une
petite dictée avec épellation des mots au point de vue de
l'orthographe usuelle, exposition ou rappel de quelque règle
de grammaire au point de vue de l'orthographe grammaticale; — une leçon de lecture, avec explication du texte et
résumé oral du morceau; — enfin un petit exercice de composition française, dont les phrases toutes simples, mises à
la suite les unes des autres et reliées entre elles, constitueraient
un véritable devoir de style.

Voilà pour le cours élémentaire; arrivons au cours moyen.
Ici, laissez-moi vous dire que ce qui fait le plus défaut, c'est
toujours la préparation orale du sujet qu'on donne à traiter par
écrit. On dicte le sujet, avec un canevas plus ou moins développé; puis on abandonne les élèves à eux-mêmes. C'est plus
commode. D'autres fois on se contente même de lire le corrigé du sujet : c'est alors un pur exercice de mémoire. Rappelez-vous bien qu'exercer vos élèves à écrire, c'est leur
apprendre trois choses : 1° à trouver toutes les idées que
comporte un sujet donné; 2° à disposer ces idées les unes à
la suite des autres dans un ordre naturel; 3° à les exprimer
en termes clairs et en phrases correctes. C'est dans ce triple
exercice que consiste tout l'art de la composition. Or ce sont
toutes choses que vos élèves ne peuvent faire seuls : il vous
faut les guider et les aider. En un mot, il est indispensable,
surtout au commencement de l'année, que ces devoirs soient
faits oralement d'abord, si vous voulez que le travail de vos
élèves leur soit vraiment profitable. Ce sera d'ailleurs le
moyen pour vous de faire une correction commune, la seule
que le plus souvent vous permettront vos autres occupations.

Enfin, un fait qui n'a peut-être pas été assez remarqué,
c'est qu'on ne peut ni bien parler, ni bien écrire, sans avoir
à sa disposition un vocabulaire suffisant. Or, quel est généralement celui dont disposent vos élèves? Dans nos villages,
c'est un patois qui n'a guère de rapport avec la véritable

langue française. Dans les villes, si leur langage habituel est moins corrompu et moins défectueux, il est loin encore d'être pur et correct. Et puis, le cercle d'idées dans lequel se renferment leurs conversations ordinaires, à la ville comme à la campagne, n'est-il pas bien restreint? N'est-il pas vrai aussi que les entretiens qu'ils ont entre eux, les discours qu'ils entendent ou qu'ils tiennent dans leur famille, ne roulent que sur les choses les plus vulgaires de la vie usuelle? Or vous leur demandez, dans un devoir, de formuler des jugements et même de petits raisonnements sur des choses de l'ordre moral, d'exprimer des idées et des sentiments. On conviendra qu'il ne suffit pas pour cela de connaître les noms de tous les objets qui nous entourent, y ajoutât-on leurs propriétés et leurs usages. En d'autres termes, vos enfants connaissent une langue, celle qu'ils parlent tous les jours, qui suffit à l'expression de leurs besoins, et vous voulez leur en faire parler une autre. Il n'y a guère moins loin de certaines manières de s'exprimer usitées dans nos villages, à la véritable langue française, que de celle-ci à la langue allemande, par exemple. C'est donc en quelque sorte *une langue étrangère qu'il vous faut leur apprendre.*

Comment y arriverez-vous? Par la lecture et les dictées, sans doute, et aussi par les entretiens journaliers que vous aurez avec eux; mais surtout en leur meublant la mémoire d'un grand nombre de morceaux bien pensés et bien écrits. C'est par ce moyen que, dans l'enseignement secondaire, on amène les jeunes gens, au bout de quelques années, à écrire, dans un style correct et parfois même élégant, en latin, c'est-à-dire dans une langue morte. Je vous recommande donc l'étude de morceaux appris par cœur, après explication préalable; je vous conseille même de faire réciter chaque matin le texte de la dictée donnée la veille; mais s   out ne négligez pas de faire repasser les morceaux précé   ment appris et autrefois bien sus; autrement il arrive que c'est à peine si l'inspecteur, lorsqu'il se présente dans la classe, peut obtenir la récitation de quelques morceaux récemment appris. Croyez-moi, si vos élèves arrivaient dans le cours moyen avec un bagage sérieux de mots et de phrases empruntés à nos meilleurs auteurs, ils seraient moins embarrassés pour s'exprimer, soit de vive voix, soit par écrit. . . . .

DE L'ARITHMÉTIQUE

DE L'ARITHMÉTIQUE

§ 1

PROGRAMME

Cours élémentaire [1].

1. — *Numération.* — Revision du cours préparatoire. Formation, lecture et écriture des nombres compris entre 0 et 1000. On s'assurera que les élèves distinguent bien les centaines, dizaines et unités.

Former, nommer et écrire le nombre 1000.

Former, nommer et écrire, sans explication, par la simple addition des nombres antérieurs, tous les nombres compris entre mille et un million. — Ce que c'est qu'un million, un milliard.

Manière de rendre un nombre entier, terminé par des zéros, 10, 100, 1000 fois plus petit ; moyen de rendre un nombre entier quelconque 10, 100, 1000 fois plus grand.

2. — *Nombres décimaux.* — On fera apprécier la valeur d'un dixième, d'un centième, d'un millième, en montrant un mètre divisé en 10, 100, 1000 parties égales. Usage de la virgule. Lecture et écriture des nombres décimaux.

Manière de rendre un nombre décimal 10 fois, 100 fois, 1000 fois plus grand ou plus petit, par un simple déplacement de la virgule.

3. — *Addition.* — On ajoutera à un nombre de plusieurs chiffres un nombre d'un seul chiffre. (Ce n'est que la répétition de ce qui a été vu dans le cours préparatoire n° 8.)

On ajoutera à un nombre de plusieurs chiffres un autre nombre de plusieurs chiffres, choisi dans des conditions telles que la somme des unités de chaque ordre n'excède jamais 9. On ajoutera à un nombre quelconque d'abord un, puis plu-

---

1. Nous ferons observer que cet enseignement n'est nullement théorique. Il a pour objet la pratique des opérations les plus simples qu'on peut faire sur les nombres, avec quelques explications et de nombreux exercices.

sieurs nombres quelconques. Explication de la retenue et des reports.

Addition des nombres décimaux.

Règle générale de l'addition.

Preuve de l'addition. On recommencera l'opération de bas en haut, si on l'a faite de haut en bas.

Nombreux problèmes pratiques et usuels sur l'addition d'objets réels, connus des enfants, — soit oralement, soit par écrit.

On exercera longuement les élèves au calcul mental. On les habituera à faire de tête et très promptement des additions de nombres de deux chiffres, par la décomposition en dizaines et unités, et en commençant par la gauche. Ainsi, par exemple, si l'on veut additionner 57 et 38, on dira : 50 et 30 font 80; 7 et 8 font 15; 80 et 15 font 95.

4. — *Soustraction.* — On retranchera d'un nombre quelconque un nombre d'un seul chiffre. (C'est ce qui a été vu dans le cours préparatoire n° 8.)

On retranchera d'un nombre quelconque de plusieurs chiffres, un autre nombre de plusieurs chiffres, en prenant soin qu'aucun chiffre du nombre le plus petit ne soit supérieur à son correspondant dans le nombre le plus grand.

On retranchera un nombre quelconque d'un nombre quelconque. — Méthode de compensation.

Soustraction de nombres décimaux.

Règle générale de la soustraction.

Preuve de la soustraction par l'addition.

Nombreux exercices de soustraction et problèmes, oraux et écrits, ayant trait à des objets réels, connus des enfants. Problèmes comprenant des additions et des soustractions.

5. — *Multiplication.* — On reprendra et l'on continuera les exercices du cours préparatoire ; c'est-à-dire qu'on formera, par voie d'addition, les produits des 9 premiers nombres par 2, 3, 4, 5, etc., 9.

Étude et usage de la table de multiplication. On la fera réciter tous les jours, matin et soir, jusqu'à ce que tous les élèves la sachent sans hésitation.

Étude progressive des divers cas de la multiplication.

1° On multipliera un nombre d'un seul chiffre par un nombre d'un seul chiffre. (Ce n'est qu'une application de la table.)

2° On multipliera un nombre de plusieurs chiffres par un

nombre d'un seul chiffre. (C'est faire successivement, puis réunir plusieurs opérations du cas précédent.)

3° On multipliera un nombre de plusieurs chiffres par 10, 100, 1000, etc. (C'est une simple application de la numération.)

4° On multipliera un nombre de plusieurs chiffres par un chiffre significatif suivi d'un certain nombre de zéros. (C'est la réunion du deuxième et du troisième cas.)

5° On multipliera un nombre quelconque par un nombre quelconque. (C'est la réunion du deuxième et du quatrième cas.)

Règle générale pour la multiplication des nombres entiers.
Multiplication des nombres décimaux.

1° Le multiplicande seul est un nombre décimal.

2° Le multiplicateur seul est un nombre décimal.

3° Le multiplicande et le multiplicateur sont des nombres décimaux.

Règle générale pour la multiplication des nombres décimaux.

Preuve de la multiplication par l'interversion des facteurs.

Pratique de la preuve par 9.

Exercices de multiplication d'un nombre de deux chiffres par un nombre d'un et même de deux chiffres, faits de tête et rapidement, au moyen de la décomposition en dizaines et en unités, et en commençant par la gauche.

Problèmes sur la multiplication seulement; puis, problèmes plus compliqués dans lesquels entrent des additions et des soustractions.

6. — *Division.* — On reprendra et l'on complétera ce qui a été dit dans le cours préparatoire, en vue de faire voir que la division n'est autre chose qu'une série de soustractions, et qu'elle a pour but de trouver combien de fois un nombre est contenu dans un autre nombre. — On montrera qu'elle sert aussi pour partager un nombre en plusieurs parties égales.

On prendra des exemples ayant trait à des objets réels et connus des enfants.

Table de division.

Étude progressive des divers cas de la division.

1° Le diviseur et le quotient n'ont qu'un chiffre. (C'est l'application de la table.)

. 2° Le dividende est quelconque et le diviseur n'a qu'un chiffre.

3° Le diviseur a plusieurs chiffres, mais le quotient n'en a qu'un.

4° Le quotient a plusieurs chiffres.

Règle générale pour la division des nombres entiers.

Division des nombres décimaux.

1° Le dividende seul est un nombre décimal.

2° Le diviseur est un nombre décimal, quel que soit le dividende.

Règle générale pour la division des nombres décimaux.

Preuve de la division par la multiplication.

Pratique de la preuve par 9.

Exercices et problèmes sur la division seulement.

Nombreux problèmes de récapitulation sur les quatre opérations combinées, soit avec des nombres entiers, soit avec des nombres décimaux. — On aura soin que les données n'en soient jamais purement abstraites; mais qu'elles aient toujours pour objet des choses réelles, connues des enfants. Il sera même bon de leur faire chercher à eux-mêmes les valeurs numériques de ces données.

7. — *Fractions.* — On donnera une idée des fractions par la vue d'un objet divisé en un certain nombre de parties égales. — On dira ce qu'il faut entendre par numérateur et dénominateur.

On lira et l'on écrira des fractions, des expressions fractionnaires.

On montrera comment on rend, par la multiplication, une fraction un certain nombre de fois plus grande ou plus petite.

On montrera qu'on peut multiplier les deux termes d'une fraction par un même nombre, sans en changer la valeur.

SYSTÈME MÉTRIQUE.

Mesures de longueur. — Le mètre; ses multiples et ses sous-multiples. — Comment on écrit et comment on lit un nombre exprimant une longueur.

Du kilomètre et de la lieue.

Mesures de capacité. — Le litre; ses multiples et ses sous-multiples. On fera voir les diverses séries de mesures réelles pour les capacités. (Matières sèches et matières liquides.)

Comment on écrit et comment on lit un nombre exprimant une capacité.

Poids. — Le gramme; ses multiples et ses sous-multiples. On montrera une série de poids effectifs.

Comment on écrit et comment on lit un nombre exprimant un poids.

On effectuera de petites pesées sous les yeux des élèves, et on les leur fera effectuer à eux-mêmes.

Monnaies. — Le franc; le décime et le centime. Tableau des monnaies en or, argent et bronze.

Comment on écrit et comment on lit un nombre exprimant une somme.

On montrera, à l'aide d'une balance, ce que pèsent les diverses pièces d'argent et de bronze, et comment on peut s'en servir pour faire des pesées.

Mesures de surface. — Le mètre carré; ses multiples et ses sous-multiples. — On montrera un mètre carré en grandeur réelle, avec ses divisions en décimètres et centimètres carrés.

Comment on écrit et comment on lit un nombre exprimant des mètres carrés, etc.

Mesures agraires. — L'are; l'hectare et le centiare.

Comment on écrit et comment on lit un nombre exprimant des mesures agraires.

Mesures de volume. — Le mètre cube; ses multiples et ses sous-multiples. — On montrera un mètre cube réel, avec ses divisions en décimètres et en centimètres cubes.

Comment on écrit et comment on lit un nombre exprimant des mètres cubes, etc.

Mesures pour les bois. — Stère et décistère.

Du changement de l'unité principale et de sa conversion en ses multiples ou sous-multiples.

Exercices nombreux sur les diverses parties du système métrique, et spécialement sur les équivalences et les rapports des mesures entre elles.

Cours moyen et cours supérieur [1].

PRÉLIMINAIRES.

Ce que c'est qu'une grandeur. — Comment on la mesure.

1. Ce programme est commun au cours moyen et au cours supérieur; toutefois, ce qui est imprimé en lettres *italiques* concerne plus particulièrement le cours supérieur.

— Unité. — Nombre. — Nombre entier. — Fraction. — Nombre fractionnaire.

NUMÉRATION.

On expliquera comment il a été possible de nommer tous les nombres avec très peu de mots, à l'aide de cette convention fondamentale que **dix unités d'un ordre quelconque forment une unité de l'ordre immédiatement supérieur.**

On expliquera également comment dix caractères ou chiffres ont suffi pour exprimer tous les nombres, à l'aide de cette autre convention fondamentale que **tout chiffre placé à la gauche d'un autre exprime des unités dix fois plus grandes que cet autre.**

Remarque sur les ordres ternaires.

Chiffres romains.

LES QUATRE OPÉRATIONS.

Signes abréviatifs.

Addition. — Définition, règle et preuve.

Addition des nombres décimaux.

Soustraction. — Définition, règle et preuve.

Soustraction des nombres décimaux.

Le reste ne change pas, lorsque l'on ajoute une même quantité aux deux nombres qu'on retranche l'un de l'autre.

Multiplication. — Définition. — La multiplication est une opération par laquelle on prend le multiplicande autant de fois qu'il y a d'unités dans le multiplicateur.

On en déduira que les unités du produit (qui n'est que le multiplicande ajouté à lui-même un certain nombre de fois), sont toujours de même nature que celle du multiplicande : *par suite, que le multiplicateur est toujours un nombre abstrait.*

Multiplication des nombres entiers. — Règle.

On montrera qu'*on peut intervertir l'ordre des deux facteurs d'un produit sans changer la valeur de ce produit.*

Preuve de la multiplication par l'interversion des facteurs.

Pratique de la preuve par 9.

Extension du principe énoncé ci-dessus au cas d'un nombre quelconque de facteurs.

Comment on peut multiplier un produit par un nombre, et inversement.

Multiplication de deux produits.

Puissances. — *Multiplication de plusieurs puissances d'un même nombre.* — *Que devient un produit de deux facteurs, quand on ajoute un nombre à l'un des facteurs ou qu'on l'en retranche?* — *quand on multiplie le multiplicande par un nombre?* — *quand on multiplie le multiplicateur par un nombre?* — *quand on multiplie les deux facteurs par un même nombre ou par des nombres différents?*

Multiplication des nombres décimaux.

Division. — Définition. — On insistera sur le but de la division.

Division des nombres entiers. — Règle.

Preuve par la multiplication. — Pratique de la preuve par 9.

Que devient le quotient, quand on multiplie par un nombre, soit le dividende, soit le diviseur, soit l'un et l'autre?

Division des nombres décimaux.

Évaluation d'un quotient : 1° à moins d'une unité décimale donnée ; 2° à moins d'une demi-unité décimale.

Comment on peut diviser un produit par un autre : 1° *quand le nombre est l'un des facteurs du produit;* 2° *quand il est diviseur de l'un de ces facteurs.*

Division de deux puissances d'un même nombre.

DIVISIBILITÉ.

Ce qu'on appelle multiple et diviseur d'un nombre.

Divisibilité par 10, 100, 1000, etc.

Divisibilité par 2 et par 5.

Divisibilité par 4, 25, 8, 125.

Divisibilité par 9 et par 3.

DES FRACTIONS.

Ce que c'est qu'une fraction. — Numérateur et dénominateur.

Une fraction est inférieure, égale ou supérieure à l'unité, suivant que son numérateur est inférieur, égal ou supérieur à son dénominateur.

Expression fractionnaire, nombre fractionnaire.

Une fraction augmente ou diminue, si son numérateur augmente ou diminue, le dénominateur restant le même; au contraire, une fraction diminue ou augmente, si son dénominateur augmente ou diminue, le numérateur restant le même.

Qu'arrive-t-il, si l'on ajoute ou si l'on retranche un même nombre aux deux termes d'une fraction?

Une fraction peut être considérée comme le quotient de la division de son numérateur par son dénominateur.

Réduction des fractions ordinaires en fractions décimales.

Transformation d'un nombre fractionnaire en une expression fractionnaire, et inversement.

Comment on rend une fraction un certain nombre de fois plus grande ou plus petite.

On montrera qu'on n'altère pas la valeur d'une fraction quand on multiplie ou qu'on divise ses deux termes par un même nombre.

Simplification des fractions.

Réduction des fractions au même dénominateur. *On indiquera, par des exemples, comment on peut trouver, à défaut du plus petit dénominateur commun, un dénominateur commun plus petit que le produit de tous les dénominateurs.*

Addition et soustraction des fractions.

Multiplication des fractions. — *On insistera sur le sens du mot* **multiplier**, *et l'on montrera qu'ici multiplier, c'est prendre un certain nombre de fois une partie du multiplicande. Ainsi multiplier 28 par 5/7, c'est prendre 5 fois la 7e partie de 28.*

Division des fractions.

RACINE CARRÉE ET RACINE CUBIQUE.

Ce qu'on appelle carré et cube d'un nombre.

Comment on forme le carré et le cube d'une fraction.

Ce qu'on appelle racine carrée et racine cubique d'un nombre.

Extraction de la racine carrée d'un nombre entier, — d'un nombre décimal, — d'une fraction.

Extraction de la racine cubique d'un nombre entier, — d'un nombre décimal, — d'une fraction.

APPLICATIONS.

Règle de trois simple, directe ou inverse; règle de trois composée, par la méthode dite de réduction à l'unité.

Intérêt de l'argent prêté. — Intérêt annuel. — Intérêt pour un nombre de jours. — Méthode des nombres et des diviseurs fixes. — *Méthode des parties aliquotes.*

De l'intérêt composé. Comment on peut le calculer.

Tableau des sommes produites par un capital de 1 franc, placé de 1 à 30 années, à intérêts composés, aux taux de 3 p. 0/0, 3 1/2 p. 0/0, 4 p. 0/0, 4 1/2 p. 0/0, 5 p. 0/0, 5 1/2 p. 0/0, 6 p. 0/0. — Son emploi.

Notions sur la caisse d'épargne.

Rentes sur l'État. — Droit de commission de l'agent de change.

Actions et obligations.

Des banques en général. — De la Banque de France.

Escompte en dehors ou commercial.

Règle de société.

Problèmes de mélange et d'alliage.

SYSTÈME MÉTRIQUE.

Définitions. — Noms des six unités principales.

Unités multiples et sous-multiples, et leur dénomination.

Mesures réelles obtenues par le double ou la moitié de chacune de ces unités.

Avantage des mesures nouvelles sur les anciennes.

LONGUEURS. — *Origine du mètre.* — Ses multiples et sous-multiples. — Mesures réelles, leurs différentes formes.

Mesures itinéraires.

Autres mesures de longueur usitées : degré terrestre, minute ou mille marin (60e de degré), nœud marin (120e du mille marin), lieue marine (de 20 au degré), lieue commune ou terrestre (de 25 au degré), lieue métrique (de 4 km.).

SURFACES. — Mesures de surfaces proprement dites. — Mesures agraires. — Mesures topographiques. — Rapport de ces mesures entre elles.

VOLUMES. — Mesures de volume. — Mesures pour les bois. — Leurs rapports.

CAPACITÉ. — Mesures de capacité. — Mesures spéciales : 1° aux matières sèches; 2° aux matières liquides. — Relations avec les mesures de volume.

POIDS. — Mesures usitées : 1° en fonte, 2° en cuivre.

On donnera quelques explications sur la forme de ces mesures. — Quintal et tonne.

Des différents instruments de pesage et leur emploi.

Conditions de justesse et de sensibilité d'une balance. — Double pesée.

22.

Monnaies. — Composition des monnaies d'or, d'argent et de bronze.

Titre des monnaies. — Relation entre les poids d'une même somme d'or, d'argent et de bronze.

On fera connaître quelques anciennes mesures, celles surtout qui sont en usage dans le pays, et l'on indiquera le moyen de les réduire en mesures nouvelles équivalentes.

Les diverses mesures du temps.

Les divisions de la circonférence.

Mesure de la pression atmosphérique. — Baromètre.

Mesure de la chaleur. — Thermomètre.

APPLICATION DU SYTSÈME MÉTRIQUE A LA MESURE DES SURFACES ET DES VOLUMES.

Notions élémentaires de géométrie. — Droites perpendiculaires, obliques, parallèles. — Définition des angles. — Circonférence ; sa division en quadrants, en degrés. — Arcs et angles ; leur mesure en degrés, minutes et secondes. Usage du rapporteur.

On définira et l'on fera tracer par les élèves les figures représentant les principales surfaces : parallélogrammes (carré, rectangle, losange), triangles, trapèzes et polygones quelconques. — Ce que c'est qu'un polygone régulier. — On multipliera les exemples pour faire voir aux élèves les cas où, dans la pratique, ces diverses formes géométriques sont employées.

Mesure des aires. — On montrera comment on trouve la surface d'un polygone quelconque.

Quelques explications suffiront à faire comprendre la raison des opérations qui seront indiquées, surtout si l'on a soin de les rendre sensibles, à l'aide de morceaux de carton préparés à l'avance et qu'on superposera.

Application à l'arpentage.

On fera connaître le rapport de la circonférence au diamètre, et trouver l'un de ces éléments quand on connaît l'autre. Comment on obtient la surface d'un cercle.

Mesure des volumes. — *On montrera un cube, un parallélépipède, un prisme quelconque, une pyramide, un cylindre, un cône, une sphère, le développement de quelques-uns de ces corps. On calculera leur surface.*

On indiquera le moyen d'obtenir leur volume.

Applications. — *Cubage d'un massif de maçonnerie, d'un tas de sable ou de gravier, d'un fossé; jaugeage d'un vase cylindrique, d'un seau ayant la forme d'un cône tronqué, d'un tonneau; cubage d'un tronc d'arbre, etc.*

§ 2

Quelques conseils pour l'application de ce programme.

Cours élémentaire. — Dans le programme qui précède, les notions sur le système métrique prennent place après celles relatives au calcul des nombres entiers et décimaux. Cela ne veut pas dire que nous conseillions de suivre absolument cet ordre dans l'enseignement. Nous pensons au contraire qu'il y a avantage à mener de front l'étude du système métrique et celle du calcul proprement dit. Ainsi, après avoir suffisamment exercé les élèves sur la numération parlée et sur la numération écrite, à l'aide d'objets matériels, on leur donnera l'idée de la mesure d'une longueur, on leur montrera le mètre et ses subdivisions, on leur fera mesurer les dimensions du tableau noir, celles d'une table, d'une porte, de la salle de classe, etc.; on les habituera à nommer et à écrire les nombres représentant les longueurs trouvées. On leur nommera ensuite les multiples du mètre, on leur montrera la chaîne d'arpenteur, on leur dira comment on peut déterminer la longueur d'une route, on leur fera écrire des nombres représentant la distance d'une ville à une autre, la plus grande longueur du département, celle de la France, etc.

Pour leur faire bien comprendre ce que c'est qu'additionner et soustraire, il faut se servir d'abord d'objets matériels. Le maître, tenant d'une main trois bûchettes et de l'autre quatre, demande aux enfants combien il y en a en tout; et pour leur faire trouver le résultat, il nomme avec eux les nombres successivement obtenus lorsqu'il fait passer une à une dans la main gauche les bûchettes qu'il tient de la main droite Mais il faut que les enfants s'habituent à trouver promptement la somme de deux nombres d'un seul chiffre; aussi ne saurait-on trop insister sur ce genre d'exercice.

Vient ensuite l'addition de plusieurs nombres d'un seul chiffre, qui se ramène toujours à celle d'un nombre de plusieurs chiffres avec un nombre d'un seul. Si l'on veut expliquer comment on obtient la somme des nombres 28 et 7, on tiendra de la main gauche 2 bûchettes dizaines et 8 bûchettes unités;

de la main droite, 7 bûchettes unités. On fera passer ces dernières dans la main gauche et l'enfant verra que celle-ci tient
alors 2 bûchettes dizaines et 15 bûchettes unités, le tout pouvant
être remplacé par 3 bûchettes dizaines et 5 bûchettes unités.

Telle peut être la démonstration du calcul écrit pour toutes
les opérations de ce genre; mais il est préférable d'employer
une autre méthode dans le calcul mental. Ainsi, dans
l'exemple précédent, on remplacera la somme 28 plus 7 par
30 plus 7 moins 2, et l'on fera de même pour tous les cas
analogues.

Pour expliquer l'addition de nombres de plusieurs chiffres,
soit 367 et 548, on peut encore se servir de bûchettes; mais,
pour varier la nature des unités, on pourra supposer que
l'on a à réunir 367 francs et 548 francs, la première somme
étant composée de 7 pièces de 1 franc, de 6 pièces de 10 fr.,
de 3 billets de 100 francs, et la seconde l'étant d'une manière
analogue. Faisant d'abord la somme des pièces de 1 franc, on
en trouve 15, qui peuvent être remplacées par 5 pièces de
1 franc et une pièce de 10 francs. Réunissant cette dernière
aux pièces de 10 francs, on en trouve 11, qui peuvent être
remplacées par une pièce de 10 francs et un billet de 100
francs, etc.

Sous cette forme concrète, l'enfant saisit la règle d'addition
et il est facile de lui faire comprendre pourquoi on commence
l'opération par la réunion des unités de l'ordre le moins
élevé. On fait l'inverse dans le calcul mental. Ainsi la somme
des nombres 367 et 548 s'obtiendra en disant : 300 et 500
font 800; 60 et 40 font 100; 7 et 8 font 15; total, 915.

L'étude de la soustraction peut se faire en même temps que
celle de l'addition. Dans le cas des soustractions partielles
impossibles, il convient d'avoir recours à la méthode de compensation, qui repose sur ce principe : *la différence entre deux
nombres ne change pas quand on ajoute la même quantité à
chacun d'eux.* Ce principe sera facilement compris des enfants,
si on leur dit que la différence entre les âges de deux d'entre
eux étant actuellement de trois ans, cette différence sera
encore la même dans un an, dans deux ans, etc., c'est-à-dire
quand on aura ajouté à chaque âge le même nombre
d'années. On pourra encore leur faire remarquer que si
Pierre possède 3 sous de plus que Paul, il en sera encore de
même lorsqu'on aura donné à chacun d'eux un sou, deux
sous, etc.

La numération des nombres décimaux ayant été expliquée en même temps que celle des nombres entiers, il y a tout avantage à exercer les enfants au calcul simultané des nombres entiers et décimaux [1].

Dans une première leçon sur la multiplication, on peut commencer par les questions suivantes : *Un mètre d'étoffe coûtant 8 francs, combien coûteront 2 mètres, 3 mètres, 7 mètres de la même étoffe ?*

L'élève fait naturellement l'addition de deux, puis de trois, de sept nombres égaux à 8 ; il prend ainsi plusieurs fois 8 francs.

On lui fait alors remarquer que *prendre un nombre plusieurs fois, c'est le multiplier ;* on lui montre l'avantage qu'il y aurait à connaître les produits des neuf premiers nombres multipliés par eux-mêmes ; on lui fait construire (en plusieurs leçons) la table de ces produits et on lui fait apprendre de mémoire les résultats qu'il a trouvés lui-même.

Mais la table de multiplication devient insuffisante, s'il s'agit de résoudre le problème suivant :

Un hectolitre de blé coûte 24 francs ; combien coûteront 6 hectolitres du même blé ?

On fera aisément comprendre à l'enfant que prendre 6 fois 24 francs revient à prendre 6 fois 4 francs, puis 6 fois 2 pièces de 10 francs et à réunir ensuite les deux résultats. On indiquera la disposition pratique de l'opération ; mais on insistera particulièrement sur les exercices de calcul mental. Dans l'exemple précédent, on fera dire : 6 fois 20 francs font 120 francs ; 6 fois 4 francs font 24 francs ; total 144 francs.

Des exercices sur la multiplication d'un nombre quelconque par 10, 100, 1000, etc., puis par 50, 300, 6000, etc., et généralement par un chiffre quelconque suivi d'un ou plusieurs zéros, seront facilement compris des élèves et serviront d'acheminement à l'explication de la multiplication de deux nombres de plusieurs chiffres.

Ici encore il sera bon de faire une large part au calcul mental. Veut-on connaître le produit de 37 par 14? On dira : 10 fois 37 font 370 ; 4 fois 30 font 120 ; 370 et 120 font 390 ; 4 fois 7 font 28 ; 490 et 28 font 518.

En ce qui concerne la multiplication des nombres déci-

1. En traitant de la numération, on a eu soin d'expliquer aux enfants la manière de rendre un nombre entier ou décimal 10, 100, etc., fois plus grand ou plus petit.

maux, on peut arriver à faire formuler la règle par l'examen de quelques exemples.

I. — *Un hectolitre de blé coûte 24 fr. 75; combien coûteront 6 hectolitres?*

Il est clair que 6 hectolitres coûteront 6 fois 24 fr. 75, ou 6 fois 2475 centimes, ce qui donne 14850 centimes ou 148 fr. 50.

I. — *Un hectolitre de blé coûte 24 francs; combien coûtera un dixième d'hectolitre?* — Évidemment 10 fois moins ou 2 fr. 4. 6 *dixièmes d'hectolitre?* — 6 fois plus que le dixième ou 2, 4 × 6 (cas précédent). 7 *hectol.* 6 *ou* 76 *dixièmes d'hectolitre?* — 76 fois plus que le dixième ou 2,4 × 76 (cas précédent).

Le raisonnement serait analogue si le prix de l'hectolitre de blé était exprimé par un nombre décimal au lieu de l'être par un nombre entier.

La règle générale de la multiplication des nombres décimaux se déduit facilement de ces diverses opérations.

Nous arrivons à la division.

De même que pour les opérations étudiées précédemment, il faut bien se garder de commencer par une définition.

On peut d'abord poser la question suivante :

Un mètre d'étoffe coûte 8 francs; combien peut-on avoir de mètres de cette étoffe pour 40 francs?

Il est clair qu'avec 40 francs on peut avoir au moins un mètre d'étoffe, et qu'après le payement il resterait 40 — 8 = 32 francs. En retranchant de cette somme le prix d'un second mètre, il resterait 32 — 8 = 24 fr., etc. Un élève fait au tableau ces diverses soustractions. Lorsqu'il obtient le reste zéro, cinq soustractions ont été faites ; ce qui lui montre clairement qu'on peut avoir 5 mètres d'étoffe avec 40 francs. On a donc autant de mètres que 8 a pu être retranché de fois de 40, c'est-à-dire *autant que 8 est contenu de fois dans 40*. Et l'on remarque que la connaissance de la multiplication suffit pour trouver immédiatement ce résultat.

On conclut en disant que l'*opération qui consiste à chercher combien de fois un nombre est contenu dans un autre est une division.* Il résulte d'ailleurs du raisonnement qui précède que cette opération remplace une série de soustractions.

Pour faire connaître ce qu'il faut entendre par *reste* d'une division, on pourra dire, en reprenant l'exemple cité, que si l'on disposait de 43 francs au lieu de 40, on pourrait avec cette somme avoir plus de 5 mètres, mais moins de 6 ; on n'aura donc que 5 mètres et *il restera* 3 francs.

Avant d'examiner l'autre usage de la division, il est bon de faire résoudre par les élèves des petits problèmes analogues au précédent ; c'est-à-dire qu'étant donné le prix de plusieurs objets de même valeur et le prix de l'un d'eux, on cherchera le nombre des objets.

Pour faire comprendre le second usage de la division, on pourra choisir un problème analogue au suivant.

Je veux partager 40 noix entre 8 enfants, de manière que les parts soient égales ; combien chaque enfant aura-t-il de noix ?

Je donne d'abord une noix à chaque enfant, j'en ai ainsi distribué 8 et il m'en reste $40 - 8 = 32$. Je puis encore en donner une à chaque enfant et il m'en restera $32 - 8 = 24$, etc. Je reconnais que le nombre de noix données à chaque enfant est indiqué par le nombre de fois que 8 est contenu dans 40. Mon *partage* peut donc se faire par une *division*. Je conclus que l'*opération qui consiste à partager un nombre en parties égales est une division.*

Après de nombreux exercices analogues au précédent, on arrive à la division d'un nombre entier quelconque par un nombre d'un seul chiffre.

Supposons que l'on veuille partager entre 5 personnes une somme de 745 francs. On peut admettre que cette somme est composée de 7 billets de 100 francs, de 4 pièces de 10 francs et de 5 pièces de 1 franc. Partageons d'abord les billets de 100 francs : chaque personne en aura un et il en restera 2, qui ne pourront être partagés. Mais on pourra échanger ces derniers contre 20 pièces de 10 francs qui, ajoutées aux 4 pièces que l'on a déjà, donneront en tout 24 pièces. Chaque personne pourra en avoir 4 et il en restera 4 que l'on échangera contre 40 pièces de 1 franc. Comme on a déjà 5 de ces pièces, cela fera en tout 45, et il est clair que chaque personne pourra en avoir 9. Ainsi le partage est fait, et chaque part se compose d'un billet de 100 francs, de 4 pièces de 10 francs et de 9 pièces de 1 franc : ce qui équivaut à 149 francs.

Il ne sera pas plus difficile d'expliquer la division d'un nombre décimal par un nombre d'un seul chiffre. Le partage entre 5 personnes d'une somme de 7 francs 45 centimes, ou 745 centimes, peut en effet s'expliquer tout aussi aisément que celui d'une somme de 745 francs.

Quant aux autres cas de la division, qui présentent un peu plus de difficulté, peut-être vaut-il mieux en différer l'étude jusqu'au cours moyen.

Pour n'avoir pas à revenir sur cette question, nous indiquerons néanmoins ici le mode d'explication qui nous pare* préférable.

Examinons d'abord le cas où le diviseur a plusieurs chiffres et le quotient un seul, et soit le problème suivant :

L'hectolitre de blé coûtant 24 francs, combien pourrait-on avoir d'hectolitres pour 192 francs?

Le nombre d'hectolitres serait indiqué par le nombre de soustractions que l'on ferait en retranchant 24 francs de 192 francs, autant de fois que la chose serait possible. Il s'agit donc de chercher combien de fois 24 est contenu dans 192; malheureusement la table de multiplication que nous connaissons n'est pas assez étendue pour que nous puissions trouver immédiatement le résultat. Nous nous tirerions facilement d'affaire, si l'hectolitre de blé coûtait 20 francs et si le prix total était de 190 francs; car il suffirait alors de chercher combien de fois 2 pièces de 10 francs sont contenues dans 19 pièces de 10 francs, ce que nous savons faire. Eh bien! ne peut-on pas dire que 24 fr. sont contenus dans 192 francs *à peu près* autant de fois que 2 pièces de 10 francs sont contenues dans 19 pièces de 10 francs? Donc, en divisant 19 par 2, nous aurons *à peu près* le quotient. La division, de 19 par 2 donne 9 pour quotient. Mais 9 hectolitres à 24 francs coûteraient $24 \times 9 = 216$ francs, somme plus forte que 192 francs. Le quotient est donc plus petit que 9. On essaie alors 8, qui est exact.

La règle pratique pour toutes les divisions analogues à la précédente peut se déduire de ce raisonnement.

Pour expliquer le cas où le diviseur et le quotient ont plusieurs chiffres, on peut raisonner comme on l'a fait lorsque le diviseur n'a qu'un chiffre et le quotient plusieurs. Si l'on avait, par exemple, à diviser 5483 par 15, on admettrait que l'on a à partager entre 15 personnes une somme composée de 5 billets de 1,000 francs, de 4 billets de 100 francs, de 8 pièces de 10 et de 3 pièces de 1 franc.

Enfin, la division, dans le cas où le diviseur est un nombre décimal, se ramènera toujours à la division d'un nombre décimal par un nombre entier ou bien à la division de deux nombres entiers. Il suffira pour cela de faire comprendre cette proposition que *le quotient ne change pas quand on multiplie le dividende et le diviseur par un même nombre.*

Ces notions élémentaires sur les opérations fondamentales de l'arithmétique doivent être données d'une façon lente et progressive. Elles seront toujours accompagnées d'applications nombreuses; et si l'on a soin, ce que nous recommandons instamment, d'alterner l'étude du système métrique avec celle du calcul proprement dit, on aura ainsi l'avantage de pouvoir varier largement les données des problèmes.

A propos du système métrique, on remarquera que le programme du cours élémentaire place en dernier lieu l'étude des mesures de surface et des mesures de volume. Cet ordre n'est pas celui qui est le plus généralement adopté. Il se justifie cependant par cette considération que nous devons toujours avec les enfants graduer soigneusement les difficultés. On conviendra, en effet, qu'après leur avoir dit que le décimètre est le dixième du mètre, ils comprendront et retiendront facilement que le décilitre est le dixième du litre, que le décigramme est le dixième du gramme, et qu'enfin le décime est le dixième du franc. Mais il sera moins aisé de leur faire comprendre que le décimètre carré est la centième partie du mètre carré; puis, que le décimètre cube est la millième partie du mètre cube. C'est pourquoi nous insistons pour que l'on suive dans l'enseignement l'ordre indiqué par le programme.

Avons-nous besoin de dire qu'il est absolument indispensable, dans l'étude du système métrique, de montrer aux enfants les mesures dont on leur parle, de les leur faire manier, de leur faire effectuer des pesées, de leur faire déterminer le poids des pièces de monnaie, etc.? Il faut aussi les exercer à apprécier à vue les longueurs, les surfaces, les volumes: il faut les accoutumer à observer, à comparer, à juger. L'étude du système métrique, en même temps qu'elle meuble la mémoire de l'enfant de connaissances pratiques très utiles, permet d'exercer son raisonnement à un âge où son esprit se refuse encore aux abstractions.

Un mot encore, à propos des fractions.

Pour donner aux élèves les premières notions sur les fractions, pour leur en faire connaître l'origine et la nature, on peut d'abord leur poser la question suivante :

Je veux partager entre 5 enfants 15 pommes de même gros-

*seur et de telle sorte que les parts soient égales ; quelle sera ia
part de chacun ?*

Avec les connaissances qu'ils possèdent, les élèves trouveront immédiatement que la part de chaque enfant est le quotient de la division de 15 par 5, c'est-à-dire 3 pommes.

*Mais, si au lieu de 15 pommes, je n'en ai que 2 à partager,
comment m'y prendrais-je ?*

La division de 2 par 5 est impossible. Je partage alors
chaque pomme en 5 parties égales, ce qui me fait en tout 10
morceaux, et chaque enfant peut en recevoir 2. L'un des
morceaux est le *cinquième* d'une pomme ; la part d'un enfant
est donc les *deux cinquièmes* d'une pomme. Ainsi la cinquième
partie de deux pommes ou les deux cinquièmes d'une pomme
sont des quantités tout à fait identiques.

On multipliera les exemples pour faire comprendre qu'une
fraction, *qui exprime le quotient d'une division*, représente
aussi *une ou plusieurs parties égales de l'unité*, quelle que
soit la nature de cette unité.

Deux parties d'une ligne droite divisée en 3 parties égales
sont les *deux tiers* de la ligne ; 3 morceaux d'une galette
divisée en 4 parties égales sont les *trois quarts* de la galette, etc.

On pourra expliquer, sur des exemples concrets, même les
propriétés fondamentales des fractions.

Cours moyen et cours supérieur. — Si l'enseignement de
l'arithmétique, dans le cours moyen, ne se fait plus surtout
par l'aspect, comme dans le cours préparatoire et souvent
encore dans le cours élémentaire, il ne doit pas cesser pourtant d'être essentiellement pratique. On n'y donnera donc
aux élèves que les explications théoriques rigoureusement
nécessaires pour qu'ils comprennent bien les opérations du
calcul. Du reste, si l'on a soin de suivre avec méthode, et
dans toutes leurs applications, les diverses parties du programme, nous sommes persuadé qu'en dehors du résultat
pratique ainsi obtenu, on aura plus développé l'intelligence des
élèves que par des raisonnements abstraits, qui ne sont pas à
leur portée et ne peuvent que les fatiguer inutilement.

Mais, s'il convient de s'en tenir, avec les élèves du cours
moyen, à une exposition détaillée et méthodique des opérations, il faut aller un peu plus loin avec ceux du cours supérieur ; il faut les accoutumer à réfléchir, à découvrir eux-
mêmes la raison de telle opération, à se rendre compte de

telle simplification du calcul, à établir enfin, quand cela est possible, quelques généralités.

Ainsi, on fera voir aux élèves du cours supérieur que, si l'on multiplie l'un des facteurs d'un produit par 10,100, 1000, etc., le produit est rendu 10, 100, 1000 fois plus grand; que, si l'on multiplie l'un deux par 10 et l'autre par 100, le produit est encore rendu 1000 fois plus grand; et l'on montrera l'application de ces principes, qu'il serait facile, du reste, de généraliser, dans la multiplication des nombres décimaux.

On montrera que pour multiplier un produit 80, ou 8 × 10 par 7, il suffit de multiplier 8 par 7, et le produit par 10; que pour diviser par 6 un produit 15 × 6, il suffit de supprimer le facteur 6 dans le produit; que pour diviser 48 × 7 par 6, il suffit de diviser le facteur 48 par 6, ce qui donne pour quotient 8, et de multiplier ensuite ce quotient par 7, ce qui donne pour résultat final 56.

On expliquera, en s'appuyant sur la définition de la multiplication, comment on peut multiplier une somme ou une différence de deux nombres par un troisième nombre, et l'on montrera l'utilité de la mise en facteur commun dans des exemples analogues au suivant : supposons qu'on ait à effectuer (15 × 7) + (15 × 3); mettant 15 en facteur commun, l'expression revient à 15 × (7 + 3), ou 15 × 10 = 150.

Dans la simplification des fractions, il pourra n'être pas question du plus grand commun diviseur ; on se contentera d'appliquer les caractères de divisibilité. De même, pour la réduction des fractions au même dénominateur, si l'on ne parle point du plus petit multiple commun, on aura soin de faire remarquer aux élèves du cours supérieur que, dans bien des circonstances, on peut simplifier la méthode générale qui consiste à prendre pour dénominateur commun le produit de tous les dénominateurs. Si l'on a, par exemple, à réduire au même dénominateur 3/4, 7/12, 2/15, on leur fera comprendre que, pour trouver un dénominateur commun, il faut chercher un nombre divisible à la fois par 12, par 4 et par 15. Il suffit, dès lors, de prendre 12 × 5, ou 60; car le dénominateur 4 est un facteur de 12, et le dénominateur 15, ou 3 × 5, renferme un facteur 3, qui est également contenu dans 12. Nous pensons qu'il conviendrait de familiariser au moins les élèves les plus avancés avec ce genre de simplification.

La formation du carré et du cube, l'extraction de la racine

carrée et de la racine cubique des nombres, ont surtout de l'importance au point de vue des applications du système métrique, dans le calcul des surfaces et des volumes; mais cette étude ne doit être nullement théorique.

Nous croyons inutile de parler aux élèves des rapports et des proportions; car toutes les questions relatives aux grandeurs proportionnelles seront bien mieux comprises par la méthode dite de réduction à l'unité.

Dans les problèmes d'intérêt et d'escompte, on insistera beaucoup sur les méthodes du commerce, de façon à habituer les élèves à un calcul rapide. Il pourra n'être question que de l'escompte commercial.

§ 3

Extrait d'une conférence générale. Novembre 1877.
Arithmétique et système métrique.

. . . .

L'arithmétique est généralement bien enseignée dans nos écoles : c'est peut-être de toutes les parties du programme celle qui est la plus soignée, celle qui produit par suite les résultats les plus satisfaisants. Ici encore laissez-moi pourtant vous soumettre quelques réflexions et vous donner aussi quelques conseils.

La plupart d'entre vous ont bien compris que, pour la numération et les premières notions de calcul, il faut recourir à l'enseignement intuitif; qu'autrement les enfants ne se font pas une idée juste des nombres ni surtout des rapports que ceux-ci ont entre eux, qu'ils ne logent que des mots dans leur mémoire, sans profit aucun pour leur intelligence. Confiants dans les conseils qui vous ont été donnés, vous avez fait usage de baguettes, de bâtonnets et de bâtons et vous avez ainsi obtenu un double résultat : vous avez rendu des plus intéressants un exercice qui jusque-là était aride et ennuyeux, et vos élèves ont acquis, au lieu d'un savoir tout mécanique, une connaissance raisonnée des diverses espèces d'unités et de leurs combinaisons. Mais pourquoi tous n'ont-ils pas fait de même? Pourquoi trouve-t-on encore quelquefois, dans un coin de l'école, des enfants occupés à compter machinalement de 1 à 100? Il faut que partout on ait la collection recommandée de

baguettes, de bâtonnets et de bâtons, non pas pour les mettre
sur une planche et pouvoir dire à l'inspecteur, quand il les
demande : « Les voilà; » mais pour s'en servir, dans la forme
que je vous ai conseillée avec les plus minutieux détails. Il
faut que vos élèves vous aient vus manier et qu'ils soient
habitués à manier eux-mêmes des objets sensibles, pour bien
comprendre ce que c'est qu'additionner, soustraire, multiplier
et diviser. J'insiste pour que vous vous serviez d'abord de baguettes et de bâtonnets, parce qu'il vous sera plus facile, avec
le bâtonnet qu'avec tout autre objet, de bien faire saisir que
la dizaine est, d'une part, *la réunion de dix unités*, et qu'elle
est, d'autre part, *une unité nouvelle*, une unité simple aussi,
mais d'un ordre supérieur. Il va de soi que, lorsqu'une fois
vos élèves seront bien familiarisés avec la pratique des baguettes, il n'y aura plus aucun inconvénient et qu'il peut
même y avoir avantage à les faire compter et opérer sur
d'autres objets quelconques. Du reste, lisez, à cet égard,
l'Arithmétique d'un grand-papa, par Jean Macé, qui se trouve
dans la plupart de nos bibliothèques scolaires, et tâchez de
vous bien pénétrer de l'esprit de sa méthode : tout est là.

Même dans les cours élémentaire et moyen, je ne voudrais
pas vous voir renoncer complètement aux moyens intuitifs.
Êtes-vous sûrs, en effet, que vos élèves comprennent toujours
bien les problèmes que vous leur faites faire, lors même qu'ils
vous en donnent une solution exacte? N'y a-t-il pas souvent,
dans leur manière de procéder, beaucoup de mécanisme et de
routine ? Il en serait autrement si, le problème dicté, vous
aviez soin de substituer aux données abstraites de l'énoncé,
les réalités concrètes dont les chiffres ne sont que l'expression.
Croyez-vous qu'ils se rendent toujours bien compte de ce que
signifie le 5 p. 0/0, par exemple, dont l'usage est si fréquent?
Ce rapport serait évidemment mieux saisi de tous, s'ils
voyaient d'un côté une somme de 100 francs, et de l'autre les
5 francs d'intérêt que celle-ci produit pendant un an. A
défaut de monnaies réelles, vous vous servirez d'objets quelconques qui en seront la représentation.

De même il devient facile de faire comprendre les fractions
avec un carton simulant une galette, qu'on peut couper en un
certain nombre de morceaux. L'enfant le moins intelligent
saisira vite que 2/3, ce sont deux morceaux d'une galette
partagée entre trois; que si les morceaux sont plus nombreux, ils seront nécessairement plus petits; au contraire,

qu'ils seront d'autant plus grands qu'il y aura moins de copartageants. L'exemple de la galette s'appliquera parfaite-- ment ensuite à un héritage que se partagent entre eux des héritiers. Il est facile encore, après avoir constaté qu'on ne peut pas additionner des tiers avec des quarts, de faire voir matériellement que, si l'on pousse la division jusqu'aux douzièmes, l'addition de choses semblables devient possible et ce n'est rien moins que la réduction des fractions au même dénominateur. Si vos élèves étaient bien exercés dans le sens que j'indique, non seulement ils sauraient résoudre leurs problèmes, mais ils en auraient vraiment l'intelligence, *ils sauraient en imaginer eux-mêmes de semblables*, et il en résulterait un grand avantage au point de vue du développe- ment de leur esprit.

Une chose qui est aussi négligée dans nos écoles, c'est le *calcul mental*. Rien de plus utile pourtant que de savoir résoudre de tête, et promptement, une foule de questions qui se présentent journellement dans la vie. Sur un marché, dans la boutique d'un commerçant, sur le chantier d'un constructeur, alors qu'on n'a pas toujours une plume et du papier à sa disposition, on a continuellement besoin de trouver la solution de beaucoup de petits problèmes qui demandent à être résolus immédiatement.

Le calcul mental développe, d'ailleurs, la mémoire des nombres et devient ainsi une ressource précieuse. Comme, en outre, il tient continuellement en éveil l'attention et le juge- ment de l'enfant, et qu'il l'oblige à une grande tension d'esprit, il constitue la gymnastique la plus efficace pour l'intelligence tout entière. J'ajoute qu'il est une excellente préparation au calcul écrit : il serait même à désirer que les problèmes de tout genre fussent faits d'abord oralement sur de petits nombres, avant d'être donnés à résoudre par écrit sur de grands nombres. Ils seraient évidemment beaucoup mieux compris.

Mais il importe d'établir ici une distinction essentielle. On donne parfois le nom de calcul mental à des opérations qui sont tout simplement des exercices de calcul écrit exécutés de mémoire, des opérations purement machinales ne pouvant avoir aucun effet utile sur les facultés de l'intelligence.

Si, par exemple, pour additionner 58 et 36, je me figure dans ma pensée ces deux nombres écrits l'un au-dessous de l'autre et que je dise : 8 + 6 = 14, je pose 4 et je retiens 1 ;

5 + 3 = 8, et 1 de retenue font 9 : total 9½, — je ne fais
pas un exercice de calcul mental proprement dit; je fais
mentalement un exercice de *calcul écrit*, puisque j'opère sur
des chiffres et sur les nombres eux-mêmes.

Le calcul mental procède autrement : il décompose les
nombres proposés. Ici, par exemple, je dirai : 58 + 30 = 88;
88 + 6 = 94, — ou mieux : 50 + 30 = 80; 8 + 6 = 14;
80 + 14 = 94. C'est-à-dire qu'au lieu de commencer l'opération par la droite, comme dans le calcul écrit, on la commence
toujours par la gauche, par les unités les plus élevées.

Il en est de même pour toutes les autres opérations. Si, par
exemple, je veux multiplier 218 par 7, il ne faudra pas que
je pose, dans mon imagination, le 7 au-dessous de 218 et que
dise, comme dans le calcul écrit : « 7 fois 8 font 56; je pose
6 et je retiens 5, etc... » Je ferais ainsi une opération toute
mécanique, qui n'exige qu'un effort de mémoire et la connaissance pratique de la règle de la multiplication. Je devrai
dire, en multipliant successivement les centaines, les dizaines,
puis les unités par 7 : « 7 fois 200 font 1,400; 7 fois 10 font
70 : soit 1,470; enfin 7 fois 8 font 56 : 70 et 56 font 126;
1,400 et 126 font 1,526.

Ce calcul machinal, purement mnémonique, qu'on a parfois
le tort d'appeler mental, serait d'ailleurs d'un usage fort restreint; on ne pourrait guère, de cette façon, multiplier l'un
par l'autre des nombres de plusieurs chiffres. Qu'on ait seulement à trouver le produit de 12 par 13, il serait déjà bien
difficile de conserver le souvenir du premier produit partiel,
pendant qu'on chercherait le second; et il serait ensuite à
peu près impossible de trouver le produit total. Qu'on dise,
au contraire : 13 fois 10 font 130; 13 fois 2 font 26; 130 et 20
font 150, et 6, 156. Le calcul n'a rien de compliqué; il devient
simple et facile, même pour les intelligences les moins bien
douées.

En outre, le calcul mental enseigne une foule de procédés
abréviatifs, qui permettent d'effectuer rapidement un certain
nombre d'opérations assez longues par les moyens ordinaires.
Ainsi il est expéditif de substituer la dizaine à 5, à 9 et à 11,
quand l'un de ces nombres est employé comme multiplicateur, et de rectifier ensuite le résultat, en en prenant la moitié si le multiplicateur est 5, en en retranchant le multiplicande si le multiplicateur est 9, en y ajoutant au contraire
le multiplicande si le multiplicateur est 11.

Soit, par exemple, à multiplier 132 par 5 : je dirai 132 ×
10 = 1,320, dont la moitié est 660. Soit encore 97 × 9 ; j'aurai 97 × 10 = 970, dont je dois retrancher 97. Mais 97 =
100 — 3, j'aurai 970 — 100 = 870 ; 870 + 3 = 873 ; etc...

Il est avantageux aussi, dans l'addition de deux nombres,
s'ils sont assez rapprochés, de diminuer le plus fort d'une,
de 2, de 3 unités, pour les ajouter à l'autre ; puis de doubler
le nombre moyen. Soit 27 + 33 : je dirai 30 + 30 = 60 ; de
même, 18 + 24 = 20 + 20 + 2 = 42 ; ou encore = 21 + 21 =
42, etc.

Il est commode également, quand on opère sur deux
nombres seulement, d'augmenter ou de diminuer l'un des
deux de manière à l'amener à la dizaine ; l'opération en
devient beaucoup plus facile, et la rectification qui suit ne
porte jamais que sur des nombres peu élevés. Soit, par
exemple, à additionner 145 et 79. J'aurai 145 + 79 = 145 +
80 — 1 ; 145 + 80 = 225 ; 225 — 1 = 224. De même 465 + 88
donneront 465 + 90 — 2 = 553. Soit à soustraire 298 de 586.
Je dirai 586 — 298 = 586 — 300 + 2 ; 586 — 300 = 286 ; 286 +
2 = 288. Et ainsi du reste.

Il n'entre point dans mon intention de vous tracer ici le
programme d'un cours de calcul mental. J'ai voulu seulement
appeler votre attention sur le caractère propre de ces exercices et sur la nécessité de les employer fréquemment dans
vos classes.

Un troisième point sur lequel je crois devoir m'arrêter
encore, c'est sur le caractère d'*utilité pratique* que doivent
présenter tous vos exercices et vos problèmes d'arithmétique.
Mais laissez-moi vous lire ce que dit à cet égard le *Journal
des instituteurs ;* les conseils que je vous ai tant de fois donnés
auront plus de poids, placés sous le patronage de cette publication autorisée.

« Même dans vos premières leçons, y est-il dit, lorsque
vous exercez les enfants à lire et à écrire les nombres les
plus simples, faites en sorte que ces nombres représentent
des choses, des grandeurs utiles à connaître et à retenir.

« Au lieu, par exemple, de faire écrire le nombre 234 ou
4,567, qui ne disent absolument rien à l'esprit de l'élève et
sont pour lui tout à fait insignifiants, faites-lui poser les
nombres représentant la population de sa commune, celle
du chef-lieu de son canton ou de son département, celle des
grandes villes de France, etc... Donnez-lui la distance de sa

commune au village voisin, au chef-lieu de l'arrondissement.
Exercez-le sur les nombres qui représentent la longueur des
principaux fleuves de la France et même de l'Europe ou du
monde ; la hauteur des montagnes les plus élevées ; le produit des impôts du département, de la France entière; les
dates rappelant les événements les plus remarquables de
notre histoire, etc.

« Combien de connaissances utiles peuvent être acquises
ainsi par l'enfant ! et comme ces notions de toute sorte jette-
ront de l'intérêt et de la vie dans vos leçons !

« Ce caractère d'utilité pratique, vous vous efforcerez de le
conserver dans tous les cours. Vos problèmes, par exemple,
seront toujours empruntés aux circonstances de la vie réelle,
aux opérations, aux transactions qui se font habituellement
dans le pays; aux métiers, aux professions, aux industries
de la contrée.

« Et non seulement vous puiserez les sujets de vos problèmes
dans les conditions de la vie journalière, dans le milieu où
vivent et sont appelés à vivre vos élèves; mais encore vous
ferez en sorte que ces problèmes ne renferment jamais que
des données *exactes, vraies*, des prix *réels*. Si la journée de
l'ouvrier est de 4 ou 5 francs, elle ne doit pas figurer dans le
problème au taux de 2 francs. Le quintal de blé est-il à
30 francs ? On ne l'évaluera pas à 50 francs, etc. Prendre
pour valeur des données fictives, c'est perdre l'occasion de
faire pénétrer dans l'esprit des élèves une foule de notions
utiles, c'est encore risquer de remplacer l'ignorance par
l'erreur. » Nous ne saurions donc trop engager les maîtres à
ne donner que des nombres réels et pris dans les usages de la
localité.

Serait-ce trop vous demander que de vous prier encore de
vous préoccuper également, dans le choix de vos problèmes,
de l'*enseignement moral* qui peut en résulter, de vous attacher
à trouver des données et des solutions qui servent à l'éducation de vos enfants?

« Les maîtres auront soin de choisir de temps en temps
des questions morales que leur intelligence et leur amour du
devoir ne manqueront pas de leur suggérer. Les bonnes qualités, comme les vices des hommes, en dehors de toute considération morale, ont aussi leur côté positif et peuvent être
appréciées sous le rapport du bénéfice ou de la perte. On ne
saurait apprendre de trop bonne heure que la bonne conduite,

l'ordre, l'économie, sont les premières sources du bien-être domestique; que la mauvaise conduite, le désordre, l'imprévoyance, les mauvaises habitudes, sont des causes de ruine et de déshonneur. »

Ainsi appliquez-vous à faire voir à vos élèves, par les problèmes que vous choisirez, ce que produisent au bout d'un an, de dix ans, de trente ans, deux ou trois sous dépensés chaque jour inutilement; faites-leur calculer combien, avec cette somme ainsi gaspillée, une famille aurait pu avoir de pain, de viande ou de vin. Puis, plus tard, lorsqu'ils seront arrivés aux règles d'intérêt, vous leur ferez chercher ce que produiraient au bout de dix ans, de vingt ans, 1 franc, 2 francs, 5 francs mis de côté chaque semaine et placés à la Caisse d'épargne. Ce seront là des leçons de calcul qui pour eux en vaudront d'autres, et qui auront de plus l'avantage de vous fournir l'occasion de leur donner d'utiles et sages conseils pour leur conduite future.

Vous ne devez pas, bien entendu, transformer votre cours d'arithmétique en un cours de morale. Quand vous faites une leçon de calcul, c'est du calcul qu'il vous faut faire avant tout; mais vous devez, puisque la chose est possible, vous préoccuper de ce caractère d'utilité *pratique et morale* que toutes vos leçons doivent revêtir accessoirement, et dont, je le répète, tout votre enseignement doit être pénétré.

Encore deux petites observations toutes pratiques, et j'en aurai fini avec l'arithmétique.

J'ai remarqué, lors de la correction des compositions pour le certificat d'études, que beaucoup de candidats n'avaient pas fait usage de tous les nombres donnés dans l'énoncé du problème. Je suis persuadé que c'est parce qu'ils n'ont pas vu ces nombres, éparpillés et comme perdus dans les phrases du sujet dicté. Aussi je vous prie instamment de leur faire prendre l'habitude d'écrire toujours, sur une ligne horizontale, au-dessous de chaque énoncé, tous les nombres que celui-ci contient, avec une lettre initiale comme indication de ce que chaque nombre représente. Ainsi, soit donné ce problème : « La circonférence se partage en 360 parties égales appelées degrés. La circonférence de la terre mesure 9000 lieues. Calculer la distance, à vol d'oiseau, entre deux villes que séparent 15 degrés. »

Vous ferez écrire au-dessous :

$$360^{d}. - 9000^{l}. - 15^{deg}.$$

Ces nombres ainsi rapprochés, l'élève les voit mieux ; il perçoit plus vite leurs rapports, et il lui devient facile d'imaginer les rapprochements qui le conduiront à la solution.

De même, il est des élèves qui entremêlent sur leur copie le raisonnement et les calculs : c'est un tort. La page de la copie ou du cahier doit être partagée de haut en bas en deux parties à peu près égales : les calculs se mettent à gauche et les raisonnements à droite, en face. Grâce à cette disposition, il devient facile de constater si l'élève a bien compris le problème, s'il a suivi la marche la plus simple et la plus régulière, pour arriver à la solution, et quand celle-ci n'est pas exacte, si la faute est dans le raisonnement ou dans le calcul.

Ce sont là deux mesures d'ordre sur lesquelles j'ai appelé d'une manière toute particulière l'attention de MM. les inspecteurs primaires.

Je ne vous dirai que peu de chose du *système métrique*, non pas qu'on l'enseigne bien encore dans toutes nos écoles, mais parce que je vous en ai déjà bien souvent entretenus.

Il est bien peu d'écoles aujourd'hui qui ne possèdent, à défaut de l'appareil Level ou du nécessaire métrique de M. Carpentier, quelque collection de poids et mesures ; mais il en est plusieurs encore où ces collections ne sont guère qu'un objet d'ornement pour la classe. Il faut absolument que ces collections servent ; il faut que les élèves les manient, qu'ils effectuent des mesurages, des pesages réels, sous votre direction et selon les indications que vous leur donnerez.

Je ne cesserai de vous le répéter, c'est par l'*intuition*, et par l'intuition seule, qu'ils acquerront d'abord une connaissance exacte de toutes les mesures de notre système métrique. Il n'est pas de définition qui vaille la vue et le maniement de l'objet lui-même. D'ailleurs, rien de plus facile ici que l'enseignement par l'aspect ; rien de plus intéressant pour tout le monde ; rien qui se prête mieux à la leçon collective. D'après votre emploi de temps, deux leçons au moins doivent être consacrées au système métrique, chaque semaine, au commencement de la classe du soir : si elles étaient bien remplies, tous vos élèves devraient arriver vite à le bien posséder. Aussi, quand je trouve des enfants de 8 à 10 ans, qui paraissent n'avoir pas une idée exacte de la longueur du mètre, qui sont incapables de me tracer au tableau noir une ligne d'un décimètre, qui paraissent ignorer complètement le rapport qui existe entre la capacité d'un litre (bouteille) et celle d'un déci-

mètre cube, je me dis que c'est la faute du maître. Ou il ne
pas fait les leçons indiquées sur son emploi du temps, ou il
les fait mal. L'intelligence ni la capacité ne font ici défaut
à personne ; il n'y faut que de la bonne volonté et celle-ci ne
dépend que de vous. . . . .

§ 4

De quelques abréviations du calcul [1]

1° *La multiplication remplacée par une division facile.* —
On sait que, pour multiplier un nombre entier par 10, par
100, etc., il suffit d'écrire à la droite de ce nombre un,
deux, etc., zéros.

Il résulte de là que, pour multiplier un nombre par 5, on
pourra d'abord écrire un zéro à sa droite, ce qui revient à
le multiplier par 10, puis prendre la moitié du résultat ainsi
obtenu. Ainsi, pour multiplier 148 par 5 on écrira un zéro à
la droite du nombre, ce qui donne 1480 dont la moitié est
740.

Pour multiplier un nombre par 50, on le multiplie par 100,
ce qui se fait en écrivant deux zéros à sa droite, ensuite on
prend la moitié du produit.

On détermine d'une manière analogue les produits d'un
nombre quelconque par 500, par 5,000, etc.

Multiplier par 0,5, c'est prendre la moitié.

Pour multiplier par 0,05 on divise par 10, puis on prend
la moitié. Ainsi, $740 \times 0,05 = \frac{74}{2} = 37$. De même, pour multiplier par 0,005, par 0,0005, etc., on divise d'abord par 100,
par 1000, etc., puis on prend la moitié du résultat.

Pour multiplier par 25, on multipliera par 100, et l'on
prendra le quart du produit. Ainsi, $148 \times 25 = \frac{14800}{4} = 3700$.

Pour multiplier par 75, on triplera ce résultat.

Multiplier par 0,25, c'est prendre le quart ; multiplier par
0,75, c'est prendre les trois quarts.

Si l'on remarque que 1000 = 8 fois 125, on voit que, pour

---

1. La connaissance de ces procédés abrégés n'est jamais inutile et nous avons
remarqué que les élèves étaient généralement très fiers de la posséder.

multiplier un nombre par 125, il suffit de le multiplier par 1000 et de prendre le huitième du produit.

2° *La multiplication remplacée par une addition.* — La multiplication par 11 se réduit à une simple addition. En effet, multiplier un nombre par 11, c'est l'ajouter à son décuple. Pour multiplier 84753 par 11, on dira : 3 et 0 font 3 ; 5 et 3 font 8 ; 7 et 5 font 12 ; je pose 2, et je retiens 1 ; 1 de retenue et 4 font 5, et 7 font 12 ; je pose 2, et je retiens 1 ; 1 de retenue et 8 font 9, et 4 font 13 ; je pose 3, et je retiens 1 ; 1 de retenue et 8 font 9. Le nombre est donc 932283.

On multiplierait de même le nombre ci-dessus par 111, en prenant d'abord le chiffre des unités 3 ; puis la somme de 5 et 3 ; ensuite la somme de 7, 5 et 3 ; celle de 4, 7 et 5 ; celle de 8, 4 et 7 ; celle de 8 et 4 ; enfin, en ajoutant au chiffre ⁂ la retenue provenant de cette dernière somme. On obtient de la sorte le nombre 9407583.

3° *La multiplication remplacée par une soustraction.* — Si l'on multiplie un nombre par 9, on peut employer la soustraction. En effet, multiplier un nombre par 9, c'est retrancher ce nombre de son décuple. Notons toutefois que cette façon d'opérer ne présente guère d'avantage : on arrivera tout aussi facilement et peut-être plus sûrement au résultat par la multiplication.

La soustraction remplacera avantageusement la multiplication, si l'on a à multiplier par 99, par 999, etc. Par exemple, s'il s'agit de multiplier le nombre 84753 par 99, on retranchera 84753 de 8475300.

4° *La division remplacée par une multiplication.* — Pour diviser un nombre par 5, on peut le doubler et prendre le dixième du résultat. Pour le diviser par 25, on le quadruple et l'on prend le centième du produit. Pour le diviser par 125, on le multiplie par 8, et l'on prend la millième partie du nombre obtenu.

* *

§ 5

Exercices préparatoires à l'examen du brevet supérieur.

Des intérêts simples.

DÉFINITIONS ET CONVENTIONS.

On appelle *intérêt* le bénéfice périodique d'une somme

prêtée. La somme prêtée s'appelle *capital*. Le *taux* est l'intérêt annuel de 100 francs.

La loi ne permet pas de prêter à un taux plus élevé que celui de 5 0/0 par an.

Par convention, l'intérêt est proportionnel au capital, au taux et au temps, c'est-à-dire à la durée du placement.

RELATION GÉNÉRALE ENTRE LE CAPITAL, LE TEMPS, LE TAUX ET L'INTÉRÊT TOTAL.

Supposons qu'un capital de 2845 francs soit placé à 5 0/0 par an, et qu'on demande l'intérêt annuel de ce capital. Nous pourrons raisonner comme il suit :

Un capital de 100 fr. rapporte en un an 5 fr. d'intérêt;

$$\text{Id.} \qquad 1 \qquad \text{id.} \qquad \frac{5}{100} \qquad \text{id.};$$

$$\text{Id.} \qquad 2845 \qquad \text{id.} \qquad \frac{5 \times 2845}{100} \qquad \text{id.}$$

On voit donc que, *pour trouver l'intérêt annuel, on multiplie le capital par le taux, et l'on prend la centième partie du produit.*

S'il s'agit de calculer l'intérêt simple rapporté par un capital pendant un certain nombre d'années, il suffira évidemment de multiplier l'intérêt annuel par le nombre d'années. On aura donc la relation :

$$\text{Intérêt} = \frac{\text{capital} \times \text{temps} \times \text{taux}}{100};$$

ou plus simplement, en représentant par c le capital, par n le temps, et par t le taux :

$$[1] \qquad i = \frac{c \times n \times t}{100}.$$

Par des transformations très simples de cette formule, on arrive à en établir d'autres qui donnent les valeurs de c, n et t.

Supposons maintenant que n représente un certain nombre de mois. Nous remplacerons, dans la formule [1], n par $\frac{n}{12}$, puisque l'année est composée de 12 mois : nous obtiendrons alors la formule suivante :

$$i = \frac{c \times \frac{n}{12} \times t}{100},$$

qui équivaut à :

[2] $$i = \frac{c \times n \times t}{1200}.$$

Supposons enfin que n représente un certain nombre de jours. L'année étant comptée de 360 jours, il faudra, dans la formule [1], remplacer n par $\frac{n}{360}$, ce qui donne :

$$i = \frac{c \times \frac{n}{360} \times t}{100},$$

ou :

[3] $$i = \frac{c \times n \times t}{36\,000}.$$

En résumé, nous aurons les formules [1], [2] et]3], c'est-à dire :

$$i = \frac{c \times n \times t}{100},$$
$$i = \frac{c \times n \times t}{1\,200},$$
$$i = \frac{c \times n \times t}{36\,000},$$

qui permettront de calculer l'une quelconque des quatre quantités i, c, n, t, les trois autres étant connues.

· Celle dont on se servira le plus généralement est la formule [3], qu'on peut, du reste, simplifier dans bien des cas, en divisant le numérateur et le dénominateur par t, c'est-à-dire par le taux.

MÉTHODE DES NOMBRES ET DES DIVISEURS FIXES.

Reprenons la formule [3] :

$$i = \frac{c \times n \times t}{36\,000};$$

on peut la présenter sous la forme suivante

$$i = c \times n \times \frac{t}{36\,000}.$$

Si le taux est 6 p. 0/0,

$$\frac{t}{36\,000} = \frac{6}{36\,000} = \frac{1}{6\,000};$$

et l'on a :

$$i = c \times n \times \frac{1}{6\,000},$$

ou, ce qui est la même chose :

$$i = \frac{c \times n}{6\,000};$$

c'est-à-dire que, pour calculer l'intérêt, on multipliera le capital par le nombre de jours, et l'on divisera le produit obtenu par 6 000.

Si le taux est 5 p. 0/0,

$$\frac{t}{36\,000} = \frac{5}{36\,000} = \frac{1}{7\,200},$$

et l'on a :

$$i = \frac{c \times n}{7\,200}.$$

Si le taux est 4 p. 0/0,

$$\frac{t}{36\,000} = \frac{4}{36\,000} = \frac{1}{9\,000},$$

et l'on a :

$$i = \frac{c \times n}{9\,000}.$$

Si le taux est 3 p. 0/0,

$$\frac{t}{36\,000} = \frac{3}{36\,000} = \frac{1}{12\,000};$$

et l'on a :

$$i = \frac{c \times n}{12\,000}.$$

On voit que, pour obtenir l'intérêt, on fait le produit du capital par le temps exprimé en jours, et l'on divise le produit par un nombre qui varie avec le taux. Au taux 6 p. 0/0 correspond le diviseur 6 000; au taux 4 p. 0/0 correspond le diviseur 9 000, etc.; et, en général, au même taux correspond un *diviseur fixe*. Le produit de c par n étant appelé *nombre* (1), nous dirons plus simplement qu'*on calcule l'intérêt en cherchant le quotient du nombre par le diviseur fixe*.

Cette méthode du commerce est connue sous le nom de : *Méthode des nombres et des diviseurs fixes*. Appliquons-la à l'exemple numérique suivant :

Quel est l'intérêt d'une somme de 3 625 fr. placée à 6 p. 0/0 par an pendant 3 mois et 16 jours?

3 mois et 16 jours font 106 jours; donc $n = 106$: d'ailleurs, $c = 3\,625$. On a par conséquent :

$$i = \frac{3\,625 \times 106}{6\,000}.$$

Le produit de 3 625 par 106 est 384 250, dont le millième est 384,25; prenant la sixième partie de ce nombre, on a pour résultat :

$$i = 64 \text{ fr. } 04.$$

MÉTHODE DES PARTIES ALIQUOTES.

Rappelons la formule :

$$i = \frac{c \times n}{6\,000}.$$

1. En comptabilité, on appelle souvent *nombre* le centième de ce produit. Si le taux est 6, le diviseur fixe est alors 60; si le taux est 5, le diviseur est 72, etc.

Supposons que $n = 60$ jours ; cette formule devient :

$$i = \frac{c \times 60}{6\,000} = \frac{c}{100}.$$

Ainsi, le taux étant 6 p. 0/0, l'intérêt d'un capital, pour 60 jours, est égal au centième de ce capital. D'ailleurs, le capital et le taux étant constants, il est évident que l'intérêt est uniquement proportionnel au temps, c'est-à-dire que l'intérêt pour 30 jours est la moitié de l'intérêt pour 60 jours, l'intérêt pour 20 jours en est le tiers, etc. C'est sur ces remarques qu'est fondée une des méthodes les plus expéditives du commerce et dont nous allons rendre compte au moyen de quelques exemples.

Quel est l'intérêt d'une somme de 3 624 fr. placée pendant 165 jours?

1° *Supposons que le taux soit de 6 p. 0/0 par an.*

On peut décomposer 165 en parties aliquotes de 60, de la façon suivante :

$$165 = 60 + 60 + 30 + 15.$$

Nous écrirons alors :

L'intérêt de 3 624 fr. pour

60 jours = 36 fr.	24	(centième du capital).
60 id. = 36	24	(centième du capital).
30 id. = 18	12	(la 1/2 du précédent.)
15 id. = 9	06	(la 1/2 du précédent).

165 jours = 99 fr. 66

Comme on le voit, tout le calcul se réduit, pour ainsi dire, à une addition.

2° *Supposons que le taux soit de 5 p. 0/0.*

Dans les mêmes conditions, c'est-à-dire pour un même capital placé pendant un même temps, on a 5 fr. d'intérêt au lieu de 6 ; l'intérêt total est donc diminué de 1/6. On fera le calcul comme précédemment, c'est-à-dire comme si le taux était 6 p. 0/0, puis on écrira :

L'intérêt de 3 624 fr. à 6 p. 0/0 = 99 fr. 66.

1/6 de cet intérêt = 16   61.

L'intérêt de 3 624 fr. à 5 p. 0/0 = 83 fr. 05.

3° *Supposons que le taux soit de 4 1/2 p. 0/0.*

Le rapport de 4 1/2 à 6 est égal à $\frac{4,5}{6} = \frac{45}{60} = \frac{3}{4}$. La ré duction devra donc être du quart.

4° *Supposons que le taux soit de 4 p. 0/0.*

Le rapport de 4 à 6 étant $\frac{4}{6}$ ou $\frac{2}{3}$, la réduction devra être du tiers.

5° *Supposons enfin que le taux soit de 3 p. 0/0.*

Le rapport de 3 à 6 étant égal à $\frac{1}{2}$, la réduction devra être de moitié.

Règle d'escompte.

DÉFINITIONS ET CONVENTIONS.

On appelle en général *escompte* la remise que l'on fait sur une somme payée avant l'époque convenue.

Cet escompte est, par convention, proportionnel à la *va- leur nominale* de la dette, c'est-à-dire à la valeur qu'elle pos- sède à l'époque où elle est payable, ou bien à sa *valeur actuelle.*

Dans le premier cas, l'escompte est dit *en dehors* ou *com- mercial* [1] ; dans le second cas, il est dit *en dedans* ou *rationnel* [2].

L'escompte est toujours proportionnel au *taux* et au *temps* qui s'écoule entre l'époque où l'on escompte et celle de l'*échéance.*

Il résulte de ces conventions que : 1° l'escompte en dehors est l'intérêt simple de la valeur nominale de la dette entre les deux limites du temps que nous venons d'indiquer; 2° l'escompte en dedans est l'intérêt simple de la valeur actuelle de la dette entre les mêmes limites.

1. Les banquiers français ne pratiquent que l'escompte en dehors, au taux de 6 °/. par an.
2. On remarquera que cette qualification de *rationnel* attribuée à l'escompte en dedans est peut-être impropre, car la proportionnalité de l'escompte à la valeur nominale ou à la valeur actuelle n'est qu'une *convention.*

RELATION ENTRE LA VALEUR NOMINALE, LE TEMPS, LE TAUX
ET L'ESCOMPTE TOTAL.

1° *Escompte en dehors.*

Soit m la valeur nominale, t le temps exprimé en fraction d'année, r le taux de l'escompte pour un franc et par année, e l'escompte total.

L'escompte étant proportionnel à la valeur nominale, si celui de 1 fr. pour un an est r, celui de m fr. sera m fois plus fort, ou $m \times r$, ou mr (en supprimant entre les facteurs m et r le signe de la multiplication, ce qui simplifie l'écriture).

D'autre part, l'escompte étant proportionnel au temps, si celui de m fr. pour un an est mr, celui de m fr. pour le temps t sera t fois plus fort ou mrt.

On a donc la relation :

$$[1] \qquad e = mrt,$$

qui permet de calculer l'une quelconque des quatre quantités e, m, r, t, les trois autres étant connues.

2° *Escompte en dedans.*

Soit encore m la valeur nominale, t le temps exprimé en fraction d'année, r l'escompte de 1 fr. pour un an, e' l'escompte total.

Si l'on suppose une valeur actuelle de 1 fr., l'escompte en dedans de cette valeur est, d'après l'hypothèse, r pour un an, et par conséquent rt pour le temps t; de sorte que $1 + rt$ est la valeur au bout du temps t d'une somme qui ne vaut actuellement que 1 fr.

A une valeur nominale de $1 + rt$ correspond donc un escompte rt ;

A une valeur nominale de 1 fr., correspondra un escompte $1 + rt$ fois plus faible, ou $\dfrac{rt}{1 + rt}$;

Et à une valeur nominale m correspondra un escompte m fois plus fort ou $\dfrac{mrt}{1 + rt}$.

On a donc la relation :

$$[2] \qquad e' = \frac{mrt}{1 + rt},$$

qui permet de calculer l'une quelconque des quatre quantités e', m, r, t, les trois autres étant connues.

DIFFÉRENCE ENTRE LES DEUX ESCOMPTES.

A la seule inspection des formules [1] et [2], on reconnaît immédiatement que e' est plus petit que e; et en effet l'escompte en dedans, étant proportionnel à la valeur actuelle de la dette, est nécessairement plus faible que l'escompte en dehors, qui est proportionnel à sa valeur nominale.

On peut se proposer de déterminer la différence entre les deux escomptes.

On a :

$$e - e' = mrt - \frac{mrt}{1 + rt}$$

$$= \frac{mrt\,(1 + rt) - mrt}{1 + rt}$$

$$= \frac{mrt + mrt.\,rt - mrt}{1 + rt}$$

$$= \frac{mrt.\,rt}{1 + rt}$$

Si d'abord on remarque que $mrt = e$, on voit que

$$e - e' = \frac{ert}{1 + rt},$$

ce qui montre que *la différence entre les deux escomptes est égale à l'escompte en dedans de l'escompte en dehors pendant le temps qui s'écoule entre l'époque actuelle et celle de l'échéance.*

Si l'on remarque en outre que l'expression

$$\frac{mrt.\,rt}{1 + rt}$$

peut être mise sous la forme

$$\frac{mrt}{1 + rt} \cdot rt,$$

et que

$$\frac{mrt}{1 + rt} = e',$$

on voit que

$$e - e' = e'rt,$$

c'est-à-dire que *la différence entre les deux escomptes est égale à l'escompte en dehors de l'escompte en dedans pendant le temps* t.

Echéance moyenne.

Les problèmes relatifs à l'*échéance moyenne* sont renfermés dans l'énoncé général suivant :

Plusieurs sommes m, m', m'', ... *sont payables aux diverses époques* t, t', t'', ... *aux taux respectifs* r, r', r'', ... *pour un franc et par année. Sans qu'il y ait profit ni perte, en tenant compte de l'intérêt, on peut ne faire qu'un seul payement* M *à l'époque* T *et au taux par franc* R. *On demande d'établir une relation entre les différentes quantités de l'énoncé.*

La somme des valeurs actuelles des divers payements partiels doit être égale à la valeur actuelle du payement unique.

Si l'on désigne par e, e', e'', ... E, les escomptes respectifs des sommes m, m', m'', ... M, on voit que les valeurs actuelles des payements partiels sont :

$$m - e$$
$$m' - e'$$
$$m'' - e''$$
$$\cdots\cdots$$

et leur somme est

$$m + m' + m'' + ... - (e + e' + e'' + ...),$$

tandis que la valeur actuelle du payement unique est

$$M - E$$

On a donc la relation suivante :

[1] $M - E = m + m' + m'' + ... - (e + e' + e'' + ...$

Les quantités E, e, e', e'', ... peuvent être exprimées en fonction des données, de sorte que cette relation deviendra
$$M - MRT = m + m' + m'' + ... - (mrt + m'r't' + m''r''t'' + ...)$$
si l'escompte est pris en dehors; et

$$M - \frac{MRT}{1 + RT} = m + m' + m'' + ...$$

$$\left(\frac{mrt}{1 + rt} + \frac{m'r't'}{1 + r't'} + \frac{m''r''t''}{1 + r''t''} + ... \right)$$

si l'escompte est pris en dedans.

L'une des quantités seulement qui entrent dans chacune de ces relations étant inconnue, il sera possible de la calculer.

Remarques. I. — Considérons la relation [1] et supposons que
$$M = m + m' + m'' - ....$$

Il en résultera évidemment l'égalité .

[2] $E = e + e' + e'' - ....;$

et l'on voit ainsi que, dans le cas où le montant du payement unique est égal à la somme des montants des payements partiels, mais dans ce cas seulement, l'escompte du payement unique est égal à la somme des escomptes des payements partiels.

II. — Si dans l'égalité [2] on remplace E, e, e' e'', ... par leurs valeurs en fonction des données, et si l'on admet que l'escompte est pris en dehors, on a :

$$(m + m' + m'' + ...) RT = mrt + m'r't' + m''r''t'' + ...$$

Si enfin on suppose que le taux est uniforme, c'est-à-dire que $R = r = r' = r'' = ...$, on a, en divisant de part et d'autre par R, la relation simple :

$$(m + m' + m'' + ...) T = mt + m't' + m''t'' + ...$$

Si par exemple T est l'inconnue, on en déduit la formule :

$$T = \frac{mt + m't' + m''t'' + ...}{m + m' + m'' + ...}$$

qui permet de calculer l'*échéance moyenne*, c'est-à-dire l'époque à laquelle doit être effectué le payement unique.

Ainsi, l'escompte étant pris en dehors, avec un taux uniforme, et le payement unique étant égal à la somme des payements partiels, on voit que l'échéance moyenne est indépendante du taux. Le temps T qui doit s'écouler entre l'époque actuelle et celle de l'échéance du payement unique s'obtient alors en divisant par le montant de ce dernier la somme des produits des payements partiels m, m', m'', …. par les durées respectives t, t' t'', …. qui séparent l'époque actuelle de celles auxquelles les payements partiels devaient être effectués.

APPLICATION. *Une personne doit effectuer 3 payements : le premier de 300 fr. dans 8 mois, le second de 600 fr. dans 5 mois, le troisième de 900 fr. dans 10 mois. A quelle époque doit-elle effectuer un payement unique de 1800 fr., pour qu'elle n'éprouve ni gain ni perte, l'escompte étant calculé par la méthode commerciale au taux de 6 p. 0/0 par an?*

En appliquant la règle établie précédemment, on trouve :

$$T = \frac{300 \times 8 + 600 \times 5 + 900 \times 10}{1800} = 8 \text{ mois.}$$

Partages proportionnels.

DÉFINITION. — Partager un nombre en parties *directement* ou *inversement* proportionnelles à des nombres donnés, c'est le partager en parties telles que le rapport de deux parties quelconques soit égal au rapport *direct* ou *inverse* des nombres proportionnels correspondants.

1º PARTAGES DIRECTEMENT PROPORTIONNELS.

Supposons que l'on ait à partager une somme de 630 fr. en trois parties proportionnelles aux nombres 2, 3 et 5.

Si l'on représente par x, y et z ces trois parties, on a par définition :

$$\frac{x}{y} = \frac{2}{3};$$

$$\frac{y}{z} = \frac{3}{5}.$$

Ces relations peuvent être mises sous les formes :

[1] $$\frac{x}{2} = \frac{y}{3};$$

[2] $$\frac{y}{3} = \frac{z}{5}.$$

On sait en effet que, dans toute proportion, on peut alterner les moyens.

Les portions [1] et [2] ayant un rapport commun $\frac{y}{3}$ on peut écrire :

$$\frac{x}{2} = \frac{y}{3} = \frac{z}{5},$$

relation qui exprime que le quotient d'une partie quelconque par le nombre proportionnel qui lui correspond est constant.

D'après cette propriété des rapports égaux que *la somme des antécédents est à la somme des conséquents comme un antécédent est à son conséquent*, chacun des rapports précédents est égal à

$$\frac{x + y + z}{2 + 3 + 5},$$

ou

$$\frac{630}{2 + 3 + 5},$$

car

$$x + y + z = 630.$$

On a donc :

$$\frac{x}{2} = \frac{630}{2 + 3 + 5}$$

D'où l'on tire :

$$x = \frac{630 \times 2}{2 + 3 + 5}.$$

On a de même :

$$\frac{y}{3} = \frac{630}{2 + 3 + 5}.$$

D'où

$$y = \frac{630 \times 3}{2 + 3 + 5}.$$

On a enfin :

$$\frac{z}{5} = \frac{630}{2 + 3 + 5}.$$

D'où

$$z = \frac{630 \times 5}{2 + 3 + 5}.$$

Ces raisonnements conduisent à la règle suivante : Lorsqu'on veut partager un nombre en parties proportionnelles à des nombres donnés, *on obtient chaque partie en multipliant le nombre à partager par le nombre proportionnel à cette partie et en divisant le produit obtenu par la somme des nombres proportionnels aux diverses parties.*

Remarques. I. — On peut avoir à partager un nombre proportionnellement à des fractions. On réduit d'abord ces fractions au même dénominateur ; et, comme leurs valeurs sont alors en raison directe de leurs numérateurs, le partage se fait proportionnellement à ces numérateurs, suivant la règle précédente.

II. — On a quelquefois à résoudre des problèmes analogues au suivant :

Partager un nombre en trois parties telles que la première soit à la seconde comme 2 est à 3, et la seconde à la troisième comme 4 est à 5.

On a par hypothèse :

$$\frac{x}{2} = \frac{y}{3};$$

$$\frac{y}{4} = \frac{z}{5}.$$

Mais ces deux proportions n'ont pas de rapport commun. On multiplie alors les conséquents de la première proportion par le conséquent 4 du rapport $\frac{y}{4}$; puis on multiplie les conséquents de la seconde proportion par le conséquent 3 du rapport $\frac{y}{3}$. On a ainsi :

$$\frac{x}{8} = \frac{y}{12};$$

$$\frac{y}{12} = \frac{z}{15}.$$

Ces deux proportions, respectivement équivalentes aux premières, ayant un rapport commun $\frac{y}{12}$, on peut écrire :

$$\frac{x}{8} = \frac{y}{12} = \frac{z}{15}.$$

On rentre ainsi dans le problème général. Le nombre devra être partagé proportionnellement aux nombres 8, 12 et 15.

2° PARTAGES INVERSEMENT PROPORTIONNELS.

Supposons qu'on ait à partager le nombre 630 en parties inversement proportionnelles aux nombres 2, 3 et 5.

En désignant par x, y et z les trois parties inconnues, on a par définition :

$$\frac{x}{y} = \frac{3}{2};$$

$$\frac{y}{z} = \frac{5}{3}.$$

De la première proportion on tire :

$$2x = 3y.$$

Et de la seconde :

$$3y = 5z$$

De ces deux égalités il résulte que

$$2x = 3y = 5z;$$

relation qui exprime que, dans les partages inversement proportionnels, le produit d'une partie quelconque par le nombre proportionnel correspondant est constant.

Si l'on remarque que

$$2x = x : \frac{1}{2},$$

$$3y = y : \frac{1}{3},$$

$$5z = z : \frac{1}{5},$$

la relation précédente peut s'écrire :

$$\frac{x}{1/2} = \frac{y}{1/3} = \frac{z}{1/5},$$

et l'on voit ainsi que *partager un nombre en parties inversement proportionnelles à des nombres donnés revient à le partager en parties directement proportionnelles aux inverses de ces nombres.*

Problèmes de mélange et d'alliage.

Ces problèmes peuvent se ramener à deux types principaux.

PREMIER TYPE. — *On connaît les titres de plusieurs alliages ou les prix de plusieurs substances à mélanger; on connaît de plus les quantités que l'on veut prendre de chaque alliage ou de chaque substance : on demande le titre ou le prix moyen.*

Le titre d'un alliage d'or ou d'argent est le rapport du poids du métal fin au poids total de l'alliage.

Soit P le poids d'un alliage, p le poids du fin qu'il renferme, t son titre; on a, par définition :

$$t = \frac{p}{P} .$$

D'où l'on déduit :

$$p = P \times t.$$

On aurait de même pour d'autres alliages :

$$p' = P' \times t'$$
$$p'' = P'' \times t''.$$

En désignant par x le titre moyen, on doit avoir :

$$x = \frac{p + p' + p'' + ...}{P + P' + P'' ....}$$

c'est-à-dire :

$$x = \frac{P \times t + P' \times t' + P'' \times t'' + ...}{P + P' + P'' + ...}$$

SECOND TYPE. — *On donne les titres de deux alliages ou les prix de deux substances à mélanger, et l'on demande dans quel rapport il faut faire ce mélange pour que le titre ou le prix moyen ait une valeur donnée.*

Soit t et t' les titres des deux alliages, T le titre moyen.

Appelons $\dfrac{x}{y}$ le rapport cherché.

Le titre moyen sera évidemment :

$$T = \frac{tx + t'y}{x + y}.$$

D'où

$$Tx + Ty = tx + t'y$$

ou

$$x (T - t) = y (t' - T)$$

et

$$\frac{x}{y} = \frac{t' - T}{T - t}.$$

Le rapport cherché s'obtient donc en divisant la différence entre le titre supérieur et le titre moyen par la différence entre le titre moyen et le titre inférieur.

Remarques. — Si l'on donnait le poids que l'on prend de l'un des alliages, il serait facile de déterminer le poids que l'on doit prendre de l'autre. La question à résoudre serait une simple règle de trois.

Si l'on donnait le poids total des deux alliages, on obtiendrait les poids à prendre de chacun d'eux en partageant le poids total en parties proportionnelles aux deux termes du rapport précédemment trouvé.

DE L'HISTOIRE ET DE LA GÉOGRAPHIE

DE L'HISTOIRE ET DE LA GÉOGRAPHIE

§ I

De la nécessité de voir chaque année l'histoire de France tout entière, dans les écoles rurales.

Juin 1870.

Dans la plupart de nos écoles de campagne, l'instituteur commence l'histoire de France par le commencement; c'est très naturel. Mais ce qui l'est moins, c'est qu'il se croie obligé de faire apprendre à ses élèves tous les règnes les uns après les autres, sans en omettre aucun. Qu'arrive-t-il? Au bout de quelques mois, ils connaissent parfaitement Pharamond, Clodion, etc.; ils savent tous les partages qui ont suivi la mort de Clovis ou celle de Charlemagne; ils n'ignorent pas le divorce de Robert et peuvent répondre qu'il chantait au lutrin. Voilà qui est fort bien. Cependant Pâques approche; un bon nombre d'entre eux quittent l'école, et ils en sont à Hugues-Capet ou à Philippe de Valois! Ils n'ont entendu parler ni de Henri IV, ni de Louis-XIV, ni de Napoléon; ils ignorent tous les changements qui se sont accomplis en France depuis 1789! Est-ce raisonnable? Là où la plupart des élèves doivent quitter l'école vers la fin de l'hiver, le simple bon sens ne dit-il pas que le cours d'histoire doit être terminé pour la fin de l'hiver [1]?

Mais, m'objecte-t-on, si les élèves voient *toute* l'histoire de France en une seule année, qu'apprendront-ils l'année suivante? — Ils apprendront encore *toute* l'histoire de France,

---

1. Les choses ont bien changé depuis : les programmes de 1882 sont venus donner une consécration officielle à cette méthode des cercles concentriques que nous préconisions alors; les histoires de MM. Lavisse, Blanchet, etc., et tant d'autres, rédigées conformément à ces programmes, ont singulièrement facilité la tâche des maîtres. Mais il n'est pas mal qu'on se rappelle la manière dont les choses se passaient, il y a dix ans à peine, et qu'on sache le chemin qui a été parcouru. La constatation de ce premier progrès ne peut que nous encourager à en accomplir d'autres, en suivant résolument la voie dans laquelle nous sommes entrés.

seulement le maître pourra joindre au récit des faits l'étude
des institutions, etc... Mais, dit-on encore, il est impossible
en cinq ou six mois de parcourir toute l'histoire de France,
quelque sommaire que soit le cours. — A cela je réponds
qu'on peut la voir en cinq ou six leçons, si l'on veut. C'est à
l'histoire surtout qu'on peut appliquer la comparaison des
cercles concentriques : tous ont le même centre, mais ils vont
en s'élargissant à mesure que le rayon grandit. Il en est de
même d'une leçon d'histoire ; elle peut être reprise chaque
année, mais avec des détails nouveaux. L'important, c'est de
proportionner l'enseignement à l'intelligence des enfants auxquels on s'adresse ; c'est de ne leur rien dire qu'ils ne puissent
comprendre et retenir ; c'est enfin de choisir, parmi les faits
si nombreux de l'histoire, ceux qu'il leur importe le plus de
connaître... On devrait, dans toutes nos écoles de campagne,
être au règne de Louis XIV dès le jour de l'An.

. . . .

Ce n'est pas précisément la bonne volonté qui manque
dans nos écoles primaires ; les instituteurs désirent bien réellement voir leurs élèves faire des progrès, et ils sont prêts à
tout pour atteindre ce résultat. Ce qui manque, ce sont les
méthodes, c'est un enseignement intelligent, raisonné, pratique surtout. Il faut renoncer à ce système qui consiste à
mettre un livre, quel qu'il soit, entre les mains des enfants
et à leur dire : « Vous apprendrez depuis tel endroit jusqu'à tel
endroit ; » puis à les punir, si ensuite ils sont distraits et
dissipés pendant l'étude. Au lieu de leur donner ce livre froid,
cette lettre morte, que le maître fasse des leçons orales, qu'il
raconte des faits, des anecdotes même, qu'il les explique et les
développe ; qu'avant la classe il se pénètre bien du récit qui va
faire le sujet de la lecture ou de la leçon ; qu'il parle devant ses
élèves, qu'il leur dise ce qu'il sait, ce qu'il vient d'apprendre
lui-même ou de se remettre en mémoire, et cela, dans un
langage simple, familier, qui soit à leur portée ; ce qu'il leur
dira sera sans doute beaucoup moins bien dit que ne le dit le
livre ; mais les élèves en profiteront davantage parce qu'ils le
comprendront et s'y intéresseront. Ainsi il obtiendra de tous
une attention soutenue et il ne sera pas obligé de punir ; la
leçon d'histoire, au lieu d'être un ennui, aura de l'attrait,
parce qu'elle donnera satisfaction à l'un des instincts les plus
vivaces de l'enfance : la curiosité ; elle sera pour tous un
plaisir, une récréation qui les délassera de l'effort qu'ils auront

dû faire auparavant pour comprendre une règle de grammaire ou un problème d'arithmétique. Il est vrai que cette méthode exige un travail, une préparation, et qu'elle est plus fatigante pour le maître ; mais quelle différence dans les résultats ! Et encore je ne sais si la satisfaction qu'on éprouve quand on atteint son but, quand on constate chaque jour de nouveaux progrès, n'est pas une ample compensation à la peine qu'on s'est donnée. Une classe où tous les élèves écoutent et s'intéressent n'a plus de fatigue pour le maître, ou au moins cette fatigue, il ne la sent pas. Quiconque a enseigné comprend cela, ou il n'a jamais eu le feu sacré, le goût de son métier ; il n'était pas fait pour enseigner. . . . .

§ 2

Extrait du compte rendu des examens pour le certificat d'études.

Juillet 1871.

.... L'enseignement de la géographie est en voie de progrès. Certains maîtres commencent à comprendre, que faire apprendre de la géographie aux enfants, ce n'est pas leur faire réciter des définitions abstraites, la longue et ennuyeuse nomenclature des anciennes provinces avec les départements qu'elles ont formés, les noms des préfectures et des sous-préfectures. Ils enseignent la géographie sur la carte, au tableau noir ; ils donnent, sur chaque pays, de longs détails relatifs à ses productions, à son industrie, à ses grands hommes, etc... Plusieurs même m'ont dit que la leçon de géographie était la mieux suivie et la plus goûtée de leurs élèves, depuis qu'ils s'étaient mis résolument à employer cette méthode. Je le crois bien. Les enfants ne demandent pas mieux que d'apprendre ; parlez à leurs yeux, dites-leur des choses qu'ils comprennent et qui les intéressent, et ils vous écouteront.

Je n'en puis pas dire autant de l'histoire que de la géographie. Malgré mes recommandations, on insiste trop sur les commencements, ou plutôt on n'apprend guère que cela. Les Mérovingiens sont toujours en grand honneur dans nos écoles ; on sait très bien les partages de la monarchie après Clovis ; mais on n'a jamais entendu parler de Richelieu ni de Colbert ; on ne sait ni quand ils vivaient ni ce qu'ils ont fait. J'ai visité dernièrement une école assez importante, une école avec adjoint. La première division apprenait mot à mot un livre d'histoire de France, et elle en était à la première croisade ! Il faut cependant en finir avec cette méthode surannée, inintelligente, qui ne s'adresse qu'à la mémoire des élèves, sans leur développer l'esprit ni leur former le jugement, qui ne met aucune distinction entre les faits réellement importants et les détails accessoires ou inutiles.

Après en avoir longuement conféré avec des instituteurs eux-mêmes, voici la méthode que je vous conseillerais de suivre : préparez la série des leçons que vous vous proposez de faire à vos élèves ; sur chacune d'elles rédigez un petit canevas, un sommaire que vous approprierez à leur degré d'intelligence ; dictez-le, expliquez-le ; donnez sur chaque phrase, sur chaque mot, les développements nécessaires et exigez que vos élèves le sachent à peu près mot à mot. Ainsi vous ne pourrez plus dire « que le livre n'est pas à leur por-« tée ; qu'il est trop abstrait ou trop long ; que vos élèves « sont incapables de faire une rédaction sur la leçon orale « qu'ils viennent d'entendre ; » ainsi encore tous les livres qu'ils auront entre les mains seront bons, et à la rigueur ils pourraient s'en passer. Je sais qu'ici encore c'est un travail sérieux que je vous demande, et que l'autre méthode est bien plus commode pour le maître ; mais, croyez-moi, c'est ainsi seulement que vous arriverez à savoir vous-mêmes votre histoire, si vous ne la savez pas, ou si vous l'avez oubliée, et c'est la première condition pour pouvoir l'enseigner ; car on n'enseigne bien aux élèves que ce qu'on sait très bien soi-même ; c'est ainsi seulement que votre enseignement sera intéressant et profitable. D'ailleurs, ce travail une fois fait vous servira chaque année ; ce sera votre cours à vous, que vous développerez ou que vous restreindrez suivant le degré d'intelligence et d'instruction de vos élèves. . . . .

§ 3

De l'enseignement de l'histoire.

Février 1876.

Pour l'enseignement de l'histoire, deux méthodes se présentent tout d'abord : 1° l'étude *mot à mot* du livre ; 2° l'*exposé oral* par le maître.

La méthode du *mot à mot*, telle qu'elle a été pendant long-temps appliquée et telle qu'elle l'est encore aujourd'hui par un certain nombre de maîtres, n'a eu d'autre effet que de développer la mémoire des enfants sans aucun profit pour leur intelligence. D'autre part, l'*exposé oral* ne laisse dans l'esprit des élèves qu'une empreinte tout à fait fugitive, parce que la plupart d'entre eux sont dans l'impossibilité de rap-porter par écrit les faits qui leur ont été racontés.

Chacune de ces deux méthodes, employée isolément, pré-sente donc des côtés défectueux qui doivent les faire écarter de notre enseignement ; mais en les combinant, de manière à n'en prendre que ce qu'elles peuvent avoir d'avantageux, on forme une nouvelle méthode dont les résultats ne sont plus à discuter, et dont nous indiquons plus loin l'application.

On s'est à peine occupé jusqu'ici d'enseigner l'histoire de France aux petits enfants qui ne savent encore ni lire ni écrire. Puisqu'on leur fait des récits d'histoire sainte, qu'on leur apprend des petits morceaux de récitation, pourquoi ne leur raconterait-on pas aussi la vie des principaux personnages qui ont illustré notre pays ? C'est une objection sans valeur que d'opposer à cette idée la multiplicité des exercices aux-quels on applique ces petits enfants. Le besoin de changement n'est-il pas dans leur nature ? Plus il y aura de variété dans les leçons, plus ils en profiteront, et plus ils prendront goût à l'école.

C'est aussi l'avis de tous les instituteurs auxquels ces obser-vations ont été présentées, et il a été reconnu avantageux d'introduire dans nos écoles des tableaux d'histoire de France, qui intéresseraient les élèves et donneraient un véritable attrait à cet enseignement.

C'est seulement avec les élèves du cours moyen que l'on peut commencer un cours suivi, par l'application de la mé-thode dont il vient d'être question. Pour cela, il convient de mettre entre les mains des enfants un livre qui ne renferme que les faits principaux de notre histoire nationale. Point de détails ni de dates inutiles, qui rendraient l'étude pénible, surchargeraient la mémoire et feraient prendre le livre en dégoût. Le maître expliquera la leçon qui doit être étudiée ; *il fera comprendre le sens des mots et des phrases, et exposera les détails nécessaires à l'intelligence du récit.* Il devra bien se garder d'*exiger* le mot à mot, et, à cet effet, pour se prémunir contre une tendance beaucoup trop générale, **il ne devra** jamais avoir sous les yeux le livre de l'élève, au moment où il fait réciter; ainsi il ne sera pas tenté de donner le mot du texte, et de plus il prouvera qu'il sait bien lui-même ce qu'il enseigne. Ce dernier point n'est pas à dédaigner, et c'est presque toujours un stimulant pour les élèves.

Il est certain qu'un devoir écrit, tel que le compte rendu de quelque fait intéressant, raconté par le maître, ou même le résumé d'un règne ou d'une période, serait un travail d'une très grande utilité pour les élèves ; mais peut-on le demander aux enfants qui composent le cours moyen de nos écoles rurales? Nous ne le pensons pas, et l'expérience de tous les jours nous confirme dans cette opinion. Le seul devoir écrit que l'on puisse exiger d'eux sera le tracé d'une carte sur laquelle ils indiqueront les lieux où se sont accomplis les faits dont ils ont étudié le récit.

Avec le cours supérieur, le champ sera plus vaste. L'instituteur, s'il le juge à propos, pourra mettre entre les mains de ses élèves un livre plus détaillé ; mais qu'il ait soin de ne pas changer d'auteur.

En ce qui concerne l'étude du livre, les procédés seront les mêmes que pour le cours moyen : seulement on y ajoutera de fréquents devoirs écrits, qui consisteront dans le récit d'un fait ou dans le résumé d'une époque de notre histoire.

On ne négligera pas le profit qu'on peut tirer de cet enseignement au point de vue du développement du sens moral des élèves; c'est ainsi qu'on leur fera admirer les actes de vertu, de charité, de courage et de dévouement dont on aura occasion de leur parler, et qu'on cherchera à leur faire aimer ce qui est bien et ce qui est beau. On leur inspirera l'amour de la patrie, en leur montrant la France forte et puissante par l'union de tous ses enfants, déchirée au contraire et abaissée par les dissensions et les guerres civiles.

Il est d'usage, dans nos écoles primaires, de faire, à la fin de chaque semaine, la revue des matières étudiées dans les cinq ou six jours qui précèdent; c'est une habitude excellente qu'il faut surtout se garder de négliger dans le cours d'histoire de France. Ces répétitions devront être animées par de nombreuses questions que le maître fera lui-même, ou que quelques-uns des élèves adresseront à leurs condisciples sous sa surveillance et sous sa direction.

On emploie dans quelques écoles un stimulant qui n'est pas

à dédaigner. On donne, comme récompense, aux élèves studieux, de petites gravures dont chacune représente une des illustrations de notre pays. La biographie de chaque personnage se trouve au verso de la gravure, et l'enfant l'étudie avec d'autant plus d'intérêt que c'est un gage de son travail et la récompense de ses efforts.

L'enseignement de l'histoire, tel qu'il vient d'être présenté, exige des connaissances sérieuses et une préparation de tous les jours ; c'est une tâche qu'on trouvera lourde peut-être ; mais elle n'est certainement pas au-dessus du zèle et du dévouement de la grande majorité de nos instituteurs et de nos institutrices.

(*Emprunté au Bulletin de l'insruction publique de la Haute-Saône.*)

§ 4

Extrait d'une conférence générale.

Novembre 1877.

. . . .

En ce qui concerne l'enseignement de l'histoire, je ne puis que vous rappeler les conseils qui vous ont été donnés déjà. Je n'ai rien à y changer. Je crois toujours que des leçons orales faites par le maître, outre qu'elles exigent des connaissances que bon nombre d'entre vous ne possèdent pas à un degré suffisant et qu'elles engendrent une fatigue excessive, ne laissent dans l'esprit des élèves qu'une empreinte fugitive, parce que la plupart d'entre eux sont dans l'impossibilité de fixer par écrit ce qu'ils ont entendu. Il vous faut donc mettre un livre entre leurs mains. Nous en avons aujourd'hui d'excellents, qui faciliteront singulièrement votre tâche ; vous n'avez que l'embarras du choix. Est-ce à dire pourtant qu'il ne vous reste qu'à le faire apprendre et réciter mot à mot ? Loin de là. Comme je vous l'ai dit, vous ferez lire la leçon par un élève ; à la fin de chaque paragraphe, vous l'arrêterez pour expliquer le sens des mots et des phrases qui pourraient n'avoir pas été bien compris, pour exposer les détails nécessaires à l'intelligence du récit, surtout pour bien marquer la suite des faits, la liaison et l'enchaînement des idées. Vous ne manquerez pas, s'il s'agit d'une guerre, d'envoyer un enfant à la carte murale ou au tableau noir et de lui faire noter la marche des armées, les lieux où elles se sont rencontrées, etc..... La leçon bien expliquée et bien comprise, vous la donnerez à apprendre pour la classe suivante, et avant de faire lire une leçon nouvelle, vous ferez réciter les paragraphes précédemment expliqués. Vos élèves du cours supérieur pourront avoir, en outre, à rapporter par écrit un fait intéressant que vous aurez raconté, un développement que vous aurez cru devoir ajouter au texte du livre, parfois même le résumé d'un règne ou d'une période; mais vous ne pouvez guère exiger de ceux du cours moyen que le tracé d'une carte sur laquelle ils indiqueront, quand la leçon le comportera, les lieux où se sont accomplis les faits dont ils ont lu le récit; quant à ceux du cours élémentaire, ils se contenteront d'apprendre le texte de leur livre.

Exigerez-vous qu'on vous récite ce texte mot à mot? Gardez-vous en bien. Laissez vos enfants vous raconter les choses à leur manière et comme ils les savent. Je vous recommanderai même, pour vous prémunir contre cette tendance trop générale, de n'avoir jamais le livre sous les yeux au moment où vous le ferez réciter. Ainsi vous ne serez pas tentés de donner le mot du texte et, de plus, vous prouverez que vous savez bien vous-mêmes ce que vous enseignez.

. Une chose que je vous recommande bien, c'est de faire souvent des retours en arrière pour vous assurer qu'on n'oublie pas; c'est encore de suivre une même idée à travers les âges: ainsi l'organisation des armées, la manière dont se rend la justice, l'accroissement et l'affermissement du pouvoir royal, la condition du peuple aux différentes époques, la part de plus en plus grande que prend le tiers état dans la direction des affaires, les rapports de la France avec telle ou telle puissance voisine, etc. D'excellents modèles ont été donnés, à cet égard, dans le *Manuel général* [1]; vous pourrez vous en inspirer. Procéder ainsi, c'est le moyen de mettre dans l'esprit de vos élèves, au lieu de mots qui s'oublient, des idées qui s'y gravent et qui restent.

Mais tout cela peut-il se concilier avec la rapidité avec laquelle plusieurs d'entre vous doivent parcourir *toute* l'his-

---

1. Ces articles ont depuis été réunis en volumes. Il s'agit des *Leçons sur l'Histoire de France*, livre du maître, par M. Brouard. C'est un ouvrage que tous les instituteurs et surtout les institutrices devraient avoir entre les mains.

toire de France? Parfaitement; à une condition, comme je
vous l'ai dit, c'est que vous ne vous croyiez pas obligés de
faire apprendre *en entier tous* les chapitres de votre livre, les
uns à la suite des autres, mais que vous vous borniez aux
paragraphes qui renferment les faits principaux, vous con-
tentant de les relier entre eux par une courte exposition
orale.

Inutile, je crois, de vous rappeler que l'histoire, mieux
peut-être encore que toutes les autres parties de votre programme, se prête admirablement au développement du sens
moral de vos élèves. Les occasions de leur faire admirer des
actes de vertu, de charité, de courage et de dévouement, de
leur inspirer l'amour de la patrie et des institutions qui nous
régissent, ne vous manqueront pas : vous devez en profiter.

La méthode que je viens de vous recommander paraîtra
bien terre à terre ; au moins elle est pratique et c'est l'essentiel. Ne vous dissimulez pas d'ailleurs qu'elle exige pourtant encore des études étendues et une préparation sérieuse
de chaque leçon.

§ 5

Les premières leçons de géographie. — La géographie de la commune

Moulins. — Février 1873.

Nous ne décrirons pas une commune en particulier, nous
donnerons des conseils pour la description d'une commune,
quelle qu'elle soit.

1° Avant tout, il faut que les élèves apprennent à *s'orienter.*
Il faut donc leur expliquer les quatre points cardinaux, que
d'ailleurs ils connaissent souvent, surtout à la campagne,
avant de venir à l'école. En effet, il n'en est pas un qui ne
sache où se lève et où se couche le soleil. Il suffira donc de
leur dire que le côté où le soleil se lève s'appelle *Levant, Est*
ou *Orient;* celui où il se couche, *Couchant, Ouest* ou *Occident.*
— On pourra leur faire remarquer que la plupart des églises
ont leur grande porte à l'Ouest et leur maître-autel à l'Est.
— Les enfants connaissent également le Nord et le Sud : ne
savent-ils pas toujours, comme leurs pères, d'où vient le vent?

— D'ailleurs, qu'ils se placent en face du soleil levant, qu'ils étendent les bras en croix, et ils auront à leur droite le *Sud ou Midi*; à leur gauche, le *Nord ou Septentrion*. — Ou encore, à l'heure de midi, si l'on a une montre bien réglée et que le soleil luise, on pourra leur dire que l'ombre des objets prend la direction Sud-Nord.

Un moyen scientifique et plus sûr serait de se servir de la boussole, comme le font les marins et aussi les voyageurs. Si l'instituteur en a une, et il serait bon qu'il y en eût une dans chaque école (on en vend de petites pour breloques de montre qui ne coûtent que 1 fr. 50), il la montrera; s'il n'en a point, il se contentera de leur dire que la boussole consiste en un cadran semblable à celui d'une montre, sur lequel sont marqués, au lieu des douze heures, les quatre points cardinaux ; que sur ce cadran tourne une aiguille, mobile sur un pivot, et dont la pointe aimantée se porte toujours d'elle-même vers le Nord, ou plus exactement, vers un point intermédiaire entre le Nord et le Nord-Ouest. Il pourra même en dessiner une sur le tableau. — Une fois le Nord connu, il devient facile de trouver les trois autres points cardinaux.

Enfin, la nuit, quand le ciel est sans nuages, on peut encore s'orienter à l'aide de l'étoile polaire, c'est-à-dire d'une étoile qui marque sensiblement le pôle nord, et qui reste immobile dans le ciel, tandis que les autres étoiles tournent (ou, pour parler exactement, nous semblent tourner) autour d'elle, comme les jantes d'une roue autour du moyeu.

Est, Ouest, Nord, Sud, sont les quatre *points cardinaux*. Il suffit de les bien connaître pour savoir la position des différents lieux. Toutefois, pour arriver à des indications plus précises, on a encore marqué entre eux des points intermédiaires. Ainsi on a appelé *Nord-Est* la direction entre le Nord et l'Est ; *Sud-Est*, la direction entre le Sud et l'Est ; *Sud-Ouest*, la direction entre le Sud et l'Ouest ; enfin *Nord-Ouest*, la direction entre le Nord et l'Ouest. On a été plus loin et l'on a même distingué des directions Nord-Nord-Est, Nord-Nord-Ouest, etc. (*Voir une rose des vents*). Il serait bon que l'instituteur dessinât lui-même cette figure sur le plafond de la classe, et qu'elle fût disposée de manière à en marquer exactement l'orientation.

2° Quand les élèves sauront s'orienter, l'instituteur leur mettra sous les yeux une *carte en relief de la commune*. Qu'il ne s'exagère pas les difficultés d'une pareille carte. Il lui suffit

de prendre une tablette d'un mètre carré environ et de la re-
couvrir d'une couche de plâtre, ou tout simplement de terre
glaise. Il pourra y modeler les principaux accidents de terrain qui se trouvent sur le territoire de la commune. A l'aide
de ce relief, fût-il grossier ou défectueux, il leur expliquera
facilement ce que c'est qu'une montagne, une colline, un
coteau ; ce que c'est qu'une vallée, un vallon, une gorge, un
défilé ; ce que c'est qu'un col, par où passent les routes et les
sentiers, et s'établissent les communications entre les villages
que sépare la montagne, etc. Et ils le comprendront, parce
qu'ils connaîtront, pour l'avoir vu de leurs yeux, ce dont il
leur figurera la représentation. Il versera alors de l'eau sur
les points les plus élevés, et les enfants, en voyant comment
cette eau s'écoule des deux côtés, se feront une idée nette de
ce qu'on appelle *la ligne de partage des eaux,* de ce qu'on entend par une pente, un versant. Il leur fera remarquer que
l'eau coulera avec d'autant plus de rapidité que la pente elle-
même sera plus raide, et que le versant sera plus dégarni de
bois, de mousse, d'herbe, etc. ; de là l'idée des torrents et des
inondations qu'ils engendrent. Il leur montrera comment
naissent les ruisseaux, comment ils descendent en minces filets
dans les gorges pour se réunir au débouché des vallées, comment ils forment des ruisseaux plus considérables, qui, à leur
tour, forment des rivières et des fleuves, et vont se rendre
dans la mer. (Il pourra même profiter de l'occasion pour leur
parler des vapeurs qui se forment sur la mer, s'élèvent dans
l'air en nuages, et retombent en pluie pour retourner dans la
mer.) Il lui sera facile alors de leur faire comprendre ce que
c'est qu'un confluent, ce qu'on appelle affluents de rive droite,
affluents de rive gauche, source et embouchure, etc. ; ce qu'on
entend par bassin principal, bassin secondaire ; comment les
hommes ont creusé des canaux pour rendre les trajets plus
directs et éviter les pentes. Il leur fera voir pourquoi un cours
d'eau a en général une marche bien plus rapide auprès de sa
source que dans son cours inférieur, où souvent il forme des
îles ; comment, lorsqu'il a une pente suffisante et un débit
constant, il devient une force qu'on peut utiliser pour faire
tourner une roue de moulin, etc. Il leur parlera des mares,
des étangs, et, leur imagination aidant, ils pourront se figurer
ce que c'est qu'un lac. Enfin, il pourra même leur faire voir
comment se forment les sources et d'où elles proviennent. Il
lui suffira pour cela de pratiquer dans sa terre glaise un trou

vertical qu'il remplira de sable ; l'eau s'infiltrera à travers ce sable jusqu'à ce qu'elle rencontre une couche imperméable, et s'il a eu soin de faire communiquer la partie inférieure de ce trou avec l'extérieur, à l'aide d'une fissure, il aura une source. A l'occasion, il leur expliquera les sources jaillissantes, les sources thermales ou ferrugineuses. Nous ne disons pas que l'instituteur doive entrer dans *tous* ces détails avec *tous* ses élèves ; mais il choisira ceux dont la localité lui offre des exemples et qui lui paraîtront les plus accessibles à leur jeune intelligence. Qu'il ne se contente même pas de leur montrer toutes ces choses sur son relief, mais qu'une fois au moins il les conduise sur le terrain, afin qu'ils puissent voir de leurs yeux la réalité des choses dont il leur a fait voir la miniature.

Oui, c'est par l'étude de la commune que doit débuter l'enseignement géographique à l'école primaire ; oui, il faut bannir des livres la série abstraite et fastidieuse des définitions. Toutes les explications du monde ne vaudront jamais la vue des objets eux-mêmes. La commune pourra toujours fournir des exemples suffisants pour donner à l'enfant l'intelligence de la plupart des termes géographiques ; l'intelligence des autres viendra avec les explications du maître, à mesure que la suite des leçons les amènera. Nous croyons même que ce ne sera pas sans profit qu'on poussera cette étude jusque dans le détail, parce que les enfants s'y intéresseront et que l'instituteur y trouvera le moyen de leur apprendre, sans presque qu'ils s'en doutent, une foule de choses curieuses et instructives [1].

---

1. Certains instituteurs nous diront peut-être que, pour faire une leçon comme nous l'entendons, il faudrait savoir le modelage, la géologie, la physique et les sciences naturelles, etc. Eh ! sans doute, sans avoir approfondi les sciences, un instituteur doit posséder et pouvoir communiquer à ses enfants quelques notions élémentaires sur toutes les sciences. Oui, il faut savoir beaucoup pour enseigner peu, et nous avons toujours cru qu'il n'était pas possible qu'on fût bon instituteur sans être pourvu du brevet complet ou avoir des connaissances équivalentes. En voilà la preuve. N'est-ce pas par un enseignement comme celui-là qu'on éveillera l'attention des élèves; qu'on les habituera à observer, à comparer, à chercher les rapports que les choses ont entre elles? Et n'est-ce pas ainsi qu'on leur inculquera des idées justes, qu'on leur formera le jugement et qu'on leur donnera du bon sens? Sans doute, l'application de cette méthode exige des maîtres plus d'efforts que la routine des leçons simplement apprises par cœur. Il faut une préparation sérieuse pour intéresser toujours par la variété des descriptions, par l'enchaînement des idées, l'à-propos des rapprochements. Il n'est pas facile de conduire avec art l'interrogation, de manière à toujours tenir en

3° Il faut maintenant pénétrer dans l'étude du sol lui-même et dire quelques mots de sa *composition*. Le terrain est-il argileux, calcaire, sablonneux, etc.? Dans quelles parties du terroir et sur quelle étendue domine chaque espèce de terrain? Où et dans quelle proportion les trouvera-t-on mélangés? Il y a lieu de faire pressentir déjà que les cultures seront fondées sur la nature de ces terrains et en seront la conséquence : que le sol sera fertile ici et stérile là, par suite de sa profondeur et des éléments qui le constituent; qu'il sera propre à la culture du froment, du seigle, etc., à la vigne, à la pomme de terre, à certains arbres fruitiers, à certaines essences d'arbres forestiers, à des prairies naturelles, artificielles, aux pâturages; qu'il sera possible d'y créer des étangs poissonneux, etc.

La commune renferme-t-elle des mines de fer ou autres, du charbon de terre, des schistes, des carrières de pierres à construction, de pierres à chaux, de pierres à plâtre, etc., de marbre, de grès, de sable, de terre à poterie? N'y trouve-t-on pas des sources thermales, minérales ou autres, etc.? On pourra faire pressentir également les industries auxquelles ces divers produits du sol vont donner lieu.

Enfin, on pourra dire quelques mots du *climat*. On indiquera la température la plus chaude, la plus froide de l'année, la température moyenne. On comparera cette température avec celle de quelques communes voisines. On cherchera la raison des différences dans l'altitude, le voisinage des montagnes ou des forêts, les cours d'eau, etc. On dira d'où souffle le vent le plus ordinairement, et pourquoi; si les pluie y sont fréquentes, abondantes, et pourquoi; enfin, si l'air y est sain ou malsain, et pourquoi. Ici encore l'instituteur choisira parmi ces sujets ceux dont l'enseignement lui paraîtra le plus frappant; s'inspirant de ce qu'il a remarqué et de ce qu'il sait, il appropriera sa leçon du mieux qu'il le pourra aux circonstances locales et à l'intelligence de ses élèves. Il pourra être clair et intéressant pour tous, parce qu'il ne leur parlera que de choses qu'ils connaissent bien et qui les touchent de près.

4° C'est seulement après avoir ainsi familiarisé ses élèves avec les termes géographiques et leur avoir donné le sentiment de la science qu'il veut leur enseigner, qu'il entreprendra de

éveil l'intelligence des élèves. En un mot, nous en convenons, il faut *savoir davantage* et *se donner plus de peine*; mais aussi quelle différence dans les résultats !

représenter tous les accidents du sol sur une surface plane,
qu'il essaiera de dresser la *carte* de la commune. Nous lui
conseillerions pour cela de s'aider du plan cadastral et de la
carte de l'état-major [1]. Le premier lui fournira le plan exact
des diverses parties du territ. ire communal, et il empruntera
à la seconde ses signes conventionnels pour la représentation
de tout ce qui doit être marqué sur une carte. Ce dernier
point est de la plus haute importance. Quelque soin, en effet,
qu'ils donnent à l'étude de la géographie, les élèves des écoles
primaires n'en sauront jamais beaucoup et le nombre des
pays dont ils auront une connaissance exacte restera nécessairement très restreint. Mais il faut qu'ils sachent *lire* une
carte et surtout celle de l'état-major qui, à cause de son bas
prix et de la précision de ses détails, est appelée à devenir le
guide de quiconque voudra voyager en France. L'instituteur
copiera donc le plan cadastral et il y marquera exactement la
place de l'école et de la mairie, celle de l'église, etc.; il figurera la route qui passe devant la salle de la classe, dessinera
le village, ses principales rues, ses maisons les plus importantes. Prolongeant alors les rues au dehors du village, il
tracera les chemins qui sillonnent le terroir. Il fera remarquer
que celui qui va à l'Est conduit à tel village, que celui qui se
dirige vers le Nord traverse la rivière et aboutit au chef-lieu
du canton, etc.

Le moment est venu de rapprocher cette carte plane de la
carte en relief et d'essayer d'y figurer les accidents de terrain que connaissent maintenant les enfants. Il leur montrera comment on représente une montagne; comment, avec
des hachures et des ombres, on figure une pente, un versant,
et autant que possible, il les figurera lui-même sous leurs
yeux; quels signes on emploie pour marquer les fleuves, les
rivières, les simples ruisseaux, les torrents, les chemins de
fer avec les tunnels et les ponts; les routes nationales, départementales, les chemins vicinaux, les sentiers; les bois,
les landes, les prairies, les vignes, etc.; les moulins, les
usines, etc.; les limites, etc. Nous le répétons, il faut que
l'instituteur familiarise ses élèves avec la connaissance de
tous ces signes, et quand il aura fait cela, il aura fait plus et

1. Il serait à désirer que chaque instituteur possédât au moins la ouille où se
trouve représentée sa commune avec les environs. Ces feuilles se vendent au
prix de 1 franc, en report sur pierre.

mieux que de leur apprendre de la géogr. hie, il leur aura donné le moyen d'en apprendre eux-mêmes.

Il importe essentièllement aussi que la prem. re carte qui est mise sous les yeux des élèves, carte en reli ou autre, leur soit présentée, figurée sur un plan horizontal. Il est à craindre autrement qu'ils ne s'imaginent que le Nord t nécessairement en *haut* et le Sud en *bas*, ce qui serait sou ent le contraire de la vérité. Il sera même bon que l'nstituteur relève un jour en leur présence son plan horizontal et l'applique sur un plan vertical, afin qu'ils comprennent bien que c'est uniquement pour plus de commodité et pour qu'il soit plus facilement vu de tout le monde, qu'on le dispose ainsi. Cette précaution pourra paraître minutieuse à certains esprits; mais les maîtres qui ont l'habitude de s'adresser à de petits enfants en reconnaîtront la justesse.

5° Jusqu'ici l'instituteur n'a fait pour ainsi dire que préparer le terrain de la géographie, il lui faut maintenant faire sortir les produits du sol pour les livrer à l'activité humaine qui les transforme et les approprie à nos divers usages. Il commencera par la géographie *agricole*. Il devra dire quelle est la superficie de la commune en mètres carrés, ares, hectares; quelle surface en occupent les prés, les terres, les vignes, les bois, les pâturages, les étangs, les marécages, les landes; quelle en est la production en froment, seigle, orge et avoine, vins, et quel en est le prix; si tous ces produits se consomment sur place, si l'on en exporte, quelle quantité et pour quelle somme; quels sont les animaux qu'on élève ou qu'on engraisse, en quel nombre, quel revenu on en tire, etc. (Tous ces renseignements ont été fournis pour chaque commune dans l'enquête agricole de 1867, et la minute doit en avoir été conservée dans les archives de la mairie). Il serait même curieux de comparer les résultats de cette enquête à ceux fournis par les enquêtes précédentes, et à ceux de l'année courante, afin de voir s'il y a progrès ou diminution dans la production et les revenus, et d'en chercher les causes. Il ne serait pas inutile enfin d'établir des comparaisons, sur certains points, avec quelques communes voisines qui se trouvent placées dans des conditions analogues.

6° A la production agricole viendra se joindre la production *industrielle*. L'instituteur parlera à ses élèves des mines et des carrières, s'il y a lieu, des matériaux qu'on en tire, de leur prix de revient; il dira ensuite les usines ou fabriques

où ces matériaux sont transformés pour pouvoir être employés; il ne négligera pas de passer en revue les diverses
industries de la localité, de montrer pourquoi elles se sont
établies là plutôt qu'ailleurs, quelle source de richesses elles
ont été et sont pour le pays; il dira encore les principaux
métiers, les bras qu'ils occupent, les produits qu'ils réalisent.

7° Ce n'est pas tout d'avoir fabriqué le produit, il faut le
vendre. C'est le tour de la géographie *commerciale*. L'instituteur dira où s'exportent les principaux produits de la commune, et aussi ceux qu'elle est obligée d'importer pour ses
besoins, c'est-à-dire les principaux articles de commerce et
d'échange avec les communes voisines; il parlera des foires et
des marchés, des moyens de communication, etc. Il est impossible qu'il ne trouve pas là matière à des leçons fort instructives et qui seront du plus haut intérêt pour ses jeunes auditeurs.

8° Il pourra même faire un peu de géographie administrative.
Pourquoi ne leur parlerait-il pas de l'administration munici-
pale? de ce qu'on entend par suffrage universel? de ce qu'est
un conseil municipal, un maire, un adjoint? quelles sont leurs
fonctions et attributions, ce qu'on appelle sessions ordinaires
et sessions extraordinaires?

Il pourrait également leur dire un mot de l'assiette des
contributions, des revenus de la commune, de la voirie, des
travaux d'utilité publique, etc. Quelque élémentaires que
soient ces notions, l'élève en retirera assurément un certain
profit, et au moins il ne sera pas complètement étranger au
mécanisme des institutions administratives qui régissent la
société au milieu de laquelle il vit et dont il fait lui-même
partie.

9° Il ne reste plus qu'un pas à faire. Quel est l'état de la
population établie sur ce sol qu'elle a fouillé et dont elle a
transformé les produits? Y a-t-il accroissement, diminution,
et pour quelle cause?

Quelles sont les maladies les plus fréquentes et à quelles
causes sont-elles dues? Quelle est la durée de la vie moyenne?
Y a-t-il augmentation du bien-être général et à quelles causes
peut-on l'attribuer? Quel est le degré d'instruction des habitants? Il devra montrer les rapports de l'instruction avec la
moralité et aussi avec la richesse du pays, et insister sur
cette idée que l'instruction est une force et la science un
capital. Il pourra enfin dire un mot du caractère des habi-

tants et de la réputation dont ils jouissent aux yeux des habitants des pays voisins : si on les trouve laborieux, polis, de mœurs douces et de relations faciles, et pourquoi. Il terminera en faisant ressortir la solidarité qui unit à cet égard tous les habitants d'une même commune. C'est là qu'est le foyer du patriotisme, et c'est là que l'enfant doit puiser son premier amour pour la France, sa grande patrie [1].

§ 6

Extrait d'une conférence générale

8 novembre 1877.

. . . . , ...

Un véritable progrès a été réalisé dans l'étude de la géographie. Il est dû en partie, sans doute, aux nombreuses cartes qui tapissent maintenant les murs de vos classes, aux petits livres et atlas que vous pouvez aujourd'hui mettre entre les mains de vos élèves; mais il est dû aussi au zèle avec lequel vous vous en êtes occupés, à la confection des reliefs, à la pratique des croquis et des cartes, à une méthode intelligente enfin et de plus en plus rationnelle. Il ne faut pas nous arrêter dans cette voie; les succès obtenus nous sont un sûr garant de ceux que nous pouvons obtenir encore.

Parmi les nombreux ouvrages récemment publiés pour l'enseignement de la géographie dans les écoles primaires, je vous conseillerai de choisir de préférence ceux de M. Foncin, de la librairie Colin : ses *leçons préparatoires* conviendront très bien pour votre cours élémentaire; sa *première année de Géographie* suffira pour votre cours moyen, je dirais presque pour votre cours supérieur. Ne faites jamais une leçon autrement que sur la carte murale ou sur un croquis que vous aurez vous-mêmes dessiné au tableau noir; exigez que vos élèves suivent vos indications sur leurs atlas et, quand ils le

1. Il nous semble que l'instituteur qui aura fait la géographie de la commune et l'exerce, comme nous l'entendons ici, et qui s'arrangera de façon à ce que tous ses élèves la possèdent bien en le quittant, deviendra vite l'*homme de* cette commune, Il s'y attachera et on s'attachera à lui. Il court même chance d'y obtenir un traitement supplémentaire, qui vaudra mieux pour lui que les va-et-vient successifs auxquels il pourrait prétendre, en courant d'un bout à l'autre du département, et par suite d'y trouver l'aisance avec les satisfactions que procure un milieu sympathique.

peuvent, qu'ils reproduisent vos croquis sur un cahier. Ce n'est qu'en les familiarisant avec la confection des cartes que vous leur graverez dans la mémoire, d'une manière ineffaçable, la position des différents pays. Mais ne les laissez jamais calquer : le calque est une opération toute mécanique, qui n'exerce pas leur intelligence et dont il ne leur reste rien. Qu'ils s'aident d'un quadrillage [1] pour commencer, comme ils le font pour le dessin; plus tard, ils se fixeront seulement quelques points de repère et ils arriveront vite à des résultats très satisfaisants. J'ai vu des écoles où de tout jeunes enfants prenaient à cet exercice, pratiqué de la sorte, un véritable intérêt.

Il ne suffit pas de faire des cartes pourtant ; des noms que ne rappelle aucune idée se retiennent difficilement. C'est à vous à animer ces cartes, à les rendre parlantes pour ainsi dire, en attachant à chaque nom, à chaque trait un détail caractéristique qui empêche de l'oublier. Pour compléter l'atlas, servez-vous de *La France* par Manuel et Alvarès, publiée à la librairie Delagrave, et si vous ne pouvez mettre à la disposition de vos élèves les quatre volumes dont se compose cet ouvrage, ayez au moins l'abrégé qui en a été fait en un seul volume : à la rigueur, avec ce que vous aurez vous-mêmes puisé ailleurs et que vous y ajouterez de vive voix dans vos leçons, il vous suffira. Comme modèle d'exposition, comme méthode à suivre, je vous conseille les *Leçons de M. Brouard*, de la librairie Hachette.

Un dernier mot. Il m'a été prouvé par les interrogations faites au mois de juillet dernier dans les examens du certificat d'études, que dans bien des écoles on n'avait qu'une idée très imparfaite de ce qu'il faut entendre par la latitude et la longitude. De grâce, promettez-moi de faire à ce sujet la petite expérience suivante, pour toute votre classe. Vous prendrez une pomme de terre aussi ronde que possible et vous y ferez passer par le milieu une aiguille à tricoter. Sous les yeux de vos élèves, vous la couperez en deux morceaux, perpendiculairement à la direction de l'aiguille, et vous leur direz que ces deux morceaux représentent les deux hémisphères de la terre, que le plan qui les sépare est l'équateur, etc. Vous marquerez sur votre pomme de terre le point qui

---

1. Ce quadrillage pourrait très bien être formé par les degrés de longitude et de latitude.

figuré Paris et vous la couperez à nouveau en deux parties
égales par ce point; mais cette fois dans la direction de
l'aiguille, de manière que votre couteau traverse le trou
formé par elle et qui représente la ligne des pôles. Vous direz
à vos élèves que ce plan s'appelle le méridien, comme l'autre
s'appelle l'équateur, et vous leur ferez voir qu'on peut mener
à travers la pomme de terre autant de plans méridiens qu'on
voudra; que chaque lieu, par suite, a son méridien, etc., etc.
Il est impossible qu'ils ne comprennent pas, quand ils vous
auront vu faire cela, et qu'ils ne retiennent pas à tout jamais
que *la latitude d'un lieu est la distance de ce lieu à l'équateur*,
tandis que *sa longitude est la distance qui le sépare du premier
méridien*. Je ne vous demande pas pour le moment de leur
donner une définition plus précise. Elle suffira pour leur
faire comprendre que, lorsqu'on connaît la longitude et la
latitude d'un point quelconque, on peut en déterminer exactement la situation. Ce que je réclame de vous, est-ce possible? Faut-il pour une pareille leçon un temps bien long?
Cette petite expérience intéressera-t-elle vos élèves? Pourquoi alors ne la faites-vous pas? Ici encore, ne suis-je pas auto-
risé à dire que si vos élèves ne savent pas en quoi consistent
la longitude et la latitude, c'est de votre faute? — Mais non,
on ne le fait pas, parce qu'on n'y pense pas, parce qu'on ne
croit pas que cela soit si simple. Tant il est vrai que ces
questions de méthode sont capitales, et que si tous les maîtres
connaissaient bien les procédés d'enseignement les plus rationnels et les plus pratiques, ils obtiendraient, avec beaucoup
moins de peine qu'ils n'en prennent aujourd'hui, des résultats
incomparablement plus satisfaisants!

DU DESSIN

DU DESSIN

§ 1.

De la nécessité d'enseigner le dessin dans toutes les écoles primaires du département.

Janvier 1874.

Nous avions été plus d'une fois frappé de ce fait, que certains ouvriers, des menuisiers, des maçons, des forgerons surtout, assez habiles d'ailleurs dans leur art, étaient incapables de lire et de comprendre un dessin, par suite d'exécuter quoi que ce soit autrement que d'après un modèle, et nous avions pu constater la gêne, l'infériorité même qui en résultait pour eux.

D'un autre côté, nous lisions dernièrement : « L'art du dessin est une langue qu'il faut savoir parler, à l'aide de laquelle on exprime d'une façon nette, précise, immédiate, sa pensée, — à l'aide de laquelle on transmet sûrement sa volonté. Sans l'étude du dessin, il n'est pas de bonne éducation professionnelle; car il n'est pas un instant de la vie de l'artisan, de l'ouvrier, de l'industriel, pas un détail de sa profession qui ne réclame la connaissance et l'habitude du dessin, qui n'entraîne un regret, une impuissance, si cette étude a été négligée. »

Et ceci encore :

« Il n'est pas d'ouvrier, d'artisan vraiment habile dans son métier ou dans son industrie, s'il n'a pas l'habitude du dessin. Celui-là est incapable de bien comprendre ce qu'on lui commande, à plus forte raison de bien commander, qui ne peut tracer à l'instant le contour précis, la proportion exacte, la forme enfin de ce qu'il donne ou reçoit à exécuter. Sans les principes du dessin, sans une certaine pratique de cet art, l'artisan est condamné à jouer toujours un rôle secondaire dans son industrie [1]. »

---

1. Discours prononcé par M. Em. Perrin à l'occasion d'une distribution de récompenses à des adultes des classes municipales de dessin de Paris.

Nous savions, d'ailleurs, qu'apprendre à dessiner, c'était apprendre à voir, et surtout à bien se rendre compte de ce que l'on voit; — qu'avant de chercher à imiter, l'élève doit se pénétrer bien de son modèle, comprendre bien ce qu'il veut reproduire : la disposition des lignes principales, leurs justes proportions, leurs oppositions ou leur accord, etc., etc.; — que rien, par conséquent, n'était plus propre à donner des idées justes, exactes et nettes de chaque chose, à assurer le développement des facultés de l'esprit.

Il nous sembla dès lors que l'enseignement du dessin devait avoir sa place, et une place sérieuse, dans notre instruction primaire, et que nous ferions une œuvre utile en cherchant les moyens de l'organiser et de le propager dans *toutes* les écoles du département. La crainte que le temps ne nous fît défaut nous touchait peu. Nous ne savions que trop, hélas! combien d'heures inoccupées passent à l'école, surtout dans les écoles nombreuses, nos plus jeunes enfants, — combien d'heures ils consacrent à *apprendre des leçons,* comme si des enfants qui ne savent pas ou savent à peine lire pouvaient apprendre des leçons! Au contraire, l'enseignement du dessin nous paraissait avoir cet avantage d'occuper à la fois l'esprit, les yeux et les mains de toute une division, sans nécessiter l'intervention constante du maître, sans fatiguer ses poumons surtout.

La chose n'en restait pas moins d'une exécution assez difficile. S'il s'agissait, en effet, d'apprendre du dessin à des enfants âgés d'une douzaine d'années, qui auraient déjà reçu une bonne instruction primaire, nous serions moins embarrassé; pour ceux-là les cours de dessin, les modèles ne manquent pas. Il nous suffirait d'ailleurs d'étendre et de généraliser ce qui se fait déjà dans nos bonnes écoles. Mais c'est à des enfants qui nous arrivent à six ans et nous quittent à onze que nous voulons nous adresser, et qui même pendant ce temps déjà si court ne fréquentent l'école que très irrégulièrement; et cela, parce que ce sont ces enfants qui seront plus tard des menuisiers, des maçons et des forgerons. Nous ne nous sommes pas découragé pourtant. Vu notre incompétence personnelle en cette matière, nous avons fait appel au concours de M. Darchez, ancien élève de Cluny, professeur de travaux graphiques au collège et à l'école normale de Charleville. Il a bien voulu nous promettre une série graduée d'exercices et de modèles qui suffiront, croyons-nous, pour guider les institu-

teurs et leur tracer la voie. — Notre tentative sera-t-elle cou-
ronnée d'un plein succès? Il serait téméraire de l'affirmer.
Cependant, comme un appel fait au zèle et au dévouement
des instituteurs n'est jamais resté sans résultats, nous avons
bon espoir. A défaut d'autre mérite, nous aurons au moins
celui d'avoir voulu bien faire.

§ 2

Le cours de dessin de M. Darchez

Janvier 1877.

Les instituteurs des Ardennes savent comment ce cours a pris
naissance. Ils se rappellent que M. Darchez avait bien voulu, à
notre prière, leur donner dans le *Bulletin* quelques conseils
sur la manière de s'y prendre pour arriver à faire dessiner,
même de petits enfants, pour faire continuer les premières
leçons de dessin données dans quelques asiles. Ses conseils
leur avaient paru tellement pratiques qu'ils demandèrent qu'on
joignît au *Bulletin* quelques modèles qu'ils pourraient reproduire sur leurs tableaux quadrillés et faire dessiner par la
classe entière; et comme les fonds mis à notre disposition
étaient insuffisants pour faire face à cette nouvelle dépense,
ils organisèrent spontanément entre eux une souscription
anonyme, à l'aide de laquelle furent lithographiées les planches
qui formèrent le *Cours préparatoire*. Encouragé par les résultats que donnait l'application de sa méthode, résultats que
nous lui fîmes constater nous-même dans plusieurs écoles du
département, M. Darchez — dont chacun a pu apprécier le
mérite réel autant que modeste, et le dévouement pour tout
ce qui touche aux choses de l'instruction primaire — a bien
voulu donner à ces premiers essais une suite et de nouveaux
développements. C'est ainsi que le *Cours élémentaire* est venu
s'ajouter au Cours préparatoire, etc., etc. Aujourd'hui le
cours est complet, et il a été acheté par la maison Belin, qui
en publie une nouvelle édition, dont nous trouvons l'annonce
et l'appréciation dans le dernier numéro du *Journal des Instituteurs*. Nous avons pensé que ceux de nos lecteurs qui ne
sont pas abonnés à cette publication, liraient volontiers l'article si élogieux fait par une plume compétente, de ce cours

dont ils ont eu les prémices. D'ailleurs, si ce cours est l'œuvre de M. Darchez, il est un peu aussi leur œuvre à tous, puisque tous ont aidé à son apparition et que plusieurs d'entre eux y ont pour ainsi dire collaboré, en ce sens que par leurs observations de toutes sortes et quelquefois même par leurs critiques, ils ont amené l'auteur à mettre dans son œuvre cette clarté et cette gradation continue, bien ménagée, qu'on apprécie si fort aujourd'hui. (Voir le *Journal des Instituteurs* du mois de janvier 1877.)

§ 3

Quelques idées à propos du dessin à main levée. — Le dessin des commençants.

Janvier 187:

L'utilité du dessin n'est plus à démontrer. Chacun sait, en effet, que cet art a son application dans presque toutes les professions : les ouvriers en bâtiments (charpentiers, menuisiers, maçons, serruriers) ; tous les artisans des manufactures, les mécaniciens, les ébénistes, etc., ont besoin de dessiner. Le dessin est une langue qu'il faut savoir *lire* pour concevoir les objets dont l'exécution a été commandée d'après un modèle tracé, et *écrire* pour rendre ses idées et les faire comprendre aux autres.

Mais pendant longtemps l'enseignement du dessin n'a guère été donné, du moins d'une façon sérieuse, que dans des établissements spéciaux ; et si, depuis quelques années, il s'est introduit dans les écoles primaires, il ne s'y adresse encore d'ordinaire qu'aux élèves les plus avancés. La grande majorité des enfants, qui ne sont pas appelés à entrer dans le cours supérieur, reste donc dans l'ignorance la plus complète d'un art éminemment utile ; et ceux qui apprennent le dessin, ayant commencé cette étude trop tard, n'arrivent le plus souvent qu'à de bien médiocres résultats.

Est-il donc si difficile d'enseigner aux enfants les premières notions du dessin ? Dès l'âge le plus tendre, nous leur apprenons à former des lettres, c'est-à-dire des signes purement conventionnels qui ne leur rappellent rien ; pourquoi ne réussirions-nous pas à leur faire tracer un triangle, un carré, un cercle, c'est-à-dire des formes géométriques qu'ils ont constamment sous les yeux? Pourquoi même. n'arriverions-nous pas à leur faire reproduire, par quelques linéaments, l'image d'objets simples et connus d'eux? Chacun sait qu'à peine un enfant sait tenir un crayon, il éprouve le besoin de représenter, par des figures souvent informes et qui ne sont guère intelligibles que pour lui, les êtres et les objets qui l'entourent ; pourquoi, dès lors, ne pas mettre à profit cette disposition naturelle pour développer et diriger son goût, pour l'instruire en l'amusant ?

En introduisant l'enseignement du dessin dans les cours préparatoire et élémentaire, on ne peut d'ailleurs qu'aider au progrès de l'écriture, qui n'est en somme qu'une variété et une partie du dessin.

Mais quel doit être le caractère de cet enseignement ? Dans quel sens et par quels procédés doit-il être donné ?

Le dessin réellement pratique est le. dessin linéaire, par lequel on représente les objets, non au moyen d'effets d'ombre et de lumière, mais par de simples traits indiquant les arêtes des corps ou leurs contours apparents. C'est ce genre qui doit spécialement et presque exclusivement être enseigné à l'école primaire ; car c'est celui-là surtout qui est utile au maçon, au menuisier, au mécanicien, etc.

Le dessin peut se faire soit à main levée, soit à l'aide d'instruments. Le dessin à main levée est d'une application de tous les instants ; il doit donc avoir une place importante dans l'enseignement. On ne peut d'ailleurs songer à mettre entre les mains d'enfants de huit à dix ans les instruments de dessin ordinaires et surtout le compas ; outre qu'ils ne les manieraient pas sans danger, ils ne tireraient certainement de leur usage aucun profit réel. Ce n'est pas avant leur entrée dans le cours moyen qu'ils pourront s'en servir avantageusement.

De même que tous les autres enseignements, l'enseignement du dessin doit être méthodique et progressif. Il ne saurait se borner à exercer l'œil et la main ; il doit toujours s'adresser à l'intelligence. Apprendre à voir, à comparer, à juger des distances, à saisir les proportions ; puis, savoir représenter fidèlement et avec soin ce que l'on voit : voilà certes une partie importante de l'enseignement du dessin. Mais il est utile aussi de se rendre bien compte de ce que l'on voit, de comprendre les relations qui existent entre les diverses parties d'un corps, les causes qui lui donnent telle ou telle apparence. En un mot, l'étude du dessin, pour être véritablement fructueuse, doit toujours être raisonnée. Elle ne doit pas consister en des copies machinales d'un modèle quelconque, avec des corrections du maître. Celui-ci doit au contraire exposer sa leçon au tableau noir, analyser son modèle, faire remarquer sa forme et ses proportions, expliquer l'agencement et l'utilité de ses diverses parties, puis les dessiner lui-même, en indiquant avec soin la marche qu'il suit dans son tracé et les avantages qu'elle présente. Il exerce ainsi, d'abord, l'œil et l'intelligence de l'enfant. Sans doute il doit aussi faire l'éducation de la main : c'est un instrument qu'il est bon de perfectionner, d'assouplir autant que possible ; mais ce n'est qu'un outil, et il faut bien convenir que trop souvent on s'occupe du perfectionnement de l'outil sans exercer l'intelligence qui doit le guider. Toute méthode de dessin doit donc tendre le plus possible à développer les facultés de l'esprit.

Lorsque l'enfant commence à parler, il adopte un langage en rapport avec l'étendue de ses idées. Comme sa pensée est simple, il emploie pour la rendre des tournures simples, et l'on a soin d'ailleurs de ne lui mettre entre les mains que des livres à la portée de son esprit ; de ce qu'il entend autour de lui, il ne retient que ce que son intelligence peut accepter et comprendre. De même, dans ce qu'il voit, il ne garde le souvenir que de figures simplifiées : aussi représentera-t-il un meuble, une maison, un animal par quelques traits qui diront tout autant à ses yeux qu'un dessin de maître.

Il faut donc que les exercices de dessin du cours élémentaire soient de la plus grande simplicité.

On débute naturellement par l'étude de la ligne droite dans ses diverses positions (verticale, horizontale, oblique); mais il ne faut pas se borner aux définitions et au tracé des lignes ; il faut employer tous les moyens propres à donner aux enfants la notion nette des choses qu'on leur enseigne et à les leur graver dans l'esprit : en un mot, il faut d'abord parler à leurs yeux pour arriver à leur intelligence. Ainsi la vue d'un fil à plomb leur donnera une idée exacte de la direction de la verticale. Un fétu de paille placé sur l'eau contenue dans un vase leur indiquera celle de l'horizontale ; et si l'on plonge le fil à plomb dans le vase, ils se rendront

aisément compte de la position relative des deux droites.
C'est alors qu'on pourra leur parler du niveau à bulle d'air,
du niveau du maçon ; on leur montrera ces instruments et
on leur en fera connaître l'emploi.

Ces premières notions acquises, on leur fera tracer au
tableau noir, puis sur le papier à l'aide du crayon, des verticales, des horizontales, des obliques diversement inclinées.
On leur fera diviser ces droites en parties égales. On les
exercera à la mesure des longueurs, qu'on leur fera ensuite
apprécier à vue ; on tracera des droites déterminées numé-
riquement, qu'on leur fera prolonger d'une longueur égale,
double ou triple ; enfin, par la considération de règles
inégales, on les habituera à évaluer les rapports de diverses
droites.

La génération des angles peut être expliquée à l'aide de
deux règles articulées. Il est bon d'exercer les enfants au tracé
d'angles de grandeurs variables dans différentes positions,
avec cette condition que les côtés auront des longueurs
connues ou que ces longueurs seront entre elles dans un
certain rapport, mais en leur faisant remarquer toutefois
que la grandeur d'un angle ne dépend pas de la longueur
de ses côtés. Le tracé des droites perpendiculaires [1], obliques, parallèles, la division de l'angle en parties égales,
l'addition et la soustraction des angles fourniront au maître
l'occasion de donner à ses élèves des notions utiles et ne
contribueront pas peu à assurer chez ces derniers la justesse
de l'œil et l'habileté de la main.

Ces premiers éléments du dessin pourront être appliqués
à la construction de petits motifs d'ornementation produits
par des combinaisons de droites. Des exercices très simples
empruntés à l'art décoratif intéresseront les enfants et com-
menceront à faire naître en eux le goût du beau.

Il s'agit ensuite de leur faire connaître les formes géométriques, qui sont nécessairement la base d'un enseignement sérieux du dessin. Or, il ne suffit pas, pour arriver à
ce résultat, de les leur dessiner au tableau. Il est utile, il
est nécessaire même d'avoir en carton les principales figures

---

1. Il serait utile d'exercer les élèves au tracé des droites perpendiculaires
dans des positions diverses. Trop souvent, en ce qui concerne cette question,
on se borne à leur faire tracer une horizontale, puis une perpendiculaire à
cette horizontale. Cela peut amener dans leur esprit une confusion regrettable ;
car ils s'imagineront volontiers qu'une perpendiculaire à une droite a nécessairement une position verticale.

triangles, quadrilatères, polygones réguliers, cercle. Si on leur montre, par exemple, différents morceaux de carton triangulaires, si l'on appelle successivement leur attention sur les côtés et les angles de chaque figure, si on les amène à reconnaître, au besoin par des mesures, que celle-ci a ses trois côtés égaux, que cette autre a deux côtés égaux seulement, etc., et qu'on leur dise ensuite que la première forme est un triangle équilatéral, la seconde un triangle isocèle, il est certain que leur esprit saisira et retiendra ces formes bien mieux que si l'on se bornait à les représenter au tableau par leur contour.

Pour graver une notion dans l'esprit des enfants, il faut savoir la leur représenter d'une façon intéressante : on n'y arrive qu'en recourant à tous les moyens propres à captiver leur attention. La meilleure méthode consiste souvent à leur faire trouver, par des questions adroitement posées, ce qu'on veut leur enseigner. Veut-on leur faire connaître les propriétés du rectangle ? On leur montre d'abord la figure. Combien a-t-elle de côtés ? Quatre. C'est donc un quadrilatère. — Les angles sont-ils droits, aigus ou obtus ? Ils sont tous droits. Nous pouvons nous en assurer en vérifiant avec une équerre. Cette propriété caractérise le rectangle, qui est *un quadrilatère dont les angles sont droits*. On peut de même leur faire trouver l'égalité des côtés opposés et celle des diagonales.

Mais il ne suffit pas de faire connaître aux élèves les propriétés caractéristiques des principales figures géométriques, il faut les leur faire dessiner au tableau noir et sur le papier, en leur donnant le plus souvent la matière de leur travail sous la forme de problèmes. Ainsi on pourra leur faire tracer dans diverses positions un carré d'un côté donné, un rectangle dont les dimensions soient entre elles dans un rapport connu, un losange dont on donnera les diagonales, un parallélogramme quelconque, un trapèze, quelques polygones réguliers ; puis, comme exercices d'application, quelques parquets, dallages, mosaïques, vitraux. Le tracé et la division de la circonférence en parties égales conduira naturellement à celui des rosaces rectilignes ou curvilignes qui sont si souvent employées dans la décoration.

Nous le répétons, tous ces exercices doivent être faits à main levée, et pour en faciliter la construction on pourra, dès le début surtout, faire usage de papier quadrillé.

L'étude du dessin à main levée sera continuée progressivement dans les cours moyen et supérieur. Les courbes employées dans l'ornementation sont pour la plupart empruntées aux formes géométriques ou au règne végétal ; il convient donc d'exercer les élèves au tracé de ces courbes pour les amener graduellement à l'intelligence et à la pratique de l'ornement architectural ou industriel. Il est bon de les exercer surtout au tracé des courbes symétriques. Un excellent exercice consisterait à leur donner comme modèle l'une des parties symétriques d'une courbe ou d'un ornement et à leur demander la reproduction complète du dessin dont ils n'auraient eu qu'un fragment sous les yeux. On pourrait encore exiger que leur dessin fût fait dans des proportions différentes de celles du modèle.

Aussitôt que la chose sera possible, on les fera dessiner d'après nature. On leur donnera à représenter par le plan et l'élévation, puis par la perspective, les solides géométriques les plus simples et quelques objets usuels.

Mais, à partir du cours moyen, les élèves ne feront plus exclusivement du dessin à main levée ; on peut très bien ajouter à cette étude celle du dessin géométrique avec instruments et mener de front les deux enseignements.

§ 4

La leçon de dessin.

Extrait d'une conférence. — Novembre 1878.

. . . .

Le dessin est évidemment en progrès : quelques candidats ont même remis cette année, aux examens pour le certificat d'études, des compositions relativement remarquables. Mais pour la masse, quelle faiblesse encore! Cela tient à plusieurs causes.

D'abord, vous ne faites pas dessiner assez tôt. A peine un enfant sait-il tenir un crayon, qu'il éprouve le besoin de représenter par des figures souvent informes et qui ne sont guère intelligibles que pour lui, tous les êtres et les objets qui l'entourent. C'est un fait que, mieux que personne, vous êtes à même de constater tous les jours. Pourquoi, dès lors, ne pas mettre à profit ce goût inné, cette disposition naturelle ? Exécutez vous-mêmes, au tableau noir, les dessins qu'ils auront à reproduire, et que ces dessins soient toujours la représentation d'objets très simples. Non seulement vous leur aurez créé une occupation intéressante et vous aurez rendu votre discipline plus facile, mais encore vous les instruirez tout en les amusant.

Autre chose. Vous ne les surveillez pas assez. Le dessin, comme l'écriture, doit surtout ses progrès aux soins qu'on apporte aux détails. Ainsi, des instructions très minutieuses vous ont été données sur la tenue du corps, sur celle du crayon, etc.; vos élèves ne les observent pas et cependant c'est tout d'abord qu'il leur importerait de prendre de bonnes habitudes. Il vous a été recommandé encore de ne jamais leur faire tracer une ligne d'un trait rapide et continu, mais de les habituer à procéder par petits coups de plume, par mouvements de va-et-vient ininterrompus, en évitant, toutefois, de quitter le papier ; eh bien ! j'ai remarqué que la plupart des candidats au certificat d'études procédaient tout autrement ; en quelques minutes ils avaient terminé un dessin auquel ils eussent dû consacrer une demi-heure. Et vous vous étonnez ensuite de ne pas obtenir de bons résultats !

Enfin, il faudrait que votre enseignement fût bien méthodique et progressif. C'est ici, plus peut-être encore que dans toutes les autres branches de l'enseignement, qu'il faut aller du simple au composé, de ce qui est facile à ce qui est plus compliqué. Vos élèves ont entre les mains un cours qui a été fait pour eux [1]; qu'ils le suivent donc de point en point, sans en rien omettre.

Pour le *cours préparatoire*, je n'aime ni l'ardoise sur laquelle il faut trop appuyer et qui rend la main lourde, ni la plume dont le maniement peut être dangereux pour de tout jeunes enfants. Et puis, avec la plume il faut de l'encre et l'encre amène les pâtés. Évitez tout ce qui pourrait les habituer à ne pas être propres. Je préfère de beaucoup le dessin au crayon, sur papier quadrillé au centimètre. Bon nombre d'entre vous ont des tableaux noirs qu'ils ont fait quadriller au décimètre ; c'est excellent. Faites-y vous-mêmes, sous leurs yeux, le dessin qu'ils auront à reproduire à une échelle moindre et accompagnez votre exécution de toutes les explications qui peuvent la leur faire comprendre. Si vous avez soin de ne

1. Le cours de M. V. Darchez, édité par la librairie Belin.

choisir que des exercices très élémentaires, des figures très
simples, ils vous écouteront avec intérêt et ils s'attacheront
ensuite à reproduire votre modèle. Outre que ces premiers
essais donneront déjà quelques résultats et qu'ils seront une
initiation aux exercices qui suivront, ils aideront puissamment
aux progrès de l'écriture, qui n'est, en somme, qu'une variété
et une partie du dessin.

Comme dans le cours préparatoire, je ne voudrais encore
dans le *cours élémentaire* que du dessin à main levée, sur papier quadrillé; je ne crois pas, en effet, que des enfants de
huit à neuf ans puissent encore manier sans danger et avec
profit pour eux les instruments de dessin ordinaires ni surtout le compas. Mais je voudrais que les dessins, faits d'a-
bord au crayon comme dans le cours préparatoire, fussent
ensuite repassés à la plume; puis et surtout, qu'on commençât à y donner pour base à l'enseignement les notions les
plus élémentaires de la géométrie. Entendons-nous : je ne
veux pas dire qu'il vous faille enseigner la géométrie dans
votre cours élémentaire ; mais il me paraît utile, indispensable
même, au point de vue de l'intelligence du dessin, que les enfants conçoivent nettement les principales formes géométriques. Ne les retrouveront-ils pas dans tout ce qui les entoure?
Il ne vous sera pas difficile, en appelant leur attention sur ce
qui est autour d'eux, de les amener à distinguer les différentes espèces de lignes ; vous leur montrerez ensuite les différentes positions que peut occuper une droite considérée
isolément (verticale, horizontale, oblique), ainsi que les positions relatives de deux droites (parallèles, perpendiculaires,
obliques); de même, vous leur ferez voir ce qu'on entend par
un angle, une circonférence, etc... Rien de plus simple alors
que de leur faire concevoir ce que c'est qu'un carré, un rectangle, un parallélogramme, un triangle, un cercle, et de leur
en expliquer les propriétés les plus essentielles. Pour donner
plus d'intérêt à la chose, vous leur en ferez chercher à eux-
mêmes l'application dans tout ce qui les environne : bâtiments, ouvrages de menuiserie, machines, outils, etc. ; puis
vous leur ferez représenter, d'après des modèles expliqués au
tableau noir, des objets qui leur soient familiers et dont ils
n'auront à tracer que les lignes principales. Nous vivons au
milieu de formes géométriques; n'est-il pas naturel que la
représentation de celles qui sont les plus simples soient la
base d'un cours de dessin?

26.

Par une progression lente, mais continue, d'exercices bien
choisis et bien expliqués et dont on peut leur rendre l'exécution facile par l'emploi du papier quadrillé, il me paraît impossible que vous n'arriviez pas, très promptement et d'une
manière fort intéressante, à donner, même à vos enfants du
cours élémentaire, des connaissances déjà appréciables du
dessin industriel. A défaut de résultats palpables, au moins
vous leur aurez appris à observer, ce qui est déjà quelque
chose, et vous aurez enrichi leur esprit d'une foule de notions utiles sur la forme des objets, dont les modèles qu'ils
auront eu à dessiner leur auront fourni la matière.

J'arrive au *cours moyen*. Sans y abandonner l'étude du
dessin à main levée, sur papier quadrillé, que vous perfection-
nerez au contraire par la pratique de plus en plus familière
des croquis d'après nature, vous ferez bien d'y annexer
l'étude du dessin géométrique proprement dit, sans quadrillage, et de faire cette fois marcher les deux choses de front.
En ce qui concerne le dessin géométrique, la marche s'impose.
Il vous faut naturellement expliquer d'abord à vos élèves les
constructions nécessaires pour l'exécution intelligente des
dessins qu'ils auront à faire plus tard, soit d'après des modèles, soit d'après nature; il est bon que vous développiez
vous-même ces constructions au tableau noir, sous leurs yeux,
et que vous accompagniez vos tracés de toutes les explications
propres à leur en faire saisir les rapports et l'enchaînement.
Vous vous assurerez ensuite, par des exercices numériques,
que vos explications ont été bien comprises et, aussitôt que
vous le pourrez, vous leur ferez traiter des sujets d'application. Vous commencerez naturellement par les exercices les
plus simples, ceux qui ne présentent que des combinaisons
diverses de la ligne droite : carrelages, parquets, rosaces rectilignes, etc. Passant ensuite à l'étude des courbes et particulièrement de la circonférence, vous vous attacherez à leur faire
comprendre les principes du raccordement des lignes et vous
en ferez l'application au tracé de quelques profils de moulu-
res, de spirales, d'anses de paniers, d'ovales, etc. Il importe
aussi que déjà vous les familiarisiez avec la construction et
l'usage des échelles de proportion. S'ils ont à reproduire un
modèle lithographié, vous aurez soin de leur imposer une
échelle autre que celle du modèle. Toutefois je vous engagerais de préférence, afin de les initier le plus tôt possible au
dessin d'après nature, à leur tracer au tableau noir le croquis

coté d'objets placés sous leurs yeux : ils les reproduiraient d'abord à main levée sur papier quadrillé ; puis ils en exécuteraient le dessin à l'échelle d'après la méthode ordinaire.

Dans le *cours supérieur*, vous devrez avoir, surtout en vue la représentation des corps par la méthode des projections. Au moyen d'exercices bien gradués, il vous faut amener vos élèves à l'intelligence du dessin industriel ; il faut qu'ils arrivent à pouvoir reproduire à l'échelle, en plan, élévation et coupe, un assemblage de pièces de charpente, une construction en pierres, un organe de machine, un outil quelconque, un objet usuel placé devant eux, dont ils auront préalablement fait le croquis coté. Point n'est besoin pour cela de leur apprendre la géométrie ; il suffira de quelques définitions que vous leur présenterez sous la forme la plus saisissable, pour leur rendre intelligible tout ce que vous aurez ensuite à leur dire.

Un mot maintenant des moyens à employer et de la méthode à suivre.

D'abord, il faut de toute nécessité que vous ayez à votre disposition une collection en bois ou en plâtre des principaux solides géométriques (prisme, pyramides, cylindre, cône, sphère). Il serait même bon que vous pussiez y joindre les assemblages les plus usités de la charpente, quelques modèles de combles en bois, enfin quelques machines simples (poulie, moufle, treuil) et quelques organes de machine à vapeur.

A défaut de ces modèles en nature, qui coûtent toujours assez cher, parce qu'ils doivent être suffisamment grands pour être bien vus des élèves, quand vous donnez au tableau noir toutes les explications nécessaires à leur représentation géométrale, vous pourriez toujours vous procurer quelques solides géométriques et au besoin les construire vous-mêmes en carton, avec leurs développements. Et une fois que vous aurez, par le dessin de ces solides, initié vos élèves à la méthode des projections, il vous sera facile d'en trouver dans la classe même des applications utiles et intéressantes. Vous pouvez faire dessiner successivement les portes, croisées, tables... ; puis, le plan de l'école, ses façades, sa coupe verticale, etc...

Il est des maîtres qui se bornent à faire copier servilement par leurs élèves des modèles gravés : ils n'arriveront jamais à un résultat satisfaisant. Sans doute, le modèle gravé est utile ; mais à la condition qu'on l'explique et qu'on le fasse

reproduire à une autre échelle. Il est même indispensable au
début du cours, en ce sens qu'il sert de guide pour le tracé
des lignes et pour tout ce qui est relatif à la partie matérielle
du dessin, en ce sens aussi qu'il peut exciter la perspicacité
de l'esprit et développer le goût. Mais il ne faut jamais l'employer exclusivement, et aussitôt qu'on le peut, il faut faire
dessiner d'après nature. Autrement les élèves, qui n'auront
jamais fait que copier, d'après le modèle, des lignes qui souvent ne représentent rien à leurs yeux, se trouveront à leur
sortie de l'école dans l'impossibilité absolue de faire aucune application sérieuse des vrais principes du dessin.

Voici maintenant la marche que je vous conseillerais,
comme étant la plus rationnelle.

Donnant à vos élèves, au fur et à mesure qu'elles deviennent
nécessaires, les principales définitions, vous leur expliqueriez
successivement les projections d'un point, d'une ligne, sur
deux plans perpendiculaires l'un à l'autre. Pour vous assurer
que vos explications ont été bien comprises, vous leur propo-
seriez comme exercices des problèmes numériques ayant trait
à la représentation du point, de la droite dans ses diverses positions par rapport aux plans de projection, puis de quelques
surfaces parallèles ou perpendiculaires à ces plans. Passant
ensuite à la représentation des solides, vous leur montreriez
d'abord le corps qu'ils doivent dessiner ; puis vous le définiriez,
vous en indiqueriez les principales propriétés ; vous pourriez
même donner le moyen d'obtenir sa surface, son volume,
faisant ainsi servir la leçon de dessin à l'étude des notions
pratiques de la géométrie ; enfin, vous en traceriez le développement et au besoin vous le construiriez à l'aide de ce développement réalisé par des cartons, et vous expliqueriez au tableau
noir la manière d'en obtenir les projections. Il n'est pas possible que des exercices de ce genre, exécutés le plus souvent
avec des solides à leur portée et quelquefois d'après des énon-
cés avec données numériques, ne familiarisent pas vos élèves
avec cette méthode des projections dont l'importance est si
grande pour le dessin industriel.

Ces principes bien établis, vous en feriez de nombreuses applications à la charpente, à l'architecture et surtout à la mécanique.

Apprendre à vos élèves à représenter un bâtiment, un meuble, une machine par ses projections et ses coupes, ne serait-
ce pas les accoutumer à voir, à observer, à étudier les objets

qui les entourent dans leur nature, leur forme, leurs dimensions, dans tous les détails de l'agencement de leurs diverses
parties? Et si vous aviez soin d'expliquer le modèle à dessiner,
non seulement au point de vue de sa reproduction, mais encore
au point de vue de sa fabrication, de son emploi, de son rôle
utile, ne prépareriez-vous pas ainsi vos élèves à la pratique des
métiers industriels?

Faisons donc dessiner, mais faisons dessiner avec intelligence; jamais de copie servile n'ayant d'autre mérite que
celui d'une bonne exécution. Par une étude réfléchie et raisonnée, amenons nos enfants à observer, à comparer, à se
souvenir, à représenter fidèlement ce qu'ils voient et à donner
au besoin, par un tracé rapide et correct, une idée nette de ce
qu'ils conçoivent. Non seulement nous les aurons familiarisés
avec les principes d'un art éminemment utile, dont les applications sont de tous les instants dans la vie; mais encore nous
aurons éveillé leurs facultés, nous aurons, d'une manière générale, développé et fortifié leur esprit : ce qui est le but principal et définitif auquel doivent tendre toutes les parties de l'instruction. . . . .

DE
L'ENSEIGNEMENT AGRICOLE

DE L'ENSEIGNEMENT AGRICOLE

De l'enseignement agricole dans nos écoles primaires

§ 1.

Novembre 1876.

A toutes nos écoles rurales devrait être annexé un jardin qu'on nommerait *le champ de l'école,* où les élèves les plus avancés recevraient des leçons d'agriculture et d'horticulture à leur portée.

Il faudrait que cet enseignement fût essentiellement *pratique,* c'est-à-dire qu'il s'appliquât immédiatement aux objets, aux opérations, aux coutumes que les enfants ont sous les yeux.

Il faudrait qu'il les éclairât sur la routine, les préjugés, les pratiques vicieuses qui sont en usage dans leur contrée; qu'il y substituât des idées saines et qu'il popularisât les meilleurs procédés, ceux que l'expérience a sanctionnés dans des contrées plus avancées.

Le maître pourrait leur apprendre à distinguer les différentes natures de terres de la localité qu'ils habitent, les qualités et les défauts de chacune, leur enseigner les moyens qui peuvent le plus efficacement, et avec le moins de frais, augmenter les premières et corriger les seconds. Il trouverait facilement l'occasion de leur faire connaître les divers amendements et leurs usages, en les leur montrant employés par les cultivateurs les plus intelligents du pays.

Il leur expliquerait aussi l'utilité des engrais, les soins qu'il faut prendre pour en conserver la qualité, la manière de les employer, etc. En leur rappelant ce qu'ils sont à même d'observer chaque jour, quand ils se rendent à l'école, en y cherchant des sujets d'entretien qui peuvent donner lieu à des comparaisons intéressantes, il leur ferait comprendre les pertes considérables que causent, sous ce rapport

27

aux cultivateurs leur incurie ou leur ignorance. Des leçons
ainsi données ne pourraient manquer de les frapper fortemen¹
et il en résulterait un enseignement qui se graverait dans
leur esprit d'une manière ineffaçable.

Il leur enseignerait encore les soins qu'il faut donner aux
bestiaux et l'importance de les bien traiter, — l'avantage
qu'il y aurait à n'employer jamais que de bons outils et des
instruments perfectionnés plutôt que d'autres moins commodes ou moins parfaits; — enfin, la supériorité de certaines méthodes de culture, de certaines espèces de plantes,
d'arbres ou de légumes, sur les méthodes usitées, sur les
plantes, les arbres et les légumes cultivés dans le pays, au
grand détriment de ceux qui s'obstinent ainsi dans leur
mauvaise routine.

Est-ce à dire qu'il lui faille pour cela des connaissances
étendues en agriculture? Nullement. Avec les quelques
notions sur les sciences usuelles qu'il possède sans doute, et
les livres qu'il trouvera dans la bibliothèque scolaire, avec un
peu d'observation surtout et le désir de bien faire, il suffira
facilement à sa tâche.

Est-il nécessaire qu'il fasse à ses élèves un cours suivi
d'agriculture? Pas davantage. *Qu'il choisisse bien ses lectures,
ses dictées, ses problèmes;* qu'il soit pénétré de sa mission;
qu'il ait conscience des services qu'il peut rendre, et *il fera
servir à cet objet tous les exercices de la classe,* même ceux qui
y paraissent le plus étrangers.

Dans un département aussi varié d'aspect que celui des
Ardennes, où se trouvent, à côté de régions uniquement
industrielles, des régions essentiellement agricoles, où
existent des besoins si divers chez les enfants qui fréquentent
l'école, il nous est impossible de tracer à cet égard des directions générales. C'est à chaque maître à étudier le pays
qu'il habite, à rechercher quelles en sont les ressources,
quelles sont les améliorations dont le travail de ses habitants
est susceptible en vue de l'augmentation de ses produits et
de ses revenus. Qu'il y adapte son enseignement; que ses
leçons, indépendamment du caractère moral qu'elles doivent
avoir et des règles de conduite qui doivent en résulter, aient
toujours une portée utile et pratique, et il sera étonné de
l'intérêt qu'elles présenteront à ses jeunes élèves; il sera vite
estimé et apprécié lui-même et il ne se plaindra plus du peu
de sympathie dont il est entouré, ni de l'indifférence des

parents, de leur défaut de concours ou même de leur résistance à ses efforts pour propager l'instruction.

Il peut faire plus encore que de se borner à ces notions
générales. Pourquoi, en temps opportun, ne montrerait-il
pas à ses élèves comment on greffe et l'on taille les arbres ?
Il l'a lui-même appris à l'école normale; pourquoi ne ferait-il
pas bénéficier ses élèves de l'enseignement qui lui a été
donné et que souvent il sait mettre en pratique pour son
agrément ou son utilité personnelle ? Bien des parties du
département sont admirablement propres à la culture des
arbres et des bons fruits; quel accroissement de richesse
n'en résulterait-il pas pour le pays, si ce terrain, qu'ailleurs
on nous envie, était partout utilisé; si l'on substituait
partout à des fruits médiocres ou de mauvaise qualité, des
fruits savoureux et recherchés à grand prix ! On ne peut
voir sans regret, autour de nos maisons d'école, un mur
bien exposé, que ne tapisse pas une palmette artistement
conduite, agréable à la vue et riche de promesses. A défaut
de mur, pourquoi ne pas exploiter les palmettes en espaliers,
qui se soutiennent d'elles-mêmes et, une fois formées, ne réclament que des soins très ordinaires ? La taille et la conduite
des arbres n'est pas une occupation fatigante; elle constitue
même une agréable récréation. Que nos instituteurs propa-
gent dans tous les villages le goût de l'arboriculture : les
cabarets seront moins fréquentés, la moralité des ouvriers
y gagnera, et leur bourse ne s'en trouvera que mieux
garnie.

L'éducation des abeilles, d'un si grand produit pour les
contrées qui s'en occupent, pourrait aussi n'être pas négligée; il suffirait pour cela de quelques ruches placées dans
un coin du jardin de l'école. Tous les instituteurs qui
ont passé par l'école normale savent quels soins il faut leur
donner; et s'ils avaient oublié les expériences qui y ont été
faites sous leurs yeux, il leur suffirait de lire quelque traité
spécial pour se les remettre en mémoire.

Si le maître ajoutait à cela la connaissance des animaux
et des insectes nuisibles, ainsi que les meilleurs moyens de
s'en garantir, quelques conseils *pratiques* sur l'hygiène,
sur l'économie rurale et domestique, sur la comptabilité
agricole, sur les mauvaises habitudes locales et leurs fâcheux
inconvénients, sur le danger des emprunts, sur celui d'accroître ses champs et *d'étendre ses cultures au lieu de les*

améliorer, il aurait, croyons-nous, donné à ses élèves les connaissances que comportent leur âge, leur intelligence et
leur position. Il aurait de plus rendu un immense service
à l'agriculture et au pays, en leur préparant une génération
de cultivateurs plus sensés, plus éclairés, mieux disposés à
adopter les améliorations, puisqu'ils auraient plus d'intelligence pour les apprécier et les comprendre et de meilleures
aptitudes pour les mettre en pratique.

§ 2

Janvier 1877.

Des personnes autorisées ont bien voulu nous remercier
de l'article que nous avions inséré sur ce sujet dans l'avant-
dernier numéro de notre *Bulletin,* et nous prier d'y insister;
d'un autre côté, plusieurs instituteurs nous ont écrit qu'ils
verraient avec plaisir le *Bulletin* préciser davantage la direction qu'ils doivent donner à cette partie de leur ensei
gnement, et nous ont demandé de publier quelques sujets
de devoirs comme spécimens de ceux qu'ils doivent s'attacher à trouver eux-mêmes et à faire traiter par leurs élèves.
Nous allons tâcher de satisfaire au vœu des uns et des
autres.

Les moyens et les procédés de l'agriculture varient forcément suivant le terrain et le climat et suivant toutes sortes
de circonstances fort diverses elles-mêmes, et il n'est guère
possible d'expliquer pourquoi ils doivent ainsi varier, sans
emprunter des arguments aux sciences physiques et naturelles. Or, les instituteurs n'ont pas toujours fait de ces
sciences une étude suffisante pour pouvoir en parler pertinemment; la fréquentation de nos écoles est trop irrégulière
et de trop courte durée pour permettre un pareil enseignement; enfin nos élèves sont, en général, trop peu instruits
pour pouvoir en retirer un véritable profit. Mais, alors
même que nos maîtres seraient suffisamment instruits, qu'ils
auraient plus de temps et des écoliers capables, ils seraient
encore arrêtés par la méfiance et le mauvais vouloir avec
lesquels cet enseignement serait accueilli des parents, qui
ont la prétention de savoir leur métier et de l'apprendre à
leurs enfants mieux que ne pourrait le faire un instituteur,

qui n'a jamais tenu le manche de la charrue. Donc, pour toutes ces raisons, *l'enseignement* TECHNIQUE *de l'agriculture est absolument impossible dans nos écoles primaires.* — D'ailleurs l'instituteur doit avant tout à ses élèves l'instruction morale et civique; il doit leur apprendre à lire, à écrire et à compter, les initier aux notions élémentaires de l'histoire et de la géographie; en un mot, leur donner une éducation générale qui en fasse d'abord des hommes et des citoyens. On en fera des cultivateurs ensuite, s'il y a lieu. Pas plus qu'en toute autre matière, *l'utilitarisme* n'a sa place ici.

Que peuvent donc bien vouloir les agriculteurs qui ont demandé et le gouvernement qui a recommandé l'introduction de l'enseignement agricole dans l'enseignement primaire?

C'est un fait que les ouvriers intelligents et capables, de bon vouloir surtout, font aujourd'hui défaut dans nos campagnes. La population rurale est en décroissance dans un grand nombre de départements; les intelligences, les capitaux et les bras tendent vers les villes, au détriment des grands intérêts du pays.

Eh bien! c'est pour réagir contre cette déplorable tendance qu'on veut introduire l'enseignement agricole dans les écoles primaires. On espère développer ainsi le goût des choses rurales, *en mieux faire comprendre*, et s'il est possible, *en augmenter les avantages*, afin d'y attacher les populations.

Que peut bien faire l'instituteur pour atteindre ce but? Il peut :

« Mettre en honneur l'agriculture aux yeux des enfants
« dont les regards se tournent instinctivement vers les
« merveilles et le luxe des villes ;

« Frapper leur jeune imagination par la description des
« merveilles de la nature et élever en même temps leur
« cœur en leur faisant admirer ses sublimes harmonies ;

« Faire comprendre les immenses ressources que la Pro-
« vidence a accumulées pour l'homme et dans lesquelles il
« peut largement puiser par une culture plus rationnelle;

« Éviter de leur parler du *métier* de leur père comme
« d'une profession vulgaire; mais, au contraire, *relever* ce
« métier en le rattachant aux grandes choses de la nature,
« le rehausser à leurs yeux, les préparer par cela même à

« l'exercer avec plus de goût, par suite, avec plus de fruit
« que leurs devanciers [1] ; »

En un mot, faire de l'*éducation* agricole plus que de l'*instruction* agricole; amener les enfants à comprendre et à aimer les choses de l'agriculture, plutôt que de leur apprendre à les pratiquer.

Il devra, en conséquence, par le choix de ses sujets de devoirs et par ses leçons de toute nature :

1° *Faire ressortir les mérites de l'agriculture et de la vie rurale, au point de vue de la famille, du bien-être réel, de la santé et de la vigueur des populations, de la richesse et de l'ordre public, de la défense nationale.* A l'occasion, il mettra en lumière l'histoire réelle de jeunes hommes qui, par leur bonne conduite, leur activité et leur intelligence, ont conquis, dans l'industrie rurale, la considération de leurs concitoyens, le bien-être et même la richesse. A côté de ces histoires heureuses, il en exposera de ma'eureusement véridiques aussi, qui montrent des enfants i lligents, instruits, entraînés par les plaisirs des villes, à l aine morale et matérielle;

2° *Traiter des principaux éléments de 'a production agricole :* de l'air que nous respirons, des causes qui l'altèrent ou l'assainissent, de sa nécessité pour les plantes et les animaux: de l'eau que nous buvons, des propriétés qu'elle doit avoir, des causes qui la corrompent et les moyens de la purifier ; de la terre qui nous porte et qu produit tout ce qui est nécessaire aux plantes et aux animaux, des éléments qui la constituent, de la proportion selon laquelle ils doivent être fondus ensemble et mélangés pour les diverses sortes de culture, etc. ;

3° *Passer en revue les principales productions agricoles.* Il fera voir comment les *plantes* sont constituées, comment elles vivent et se développent, quelles fonctions remplissent leurs principaux organes; il traitera de leurs usages, de leur valeur alimentaire, des moyens de les conserver. Il traitera également de l'élevage des bestiaux, des soins qu'ils réclament; il montrera que l'*animal* ne crée rien, qu'il ne fait que transformer pour notre usage les produits végétaux, etc.

4° *Faire voir à quelles conditions la terre donne ses pro-*

1. Société d'agriculture de Seine-et-Oise.

duits en plus grande quantité, et de meilleure qualité. Il sera
amené à parler de la nécessité de l'amender, de l'ameublir
et de la nettoyer, d'en varier les cultures, en faisant alterner
les récoltes à racines très profondes avec celles à racines
superficielles, de lui rendre par l'engrais ce qu'elle nous a
prêté, si nous ne voulons pas l'épuiser, etc.

Tout cela peut être expliqué dans un langage simple et
usuel, en évitant avec grand soin les termes scientifiques
et les développements qui ne sont pas rigoureusement nécessaires. Ce ne sont, après tout, que des choses dont les
gens de la campagne s'entretiennent entre eux tous les
jours. Il s'agit simplement d'amener les enfants à *observer*
ce qu'ils connaissent déjà, c'est-à-dire à le connaître mieux,
et d'une manière plus complète.

Les enfants de nos villages sont mieux préparés qu'on ne
pourrait le croire à un pareil enseignement, et ils s'y intéresseront vite, si le maître s'y intéresse lui-même, s'il sait
mettre dans ses leçons de la chaleur et de la vie, cet accent
de conviction qui fait pénétrer les choses dans l'esprit et les
y grave profondément.

Il n'obtiendra toutefois ce dernier résultat, que si aux leçons
orales, aux dictées et aux problèmes auxquels donnera lieu
l'enseignement qui vient d'être esquissé, il ajoute encore :

1° *Un musée scolaire agricole.* Dans chaque classe devra se
trouver un petit musée, où seront classés les objets les plus
propres à frapper l'esprit des enfants, à leur faire bien connaître les choses dont il leur aura parlé. Depuis longtemps on
trouve, dans la plupart des écoles de nos régions industrielles :
ici, de la laine à l'état brut, puis dans les différents états par
lesquels elle passe successivement pour devenir du drap ; là,
le fer avec toutes ses transformations, avec des spécimens de
tous les objets qu'il sert à fabriquer dans le pays ; là encore,
de la peau, de l'écorce, du tan, du cuir, etc., etc. Pourquoi
ne trouverait-on pas, dans toutes les écoles de nos régions
plus particulièrement agricoles, des échantillons des diverses
sortes de terrain, de la marne, de la chaux, des nodules de
phosphate de chaux, etc. ; puis, les plantes les plus usuelles,
avec leurs racines, du blé, de l'avoine, etc. ; des modèles ou
des dessins de maisons, d'étables, de granges, de fosses à
fumier et de fosses d'aisance économiquement disposées et
rationnellement combinées, etc., etc. ? Tout cela devrait même
se renouveler assez souvent, pour que les yeux des élèves n'aient

pas le temps de s'y accoutumer et que leur intention soit réveillée par la nouveauté;

2° *Un jardin*, annexe indispensable de l'école, qui montre par des faits les ressources qu'une culture rationnelle doit et sait tirer de la terre, où les enfants puissent voir appliqués, autant que faire se peut, les préceptes qui sont la conséquence de l'enseignement donné dans la classe;

3° Quelques *excursions* dans les champs, quelques *visites* aux fermes du voisinage, aux meilleurs laboureurs, aux plus habiles semeurs, aux plus belles récoltes surtout, aux étables les mieux aménagées et les mieux tenues. L'instituteur se bornera à faire admirer par les enfants les résultats obtenus; mais il arrivera souvent, ou nous nous trompons fort, que des gens compétents se feront un plaisir d'exposer eux-mêmes à leurs visiteurs la manière dont ils s'y sont pris pour les obtenir.

4° Un peu de *comptabilité agricole*. Rien ne s'oppose à ce que les exercices de calcul portent sur des objets et des faits relatifs à l'agriculture. Que l'instituteur s'ingénie à composer lui-même des problèmes faisant ressortir la différence des produits qu'on retire de deux hectares de terre dont l'un a été bien et l'autre mal cultivé, etc.; ce que rapporte une bonne vache, etc.; combien est grande la puissance de l'épargne, etc. Ces problèmes seront certainement plus instructifs et surtout plus intéressants pour les élèves, que ces éternelles données de mètres qu'on trouve dans tous les recueils imprimés.

Tel est le cadre que nous traçons volontiers à l'activité de nos instituteurs, tels sont les moyens dont nous recommandons la pratique à leur zèle intelligent. D'une part, cette voie sera plus facile et moins scabreuse pour eux que celle qui les amènerait à faire de l'enseignement technique; d'autre part ils trouveront, dans la conscience des services qu'ils rendront, une satisfaction intime qui leur donnera une grande force, et ils obtiendront vite, de la part des populations, un accroissement de considération qui les paiera largement de leur peine.

LA LEÇON DE CHOSES

LA LEÇON DE CHOSES

Canevas de leçons de choses faites dans les conférences
cantonales

§ 1

Décembre 1876.

LE CHEMIN DE FER

Qu'est-ce qu'un chemin de fer? C'est un chemin, évidemment; mais pourquoi..... de fer? *Parce qu'il est garni dans
toute sa longueur de barres de fer sur lesquelles courent les voitures.* — Comment s'appellent ces barres? Et les voitures
qui courent sur les *rails?* Et la machine à vapeur qui traîne
ces *wagons?* Comment s'appelle une longue suite de wagons
traînés pas une locomotive? Et l'homme qui dirige le *train?*
Et l'homme qui met du charbon dans le foyer de la machine?
Et celui qui veille aux bagages qu'emporte le train? Et celui
qui vient contrôler les billets? Pourquoi ce contrôle? Est-il
bien de monter dans un compartiment d'une autre classe que
celle qu'indique le billet qu'on a pris? Il semble qu'on ne fasse
pas grand tort à la Compagnie...? Que faut-il faire quand on
veut prendre un train de chemin de fer? Pourquoi ne délivre-
t-on, en général, les billets que dix minutes avant le départ
du train? Comment doit-on demander un billet? Faites votre
demande, sans rien oublier. — Pourquoi ceci et cela? Qu'est-
ce qu'un *aller et retour?* Comment est-il fait? Que doit-on en
faire? Pourquoi donne-t-on des billets d'aller et retour? Billets
d'enfants : 1/2 places et places gratuites. N'y a-t-il pas une
date sur les billets? Pourquoi? Quand on a des bagages, que
faut-il faire? etc., etc.

Qu'est-ce qu'une gare? *L'endroit où s'arrêtent les trains.*
— Pourquoi les trains s'arrêtent-il? *Pour déposer et prendre
des voyageurs..., des marchandises..., et aussi pour prendre de
l'eau.* Pourquoi cette eau? (Un mot de la force élastique de
la vapeur aux élèves les plus avancés.) Qu'est-ce qu'une halte?

Une petite gare où s'arrêtent seulement certains trains pour déposer et prendre des voyageurs, mais où l'on ne dépose ni on ne prend de marchandises, etc.

Vous avez vu des chemins de fer sur lesquels il n'y a que deux rails, et d'autres sur lesquels il y en a quatre, vous êtes-vous demandé pourquoi? *Quand un chemin de fer est peu fréquenté, souvent on se contente de poser deux rails, et alors les trains allant en sens contraire passent sur les mêmes rails.* Est-ce que cette disposition a des inconvénients? Nécessité d'établir des voies d'échappement, où l'un des trains puisse se garer pour laisser passer l'autre. Aussi n'est-ce que sur les petites lignes peu fréquentées qu'on se contente de deux rails; les grandes en ont quatre. Alors les trains qui partent prennent toujours la voie qui est à leur gauche. Sur les lignes à deux voies, par où descend-on? — *Toujours du côté gauche.* Pourquoi? Et sur les lignes qui n'ont qu'une voie? — *On descend tantôt à droite, tantôt à gauche, selon la position de la gare.* Pourquoi? etc.

Un chemin de fer coûte-t-il beaucoup à établir? *Oui.* — Pourquoi? *La voie doit être la plus droite possible et avoir le moins de pente possible.* — Pourquoi? — De là de nombreux *travaux d'art.* — Qu'appelle-t-on chaussées? *Les remblais sur lesquels on franchit les vallées et les marais.* — Viaducs? *Ponts sur lesquels on traverse les chemins, les vallons et les rivières.* — Tranchées? *Des coupures faites dans le sol, à ciel ouvert, quand la colline que franchit la voie n'est pas trop élevée.* — Tunnels? *Des passages qu'on creuse dans la terre pour franchir une montagne, etc.* — Rampes? etc. — Avez-vous remarqué que les voies ferrées suivent presque toujours les cours d'eau? Voyez la carte de France : un chemin de fer y côtoie chacun de nos grands fleuves. — Pourriez-vous me dire pourquoi?...

Quels avantages présentent les chemins de fer? *Ils nous permettent de voyager :* 1° *plus vite;* or le temps, c'est de l'argent; 2° *à moins de frais:* comparaison avec les anciennes voitures; 3° *plus commodément, avec moins de fatigue :* aussi voyage-t-on bien davantage, n'est-ce pas? depuis l'établissement des chemins de fer. En général, quand les progrès de l'industrie rendent moins chère une commodité quelconque, les hommes en usent plus largement. — Les lettres à 25 centimes pour toute la France! Aussi écrit-on bien davantage. — Il n'y a plus pour ainsi dire de distances. (Le tour du monde en 80 jours, par Jules Verne.) Citez quelques exemples. — Il en résulte que les hommes se voient plus souvent, se connaissent et s'apprécient mieux. — Cela fortifie l'unité nationale, etc.

N'y a-t-il avantage, dans l'établissement d'un chemin de fer, que pour les voyageurs et les marchandises? *Transport peu coûteux*. — Vous pourriez m'objecter que les canaux aussi transportent des poids énormes à peu de frais. C'est vrai; ils ont même cet avantage que l'eau ne coûte rien et ne s'use pas, tandis qu'il faut de la houille pour transformer l'eau en vapeur. Deux ou trois chevaux suffisent pour traîner, sur un canal, des poids considérables; mais ce moyen de transport est bien lent. Il est des marchandises pour lesquelles cette lenteur n'a pas de grands inconvénients : les pierres, la houille, les matériaux de construction, les matières premières, en général; mais il en est d'autres pour lesquelles le transport n'est plus possible, s'il n'est pas rapide : le poisson de mer, par exemple. Sur les bords de la mer, on a du poisson en abondance; à certains moments, il faut le saler pour le conserver, etc. — Aujourd'hui, grâce aux chemins de fer, on peut avoir des harengs frais, du poisson de mer frais, jusque dans l'intérieur des terres.

— N'en est-il pas de même pour les fruits? Certains pays en produisent plus qu'il n'est nécessaire pour leur consommation, et, grâce aux chemins de fer, on exporte le surplus là où il en manque. — L'établissement des chemins de fer a fait, dit-on, renchérir les denrées. Est-ce un mal? — *Non..., pour les cultivateurs*. Primeurs du Midi et de l'Algérie, qu'on mange à Paris et dans le Nord de la France, etc. Précieuse invention que celle des chemins de fer! Reconnaissance aux savants qui rendent de pareils services à l'humanité, etc.

L'invention des chemins de fer est-elle ancienne? Dès le mois de septembre 1830, un chemin de fer pour voyageurs fonctionnait en Angleterre. — C'est en 1832, que pour la première fois en France un chemin de fer emporta des voyageurs.

§ 2

Mars 1877.

LA CLASSE

Comment appelle-t-on la place où nous sommes? *La salle de classe*. — De quoi fait-elle partie? *De la maison commune*.

— Pourquoi cette maison est-elle appelée maison *commune?* etc. Quelles sont les parties de cette maison, autres que la salle de classe? A quoi sert la mairie? etc... — Toutes les communes ont-elles une maison commune? — Ne devraient-elles pas toutes en avoir une? — N'est-ce pas un établissement *d'utilité publique?* — Faire remarquer que dans les bourgs, et surtout dans les villes, la maison commune est quelquefois un hôtel. — Où est-elle située? *Au milieu du village, autant que possible.* — Pourquoi?

Revenons à l'école. On passera en revue les différentes parties de son mobilier, et l'on demandera à quoi sert chacun des objets qui le composent. — Utilité du tableau noir. — Autrefois il n'y avait pas de tables dans les écoles, il n'y avait que des bancs; on cherche maintenant les moyens de mettre partout des bancs avec dossier. — Progrès. — Bibliothèque classique de livres de lecture. Quels avantages présente-t-elle? — Bibliothèque scolaire de livres destinés aux adultes, qui peuvent être emportés dans les familles. — Par qui ont été donnés chacun de ces objets? *La plupart ont été payés par la commune; mais il en est aussi qui ont été donnés par le département, par l'État, quelquefois même par des personnes généreuses.* — Pourquoi? *Pour encourager l'instruction.* — Que pensez-vous des enfants qui coupent les tables? Qui n'ont pas soin des livres qui appartiennent à l'école? — Petit musée d'objets divers réunis par les soins des élèves. Pourquoi? *Pour l'enseignement intuitif* — N'est-il pas vrai que vous comprenez beaucoup mieux ce qu'on vous explique, quand on vous montre les objets eux-mêmes dont on vous parle? Chacun de vous doit avoir à cœur d'enrichir ce petit musée, d'être un *fondateur* du mobilier scolaire, d'y ajouter quelque chose qui servira à l'instruction de ceux qui viendront après vous.

Quelles sont les dimensions de la salle de classe : longueur, largeur, hauteur? Elle doit présenter pour chaque élève 1 mètre carré de superficie; pourquoi? — 4 mètres de haut; pourquoi? — Nécessité d'un cube d'air suffisant. Encore n'est-ce pas assez. N'y a-t-il pas des vasistas aux fenêtres? Pourquoi? — On fera ressortir les avantages du renouvellement de l'air dans la partie supérieure de la classe : on évite ainsi les courants; par suite, les refroidissements subits, les rhumes, etc... Prescriptions fort sages, imposées par l'autorité supérieure, dans l'intérêt de la santé des enfants.

Pourquoi vient-on à l'école? *Pour apprendre à lire, sans*

doute; et aussi pour apprendre à écrire, à compter. — Est-ce tout ? *Non, on y apprend encore à dessiner.* — Utilité du dessin, etc. Et l'instruction morale qui vous donne des préceptes de conduite, qui vous apprend ce que vous devez faire dans la vie...?

— Combien êtes-vous d'enfants à l'école? Serait-il possible de vous instruire chacun individuellement? *Non.* — Mais alors il faut que vous soyez tous bien exacts. — Inconvénients du défaut d'exactitude : si le maître commence une leçon avant que tout le monde soit arrivé, il est des choses qu'il aura dites et que certains élèves ne sauront pas, sur lesquelles, par conséquent, il devra revenir : de là une perte de temps pour tout le monde. — Il en est de même quand plusieurs enfants d'une division manquent des classes, ne viennent pas régulièrement à l'école. — Et si un élève trouble la classe, force le maître à s'interrompre, au moment où celui-ci fait sa leçon ? N'est-ce pas un véritable vol qu'il fait à ses camarades ? Oui, mes enfants, il leur vole le temps du maître, un temps bien précieux, pendant lequel on leur eût appris une foule de choses que plus tard ils auront besoin des avoir. Donc tous les élèves doivent venir en classe : 1° *exactement*, n'être jamais en retard; 2° *régulièrement*, ne jamais manquer de classe, à moins d'impossibilité absolue; 3° *bien s'y tenir et écouter attentivement,* afin de ne pas forcer le maître à s'interrompre ni à recommencer, afin d'épargner son temps et de le faire servir au plus grand profit de tous.

Avantages que procure l'assiduité à l'école. Pour quelques-uns, elle leur permettra de se créer plus tard, par leur instruction, une belle position. Citer comme exemple, s'il y a lieu, quelques jeunes gens de la commune qui, par leur assiduité à l'école et par leur travail, sont arrivés à une position bien supérieure à celle dans laquelle ils étaient nés. Cependant ce n'est là que le lot de quelques-uns ; pour réussir ainsi, il faut une intelligence plus qu'ordinaire, il faut aussi être servi par les circonstances. On peut d'ailleurs être heureux dans toutes les conditions. — Pour tous, elle les mettra à même de faire leurs affaires plus tard, de se suffire sans l'aide d'autrui. Voir le développement de cette idée dans *Francinet*, chap. xv.

Toutes les communes ont-elles des maisons d'école? Plaindre les hameaux dont les enfants ne peuvent fréquenter l'école, ou ne le peuvent que très difficilement, à cause de l'éloignement. Pour vous, à la portée de qui on a mis des moyens d'instruction, ne seriez-vous pas inexcusables si...?

Conclusion. — Oui, mes enfants, vous devez de la recon naissance à la société qui fait tant pour vous, alors que vous n'avez encore rien fait pour elle, aux autorités qui en sont les représentants, et qui prennent tant de soin de votre éducation; vous en devez aussi à vos parents, qui se privent des services que vous pourriez déjà leur rendre, et qui s'imposent des sacrifices en vue d'assurer votre avenir; vous devez un peu de gratitude aussi à votre maître, qui veut bien vous donner tout son temps et tous ses soins, et qui espère que vous tâcherez de correspondre à ses efforts, car il ne peut rien faire sans vous.

Cette leçon, comme la précédente, peut être faite à des élèves de tout âge et de toute force, réunis dans une même classe. Les questions les plus simples seront posées aux élèves les plus jeunes et les moins avancés; c'est seulement, lorsque ceux-ci n'y répondront pas convenablement, que le maître s'adressera à ceux qui sont plus âgés et déjà plus forts. — Il ne donnera la réponse lui-même que lorsqu'aucun élève de la classe n'aura pu la trouver.

On mêlera continuellement à cette causerie familière des réflexions morales; mais on n'y insistera pas. Les leçons morales, en effet, ne sont fructueuses qu'à la condition de n'être pas ennuyeuses: il en sera ainsi si elles consistent uniquement dans des réflexions que la leçon amènera tout naturellement, dans les conséquences que les enfants sauront bien tirer, et qu'il faut leur laisser le soin et le plaisir de déduire eux-mêmes.

Le maître pourra extraire, de telle ou telle partie de cette leçon, un petit sujet de style à l'usage des élèves de ses différents cours. Les plus avancés pourront même la rédiger et la reproduire en entier.

§ 3

La leçon de choses.

Extrait d'une conférence. — Novembre 1879.

S'il est un exercice qui soit en honneur aujourd'hui, dont chacun proclame l'utilité et l'agrément, c'est certainement *la leçon de choses.* Aussi chaque maître a-t-il la prétention

.. le pratiquer; c'est même par cela qu'il lui semble plus particulièrement être entré dans les méthodes nouvelles et avoir rompu avec la routine. J'ai vu des instituteurs vraiment émerveillés de tout ce qu'ils trouvaient à dire à leurs élèves sur le plus simple objet, et remplis d'enthousiasme pour un exercice si intéressant et si fécond. C'était pour eux une découverte. Je ne voudrais pas refroidir cette ardeur; je crois bon, en effet, tout ce qui peut introduire dans une classe la vie et l'entraînement. Est-ce à dire pourtant que cet exercice de la leçon de choses soit toujours bien compris, qu'on en tire tout le parti qu'on devrait en tirer? Non assurément; et cela parce que, plus que tout autre peut-être, il exige de la part du maître des connaissances variées et étendues, beaucoup de jugement et de sens pratique, une préparation sérieuse et suivie.

D'abord, entendons-nous sur ce que j'appelle une leçon de choses. Il est des maîtres qui veulent que la leçon de choses se mêle à tout. Lecture, grammaire, histoire, géographie, arithmétique même: tout leur est matière à leçons de choses, c'est-à-dire à digressions. Ainsi comprise, la leçon de choses n'est plus un exercice à part, c'est un procédé général qui s'applique à tout, c'est l'intuition, si l'on veut, c'est l'interrogation socratique, une certaine forme que l'on donne à sa manière d'enseigner. Je ne voudrais pas la blâmer absolument. Elle a pourtant de grands inconvénients : elle ne se prête guère à cette suite ni à cet enchaînement des leçons, sans lesquels il est bien difficile de mettre des idées nettes dans l'esprit des élèves et de leur faire faire de réels progrès. En tout cas, ce n'est pas là ce que j'appelle proprement la leçon de choses.

La *leçon de choses*, telle que je la comprends, est une leçon spéciale, un exercice à part, qui doit avoir lieu tous les jours, si c'est possible, principalement à la fin de la classe du soir, alors que souvent, pendant l'hiver, les élèves n'y voient pas assez clair pour pouvoir lire ni écrire, alors surtout qu'ils sont fatigués des exercices de la journée et qu'une causerie intéressante peut seule raviver leur attention défaillante, maintenir une discipline devenue particulièrement difficile. Cette leçon ne doit pas être uniquement une leçon de mots, un exercice de langage; elle doit être avant tout et essentiellement une leçon instructive. Mais ce qui la caractérise principalement, c'est qu'elle doit se faire au moyen de choses sensibles, *par des objets* mis sous les yeux des élèves et sur lesquels ceux-ci sont appelés à réfléchir. Elle nécessite, par conséquent, un *musée scolaire*.

La leçon de choses embrasse tout : les êtres et les faits de la nature; mais c'est précisément parce qu'elle se prête à un objet aussi général qu'elle présente des difficultés particulières. Laissez-moi vous signaler les défauts dans lesquels elle vous entraîne trop souvent.

1° Il arrive parfois que votre leçon de choses est superflue, que vous passez un temps précieux à apprendre à vos enfants des choses qu'ils savent très bien ou qu'ils apprendront nécessairement plus tard de leur propre mouvement, par leurs observations personnelles, par leurs conversations avec leurs parents ou leurs camarades. Quand vous leur dites, par exemple, que le verre est dur, lisse, transparent, etc. ; que si vous laissez tomber ce morceau que vous tenez à la main, il va se casser ; que les fragments de ce verre brisé coupent facilement les doigts, ils savent tout cela et vous ne leur apprenez rien. Il en est de même si vous exhibez un oiseau pour leur faire dire qu'il a une tête, deux pattes, deux ailes, des plumes, etc... Ce n'est pas leur faire une leçon de choses que de leur faire remarquer qu'une table a quatre pieds, quatre coins, un tiroir, etc... Nommer des objets, énumérer les parties dont ils se composent, leurs propriétés manifestes, c'est faire un catalogue, c'est dresser un inventaire, ce n'est pas faire voir les choses, puisque ce n'est pas les faire comprendre. Tout au plus faites-vous prononcer et écrire des mots ; mais vous n'exercez ni à comparer ni à juger, vous ne fortifiez pas, vous n'agrandissez pas l'esprit.

2° Il arrive aussi que vous regardez comme connus des faits que vos enfants ne connaissent pas, ou qu'ils ne connaissent pas assez pour que vous puissiez en faire le point de départ de connaissances nouvelles. C'est un défaut auquel le maître est exposé dans toutes les parties de son enseignement, mais particulièrement dans la leçon de choses. Une explication suppose toujours une chose parfaitement connue, parfaitement comprise, à laquelle on rattache par comparaison une chose qui n'est pas connue ou qui est moins connue. Passer du connu à l'inconnu, c'est-à-dire presque toujours du simple au composé, du concret à l'abstrait, de l'empirique au rationnel, comme diraient les philosophes, c'est une règle qu'il faut avoir constamment pré-

sente à l'esprit, quand on enseigne, mais qu'il est plus facile, ne vous y trompez pas, d'énoncer que de mettre en
pratique. Instruire, c'est proprement donner la raison des
choses, c'est-à-dire montrer comment une chose n'arrive
que parce qu'elle est la conséquence de celle qui la précède
et qui l'engendre. Il faut donc ne vous appuyer, dans vos
explications, que sur des choses parfaitement claires ou
déjà expliquées; il vous faut faire en sorte qu'il y ait toujours entre ce que vous dites et ce que vous avez dit précédemment un rapport étroit et facilement saisissable. Il est des
leçons qu'il faut vous interdire, si elles n'ont pas été pré-
cédées d'autres leçons qui seules pourraient les rendre intelligibles; ou plutôt il est des limites que vous devez vous
fixer, et qu'il ne vous faut jamais franchir, mais que vous
pouvez reculer à mesure que vos élèves, plus exercés, peuvent s'avancer plus avant dans le champ de l'inconnu. Je
prends le verre, par exemple. Il peut être intéressant pour
eux que vous leur racontiez comment il a été inventé; mais
si vous allez au delà du fait lui-même, de l'anecdote qui
expose sa découverte, vous vous heurtez à des questions
que la chimie seule peut résoudre. Vous montrez à vos élèves une théière et vous leur faites remarquer que l'extrémité de son goulot est plus élevé que son niveau supérieur;
vous leur faites voir, par une expérience, ce qui arriverait
s'il était plus bas. Jusqu'ici c'est bien, ils vous comprendront, parce que vous ne leur parlez que de choses qu'ils
voient et peuvent constater de leurs yeux. Mais vous ne
pourriez aller plus loin et essayer de leur en donner le
pourquoi, que si déjà vous leur aviez expliqué les lois de
l'équilibre des liquides dans les vases communiquants; et
ainsi du reste. Vous le voyez; on peut faire, sur le même
objet, la même leçon à des degrés bien différents; le tout
est de savoir jusqu'où l'on peut aller, où il faut s'arrêter.
Or, cette limite dépend de ce qui a été dit précédemment
aux élèves et de ce qu'ils en ont retenu.

En somme, si l'on se borne à dire aux élèves ce qu'ils savent, on ne leur apprend rien; et si l'on cherche à ajouter
à leurs connaissances, on arrive vite à quelque chose d'inintelligible pour eux. Le seul moyen d'échapper à ce double
embarras, c'est de regarder avant de sauter, d'explorer
d'abord la route que l'on va parcourir, de n'avancer que lentement et de n'ajouter que peu de chose chaque fois aux con

naissances déjà acquises. (V. BAIN, *la Science de l'éducation*.)

3° Rien ne se prête plus que la leçon de choses à des digressions intempestives et sans règle, et cela, pour une raison bien simple, c'est que rien n'est plus varié que l'association des idées[1]. Il suffit, en effet, qu'un rapport tout accidentel existe entre deux choses pour que l'une nous mène à l'autre: de là les coq-à-l'âne; de là aussi les divagations qui leur ressemblent et ne peuvent laisser aucune idée nette dans l'esprit. Vous voulez, par exemple, faire une leçon sur le chameau. C'est un animal que vos enfants ne connaissent pas; mais ils connaissent le cheval et l'âne, qui sont comme lui des bêtes de somme. Par des comparaisons habilement amenées, en vous appuyant sur ce qu'ils savent du cheval et de l'âne, vous arriverez à leur donner une idée du chameau et des services qu'il peut rendre. En insistant sur certains caractères qui le distinguent du cheval et de l'âne, vous leur expliquerez fort bien pourquoi il est plus propre qu'eux à traverser les déserts. Encore faut-il pourtant qu'ils aient déjà une idée des différents organes de l'animal et de sa constitution. Jusqu'ici c'est bien: vous vous fondez sur ce que l'enfant connaît et conçoit déjà pour lui dépeindre des êtres et des objets qu'il ne connaît pas; vous lui donnez ainsi des idées nouvelles, dont vous pourrez vous servir ensuite pour d'autres études. Mais si, à propos du désert, vous demandez à vos élèves pourquoi il y a des déserts; si vous leur dites que le manque d'eau, qui en est la cause principale, tient à leur éloignement des mers, tout cela pourra être vrai et même intéressant; seulement vous quittez votre sujet pour en prendre un autre, qui peut à son tour vous conduire à un autre sans rapport avec votre point de départ, et ainsi de suite. — Si vous faites une leçon sur le charbon, vous pouvez, en parlant de la propriété qu'il a de produire de la chaleur, citer le bois et quelques autres combustibles; mais si vous étendez cette énumération, vous allez faire une leçon générale sur les combustibles, ce qui est chose tout autre que votre sujet. Il est difficile, en effet, qu'on fasse une leçon sur un sujet quelconque, animal, plante ou minéral, sans être amené à traiter de quelqu'une de ses propriétés; et comme cette propriété lui est commune avec bien d'autres de ses congénères, on est vite entraîné à traiter de cette

[1]. Voir page 39.

propriété d'une manière générale. Si, au contraire, on prend
comme objet de sa leçon une propriété générale, il est difficile également qu'on ne soit pas amené à'y faire intervenir
des individus qui ne sont pas encore suffisamment connus.
C'est un double écueil contre lequel il faut se mettre en garde.
Le mieux serait peut-être de commencer par des leçons
n'ayant trait qu'à des individus dont on se bornerait à faire
connaître les propriétés les plus apparentes et qu'on rappro-
cherait, mais sans y insister, d'autres individus chez lesquels
les mêmes propriétés peuvent être facilement remarquées.
Mais, quoi qu'on fasse, la chose est pleine de périls, on le
voit, et l'on ne peut guère espérer y échapper que par une
préparation bien étudiée de ce que l'on va dire, qu'en se
fixant des limites qu'on aura soin de ne pas franchir. Comme
nous voilà loin de ces leçons improvisées, pour lesquelles on
croit pouvoir prendre le premier objet venu et dont les développements sont dus à l'inspiration du moment! C'est que
parler de tout à propos de tout n'est pas une richesse ; c'est
plutôt une pauvreté d'esprit et une infirmité de méthode.

4° Enfin, il importe que la succession de vos leçons de choses
présente un enchaînement suivi, que la première prépare la
seconde, que celle-ci rende possible la troisième et ainsi de
suite. Il faut qu'elles aient entre elles des rapports et qu'elles
se prêtent un appui mutuel. Je voudrais donc que, dès la
rentrée, le plan de vos leçons de choses fût arrêté pour toute
l'année. Ici comme partout ailleurs, et peut-être plus que
partout ailleurs, parce que vous n'avez pas d'ouvrage pour
vous guider, il vous faut un programme. Vous pourriez tirer
votre entrée en matière des objets qui vous entourent; puis
passer à l'histoire naturelle : animaux, végétaux, minéraux,
en commençant par leurs usages, qui ne sont guère que leurs
propriétés en action ; ensuite viendraient la physique et la
chimie, les arts utiles, et enfin les faits de la vie morale.
Voilà la série que je vous engagerais à parcourir et à recommencer chaque année, mais en variant vos sujets ; ce qui fait
que vous ne l'épuiseriez jamais.

5° Une dernière recommandation. Plus que toute autre
leçon, la leçon de choses peut s'adresser à des élèves de force
différente. Ce que l'un ne sait pas, l'autre le dira. Faites-la
donc toujours pour tous vos élèves à la fois. Si elle est
trop sérieuse pour vos plus jeunes, mêlez-y quelques réflexions, quelques applications pratiques qui soient à leur por-

tée et qu'ils puissent facilement saisir. Au contraire, le sujet
en est-il bien connu de vos élèves les plus âgés? demandez-leur
en passant quelques explications d'un ordre plus relevé, faites
chercher la cause d'un fait que les plus jeunes ne peuvent
encore que constater. Ainsi vous les intéresserez tous et si
vous leur demandez ensuite de résumer par écrit, en quelques phrases, telle ou telle partie de la leçon qui est plus à
la portée de l'esprit de chacun, non seulement vous les aurez
instruits, ce qui était l'objet propre de votre leçon, mais encore
vous leur aurez appris à exprimer leurs idées, ce qui est la vraie
manière de leur apprendre du français.

En résumé, il faut que la leçon de choses apprenne à l'enfant ce qu'il ne sait pas encore; il faut qu'elle ne prenne son
point de départ pour des connaissances nouvelles que dans
des choses déjà parfaitement connues et comprises; il faut
enfin qu'elle ait un but bien défini et une portée limitée. Si,
en outre, chacune de ses parties est résumée dans une phrase
courte, claire, substantielle, que le maître dira ou mieux encore
qu'il fera trouver à ses élèves et qu'ils rapporteront par écrit,
elle aura satisfait à la condition essentielle de cet exercice :
les choses d'abord, les mots ensuite, l'instruction par les choses
et non l'instruction par les mots, la connaissance des choses
ayant par elle-même une valeur supérieure et indépendante
et ne pouvant être considérée comme un accessoire de la correction du langage. Mais tout cela n'est possible, et c'est
ma conclusion, que si l'instituteur, au lieu de se fier à l'im-
provisation et de compter sur l'inspiration du moment, s'est
marqué à l'avance toutes les étapes qu'il veut parcourir et
s'est livré chaque fois à une méditation sérieuse et approfondie du sujet qu'il va traiter.

LE CAHIER-JOURNAL

ET LE CHOIX DES DEVOIRS

LE CAHIER – JOURNAL

§ Ier

Le cahier-journal.

Janvier 1877.

Il a été recommandé à tous les instituteurs dans les dernières conférences, et nous recommandons à toutes les institutrices par la voie du *Bulletin*, de ne mettre entre les mains de leurs élèves, outre le *cahier d'écriture, le* ou *les cahiers de mise au net, qu'un seul cahier de devoirs*, où ceux-ci consigneront, jour par jour, tous les devoirs qu'ils auront faits, et dans l'ordre dans lequel ils les auront faits.

Ainsi, on est au 1er octobre; l'élève commence son cahier. Il écrit, en tête de la première page, le nom du jour et la date du 1er octobre; puis il consigne, les uns à la suite des autres, en les séparant par un trait, tous les devoirs qu'il fait le 1er octobre, dans l'ordre où il les fait. Le soir, quand il a terminé son dernier devoir, il tire un trait plus fort et plus long. Il fera de même le lendemain, 2 octobre, et les autres jours qui suivront. Quand son cahier sera terminé, il le remettra au maître qui, après y avoir apposé son visa et, si possible, réclamé celui des parents, le serrera dans l'armoire-bibliothèque; puis il en fera un autre d'après les mêmes principes. A la fin de l'année, le maître remettra à sa famille tous les cahiers qu'il aura faits pendant l'année.

Le maître appellera lui-même et fera appeler ce cahier *cahier-journal*. Il ne tolérera pas qu'on l'appelle *cahier-brouillon*, parce que ce cahier, s'il peut et même s'il doit porter des ratures et des corrections, ne doit pas pour cela être couvert de brouillons. Il ne tolérera pas davantage qu'on l'appelle *cahier au sale*, parce que l'élève doit s'appliquer à mettre de la propreté dans tout ce qu'il fait.

Au lieu de ces petits cahiers de deux sous, qu'on trouve dans toutes nos écoles, faits de mauvais papier, avec une mauvaise couverture portant une mauvaise gravure et une

28

légende mal faite que les enfants du reste ne lisent pas, nous conseillons aux maîtres et aux maîtresses d'acheter, à la rame, du bon papier écolier, avec lequel ils feront eux-mêmes, ou feront faire par leurs élèves, des cahiers solides et suffisamment épais. Il serait bon que chaque cahier contînt au moins une demi-main de papier et fût recouvert d'un carton. On y ménagera des marges de trois centimètres environ.

Malgré l'opinion contraire d'autorités compétentes, et auxquelles d'ailleurs nous déférons, nous croyons absolument indispensable que chaque élève ait, avec ce *cahier-journal*, un ou plusieurs cahiers de mise au net. Il nous est indifférent, d'ailleurs, qu'il n'ait qu'un seul cahier de devoirs mis au net, ou qu'il en ait trois : un pour les dictées, un autre pour les exercices de composition, un autre encore pour les problèmes. Il est évident qu'il lui en faudra au moins trois pour son année : s'il met tous ses devoirs au net les uns à la suite des autres, dans l'ordre dans lequel il les fait, sur un seul cahier, ce cahier reproduira mieux l'ensemble des exercices de la classe et sa vraie physionomie ; mais il ne serait pas sans intérêt non plus qu'il eût sur un même cahier toutes les dictées qu'il a faites pendant une année, sur un autre tous les problèmes, etc., parce qu'on y verrait mieux l'esprit de chaque cours, la suite et l'enchaînement des exercices ; cependant, nous le répétons, ceci importe peu. Ce qu'il faut, c'est que chaque élève, au moins dans les écoles dirigées par un seul maître ou une seule maîtresse, ait un ou plusieurs cahiers pour la mise au net de ses dictées, de ses exercices de style, de ses problèmes.

Nous avons dit *au moins dans les écoles dirigées par un seul maître ou une seule maîtresse* (or, ces écoles constituent l'immense majorité des écoles du département), parce que nous comprenons jusqu'à un certain point qu'un maître qui n'a qu'une seule division, puisse toujours s'occuper de ses élèves et faire succéder à chaque exercice un exercice nouveau. Mais celui qui a deux divisions de force différente à faire marcher de front ; celui qui en a trois, et même quatre, comment veut-on qu'il *les occupe continuellement et d'une manière utile,* comme le lui prescrit le Règlement, si chacune de ses leçons à une division, chacune de ses corrections ne donne pas lieu à un travail écrit qu'elle puisse faire pendant qu'il s'occupera d'une autre ? D'ailleurs, ne craint-on pas qu'une dictée, par exemple, qui vient d'être faite et corrigée, ne laisse guère de traces dans l'esprit des élèves, si, le travail terminé, ils la laissent là pour n'y plus revenir ? Nous voyons donc toutes sortes d'avantages à ce que, après la correction, l'élève ait à transcrire sa dictée, *d'une écriture très propre et sans fautes*, et il ne nous semble pas que cette transcription ne soit qu'une « opération mécanique », puisqu'il doit s'appliquer à n'y plus laisser aucune faute, et tâcher de se rappeler tout ce que le maître a dit pendant la correction. Il le faut bien si, comme nous l'avons toujours recommandé, la mise au net de la dictée est suivie de l'explication du sens de quelques mots, de la transcription d'une règle importante dont l'application a été faite et qui a été rappelée, etc.

Nous le répétons, il ne nous paraît pas possible, dans nos écoles composées de trois et même de quatre cours, et dirigées par un seul maître ou une seule maîtresse, qu'on n'ait pas recours à la mise au net des devoirs pour occuper à la fois, et utilement, tous les élèves, et nous aimons à voir ces cahiers de mise au net propres, bien écrits et bien soignés. Nous attachons cependant plus d'importance encore à la bonne tenue du *cahier-journal* : c'est lui, en effet, qui représente le mieux le travail propre et personnel de l'élève. La collaboration du maître n'y apparaît que par ses corrections ; et encore elle est facile à distinguer si, comme nous le prescrivons également, ses remarques dans la marge et ses corrections dans les interlignes sont faites à l'encre rouge.

Par exemple, ce que nous proscrivons absolument, ce sont deux cahiers-journaux, dont l'un est dit *brouillon* et l'autre *cahier-journal au net*. S'il n'est pas inutile pour un enfant de revenir sur le devoir qu'il vient de faire sous la direction du maître et de s'appliquer à le récrire très lisiblement et sans fautes, il n'est pas admissible qu'on lui fasse écrire le même devoir trois fois.

Quels sont maintenant les avantages de cette manière de procéder, en ce qui concerne le *cahier-journal ?* Ces avantages sont nombreux, et ils sautent aux yeux.

Les instituteurs et les institutrices auraient tort de n'y voir qu'un moyen pour l'Administration de contrôler, jusque dans les moindres détails, ce qu'ils font dans leur classe. Il y a cela, sans doute. Il est évident qu'à quelque heure du jour qu'il se présente à l'école, l'inspecteur peut alors, par la simple inspection des cahiers, voir ce que les élèves ont fait depuis qu'ils sont entrés en classe, ce qu'ils ont fait la veille, la semaine précédente, depuis la rentrée des classes ; qu'il peut s'assurer

également si les devoirs sont bien choisis, s'ils sont appropriés
à la force des élèves et progressifs, s'ils ont ce caractère d'utilité pratique et cette tendance morale sur lesquels nous avons
si souvent insisté dans nos conférences et dans le *Bulletin.*
I est évident encore qu'il peut, à diverses époques de l'année,
se faire adresser ces cahiers-journaux et vérifier s'il a été tenu
compte de ses observations, si les recommandations qu'il a
faites, par exemple, le jour de son inspection, ont été comprises,
suivies et mises en pratique.

Mais d'abord, est-ce donc tant à redouter d'être contrôlé?
Grâce à Dieu, nous avons plus de félicitations que de reproches
à adresser, à la suite de nos inspections, et nous sommes convaincu que la grande majorité des instituteurs ne demandent
qu'à recevoir plus souvent la visite de leur inspecteur, afin
que leurs chefs hiérarchiques, chargés d'apprécier leur travail,
puissent bien voir ce qu'ils font et se rendre un compte exact
des difficultés avec lesquelles ils sont aux prises, de leurs
efforts pour en triompher, des résultats qu'ils obtiennent.
Quand on accomplit consciencieusement son devoir, et, nous
aimons à le répéter, c'est ce que font la grande majorité de
nos maîtres et de nos maîtresses, on ne craint pas, on appelle
plutôt un contrôle fréquent et minutieux.

Toutefois, c'est aux instituteurs eux-mêmes que ce cahier
est appelé à rendre le plus de services. Ne constatera-t-il pas,
jour par jour, classe par classe, les absences de leurs élèves?
Ne sera-t-il pas une réponse toute prête aux attaques de certains parents, peu soucieux d'assurer la fréquentation régulière de leurs enfants à l'école et très étonnés ensuite de leur
peu de progrès? Une autre fois, ne suffira-t-il pas que le
maître montre les premiers cahiers faits par ses élèves et
qu'il les rapproche des derniers, pour que les personnes les
plus prévenues soient forcées de rendre justice non seulement
à ses efforts, mais aux résultats qu'il a obtenus? Et ses élèves,
ne seront-ils pas encouragés à faire de leur mieux, quand ils
sauront que leurs cahiers sont conservés, que ce qu'ils font
aujourd'hui sera comparé avec ce qu'ils ont fait précédemment, que tous leurs devoirs pourront être vus par l'inspecteur, par le délégué, par leurs parents?

Nous irons même plus loin. Au lieu de laisser les élèves
faire leurs compositions sur des feuilles volantes, qu'on garde
en liasse (ou que souvent on ne garde pas), nous aimerions
que chacun eût un cahier spécial sur lequel il inscrirait chaque

semaine sa composition. Ces cahiers seraient chaque fois corrigés par le maître et montrés aux élèves pourqu'ils y remar-
quassent leurs fautes; puis rangés dans l'armoire-bibliothèque
et r.   s aux parents, à la fin de chaque année scolaire. Un
simple coup d'œil sur le cahier de chaque élève suffirait pour
constater les progrès qu'il a faits depuis le commencement de
l'année et le degré d'instruction auquel il est parvenu. Nous
connaissons des maîtres qui emploient ce moyen et qui s'en
trouvent bien : nous avons lieu de croire qu'il en sera de
même de tous ceux qui voudront y recourir.

§ 2

Le choix des devoirs.

Février 1879.

Les instituteurs des Ardennes savent quelle importance
nous attachons au choix des devoirs. Il leur a été dit dans
les conférences que, parmi les questions auxquelles doivent
répondre MM. les inspecteurs primaires, dans le rapport
qu'ils adressent à l'inspection académique sur chaque classe
qu'ils viennent de visiter, se trouvent les suivantes : *Les
devoirs sont-ils bien choisis? Ont-ils un caractère d'utilité pratique? Sont-ils appropriés aux futurs besoins des élèves? Ont-
ils une tendance morale?* et que la réponse qui est faite à
ces différentes questions entre pour une bonne part dans
l'appréciation de la valeur du maître ou de la maîtresse qui
dirige la classe.

Le *Journal des instituteurs,* dans son numéro du 23 février,
traite la même question et émet à ce sujet des idées que
nous partageons complètement. Aussi croyons-nous ne pouvoir mieux faire que de placer sous les yeux de nos lecteurs
et de nos lectrices la plupart des recommandations de cette
publication autorisée; il ne peut y avoir que profit pour eux
à s'en bien pénétrer.

« Le choix des devoirs que le maître donne à ses élèves, y
« est-il dit, est d'une grande importance pour la bonne
« direction des écoles; et le seul examen des cahiers des élèves
« dans lesquels ces devoirs sont écrits et conservés, fournit
« la mesure de l'intelligence et de l'aptitude pédagogique, du
« travail et des efforts de l'instituteur.

28.

« Le visiteur d'une école qui se contenterait, en arrivant
« dans une classe, d'étudier attentivement les cahiers des
« élèves, d'examiner comment les devoirs sont gradués, de
« d'assurer surtout s'ils ne sont pas trop longs, s'ils sont à
« la portée des enfants, s'ils ont été convenablement expli-
« qués et compris, s'ils sont corrigés, aurait une idée vraie
« et juste de la valeur de l'école et de celle du maître.

« La comparaison des devoirs, à une époque quelconque
« de l'année scolaire, avec ceux du mois d'octobre, lui mon-
« trerait quels progrès ont été réalisés, quels résultats ont
« été obtenus.

« Tels les cahiers des élèves, tel le maître ! »

C'est donc bien à tort que certains maîtres et certaines
maîtresses s'imaginent que l'inspecteur primaire n'a pas pu
porter sur la valeur de leur école et de leur enseignement
un jugement exact et motivé, parce qu'il n'a pas interrogé
tous les élèves sur *toutes* les matières. A un moment quelconque de l'année, il lui est possible, et cela en fort peu de
temps, par l'examen du cahier-journal, de se rendre compte
du travail accompli depuis la rentrée, de la direction donnée
à l'enseignement, des progrès obtenus. Il est rare que l'examen oral, qui vient après, ne confirme pas la première impression produite par l'inspection des cahiers.

Mais continuons.

« Dans le choix des dictées, par exemple, cherche-t-on
« toujours à les rendre intéressantes, à ne pas en faire une
« seule *qui ne contienne une notion pratique et utile, ou qui*
« *ne laisse dans le cœur de l'enfant une bonne pensée ou une*
« *noble inspiration?* »

Combien de fois ne l'avons-nous pas répété! Au lieu de
ces dictées où l'on a torturé les phrases d'un texte qui était
peut-être raisonnable et français, pour amener l'application
de certaines règles de grammaire que souvent on pourrait
fort bien ignorer, que ne prend-on un paragraphe bien écrit,
renfermant une belle pensée, une notion utile, quelque chose
en un mot, qu'il y ait intérêt à mettre dans l'esprit ou dans
le cœur de l'enfant? Si ce texte ne renferme pas assez de
difficultés grammaticales, qui empêche de le faire suivre
d'une phrase préparée *ad hoc*, et dont l'objet principal soit
de fixer dans la mémoire une règle déterminée de grammaire, qui ait son importance et que les élèves ont l'habitude
de violer? Ainsi chaque chose est à sa place : la dictée ap-

prend du français, elle sert à l'instruction des élèves ; la phrase qui la suit leur apprend de la grammaire.

« Dans les premiers exercices d'orthographe ou dans ceux « d'écriture, évite-t-on ces phrases sèches, incompréhensibles « pour des intelligences jeunes encore, souvent sans signifi- « cation ? Choisit-on de préférence des maximes simples, des « pensées, des aphorismes, des proverbes facilement saisis- « sables, qui frappent l'esprit de l'enfant et qu'il comprend « aisément ? »

Nous avons trouvé un jour, dans une école de filles, un cahier d'écriture qui avait été fait par une enfant de sept à huit ans. Nous l'avons feuilleté, et entre autres exemples assez mal choisis, nous avons remarqué celui-ci, qui revenait à trois reprises différentes dans un cahier qui n'avait guère plus de douze à quinze pages : *Tous les hommes sont mé- chants.* Nous avons pensé que d'abord ce n'est peut-être pas vrai, et qu'en tout cas, si la maxime est vraie, c'était se presser beaucoup que de l'inculquer à une petite fille de huit ans !

« Pour les travaux écrits, disait M. Michel Bréal dans sa « conférence aux instituteurs réunis à la Sorbonne, le « 28 août 1878, pour les travaux écrits, il est une source « qu'on a un peu dédaignée et que je voudrais voir remettre « en honneur. Quand il s'agit d'exprimer une idée morale, « de traiter un sujet emprunté à l'expérience de tous les « jours, il n'y a pas de meilleur thème à donner aux élèves « que les proverbes, cette sagesse des nations, qu'on a un « peu laissés de côté sans que je voie ce qu'on a mis à la « place. »

Sans doute, l'explication et la discussion d'un proverbe seraient des exercices bien propres à développer l'esprit des élèves, à les faire réfléchir et à former leur jugement ; mais ils seraient souvent au-dessus de la portée de leur intelli- gence, ou encore ils exigeraient d'eux un effort et une subti- lité d'esprit dont la plupart ne sont pas capables. Malgré toute notre déférence pour les idées ordinairement si neuves, si originales, si sensées et *presque toujours si pratiques*, quoi qu'on puisse en penser, de M. Bréal, nous conseillons aux instituteurs de n'user des proverbes que très modérément, soit comme dictées, soit surtout comme sujets d'exercices de rédaction ; et quand ils y auront recours, ils feront bien de ne prendre que les plus faciles et les plus connus.

« En arithmétique, pas de questions fantaisistes. Les appli-
« cations journalières et réelles du calcul sont assez nom-
« breuses pour que vous ne soyez jamais embarrassés de trouver
« des problèmes intéressants et instructifs. Quand vous don-
« nerez une question relative à un achat, donnez *le prix réel*,
« le cours du jour de la marchandise ; quand vous parlerez
« d'une maison à construire, d'un chemin à établir, procurez-
« vous *les prix exacts* de l'acquisition du terrain, du transport
« des matériaux, de la main-d'œuvre, etc , de manière à
« toujours apprendre à l'élève autre chose encore que le seul
« maniement des chiffres. »

Rien de plus sage encore, ni de plus utile que cette recommandation. Les enfants, même les plus grands, ne se font
nullement une idée juste des choses ; ils ne se figurent ni la
longueur d'un kilomètre, ni le poids d'un bœuf, ni le prix
d'une charrue, d'une maison, etc. Interrogez-les, ils vous feront
les réponses les plus invraisemblables. Il en serait tout autrement si on les avait de bonne heure habitués à observer tout
ce qui les entoure, à réfléchir sur chaque chose. Il aurait in-
sensiblement pris une idée juste des rapports que les objets
ont entre eux, leur jugement se serait formé, et plus tard ils
auraient du bon sens dans la vie, chose qui n'est pas si ré-
pandue qu'on le pense communément.

« Et ainsi du reste. L'instituteur consciencieux ne saurait
« apporter trop de soin au choix et à la gradation de ses de-
« voirs, et voilà pourquoi la préparation des leçons qu'il se
« propose de donner à ses élèves constitue une des plus im-
« portantes parties de ses fonctions. »

Et voilà pourquoi aussi nous demandons aux instituteurs
de se faire pour eux-mêmes des recueils de dictées, de sujets
de style, de problèmes. En général, on ne sait véritablement
si un devoir était bien choisi, s'il était intéressant, s'il était
bien approprié à tel cours, que lorsqu'on l'a donné à faire. Si,
la correction terminée, vous remarquez que vos élèves ne vous
ont pas écouté avec intérêt, laissez ce devoir de côté et ne le
donnez plus. Mais si vos élèves ont paru s'y intéresser, s'il
vous semble qu'ils l'ont bien compris et qu'il leur en restera
quelque chose, notez-le précieusement, consignez-le sur un
cahier et faites-le faire encore l'année suivante, ou deux ans
plus tard, là où chacun de vos cours met deux ans à se renouveler. De cette manière, vous ne tarderez pas à posséder une
bonne provision de sujets, que vous aurez faits vôtres, et dont

la préparation ne vous coûtera plus que peu de peine et de temps. Ainsi encore vous ne serez pas pris, au dépourvu, si des occupations étrangères, imprévues, vous ont un jour empêché de préparer votre classe. J'ajouterai cependant que ce fonds que vous vous serez acquis ne doit jamais être définitif; il vous faudra sans cesse renouveler, rajeunir votre provision, si vous ne voulez pas vous rouiller vous-mêmes ; car le meilleur sujet ne vaudra jamais que par l'âme que vous saurez y mettre. Mais autre chose est de créer à nouveau tout un fonds, autre chose est de l'entretenir. Pour la première il faut de longues recherches et un travail réel ; pour la seconde, il suffit de se tenir en haleine et de ne pas s'endormir.

LES ANNEXES DE L'ÉCOLE

1º COURS D'ADULTES ;
2º EXPOSITIONS SCOLAIRES ;
3º CAISSES D'ÉPARGNE SCOLAIRES ;
4· BIBLIOTHÈQUES SCOLAIRES ;
5· MUSÉES SCOLAIRES.

LES ANNEXES DE L'ÉCOLE

§ 1er

Circulaire aux instituteurs sur les cours d'adultes.

Mézières, le 25 octobre 1873.

Monsieur l'Instituteur,

Les longues soirées d'hiver vont recommencer; le moment est venu de reprendre vos cours d'adultes. Je voudrais à cette occasion vous entretenir des mesures qui me paraissent les plus propres à en assurer le succès.

D'abord, pour établir sans contestation possible le nombre des élèves qui les fréquenteront et le temps pendant lequel ils les auront suivis, pour vous assurer par suite l'indemnité à laquelle vous avez droit et couper court aux réclamations qui se produisent trop souvent, je vous invite à dresser, le jour de l'ouverture, un état nominatif de vos élèves inscrits, conforme au modèle réglementaire, que vous enverrez à *la fin de chaque mois* à M. l'inspecteur primaire de votre arrondissement. Faute de remplir cette formalité en temps opportun, vous vous exposeriez à ne pas être compris dans la répartition des fonds qui sont mis chaque année à la disposition de l'administration, pour subvenir à l'insuffisance des crédits votés par les communes privées de ressources.

J'insiste ensuite sur ce point que les cours d'adultes ne sont pas institués pour les élèves qui fréquentent encore l'école du jour. Je sais que certains instituteurs, supposant sans doute que l'administration voulait qu'il y eût des cours d'adultes *quand même*, et désireux, pour faire valoir leur zèle, de réunir autour de leur chaire un nombre d'auditeurs aussi considérable que possible, croyant peut-être aussi que trois classes valent mieux que deux, ont reçu ou invité à leurs cours du soir des enfants de l'école du jour. C'était un tort. D'abord il est à craindre que certains parents, s'imaginant que la classe du soir peut remplacer efficacement

29

classe du jour ne retirent d'autant plus tôt leurs enfants,
pour s'en faire aider dans leurs travaux. Alors l'institution
des cours d'adultes irait contre son but. Mais il y a autre
chose. Il ne faut pas demander aux enfants plus que ne
comportent les forces de leur âge et leurs facultés naissantes.
L'élève qui a assisté aux classes du jour, s'il a été attentif
et appliqué pendant six ou sept heures, a acquis le droit de
se reposer ou au moins de se distraire. Si la classe du soir
est une répétition de celle du jour, elle l'ennuiera; si elle
est une leçon nouvelle, elle le fatiguera. Je ne verrais pas
cependant grand inconvénient à ce que, pour les occuper
pendant ces longues soirées d'hiver, les maîtres donnassent
à ceux auxquels leur santé et leurs forces permettent un travail plus long, un petit devoir intéressant, une leçon à apprendre, des lectures à faire surtout. Il en est qui retiennent
en étude pendant une heure et demie ou deux heures leurs
plus grands élèves, surveillent la confection des devoirs, font
apprendre les leçons du lendemain. C'est encore une excellente institution, et que je préfère beaucoup pour nos écoliers
à la classe du soir. Cette sorte d'externat surveillé, établi
dans quelques centres importants, sans fatiguer les poumons
du maître, produit les plus heureux résultats, et les parents de
ces enfants auxquels on prodigue des soins particuliers ne
font qu'acquitter une dette en payant à l'instituteur, pour ce
service extra-scolaire, une juste rémunération.

Maintenant quel sera le programme des cours d'adultes?

Évidemment votre enseignement devra varier selon les
élèves auxquels il s'adressera; il devra s'approprier aux
besoins divers de ceux qui viendront les suivre. Il y a donc
lieu de distinguer.

S'il se présente des adultes ne sachant ni lire, ni écrire, à
coup sûr vous ne pouvez refuser de leur enseigner ces premiers éléments de l'instruction primaire; mais je doute que
ce soit là le véritable recrutement de vos cours d'adultes.
Sauf de rares exceptions, les adultes qui se trouvent dans
ce cas y sont par leur faute. Des moyens de s'instruire ont
été mis à leur disposition depuis plusieurs années, et ils n'en
ont pas profité; il n'est guère probable qu'ils veuillent en
profiter davantage aujourd'hui. C'est donc une classe d'auditeurs fort peu intéressante, avec laquelle vous ne pouvez
évidemment obtenir de grands résultats, et à laquelle vous ne
devez pas sacrifier l'intérêt bien autrement grave de ceux

qui veulent combler les lacunes d'une instruction défectueuse,
ou compléter une instruction première dont ils reconnaissent
l'insuffisance.

Il est en effet certains centres manufacturiers, où les enfants ont dû quitter l'école avant d'avoir parcouru tout entier
le programme de l'enseignement primaire, où ils sont occupés à l'atelier ou à l'usine pendant la plus grande partie du
jour et ne peuvent fréquenter l'école que le soir. Quel cours
devrez-vous leur faire? Évidemment un cours analogue à celui que vous faites aux élèves de la classe du jour. Ils viennent
vous demander le soir cette instruction qu'ils ne peuvent
recevoir pendant le jour, et voilà tout. Il y a cependant lieu
de tenir compte de la situation exceptionnelle dans laquelle
ils se trouvent. En général, ce sont des élèves que vous ne
conserverez que fort peu de temps et auxquels vous ne pourrez donner que quelques leçons fort courtes. Il vous faut
donc aller au plus pressé et leur enseigner tout d'abord,
avant qu'ils ne vous quittent, ce qu'ils ont le plus besoin de
savoir. Ce n'est plus le moment d'insister avec eux sur des
règles de grammaire ou des subtilités théoriques dont ils
n'auront que faire, de poser des principes dont ils ne verront
jamais les conséquences. Et pour que ma pensée soit bien
comprise, j'entre dans les détails. J'ai assisté l'an dernier à
un cours d'adultes, très suivi d'ailleurs et fait par un instituteur très intelligent : il apprenait à de grands jeunes
gens à rédiger des billets, des quittances, etc.; il écrivait lui-
même des formules sur le tableau et chacun les copiait; il en
expliquait tous les termes, il insistait sur certains détails de
rédaction et de forme qui, en affaires commerciales, ont
leur importance. Jusque-là c'était bien. Mais il crut devoir
s'arrêter, à propos d'un participe, sur les trois cas de la règle
du participe passé, employé sans auxiliaire, conjugué avec
l'auxiliaire *être*, conjugué avec l'auxiliaire *avoir*, etc.; c'était
trop. Ce n'est point, en effet, parce qu'on n'aurait pas observé
la règle d'accord d'un participe, qu'un billet ou un reçu n'
serait pas valable. Il était trop tard pour leur apprendre ces
choses-là, il n'y fallait plus songer. Avec ces élèves il faut se
borner à des exercices qui soient pour eux d'une utilité pratique, immédiate : des dictées roulant sur des choses qu'ils
connaissent ou seront obligés de connaître, dictées qu'on leur
expliquera au point de vue du sens des mots et dont on se
contentera de corriger les fautes d'orthographe les plus gros-

sières; de petits exercices de style surtout, des lettres familières et usuelles, comme celles que leurs parents peuvent
avoir à écrire; des problèmes enfin, ou plutôt des calculs pratiques, des règlements de compte, des modèles de mémoires
d'ouvriers, des factures, etc., etc.

Toutefois ce ne sont encore là que des cours du soir, ce
ne sont point de vrais cours d'adultes. Les véritables cours
d'adultes, comme leur nom l'indique, devraient s'adresser à
des *adultes* ou plutôt à des adolescents, c'est-à-dire à des
jeunes gens de treize à vingt ans qui, après avoir fréquenté
l'école pendant leur jeune âge et y avoir acquis un bon fonds
d'instruction primaire, viendraient leur demander une assi-
milation plus complète de ce qu'ils auraient appris, ou
mieux encore, le complément indispensable d'une instruction
reconnue insuffisante. En d'autres termes, je voudrais que
les cours d'adultes ramenassent surtout sur les bancs de
l'école ceux qui furent jadis les meilleurs élèves de la classe
du jour; je voudrais qu'ils devinssent de véritables cours de
perfectionnement, des cours professionnels à l'usage de ceux
qui auraient obtenu leur certificat d'études primaires. A
quelque degré de l'échelle sociale que l'on se place, en effet,
l'éducation générale, commune à tous, a besoin d'être complétée
par une *éducation spéciale ou professionnelle*. Le jeune homme
qui a fait ses humanités, a besoin de fréquenter l'école de
droit ou de médecine, s'il veut être avocat ou médecin; de
même que l'enfant qui a appris à l'école à lire, à écrire et à
compter, a besoin d'ajouter à ces connaissances générales,
indispensables à tous, d'autres connaissances plus spéciales,
qui l'aideront à acquérir, s'il est simple ouvrier, l'habileté et
l'adresse de la main, — qui lui permettront, s'il est contre-
maître ou patron, de diriger un ensemble de travaux avec
intelligence et profit.

« Donnez-moi, dit à ce sujet Msr Dupanloup dans son
« livre sur l'*Éducation*, donnez-moi l'enfant le plus obscur,
« destiné, à raison de sa naissance, de ses facultés et de sa
« vocation, à recevoir une éducation vulgaire; eh bien !
« dans cette éducation vulgaire, je dois lui offrir, comme à
« tout autre l'*éducation générale* et *essentielle*, c'est-à-dire
« ces enseignements fondamentaux de religion et de morale,
« ces enseignements primitifs et supérieurs de l'intelligence,
« du cœur et de la conscience, qui en feront un homme sain
« et capable, et auxquels il devra sa dignité d'homme intelli-

« gent et honnête. — Je dois lui donner de plus l'*éducation*
« *professionnelle*, c'est-à-dire des leçons spéciales auxquelles il
« devra l'adresse ou l'habileté dans l'état qu'il aura choisi,
« et qui en feront un menuisier ou un maçon distingué. »

Ainsi entendus, les cours d'adultes ne peuvent évidemment
pas avoir un programme général ni uniforme, puisque les
matières qui en font l'objet devront varier selon les localités.
C'est à l'instituteur à s'inspirer des besoins des populations
au milieu desquelles il vit, pour donner à ceux qui viennent
lui demander ses leçons les connaissances les plus utiles, les
plus pratiques, en vue de la profession à laquelle ils se desti-
nent. Ici il faudra surtout insister sur les notions de comptabilité agricole ou industrielle; ailleurs il faudra enseigner le
dessin; dans certains centres industriels, quelques notions
élémentaires de physique et de chimie ne seront pas dépla-
cées; dans d'autres, qui vivent de l'importation ou de l'expor-
tation de certains produits, il faudra pousser assez loin la
connaissance de la géographie industrielle et commerciale;
partout enfin il sera bon d'exercer les jeunes gens à écrire
une lettre d'affaires, à rédiger un rapport; partout aussi on
pourra raconter les principaux faits de notre histoire nationa-
nale. Je le répète, c'est à l'instituteur à voir quelles sont les
connaissances qui doivent être les plus utiles aux jeunes gens
qui ont quitté son école, à leur continuer le bienveillant intérêt
qu'il leur a porté pendant leur enfance, à leur faire ressortir
l'utilité de cette instruction complémentaire, à exciter chez
eux un désir réel de s'instruire, à faire lui-même les études
particulières et spéciales qui lui sont nécessaires, pour qu'il
puisse rendre ses cours réellement fructueux. Sans doute,
quelque zèle qu'il déploie, il trouvera des récalcitrants ou
plutôt des indifférents; dans bien des localités, son appel ne
sera pas entendu; mais il en est aussi, j'ose l'espérer, où sa
voix trouvera des échos. Qu'il soit bien convaincu lui-même,
qu'il ait le feu sacré, qu'il fasse comprendre à ceux qui l'entourent que l'instruction est une force et la science un capital,
et il fera des adeptes. L'ignorance, en effet, n'a rien qui la
recommande; le savoir, au contraire, le savoir réellement
utile, a de l'attrait; il suffit de le bien mettre en lumière pour
le faire désirer et aimer. Et si les instituteurs entraient dans
cette voie, je ne doute pas que les jeunes gens qui iraient
puiser dans ces cours du soir ces connaissances spéciales et
pratiques dont ils ne tardent pas, au sortir de l'école, à sentir

le besoin, ces connaissances qui seules peuvent faire d'eux des ouvriers d'élite et leur assurer, au point de vue de l'adresse, de l'habileté et du goût, une véritable supériorité sur ceux qui ne les possèdent pas; je ne doute pas, dis-je, qu'ils ne consen- tissent à prélever sur l'argent destiné à leurs divertissements, la somme nécessaire pour assurer aux maîtres auxquels ils seraient redevables de ce bienfait une juste rémunération.

Je ne me dissimule pas, Monsieur l'Instituteur, que ce que je vous demande là n'est pas chose facile, puisqu'il ne s'agit de rien moins que de créer aux cours d'adultes une nouvelle classe d'auditeurs. Aussi je veux que vous soyez complètement libre de faire le bien par d'autres moyens que ceux que je vous conseille. L'important, c'est d'arriver au but; et le but, c'est, non seulement de propager l'instruction, de la faire pénétrer jusqu'à ceux qui en ont été jusqu'ici les plus déshérités, mais aussi d'en élever le niveau, afin d'accroître la force et la ri- chesse du pays.

Recevez, etc.

§ 2

Expositions scolaires locales et annuelles.

Avril 1874.

De quoi se plaignent en général les maîtres, les autorités locales, les personnes qui, à un titre quelconque, s'occupent de nos écoles de village? — De l'indifférence des parents. Cette indifférence peut être le résultat de bien des causes di- verses; mais la principale est certainement que la plupart d'entre eux ne peuvent apprécier les bienfaits d'une culture qu'ils n'ont pas reçue eux-mêmes. Dès lors, ne serait-il pas bon, pour les intéresser à l'école, de leur faire voir ce qu'on y fait, de leur faire toucher du doigt, pour ainsi dire, les résultats qu'elle produit, de leur faire constater à eux-mêmes les progrès de leurs enfants? Les distributions de prix y aident bien; mais on n'en fait guère que dans les villes et dans les centres importants.

Une *exposition scolaire annuelle et locale* serait, à notre avis, bien plus efficace. L'une, d'ailleurs, n'empêcherait pas l'autre. L'exposition serait l'accompagnement naturel de la distribution là où celle-ci existe; elle en tiendrait lieu là où la distribution n'existe pas.

Voici comment cette exposition pourrait être organisée.

Les élèves laisseraient à l'école, jusqu'aux vacances, tous leurs travaux de l'année : cahiers d'écriture, de dictées, de problèmes, de narrations et de lettres, de géographie, de dessin, de mesurage, de cubage, etc. ; les petites filles y laisseraient en outre leurs derniers ouvrages de tricot et de couture. Les instituteurs conserveraient réunies en liasse toutes les *compositions hebdomadaires* de l'année ; ils établiraient un *registre d'honneur* sur lequel ils feraient transcrire toutes les semaines la meilleure composition faite dans chaque cours, ou un devoir ordinaire exceptionnellement bon. Ce registre d'honneur serait conservé dans les archives de l'école et, après quelques années, le rapprochement de tous ces registres, de ces *livres d'or* de l'école pourrait donner lieu à des comparaisons fort intéressantes.

Le moment venu, ils orneraient les murs de la classe de dessins, de cartes, de plans faits par les élèves; ils y ajouteraient des sentences morales, des maximes de conduite, écrites par les plus habiles. Ils seraient naturellement portés à donner à leur école pour la circonstance et peut-être à lui conserver dans la suite, cet aspect qui inspire la gaieté et la gravité, l'attrait et le recueillement, ce je ne sais quoi qui devrait toujours caractériser une maison d'éducation.

Beaucoup d'entre eux voudraient sans doute aussi, pour ce moment-là, étaler aux yeux leur mobilier enseignant; ils s'ingénieraient à compléter, à enrichir leur musée scolaire; ils orienteraient leur classe en dessinant au plafond une rose des vents; ils confectionneraient un mètre linéaire, un mètre carré et même un mètre cube réels; ils voudraient avoir une balance, des mesures effectives, les corps géométriques les plus usuels, un fil à plomb, un niveau de maçon, voire même un niveau d'eau, une chaîne et une équerre d'arpenteur; puis, quelques tuyaux de drainage, un petit siphon, un relief en terre glaise ou en mastic représentant approximativement le territoire de la commune avec ses principaux accidents, des échantillons des diverses espèces de terres du pays, des graines qu'on y sème et des plantes qu'on y cultive, des échantillons aussi des principaux produits industriels du département, des insectes utiles et des insectes nuisibles, etc., etc., tous ces objets, en un mot, qui parlent aux yeux, aident à rendre l'enseignement clair et intéressant, et permettent de développer l'intelligence des enfants, en leur donnant sur tout ce qui les entoure des notions instructives et variées.

L'exposition s'ouvrirait le dimanche qui précède les vacances et les parents seraient invités à venir la visiter pendant toute la semaine, après les heures de classe. On comparerait les travaux faits au commencement et à la fin de l'année; on constaterait les progrès accomplis. L'instituteur pourrait même interroger quelques élèves en présence des visiteurs; il leur ferait lire une page intéressante, résoudre un problème usuel, expliquer, à l'occasion de son musée scolaire, l'utilité de tel objet, les avantages de telle pratique. Il ne manquerait pas d'interroger de préférence les enfants sur des choses immédiatement applicables dans le milieu où ils vivent, intéressantes par conséquent et utiles à connaître pour les parents eux-mêmes, afin de les convaincre *de visu* de l'utilité pratique de son enseignement.

Les parents verraient mieux ainsi ce qui se fait à l'école; nul doute aussi que ceux d'entre eux qui ne se seraient pas assez gênés pour y envoyer leurs enfants, remarqueraient leur infériorité relativement à d'autres du même âge, mais plus assidus, et que la constatation des conséquences de leur négligence leur ferait faire sur eux-mêmes et sur la manière dont ils s'acquittent de leurs devoirs, un retour salutaire.

Le dimanche suivant, les autorités locales se joindraient à l'instituteur pour procéder à la distribution des prix et, s'il n'y avait pas de prix, au moins à la proclamation solennelle des places méritées d'après la moyenne des compositions et des examens de fin d'année.

Nous aimons à penser que *cette fête des enfants*, cet inventaire intellectuel et moral de l'année, intéresserait les familles et que toute la population de la commune s'y associerait. Les autorités locales et le délégué de l'école ne se refuseraient certainement pas à seconder les maîtres dans cette œuvre, au moins par leur présence et leur haute approbation. Ils trouveraient là d'ailleurs une occasion excellente et toute naturelle de rappeler aux familles les graves devoirs qui leur incombent dans l'éducation de leurs enfants.

§ 3

Les caisses d'épargne scolaires.

Mars 1875.

L'établissement des caisses d'épargne scolaires a pour but, dit M. de Malarce, « d'enseigner l'épargne, comme on ensei-
« gne une vertu, en la faisant pratiquer ; d'enseigner l'épargne
« aux enfants, qui sont les meilleurs agents de toute réno-
« vation sociale ; d'apprendre aux futurs travailleurs que les
« petites économies, répétées et bien placées, ont leur valeur,
« et une valeur considérable ; qu'ainsi un enfant de sept ans,
« qui prendrait l'habitude d'épargner deux sous par semaine
« sur ce qu'on lui donne le dimanche pour ses friandises, se
« trouverait, à sa majorité, propriétaire d'une somme de
« 100 francs ; que l'épargne nous habitue à modérer la satis-
« faction de nos besoins factices ; que c'est un exercice moral
« qui fortifie la volonté ; que c'est enfin le moyen qui mène à
« la fortune les plus déshérités, comme le moyen qui sauve-
« garde la fortune des plus riches ; car un sou épargné peut
« être la graine d'un million, cela s'est vu avant et depuis
« Franklin ou Laffitte, tandis qu'un sou gaspillé peut ouvrir
« une fissure au termite qui ruinera la plus grosse maison.
« Dans l'intérêt de la richesse nationale et de la moralité
« publique, l'enseignement de la petite épargne convient donc
« aux enfants de toutes les classes de la société ; mais il est
« plus utile encore aux enfants pauvres ou peu aisés, qui
« voient chez eux plus de petits sous que de grosses pièces,
« et pour qui l'épargne sera un jour le seul élément de for-
« tune et peut-être la principale condition d'existence. »
L'essai, du reste, en a été tenté en Angleterre et surtout en Belgique, et a parfaitement réussi. « L'institution des
« caisses d'épargne scolaires, dit encore M. de Malarce, a
« exercé l'influence la plus heureuse sur les mœurs des
« populations ouvrières ; car les enfants des écoles, en atten-
« dant qu'ils soient des chefs de famille économes, ont initié
« leur famille au culte de la caisse d'épargne. Aux premiers
« temps de la fondation des caisses scolaires, les parents des

« élèves étaient si éloignés des habitudes économes, qu'ils
« voyaient d'assez mauvais œil cette institution ; mais ils ne
« tardèrent pas à se convertir, prêchés par leurs enfants eux-
« mêmes, qui rapportaient dans la famille les leçons de
« l'école, et peu à peu ces parents, ainsi édifiés, se firent un
« plaisir de contribuer à l'épargne de leurs enfants en leur
« donnant des sommes plus fortes. On vit alors apporter à
« la caisse scolaire, au lieu de centimes et de sous, des pièces
« de 20 et de 50 centimes.

« On commença l'expérience par les élèves des classes
« supérieures, à qui l'on pouvait expliquer, par le calcul, les
« effets saisissants de la capitalisation des intérêts, et mon-
« trer aussi toute l'importance morale de la prévoyance. Ces
« élèves une fois bien formés, les plus jeunes suivirent tout
« naturellement l'exemple des *grands,* et l'entraînement fut
« général.

« Notons encore que les jeunes filles se sont montrées plus
« portées à l'épargne que les garçons, et dans les classes
« d'adultes, les femmes plus que les hommes. La femme est
« la ménagère naturelle de la famille, surtout chez les
« ouvriers. »

L'institution est donc bonne, féconde ; ajoutons qu'elle est
facile à organiser.

Voici comment a été établie et fonctionne la caisse d'épargne scolaire de Gand, organisée dès 1866, par un professeur
de l'Université.

« Le directeur de l'école, après s'être mis d'accord avec
« l'administration de la caisse d'épargne voisine, fait con-
« naître à ses élèves qu'il recevra leurs petites épargnes tous
« les jours et que, tout aussitôt que la somme des petits ver-
« sements d'un élève aura atteint un franc, il fera le dépôt
« de ce franc à la caisse d'épargne pour le compte de cet
« élève, qui aura alors un livret à son nom ; qu'à chaque
« nouveau franc amassé par de petits versements, ce franc
« sera déposé à la caisse d'épargne et porté en compte sur le
« livret personnel de l'élève.

« Au commencement de chaque classe, l'instituteur demande
« s'il y a des élèves qui ont quelque chose à déposer ; il
« reçoit toute somme, si modique qu'elle soit, et l'inscrit
« immédiatement devant l'élève déposant sur un cahier spé-
« cial, *registre de la caisse scolaire,* dont chaque page est
« affectée au compte d'un élève, et qui présente douze colon-

« nes verticales pour les douze mois de l'année, trente et
« une lignes horizontales pour tous les jours du mois.

« Chaque élève économe reçoit un feuillet détaché, dupli-
« cata de son compte, sur lequel les versements sont inscrits
« en même temps et de la même manière que sur le cahier
« de l'instituteur. Ce duplicata est une double garantie, et pour
« les parents de l'élève et pour le directeur de l'école. Afin
« de le protéger, on le plie en deux, et l'on y met une cou-
« verture avec le nom de l'élève sur le plat extérieur : c'est
« comme un petit cahier de classe, commode à transporter
« et à garder.

« Une fois par semaine, l'instituteur fait le relevé des petits
« comptes qui ont atteint un franc, il en dresse un état et
« apporte ce bordereau, ainsi que la somme des francs épar-
« gnés, à la caisse d'épargne, qui reçoit les dépôts et inscrit
« sur chacun des *livrets individuels* la somme afférente à
« chaque élève.

« Quand un élève veut retirer son argent, la signature des
« parents ou tuteurs est demandée, conformément à la loi. »

Il nous semble qu'il y a dans ces détails pleins d'intérêt
des indications dont peuvent profiter nos lecteurs pour l'organisation de caisses d'épargne scolaires dans leurs écoles.
Nous les engageons donc à tenter l'établissement de cette
œuvre et à la commencer dans les conditions qui leur parat-
tront les plus propres à assurer son bon fonctionnement.

Nous ne croyons pas nécessaire toutefois que les versements
aient lieu *à toutes les classes*, comme le demande M. de
Malarce, ni même tous les jours. Il suffirait, ce nous semble,
que l'instituteur reçût les petites sommes des déposants, une
fois par semaine, le samedi soir, par exemple, ou le lundi
matin.

Mais ce qui nous paraîtrait excellent, c'est que chaque
enfant apportât ce jour-là la valeur des bons points qu'il
aurait obtenus pendant la semaine. Quelques instituteurs,
en effet, ont imaginé un système de bons points que les enfants reportent chaque jour à leurs parents, et que ceux-ci
leur échangent contre de petites sommes déterminées et
convenues, qui viennent grossir leur petit pécule. Au fond,
c'est une simple avance que font les parents, puisqu'ils peuvent, quand ils le veulent, rentrer dans leurs déboursés; mais
les enfants n'y trouvent pas moins un véritable objet d'émulation. Et puis, ces *bons points-monnaie* peuvent à la rigueur

remplacer le bulletin hebdomadaire; comme lui, ils peuvent tenir les parents au courant des efforts que font leurs enfants, de leurs petits travaux, de leurs progrès, et les y intéresser. Il serait à désirer seulement que les conseils municipaux, comme cela se pratique déjà dans certaines communes, voulussent bien mettre à la disposition de l'instituteur une petite somme qui servirait à payer les bons points des élèves indigents. A défaut du conseil municipal, des bienfaite rs généreux ont consenti à se mettre, pour cette bonne œuvre, en lieu et place des parents trop pauvres pour l'accomplir euxmêmes. Ce sont des initiatives auxquelles nous ne saurions trop applaudir et que nous voudrions voir imiter partout.

Le département ne se refusera certainement pas à fournir gratuitement les registres et les duplicata nécessaires à la tenue de ces caisses scolaires. Mais une difficulté sérieuse pourrait venir des démarches que nécessiteront parfois les versements dans nos trop rares caisses d'épargne. En attendant une organisation qui est à l'étude et qui en facilitera sans doute la pratique, nous ne doutons pas que nos instituteurs des chefs-lieux de canton ne consentent provisoirement à centraliser les diverses sommes que leur collègues pourront toujours leur faire parvenir par des personnes de confiance, et à se charger, soit de les encaisser, s'ils sont eux-mêmes trésoriers d'une succursale de caisse d'épargne, soit de les faire parvenir à la caisse la plus rapprochée, s'il n'existe aucune succursale dans le canton.

Quels que soient les moyens employés, l'important serait que l'œuvre réussît. Et pourquoi ne réussirait-elle pas? Les élèves de nos écoles ne sont pas moins bien doués que les écoliers belges ou anglais, et nos instituteurs ne le cèdent certainement pas, en intelligence du bien ni en dévouement, à leurs collègues des autres pays.

§ 4

Les bibliothèques scolaires

1° Extrait d'un rapport annuel.

Avril 1874.

. . . .

En général, les ouvrages qui joignent l'intérêt à une science peu profonde sont plutôt demandés que les ouvrages uniquement sérieux.

Frappés de ce fait qu'il faudrait absolument renouveler leur fonds de bibliothèque pour retenir leurs lecteurs habituels, bon nombre d'instituteurs ont demandé à M. le ministre une nouvelle concession de livres aux frais de l'État. Le ministère ne leur refuse certainement pas ses encouragements; mais les dons de l'État ne peuvent donner satisfaction à des besoins si divers et si nombreux. Nous ne saurions donc trop conseiller aux instituteurs de chercher plutôt dans le milieu même où ils se trouvent, les ressources nécessaires pour alimenter et renouveler leur bibliothèque. Certains l'ont fait et n'ont eu qu'à se féliciter des résultats qu'ils ont obtenus.

Mais pour y réussir, il leur faudrait peut-être faire naître d'abord le goût de la lecture chez leurs élèves de la classe du jour. Pourquoi ceux-ci n'emporteraient-ils pas, après la classe, des livres bien choisis, renfermant des choses intéressantes, utiles à connaître pour eux et leurs parents? Pourquoi ne continueraient-ils pas chez eux une lecture commencée à l'école, lecture à laquelle le maître aurait su les intéresser par les explications préalables qu'il leur aurait données? Pourquoi même ne reliraient-ils pas le soir, à la veillée, pour toute la famille réunie autour du foyer, ce qu'ils auraient déjà lu à l'école, pendant la classe du jour? C'est par eux qu'on peut intéresser à la bibliothèque les parents les plus indifférents. Et si dès leur jeune âge ils avaient contracté le goût de la lecture, s'ils s'en étaient fait un besoin, croit-on qu'il serait bien difficile plus tard quand, devenus adultes, ils viendraient demander aux cours du soir un complément d'instruction dont ils sentiraient la nécessité, d'obtenir d'eux qu'ils contribuassent pour leur part à alimenter cette bibliothèque à laquelle ils auraient quelque obligation? Pourquoi ne donneraient-ils pas alors, pour lui procurer des ouvrages nouveaux, une somme de deux ou trois francs? (ce qu'ils dépensent souvent en un seul dimanche, sans aucun profit pour leur esprit et quelquefois au détriment de leur santé!)

Certains instituteurs ont obtenu de leurs lecteurs les plus habituels, qu'ils achetassent chacun un volume différent. Le livre lu, son propriétaire en faisait don à la bibliothèque dont il devenait ainsi un fondateur; et il a suffi de douze ou quinze lecteurs de bonne volonté pour rendre ainsi, pendant tout un hiver, à une bibliothèque dont les livres paraissaien ressassés et démodés, un intérêt tout nouveau. Ailleurs, plusieurs instituteurs voisins, ne pouvant réunir, chacun dans leur commune, que des souscriptions insuffisantes, se sont entendus entre eux pour acheter ou faire acheter des livres différents, les ont échangés, et mettant ainsi leurs richesses en commun, ont également atteint le but. Car c'est ici surtout que l'union fait la force. Tous ces moyens sont bons, et bien d'autres semblables que sauront imaginer les instituteurs zélés; nous ne pouvons que les encourager à en user.

Il en est un encore que nous trouvons indiqué dans le *Bulletin* de l'enseignement primaire du département du Nord, et dont ils pourraient essayer.

« Ce qu'il faudrait, y est-il dit, ce seraient des publications périodiques, hebdomadaires ou bi-mensuelles, à un prix peu élevé, conçues dans un bon esprit, comme il y en a beaucoup en Angleterre, aux articles variés, récits d'imagination, voyages, notions scientifiques, etc.... Ces livraisons, par les bornes mêmes dans lesquelles elles sont obligées de se renfermer, conviennent parfaitement à l'homme de travail qui ne peut lire de longs volumes; par leur venue périodique, elles tiendraient en éveil une curiosité intellectuelle trop prompte à s'engourdir. Si nous n'entrons pas dans cette voie, nous assurons le triomphe du journal à cinq centimes, qui pénètre partout.

« Il semble qu'un instituteur de bonne volonté pourrait facilement, dans son école et en dehors, réunir assez de sociétaires pour que la charge de l'abonnement ne fût pas trop lourde à chacun; la livraison circulerait enfermée dans une sorte de carton qui la protégerait; à la fin de l'année, toutes seraient réunies et reliées en volumes qui iraient prendre place dans la bibliothèque et l'enrichir.

« Parmi les publications qui existent actuellement en France, on pourrait tout de suite recommander le *Magasin d'éducation et de récréation*, le *Magasin pittoresque*, le *Musée des familles*, la *Semaine pour tous*, etc... »

2º Avis préliminaire mis en tête du catalogue officiel des ouvrages de lecture destinés aux bibliothèques populaires des
écoles publiques. — 1881.

I

Il ne suffit pas que l'Etat donne l'enseignement primaire
à tous les enfants. Quand on sait lire, il faut encore aimer à
lire, et quand on aime à lire, il faut pouvoir trouver des
livres. Il y a tel village où il serait difficile de s'en procurer
un seul, s'il n'y avait pas ceux de l'école communale.

Les bibliothèques populaires des écoles publiques répondent à un intérêt de premier ordre. Elles sont la librairie
gratuite de l'écolier et de l'adulte; elles font pénétrer dans
les campagnes des livres dont l'ouvrier et le cultivateur ne
peuvent faire la dépense. Elles ont suscité et suscitent chaque
jour une nouvelle catégorie de lecteurs de tout âge : c'est
l'enseignement qui se prolonge et se continue au dehors; c'est
le livre qui sort de l'école pour aller au foyer; c'est l'enfant
devenant le lecteur de la famille; c'est le goût des distractions saines peu à peu substitué aux loisirs stériles. Chaque
village peut avoir ainsi son cabinet de lecture qui se déplace
et va, dans chaque maison, trouver le lecteur, sans frais et
sans peine : l'enfant commence, les parents achèvent.

II

L'arrêté constitutif des bibliothèques scolaires, qui portent
aujourd'hui le nom de bibliothèques populaires des écoles
publiques, modifié depuis, dans plusieurs de ses parties, est
du 1ᵉʳ juin 1862.

En 1865, la France comptait 4,833 de ces bibliothèques,
réunissant 180,874 volumes, dont 179,267 avaient été prêtés.

Au 1ᵉʳ janvier 1879, il existait 20,552 bibliothèques possédant 2,051,227 volumes : soit 100 en moyenne par bibliothèque; les prêts s'étaient élevés à 4,504,827 volumes.

Plus de 8 millions de volumes ont été mis en circulation,
depuis l'origine, dans les localités où les livres n'avaient
presque jamais pénétré.

III

Le présent catalogue a été revisé et complété dans toutes ses parties. Il demeure entendu qu'il est rédigé à titre d'indication et de renseignement. Les instituteurs et les municipalités restent libres, comme par le passé, de choisir ou de recevoir d'autres ouvrages, sous le contrôle de l'inspecteur primaire et de l'inspecteur d'académie. Mais qui ne comprend que ni les uns ni les autres ne trouvent le temps de connaître la valeur ou même l'existence de tous les ouvrages à acquérir, et qu'un catalogue comme celui-ci, qui en renferme près de deux mille, et qui s'allongera encore, loin d'être une entrave pour la liberté du choix, ouvre aux bibliothèques populaires des écoles un champ beaucoup plus vaste, et répond, par sa variété, au goût de tous les lecteurs ?

Si tous les bons livres qu'on peut mettre à leur portée n'y sont pas indiqués, il n'en renferme aucun qu'on doive proscrire. C'est, parmi tant de publications soumises au jugement d'une commission spéciale, instituée auprès du ministère, un triage qui n'a jamais été mieux fait, dans un esprit plus large, ni avec un plus vif amour des classes populaires. Ni livres de combat, ni livres de haine, mais tout ce qui peut faire aimer davantage la patrie, le devoir, la justice, la concorde, le progrès sans secousse et la liberté sans excès.

Les instituteurs, les communes, les particuliers peuvent puiser ici en toute confiance. Ce n'est pas un catalogue obligatoire, portant la marque exclusive du gouvernement, et s'imposant au choix des lecteurs : à moins que le bon sens, la morale et le goût ne soient des doctrines d'État.

IV

Il a paru convenable, dans la confection de ce nouveau catalogue, de multiplier les divisions et les subdivisions, pour y rendre les recherches plus faciles. Il importe de classer d'autant plus clairement un si grand nombre d'ouvrages que ceux qui consultent la liste ont une moindre expérience de ces matières. Les inspecteurs d'académie et les inspecteurs primaires, les directeurs et directrices des écoles normales sont invités à prendre connaissance du catalogue, à l'étudier de près, à donner aux instituteurs et aux institutrices les conseils nécessaires pour en faire usage, à leur signaler les écrits d'un intérêt général et tous ceux dont la lecture peut être plus spécialement profitable dans chaque localité. Il faut songer que, au début, les bibliothèques populaires des écoles ne sont pas riches, et que, d'un premier choix bien fait, dépend souvent tout le succès d'une fondation de ce genre. Les premières demandes et les premiers envois du ministère ont donc une importance décisive. *Que l'on fasse aimer la lecture d'abord, au moyen de quelques ouvrages bien choisis; les livres viendront ensuite plus nombreux et plus variés.*

Sans insister longuement sur les différentes séries dont le catalogue est composé, nous croyons devoir donner quelques explications sommaires à ceux qui sont appelés à le consulter.

La série A comprend surtout des dictionnaires et des répertoires de notions usuelles. Il est bon que l'on puisse trouver dans chaque commune un dictionnaire de la langue, et un autre dictionnaire propre à fournir sur un nom historique ou géographique ou sur un terme scientifique, quelques utiles indications. Ces sortes d'ouvrages, faits pour être consultés sur place, doivent toujours être à la disposition des habitants, et il est à souhaiter qu'on en recommande et qu'on en propage l'emploi.

Les séries B et C, avec leurs subdivisions, qui comprennent les livres d'histoire, de géographie, les relations de voyages, les biographies des hommes illustres et des hommes utiles, ne sauraient être trop recommandées à ceux qui, après la sortie de l'école, veulent étendre leurs connaissances dans le temps et dans l'espace. C'est aux esprits les plus curieux, et il peut s'en trouver même dans le plus petit village, que s'adressent ces lectures. Elles éveillent les vocations, stimulent les volontés, exaltent les courages. Dans un pays de suffrage universel, il faut connaître l'histoire de France, avoir une idée de celle des autres nations, savoir la place que l'on occupe sur ce globe et la part que l'on a prise à la civilisation générale.

La série D comprend surtout nos grands classiques français et les ouvrages de pure imagination.

Il faut que les chefs-d'œuvre de nos principaux auteurs

classiques soient le fonds permanent de toute bibliothèque, parce qu'il y a des noms qu'il n'est permis à personne d'ignorer en France, et qu'il y a certaines pages de prose ou de vers qui font partie de notre gloire nationale, quand elles sont signées de Corneille ou de Molière. Le résultat même de toutes les lectures inférieures que l'on admet et que l'on encourage est de préparer à l'intelligence des œuvres les plus parfaites, et d'en rendre la lecture accessible à quelques esprits mieux doués. Il faut toujours supposer qu'un génie qui s'ignore, dans un coin retiré du pays, pourra ouvrir un jour et comprendre le livre inintelligible pour tous les autres.

Mais les classes les plus nombreuses sont restées trop étrangères à la langue savante du xviie siècle pour goûter de prime abord, à part quelques morceaux sublimes ou quelques pièces du ton comique, l'art incomparable de nos grands écrivains. Aussi les lectures favorites des illettrés, comme des enfants, sont celles qui, sous une forme moins parfaite, mais plus populaire, mettent les idées et les sentiments en récits et en images. De là, dans ce catalogue, après l'histoire, la place si largement accordée aux romans, aux contes, aux aventures de toute sorte. C'est par ces divertissements que se développe d'abord le goût de la lecture; ce sont ces livres agréables qui, après avoir captivé l'enfant, ont chance de pénétrer avec lui dans la famille. Il faut, dans un milieu rustique, parler à l'imagination, à la sensibilité, avant de s'adresser à la raison plus mûre. L'expérience a démontré que les romans, les contes, les récits extraordinaires sont les livres de prédilection de ce public nouveau. Il faut *commencer par ce qui amuse, poursuivre par ce qui instruit, achever par ce qui élève.* Un temps viendra, sans doute, où tous les livres trouveront des lecteurs; aujourd'hui il suffit que tous les lecteurs trouvent des livres.

Mais s'il ne faut point proscrire les ouvrages faits pour distraire, c'est dans les séries G, H, I et les suivantes que sont placés ceux dont les instituteurs devront surtout recommander la lecture aux plus intelligents de leurs clients, après les avoir lus eux-mêmes. Si l'enseignement primaire est bien donné, le goût des lectures scientifiques en sera la plus sûre conséquence. Histoire naturelle, hygiène, sciences appliquées à l'agriculture et à l'industrie, législation usuelle, économie politique, arts industriels, découvertes nouvelles, ce sont là autant de matières d'études qu'il faut faire pénétrer de plus en plus dans les campagnes. Pour y arriver, ce ne sera pas trop de toute la persévérance des maîtres, aidée des encouragements de nos municipalités, et secondée, s'il se peut, par des conférences et des lectures publiques qui pourraient être confiées aux inspecteurs primaires ou même à de notables habitants, s'il s'en trouvait d'assez instruits pour s'en charger, d'assez dévoués pour y consentir.

V

On voit déjà, par tout ce qui précède, combien le rôle des instituteurs est considérable, et combien leur zèle importe à la prospérité des bibliothèques populaires des écoles publiques. C'est un devoir auquel il sera bon de les préparer dès l'école normale. On peut dire que le développement des bibliothèques ou leur abandon est entre leurs mains. Chargés par l'État et la commune du soin de recevoir, d'enregistrer, de prêter les livres, ils ne rempliraient que la moindre partie de leur tâche, s'ils s'en tenaient à cette fonction purement matérielle.

Ranger les livres sur les rayons d'une bibliothèque bien en vue, les tenir en bon état, avoir des registres en règle, toujours cotés et parafés par le maire et les inspecteurs, mettre au courant les catalogues, et, s'il y a un fonds d'achats, en présenter exactement les comptes, c'est quelque chose, sans doute, mais ce n'est pas assez.

Des milliers d'écoles n'ont même pas de bibliothèque; près du tiers de celles qui existent ont peu de lecteurs; bien des livres sont détériorés et disparaissent; les ouvrages les meilleurs, les plus utiles, ne sont pas toujours les plus demandés; le fonds s'épuise au lieu de s'enrichir; point d'achats obtenus, points de crédits réclamés; les volumes uniquement confiés aux enfants dans l'école, et les parents ne sachant même pas qu'ils peuvent recourir à la bibliothèque; notre catalogue général à peine connu de ceux qui sont appelés à y puiser; celui de la bibliothèque à peine consulté; ou, si quelques livres, toujours les mêmes, sont empruntés, les lectures faites sans direction, sans méthode, sans profit durable : c'est là un état de choses dont on ne peut demander le remède qu'au dévouement de nos instituteurs, déjà si chargés cependant. Car, si l'inspecteur d'académie ne peut lire que des rapports annuels; si l'inspecteur primaire en tournée ne peut que donner un coup d'œil, en passant, à la bibliothèque ; si, dans le fond des campagnes, les municipalités ont quelquefois plus de bonne volonté que de compétence scolaire, c'est à l'instituteur, qui est sur place, qu'il appartient de travailler au succès de sa bibliothèque; c'est à celui qui a les livres d'être en communication avec les lecteurs. Les débuts peuvent être difficiles, mais l'indifférence et le découragement seraient aussi coupables que l'incurie. Il n'est pas permis à un bon instituteur de se passer de bibliothèque, et il ne lui est pas permis, quand il l'a obtenue, de s'en désintéresser.

Quand il l'a bien classée et cataloguée, qu'il sait ce qu'elle renferme (non qu'il puisse immédiatement tout lire, mais il ne saurait ignorer le contenu, et d'une façon générale, le mérite de chaque ouvrage), quand il connaît enfin toutes les ressources mises à sa disposition, il peut alors en diriger l'emploi avec intelligence.

Avant tout, il inspirera le goût de la lecture à l'école même, par des lectures à haute voix, bien choisies, habilement suspendues, dont il se chargera lui même et dont il fera la récompense du travail. Il provoquera ensuite les emprunts des élèves les plus âgés ; il indiquera les lectures pour la maison ; il saura les graduer et les diversifier selon l'âge, la capacité, les besoins, les loisirs, les saisons, les travaux des champs, les événements du dehors; il fera part aux familles de ce droit d'emprunt, dont elles ne songent pas à user, même dans les longs hivers; il ramènera à la bibliothèque les adultes les mieux doués, leur recommandera tel livre ou tel autre, s'adressera aux sœurs, aux mères, aux vieillards qui savent lire, aux malades, aux infirmes. Il fera circuler le livre qui semble plaire; il demandera compte aux enfants de leurs lectures, et le fera même pour les adultes, s'il a su prendre quelque crédit sur leur esprit; enfin, à force de patience, d'insistance et de conviction, il constituera un noyau régulier de lecteurs qui auront vite épuisé son petit catalogue.

Alors, ce sont d'autres soins : il sollicitera des achats nouveaux ou, pour arriver au même but, des dons volontaires· il parcourra notre catalogue, dressera la liste des livres qu'il souhaite pour sa bibliothèque, remettra sa demande au maire ou à l'inspecteur en tournée, provoquera des échanges temporaires avec les bibliothèques les plus voisines, dont le fonds de livres est différent, à titre de prêt mutuel, bien entendu; il s'occupera aussi de remplacer les ouvrages détériorées ou vieillis, saura refaire, au besoin, un cartonnage, surtout si l'école normale le lui a enseigné; essayera d'obtenir des envois de plus en plus importants, des collections, des publications illustrées; pourra placarder à la porte de son école le titre des acquisitions les plus nouvelles, et faire de sa bibliothèque une des richesses de l'école et de la commune.

Un instituteur bien préparé, bien inspiré, bien conseillé, qui ne craindra pas quelques labeurs supplémentaires et s'armera de patience, peut ainsi, modestement, simplement, sans bruit et sans prétention, devenir un précieux instrument de culture intellectuelle hors de l'école, comme il l'est déjà dans l'école même.

On fait appel au dévouement des instituteurs ; à celui des municipalités, sans le concours desquelles ils ne peuvent rien; à celui de MM. les inspecteurs primaires qui stimuleront leur zèle; à celui de MM. les inspecteurs d'académie, qui accepteront le contrôle de tous ces efforts; à celui de tous les esprits libéraux, intéressés au succès de ces bibliothèques. Ce succès importe au progrès intellectuel et moral de la France républicaine.

§ 5

Les musées scolaires

(Extrait d'une conférence générale. — Octobre 1875.)

· · · · · · · · · · · · · · · · ·

Il ne vous suffit pas d'avoir amené les enfants sur les bancs de l'école, il faut savoir les y retenir par l'attrait de votre enseignement, par l'utilité pratique et immédiate de toutes vos leçons. Une chose qui y contribuera efficacement, c'est la pratique d'un enseignement rationnel et méthodique, et avant tout, pour les plus jeunes enfants, *l'enseignement intuitif*. Il faut, à tout prix, que vous vous procuriez les objets dont vous voulez leur parler, que vous les leur montriez, que vous les fassiez envisager sous leurs divers aspects, qu'ils les manient eux-mêmes, et qu'ils apprennent à s'en servir. N'allez pas m'objecter que votre école est dépourvue du matériel scolaire nécessaire, que votre commune n'a pas les ressources suffisantes pour vous acheter un nécessaire métrique, les tableaux de Deyrolles, le relief du département, les cartes de France et d'Europe, une mappemonde, etc. Il n'est pas un seul de ces objets à la possession desquels un instituteur ingénieux ne puisse suppléer avec un peu d'initiative personnelle. Ce dont il vous faut avant tout entretenir vos élèves, c'est des choses au milieu desquelles ils vivent, c'est de l'industrie du pays, des produits qu'on y fabrique, c'est des richesses qu'on doit au sol et qui répandent l'aisance dans les populations. Rien de plus facile que de vous procurer des spécimens de toutes ces choses. Un menuisier ne vous refusera pas quelques morceaux des différentes essences de bois qu'il emploie ; un industriel, des matières premières dont il use et des produits qu'il fabrique ; vous recueillerez vous-mêmes, dans la campagne, des spécimens de tout ce que la terre produit, etc. Chaque instituteur doit créer dans son école un véritable musée scolaire, qui variera nécessairement suivant le milieu dans lequel il vit, suivant les besoins de la localité qu'il habite. — S'agit-il des diverses mesures sans lesquelles il est impossible de faire comprendre à des enfants notre système métrique ? Rien de plus facile encore que de suppléer à l'absence de ces appareils coûteux offerts à ceux qui peuvent les payer par les grandes librairies. Allez couper dans le bois voisin un bâton droit, d'un mètre de longueur ; marquez-y vous-mêmes les divisions en décimètres et en centimètres, et surtout que vos élèves prennent l'habitude de s'en servir. Quatre baguettes réunies bout à bout par quatre pointes vous feront un mètre carré, que vous pourrez diviser d'une manière palpable par de simples fils, en cent décimètres carrés. Un angle de votre classe, avec trois baguettes ayant chacune un mètre de longueur, vous représentera un mètre cube. Vous serait-il donc impossible de fabriquer vous-mêmes un décistère, comprenant cent décimètres cubes, et de faire pour ainsi dire toucher du doigt à vos élèves que dix solides de la même dimension et du même volume, empilés l'un sur l'autre, constituent un mètre cube ? Ils comprendront ainsi les rapports du décistère et du décimètre cube, ce qu'ils comprennent rarement, même dans nos meilleures écoles. Pourquoi ne pas faire, avec des morceaux de carton, un décimètre cube ? Serait-il donc bien coûteux de vous en procurer un en bois ou en fer-blanc, de forme cylindrique, et de faire voir à vos élèves que sa capacité est identiquement celle de votre décimètre cube en carton, celle aussi de la bouteille

qu'on appelle le litre ? Deux plateaux, quelques ficelles et une
baguette vous suffiront pour faire une balance, avec laquelle
vous ferez des pesées justes, même si elle est fausse, par la
méthode des doubles pesées. Sans être riches, il vous arrivera
bien parfois d'avoir en votre possession quelques spécimens
de nos diverses espèces de monnaies, que vous pourrez leur
montrer, et avec lesquelles vous leur ferez exécuter quelques
petits comptes tout pratiques, et partant, très intéressants ;
et ainsi du reste. Un peu de terre glaise vous suffira pour
modeler grossièrement le relief de votre commune et faire
comprendre à vos élèves, mieux qu'avec tous les livres du
monde, les définitions abstraites des géographies. Un tas de
sable disposé dans la cour, un amas de neige pendant l'hiver,
et mieux que tout cela, quelques promenades en plein champ
après la classe ou le jeudi, serviront au même but. Le tour-
neur de votre village ne refusera pas de vous faire une boule
sur laquelle vous dessinerez les mers et les principaux continents, et qui suppléera avantageusement à toutes les map-
pemondes. Joignez-y une bougie allumée, et cette même
boule vous servira pour faire une leçon très intéressante de
cosmographie, etc., etc. Pour tout cela, il ne faut que savoir
se servir de ses dix doigts, avoir un peu de bonne volonté et
le goût de son métier. . . . .

DE LA DISCIPLINE

DE LA DISCIPLINE

§ 1er

De la disoipline

(Compte rendu des conférences pédagogiques du mois d'octobre 1879.)

En conformité des instructions contenues dans le Bulletin du mois de juin dernier, tous les instituteurs du département ont rédigé un mémoire *sur les moyens qui leur paraissaient les plus propres à assurer une bonne discipline dans les écoles primaires.* Ces mémoires ont été lus, soit totalement, soit en partie, dans les conférences; les principales idées qu'ils contenaient ont été discutées; des conclusions ont été prises et consignées dans des comptes rendus qui nous ont été adressés. Nous avons extrait de tous ces comptes rendus ce qui nous a paru le plus généralement approuvé, et surtout le plus pratique, le plus facilement réalisable.

Impossibilité d'adopter un système de récompenses et de punitions unique et applicable à toutes les écoles.

Avant tout, il a vite été reconnu que les moyens disciplinaires à employer doivent varier suivant les milieux où se trouvent les écoles. Or, ces milieux sont tout différents. Ici, c'est la petite commune agricole : les habitants, aux mœurs simples, se livrent isolément aux travaux des champs, ils parlent peu; leurs enfants les imitent, ils sont timides; l'école d'ailleurs est peu nombreuse. Si pendant la classe l'un d'eux s'oublie, il suffit le plus souvent d'un coup d'œil, d'un signe, d'un mot pour le faire rentrer dans le devoir. — Là, c'est la commune mi-partie industrielle, mi-partie agricole : les habitants ne mènent déjà plus la même vie; ils n'ont plus les mêmes habitudes, les mêmes mœurs; leurs enfants non plus. L'œuvre de l'éducation devient plus complexe et les difficultés augmentent pour l'instituteur. —

Ailleurs, c'est la grande commune de 1,500, 2,000, 3,000 âmes et au-dessus, tout industrielle, à la population flottante. Les pères, et souvent même les mères, travaillent toute la journée à l'atelier et dans les usines; les enfants courent les rues, abandonnés à eux-mêmes, livrés à toutes les mauvaises suggestions; ils sont, sauf d'heureuses exceptions, pétulants, hardis, insolents, insoumis. — Il arrive aussi que des enfants ne viennent à l'école qu'une partie de la journée et qu'ils passent l'autre à l'atelier : c'est encore pis. Rien d'étonnant, dès lors, que certains instituteurs recommandent avant tout la douceur, tandis que d'autres voudraient une discipline militaire. On comprend, en effet, que ce qui est nécessaire ou possible ici ne le soit pas là. Force est donc, dans l'étude d'une question qui se présente sous des aspects si divers, de se borner à la recherche des moyens généraux dont la pratique peut être au moins conseillée pour toutes les écoles, quelles qu'elles soient.

On a ensuite constaté que ces moyens étaient de deux sortes : préventifs et immédiats.

MOYENS PRÉVENTIFS

On est convenu qu'il existe un certain nombre de conditions qui contribuent singulièrement à assurer le bon ordre dans une école et que l'instituteur devait avant tout chercher à les réaliser, afin de rendre inutile l'emploi des moyens disciplinaires proprement dits. Trois choses ont paru devoir amener cet heureux résultat : une bonne installation matérielle de l'école, l'organisation adoptée pour la classe, enfin la tenue du maître et la considération dont il jouit.

1° Il est certain qu'une bonne installation matérielle favorise puissamment la discipline dans une école.

La salle de classe doit être suffisamment vaste et offrir au moins un mètre carré de surface à chaque élève qu'elle reçoit : des enfants trop serrés, entassés les uns sur les autres, qui ne peuvent faire à l'aise aucun mouvement, observent difficilement le silence et l'ordre.

Elle doit encore être bien éclairée et ne pas avoir de recoins sombres où l'élève échappe à la vue du maître et à sa surveillance.

Elle doit être blanchie, propre, rangée; rien n'y traînera, ni sur l'estrade du maître, ni sur les fenêtres, ni sur les

tables; les pupitres seront inspectés souvent et l'on n'y tolérera aucun fouillis : il est impossible que des enfants ne s'habituent pas à être propres, rangeurs et soigneux, quand tout
autour d'eux respire la propreté, l'ordre et le soin. Si l'on
veut qu'ils respectent la classe, il faut que la manière dont
elle est tenue commande le respect.

Elle doit être munie de tables-bancs solides et commodes ;
si l'enfant est mal assis, il se tiendra mal ; si la table est
vacillante ou s'il ne peut en sortir que difficilement, il y aura là
pour lui une cause toute naturelle de distraction et dedésordre.

Une cour de récréation doit être attenante, pour que l'ordre puisse être maintenu, même pendant la récréation et
dans les jeux.

Elle doit renfermer tout le mobilier nécessaire pour les
leçons : des livres de lecture en nombre suffisant pour que
chaque élève ait le sien ; plusieurs tableaux noirs où le maître
puisse, pour ainsi dire, donner un corps à ce qu'il enseigne
et le rendre visible pour toute la classe ; un compendium
métrique, des cartes, un musée scolaire, etc..., qui lui fourniront mille ressources pour rendre son enseignement clair
et intéressant. Il serait à désirer que partout la commune se
chargeât des fournitures aux élèves indigents, et qu'en même
temps que la loi leur assure la gratuité, le droit à l'instruction, elle leur assurât également le droit aux outils de l'instruction, sans lesquels le meilleur maître voit souvent ses
efforts paralysés ou impuissants.

Enfin, une classe ne doit jamais renfermer un trop grand
nombre d'élèves : le nombre d'enfants confiés à un seul
maître ne devrait jamais dépasser 40 ou 50, surtout quand
ils sont de tous les âges et de toutes les forces

Sans doute, il ne dépend pas uniquement de l'instituteur
que toutes ces conditions soient réalisées ; il y peut pourtant
beaucoup. D'abord, il n'existe plus guère d'écoles dans le
département où l'espace et la lumière fassent défaut, et
bientôt il n'en existera plus ; les mobiliers scolaires se com-
plètent et se transforment ; une récente circulaire ministérielle est venue prêter un précieux appui aux efforts que nous
faisons depuis plusieurs années pour multiplier les classes
enfantines. Pour toutes ces améliorations, l'influence de
l'instituteur peut être considérable : qu'il sache les demander
et souvent il les obtiendra. Il peut toujours compter d'ailleurs sur le concours de l'administration. Qu'il s'ingénie

30.

aussi à suppléer par son industrie privée à tout ce qui lui
manque. Des tableaux noirs en nombre suffisant peuvent
tenir lieu de bien des choses, et on les lui refusera rarement;
le meilleur musée scolaire sera celui qu'il aura formé lui-
même; des cartes, des mesures grossières, qui seront son
œuvre, lui rendront d'autant plus de services qu'il voudra
et saura s'en servir. Enfin, qu'il se conforme au règlement :
qu'il n'admette jamais d'enfants âgés de moins de 6 ans,
sans en avoir obtenu l'autorisation, et qu'il ne demande pas
cette autorisation, s'il a déjà un nombre suffisant d'enfants
d'âge scolaire ; qu'il ne les admette qu'à la rentrée d'octobre
et à celle de Pâques; qu'il ne reçoive jamais d'enfants âgés
de moins de 5 ans. Ainsi les *desiderata* signalés plus haut,
assez rares d'ailleurs, pourront recevoir provisoirement, et
dans la mesure du possible, une certaine satisfaction.

2° L'installation matérielle incombe surtout à la commune;
mais l'organisation de la classe est uniquement le fait de
l'instituteur.

Avant tout, il y aura dans chaque classe, affiché sur le mur
et bien connu des élèves comme du maître, *un tableau de
l'emploi du temps*, et l'on s'y conformera scrupuleusement.
L'ordre dans lequel se succèdent les exercices, en effet, n'est
pas indifférent pour la discipline. L'alternance des leçons où
les élèves sont debout avec celles où ils sont assis, est nécessaire pour leur éviter la fatigue. Ainsi c'est à l'entrée de la
classe qu'on placera la récitation des leçons, afin que les
élèves, qui doivent toujours craindre d'être interrogés et de
ne pas les savoir assez, soient fortement occupés tout d'abord
et se tiennent tranquilles; ce qui aidera à la discipline pour
tout le reste de la classe, — afin aussi que les leçons non
sues puissent être rapprises pendant la récréation qui suivra.
C'est à la fin de la classe du matin, alors qu'il fait grand jour
et que les élèves déjà fatigués réclament un exercice où le
corps ait plus de part que l'esprit, qu'il faut placer la leçon
d'écriture ou de dessin, qui se prête mieux que toute autre au
maintien de l'ordre et de la discipline. De même c'est à la fin
de la classe du soir, alors que souvent, surtout pendant l'hiver,
il ne fait plus assez clair pour que les élèves puissent encore
lire ou écrire, alors surtout qu'ils sont fatigués du travail de
route la journée, qu'il faut placer la leçon de choses géné-
ale, exercice intéressant, qui, lui aussi, rend la discipline facile
et qui leur fera quitter la classe sous une bonne impression.

Le maître doit *préparer*, avant la classe, tous ses sujets de devoirs, toutes ses leçons. Il n'a pas une minute à perdre : il doit faire en sorte qu'un exercice terminé, un autre lui succède immédiatement. S'il est toujours prêt à faire ce qu'il doit faire, il ne fournira pas à ses élèves, par des recherches tardives et inopportunes, des occasions toutes naturelles de se dissiper et de faire du bruit ou du désordre ; ainsi encore, et ainsi seulement, il ne prendra pas ses devoirs au hasard, il les choisira appropriés à la force comme aux futurs besoins de ceux à qui il les donne, et par suite intéressants pour eux. De même il aura soin que ses élèves, au commencement de la classe, ou à des moments qu'il déterminera, se munissent de tout ce dont ils peuvent avoir besoin, pour éviter les dérangements qui sont toujours des causes de trouble.

Il veillera *à ce que ses élèves soient toujours occupés;* il est rare qu'un enfant se conduise mal quand il travaille et qu'il se sent sous l'œil du maître. Il fera plus : il s'arrangera de telle sorte qu'ils soient toujours *occupés d'une manière utile,* intéressante et attrayante, si c'est possible. Il y arrivera en général, même quand il aura plusieurs divisions, si les devoirs écrits qu'il donne à faire sont toujours la suite et la conséquence de leçons orales. Quand, en effet, son devoir ne doit guère être que la mise par écrit de ce qui lui a été dit, l'élève a tout intérêt à être attentif pendant la leçon ; et d'un autre côté son devoir ne l'ennuie pas, puisqu'il ne roule que sur des choses qui lui sont déjà connues et qui viennent de lui être expliquées. Une chose excellente encore, c'est que le maître fasse le plus possible de leçons collectives, ses élèves fussent-ils de force très différente. Il n'y a que l'enseignement directement donné par lui qui puisse être réellement intelligent, et par suite intéressant. Or, à part la lecture, la leçon de français et celle d'arithmétique, tous les autres exercices peuvent en général être communs à toute la classe.

Outre cet ordre intellectuel pour ainsi dire, il y a encore l'ordre matériel.

D'abord il exigera que tous les élèves *arrivent exactement* à l'heure. Certains instituteurs ont été d'avis que, pour obtenir cette exactitude, il fallait, le matin, fermer la porte de l'école à huit heures ou huit heures un quart au plus tard ; mais la grande majorité a été d'un avis contraire et a fait ressortir tous les inconvénients de cette pratique.

« Il peut se faire, a-t-on dit, que l'enfant soit en retard sans

« qu'il y ait de sa faute. S'il trouve la porte fermée, il s'en
« ira. Où?... Et si, laissé à lui-même pendant toute la ma-
« tinée, alors que les parents le croient à l'école, il commet
« quelque sottise? et quand même il serait en retard par sa
« faute, est-ce une punition que de le renvoyer? Mais, souvent
« il ne demande que cela! » — Cette exclusion, on le voit,
n'a rien de pratique ni d'avantageux.

Pourtant il nous faut absolument de l'exactitude. Voici, à
cet égard, ce que nous conseillerions. L'instituteur ouvrira sa
classe dès sept heures et demie; il s'y tiendra et attendra ses
élèves. Il préparera ou fera préparer le feu, mettra tout en
ordre, disposera tout ce dont il peut avoir besoin pour sa
journée. Il écrira sur le tableau noir la date du jour, les
chiffres, les lettres, les petites phrases que le cours préparatoire aura à transcrire. Il marquera la page des livres où il
doit puiser ses sujets de devoirs; il lira les morceaux qui doivent faire l'objet de la leçon de lecture à ses différents cours,
et il préparera les explications qu'il se propose de donner, etc., etc. Une demi-heure ne sera pas de trop pour faire
tout cela et le bien faire. Pendant ce temps-là les élèves arriveront, et au lieu de rester dans la cour ou dans la rue, sans
surveillance, exposés souvent à toutes les intempéries de l'air,
ils entreront dans une salle chauffée, préparée à les recevoir,
où ils se sentent attendus; ils salueront leur maître et iront
se mettre en silence à leur place pour repasser leurs leçons.
Quand même toutes les horloges du village ne seraient pas
d'accord, il obtiendra ainsi que tous ses élèves soient là avant
huit heures, c'est-à-dire avant le commencement de la classe.
S'il y avait encore des retardataires, sans motif d'excuse
valable, ils seraient retenus après la classe plus ou moins
longtemps, selon que leur retard aurait été plus ou moins
considérable.

L'après-midi, les choses se passeront de même; cependant,
quand il fera beau, les élèves pourront se réunir dans la cour,
sous la surveillance du maître, pendant le quart d'heure qui
précède l'ouverture de la classe.

Immédiatement après l'examen de propreté, le maître fera
l'appel nominal de tous ses élèves, en suivant l'ordre des différents cours entre lesquels ils sont répartis : cours supérieur,
cours moyen, cours élémentaire, cours préparatoire, et il
notera les absences. Si pourtant il suppose qu'un élève absent
peut encore arriver, au lieu d'une barre il mettra un simple

point en face de son nom, se réservant de changer ce point en une barre à la classe suivante, si l'élève a été réellement absent. Cet appel n'a pas seulement pour but de constater les absences; car souvent l'instituteur peut, d'un simple coup d'œil, voir s'il lui manque quelque élève. C'est, à nos yeux, une mesure d'ordre et de discipline. L'enfant apprend d'abord à quel cours il appartient et sait tous ceux qu'il lui reste encore à parcourir pour avoir terminé ses études primaires. Surtout il sera frappé de cette considération, si l'instituteur sait la lui faire ressortir, que s'il n'assistait pas à la classe, son absence serait consignée dans les archives de l'école, qu'elle serait relevée par l'inspecteur primaire, qu'elle serait constatée dans les statistiques que prescrit M. le ministre; en un mot, que la société tout entière s'intéresse à la question de savoir s'il vient ou s'il ne vient pas à l'école. Il y a là pour lui un enseignement moral de la plus haute portée, et qui, répété tous les jours, se gravera dans son esprit d'une manière ineffaçable. Pour un pareil résultat, l'instituteur ne devra pas regretter la minute (il ne faut pas davantage) qu'il consacrera à cet appel au commencement de chaque classe. Il y trouvera, ou nous nous trompons fort, un puissant aiguillon pour amener les enfants à être exacts; car ceux-ci tiennent vite aux choses auxquelles le maître tient lui-même.

Pour donner satisfaction à l'invincible besoin qu'ont les enfants de se mouvoir, le maître aura soin de leur faire toujours exécuter des *marches accompagnées de chants, dans le passage d'un exercice à un autre;* mais surtout *il ne supprimera jamais la petite récréation* qui, aux termes du règlement, doit couper toutes les classes en deux. Il est bon, en effet, que les enfants puissent jouer, ne fût-ce qu'un moment, sous les yeux et la surveillance du maître. L'éducation, il ne faut pas l'oublier, est chose individuelle; autant d'enfants dans une famille, autant de manières différentes de procéder à leur égard pour les élever; les parents le savent bien. Le maître lui aussi a donc besoin de bien connaître ses élèves pour savoir comment il doit agir à l'égard de chacun d'eux; or, c'est peut-être le moment de la journée où il pourra le mieux, s'il est attentif et observateur, étudier leurs caractères, parce que dans leurs jeux les enfants se montrent tels qu'ils sont. Au point de vue de l'hygiène, du besoin qu'ont de se mouvoir des enfants qui viennent d'être immobiles ou à peu près pendant plus d'une heure, comme de la nécessité d'ouvrir les fenêtres de la classe au large, quelque temps qu'il fasse, et d'en renouveler l'air, cette récréation est encore d'une absolue nécessité, et les maîtres doivent toujours la donner dans la cour toutes les fois que la chose est possible, dans la classe elle-même s'il fait trop mauvais temps et que l'école n'ait pas de préau couvert. Enfin, et c'est le point qui a particulièrement trait à la question dont nous nous occupons, la privation totale ou partielle de cette récréation, surtout si le maître sait l'animer et la rendre amusante, pourra devenir un excellent moyen de discipline. Mais pour cela encore il faut qu'il la surveille. Or certains, et des meilleurs, sont trop portés à croire que ce quart d'heure de récréation est un temps libre pour eux comme pour leurs élèves. Jamais au contraire, à aucun moment de la journée, leur surveillance n'a besoin d'être plus inquiète ni plus active. Ils n'oublieront pas d'ailleurs qu'ils sont civilement responsables des accidents qui pourraient arriver à leurs élèves par suite de leur défaut de surveillance.

La sortie de la classe devra se faire avec ordre : les élèves marcheront au pas et chanteront; ils s'aligneront dans la cour et, à un signal donné, ils se sépareront pour retourner chez eux par escouades de quartiers, sous la conduite de surveillants désignés.

Enfin l'instituteur, dans ses leçons, *évitera de parler vite* : l'important n'est pas ce qu'il dit, mais ce que ses élèves entendent et retiennent. Il *évitera également de parler haut* : les élèves prêteront une attention d'autant plus soutenue qu'il élèvera moins la voix, tandis que s'il crie, ils crieront à l'unisson et il lui faudra crier de plus fort en plus fort pour dominer le bruit. Nous allons plus loin : *il parlera le moins possible pour tout ce qui concerne la discipline.* Une sonnette ou un sifflet remplaceront avantageusement sa voix, pour donner le signal d'un changement d'exercice, pour arrêter une marche ou un chant qui vont mal. Il lui suffira d'un coup de règle, ou de canif, ou de clef, sur la table, d'un signal quelconque mais convenu, pour arrêter un élève qui cause, pour l'avertir qu'il se tient mal ou qu'il ne travaille pas, pour le prévenir qu'il s'est trompé en lisant, ou en épelant une dictée, ou en calculant au tableau noir. Chaque fois, en un mot, que le maître pourra substituer à sa parole un signal convenu, il devra y avoir recours; ses poumons s'en trouveront bien et la discipline y gagnera.

3° La tenue de l'instituteur et la considération dont il jouit peuvent aussi l'aider puissamment à avoir dans sa classe une bonne discipline.

Il n'est pas nécessaire, il ne faut même pas que sa mise soit élégante ou luxueuse; il faut seulement qu'elle soit convenable et digne, propre surtout, non seulement en classe, mais aussi en dehors de la classe. Cette bonne tenue ne se bornera pas à sa personne; il faut qu'elle s'étende à sa femme, à ses enfants, à tout son intérieur. Il est bien des villages aujourd'hui où la plus belle maison est la maison commune; on regrette quelquefois que le logement de l'instituteur ne soit pas aussi le mieux rangé, le plus propre et le mieux tenu. Or, un intérieur propre et bien tenu donne tout de suite une bonne opinion des gens qui l'habitent et particulièrement du chef qui le dirige.

La tenue n'est pas seulement matérielle et physique, elle est morale aussi. L'instituteur évitera, comme le Règlement[1] lui en fait une obligation, « de se trouver dans les bals publics, « dans les cabarets, dans les cafés, dans aucun lieu, dans « aucune société qui ne conviendrait point à la gravité ni à « la dignité de ses fonctions. » Ainsi il n'acceptera d'invitations au dehors qu'avec la plus grande réserve. Il est rare qu'il aille à des repas de noce, par exemple, sans que sa considération en reçoive quelques atteintes; il est rare qu'il puisse se mêler à des jeux et à des divertissements mondains sans que son prestige baisse un peu, sans qu'il rentre en classe quelque peu amoindri aux yeux de ses élèves, qui le font vite descendre du piédestal où dans leur esprit ils l'avaient d'abord placé. Pour les enfants qui entrent à l'école, l'instituteur est un homme à part : il a le savoir, l'éducation, l'autorité; on doit l'écouter quand il conseille, lui obéir quand il ordonne. Qu'il sache faire servir à l'établissement d'une bonne discipline ces premières impressions.

La considération de l'instituteur grandira aussi, quand il saura donner une bonne idée de son instruction et de ses capacités. Mais ce n'est pas en se faisant valoir, quelquefois au détriment de ses confrères, ni en recourant à des procédés de charlatan qu'il atteindra ce but. « Qui sait peu étale toute

---

1. Cette recommandation ne se trouve plus dans le nouveau Règlement; mais l'obligation d'une tenue convenable et digne n'en existe pas moins pour l'instituteur

sa boutique », dit un auteur allemand; mais la pauvreté du
fonds est bien vite découverte. « Il y a des centaines de mé-
« thodes pour enseigner ce qu'on sait, a-t-on dit encore; il n'y
« en a pas une seule pour enseigner ce qu'on ne sait pas ou
« ce qu'on ne sait qu'à moitié. » L'instituteur travaillera donc.
La pédagogie, comme toutes les autres sciences, fait chaque
jour des progrès; il se tiendra au courant des procédés nouveaux, imaginés pour rendre l'enseignement plus rapide ou
plus fructueux. Au lieu de leur débiter toujours les mêmes
vieilleries, il apportera à ses élèves le fruit d'études fraîches
et récentes et il les intéressera; l'esprit qui l'animera ira souffler
jusque dans les plus humbles chaumières et parler aux parents par la bouche de leurs enfants. S'il a su transformer en
heures d'agrément et de vie intellectuelle les heures quelquefois si longues et si pénibles de l'école, ce sont ses élèves eux-
mêmes qui supplieront père et mère de ne les point retenir,
et ces prières-là vont toujours droit au cœur des parents.
Quand l'instituteur a obtenu ce résultat, la discipline lui devient facile.

L'instituteur peut être appelé à exercer ses fonctions dans
une commune divisée par les partis : c'est pour lui une difficulté. C'est alors qu'il doit faire appel à toute sa prudence, à
tout son tact, et observer la plus stricte neutralité au milieu
des conflits dans lesquels on ne manquera pas de vouloir
l'entraîner. Il se rappellera qu'il est l'homme de toutes les
familles, puisqu'il doit à tous les enfants l'instruction, l'éducation, un affectueux intérêt. Il se montrera également bon
et serviable pour tous. Il a tout à perdre et il n'a rien à
gagner à prendre couleur, à tenter d'exercer une influence
quelconque, à vouloir être autre chose que ce qu'il est.

Ce n'est pas cependant que nous lui conseillions de se regarder comme un étranger au sein de la population au milieu
de laquelle il vit, ni de se désintéresser de tout ce qui touche
la commune qu'il habite. Nous voudrions, au contraire, qu'il
s'attachât à la bien connaître et à la faire aimer. Il est des
instituteurs qui dénigrent sans cesse les pays où ils exercent :
le climat, les habitudes, le caractère des habitants, etc., tout
est pour eux matière à critique ou à réflexions désobligeantes;
d'autres se regardent comme des oiseaux de passage et, dès
leur arrivée dans une commune, déclarent qu'ils n'y resteront
pas longtemps. Tout cela est très fâcheux et cause un préjudice incalculable à la considération du maître, ainsi qu'à l'au-

torité qu'il doit avoir sur les enfants. La discipline est œuvre
d'affection, de confiance et de respect; comment l'instituteur
veut-il qu'on lui accorde tout cela, s'il n'offre, lui, rien en
échange? Il est impossible qu'une commune n'aime pas et
n'honore pas le maître qui lui a donné pendant de longues
années le meilleur de son esprit, de ses forces et de son âme,
qui a vécu avec elle dans la souffrance et dans la joie; il est
difficile, au contraire, qu'elle s'attache à celui qui n'a pas
voulu se faire l'homme du pays qu'il habite, qui ne s'intéresse
à rien de ce qui le touche.

Il est des instituteurs qui prennent toujours avec leurs élèves
un ton impératif et rude, qui ne savent que leur adresser des
réprimandes, leur reprocher leur ignorance, les humilier en
un mot. « J'ai honte de rapporter ici, dit Rollin, certains
« termes injurieux dont on se sert à l'égard des écoliers,
« *cruche, bête, âne, cheval de carrosse*, etc.; et je ne le ferais
« point, si je ne savais que ces termes se trouvent encore
« dans la bouche de quelques maîtres. Est-ce la raison, est-ce
« la politesse, est-ce le bon esprit qui dictent un tel langage?
« Ne voit-on pas clairement qu'il ne peut être que l'effet, ou
« d'une basse éducation qu'on a reçue, ou d'une grossièreté
« d'esprit qui ne sent point ce que c'est que la bienséance,
« ou d'un caractère violent et emporté qui ne peut se con-
« tenir. » Rollin a raison : l'instituteur ne devrait jamais se
départir, dans ses rapports avec ses élèves, du langage ni des
manières d'un homme bien élevé; c'est surtout ici qu'il agit
sur eux par ses exemples bien plus que par ses leçons. Et puis,
nous nous sommes toujours demandé quel avantage il pouvait
bien y avoir à répéter toujours à un enfant qu'il est peu intelligent, qu'il est *bête* même : on va jusque-là. D'abord, il
arrive souvent que ce n'est pas vrai : les élèves sont des blés
en herbe; on ne sait pas ce qu'ils donneront plus tard. Mais
la chose fût-elle vraie, qu'il n'y a aucun profit à en convaincre
l'enfant. Quand il sera bien pénétré de cette idée que la nature s'est montrée marâtre envers lui, et que, quoi qu'il fasse,
il n'obtiendra aucun résultat, il ne fera plus rien. Est-ce là
ce que l'on veut? Au contraire, que le maître ait toujours
avec ses élèves des formes affectueuses et bienveillantes; qu'il
leur témoigne de l'intérêt à tous, même et surtout aux plus
déshérités; qu'il encourage leurs moindres efforts, qu'il se
réjouisse de leurs succès et qu'il s'afflige avec eux de leurs
échecs; que ses paroles et toute sa physionomie reflètent les

31

sentiments d'une affectueuse sympathie, et ses élèves l'aimeront, et ils lui obéiront, sans qu'il soit obligé de recourir aux
punitions.

MOYENS IMMÉDIATS

On a admis qu'en général, lorsqu'une classe est bien installée
et bien outillée, lorsqu'elle est dirigée par un instituteur sachant son métier et l'aimant, jouissant dans le pays d'une
considération méritée, la discipline est facile : les élèves reconnaissent tout naturellement l'autorité du maître, ils le
respectent et lui obéissent. Il ne faut pas oublier pourtant
qu'il y a des parents qui parlent mal de l'instituteur en présence de leurs enfants; qu'il y a des enfants naturellement
insubordonnés et vicieux; que le maître doit les faire travailler, c'est-à-dire contrarier leur penchant à la paresse et à
l'amusement : de là, pour les mauvais élèves d'abord, mais
même pour les meilleurs, la nécessité de moyens d'action
plus topiques, immédiatement applicables dans chaque cas
particulier.

Ces moyens sont de deux sortes : les récompenses et les
punitions.

On a reconnu qu'il vaut mieux, en général, récompenser
que punir. La récompense a comme premier avantage d'être
un stimulant, de faire naître l'émulation; or, l'émulation a un
grand empire sur les enfants. C'est un sentiment qu'il ne faut
pas développer outre mesure : il ne faut pas qu'il engendre
l'orgueil ni une envie malsaine; mais, contenu dans de sages
limites, il peut produire d'excellents résultats et même devenir
le principe de grandes choses. Elle en a un autre : une récompense accordée peut toujours être supprimée, si l'enfant ne
s'en montre plus digne. Or il tient à conserver l'estime de ses
parents, de son maître, de ses condisciples; si on le prive
d'une distinction qu'il avait légitimement gagnée, et à la
possession de laquelle il s'était habitué, il sent qu'il y a pour
lui, aux yeux de tout le monde, une véritable déchéance, et il
ne voudra pas l'encourir.

Si les principales punitions qu'il y a lieu d'infliger aux
élèves consistent dans la non obtention des récompenses
mises à leur disposition ou dans le retrait de celles qu'ils peuvent avoir méritées auparavant, ce qu'il faut organiser tout
d'abord, c'est un bon système de récompenses.

Récompenses.

Pour rendre sa discipline plus facile, dit l'article 37 du règlement, l'instituteur s'aidera d'un système de récompenses dont les principales sont :

Récompenses :

Les bons points ;
Les témoignages de satisfaction ;
L'inscription au tableau d'honneur ;
Les places au banc d'honneur, à l'école et à l'église ;
Les médailles et les croix ;
Les prix.

Ces récompenses ont, en général, été jugées peu pratiques et surtout peu efficaces. Cependant les instituteurs, presque à l'unanimité, ont été d'avis qu'il y avait lieu de recourir, principalement avec les plus jeunes enfants, à un système de bons points s'échangeant contre des témoignages de satisfaction, qui peuvent à leur tour donner droit à des récompenses réelles : un livre, un objet quelconque auquel l'enfant tient beaucoup, mais de préférence un objet de classe, un livret de caisse d'épargne, des prix en fin d'année. Quant au fonctionnement du système, il s'est produit bien des avis différents. Donnera-t-on réellement ces bons points ? Se contentera-t-on de les inscrire ou de les faire inscrire par un élève ? — Mieux vaut, croyons-nous, les donner réellement. Certains instituteurs s'en munissent au commencement de la classe et les distribuent séance tenante ; d'autres préfèrent ne les distribuer qu'à la fin de la classe ; mais il a été reconnu qu'une distribution hebdomadaire n'a plus la même efficacité. — Qui paiera ces bons points ? En général, ce sont les instituteurs qui prennent cette dépense à leur charge ; il ne serait que juste pourtant que les communes votassent à cet effet un petit crédit : les bons points font en effet partie du mobilier et de l'outillage de l'école, qui sont une charge communale. Nous engageons les instituteurs à les demander.

Quelques instituteurs ont organisé une petite correspondance qui les met en relation presque continuelle avec les parents et force ceux-ci à suivre avec intérêt les progrès ou les défaillances de leurs enfants. Chaque élève a son petit cahier sur lequel sont consignés tous les incidents de sa vie scolaire. Sa bonne conduite ou son indocilité, son exactitude ou son irrégularité, son travail ou sa paresse donnent lieu à une note de l'instituteur; les parents y répondent et il est rare que ce ne soit pas pour approuver le maître, même quand il a dû sévir, ou pour le remercier, quand il signale un progrès. Dans une classe peu nombreuse et avec certains parents, le moyen peut être excellent ; mais il n'est pas applicable partout. Cette correspondance d'ailleurs exige de l'instituteur beaucoup de prudence et de tact, s'il veut éviter de froisser certaines susceptibilités. — A recommander, mais dans des cas déterminés.

En dehors de cette correspondance qu'on peut appeler irrégulière, on a généralement été d'avis qu'il y avait lieu de recourir au livret de correspondance régulier, hebdomadaire ou bi-mensuel, portant les mentions suivantes : conduite, leçons, devoirs, places en composition et, s'il y a lieu, observations particulières ayant trait à l'amélioration de l'élève ou à son relâchement.

On a préconisé aussi le système des bons points-monnaie, qui deviennent le point de départ et ensuite l'alimentation du livret de caisse d'épargne. Il est évident qu'il faut alors, entre les maîtres et les parents, une entente sur la valeur qui devra être attribuée à chaque bon point. Il convient aussi, pour que le système puisse être étendu à toute la classe, que la commune prenne la place des parents pauvres, et que, par le vote d'un petit crédit mis à la disposition de l'instituteur, elle se charge du paiement des bons points accordés aux élèves indigents. — A recommander, surtout dans les communes industrielles.

Certains instituteurs ont obtenu que les autorités locales vinssent, à la fin de chaque trimestre, proclamer dans l'école même les notes méritées par chaque élève, distribuer les encouragements ou le blâme, délivrer de petites récompenses offertes par la commune ou par quelque personne généreuse. Ces distributions trimestrielles n'empêchent pas la distribution publique et solennelle qui se fait à la fin de l'année, et elles ont l'avantage de stimuler les élèves par la perspective d'une récompense moins éloignée.

Malgré les critiques qu'on peut en faire, il a été reconnu que les distributions de prix ont du bon, et qu'elles sont à conserver comme moyen d'émulation partout où la commune veut bien en faire les frais.

Mais pour toutes ces récompenses, on le voit, il faut le concours des familles et des municipalités. Malheureusement elles sont souvent bien peu soucieuses de ce qui devrait faire l'objet de leur plus cher intérêt.

On a recherché s'il n'y avait pas quelques récompenses qui dépendissent uniquement de l'instituteur, et qu'il pût toujours accorder sans le concours de qui que ce soit. Il a été reconnu qu'une parole d'encouragement, un éloge donné en présence de toute la classe, une marque de confiance quelconque un peu exceptionnelle, pouvaient être regardés à bon droit comme de véritables récompenses, que certains enfants y étaient très sensibles et qu'il y avait là un stimulant efficace pour les porter à bien faire. On a recommandé les cahiers d'honneur, un pour chaque cours, sur lesquels les élèves pourraient être autorisés à transcrire un devoir très bien fait, et qui resteraient dans les archives de l'école. Un avancement de table, des changements de place dans la classe même, sont aussi des moyens qui peuvent être employés avec profit. Rien n'est petit avec les enfants et les moindres choses auront du prix à leurs yeux, si le maître lui-même en fait cas.

Enfin, l'instituteur ne négligera pas d'entretenir continuellement ses élèves de la nécessité où est aujourd'hui tout enfant qui a pu fréquenter régulièrement l'école, d'obtenir son certificat d'études. S'il leur en parle souvent, s'il paraît y attacher un grand prix, s'il sait faire ressortir ce je ne sais quoi de déshonorant qui s'attachera désormais à la personne de celui *qui n'aura pas même pu obtenir son certificat d'études*, les enfants attacheront eux aussi à la possession de ce petit diplôme une pareille importance, et il trouvera encore dans les soins qu'il peut leur donner pour les préparer efficacement à subir leur examen, un moyen d'action qui lui vaudra leur reconnaissance et les portera à bien faire.

Punitions.

Il est des maîtres heureusement doués au physique comme au moral, dont l'attitude seule impose le respect et le silence à toute une classe, dont la parole a une autorité qui commande l'obéissance, dont un geste, un simple regard suffisent pour arrêter, pour prévenir même toute infraction à la discipline. Ces maîtres ne punissent pas, parce qu'ils n'ont pas besoin de punir.

Mais ces maîtres sont rares et généralement la bonne tenue de nos écoles ne va pas sans un système de punitions. Quelles seront ces punitions?

Avant tout, les instituteurs et institutrices se rappelleront **qu'il leur est formellement interdit d'infliger à leurs élèves aucune punition corporelle.**

La discipline n'est point une œuvre de force ni de violence; elle est essentiellement une œuvre d'autorité et de respect. Le maître qui a frappé reconnaîtra, s'il veut être sincère, que cette punition n'était nullement nécessaire, qu'en l'infligeant il n'a pas songé à améliorer, ni à corriger l'enfant; qu'il a cédé à un mouvement d'impatience, trop souvent à sa passion, à sa colère; *qu'il s'est vengé*, disons le mot, et par cela même qu'il a donné à ses élèves le plus déplorable exemple. Aussi son autorité ne s'en est pas accrue, sa discipline n'en a point été affermie. Il a compromis son prestige, sa dignité; il s'est abaissé et avili, voilà tout; et désormais ses élèves le respecteront moins.

Mais outre ce que des punitions corporelles ont de dégradant pour celui qui les inflige, elles ont le grand tort d'être parfaitement inefficaces. L'expérience a démontré que les coups sont impuissants pour faire obéir un enfant. Si on le frappe aujourd'hui, il faudra le frapper demain, et même le frapper plus fort parce qu'il s'y habituera. En admettant qu'on obtienne ainsi de lui qu'il reste tranquille ou qu'il fasse ce qu'on veut lui faire faire, on l'aura *dressé*, on ne l'aura pas *élevé;* la discipline qui substitue la crainte d'un châtiment physique à celle d'un abaissement moral, est détestable : loin d'amender, elle engendre une rébellion intentionnelle, sourde et permanente, qui n'attend qu'une occasion pour éclater.

Ajoutons que l'instituteur qui frappe un élève s'arroge un droit qu'il n'a pas.

Il est, dira-t-on, des natures indomptées à l'égard desquelles les punitions ordinaires, les conseils, les appels au sentiment de l'honneur et du devoir sont impuissants, et qui, sans l'emploi des châtiments corporels, demeureraient indomptables. — Il se peut, quoique les cas soient beaucoup plus rares qu'on ne le pense. Mais ce n'est pas à l'instituteur qu'incombe la rude tâche de vaincre ces caractères obstinés. Lorsque la discipline réglementaire, judicieusement employée, a échoué, lorsque les moyens de persuasion ont été sans effet et que le cœur, comme l'esprit de l'enfant, est resté sourd à votre voix, l'élève qui s'entête à mal faire et à troubler l'école doit être rendu à sa famille. C'est une mesure extrême à laquelle il ne faut avoir recours qu'après l'essai infructueux de toutes les autres, mais qu'il n'est pas besoin de faire précéder ou de tâcher d'éviter par de mauvais traitements.

Cependant, dira-t-on encore, il est bien des parents qui ne se privent pas de frapper leurs enfants. — Nous ne le nions point; mais, sans approuver ni blâmer trop leur conduite, nous ferons remarquer que, si le maître tient en grande partie la place du père auprès de l'enfant, il a des pouvoirs plus limités, par cela même qu'il n'est pas le père. Le bras du père qui frappe (et encore lui est-il défendu à lui aussi de franchir certaines limites) est ralenti, arrêté à temps, pour ainsi dire, par la tendresse qu'il éprouve naturellement pour son enfant. Il y a en lui, sauf des exceptions fort rares, un instinct plus fort que la colère et qui apaise presque toujours celle-ci avant qu'elle s'emporte. Il n'en est pas, il n'en peut pas être ainsi du maître. Si, après avoir frappé dans un moment d'oubli ou d'impatience, il frappe encore, il s'habitue bien vite à frapper sans cesse; sa violence croît avec l'habitude et parfois se transforme en une sorte d'ivresse brutale qui trouble sa vue et son jugement. Revenu à lui, il sera honteux et repentant d'avoir maltraité une pauvre petite créature, souvent plus légère que méchante, et d'avoir donné à sa classe l'exemple de la plus grande faiblesse, c'est-à-dire d'un homme que la fureur aveugle; mais il sera trop tard : avec son sang-froid, il aura perdu sa dignité et son autorité. Et si l'on objecte que certains parents donnent parfois plein pouvoir à l'instituteur sur leurs enfants, qu'ils le prient même d'user de punitions corporelles à leur égard, parce qu'ils ont reconnu que ce sont les seules qui soient efficaces, nous dirons encore à l'instituteur : N'acceptez pas ce périlleux mandat; car le père qui vous l'a donné sera presque toujours le premier à vous accuser, si ses enfants viennent à se plaindre et peuvent montrer la trace d'un coup reçu[1].

1. M. Aulard.

Mais si les considérations que nous venons de faire valoir, tirées du but élevé de la discipline, de la nature de l'enfant et des droits des familles ne suffisaient pas pour convaincre nos maîtres, nous invoquerions alors, comme dernier argument, leur intérêt personnel.

Tous les règlements, en effet, interdisent d'une façon absolue les punitions corporelles, et il importe que les instituteurs sachent bien que ceux qui enfreignent cette défense s'exposent aux peines disciplinaires les plus graves, que des poursuites judiciaires même peuvent être exercées contre eux.

Il est inutile de rappeler ici les faits assez rares, il est vrai, mais trop nombreux pourtant, qui ont tout récemment encore motivé les sévérités de l'administration. Maîtres et maîtresses s'en plaignent; ils réclament surtout contre la publicité de ces répressions, sans songer que la presse s'étant occupée des faits qui les avaient motivées, il devenait bien difficile que la publicité de la peine infligée ne vînt pas donner satisfaction à l'opinion publique qui s'en était émue. Mais qu'y faire ? Il est excessivement regrettable, sans doute, que pour un moment d'emportement ou d'oubli, sur la plainte d'un père trop souvent porté à écouter avec complaisance les rapports de son fils, la considération d'un instituteur, jusque-là très digne et très respectée, puisse être amoindrie, que son avenir même puisse être compromis. Nous savons parfaitement combien il est difficile de conserver son calme et sa patience devant la paresse, l'obstination, la grossièreté parfois de certains élèves. Mais toute discussion à cet égard est complètement inutile : la loi est formelle, et la défense absolue. Le maître qui frappe, même accidentellement, sait donc qu'il risque sa réputation, son avenir et celui de sa famille.

Ce n'est pas tout. Il doit savoir aussi qu'il peut s'exposer à de poignants regrets.

Quand une fois on entre dans la voie des coups, il est impossible de déterminer où l'on s'arrêtera. On donne un soufflet aujourd'hui, on en donnera deux demain. Il est si facile de se laisser entraîner sur cette pente, et un soufflet est si vite donné ! Puis les enfants eux-mêmes, en s'habituant aux coups, ne provoqueront-ils pas le maître à frapper aujourd'hui plus fort qu'il ne frappait hier, et demain plus fort encore, et plus souvent aussi qu'il ne le fait aujourd'hui ?

Or, il ne connaît pas toujours exactement l'état de santé, ni la constitution de ses élèves. Il ne sait pas si quelque mal interne, quelque affection latente ne peut pas être aggravée par un coup imprudemment donné. Que d'accidents involontaires il peut ainsi causer en se laissant aller à cette déplorable et brutale habitude, et dont il est civilement responsable, pour lesquels les tribunaux peuvent le condamner à de forts dommages-intérêts !

L'instituteur mettra donc l'interdiction de frapper en dehors et au-dessus de toute discussion. Il sait qu'il a été dit : *tu ne tueras point, tu ne voleras point*, etc., et ces prescriptions s'imposent d'elles-mêmes à sa volonté, sans qu'il se demande jamais si elles ne pourraient pas être éludées. Qu'il y ajoute : *tu ne frapperas point ;* ce sont des défenses de même ordre, et s'il est bien convaincu, s'il le veut sincèrement, il lui sera tout aussi facile de ne pas enfreindre celle-ci que celles-là.

Nous rangeons parmi les punitions corporelles la mise à genoux, soit dans l'intérieur de la classe, soit, à plus forte raison, en dehors de la classe, ainsi que certaines postures fatigantes, comme, par exemple, lorsqu'on force un enfant à tenir les bras en croix, à supporter un livre, un poids quelconque. Nous n'avons jamais compris que l'attitude de la créature se prosternant pour rendre hommage à son Créateur pût être infligée comme une punition ; quant aux postures tortionnaires quelconques, outre leur inefficacité au point de vue éducatif, elles ont le tort d'être abusives et ridicules. La mise au pain sec à midi doit être aussi regardée comme une punition corporelle : un instituteur n'a pas le droit de retenir un enfant au moment du repas et de l'empêcher d'aller dîner avec ses parents.

Tous les instituteurs finalement sont convenus de l'inefficacité de ces punitions et de la nécessité de se les interdire absolument.

Il ne suffisait pas toutefois de passer en revue toutes les punitions que l'instituteur n'appliquera pas ; il fallait enfin arriver à celles dont il lui est permis d'user.

Mais ici il nous a fallu compter encore avec ceux qui prétendent qu'il n'y a réellement pas de punitions, et que les punitions proprement dites sont inutiles. Les actes de l'enfant ne portent-ils pas en eux-mêmes leurs conséquences ? S'il agit bien, on l'approuve et il est fier d'être donné en exemple à ses condisciples ; s'il agit mal, on le blâme et il souffre d'être

31

amoindri aux yeux de ceux avec qui il vit. S'il a négligé son devoir, il est forcé de le recommencer ; s'il n'a pas su sa leçon, il est forcé de la rapprendre pendant que ses camarades prennent leur récréation. S'il ment, on n'a plus foi en ses paroles jusqu'à ce qu'il se soit corrigé; et il en souffre. S'il trouble la classe, on l'en exclut ; s'il tourmente ses camarades, on l'en isole et cette séquestration lui est pénible. S'il fait un tort quelconque à ses voisins, on le force à le réparer, etc., etc. Les punitions ne sont que les conséquences inévitables des actes qui les amènent et il doit les subir, comme on subit toutes les lois naturelles.

Tout acte dont les résultats immédiats et éloignés sont bons, doit être regardé comme bon lui-même ; tout acte dont les résultats immédiats et éloignés sont mauvais, doit être regardé comme mauvais lui-même. Le premier rend heureux celui qui l'accomplit ; le second le rend malheureux. L'enfant n'a-t-il pas là un enseignement moral de la plus haute portée pour sa future conduite dans la vie ? Mais surtout cet enseignement n'est-il pas essentiellement pratique ? Où trouver rien qui soit plus favorable à son amendement ? Et cette vérité générale une fois bien comprise, ne se fera-t-il pas son éducation à lui-même ? Le maître n'aura plus d'autre fonction que de veiller, comme ministre et interprète de la nature, à ce que ses élèves éprouvent toujours les vraies conséquences de leur conduite, les réactions naturelles de leurs actes, ne les écartant pas ne les augmentant pas, ne leur substituant pas des conséquences artificielles. Ajoutons que cette manière de procéder est éminemment propre à donner de justes notions sur les causes et leurs effets, et par suite à former le jugement ; qu'elle est conforme à la justice : car l'enfant qui subit la peine qu'il s'est lui-même attirée, ne peut pas, même au moment de sa plus grande irritation, ne pas avoir conscience de l'équité de cet arrangement ; qu'elle ne peut enfin lui faire regarder son maître comme un ennemi, ce que fait trop souvent le châtiment infligé selon la méthode ordinaire, puisque ce qu'il éprouve de désagréable et de pénible, c'est lui, en somme, qui l'a voulu et amené [1].

En général les maîtres ont été frappés de cette considération et ils se sont bien promis d'en faire leur profit. On a reconnu toutefois que ce système, applicable peut-être dans

_____

1. V. Spencer, *De l'éducation.*

des éducations particulières, ne serait plus suffisamment efficace, appliqué à la direction d'une classe nombreuse. On s'est
demandé alors s'il ne serait pas bon, pour s'en rapprocher
autant que possible, que chaque maître dressât une sorte de
code supplémentaire, venant s'ajouter à celui de la nature et
de l'expérience, qui indiquerait les punitions encourues
pour chaque faute déterminée et que les élèves eux-mêmes
seraient invités à approuver, après qu'il leur aurait été expliqué
et que la nécessité leur en aurait été démontrée. Comme la
peine qui est la conséquence naturelle de nos fautes, la répression de toute infraction à la règle convenue aurait alors
quelque chose d'inévitable, de juste, d'impersonnel, qui écar-
terait toute possibilité d'aigreur et de rancune contre le
maître, puisque ce serait pour ainsi dire l'élève lui-même qui
serait allé au-devant de la peine qu'on lui inflige et qu'il
connaissait avant de l'encourir.

Pour en venir enfin à quelque chose de positif et de tout à
fait précis, on a recherché quels étaient les principaux man-
quements qu'un maître pouvait avoir à punir chez . s élèves.
On a admis qu'ils pouvaient se classer en trois catégories et
que c'étaient presque toujours : ou des actes d'insubordination, d'insolence, de rébellion à l'égard du maître, — ou des
actes de légèreté et de dissipation qui troublaient la classe, —
ou un défaut de travail et d'application, soit pour la confection des devoirs, soit pour l'étude des leçons.

De tout ce que nous avons lu et entendu sur ces trois points,
ainsi que de nos propres réflexions sur la matière, nous con-
clurions aux conseils suivants :

1° Si un enfant est insolent envers vous, s'il vous brave, s'il
vous refuse l'obéissance, vous pouvez l'exclure de l'école :
ainsi vous faites disparaître une cause de trouble; vous vous
rendez possible à vous-même l'accomplissement de votre
mission; votre mesure est parfaitement justifiée et le Règlement vous autorise à la prendre. Il ne vous faut pourtant y
recourir qu'après avoir épuisé tous les autres moyens de faire
rentrer le rebelle dans le devoir. En l'excluant, en effet, vous
le mettez dans l'impossibilité de vous empêcher de faire le
bien de ses condisciples; mais lui, vous ne l'instruisez pas,
vous ne l'élevez pas; et plus que tout autre il aurait besoin
d'être instruit et élevé.

Nous nous demandons vraiment s'il n'y a pas toujours pour
le maître quelque moyen de sauvegarder son prestige et son

autorité, sans appliquer cette mesure extrême. D'abord, lui
dirons-nous, n'arrive-t-il pas souvent que l'élève est insolent,
par suite de quelque apostrophe maladroite de votre part et
d'une sorte de provocation? S'il est déjà surexcité par la
colère et que vous ne teniez pas compte de son état, vous
pouvez le pousser aux dernières extrémités. S'il refuse d'o-
béir, n'est-ce pas parce que vous lui avez commandé certaines
choses, qu'étant donnés son caractère et son tempérament,
vous auriez peut-être mieux fait de ne pas lui ordonner?
Il est rare qu'un enfant, quelque mauvais qu'il soit, en
arrive à cette rébellion ouverte avec un maître prudent,
calme, affectueux et bienveillant. Mais admettons que cela
soit. Au lieu de vous emporter pour une réponse incon-
venante ou un acte d'insubordination, ce qui vous amène à
doubler, à tripler la punition et à ne plus savoir, pas plus que
l'élève, ce que vous faites ni ce que vous dites, ne vaudrait-
il pas mieux lui opposer le calme et le sang-froid? Ne pourriez-vous pas lui dire, par exemple, pour ne pas être forcé
de le punir séance tenante : « Mon ami, vous ne savez pas ce
que vous dites, vous n'êtes plus vous-même; je crois bien
que vous êtes malade; je n'attache plus aucune importance
à vos paroles ni à vos actes; remettez-vous, guérissez-vous ;
demain nous parlerons de cette affaire. » Vous vous donnez ainsi
le temps de bien peser la punition à infliger, de demander le
concours des parents, si vous le jugez à propos. Vous con-
servez aussi la chance de voir l'enfant venir à résipiscence,
et dans ce cas c'est une cure que vous avez faite. — Nous nous
trompons fort, ou un maître qui saurait se maîtriser et
agir ainsi, non seulement ne perdrait rien de son prestige
ni de son autorité; mais au contraire il grandirait singulièrement aux yeux de ses élèves, qui lui en témoigneraient d'autant plus d'obéissance et de respect.

2° Un enfant cause en classe; il dérange ses voisins; il
s'ingénie à faire mille choses qui compromettent le silence et
l'ordre, etc.; il faut nécessairement l'arrêter. Pour cela vous
avez d'abord l'avertissement; puis une, deux, trois mauvaises
notes. Les mauvaises notes entraîneront pour lui l'impossibilité d'obtenir une récompense désirée, ou encore, quoique
nous en soyons moins partisan, le retrait d'une récompense
qu'il a auparavant méritée. Vous avez ensuite la privation
partielle ou totale de la récréation et la mise aux arrêts pendant que ses camarades jouent. Vous avez enfin la retenue

faite après la classe, sous votre surveillance. En général, ces punitions bien graduées suffiront pour l'amener à se tenir tranquille. Si pourtant il persistait à se dissiper et à dissiper les autres, vous pourriez lui ordonner de se tenir debout, les mains derrière le dos (ce qui vaut mieux que les bras croisés pour le développement de la poitrine), d'abord à sa place; puis, si c'est nécessaire, dans un coin de la classe, la figure tournée contre le mur, mais toujours sous votre surveillance. Il y a encore d'autres punitions qui, comme nous le disions précédemment, peuvent découler de la faute commise. Un enfant s'amuse à jouer du violon avec deux règles, imposez-lui d'en jouer pendant un quart d'heure; il passe son temps à attraper des mouches, retenez-le après la classe jusqu'à ce qu'il vous en ait attrapé un nombre que vous fixerez, etc., etc., et ainsi du reste. La répression peut souvent se déterminer d'après la nature de la faute, et la privation de ce que l'enfant aime, de ce à quoi il tient, offre toujours un assez vaste champ à l'action disciplinaire du maître.

3° Un enfant n'a pas su sa leçon, il doit la rapprendre. Où? pendant la récréation qui suit, en circulant dans un coin de la cour, son livre à la main, à côté de ses camarades qui jouent; après la classe encore, pendant la petite retenue que le maître ne peut guère se dispenser d'établir, soit le matin, soit le soir.—Faut-il la lui faire copier? Mieux vaut la lui donner à rapprendre, en lui promettant que sa liberté lui sera rendue sitôt qu'il aura pu la réciter. Cependant s'il s'obstine à ne pas vouloir l'apprendre, on pourra la lui faire copier un certain nombre de fois; mais il faut tenir à ce que cette copie soit bien faite.

Un élève n'a pas fait son devoir? Il devra le faire. Il l'a mal fait? Il devra le recommencer, soit pendant la classe, dans les moments libres dont il peut disposer, son devoir du jour terminé, soit de préférence en retenue, après la classe. Pour n'avoir pas à punir, le maître aura soin de ne pas donner des leçons trop longues, ni trop nombreuses; surtout il n'en donnera aucune sans l'avoir auparavant bien expliquée et sans s'être assuré que ses élèves l'ont comprise. De même pour les devoirs : il ne devra leur donner à faire que des choses qui soient à leur portée, qui ne soient pas au-dessus de leur intelligence. Nous avons vu bien des fois des enfants punis, quoiqu'ils fussent fort excusables de ne pas savoir leur leçon ou d'avoir mal fait leur devoir. Le vrai coupable était le maître,

qui ne savait pas son métier ou qui ne s'était pas donné la
peine de le bien faire.

En tout cas, point de ces longs pensums, de ces tâches ab-
surdes, de ces pages d'écriture griffonnées et qu'on ne lit
même pas. Demandez peu, mais exigez que ce soit bien fait.
Surtout pas de pensums à faire à la maison, en dehors de la
classe. Si l'enfant arrive en classe le lendemain, sans avoir
fait ce pensum, vous le doublerez? Et si le surlendemain il
ne l'apporte pas davantage, si son père même lui défend de
le faire, vous le renverrez de la classe? Vous n'en n'avez pas
le droit. Vous ne devez exclure de la classe que ceux qui la
troublent et qui vous empêcheraient d'accomplir votre mission.
Et puis, vous allez vous créer des difficultés de plus d'un genre!
Faites vous-même exécuter les punitions que vous donnez et
ne chargez pas les parents de ce soin.

Vaut-il mieux, pendant la retenue, faire apprendre par
cœur ou donner quelque chose à copier? — Mieux vaut faire
apprendre par cœur. D'abord il en reste quelque chose à
l'élève; puis il peut, en s'appliquant bien, abréger le temps
de sa retenue; enfin il ne gâche pas de papier, ce qui est une
considération pour les parents, et il n'est pas exposé à se
déformer la main, en écrivant vite et mal. Cependant, s'il
s'obstine à ne pas apprendre, il y aura lieu de le faire écrire,
mais peu et bien.

Les élèves ne vont-ils pas s'apercevoir qu'en les punissant
le maître se punit lui-même, puisqu'il s'oblige à rester auprès
d'eux pour les surveiller et les garder? — C'est au maître à
s'arranger de façon que cette pensée ne leur vienne même pas
à l'esprit, en s'occupant lui-même pendant cette retenue. N'a-
t-il pas des écritures à faire pour la mairie, des registres
scolaires à tenir à jour, des cahiers de devoirs à lire et à corriger, des leçons à préparer, etc.? Et puis, s'il reste là sans
donner le moindre signe d'impatience ni d'ennui, les élèves
comprendront vite que la punition est pour eux uniquement
et non pour lui.

Un dernier conseil. Ne multipliez pas les défenses ni les in-
jonctions; surtout n'ordonnez rien qui soit impraticable ou
excessif; autrement il vous faudra revenir sur ce que vous
aurez prescrit et vos élèves n'estimeront plus vos ordres au
prix qu'ils doivent y mettre; ils ne leur reconnaîtront plus
les caractères d'une loi qui oblige; ils s'habitueront à les considérer comme des boutades inspirées par le caprice, aux-

quelles, par suite, il leur est permis de se soustraire, s'ils le peuvent. Réfléchissez donc bien avant d'édicter une prescription quelconque.

Mais une fois que vous aurez cru devoir ordonner, exigez que vos ordres soient ponctuellement exécutés. Si vous avez fait une promesse, tenez-la : si c'est une menace, qu'elle sorte, le cas échéant, son plein et entier effet. Une fois l'arrêt porté, il faut que votre fermeté ne laisse aucune prise aux efforts que vos élèves pourraient tenter pour s'en exempter. Surtout ne vous contentez pas de demi-résultats : leur infliger une punition et fermer les yeux sur la manière dont ils la font, c'est abdiquer votre autorité, c'est leur nuire à eux-mêmes. Cette égalité dans la conduite, cet esprit de suite dans les décisions, cette exactitude minutieuse dans l'exécution produiront sur eux un effet analogue à l'impression que produit l'ordre même de la nature. En présence d'un caractère ferme et bien arrêté, toujours conséquent avec lui-même, ils reconnaîtront que toute discussion est inutile, qu'il y a là pour eux quelque chose d'inéluctable; ils céderont, comme on cède toujours à la force des choses ; ils obéiront, comme on obéit à une règle qui s'impose. Vous aboutirez de la sorte à une grande économie de paroles dans votre classe, et tout vous deviendra plus facile.

CONCLUSION

Nous terminerons ce long résumé par une réflexion. La discipline dans une école nous paraît être le résultat de trois facteurs : les dispositions des enfants, le concours des parents et les qualités professionnelles du maître. Or, tous les mémoires que nous avons lus traitent à peu près uniquement des défauts des enfants et de l'indifférence des parents. A quoi bon ces récriminations? D'abord, nous n'y pouvons rien ou nous n'y pouvons que bien peu de chose; et puis ces deux facteurs sont de beaucoup les moins importants. Le facteur principal, le facteur vraiment efficace, c'est le maître. *Il est des instituteurs qui ont toujours une bonne discipline dans leur classe, n'importe où l'Administration les envoie; il en est d'autres dont les élèves, n'importe où ils exercent, sont toujours indisciplinés.* Le milieu y fait peu ; en réalité, c'est le maître qui transporte partout avec lui sa discipline, bonne ou mauvaise. Si ceci est vrai, et il ne faut pas avoir été inspecteur pendant bien longtemps pour en être convaincu, quelle conclusion y a-t-il lieu d'en tirer ? C'est que *le maître doit d'abord se discipliner lui-même.* C'est une considération qui a généralement échappé aux auteurs des mémoires que r/ous avons eus sous les yeux : ils ont cherché dans des faits extérieurs la cause des difficultés qu'ils rencontraient et ils n'ont pas songé à se demander si cette cause, ils ne la portaient pas en eux-mêmes. L'art de l'éducation est complexe ; il a besoin d'être appris comme tous les autres ; il est même un de ceux dans lesquels on peut le moins compter réussir tout d'abord sans étude ni préparation, par la seule pratique qu'on en fait. Or les jeunes maîtres n'y pensent pas. Ils se préoccupent d'acquérir les connaissances nécessaires pour obtenir un brevet ; mais quant à la manière dont ils devront traiter les enfants dans chaque occasion qui se présentera, ils ne s'avisent pas d'y réfléchir. Une fois en exercice et forcés d'agir, ils suivent l'impulsion du moment. Ils ne prennent nullement pour guide le bien des enfants ; mais ils subissent leurs propres sentiments, bons ou mauvais, et ceux-ci changent d'heure en heure. Ou s'ils y ajoutent quelque doctrine, quelque pratique mieux définie, ce sont des doctrines et des pratiques du temps passé, suggérées par des souvenirs d'enfance, mais que la science n'a ni codifiées ni consacrées et qu'ils ne se sont point d'ailleurs assimilées par la réflexion. Aussi ne réussissent-ils que médiocrement au début, quand ils n'échouent pas complètement ; et de là à attribuer tous les défauts aux enfants, à leur imputer toutes les difficultés qu'ils éprouvent et rien à eux-mêmes, en conformité de cette théorie que les vertus sont toujours du côté des gouvernants et les vices du côté des gouvernés, il n'y a qu'un pas ; quand, au contraire, dans bien des cas, les fautes des enfants ne résultent que de l'incapacité, de la négligence ou de l'inexpérience des maîtres.

Nous ne saurions donc trop engager les maîtres chargés de diriger nos écoles à réfléchir sur cette matière ; elle en vaut la peine. Il n'y a pas de bonne école sans discipline : il faut absolument que le maître obtienne de ses élèves, d'abord de l'ordre et du silence, ensuite une obéissance facilement consentie : leurs progrès sont à ce prix.

Mais sa santé à lui-même et son bonheur en dépendent. Faire classe au milieu du bruit et du désordre est un métier

d'enfer ; on s'épuise en efforts parfaitement infructueux : de
là l'aigreur du caractère, le découragement, la fatigue et *la
souffrance;* on en arrive là. Au contraire, l'instituteur qui est
maître dans sa classe, qui s'y sent chez lui, dont chaque
leçon, bien écoutée, a pour résultat l'amélioration intellectuelle ou morale de ses écoliers, éprouve une véritable jouissance, la jouissance de tout individu qui agit et qui réalise un
accroissement d'être. Aussi en arrive-t-il vite à se passionner
pour son métier, à devenir un homme de dévouement. S'il
en était autrement, y aurait-il des instituteurs ?

Donc, à tous les points de vue, c'est sur lui-même que le
maître doit d'abord agir, c'est lui-même qu'il doit d'abord
essayer de former. Avant tout, qu'il travaille et qu'il ne cesse
d'accroître son instruction : si les anciennes méthodes pouvaient être pratiquées avec succès par des maîtres ignorants,
il n'en est pas de même de la méthode rationnelle, qui exige
de lui des connaissances solides, étendues et variées; ainsi
seulement il inspirera à ses élèves une bonne opinion de son
savoir et il en obtiendra une considération méritée. Qu'ensuite il ne manque jamais de bien préparer ses leçons, afin
qu'elles soient intéressantes, attrayantes même pour eux, et
ils se rendront à sa classe avec empressement, tout disposés
à l'entendre. Puis, qu'il se montre toujours à leurs yeux un
homme de devoir, convaincu, exact, consciencieux en toutes
choses; qu'il ne se laisse pas aller à la colère et qu'il ne se
départe jamais, dans ses rapports avec eux, de cette dignité
qui commande et impose le respect. Enfin et surtout, qu'il
les aime, qu'il leur porte un affectueux et bienveillant intérêt :
et ils l'aimeront à leur tour et ils lui obéiront sans qu'il ait
besoin de recourir aux punitions, parce qu'ils trouveront cela
naturel et juste, souvent même tout simplement parce qu'ils
ne voudront pas le contrarier ni le mécontenter et parce que,
si l'obéissance est dans les actes, c'est dans le cœur que sont
la docilité et le vrai consentement.

§ 2

De l'éducation.

(Extrait d'une conférence générale. — Novembre 1877.)

. . . .

Donner à vos élèves une instruction aussi complète que possible, sérieuse et pratique surtout, ce n'est toutefois qu'une partie de votre tâche, ce n'en est même pas la plus importante. On n'apprend à bien penser que pour bien agir; la science doit conduire à la vertu. L'instruction doit être complétée par l'éducation. Vous devez par-dessus tout chercher à faire de vos élèves des *hommes* dans toute l'acception du mot : convaincus et honnêtes; moraux, c'est-à-dire aimant le bien et sachant le pratiquer ; vous devez leur inspirer le respect de tout ce qui est respectable, graver profondément dans leur âme le sentiment de leurs devoirs envers la patrie, envers leurs parents, envers les autres hommes et envers eux-mêmes. Vous avez, pour atteindre ce but, deux moyens que j'appellerai : l'un, *l'éducation indirecte*, celle qui doit résulter de tout votre enseignement; l'autre, *l'éducation directe*, celle qui consiste dans la formation du caractère et dans les bonnes habitudes.

J'appelle *éducation indirecte* celle qui résulte de tout votre enseignement. Il n'est pas une branche d'études, en effet, qui ne fournisse à un maître qui comprend sa mission, de fréquentes occasions d'élever l'âme de l'enfant, de développer les bons sentiments de son cœur, d'y graver profondément l'idée du devoir. Tout doit servir à cet usage, et vos lectures, et vos dictées, et vos sujets de style. N'insistez pas trop pourtant sur l'enseignement moral qui en ressort. La morale, pour être acceptée, a besoin de n'être pas ennuyeuse. Il vous suffira souvent de l'indiquer. La bonne pensée qui naîtra alors dans l'esprit de vos enfants est un germe que vous aurez déposé dans une terre féconde. Viennent des circonstances favorables à son développement, et il produira les fruits qu'on est en droit d'en attendre. Combien de fois n'arrive-t-il pas que nos déterminations n'ont d'autre cause qu'un souvenir ancien, une impression qui paraissait effacée, une parole dite à propos devant nous par notre premier maître! Est-il rien qui serve mieux que les données d'un problème à recommander l'économie ou la tempérance? La solution est une leçon morale pratique qui ne peut manquer de laisser sa trace. Comment pourriez-vous faire à vos élèves une leçon d'histoire et même de géographie sans leur inspirer l'amour de la patrie, sans faire battre leurs cœurs au récit des actes d'héroïsme et de dévouement dont notre histoire est remplie, sans exciter chez eux le noble désir d'imiter les grands hommes que leur pays a produits? Non, je le répète, il n'est rien dans l'enseignement, même parmi les matières qui paraissent les plus indifférentes à la morale, qui ne puisse servir à porter les enfants au bien. Aussi, sur les bulletins qu'ont à remplir MM. les inspecteurs primaires quand ils visitent une école, y a-t-il les deux questions suivantes : *Le maître profite-t-il de toutes les circonstances pour inspirer à ses élèves l'amour de la vertu? — Ses sujets de devoirs sont-ils bien choisis? Ont-ils toujours une tendance morale ?*

Cultiver l'intelligence des enfants, imprimer à leurs facultés une sage direction, les habituer à distinguer le bien et le leur faire aimer, c'est certainement travailler à leur éducation morale. La première condition pour bien faire, n'est-ce pas de savoir ce que l'on doit faire? N'est-il pas vrai que mieux on connaît le bien, plus on se sent attiré vers lui ; plus, par suite, on est disposé à l'exécuter? Une école antique, celle de Socrate, l'avait si bien compris, qu'elle était allée jusqu'à identifier la science et la vertu. Cependant l'esprit et le cœur ne sont pas tout chez l'homme; s'ils fournissent à l'enfant les motifs de ses actions, ce ne sont pas eux qui se déterminent, ce ne sont pas eux qui agissent. L'action résulte pour lui, comme pour nous, de l'exercice d'une autre faculté, de sa volonté libre et responsable, et cette faculté peut être, comme l'intelligence, l'objet d'une *culture directe et spéciale.* Elle doit être à la fois fortifiée et assouplie : fortifiée par un exercice sage et répété, assouplie de manière à se plier aux ordres de la raison. Il est bien des moyens aussi par lesquels le maître peut, en profitant de tous les incidents de la vie de chaque jour, atteindre ce double résultat.

Il lui suffit pour cela de créer chez l'enfant de bonnes habitudes. Or l'habitude naît de la répétition fréquente des mêmes actes. Elle est, dit-on une seconde nature, et c'est vrai. Un caractère, en effet, n'est guère autre chose qu'un

ensemble d'habitudes. Agir d'après son caractère, d'après
sa nature, c'est agir d'après les habitudes qu'on s'est données à soi-même, ou que l'éducation, la pratique de la vie
ont fait contracter. Rien de plus important dès lors que les
habitudes de l'enfance: elle deviennent un pli pris et déterminent parfois les actions les plus importantes de notre vie.
Exiger tous les jours des enfants de l'exactitude, de la propreté, de la politesse, du respect, de l'obéissance, de la dé-
cence dans leurs actes et dans leurs propos, c'est leur faire
contracter des habitudes précieuses, qui leur rendront facile
pendant toute leur vie la pratique de toutes ces vertus. L'enfant s'accoutume à toujours dire la vérité, comme il s'accoutume à mentir ; à aimer tout ce qui est honnête et délicat,
comme il se familiarise avec ce qui est obscène et grossier. Si,
dès son jeune âge, il prend pitié des animaux au lieu de
les faire souffrir, il sera plus tard sensible et compatissant
pour les maux de ses semblables. S'il respecte la propriété
d'autrui, même dans les plus petites choses, il aura plus tard
une conscience scrupuleuse, et ainsi du reste.

. . . .
. . . .

J'ai fini. Aussi bien toutes ces recommandations ne sont
pas nouvelles pour vous; elle vous ont déjà été adressées à
diverses reprises et sous diverses formes, par la voie du *Bulletin;* MM. les inspecteurs en ont fait l'objet de leurs conférences; j'ai voulu seulement vous les rappeler. Pour résumer
mes conseils en quelques mots, je vous dirai : Il n'y a pas de
mauvaises écoles, il n'y a que des maîtres plus ou moins
capables, plus ou moins zélés, plus ou moins dévoués ; il n'y
a pas de milieu, si modeste ou si ingrat soit-il, où un instituteur qui comprend sa mission et qui l'aime ne puisse faire un
grand bien. Rompez avec l'enseignement mécanique, avec la
routine ; pratiquez résolument cette méthode naturelle, qui
consiste surtout dans l'enseignement intuitif et les leçons de
choses; appliquez-vous à développer l'esprit de vos élèves et
à le former; rendez votre enseignement intéressant et pratique ; et pour cela préparez toujours vos leçons avec soin.
Aimez vos enfants et votre classe; qu'une fois sortis de
l'école, ils ne vous deviennent pas indifférents ; regardez-vous
comme ayant jusqu'à un certain point, en ce qui les concerne,
charge d'âmes ; préoccupez-vous de leur avenir et tâchez d'en
faire, dans toute l'acception du mot, des enfants bien élevés.
Je vous assure que vous obtiendrez de bons résultats. Non

seulement ils s'attacheront vite à vous, ils vous respecteront et vous aimeront ; mais leurs parents aussi remarqueront l'heureuse influence que vous exercerez sur eux et ils sauront la reconnaître. Vos chefs aussi vous remarqueront et vous apprécieront, et si vous désirez voir s'améliorer votre position, vous n'aurez pas besoin de chercher des personnes influentes qui vous recommandent à l'Administration : vous vous recommanderez vous-mêmes ; vous vous créerez des droits assurés à l'avancement, et les meilleures places seront pour vous.

FIN

TABLE DES MATIÈRES

COURS DE PSYCHOLOGIE ET DE MORALE

PSYCHOLOGIE

L'école (éducation et instruction en commun).

Organisation matérielle des écoles primaires.

Organisation pédagogique.

FIN DE LA TABLE DES MATIÈRES.

3082. — Paris. Typ. Ferd. Imbert, 7, rue des Canettes.